Verlustbehandlung im Rahmen der Konzernbesteuerung in Europa

Europäische Hochschulschriften

Publications Universitaires Européennes
European University Studies

Reihe II
Rechtswissenschaft

Série II Series II
Droit
Law

Bd./Vol. 4695

PETER LANG
Frankfurt am Main · Berlin · Bern · Bruxelles · New York · Oxford · Wien

Ingmar Dörr

Verlustbehandlung im Rahmen der Konzernbesteuerung in Europa

Unter besonderer Berücksichtigung der Vorgaben des Europarechts

PETER LANG
Internationaler Verlag der Wissenschaften

Bibliografische Information der Deutschen Nationalbibliothek
Die Deutsche Nationalbibliothek verzeichnet diese Publikation in der Deutschen Nationalbibliografie; detaillierte bibliografische Daten sind im Internet über <http://www.d-nb.de> abrufbar.

Zugl.: München, Univ., Diss., 2007

D 19
ISSN 0531-7312
ISBN 978-3-631-57781-3

www.peterlang.de

Vorwort

Die vorliegende Arbeit wurde im Wintersemester 2007/08 von der Juristischen Fakultät der Ludwig-Maximilians-Universtität München als Dissertation angenommen. Ihr liegt der Rechtsstand vom März 2007 zu Grunde.

Mein besonderer Dank gilt der Max-Planck-Gesellschaft für das zum Erstellen der Arbeit bewilligte Forschungsstipendium. Ebenfalls danken möchte ich meinem Doktorvater, Herrn Professor Dr. Wolfgang Schön für seine Anregungen sowie Herrn Professor Dr. Moris Lehner für die Übernahme des Zweitgutachtens.

Für die Korrekturen des Manuskripts bin ich Frau Kathleen Harms zu Dank verpflichtet.

Die Arbeit widme ich meiner lieben Mutter, die meine Ausbildung in jeder Hinsicht unterstützt hat.

München, im Januar 2008

Ingmar Dörr

Inhaltsübersicht

Inhaltsverzeichnis

Abkürzungsverzeichnis

Für hier nicht aufgeführte Abkürzungen wird ergänzend auf *Kirchner/Butz*, Abkürzungsverzeichnis der Rechtssprache, 5. Aufl., Berlin, 2003 verwiesen.

a.A.	anderer Ansicht
a.a.O.	am angegebenen Ort
a.E.	am Ende
a.F.	alte Fassung
AfA	Absetzung für Abnutzung
ABl. EG	Amtsblatt der Europäischen Gemeinschaften
Abs.	Absatz
Abschn.	Abschnitt (bei Richtlinien)
AG	Aktiengesellschaft
AG	Die Aktiengesellschaft (Zeitschrift)
AktG	Aktiengesetz
Alt.	Alternative
Anh.	Anhang
Anm.	Anmerkung
AO	Abgabenordnung
ApS	anpartsselskab (dänische GmbH)
arg.	Argumentum
Art.	Artikel
A/S	aktieselskab (dänische Aktiengesellschaft)
ASA	Archiv für Schweizerisches Abgaberecht (Zeitschrift)
AStG	Außensteuergesetz
Aufl.	Auflage
AuslInvG	Auslandsinvestitionsgesetz
AVOG	österreichisches Abgabenverwaltungsorganisationsgesetz
Az.	Aktenzeichen
BAO	österreichische Bundesabgabenordnung
BB	Betriebsberater (Zeitschrift)
Bd.	Band
BFH	Bundesfinanzhof
BFH/NV	Sammlung amtlich nicht veröffentlichter Entscheidungen des Bundesfinanzhofs (Zeitschrift)

BFHE	Sammlung der Entscheidungen und Gutachten des Bundesfinanzhofs
BGBl. I	Bundesgesetzblatt Teil I
BGBl. II	Bundesgesetzblatt Teil II
BGH	Bundesgerichtshof
BGHZ	Entscheidungen des Bundesgerichtshofs in Zivilsachen
BMF	Bundesministerium der Finanzen
BMF-Schreiben	Schreiben des Bundesministeriums der Finanzen
BNB	Beslissingen in Belatingzaken/Nederlandse Belastingrechtspraak
Bsp.	Beispiel
BStBl. I	Bundessteuerblatt Teil I
BStBl. II	Bundessteuerblatt Teil II
BT-Drs.	Bundestagsdrucksache
Buchst.	Buchstabe
BV	besloten vennootschap met beperkte aansprakelijkheid (niederländische GmbH)
BVerfG	Bundesverfassungsgericht
BVerfGE	Amtliche Sammlung der Entscheidungen des Bundesverfassungsgerichts
bzgl.	bezüglich
bzw.	beziehungsweise
ca.	circa
CDFI	cahiers de droit fiscal international
CFC	Controlled Foreign Company
CGI	Code général des impôts (franz. KStG)
CMLR	Common Market Law Review (Zeitschrift)
d.h.	das heißt
DB	Der Betrieb (Zeitschrift)
DBA	Doppelbesteuerungsabkommen
ders.	derselbe
DFI	Derivatives & Financial Instruments (Zeitschrift)
d.h.	das heißt
dies.	dieselbe(n)
Diss.	Dissertation
DStJG	Deutsche Steuerjuristische Gesellschaft e.V.
DStR	Deutsches Steuerrecht (Zeitschrift)
DStRE	Deutsches Steuerrecht Entscheidungsdienst (Zeitschrift)

DStZ	Deutsche Steuer-Zeitung (Zeitschrift)
DStZ/A	Deutsche Steuer-Zeitung Ausgabe A (Zeitschrift)
DSWR	Datenverarbeitung-Steuer-Wirtschaft-Recht (Zeitschrift)
E	Entwurf
EAS	Express-Antwort-Service der Abteilung für Internationales Steuerrecht des öBMF
EFG	Entscheidungen der Finanzgerichte (Zeitschrift)
EG	Europäische Gemeinschaft
EG	Europäischer Gemeinschaftsvertrag (Zitierweise ab Amsterdamer Vertrag)
EGV	Europäischer Gemeinschaftsvertrag (Zitierweise nach Maastrichter Vertrag)
Einf.	Einführung
Einl.	Einleitung
endg.	endgültig
ESt	Einkommensteuer
EStG	Einkommensteuergesetz
EStR	Einkommensteuerrichtlinien
ET	European Taxation (Zeitschrift)
etc.	et cetera
EU	Europäische Union
EuG	Europäischer Gerichtshof Gericht erster Instanz
EuGH	Europäischer Gerichtshof
EuLR	European Law Reports of cases in the United Kingdom and in Ireland (Zeitschrift)
EURLUmsG	Gesetz zur Umsetzung von EU-Richtlinien in nationales Steuerrecht und zur Änderung weiterer Vorschriften
EuZW	Europäische Zeitschrift für Wirtschaftsrecht (Zeitschrift)
evtl.	eventuell
EWG	Europäische Wirtschaftsgemeinschaft
EWGV	Vertrag zur Gründung der Europäischen Wirtschaftsgemeinschaft (Zitierweise bis Maastrichter Vertrag)
EWR	Europäischer Wirtschaftsraum
EWS	Europäisches Wirtschafts- und Steuerrecht (Zeitschrift)
F.	Fach
f.	folgende (Seite)

ff.	folgende (Seiten)
FG	Finanzgericht
Fn.	Fußnote(n)
FR	Finanz-Rundschau (Zeitschrift)
FS	Festschrift
GA	Generalanwalt am EuGH
GbR	Gesellschaft bürgerlichen Rechts
gem.	gemäß
GeS aktuell	Gesellschaftsrecht aktuell (Zeitschrift)
GewSt	Gewerbesteuer
GewStG	Gewerbesteuergesetz
GewStR	Gewerbesteuerrichtlinien
GG	Grundgesetz
Ggf.	gegebenenfalls
gl. A.	gleiche Ansicht
GmbH	Gesellschaft mit beschränkter Haftung
GmbHG	Gesetz betreffend die Gesellschaften mit beschränkter Haftung
GmbHR	GmbH-Rundschau (Zeitschrift)
GmbH-StB	GmbH-Steuerberater (Zeitschrift)
Gr.	Gruppe
GRCh	Grundrechtscharta der Europäischen Union
grds.	grundsätzlich
GrS	Großer Senat
GS	Gedächtnisschrift
h.A.	herrschende Ansicht
H/H/R	Herrmann/Heuer/Raupach, Kommentar zum EStG und KStG
h.L.	herrschende Lehre
h.M.	herrschende Meinung
Hdb.	Handbuch
HGB	Handelsgesetzbuch
Hrsg.	Herausgeber
HS	Halbsatz
idF.	in der Fassung
idR.	in der Regel
i.E.	im Einzelnen/im Ergebnis
i.H.	in Höhe
i.H.d.	in Höhe des
i.H.v.	in Höhe von
iR.	Im Rahmen

iRd.	im Rahmen der/des
i.S.	im Sinne
i.S.d.	im Sinne des
i.S.v.	im Sinne von
iVm.	In Verbindung mit
IBFD	International Bureau of Fiscal Documentation
ICTA	Income and Corporation Taxes Act (UK KStG)
IFA	International Fiscal Association
Intertax	International Tax Review (Zeitschrift)
IRES	imposta sul reddito delle societa (ital. KStG 2004)
IRPEG	imposta sul reddito delle persone giuridiche (ital. KStG a.F.)
IStR	Internationales Steuerrecht (Zeitschrift)
IWB	Internationale Wirtschaftsbriefe (Zeitschrift)
JbFStR	Jahrbuch der Fachanwälte für Steuerrecht
KapG	Kapitalgesellschaft
KG	Kommanditgesellschaft
KGaA	Kommanditgesellschaft auf Aktien
KMU	Kleine und Mittlere Unternehmen
KOM	Dokument(e) der Kommission der Europäischen Gemeinschaft (auf deutsch)
Komm.	Kommentar
KSt	Körperschaftsteuer
KStG	Körperschaftsteuergesetz
KStR	Körperschaftsteuerrichtlinien
LG	Landgericht
lit.	Buchstabe
Ltd	private company limited by shares (UK GmbH)
MA	Musterabkommen der OECD
m.E.	meines Erachtens
MG	Muttergesellschaft
Mio.	Millionen
m.w.N.	mit weiteren Nachweisen
n.F.	neue(r) Fassung
Nr.	Nummer(n)
n.rkr.	nicht rechtskräftig
NV	naamloze vennootschap (niederl. Aktiengesellschaft)
n.v.	nicht veröffentlicht
n.n.v.	noch nicht veröffentlicht

NWB	Neue Wirtschaftsbriefe für Steuer- und Wirtschaftsrecht (Zeitschrift)
NZG	Neue Zeitschrift für Gesellschaftsrecht (Zeitschrift)
o.a.	oben angegeben
OECD	Organisation for Economic Cooperation and Development
OECD-MA	OECD-Muster eines Abkommens zur Vermeidung der Doppelbesteuerung
OFD	Oberfinanzdirektion
o.g.	oben genannt
OG	Organgesellschaft
OHG	Offene Handelsgesellschaft
OT	Organträger
öEStG	österreichisches Einkommensteuergesetz
öKStG	österreichisches Körperschaftsteuergesetz
öKStR	österreichische Körperschaftsteuerrichtlinien
ÖStZ	Österreichische Steuerzeitung (Zeitschrift)
öVwGH	österreichischer Verwaltungsgerichtshof
PersG	Personengesellschaft
PIStB	Praxis Internationale Steuerberatung (Zeitschrift)
plc	public company limited by shares (UK Aktiengesellschaft)
Preuß. OVG	Preußisches Oberverwaltungsgericht
RdW	Österreichisches Recht der Wirtschaft (Zeitschrift)
Rev.	Revision
RFH	Reichsfinanzhof
RIW	Recht der internationalen Wirtschaft (Zeitschrift)
rkr.	rechtskräftig
Rn.	Randnummer(n)
Rs.	Rechtssache
Rspr.	Rechtsprechung
RStBl.	Reichssteuerblatt
RWZ	Österreichische Zeitschrift für Recht und Rechnungswesen (Zeitschrift)
s.	siehe
S.	Seite, Satz
s.o.	siehe oben
sog.	so genannt

s.u.	siehe unten
SA	société anonyme (franz. Aktiengesellschaft)
S.a.p.a.	società in accomandita per azioni (ital. KGaA)
SARL	société à responsabilité limitée (franz. GmbH)
SAS	société par actions simplifiée (franz. Gesellschaft, ähnlich der AG)
SCA	société en commandite par actions (franz. KGaA)
SC	société civile (franz. GbR)
S.c.r.l.	società cooperativa a responsabilità (ital. Genossenschaft)
SCS	société en commandite simple (franz. KG)
SE	Societas Europapaea (Europäische Aktiengesellschaft)
Sec.	Section
SEK	Arbeitsdokument der Kommissionsdienststellen
SEL	Selskabsskatteloven (dän. KStG)
Slg.	Sammlung der Entscheidungen des EuGH
SNC	société en nom collectif (franz. OHG)
sog.	So genannte
SolZ	Solidaritätszuschlag
SolzG	Solidaritätszuschlagsgesetz
S.p.a.	società per azioni (ital. Aktiengesellschaft)
S.r.l.	società a responsibilità limitata (ital. GmbH)
st.	ständige
st. Rspr.	ständige Rechtsprechung
StÄndG	Steueränderungsgesetz
StAnpG	Steueranpassungsgesetz
Stbg	Die Steuerberatung (Zeitschrift)
StbJb	Steuerberater-Jahrbuch
StBp	Steuerliche Betriebsprüfung (Zeitschrift)
StEntlG	Steuerentlastungsgesetz 1999/2000/2002
str.	streitig
StRefG	Steuerreformgesetz
StSenkG	Gesetz zur Senkung der Steuersätze und zur Reform der Unternehmensbesteuerung
StuB	Steuern und Bilanzen (Zeitschrift)
StuW	Steuer und Wirtschaft (Zeitschrift)
StVergAbG	Steuervergünstigungsabbaugesetz
SWI	Steuer und Wirtschaft International (Zeitschrift)
SWK	Steuer- und Wirtschafts Kartei (Zeitschrift)

TCGA	Taxation of Chargeable Gains Act (UK Gewinnbesteuerungsgesetz)
TG	Tochtergesellschaft
TNI	Tax Notes International (Zeitschrift)
Tz.	Textziffer(n), Teilziffer(n)
u.a.	unter anderem
u.a.	und andere
u.g.	unten genannt
u.U.	unter Umständen
UK	United Kingdom
UM	Unternehmensbewertung und Management (Zeitschrift)
UntStFG	Unternehmensteuerfortentwicklungsgesetz
USA	United States of America
UStG	Umsatzsteuergesetz
v.	von/vom
v.H.	von Hundert
verb. Rs.	verbundene Rechtssachen
Verf.	Verfasser
Vfg.	Verfügung
vgl.	vergleiche
VO	Verordnung
Vorb.	Vorbemerkung
VZ	Veranlagungszeitraum
Wet Vpb	Wet op de vennotschapsbelasting (niederl. KStG)
WPg	Die Wirtschaftsprüfung (Zeitschrift)
WM	Wertpapier-Mitteilungen (Zeitschrift)
Z.	Ziffer
z.B.	zum Beispiel
z.T.	zum Teil
ZGR	Zeitschrift für Unternehmens- und Gesellschaftsrecht (Zeitschrift)
ZHR	Zeitschrift für das gesamte Handels- und Wirtschaftsrecht (Zeitschrift)
ZSteu	Zeitschrift für Steuern & Recht (Zeitschrift)

Einleitung

I. Problemstellung und Ziel der Arbeit

Regelmäßig ist die wirtschaftliche Betätigung eines Unternehmens von der Absicht geprägt, Gewinne zu erzielen. Aus unterschiedlichen Gründen, vor allem aber in der so genannten Anlaufphase nach Unternehmensgründung, werden jedoch häufig Verluste erwirtschaftet. Für die betroffenen Steuerpflichtigen stellt sich spätestens dann die Frage, wie, wo und wann diese Verluste steuermindernd zum Abzug gebracht werden können. Diese Thematik beeinflusst seit langem den steuerrechtlichen Diskurs, und zwar sowohl auf nationaler als auch auf internationaler Ebene: So befasste sich der Kongress der International Fiscal Association (IFA) des Jahres 1998 in London[1] schwerpunktmäßig mit der steuerlichen Behandlung von Verlusten von Körperschaften und der Wiener IFA-Kongress des Jahres 2004[2] mit der Gruppenbesteuerung im Allgemeinen und den „EU-rechtlichen Aspekten der Besteuerung von Unternehmensgruppen" in einer Sondersitzung. Bereits im Juni 2004 tagte die European Association of Tax Law Professors in Paris[3] zu dem Thema „European law and national tax sovereignty", bei dem auch die grenzüberschreitende Verlustberücksichtigung erörtert wurde. In Deutschland beschäftigte sich etwa das 15. Münchener Symposium zum Internationalen Steuerrecht[4] im Juni 2003 mit nationalen, abkommens- und europarechtlichen Vorgaben für eine steuerliche Verlustnutzung. Die im September 2004 in Mainz abgehaltene Tagung der Deutschen Steuerjuristischen Gesellschaft[5] widmete sich ebenfalls ausgiebig den Verlusten im Steuerrecht, wobei sich gleich zwei Vorträge mit Fragen der grenzüberschreitenden Verlustberücksichtigung[6] auseinandersetzten.

Gegenstand der vorliegenden Arbeit ist die Verlustbehandlung im Rahmen der Konzernbesteuerung in Europa. Die dahinter stehende Problematik lässt sich wie folgt beschreiben: In einem Beteiligungskonzern, der aus mehreren

---

1 Vgl. CDFI, IFA 1998 London Congress, Vol. LXXXIIIa.
2 Vgl. CDFI, IFA 2004 Vienna Congress, Vol. 89b.
3 Vgl. die Berichte unter www.eatlp.org sowie den Tagungsbericht bei *Bierlaagh/de Goede/Holmes/Wheeler*, European Taxation 2004, 328 ff.
4 Vgl. *Lehner* (Hrsg.), Verluste im nationalen und Internationalen Steuerrecht, München 2004.
5 Vgl. *von Groll* (Hrsg.), Verluste im Steuerrecht, DStJG Bd. 28, Köln 2005.
6 Vgl. *Prokisch*, DStJG 28 (2005), 229 ff. und *Cordewener*, DStJG 28 (2005), 255 ff.

selbstständigen Kapitalgesellschaften unter gemeinsamer Führung besteht, versteuert grundsätzlich jede Einzelgesellschaft ihr Ergebnis unabhängig vom beherrschenden Gesellschafter. Dieses Prinzip der Steuersubjektivität bzw. der rechtlichen und steuerlichen Trennung zwischen Gesellschaft und Gesellschafter verhindert grundsätzlich die Verrechnung z.B. der Verluste einer Tochtergesellschaft mit Gewinnen ihrer Muttergesellschaft. Es fallen damit Steuern im Unternehmensverbund (Konzern) an, nämlich auf Ebene der Muttergesellschaft, obwohl die Addition der zu versteuernden Gewinne mit den Tochtergesellschaftsverlusten beispielsweise zu einem negativen wirtschaftlichen Gesamtergebnis, also einem Verlust des Konzerns, oder zumindest zu einer geringeren Steuerbelastung führt. Würde das Steuerrecht diese wirtschaftliche Konzernbetrachtung nachvollziehen, so hätte es statt zu einer Steuerbelastung zu einem Verlustvortrag im Unternehmensverbund kommen müssen. In der Tat wird die hier angesprochene Frage der interpersonellen Verlustverrechnung in vielen Staaten mithilfe unterschiedlicher nationaler Gruppenbesteuerungsregelungen gelöst, um der verminderten Leistungsfähigkeit des Unternehmensverbundes insoweit Rechnung zu tragen: Unter bestimmten Voraussetzungen lässt sich auf diese Weise eine Verlustnutzung zwischen *den im selben Staat ansässigen* Gruppengesellschaften, d.h. in der Regel zwischen Mutter- und Tochtergesellschaft, erreichen.

Was passiert aber, wenn die Konzernunternehmen *in unterschiedlichen Staaten ansässig* sind? Im Allgemeinen haben Verluste von ausländischen Konzerntochtergesellschaften auf der Ebene inländischer Muttergesellschaften keine steuerlichen Auswirkungen, und Verluste von Auslandsbetriebstätten können nur unter bestimmten Umständen mit Gewinnen am Hauptsitz des Unternehmens verrechnet werden. Die wesentliche Bedeutung einer grenzüberschreitenden Organschaft liegt folglich in der Durchbrechung des fiskalischen Territorialitätsprinzips und damit in der Ermöglichung der Verrechnung von Verlusten ausländischer Tochtergesellschaften mit dem Inlandseinkommen des Organkreises. Entsprechendes gilt für die Auslandsverlustberücksichtigung im grenzüberschreitenden Stammhauskonzern. Nur so kann eine der konzernbezogenen, globalen Leistungsfähigkeit widersprechende Besteuerung völlig fiktiver Ergebnisse im Unternehmensverbund vermieden werden.

Das Problem des Verlustausgleichs „über die Grenze" stellt sich insbesondere im Hinblick auf die Verwirklichung des EG-vertraglichen Ziels eines von Hindernissen im grenzüberschreitenden Verkehr befreiten Binnenmarktes. Ausgangspunkt einer auf Angleichung der Unternehmensteuerlasten ausgelegten Harmonisierung ist die Vereinheitlichung der Gewinnermittlungsvorschriften. Im Bereich der Gewinnermittlung kommt wiederum den Verlustverrechnungsregelungen eine immense Bedeutung zu, da sie die Investitionskapazität der Unternehmen und damit ihre Wettbewerbsfähigkeit beeinflussen. Ziel ist eine innovative Lösung, die sowohl die Fiskalinteressen der beteiligten Mitgliedstaaten als auch die ökonomischen Interessen des betroffenen Konzerns berücksichtigt.

Aus der Sicht der mit jeweils originärer Besteuerungshoheit versehenen beteiligten Staaten sind theoretisch zwei Hauptrichtungen erkennbar, wenn man die Problematik auf das Wesentliche reduziert:

- eine Ausgestaltung der internationalen Organschaft als unilaterale Maßnahme des Staates des Organträgers mit Rechtsgrundlage im dortigen nationalen Recht, deren Wirkungen sich auf die Beeinflussung der dortigen Bemessungsgrundlage und der dortigen Steuerlast beschränken oder
- eine Ausgestaltung der internationalen Organschaft, die auch steuerliche Konsequenzen im jeweiligen Domizilstaat der in den Organkreis einbezogenen Tochtergesellschaft zeitigt und folglich eine Änderung des status quo der Steuersouveränität über diese Tochtergesellschaften mit sich bringt.

Die vorliegende Arbeit sucht nach einem Weg der europaweiten Verlustverrechnung, der zur Beseitigung des derzeit anzutreffenden eklatanten steuerlichen Hindernisses grenzüberschreitender Tätigkeit im Binnenmarkt einzuschlagen ist. Die Richtung wird mehr oder weniger schon jetzt durch die Rechtsprechung des EuGH zu den direkten Steuern vorgegeben, wie aufzuzeigen sein wird.

Ziel sollte die Beseitigung der durch das Steuersystem entstandenen Binnenmarktbarrieren sein. Die weitestgehende Verwirklichung eines steuerlichen Binnenmarktes für EU-Konzerne, wie er vergleichbar für amerikanische Konzerne im US-Markt besteht, würde entscheidende Wettbewerbsnachteile europäischer Konzerne beseitigen.

II. Aufbau der Arbeit und Themeneingrenzung

Der Fokus der Arbeit liegt auf den so genannten internationalen Konzernsachverhalten, hier verstanden als Holdingstruktur bestehend aus Mutter- und Tochtergesellschaft, die in jeweils unterschiedlichen Mitgliedstaaten der EU ansässig sind.

Im **ersten Teil** werden die nationalen Ansätze für eine grenzüberschreitende Gruppenbesteuerung aus der Sicht derjenigen Mitgliedstaaten dargestellt, die markante Gruppenbesteuerungssysteme kennen. Es wird aufgezeigt, dass die entsprechenden Länder alle über eine nationale Gruppenbesteuerung verfügen, bei der sich die sachlichen Wirkungen jedoch auf die im Inland verwirklichten Besteuerungsgrundlagen beschränken. Im Blick sind jedoch verstärkt die grenzüberschreitenden Elemente der einzelnen Regime, insbesondere zum Aspekt der konzerninternen Verlustverrechnung. Die bislang ein Schattendasein fristende internationale Gruppenbesteuerung, d.h. die Einbeziehung der von einer ausländischen Gesellschaft im Ausland verwirklichten Besteuerungsgrundlagen in den inländischen Besteuerungskreis, scheint sich allmählich in Europa zu etablieren.

Der **zweite Teil** beschäftigt sich zu Beginn mit den europarechtlichen Vorgaben für die grenzüberschreitende Verlustberücksichtigung, insbesondere im Primärrecht, Sekundärrecht und zurückgezogenen Richtlinienvorschlägen. Im Anschluss wird anhand des vom EuGH mittlerweile entschiedenen Referenzverfahrens „Marks & Spencer“ unter Auseinandersetzung mit der bisherigen EuGH-Rechtsprechung und der wissenschaftlichen Literatur analysiert und bewertet, ob und inwieweit eine grenzüberschreitende Verlustberücksichtigung im Rahmen einer nationalen Konzernbesteuerung geboten ist.

Der **dritte Teil** setzt sich mit den aus den entwickelten europarechtlichen Vorgaben abzuleitenden Konsequenzen für die deutsche Konzernbesteuerung auseinander. Konkret geht es um die Europarechtskonformität der gegenwärtigen deutschen Organschaftsbesteuerung. Schwerpunktmäßig werden hierbei die Vereinbarkeit der einschlägigen deutschen Steuernormen mit dem Europarecht geprüft sowie Vorschläge für eine europarechtskonforme Ausgestaltung unterbreitet, bevor der **vierte und letzte Teil** schließlich die Ergebnisse der Arbeit thesenförmig zusammenfasst.

1. Teil: Nationale Ansätze für die internationale Organschaft

I. Einführung

Bei einer Konzern- bzw. Gruppenbesteuerung[1] geht es teleologisch umschrieben um die Möglichkeit der Einkommensverrechnung zwischen einzelnen oder allen in der Gruppe zusammengeschlossenen Gesellschaften im Rahmen einer Unternehmensbesteuerung. Regelmäßig wird dazu das Ergebnis (vor Steuern) einer Organ- oder Tochtergesellschaft auf eine Muttergesellschaft transferiert[2]. Da die Gruppengesellschaften selbstständige Steuersubjekte darstellen, ist eine Ergebnisverrechnung im Allgemeinen oder eine Verlustverrechnung im Besonderen zwischen den eigenständig besteuerten Konzerngesellschaften grundsätzlich nicht möglich, was aus ökonomischen Gesichtspunkten misslich ist. Unter den speziellen ertragsteuerlichen Voraussetzungen mildern die jeweiligen Gruppenbesteuerungsregeln dieses strikte Trennungsprinzip zwischen Gesellschaft und Anteilseigner folglich ab. Mithilfe einer wirtschaftlichen Betrachtungsweise wird die Konzerngruppe als ein einheitliches Unternehmen angesehen und steuerlich mehr oder weniger als solches behandelt. Eine Gruppenbesteuerung hebt beispielsweise die zu einer Segmentierung der Verlustverrechnung im Konzern führende personenidentische Verlustnutzung auf Ebene jeder einzelnen Gruppengesellschaft zugunsten einer auch interpersonalen Verlustverrechnung zwischen zwei oder mehreren Gruppengesellschaften auf.

Unter steuerdogmatischen Gesichtspunkten bleibt anzumerken, dass dies nicht etwa als Steuervergünstigung zu werten ist und folglich nicht zur vollständigen gesetzgeberischen Disposition steht[3]. Die deutsche Organschafts-

---

1 Der Begriff „Konzern" ist im deutschen Handelsrecht verwurzelt, wohingegen der Begriff „Gruppe" wohl eher der hier angesprochenen länderübergreifenden steuerrechtlichen Thematik entspricht, vgl. dazu bereits *Grotherr*, StuW 1996, 356, 369. Für die folgenden Ausführungen werden beide Begriffe jedoch, wie es sich im Schrifttum eingebürgert zu haben scheint, synonym verwendet.

2 *Harle/Bank*, BB 2002, 1341, 1342.

3 Vgl. *Krebühl*, DStR 2002, 1241, 1242; *Montag*, in: Tipke/Lang, Steuerrecht, 18. Aufl. 2005, § 18 Rn. 400, 422. Ohne insoweit eine Aussage treffen zu wollen, spricht der EuGH von „Steuervergünstigung", vgl. EuGH v. 13.12.2005, Rs. C-446/03, *Marks & Spencer plc*, Slg. 2005, I-10837 Rn. 32. Kritisch hierzu zu Recht *J. Hey*, GmbHR 2006, 113, 114; *Maiterth*, DStR 2006, 915, 917.

besteuerung ist kein Steuergeschenk oder Privileg für Konzerne, sondern dient der Verwirklichung einer sachgerechten und am Leistungsfähigkeitsprinzip orientierten Besteuerung einer Unternehmenseinheit[4]. Gleiches gilt für die Ausschöpfung angefallener Verluste, denn hierin liegt keine Steuerumgehung, sondern vielmehr wird hierdurch dem Verfassungsgebot der Besteuerung nach der Leistungsfähigkeit unmittelbar entsprochen[5].

Die „Europäisierung" des nationalen Normgefüges der EU-Mitgliedstaaten aufgrund von Gemeinschaftsrecht macht auch vor den einzelnen Steuerrechtsordnungen nicht halt. Die Bestrebungen etwa der EU-Kommission, steuerbedingte Ineffizienzen und Hindernisse für die grenzüberschreitende Wirtschaftstätigkeit im Binnenmarkt zu beseitigen, zielen auf verstärkte künftige Harmonisierungsmaßnahmen im Bereich der Unternehmensbesteuerung. Insbesondere die derzeitige Beschränkung des grenzüberschreitenden Verlustausgleichs innerhalb der Europäischen Union, vor allem im Fall von multinationalen Konzerngesellschaften, kann zu wirtschaftlicher Doppelbesteuerung führen und damit ein grundlegendes Hindernis für das ordnungsgemäße Funktionieren des Binnenmarkts im Steuerbereich darstellen.

Gruppenbesteuerungsregelungen sind jedoch nicht in jedem der 25 Mitgliedstaaten der Europäischen Union vorzufinden: Dem Steuerrecht Belgiens, Estlands, Griechenlands, Litauens, der Slowakischen und der Tschechischen Republik sowie Ungarns ist eine Gruppenbesteuerung beispielsweise nicht bekannt[6]. Unter Berücksichtigung der zum 1.1.2007 geltenden Rechtslage setzt sich die folgende Betrachtung mit den derzeit bestehenden *Konzernbesteuerungssystemen in Deutschland, Dänemark, Frankreich, Italien, den Niederlanden, Österreich und dem Vereinigten Königreich* auseinander. Es soll kein Anliegen dieser lediglich als Überblick konzipierten Darstellung sein, eine detaillierte Analyse der nationalen Regelungen zu geben – hierzu ist auf die jeweils erwähnte vertiefende Literatur zu verweisen. Der Fokus soll im Folgenden vielmehr auf einer kurzen, deskriptiven Darstellung der jeweiligen Zugangsvoraussetzungen und Rechtsfolgen sowie der

---

4 *Breuninger/Prinz*, JbFStR 1999/2000, 535, 548; *Dörr*, IStR 2004, 265, 270 ff.; *Balmes/Brück/Ribbrock*, BB 2005, 966, 970; *Herzig/Wagner*, DB 2005, 1, 7; *J. Hey*, GmbHR 2006, 113, 114.

5 Vgl. BFH v. 19.8.1999, I R 77/96, BStBl. II 2001, 43; 17.10.2001, I R 97/00, GmbHR 2002, 169, 171. Vgl. zur Verlustnutzung bei der Organschaft: *Orth*, WPg-Sonderheft 2003, 13 ff.; *ders.*, in: Herzig (Hrsg.), Organschaft, 2003, S. 167 ff.; zur Verlustverrechnung im Beteiligungskonzern: *Förster*, WPg 2004, 1258 ff.

6 Vgl. diesbezüglich im internationalen Kontext die Übersicht bei *Masui*, in: CDFI, IFA 2004 Vienna Congress, Vol. 89b, General Report, S. 21, 32 f.

Frage liegen, ob es eine grenzüberschreitende Verlustverrechnung in den ausgewählten Mitgliedstaaten gibt und wie diese ausgestaltet ist.

II. Deutschland: „Organschaft“

1. Einleitung

Deutschland hat zwar große und global agierende Konzerne, aber überraschenderweise dennoch kein spezielles Konzernsteuerrecht, das den Konzern als wirtschaftliche Einheit behandelt und steuerlich konsolidiert[7]. Zwar ist nach §§ 290 ff. HGB handelsrechtlich ein Konzernabschluss vorgeschrieben, dieser wird jedoch steuerrechtlich ignoriert.

Im ertragsteuerlichen Bereich gibt es allerdings die Rechtsinstitute der gewerbesteuerlichen und körperschaftsteuerlichen *Organschaft*[8], die sich sowohl in ihren Voraussetzungen als auch Rechtsfolgen weitgehend gleichen[9]. Die Organschaft wurde erstmals in einer Entscheidung des Preußischen Oberverwaltungsgerichts aus dem Jahre 1902 erwähnt und später vom Reichsfinanzhof als richterrechtliches Rechtsinstitut übernommen[10]. Der Bundesfinanzhof entwickelte dieses Rechtsinstitut fort, bevor es im Jahre 1969 dann Eingang in das Körperschaftsteuergesetz fand[11]. Die Rechtsprechung etablierte die Organschaft zwischen verbundenen Unternehmen, um in erster Linie die Möglichkeit zu schaffen, „die mehrfache Belastung des Gewinns mit Körperschaftsteuer beim Organ und Organträger zu vermeiden *und zudem Verluste des Organs mit Gewinnen des Organträgers auszugleichen.*“[12]

7 *Wöhe*, in: Küting/Weber (Hrsg.), Handbuch der Konzernrechnungslegung, Bd. II, 2. Aufl. 1998, S. 327; *Theisen*, Der Konzern, 2. Aufl. 2000, S. 561 ff.; *Grotherr*, BB 1993, 1986, 1986; *Fußbroich*, DStR 2002, 697, 697. Zur Forderung nach einer Konzernbesteuerung de lege ferenda vgl. *Krebühl*, in: Herzig (Hrsg.), Organschaft, 2003, S. 595 ff. m.w.N.

8 Vgl. zur Literatur statt vieler: *Herzig* (Hrsg.), Organschaft, Stuttgart 2003, S. 1 ff.

9 Ab dem Erhebungszeitraum 2002 wurden die Voraussetzungen der gewerbesteuerlichen Organschaft vollständig an die Voraussetzungen der körperschaftsteuerlichen Organschaft angepasst, vgl. § 2 Abs. 2 S. 2 GewStG idF. des UntStFG v. 20.12.2001, BGBl. I 2001, 3858; BMF-Schreiben v. 26.8.2003, IV A2-S 2770-18/03, BStBl. I 2003, 437, Tz. 11.

10 Preußisches OVG v. 31.5.1902, OVGSt 10, 391, 393; RFH v. 31.3.1922, RFHE 9, 167; 11.11.1927, I A 75/27, RFHE 22, 183, RStBl. 1928, 52.

11 Erstmals kodifiziert in § 7a KStG a.F. durch das Gesetz zur Änderung des KStG und anderer Gesetze v. 15.8.1969, BGBl. I 1969, 1182. Zur Entstehungsgeschichte vgl. näher: *Kolbe*, in: Herrmann/Heuer/Raupach (Hrsg.), KStG, § 14 Rn. 2 ff.

12 BFH v. 12.8.1965, IV 322/64 U, BFHE 83, 245, 247 (Hervorhebungen nicht im Original).

Es handelt sich im Bereich der Organschaft nicht um Konsolidierungsregeln, da eine Neutralisierung organschaftsinterner Zahlungen und von Zwischengewinnen innerhalb des Organkreises gerade nicht stattfindet. Die Einkommensermittlung erfolgt für jede Gesellschaft separat, d.h. nicht auf der Grundlage einer konsolidierten „Konzernsteuerbilanz". Nach § 14 Abs. 1 S. 1 KStG ist lediglich „das Einkommen der Organgesellschaft ... dem Träger des Unternehmens (Organträger) zuzurechnen." Die wirtschaftliche Einheit des Konzerns kommt somit erst auf der weiteren Stufe der Ergebnisversteuerung zum Tragen.

Die Organschaft durchbricht den im deutschen Ertragsteuerrecht herrschenden Grundsatz der Individualbesteuerung: Grundsätzlich unterliegt jede Körperschaft oder Person selbstständig mit ihrem erzielten Einkommen der Besteuerung. Dies gilt auch für Mutter-Tochter-Beteiligungssachverhalte. Bei Vorliegen der organschaftlichen Voraussetzungen wird zwar nicht die Steuerpflicht der Organgesellschaft beendet, jedoch ihr Einkommen dem Organträger in voller Höhe und nicht nur quotal nach seiner Beteiligung zugerechnet und nach Addition zu seinem eigenen Einkommen bei ihm besteuert[13].

2. Subjektive Voraussetzungen

a) Organträger

Vorausgesetzt wird nach § 14 Abs. 1 S. 1 HS 1 KStG ein einziges[14] gewerbliches Unternehmen i.S.d. § 2 GewStG[15] iVm. § 15 EStG, wobei die Gewerblichkeit bei Kapitalgesellschaften gemäß § 2 Abs. 2 GewStG fingiert wird (Gewerbebetrieb kraft Rechtsform). Das Erfordernis des gewerblichen Unternehmens als Spitzeneinheit soll die Einbeziehung des ihm zuzurechnenden Gewerbeertrags der Organgesellschaft im Rahmen der Gewerbesteuer sicherstellen.

Zulässige Rechtsträger sind gemäß § 14 Abs. 1 S. 1 Nr. 2, § 18 KStG:

- unbeschränkt steuerpflichtige natürliche Personen, also solche mit Wohnsitz oder gewöhnlichem Aufenthalt im Inland;

13 Mit Ausnahme der Ausgleichszahlungen nach § 16 KStG, vgl. § 14 Abs. 1 S. 1 KStG; Abschn. 57 KStR 1995; Abschn. 61 KStR 2004.

14 Eine Organschaft zu mehreren Organträgern ist in Deutschland damit nicht zulässig, dazu nachstehend, unter d).

15 Vgl. Abschn. 48 Abs. 1 S. 2 KStR 1995; BMF-Schreiben v. 26.8.2003, IV A2-S 2770-18/03, BStBl. I 2003, 437, Tz. 2-5, hierzu *Dötsch/Pung*, DB 2003, 1970; *Heurung/Klübenspies*, BB 2003, 2483.

- nicht steuerbefreite, unbeschränkt körperschaftsteuerpflichtige Körperschaften i.S.d. § 1 Abs. 1 KStG mit Geschäftsleitung im Inland. Folglich können auch doppelt ansässige ausländische Kapitalgesellschaften bei Gründungssitz im Ausland und Geschäftsleitung im Inland taugliche Organträger sein. Für solche Auslandsgesellschaften bedarf es zur Bestimmung der Körperschaftsteuersubjektivität einer Einordnung der Rechtsform in das System des deutschen Steuerrechts nach einem Typenvergleich[16]. EU- und EWR-Kapitalgesellschaften, wie sie im Anhang zur EG-Mutter-Tochter-Richtlinie[17] genannt sind, sind stets mit deutschen Kapitalgesellschaften vergleichbar. Nach der Entscheidung des EuGH im Fall „Überseering“ ist die Körperschaftsteuersubjektivität dieser Gesellschaften deshalb zu Recht nach § 1 Abs. 1 Nr. 1 KStG (und nicht wie früher nach § 1 Abs. 1 Nr. 5 KStG) zu bejahen[18].
- Personengesellschaften i.S.d. § 15 Abs. 1 Nr. 2 EStG, jedoch nur, wenn sie originär gewerbliche Einkünfte nach § 15 Abs. 1 Nr. 1 EStG erzielen[19]. Für Auslandsgesellschaften gilt das zum „Typenvergleich“ Gesagte.
- beschränkt steuerpflichtige ausländische Gesellschaften, also solche ohne Sitz oder Geschäftsleitung in Deutschland, jedoch mit inländischer Zweigniederlassung i.S.d. § 18 KStG. Auf die Rechtsform des ausländischen Organträgers kommt es nicht an. Mit diesem kann folglich eine Organschaft begründet werden, wobei die organschaftliche Beziehung dann von der inländischen Zweigniederlassung zu der von ihr gehaltenen inländischen Organgesellschaft besteht. Die steuerliche Einkommenszu-

---

16 Grundlegend die sog. „Venezuela“ Entscheidung des RFH v. 12.2.1930, VI A 899/27, RFHE 27, 73, RStBl. 1930, 444; BFH v. 23.6.1992, IX R 182/87, BStBl. II 1992, 972; 16.12.1992, I R 32/92, BStBl. II 1993, 399. Vgl. die Länderübersicht im BMF-Schreiben v. 24.12.1999, IV B4-S 1300-111/99, BStBl. I 1999, 1076, 1114 ff. (Tabellen 1 u. 2 der Betriebstätten-Verwaltungsgrundsätze). Dazu z.B. *Jacobs*, Internationale Unternehmensbesteuerung, 5. Aufl. 2002, S. 500 ff.

17 Richtlinie 90/435/EWG des Rates v. 23.7.1990 über das gemeinsame Steuersystem der Mutter- und Tochterkapitalgesellschaften verschiedener Mitgliedstaaten, ABl. EG Nr. L 225 v. 20.8.1990, S. 6 idF. der Änderung durch die Richtlinie 2003/123/EG des Rates v. 22.12.2003, ABl. EG Nr. L 7 v. 13.1.2004, S. 41.

18 EuGH v. 5.11.2002, Rs. C-208/00, *Überseering*, Slg. 2002, I-9919; vgl. *Aigner/Kofler*, IStR 2003, 570, 574; *Birk*, IStR 2003, 469, 473.

19 Verschärfung durch das StVergAbG v. 16.5.2003, BGBl. I 2003, 660: gewerbliche Prägung i.S.v. § 15 Abs. 3 Nr. 2 EStG reicht ab dem VZ 2003 nicht mehr aus. Vgl. auch Abschn. 52 KStR 1995, Abschn. 58 KStR 2004. Zum Umfang der eigenen gewerblichen Betätigung vgl. BMF-Schreiben v. 10.11.2005, IV B 7-S 2770-24/05, BStBl. I 2005, 1038, Tz. 15 ff.

rechnung erfolgt nicht an die ausländische Gesellschaft, sondern an die inländische Betriebstätte des ausländischen Trägers. Die Wirkungen werden daher – entsprechend dem Verteilungskonzept auf der Grundlage der Doppelbesteuerungsabkommen – nur im Inland gezeitigt. § 18 KStG wird daher dem Namen einer grenzüberschreitenden Organschaft nicht gerecht.

Möglich ist auch innerhalb einer Konzernkette die Begründung einer *mehrstufigen Organschaft*. Hierfür muss die Zwischengesellschaft, die im Verhältnis zur nachgeordneten Kapitalgesellschaft Organträger und im Verhältnis zur übergeordneten Gesellschaft Organgesellschaft ist, auch die strengeren Voraussetzungen einer Organgesellschaft erfüllen.

b) Organgesellschaft

Anders als beim Organträger gibt es bei den Organgesellschaften im subjektiven Anwendungsbereich keine Rechtsformneutralität. Von Gesetzes wegen werden vielmehr nur Kapitalgesellschaften, also die deutsche Aktiengesellschaft (AG) oder Kommanditgesellschaft auf Aktien (KGaA) gemäß § 14 Abs. 1 S. 1 HS 1 KStG bzw. andere Kapitalgesellschaften (primär die GmbH) nach § 17 KStG für den Organverbund zugelassen. Weiterhin müssen sich Sitz und Geschäftsleitung *kumulativ* in Deutschland befinden.

Damit bleibt festzuhalten, dass nur inländische Kapitalgesellschaften unter Ausschluss von Personengesellschaften bzw. Einzelunternehmen dem deutschen Organkreis angehören können[20]. Ferner sind Lebens- und Krankenversicherungsunternehmen als Organgesellschaften ausgeschlossen, § 14 Abs. 2 KStG[21]. Ein Organträger kann gleichzeitig auch Organgesellschaft sein, somit können beliebig viele Stufen in einem tief gestaffelten Konzern einen Organkreis bilden.

Mit ausländischen Tochtergesellschaften ist *keine grenzüberschreitende Organschaft* möglich. Auch eine doppelte Ansässigkeit hilft wegen des geforderten doppelten Inlandsbezugs für die Organgesellschaft zum einen und

20 Einer Organschaft bedarf es bei einer Personengesellschaft als Organ grundsätzlich nicht, weil die iRd. Mitunternehmerschaft erzielten Einkünfte den an ihr beteiligten Mitunternehmern bereits im Wege der gesonderten und einheitlichen Feststellung zugerechnet werden, § 15 Abs. 1 S. 1 Nr. 2 EStG iVm. § 180 Abs. 1 Nr. 2 a) AO.

21 Dieser Ausschluss dürfte nach der in Art. 3 Abs. 1 GG postulierten horizontalen Steuergerechtigkeit verfassungswidrig sein, vgl. *J. Hey*, FR 2001, 1279 ff.; *dies.*, in: Herzig (Hrsg.), Organschaft, 2003, S. 507 ff.; *Schnittker/Hartmann*, BB 2002, 277, 282.

wegen der für Wegzugsfälle weiterhin in Deutschland (noch) geltenden Sitztheorie zum anderen nicht weiter[22]. Ob diese rechtliche und faktische Behinderung wirtschaftlicher Verflechtungen im europäischen Binnenmarkt europarechtskonform geht, ist Gegenstand späterer Betrachtungen.

c) Inlandsbezug

i) Organträger

Der Inlandsbezug des Rechtsträgers wird, wie bereits gesagt, durch § 14 Abs. 1 S. 1 Nr. 2 KStG über den „genuine link“ der Ansässigkeit bei natürlichen Personen (i.S.v. § 1 Abs. 1 EStG, §§ 8, 9 AO) bzw. der Geschäftsleitung im Inland bei Gesellschaften (i.S.v. § 1 Abs. 1 KStG, § 10 AO) hergestellt.

Dies impliziert, dass es bei Körperschaften auf den Ort des Satzungssitzes für Zwecke der Organschaft nicht ankommt[23]. Anders ausgedrückt: Der statuarische Sitz im Inland ist weder notwendige noch hinreichende Organschaftsvoraussetzung. Anknüpfungspunkt ist beim Organträger folglich einzig und allein die Geschäftsleitung nach § 10 AO, weshalb sich zur Bejahung des Mittelpunkts der geschäftlichen Oberleitung insbesondere die Betriebsorganisation, die Willensbildung und das Tagesgeschäft im Inland befinden müssen. Erfasst sind neben inländischen Gesellschaften vor allem auch doppelt ansässige ausländische Gesellschaften, die unter Beibehaltung ihres statuarischen Sitzes im Ausland ihre tatsächliche Hauptverwaltung respektive Geschäftsleitung nach Deutschland verlegt haben[24].

---

22 Die Verlegung des effektiven Verwaltungssitzes ins Ausland führt in Deutschland zur Auflösung der Gesellschaft; str., vgl. *Pentz*, in: Ebenroth/Boujong/Joost (Hrsg.), HGB, 2001, § 13 Rn. 45 m.w.N; a.A.: *Triebel/von Hase*, BB 2003, 2409, 2413.

23 Das Kumulativerfordernis von Sitz *und* Geschäftsleitung wurde zum VZ 2001 durch das UntStFG v. 20.12.2001, BGBl. I 2001, 3858 abgeschafft, vgl. § 34 Abs. 9 Nr. 2 KStG. Insoweit unrichtig *Schlagheck*, StuB 2004, 401, 402, der von VZ 2003 spricht. Die „Expertengruppe zur Fortentwicklung der Unternehmensbesteuerung“ hatte im Bericht der Bundesregierung, Beilage zu FR 11/2001, 19 noch eine Angleichung an die Voraussetzungen der unbeschränkten Steuerpflicht (Sitz *oder* Geschäftsleitung) gefordert. Bei Personengesellschaften ist das Problem nur ein scheinbares, da nach h.M. im deutschen Recht ein Auseinanderfallen von Sitz und Geschäftsleitung hier nicht möglich ist.

24 Vgl. BFH v. 29.1.2003, I R 6/99, BStBl. II 2004, 1043 für das DBA USA, hierzu *Rust*, IStR 2003, 658 ff.; *Pache*, IStR 2003, 808 ff.; BMF-Schreiben v. 8.12.2004, IV B 4 – S 1301 USA – 12/04, BStBl. I 2004, 1181. Nach EuGH v. 9.3.1999, Rs. C-212/97, *Centros*, Slg. 1999, I-1459 und v. 5.11.2002, Rs. C-208/00, *Überseering*, Slg.

Die Einbeziehung doppelt ansässiger Gesellschaften wird mit der eigentlichen Konzeption der deutschen Organschaftsbesteuerung begründet, nämlich die Organschaftsgrenze entlang der eigenen Besteuerungshoheit über das Steuersubstrat der am Organkreis teilnehmenden Personen zu ziehen. Der genuine link der inländischen Geschäftsleitung erreicht auch bei doppelt ansässigen Gesellschaften im Einklang mit der „tie breaker rule" des Art. 4 Abs. 3 OECD-MA und den entsprechenden deutschen Abkommensnormen, dass die Gesellschaft für Abkommenszwecke im Staat der Geschäftsleitung als ansässig behandelt wird. Folglich liegt die deutsche Besteuerungshoheit über das Einkommen des Organkreises vor[25]. Dies wäre bei einer bloßen Anknüpfung an den Sitz der Körperschaft im Inland immer dann nicht gewährleistet, wenn das Organeinkommen aufgrund eines DBA der deutschen Besteuerung beim Organträger entzogen ist[26]. Nicht erfasst sind daher auch doppelt ansässige deutsche Gesellschaften, also solche mit ausländischem Geschäftsleitungsort[27].

Bei einer Zweigniederlassung genügt hingegen die feste Geschäftseinrichtung im Inland sowie eine Eintragung ins Handelsregister und die weiteren in § 18 S. 1 Nr. 1, 2 KStG genannten Voraussetzungen, damit die beschränkt steuerpflichtige ausländische Stammhausgesellschaft Organträgerin im deutschen Organkreis sein kann. Unsystematisch ist jedoch der Ausschluss einer

---

2002, I-9919 musste klar sein, dass (EU-)Gesellschaften mit Geschäftsleitungsort im Inland nicht allein wegen ihres ausländischen Sitzes steuerlich benachteiligt werden dürfen. Bereits *Hübl*, DSTZ A 1972, 81, 83 und *Ebenroth/Willburger*, RIW Beilage 3 zu Heft 8/1995, S. 1 ff. kritisierten den früheren Ausschluss solcher Fälle. Vgl. zur Begründung und laufenden Besteuerung einer doppelt ansässigen Gesellschaft: *Löwenstein/Maier*, IStR 2002, 185, 193 Fn. 62 m.w.N.; *Staringer*, Besteuerung doppelt ansässiger Kapitalgesellschaften, 1999, S. 29 ff.

25 Vgl. die Begründung zum Regierungsentwurf des UntStFG, BT-Drs. 14/6882, S. 37; *Stadler/Elser*, DB Beilage 1/2002, 41; *Herlinghaus*, GmbHR 2001, 956, 960. Voraussetzung ist jedoch ein kongruentes Begriffsverständnis von § 10 AO und Art. 4 Abs. 3 OECD-MA, vgl. *Lehner*, in: Vogel/Lehner (Hrsg.), DBA, 4. Aufl. 2003, Art. 4 Rn. 104, 106, 115.

26 Inkonsistent ist jedoch, dass der Gesetzgeber den Verlust des Besteuerungsrechts bei natürlichen Personen als Organträger mit inländischem Wohnsitz, aber abkommensrechtlicher Ansässigkeit im Ausland (Art. 4 Abs. 2 OECD-MA) anscheinend in Kauf nimmt, vgl. *Schaumburg*, in: Herzig (Hrsg.), Organschaft, 2003, S. 419, 429.

27 Kritisch hierzu *Thömmes*, in: Herzig (Hrsg.), Organschaft, 2003, S. 525, 536 ff.; *Micker*, DB 2003, 2734, 2736. Nach h.M. verlieren diese Gesellschaften wegen der für Wegzugsfälle noch geltenden Sitztheorie ihre zivilrechtliche Rechtsfähigkeit und sind somit *theoretisch* nicht möglich; a.A. *Meilicke*, DB 2002, 911, 912; *Triebel/von Hase*, BB 2003, 2409 ff.: Anders als die Verlegung des Satzungssitzes soll die Verlegung der Geschäftsleitung regelmäßig nicht zur Auflösung der Gesellschaft in Deutschland führen.

unbeschränkt steuerpflichtigen Kapitalgesellschaft, die zwar ihren statuarischen Sitz und eine Betriebstätte im Inland, ihre Geschäftsleitung jedoch im Ausland hat, von der Regelung des § 18 KStG[28].

ii) Organgesellschaft

Im Unterschied zum Organträger besteht bei den Organgesellschaften die Voraussetzung des *doppelten Inlandsbezugs* von Geschäftsleitung *und* Sitz in Deutschland, § 14 Abs. 1 S. 1 KStG[29]. Damit sind noch höhere Anforderungen an die Teilnahme am Organkreis als an die unbeschränkte Steuerpflicht nach § 1 Abs. 1 KStG gestellt. Dies führt zum Ausschluss doppelt ansässiger[30] und ausländischer Tochtergesellschaften aus dem Organkreis[31], selbst bei inländischer Geschäftsleitung oder Betriebstätte. Die europarechtliche Problematik, die auf eine Beschränkung der Niederlassungsfreiheit hinausläuft, ist Gegenstand späterer Ausführungen[32].

d) Keine Mehrmütterorganschaft

Nach früherer Rechtslage[33] war eine Mehrmütterorganschaft, gebildet aus mehreren Gesellschaften, die gemeinschaftlich an einer Organgesellschaft beteiligt waren (Joint Venture/Arbeitsgemeinschaft), zulässig: Als Organträger wurde eine so genannte Willensbildungs-Gesellschaft bürgerlichen Rechts fingiert, der das Ergebnis der Organgesellschaft zuzurechnen war.

---

28 *Dötsch*, Der Konzern 2004, 531, 531 f.

29 Nach *Schmidt/Müller/Stöcker*, Die Organschaft im Körperschaftsteuer-, Gewerbesteuer- und Umsatzsteuerrecht, 6. Aufl. 2003, Rn. 36 soll die doppelte Inlandsanbindung die Nachprüfung der Organschaftsvoraussetzungen im Inland gewährleisten.

30 Kritisch zum Ausschluss ausländischer Kapitalgesellschaften mit inländischer Geschäftsleitung sowie im Inland errichteter Kapitalgesellschaften mit ausländischem Ort der Geschäftsleitung: *Thömmes*, in: Herzig (Hrsg.), Organschaft, 2003, S. 525, 534 ff.; *Frotscher*, Der Konzern 2003, 98, 100 u. 103; *Birk*, IStR 2003, 469, 473; *Micker*, DB 2003, 2734, 2737.

31 Vgl. BMF-Schreiben v. 26.8.2003, IV A2-S 2770-18/03, BStBl. I 2003, 437, Tz. 8: Ab dem Erhebungszeitraum 2002 (bis dahin vgl. Abschn. 14 Abs. 1 S. 5 GewStR 1998) besteht folglich auch nicht mehr die Möglichkeit der gewerbesteuerlichen Organschaft zu einer ausländischen Organgesellschaft, wenn diese im Inland einen Gewerbebetrieb unterhält.

32 Hierzu nachstehend, unter Teil 3, I.2.b).

33 § 14 Abs. 2 KStG a.F. Die Mehrmütterorganschaft wurde durch das UntStFG v. 20.12.2001, BGBl. I 2001, 3858, BStBl. I 2002, 35 erstmals kodifiziert und fand im VZ 2001 und 2002 Anwendung, wurde aber ab dem VZ 2003 abgeschafft, vgl. BMF-Schreiben v. 26.8.2003, IV A2-S 2770-18/03, BStBl. I 2003, 437, Tz. 15-20.

Der steuerliche Gewinn der Personengesellschaft wiederum wurde den Beteiligungsgesellschaften in ihrem Verhältnis zugerechnet. Eine Verlustzurechnung von der Organgesellschaft auf die Beteiligungsgesellschaften war dadurch blockiert. Das Institut der Mehrmütterorganschaft wurde durch das Steuervergünstigungsabbaugesetz mit Wirkung ab dem Veranlagungs- bzw. Erhebungszeitraum 2003 ersatzlos abgeschafft[34]. Der Wegfall der steuerlichen Anerkennung der Mehrmütterorganschaft zeitigte erhebliche Auswirkungen insbesondere auf die Verlustvorträge der Willensbildungs-GbR bzw. ihrer Gesellschafter[35].

3. Formelle Voraussetzungen

Die Organschaft setzt keine Antragstellung voraus. Es gibt kein besonderes Feststellungsverfahren für die Anerkennung der Organschaft. Die Prüfung des Vorliegens der Voraussetzungen erfolgt vielmehr inzident im Veranlagungsverfahren des Organträgers.

4. Materielle Voraussetzungen

a) Stimmrechtsmehrheit

Gefordert wird nach § 14 Abs. 1 S. 1 Nr. 1 KStG eine finanzielle Eingliederung[36], d.h. dem Organträger muss aus den Anteilen an der Organgesellschaft von Beginn ihres Wirtschaftsjahres an eine ununterbrochene Stimmrechtsmehrheit zustehen, was bereits bei mehr als 50% der Stimmrechte zutrifft[37]. Eine Organschaft zwischen Schwestergesellschaften scheidet damit jedoch aus. Bei Personengesellschaften als Organträger muss die finanzielle

34 StVergAbG v. 16.5.2003, BGBl. I 2003, 660.

35 Hierzu BMF-Schreiben v. 10.11.2005, IV B7-S 2770-24/05, BStBl. I 2005, 1038, Tz. 6 ff. Zu erforderlich gewordenen Ausweichstrategien: *Heurung/Klübenspies*, BB 2003, 2483, 2489; *Raupach/Burwitz*, DStR 2003, 1901 ff. Die rückwirkende Abschaffung des § 14 Abs. 2 KStG a.F. erfolgte verfassungsgemäß: BFH v. 22.2.2006, I B 145/05, DStRE 2006, 616; a.A. FG Berlin v. 29.3.2004, 8 B 8204/03, rkr., DStRE 2004, 979 ff. und FG Thüringen v. 16.8.2005, I 595/02, EFG 2005, 1632.

36 Bis zum VZ 2000 forderte § 14 Abs. 1 Nr. 2 KStG a.F. zusätzlich noch eine wirtschaftliche und organisatorische Eingliederung. Diese Voraussetzungen wurden durch das StSenkG v. 23.10.2000, BStBl. I 2000, 1521 ab dem VZ 2001 ersatzlos gestrichen.

37 Zu den zeitlichen Voraussetzungen der finanziellen Eingliederung: Abschn. 53 KStR 1995 bzw. Abschn. 59 KStR 2004.

Eingliederung im Verhältnis zur Personengesellschaft selbst und nicht etwa zu einem Gesellschafter erfüllt sein, vgl. § 14 Abs. 1 S. 1 Nr. 2 S. 3 KStG.

Bei mittelbaren Beteiligungen besteht kein Additionsverbot, allerdings muss die Beteiligung an jeder vermittelnden Gesellschaft die Mehrheit der Stimmrechte gewähren[38]. Somit ist eine mittelbare finanzielle Eingliederung (Mutter-Enkel) auch über eine Auslandstochter möglich, wobei der Gewinnabführungsvertrag unter Umgehung der zwischengeschalteten ausländischen Gesellschaft direkt zwischen Mutter- und Enkelgesellschaft abgeschlossen werden muss[39]. Die mittelbare Beteiligung kann somit auch über eine Gesellschaft bestehen, die nicht selbst Organgesellschaft sein kann[40].

Zu beachten ist in diesem Zusammenhang noch Folgendes: Zwar reicht *rechtlich* die einfache Stimmrechtsmehrheit für die finanzielle Eingliederung, jedoch bedarf der erforderliche Zustimmungsbeschluss zum Gewinnabführungsvertrag mindestens der Dreiviertelmehrheit (75%) in der Hauptversammlung der abhängigen Organgesellschaft nach § 293 Abs. 1 AktG. Sperren sich in bestimmten Konstellationen die dort anwesenden Minderheitsgesellschafter, so ist *faktisch* auch diese Dreiviertelmehrheit zur Begründung der Organschaft notwendig.

b) Gewinnabführungsvertrag

Wie soeben angesprochen, bedarf es nach § 14 Abs. 1 S. 1 HS 1, Nr. 3 KStG der Eingliederung der Tochterorgangesellschaft(en) durch einen auf mindestens fünf Jahre abgeschlossenen, wirksamen und durchgeführten Gewinnabführungsvertrag[41] zwischen dem Organträger und der jeweils am Organkreis beteiligten Organgesellschaft. Dieser bildet nach Ansicht der Finanzverwaltung die Rechtfertigung für die mit der Organschaft geschaffene Ausnahme

---

38 BMF-Schreiben v. 26.8.2003, IV A2-S 2770-18/03, BStBl. I 2003, 437, Tz. 13 f.; Abschn. 49 S. 6 KStR 1995; Abschn. 57 S. 4 KStR 2004. Die so vermittelte Beteiligung zählt in voller Höhe der Stimmrechte an der Organgesellschaft und nicht nur quotal entsprechend der Beteiligung an der vermittelnden Gesellschaft.

39 Abschn. 49 S. 3 KStR 1995; vgl. *Orth*, GmbHR 1996, 33, 36; *Grotherr*, StuW 1996, 356, 366; *Olbing*, in: Streck (Hrsg.), KStG, 6. Aufl. 2003, § 14 Anm. 16; *Eckstein*, in: CDFI, IFA 2004 Vienna Congress, Vol. 89b, Germany, S. 293, 301.

40 Abschn. 57 KStH 2004; BFH v. 2.11.1977, I R 143/75, BStBl. II 1978, 74.

41 Unternehmensvertrag i.S.v. § 291 Abs. 1 S. 1 Alt. 2 AktG. Richtigerweise müsste es *Ergebnis*abführungsvertrag heißen, da sich die Muttergesellschaft gleichzeitig auch zur Übernahme der bei der Tochtergesellschaft entstandenen Verluste verpflichtet, vgl. § 302 AktG. Vgl. zum Gewinnabführungsvertrag auch Abschn. 55 KStR 1995 bzw. Abschn. 60 Abs. 1 KStR 2004.

vom Prinzip der Subjektbesteuerung[42]. Für die Frage, ob die Mindestlaufzeit von fünf Jahren erfüllt ist, kommt es auf die zivilrechtliche Wirksamkeit des Gewinnabführungsvertrags an. Zur zivilrechtlichen Wirksamkeit setzt der Gewinnabführungsvertrag u.a. die Zustimmung der Hauptversammlung mit mindestens Dreiviertelmehrheit voraus, § 293 Abs. 1 AktG. Er entfaltet nach § 14 Abs. 1 S. 2, § 34 Abs. 9 Nr. 3 KStG seit dem Veranlagungszeitraum 2003 seine steuerliche Wirksamkeit erst ab dem Beginn des Jahres seiner Handelsregistereintragung. Die frühere Rückwirkungsregelung auf das Jahr des Vertragsschlusses wurde aufgehoben[43]. Voraussetzung für die Anerkennung eines Organschaftsverhältnisses zu einer GmbH ist nach § 17 S. 2 Nr. 2 KStG die ausdrückliche Vereinbarung einer Verlustübernahme entsprechend den Vorschriften des § 302 AktG[44].

Aus der bloßen Stimmrechtsmehrheit resultiert somit keine „Zwangsorganschaft" ex lege. Die Organschaft ist vielmehr optional, denn sie ist durch den in der Disposition der verbundenen Unternehmen stehenden Vertragsschluss bedingt. Gesellschaftsrechtliche Probleme hinsichtlich der Wirksamkeit des Vertragsschlusses kann die Frage der zivilrechtlichen *Rechtsfähigkeit* bei ausländischen (doppelt ansässigen) Rechtsträgern im Inland mit sich bringen[45]:

Die zivilrechtliche Wirksamkeit des Gewinnabführungsvertrages wird selbstverständlich auch steuerrechtlich vorausgesetzt. Probleme ergeben sich hier beispielsweise aufgrund der Sitztheorie des deutschen Internationalen Privatrechts, wonach zugezogenen Auslandsgesellschaften die Rechtsfähigkeit bisher rigide versagt wurde. Nach der Entscheidung des EuGH im Fall

42 Bericht der Bundesregierung zur Entwicklung des Unternehmensteuerrechts, Beilage 11 zu FR 11/2001, 16 f.

43 Nach dem FG Hamburg v. 2.7.2004, I 178/04, rkr., DStR 2004, 1417 ist diese Verschärfung durch das StVergAbG v. 16.5.2003, BGBl. I 2003, 660 für die ab dem 20.11.2002 (Kabinettsbeschluss zum StVergAbG) geschlossenen Gewinnabführungsverträge trotz einer darin liegenden echten Rückwirkung zur Vermeidung von Ankündigungseffekten verfassungsrechtlich zulässig.

44 Im Zuge der Einführung der Verjährungsregelung in § 302 Abs. 4 AktG mit dem Gesetz v. 9.12.2004, BGBl. I 2004, 3214 wird es nach dem BMF-Schreiben v. 16.12.2005, IV B 7 – S 2770 – 30/05, BStBl. I 2006, 12 nicht beanstandet, wenn vor dem 1.1.2006 abgeschlossene Gewinnabführungsverträge keinen Hinweis auf § 302 Abs. 4 AktG beinhalten. Eine Anpassung dieser Verträge wird nicht beanstandet. Wird nicht allgemein auf § 302 AktG verwiesen, müssen jedoch Neuverträge eine dem § 302 Abs. 4 AktG entsprechende Vereinbarung enthalten.

45 *Staringer*, Besteuerung doppelt ansässiger Kapitalgesellschaften, 1999, S. 343 ff.; *Orth*, IStR Beihefter 9/2002, 5; *Herlinghaus*, GmbHR 2001, 956, 961.

„Überseering"[46] ist die Rechtsfähigkeit doppelt ansässiger EU-Gesellschaften, die auch nach Sitzverlegung in ihrem Gründungsstaat rechtsfähig bleiben, auch in Deutschland anzuerkennen, so dass keine zivilrechtlichen Probleme auftreten. Gleiches gilt für US-amerikanische Gesellschaften, da sie nach Art. XXV Abs. 5 S. 2 des deutsch-amerikanischen Freundschafts-, Handels- und Schifffahrtsvertrages[47] bzw. Art. 24 Abs. 4 DBA USA 1989[48] wie deutsche bzw. EU-Rechtsträger in Deutschland zu behandeln sind.

Bei sonstigen Drittstaats-Rechtsträgern greift weiterhin die Sitztheorie, nach der Rechtsprechung wird jedoch der Typenvergleich regelmäßig eine (zivilrechtliche) Einordnung und damit Rechtsfähigkeit zumindest als OHG oder GbR ergeben[49]. Diese Einordnung ist wegen der Rechtsformneutralität bei den Organträgervoraussetzungen – anders als bei der Organgesellschaft selbst – auch unproblematisch. Noch nicht abschließend geklärt ist die Frage eines generellen Einwirkens des Rechts der Grundfreiheiten des EG-Vertrages über Art. 24 Abs. 5 des OECD-MA in die bilateralen Diskriminierungsverbote deutscher Doppelbesteuerungsabkommen[50]. Falls dies zu bejahen wäre, könnten auch doppelt ansässige Nicht-EU-Gesellschaften aus den Staaten, mit denen Deutschland ein DBA geschlossen hat, den Ergebnisabführungsvertrag als rechtsfähige *ausländische Kapitalgesellschaft* rechtswirksam abschließen.

5. Rechtsfolgen

a) Zurechnung

Die Organschaft führt nicht zum Ende der Steuerpflicht der Organgesellschaften, sondern lediglich zu einer Zurechnung von *Fremd*einkommen[51].

---

46 EuGH v. 5.11.2002, Rs. C-208/00, *Überseering*, Slg. 2002, I-9919; hierzu *Birk*, IStR 2003, 469 ff.; *Kersting*, NZG 2003, 9 ff.; *Geyrhalter/Gänßler*, NZG 2003, 409 ff.

47 Freundschafts-, Handels- und Schifffahrtsvertrag zwischen der Bundesrepublik Deutschland und den Vereinigten Staaten von Amerika v. 29.10.1954, BGBl. II 1956, 488; vgl. BGH v. 29.1.2003, VIII ZR 155/02, DStR 2003, 948; 13.10.2004, I ZR 245/01, DStR 2004, 2113; vgl. *Pache*, IStR 2003, 808 ff.

48 Vgl. BFH v. 29.1.2003, I R 6/99, BStBl. II 2004, 1043.

49 Vgl. nur BGH v. 1.7.2002, II ZR 380/00, BGHZ 151, 204=BB 2002, 2031 m. Anm. *Gronstedt*.

50 BFH v. 29.1.2003, I R 6/99, BStBl. II 2004, 1043 für das DBA USA. Hierzu *FW*, IStR 2003, 424 f.; *Rust*, IStR 2003, 658 ff.; *Pache*, IStR 2003, 808 ff.; BMF-Schreiben v. 8.12.2004, IV B 4 – S 1301 USA – 12/04, BStBl. I 2004, 1181.

51 Vgl. nur § 16 S. 1 KStG sowie den Umkehrschluss aus § 2 Abs. 2 GewStG und § 2 Abs. 2 Nr. 2 UStG; *Kolbe*, in: Herrmann/Heuer/Raupach (Hrsg.), KStG, § 14 Rn. 80.

Dogmatisch betrachtet flankiert die Organschaft die aufgrund des handelsrechtlichen Gewinnabführungsvertrages notwendige Ergebnisabführung in steuerlicher Hinsicht:

Handelsrechtlich ist die bei der Organgesellschaft für das entsprechende Wirtschaftsjahr als Aufwand (Betriebsausgabe) verbuchte Gewinnabführung beim Organträger Ertrag desselben Wirtschaftsjahres. *Steuerrechtlich* bleibt sie jedoch Bestandteil des für den Veranlagungszeitraum ermittelten Einkommens der Organgesellschaft. Um infolge der steuerlichen Zurechnung des Einkommens der Organgesellschaft eine doppelte Erfassung des abzuführenden Gewinns bzw. des zu übernehmenden Verlustes zu vermeiden, ist bei der Ermittlung des Einkommens des Organträgers der von der Organgesellschaft abgeführte oder abzuführende Gewinn außer Ansatz zu lassen. § 14 KStG enthält insoweit eine besondere steuerrechtliche, den Maßgeblichkeitsgrundsatz durchbrechende Regelung[52]. Beim Organträger erfolgt eine (außerbilanzielle) phasengleiche Zurechnung von Gewinnen bzw. Verlusten der Organgesellschaft[53]. Die Zurechnung des Einkommens tritt somit an die Stelle der Besteuerung der Gewinnabführung.

Eine Konsolidierung, also die Eliminierung innerorganschaftlicher (Zwischen-)Gewinne, findet jedoch nicht statt[54]. Es gibt weder eine Konzernsteuerbilanz noch eine einheitliche Konzernsteuererklärung, vielmehr hat jedes Unternehmen seine eigene Steuererklärung zu erstellen. Der Organträger muss in seiner Steuererklärung das zugerechnete Einkommen angeben und dieses nach Addition zu seinem eigenen Einkommen ebenfalls versteuern[55]. Eine Ausnahme von der alleinigen Gewinnbesteuerung auf Ebene des Organträgers enthält § 16 KStG, wonach die Organgesellschaft ihr Einkommen in Höhe von 4/3 der in Erfüllung der Pflicht aus § 304 Abs. 1 AktG geleiste-

---

52 BFH v. 16.5.1990, I R 96/88, BStBl. II 1990, 797.

53 BFH v. 29.10.1974, I R 240/72, BStBl. II 1975, 126; Abschn. 57 Abs. 1, 3 KStR 1995; Abschn. 61 KStR 2004; vgl. *Dötsch*, Der Konzern 2003, 21, 35.

54 Vgl. z.B. *Dötsch*, in: Kessler/Kröner/Köhler (Hrsg.), Konzernsteuerrecht, 2004, S. 157.

55 Ist Organträger eine Körperschaft, so beträgt der Körperschaftsteuersatz nach § 23 Abs. 1 KStG einheitlich 25%. Eine Absenkung des Körperschaftsteuersatzes ab dem 1.1.2008 auf 15% sieht der Gesetzentwurf zur Unternehmensteuerreform 2008 v. 14.3.2007, BT-Drs. 16/4841 v. 27.3.2007 vor. Ist Organträger hingegen eine natürliche Person oder Personengesellschaft bestehend aus natürlichen Personen, so unterliegt auch das Einkommen der Organgesellschaft dem progressiv ausgestalteten Einkommensteuertarif. Zusätzlich zur Körperschaft- bzw. Einkommensteuer fällt auf Ebene des Organträgers nach § 4 S. 1 SolZG noch Solidaritätszuschlag iHv. 5,5% sowie Gewerbesteuer an, die jedoch vom jeweiligen kommunalen Hebesatz abhängt.

ten Ausgleichszahlungen an außenstehende Aktionäre selbst zu versteuern hat[56].

Dividenden, die eine Organgesellschaft bezieht, sind nach dem Schachtelprivileg in Deutschland steuerbefreit, § 8b Abs. 1 KStG. Wegen des zum 1.1.2004 auch auf Inlandsdividenden erweiterten pauschalierten Betriebsausgabenabzugsverbotes des § 8b Abs. 5 KStG iHv. 5% der Dividende, tritt wirtschaftlich gesehen nur eine Dividendenfreistellung von 95% ein[57]. Diese Freistellung erfolgt allerdings erst auf Ebene des Organträgers, § 15 S. 1 Nr. 2 KStG, so genannte Bruttomethode[58].

Infolge der Einkommenszurechnung gibt es keine innerorganschaftlichen Dividenden, denn es liegt gerade keine Gewinnausschüttung der Organgesellschaft nach § 8b KStG vor[59]. Daher ist die Vermeidung der „Schachtelstrafe" des § 8b Abs. 5 KStG durch Implementierung einer Organschaft zwischen inländischen verbundenen Unternehmen möglich[60]. Etwas anderes gilt hingegen nach § 14 Abs. 3 KStG für so genannte vororganschaftlich verursachte handelsrechtliche Mehr- bzw. Minderabführungen von Organgesellschaften, deren Wirtschaftsjahr nach dem 31.12.2003 endet: Die Vorschrift inkorporiert die vom BFH abgelehnte Auffassung der Finanzverwaltung[61], dass es sich insoweit um Gewinnausschüttungen bzw. verdeckte Einlagen handelt[62].

Vororganschaftliche Verluste der Organgesellschaft – nicht jedoch des Organträgers – bleiben im Rahmen der Organschaft grundsätzlich unberück-

---

56 Vgl. auch Abschn. 65 KStR 2004; *Dötsch*, Der Konzern 2004, 716 ff.

57 § 8b Abs. 5 KStG idF. des Gesetzes zur Umsetzung der Protokollerklärung der Bundesregierung zur Vermittlungsempfehlung zum StVergAbG v. 22.12.2003, BGBl. I 2003, 2840. Zu einem möglichen Verstoß der Pauschalierungsregelung gegen Art. 3 Abs. 1 GG bei unterschiedlicher Finanzierungsart, vgl. *Schön*, FR 2001, 381, 391; *Schraufl/Zech*, PIStB 2003, 337, 344.

58 Vgl. BMF-Schreiben v. 26.8.2003, IV A2-S 2770-18/03, BStBl. I 2003, 437, Tz. 21 ff. mit Beispielsfällen.

59 Klarstellend das BMF-Schreiben v. 26.8.2003, IV A2-S 2770-18/03, BStBl. I 2003, 437, Tz. 24; vgl. auch Abschn. 57 Abs. 6 KStR 1995; Abschn. 61 Abs. 4, 7 KStR 2004; BFH v. 18.12.2002, I R 51/01, BStBl. II 2005, 49; *Rödder/Schumacher*, DStR 2002, 1163 ff.

60 Zur mittelbaren Europarechtswidrigkeit nachstehend im 3. Teil, II.2., 3.

61 Vgl. etwa BFH v. 18.12.2002, I R 51/01, BStBl. II 2005, 49 entgegen Abschn. 59 Abs. 4 S. 3, 5 KStR 1995 sowie BMF-Schreiben v. 28.10.1997, IV B 7-S 2770-29/97, BStBl. I 1997, 939. Vgl. zur Anwendung des BFH-Urteils BMF-Schreiben v. 22.12.2004, IV B 7 -S 2770-9/04, BStBl. I 2005, 65.

62 § 14 Abs. 3 KStG wurde durch das EURLUmsG v. 9.12.2004, BGBl. I 2004, 3310 eingeführt. Vgl. hierzu *Dettmeier/Dörr*, BB 2004, 2382, 2384 f. m.w.N.

sichtigt[63]. Vororganschaftliche Verluste sind solche, die vor der Wirksamkeit der Organschaft entstanden sind. Der Verlustausgleich ist damit auf Verluste im Zeitraum der Zugehörigkeit zur steuerlichen Organschaft beschränkt[64]. Vororganschaftliche Verlustvorträge bleiben bei der jeweiligen Organgesellschaft somit „eingefroren". Hierin liegt ein großer Unterschied zu vielen anderen Staaten, die eine Verlustverrechnung mit den während der Gruppenzugehörigkeit erzielten Gewinnen derselben Gesellschaft zulassen. Die Verlustvorträge sind gleichwohl nicht verloren, sondern können wegen des in § 10d EStG bzw. § 10a GewStG verankerten und zeitlich unbefristeten Verlustvortrages nach dem Ausscheiden aus dem Organkreis wieder regulär verwendet werden[65]. Anders ist dies nur bei vororganschaftlichen Verlusten des Organträgers. Sie stellen bei ihm auch während der Dauer der Organschaft Verrechnungspotential in den Grenzen von § 10d Abs. 2 EStG bzw. § 10a S. 1, 2 GewStG dar. Ein Verbot der doppelten Verlustberücksichtigung im In- und Ausland für doppelt ansässige Gesellschaften findet sich in der heftig diskutierten und stark umstrittenen Vorschrift des § 14 Abs. 1 S. 1 Nr. 5 KStG[66].

63 Vgl. § 15 S. 1 Nr. 1 KStG, § 10a S. 3 GewStG; Abschn. 64 KStR 2004; BMF-Schreiben v. 10.11.2005, IV B 7-S 2770-24/05, BStBl. I 2005, 1038, Tz. 25. Bis zur Neufassung des § 10a S. 3 GewStG mit Wirkung zum 1.1.2004 durch das Gesetz zur Änderung des Gewerbesteuergesetzes und anderer Gesetze v. 23.12.2003, BGBl. I 2003, 2922 war bei der gewerbesteuerlichen Organschaft eine Verrechnung möglich, vgl. zur Rechtslage bis zum 31.12.2003: Abschn. 68 Abs. 5 GewStR 1998; *Krebühl*, DStR 2002, 1241, 1246; *Schlagheck*, StuB 2004, 401, 406.

64 Ausführlich zur Verlustnutzung bei Organschaft: *Orth*, in: Herzig (Hrsg.), Organschaft, 2003, S. 167 ff.; *ders.*, WPg-Sonderheft 2003, 13 ff.; vgl. auch *Schlagheck*, StuB 2004, 401 ff.

65 Für die Begründung einer Organschaft sollte somit der Verbrauch der Verlustvorträge abgewartet werden, vgl. *Breuninger/Prinz*, JbFStR 1999/2000, 535, 545.

66 Vgl. etwa *Endres/Thies*, RIW 2002, 275 ff.; *Füger*, PIStB 2003, 136 ff.; *Heurung/Oblau/Röker*, GmbHR 2002, 620, 622; *F. Hey*, BB 2002, 915 ff.; *Löwenstein/Maier*, IStR 2002, 185, 189; *Lüdicke*, in: Herzig (Hrsg.), Organschaft, 2003, S. 436 ff. m.w.N.; *Meilicke*, DB 2002, 911, 912 ff.; *Orth*, IStR Beihefter 9/2002, 10; *Prinz/Simon*, Der Konzern 2003, 104 ff.; *Schreiber/Meisel*, IStR 2002, 581 ff.; *Stadler/Elser*, DB Beilage 1/2002, 43; *Töben/Schulte-Rummel*, FR 2002, 425 ff.; *Pache*, in: Herrmann/Heuer/Raupach (Hrsg.), KStG, § 14 Rn. 250 ff. m.w.N.; *Scheunemann*, Grenzüberschreitende konsolidierte Konzernbesteuerung, Köln 2005, S. 199 ff. m.w.N.

b) Keine Berücksichtigung von Auslandsverlusten

Infolge der subjektiven Zugangsbeschränkungen ist eine grenzüberschreitende Organschaft derzeit in Deutschland nicht zulässig[67].

Auch die Zweigniederlassungsregelung des § 18 KStG bleibt, wie bereits aufgezeigt, in ihren Auswirkungen auf den deutschen Besteuerungssachverhalt begrenzt.

Außerhalb vom eigentlichen Regelungsbereich der Organschaft sind – schon nach den allgemeinen Grundsätzen – die Verluste von Auslandsbetriebstätten inländischer Organkreismitglieder bei DBA-Freistellung im Inland nicht nutzbar[68]. Bei der DBA-Anrechnungsmethode bzw. in Nicht-DBA-Fällen greift die Verlustverrechnungsbeschränkung des § 2a Abs. 1 EStG ein.

c) Bedeutung

Das Rechtsinstitut der Organschaft gehört mit zu den wichtigsten steuerlichen Gestaltungsmitteln des deutschen Unternehmensteuerrechts. Mit der Abschaffung des Anrechnungsverfahrens und dem Systemwechsel zum Halbeinkünfteverfahren im Jahre 2001 ist die Bedeutung sogar noch gestiegen: Wegen der definitiven Körperschaftsteuerbelastung tritt der Verlustverrechnungsmechanismus in den Vordergrund, was insbesondere bei einer profitablen Tochtergesellschaft, die ihre Gewinne ausschüttet, und einer Verluste erwirtschaftenden Muttergesellschaft gilt[69]. Nachdem der Bundesfinanz-

---

67 Vgl. *Thömmes* in: Herzig (Hrsg.), Organschaft, 2003, S. 525, 526; *Frotscher*, Der Konzern 2003, 98, 103; *Paetsch*, Grenzüberschreitende Verlustberücksichtigung im Europäischen Binnenmarkt, 2004, S. 76 f. Nicht gemeint ist in diesem Zusammenhang die durch das Welteinkommensprinzip in den Grenzen des § 2a EStG mögliche Berücksichtigung ausländischer Verluste bei (direkter) grenzüberschreitender Betätigung ohne Auslandsbetriebstätte bzw. mit Auslandsbetriebstätte, deren Ergebnisse im Inland steuerpflichtig bleiben (z.B. bei fehlendem DBA bzw. DBA mit Anrechnungsmethode) oder bei Betätigung über eine Auslandspersonengesellschaft.

68 BFH v. 17.10.1990, I R 182/87, BStBl. II 1991, 136; v. 13.11.2002, I R 13/02, DStR 2003, 685. Anders ist dies z.B. in Österreich: Erkenntnis des öVwGH v. 25.9.2001, 99/14/0217, IStR 2001, 754 ff. mit Anm. *FW*; vgl. *Aigner/Kofler*, IStR 2003, 570, 574 ff.

69 Früher erfolgte eine Dividendenbesteuerung auf Ebene des Anteilseigners, so dass ausgeschüttete Gewinne der Tochtergesellschaft zur Verrechnung mit Verlusten der Muttergesellschaft genutzt werden konnten. Durch die Dividendenfreistellung in § 8b Abs. 1 KStG entfiel diese Möglichkeit. Die Lücke schließt das Institut der Organschaft, wobei man hier terminologisch nicht von Gewinnausschüttung, sondern Zurechnung spricht. Vgl. i.E.: *Kirsch/Grube*, GmbHR 2001, 371, 373; *Prinz*, FR 2000, 1255, 1260.

hof die phasengleiche Aktivierung von Gewinnansprüchen grundsätzlich ablehnt[70], gewinnt die Organschaft auch für einen phasengleichen Gewinntransfer zwischen Unternehmen an Bedeutung. Dies umso mehr, als nach § 10d Abs. 2 EStG ab dem Veranlagungszeitraum 2004 die Nutzung des Verlustvortrags durch die so genannte Mindestbesteuerung erheblich eingeschränkt wurde[71]. Des Weiteren kann die Organschaft helfen, die ab 1.1.2004 auch bei Inlandsfällen eingreifenden Restriktionen durch das pauschalierte Aufwendungsabzugsverbot des § 8b Abs. 5 KStG ebenso wie den Anfall von Kapitalertragsteuer auf Gewinnausschüttungen zu vermeiden sowie bei der Gesellschafter-Fremdfinanzierung nach § 8a KStG abzumildern[72]. Die Organschaft ist heute praktisch das einzige Instrument des deutschen Unternehmensteuerrechts zur Erzielung einer steuerlichen Gewinn- und Verlustverrechnung zwischen eigenständigen Steuersubjekten, und zwar unabhängig davon, ob der Verlust auf Ebene der Tochtergesellschaft oder der Muttergesellschaft entstanden ist.

6. Indirekte Verlustnutzung

Die Übertragung von Verlusten einer (Auslands-)Tochtergesellschaft auf die inländische Muttergesellschaft könnte grundsätzlich auch im Wege der Abschreibung der Beteiligung auf den vom Buchwert abweichenden niedrigeren Teilwert erfolgen. Diese so genannte Teilwertabschreibung ist möglich, wenn die dafür erforderlichen Voraussetzungen entsprechend § 6 Abs. 1 Nr.

---

70 BFH v. 7.8.2000, GrS 2/99, BStBl. II 2000, 632.

71 § 10d Abs. 2 EStG idF. des Gesetzes zur Umsetzung der Protokollerklärung der Bundesregierung zur Vermittlungsempfehlung zum StVergAbG v. 22.12.2003, BGBl. I 2003, 2840: Sofortiger Verlustabzug nur noch bis zu einem Betrag von 1 Mio. €, darüber hinaus nur bis zu 60% des 1 Mio. € übersteigenden Gesamtbetrags der Einkünfte. Hierzu BMF-Schreiben v. 29.11.2004, IV C 8 – S 2225 – 5/04, DStR 2004, 2102. Eine ähnliche Regelung findet sich für den gewerbesteuerlichen Fehlbetrag in § 10a GewStG. Verfassungsrechtliche Zweifel an der Mindestbesteuerung bei *Lindauer*, BB 2004, 2720 ff.; a.A. BFH v. 29.4.2005, XI B 127/04, BStBl. II 2005, 609; FG Köln, 26.2.2004, 13 V 6362/03, EFG 2004, 909; FG Berlin, 13.7.2004, 1 B 1413/03, EFG 2004, 1827.

72 Bei § 8a KStG geht es um die Vermeidung der Kapitalertragsteuer sowie der 5%-Schachtelstrafe iRd. verdeckten Gewinnausschüttung, vgl. BMF-Schreiben v. 15.7.2004, IV A2-S 2742a-20/04, BStBl. I 2004, 593, Tz. 26; hierzu ausführlich *Dörr/Geibel/Geißelmeier/Gemmel/Krauß/Schreiber*, Beilage 11 zu NWB 34/2004, S. 58, 89. § 8a KStG in seiner jetzigen Fassung soll zum 1.1.2008 aufgehoben und durch die so genannte „Zinsschranke" ersetzt werden, vgl. § 4h EStG i.V.m. § 8a KStG idF. des Gesetzentwurfs zur Unternehmensteuerreform 2008 v. 14.3.2007, BT-Drs. 16/4841 v. 27.3.2007.

2 S. 2 EStG bzw. § 5 Abs. 1 S. 2 EStG iVm. § 253 Abs. 2 S. 3 HGB vorliegen. Eine Teilwertabschreibung ist steuerlich jedoch nicht schon deshalb gerechtfertigt, weil die Organgesellschaft ständig Verluste erwirtschaftet[73]. Insbesondere kommt bei einer Beteiligung an einem neu gegründeten Unternehmen eine Teilwertabschreibung wegen Anlaufverlusten regelmäßig nicht in Betracht[74].

Die Gewinnminderung durch Teilwertabschreibung auf Beteiligungen ist jedoch *für Körperschaften* seit dem Veranlagungszeitraum 2001 grundsätzlich steuerlich nicht mehr zu berücksichtigen, § 8b Abs. 3 S. 3 KStG[75].

Ist der die Beteiligung haltende Organträger hingegen eine *Personengesellschaft oder eine natürliche Person*, so kann die Teilwertabschreibung einer Beteiligung an einer Organgesellschaft zwar nur zur Hälfte, aber immerhin angesetzt werden, § 3c Abs. 2 S. 2 EStG. Bei Teilwertabschreibungen auf sonstige Auslandsbeteiligungen außerhalb der Organschaft ist § 2a Abs. 1 S. 1 Nr. 3 a) EStG zu beachten, so dass es regelmäßig davon abhängt, ob die ausländische Tochtergesellschaft Einkünfte aus aktiver Tätigkeit i.S.d. § 2a Abs. 2 S. 2 EStG erzielt. Diese stengeren Anforderungen für Abschreibungen auf Auslandsbeteiligungen verglichen zu denen für Inlandsbeteiligungen wurden bisher bereits stark kritisiert[76] und kürzlich vom EuGH als europarechtswidrig eingestuft[77]. Nur der Vollständigkeit halber sei darauf hingewiesen, dass die Teilwertabschreibung kein vollwertiger Ersatz für eine Verlustberücksichtigung sein kann, da sie der Höhe nach auf den Buchwert der Beteiligung in der Bilanz der Muttergesellschaft beschränkt bleibt, obwohl die Verluste ein mehrfaches des Buchwerts betragen können[78].

---

73 Abschn. 60 KStR 1995; Abschn. 62 Abs. 3 KStR 2004.

74 St. Rspr. seit RFH v. 11.5.1939, III 140/38, RStBl 1939, 805. Im Regelfall können als Anlaufphase für eine im Inland gegründete Kapitalgesellschaft drei Jahre und für eine im Ausland gegründete Kapitalgesellschaft fünf Jahre angenommen werden, vgl. BFH v. 27.7.1988, I R 104/84, BStBl. II 1989, 274, 275.

75 Vgl. auch BMF-Schreiben v. 28.4.2003, IV A2-S 2750a-7/03, BStBl. I 2003, 292, Tz. 25-27.

76 Vgl. *Rädler/Lausterer*, in: Hommelhoff/Zätzsch/Erle (Hrsg.), FS W. Müller, 2001, S. 339 ff.; *Brandis*, FR 2004, 1614 ff.; *Lausterer*, FR 2004, 1109 ff.; *ders.*, in: DAI Arbeitsunterlage zur Tagung: Praxis des Internationalen Steuerrechts, 2004, S. 160 ff.; Schlussanträge des GA Poiares Maduro v. 31.5.2006, Rs. C-347/04, *Rewe Zentralfinanz*.

77 EuGH v. 29.3.2007, Rs. C-347/04, *REWE Zentralfinanz*.

78 *Frotscher*, Internationales Steuerrecht, 2001, S. 208.

III. Dänemark: „Sambeskatning“

1. Einleitung

Dänemark ist einer der wenigen Staaten weltweit, die langjährige Erfahrungen mit einer grenzüberschreitenden Gruppenbesteuerung aufweisen. Die erstmals im Jahr 1903 eingeführten Regelungen unterlagen über die Jahre zwar laufenden Änderungen, wurden jedoch – vor ihrer grundlegenden Reform im Jahr 2005 – von der EU-Kommission mit Vorbildfunktion für eine angestrebte europaweite Verlustberücksichtigung versehen[79].

Gesetzlich verankert ist das *sambeskatning*, wie die gemeinsame Besteuerung in Dänemark genannt wird, vor allem in den Vorschriften der §§ 31 ff. SEL[80]. Die Voraussetzungen der Gruppenbesteuerung im Einzelnen legen das *Skattedepartementet* (staatliches Steueramt), zuständig im dänischen Steuerministerium für Gesetzgebung und Steuerpolitik[81] sowie der *Ligningsrådet* (Oberste Steuerbehörde) fest. Das sambeskatning ist kein Konsolidierungs-, sondern ein Zurechnungssystem, da eine Eliminierung konzerninterner Zwischengewinne gerade nicht stattfindet.

Der dänische Finanzminister präsentierte erstmals am 24.11.2004 Reformvorschläge und am 15.12.2004 einen Gesetzentwurf zur Umstrukturierung des Sambeskatning. Ein entsprechendes Änderungsgesetz wurde am 31.5.2005 verabschiedet und gilt mit Rückwirkung für Wirtschaftsjahre, die nach dem 14.12.2004 begonnen haben. Hintergrund der Neuregelung[82] waren die hohen Haushaltsausfälle, die daraus resultierten, dass unter der Alt-

79 Vgl. Zusammenfassung der Studie der Dienststellen der Kommission: „Unternehmensbesteuerung im Binnenmarkt“, SEK (2001) 1681 v. 23.10.2001 Tz. 59 sowie Mitteilung der Kommission: „Ein Binnenmarkt ohne steuerliche Hindernisse - Ergebnisse, Initiativen, Herausforderungen“, KOM (2003) 726 v. 24.11.2003 Tz. 3.3.

80 Bekendtgørelse af lov om indkomstbeskatning af aktieselskaber m.v.; Selskabsskatteloven (SEL, dänisches Körperschaftsteuergesetz) Nr. 736 v. 28.8.2002.

81 Vgl. hierzu die Angaben des dänischen Steuerministeriums: http://www.skat.dk/_foreign/deutsch/1438.html; vgl. v.a. Ligningsvejledningen; Selskaber og aktionærer 2003-1, S.D.4. Sambeskatning v. 14.7.2003 (Steuerrichtlinien zur Gruppenbesteuerung) und TSS-CIR 2002-36 (Verwaltungsrundschreiben) v. 10.12.2002.

82 Gesetz Nr. L 121 v. 31.5.2005; vgl. zur neuen Rechtslage: *Andersen*, in: The Taxation of Companies in Europe, IBFD 2006, Denmark-167 ff.; *BDI/PWC*, Verlustberücksichtigung über Grenzen hinweg, 2006, S. 38 ff; *Bjørnholm/Becker-Christensen*, European Taxation 2006, 47 ff.; *Emmeluth*, Tax Management International Forum 9/2005, 11 ff.; *IBFD*, European Tax Handbook 2006, Denmark, S. 166 f.; *Ottosen/Nørremark*, IBFD-Bulletin 2005, 471 ff.; *Schulze*, IWB F. 5 Gr. 2, Dänemark, S. 163 ff.; *Sedlaczek*, IWB F. 5 Gr. 2, Dänemark, S. 165, 167 f.; *Sievert*, Konzernbesteuerung in Deutschland und Europa, Düsseldorf 2006, S. 186 f.

regelung[83] zum einen hauptsächlich Auslandsverlustgesellschaften in die Gruppe einbezogen wurden[84] und die Nachversteuerungsregelungen die entstehenden Steuerausfälle nur unzureichend begrenzten[85].

Aus diesem Grunde wurde eine *nationale Zusammenveranlagung*, die sämtliche qualifizierten inländischen Gruppengesellschaften umfasst, als zwingend vorgesehen. Demgegenüber kann zur *internationalen Zusammenveranlagung*, in der jedoch alle in- und ausländischen Gruppengesellschaften erfasst sind, optiert werden („Globalpoolingsystem" bzw. „all-in, all-out"-Prinzip). Damit wird das in der Vergangenheit mögliche „Rosinenpicken" nur der Auslandsverlustgesellschaften für Zwecke der gemeinsamen Besteuerung vermieden. Ebenfalls zur Vermeidung von Steuergestaltungen soll die Mindestbestandsfrist zehn Jahre betragen. Ferner soll die bisherige Mindestbeteiligungsschwelle von 100% auf „mehr als 50%" abgesenkt werden, um ein Umgehen des „all-in, all-out"-Prinzips zu verhindern. Die erwarteten Mehreinnahmen aus den Steueränderungen dienen zur Gegenfinanzierung der zum Veranlagungszeitraum 2005 erfolgten Absenkung des Körperschaftsteuersatzes von 30% auf 28%. Einen Paradigmenwechsel stellte auch der Übergang des seit 1903 bestehenden Welteinkommensprinzips zum (partiellen) Territorialitätsprinzip dar. Künftig werden laufende Einkünfte bzw. solche aus der Veräußerung ausländischer Betriebstätten und ausländischen Grundbesitzes grundsätzlich nicht mehr bei der Ermittlung des zu versteuernden dänischen Einkommens berücksichtigt.

---

83 Vgl. zur alten Rechtslage: *Amby*, in: CDFI, IFA 2004 Vienna Congress, Vol. 89b, Denmark, S. 233, 235 ff.; *Böhme*, IStR 1998, 165 ff.; *Dörr*, in: Schön (Hrsg.), Steuerliche Maßgeblichkeit in Deutschland und Europa, Köln 2005, S. 746 ff.; *Emmeluth*, Tax Planning International Forum 9/2003, 11 ff.; *Hansen/Munch*, TNI, 30.6.2003, 1339 ff.; *IBFD*, European Tax Handbook 2004, Denmark, S. 170; *Jacobs*, Internationale Unternehmensbesteuerung, 5. Aufl. 2002, S. 828; *Kessler*, IStR 1993, 303 ff.; *ders.*, in: DAI Arbeitsunterlage zur Tagung: Praxis des Internationalen Steuerrechts, 2004, S. 186, 188 ff.; *Kischel*, IWB F. 5 Gr. 2, Dänemark, S. 137 ff.; *Pedersen*, in: CDFI, IFA 1998 London Congress, Vol. LXXXIIIa, Denmark, S. 419, 428 ff.; *Schulze*, in: Mennel/Förster (Hrsg.), Steuern in Europa, Amerika und Asien, 2005, Dänemark, Rn. 261 ff.; *Sievert*, Konzernbesteuerung in Deutschland und Europa, Düsseldorf 2006, S. 176 ff.; *Svendgaard*, Frivillig og tvungen sambeskatning af selskaber, 2001.

84 Im Jahr 2003 unterlagen beispielsweise 110.966 Unternehmen der dänischen Körperschaftsteuer. Davon fungierten 8.351 als Obergesellschaften einer Gruppenbesteuerung und 1.140 Auslandsgesellschaften nahmen an einer solchen teil, vgl. *Amby*, in: CDFI, IFA 2004 Vienna Congress, Vol. 89b, Denmark, S. 233, 235.

85 Die Angaben zu etwaigen Haushaltsverlusten schwanken zwischen 270 Mio. € jährlich bei *Sørensen/Bjørnholm*, [2004] WTD 230-2-News Stories v. 30.11.2004 bzw. 2 Mrd. € jährlich bei *Ottosen/Nørremark*, IBFD-Bulletin 2005, 471, 471.

2. Materielle Voraussetzungen

Während nach alter Rechtslage die Anteile an der Tochtergesellschaft zu 100% bzw. zu der nach ausländischem Recht höchsten Beteiligungsquote gehalten werden mussten, um die Gruppenbesteuerung wählen zu können, ist alleinige Voraussetzung nunmehr die Zugehörigkeit zur *Gruppe*.

In allen Fällen, in denen die Obergesellschaft eine andere Gesellschaft (Tochtergesellschaft bzw. Betriebstätte) „kontrolliert", kommt es auf nationaler Ebene zur steuerlichen Zwangskonsolidierung. Lediglich für die internationale Zusammenveranlagung besteht auch künftig noch ein antragsabhängiges Wahlrecht.

Der steuerliche Gruppenbegriff wurde an denjenigen im dänischen Jahresabschlussgesetz, der sich mit Beherrschungsfragen auseinandersetzt, angelehnt[86]. Es ist bezweckt, dass in allen Fällen der handelsrechtlichen künftig auch eine steuerliche „Konsolidierung" vorzunehmen ist. Eine Gesellschaft (Obergesellschaft) wird als Teil einer gemeinsamen Gruppe mit einer anderen Gesellschaft (Tochtergesellschaft bzw. Betriebstätte) angesehen, wenn die Obergesellschaft

- die Mehrheit der Stimmrechte (> 50%) an der Tochtergesellschaft hält;
- an der Tochtergesellschaft beteiligt ist sowie das Recht besitzt, die Mitglieder der Gesellschaftsorgane der Tochtergesellschaft mehrheitlich zu bestimmen bzw. abzuberufen;
- an der Tochtergesellschaft beteiligt ist sowie das Recht besitzt, über ihr operatives Geschäft und finanzielles Management entsprechend des Gesellschaftsvertrags bzw. eines Unternehmensvertrags mit der Tochtergesellschaft zu bestimmen;
- an der Tochtergesellschaft beteiligt ist und entsprechend bestehender Verträge mit anderen Gesellschaftern die Stimmrechtsmehrheit an der Tochtergesellschaft besitzt; oder
- an der Tochtergesellschaft beteiligt ist und bestimmenden Einfluss auf operatives und finanzielles Management der Tochtergesellschaft ausübt.

86 Vgl. § 31C Abs. 2, 3 SEL; *Ottosen/Nørremark*, IBFD-Bulletin 2005, 471, 471; *Schulze*, IWB F. 5 Gr. 2, Dänemark, S. 163, 163.

Falls die Obergesellschaft als kapitalmarktorientierte Gesellschaft ihren konsolidierten Abschluss nach IFRS aufzustellen hat[87], gelten für die Frage der „Kontrolle" und damit die Festlegung der Gruppe die Regelungen zum Konsolidierungskreis in IAS 27.12 ff.[88] Unabhängig vom konkreten Anteilsbesitz wird die kontrollierte Gesellschaft immer zu 100%, also disquotal, konsolidiert[89].

Eine Gruppentochtergesellschaft kann nur dann von der gemeinsamen Besteuerung ausgenommen werden, wenn:

- wesentliche und dauerhafte Hindernisse die Rechte der Obergesellschaft hinsichtlich des Vermögens bzw. Managements der Tochtergesellschaft erheblich beschränken;
- die notwendigen Informationen nicht innerhalb angemessener Zeit bzw. nicht ohne unverhältnismäßigen Aufwand zu erlangen sind; oder
- die Tochtergesellschaft nicht vorher bereits zusammenveranlagt wurde und die Obergesellschaft Anteile an der Tochtergesellschaft ausschließlich mit dem Ziel hält, sie weiterzuveräußern (etwa als Umlagevermögen).

Ferner kann eine Tochtergesellschaft dann nicht in die Gruppe integriert werden, wenn eine andere Gruppengesellschaft in der Lage ist, Verluste aus einer Darlehensgewährung an diese Tochtergesellschaft steuerlich abzuziehen[90].

Als Übergangsregelung wurde darüber hinaus vorgesehen, dass Gesellschaften, die unter der Altregelung die Beteiligungsvoraussetzungen nicht erfüllten, dies aber unter der Neuregelung tun, im ersten Wirtschaftsjahr, das nach dem 14.12.2004 und vor dem 2.3.2005 beginnt, noch nicht zusammenveranlagt werden müssen.

---

87 Vgl. Art. 4 der Verordnung (EG) Nr. 1606/2002 des Europäischen Parlaments und des Rates v. 19.7.2002 betreffend die Anwendung internationaler Rechnungslegungsstandards.

88 § 31C Abs. 7 SEL.

89 § 31 Abs. 2 SEL.

90 § 31C Abs. 6 SEL iVm. § 4 Abs. 5 Kursgevinstloven (Gewinnbesteuerungsgesetz).Vgl. *Ottosen/Nørremark*, IBFD-Bulletin 2005, 471, 472; *Emmeluth*, Tax Management International Forum 9/2005, 11, 12.

3. Subjektive Voraussetzungen

a) Obergesellschaft

Als dänische Obergesellschaft qualifizieren sich ausschließlich in Dänemark ansässige Gesellschaften in der Rechtsform der *aktieselskab* (A/S ≈ Aktiengesellschaft) oder der *anpartsselskab* (ApS ≈ GmbH), aber auch andere der dänischen Körperschaftsteuer unterliegende Unternehmen, wobei Sparkassen, Genossenschaften und VVaG als Obergesellschaften praktisch keine Bedeutung haben[91].

Nicht entscheidend ist im Rahmen der internationalen Zusammenveranlagung, ob die Obergesellschaft die Konzernspitze bildet oder nur eine Zwischenholding, also eine Tochtergesellschaft einer anderen ausländischen Gesellschaft, darstellt. Ansässigkeit wird danach bestimmt, ob die Gesellschaft in Dänemark gegründet wurde oder ihre Geschäftsleitung im Inland innehat[92]. Folglich können auch doppelt ansässige dänische Gesellschaften mit ausländischer Geschäftsleitung Obergesellschaften sein, es sei denn, sie werden nach einem Doppelbesteuerungsabkommen als im Ausland ansässig behandelt. Gleiches gilt für doppelt ansässige ausländische Körperschaften mit dänischer Geschäftsleitung, wenngleich dieser Fall gesetzlich nicht näher geregelt wurde.

Bis zum 31.12.2003 wurden beschränkt steuerpflichtige ausländische Gesellschaften, also solche ohne Sitz oder Geschäftsleitung in Dänemark, mit ihrer dänischen Zweigniederlassung nicht als Obergesellschaft anerkannt[93]. Für Wirtschaftsjahre beginnend ab dem 1.1.2004 wurde § 31 SEL dahingehend novelliert[94], dass auch eine inländische Betriebstätte einer Auslandsgesellschaft mit den in ihrem Betriebstättenvermögen gehaltenen in- und ausländischen Gruppengesellschaften eine gemeinsame Besteuerung eingehen kann. Im Zuge der Einführung der nationalen Zusammenveranlagung für

---

91 Personengesellschaften (K/S, I/S) sind ebenso wenig erfasst wie die nach § 2A SEL als transparent fingierten Gesellschaften, die nach ausländischem Recht als transparent behandelt werden (etwa nach den US „check-the-box"-Regeln). Eine Ausnahme besteht für die als dänische Betriebstätte anzusehende Personengesellschaftsbeteiligung einer ausländischen Gesellschaft.

92 Vgl. *IBFD*, European Tax Handbook 2006, Denmark, S. 163.

93 Das National Tax Assessment Board entschied am 15.6.2004, dass die frühere Rechtslage einen Verstoß gegen Art. 43 EG darstellte, so dass insoweit die Gruppenbesteuerung in noch nicht bestandskräftigen Veranlagungen beantragt werden konnte. Vgl. *Wittendorff*, TNI, 12.7.2004, 126 ff.

94 Durch das am 30.3.2004 vom Parlament verabschiedete Gesetz Nr. 119 v. 17.12.2003.

Gruppengesellschaften für ab dem 14.12.2004 beginnende Wirtschaftsjahre ist ihre Einbeziehung künftig grundsätzlich zwingend.

b) Gruppengesellschaften

Als Gruppengesellschaften kommen sowohl kontrollierte inländische (nationale Zusammenveranlagung) als auch kontrollierte bzw. kontrollierende ausländische Gesellschaften (internationale Zusammenveranlagung) in Betracht.

Bei *inländischen Gruppengesellschaften* finden sich die gleichen Rechtsformvoraussetzungen wie bei der Obergesellschaft. Aufgrund des „all-in“-Prinzips sind ferner alle gruppenzugehörigen dänischen Betriebstätten sowie dänischer Grundbesitz in die zwingende nationale Zusammenbesteuerung zu integrieren. Die genannten dänischen Aktivitäten können dabei auch von ausländischen Gruppengesellschaften, die selbst nicht der obligatorischen nationalen Besteuerung unterfallen, gehalten werden. Wie bereits erläutert, gab es rückwirkend zum 1.1.2004 eine Gesetzesänderung[95], wonach auch „sidestream-Gruppen“ zwischen inländischen „Schwestergesellschaften“ einer in- oder ausländischen Muttergesellschaft und zwischen der von einer Auslandsgesellschaft gehaltenen inländischen Betriebstätte und inländischen Tochtergesellschaft ermöglicht wurden. Neben der zwingenden Einbeziehung führte die Reform im Jahr 2005 auch dazu, dass dänische Gruppengesellschaften nicht nur dann in die Inlandsgruppe einzubeziehen sind, wenn sie von einer in- oder ausländischen Gruppenobergesellschaft, sondern auch, wenn sie von unterschiedlichen Gruppengesellschaften (Schwestergesellschaften) eines multinationalen Konzerns gehalten werden. Selbst wenn die Konzernmuttergesellschaft im Ausland ansässig ist, kommt es somit immer zur nationalen Zwangskonsolidierung des dänischen Teilkonzerns bestehend aus mindestens zwei dänischen Gruppenaktivitäten in Form von inländischer Betriebstätte, Tochtergesellschaft oder Grundbesitz.

Für die Einbeziehung *ausländischer Gruppengesellschaften* im Rahmen der optionalen internationalen Zusammenveranlagung muss eine – aus dänischer Sicht – vergleichbare Rechtsform (Typenvergleich) zur dänischen A/S bzw. ApS vorliegen[96]. Dies wird bejaht, wenn die ausländische Gesellschaft eine solche mit beschränkter Haftung ist, bei der die Gewinne auf der Basis der

95 Vgl. Fn. 94 sowie die Angaben und Beispiele bei *Hansen*, European Taxation 2004, 263, 264; *Wittendorff*, TNI, 12.7.2004, 126, 127 f.

96 Z.B. die deutsche AG bzw. GmbH, die britische plc bzw. Ltd., die französische SA bzw. SARL.

Beteiligungsquote der Gesellschafter ausgeschüttet werden und die in ihrem Ansässigkeitsstaat einer „gewöhnlichen" Besteuerung unterliegt. Wenn diese Voraussetzungen nicht vorliegen, wird das Ergebnis der ausländischen Gesellschaft nur dann berücksichtigt, wenn es sich um eine transparente Gesellschaft bzw. eine ausländische Betriebstätte handelt. Ausländische Unternehmen sind solche mit Ansässigkeit im Ausland – die Färöer Inseln sowie Grönland werden steuerlich als autonome Jurisdiktionen und somit als Ausland angesehen. Eine Gesellschaft ist im Inland ansässig, wenn sie in Dänemark gegründet wurde bzw. dort ihre Geschäftsleitung innehat. Eine Gesellschaft, die nach den entsprechenden Vorschriften eines DBA nur via Fiktion als in Dänemark ansässig gilt, wird für Zwecke der dänischen Gruppenbesteuerung als nicht ansässig behandelt. Auf die territoriale Radizierung kommt es für die Einbeziehung einer Tochtergesellschaft in die internationale Veranlagung (die alle inländischen und ausländischen Gruppenmitglieder umfasst) nicht an, vielmehr sind die Rechtsform sowie die Gruppenzugehörigkeit entscheidend. Bei der internationalen gemeinsamen Besteuerung sind ferner auch gruppenzugehörige ausländische Betriebstätten und ausländischer Grundbesitz zu berücksichtigen.

4. Formelle Voraussetzungen

a) Zwingende nationale Zusammenveranlagung

Die in § 31 SEL geregelte nationale Zusammenveranlagung tritt sofort und antragsunabhängig ein, sobald die beteiligten dänischen Gesellschaften die Gruppenvoraussetzung erfüllen.

Alle Gruppengesellschaften müssen dasselbe übereinstimmende Wirtschaftjahr wie die Verwaltungsgesellschaft aufweisen[97]. Beim Hinzukommen neuer Gruppengesellschaften kann dies eine Umstellung des Wirtschaftsjahrs und damit die Bildung von Rumpfgeschäftsjahren bedeuten. Endet bzw. beginnt die Zugehörigkeit zur Gruppe innerhalb eines Jahres, so erfolgt die Einbeziehung in die Zusammenveranlagung für die im Jahreszeitraum der Gruppenzugehörigkeit erzielten Einkünfte, was ebenfalls zur Aufstellung von Zwischenabschlüssen führt.

Aufgrund der „automatischen" Zusammenveranlagungspflicht bei Gruppenzugehörigkeit besteht keine Mindest- oder Höchstdauer für die dänische Besteuerungsgruppe. Der Ligningsrådet (Oberste Steuerbehörde) ist nach

97 Vgl. § 31 Abs. 5 SEL.

§ 31B SEL ermächtigt, Richtlinien zu den Folgen des Beitritts zur und der Beendigung der Zusammenveranlagung zu erlassen.

b) Optionale internationale Zusammenveranlagung

Wie bisher kann die dänische Konzernmutter frei wählen, ob sie die Besteuerung mit gruppenzugehörigen Auslandsgesellschaften wünscht. Der entsprechende Antrag ist spätestens mit Abgabe der Steuererklärung für das Jahr der gemeinsamen Besteuerung von der Verwaltungsgesellschaft an das für sie zuständige Finanzamt zu stellen. Im Gegensatz zur früheren Rechtslage ist es jedoch nicht länger möglich, nur bestimmte einzelne Auslandstochterunternehmen in die Gruppe einzubeziehen. Um den Missbrauch einer Konsolidierung jeweils nur mit ausländischen Verlustunternehmen („cherry-picking“) zu vermeiden, wurde im Zuge der Steuerreform in § 31A Abs. 1 iVm. § 31 Abs. 1 SEL das so genannte Globalpoolingsystem (bzw. „all-in, all-out“-Prinzip) eingeführt[98]. Dies bedeutet, dass entweder alle ausländischen Gruppenmitglieder sowie Betriebstätten und Grundbesitz in die dänische Zusammenveranlagung einbezogen werden oder aber gar keine. Bei der ausländischen Gruppengesellschaft ist es egal, ob es sich um ein unter-, über- oder gleichgeordnetes Gruppenmitglied handelt, so dass etwa auch das ausländische Konzernmutterunternehmen bzw. Schwestergesellschaften mitumfasst sind.

Ferner ist die Wahl zur internationalen Zusammenveranlagung für die Dauer von 10 Jahren bindend. Wird nach Ablauf der 10 Jahre die weitere Zusammenveranlagung beantragt, so läuft dieser Mindestzeitraum erneut. Die Verwaltungsgesellschaft bleibt an ihren Antrag unabhängig von Verkäufen oder Zukäufen von Tochtergesellschaften gebunden. Bei Beendigung der Gruppenbesteuerung vor Ablauf des Zehnjahreszeitraums greifen spezielle Nachversteuerungsregelungen ein.

Es besteht das Recht der dänischen Finanzverwaltung, die jederzeitige Vorlage der Buchführung, gegebenenfalls eine Übersetzung der Bilanz sowie der Gewinn- und Verlustrechnung sowie die Aufbewahrung der Buchführungsunterlagen in Dänemark entsprechend der dortigen Fristen zu verlangen[99].

98 Europarechtliche Bedenken gegen das „all-in, all-out“-Prinzip äußert *Schulze*, IWB F. 5 Gr. 2, Dänemark, S. 163, 164.

99 § 12 Bogføringsloven (Buchhaltungsgesetz) Nr. 1006 v. 23.12.1998; vgl. *Kessler*, IStR 1993, 303, 304. Die Pflicht zur inländischen Buchführung und Aufbewahrung dürfte bei europarechtskonformer Auslegung jedoch nicht für EU-Auslandsgesell-

Zu befürchten ist, dass die steuerplanerisch erheblich nachteilhafte und verwaltungsaufwändige Einbeziehung aller Auslandsaktivitäten (und damit die Besteuerung des Welteinkommens eines Konzerns in Dänemark!) im Verbund mit der langen Mindestbestandsdauer die internationale Zusammenveranlagung zu einem unattraktiven und daher kaum genutzten Instrument verkommen lassen[100].

c) Verwaltungsgesellschaft

Sowohl bei der nationalen als auch der internationalen Zusammenveranlagung hat grundsätzlich die dänische Obergesellschaft (bzw. bei Nichtvorliegen einer dänischen Obergesellschaft eine hierzu benannte dänische Schwestergesellschaft) die Aufgabe einer „Verwaltungsgesellschaft" mit sämtlichen aus der Gruppenbesteuerung resultierenden Rechten und Pflichten gegenüber der Finanzverwaltung[101]. Die Verwaltungsgesellschaft hat Sorge zu tragen für die Abgabe der Steuererklärung der Gruppe sowie für den Informationsaustausch mit der Finanzverwaltung hinsichtlich der Bestimmung des Gruppenumfangs bzw. sonstiger Fragen. Ferner hat die gemeinsame Verwaltungsgesellschaft die Steuerzahllast sowie etwaige entsprechende Steuervorauszahlungen der konsolidierten Gruppe an die für sie zuständige Finanzbehörde zu entrichten. Die zusammenveranlagten Gesellschaften haften jedoch für den auf sie entfallenden Teil der Steuer und müssen diesen an die Verwaltungsgesellschaft zahlen[102]. Sobald diese Steuerumlage gezahlt wurde, haftet nur noch die Verwaltungsgesellschaft für die Entrichtung der Steuer gegenüber der Finanzverwaltung. Nicht verpflichtet, aber berechtigt zur Zahlung der steuerneutralen Ausgleichszahlung sind ausländische Gruppengesellschaften im Rahmen der internationalen Zusammenveranlagung[103]. Bei der internationalen Gruppe haften Verwaltungsgesellschaft und oberste Gruppengesellschaft (selbst wenn diese nicht der dänischen Steuerpflicht unterliegt) gemeinschaftlich für die Steuerentrichtung und eine etwaige spätere Nachversteuerung.

---

schaften gelten, vgl. EuGH v. 15.5.1997, Rs. C-250/95, *Futura Participations SA und Singer*, Slg. 1997, I-2471 Rn. 23, 43.

100 Vgl. *Bjørnholm/Becker-Christensen*, European Taxation 2006, 47, 49; *Schulze*, IWB F. 5 Gr. 2, Dänemark, S. 163, 164. Kritik an der Europarechtskonformität bei *Ottosen/Nørremark*, IBFD-Bulletin 2005, 471, 475.

101 § 31 Abs. 4 SEL bzw. § 31A Abs. 4 SEL; vgl. *Ottosen/Nørremark*, IBFD-Bulletin 2005, 471, 474.

102 Die Ausgleichszahlung muss spätestens zum Fälligkeitstermin für die von der Verwaltungsgesellschaft zu zahlende Gruppensteuer erfolgen.

103 § 31A Abs. 6 SEL.

5. Rechtsfolgen

a) Gemeinsame Besteuerung (Sambeskatning)

Die steuerlichen Auswirkungen der gemeinsamen Besteuerung werden auf der Ebene der dänischen Obergesellschaft gezeitigt, die Gruppe wird so behandelt, als habe sie mehrere Niederlassungen[104]. An der eigenen Steuerpflicht der Gruppenunternehmen ändert sich dadurch nichts – die gemeinsame Veranlagung führt lediglich zur Möglichkeit der Konsolidierung und damit gegebenenfalls der Reduzierung der totalen Steuerlast der Gruppe. Das zu versteuernde Einkommen der Gruppengesellschaften wird folglich separat für jeden Steuerpflichtigen ermittelt und vollständig (unabhängig von der jeweiligen Beteiligungsquote) mit dem der anderen Gruppenmitglieder auf Ebene der Obergesellschaft zusammengefasst und dort besteuert[105]. Zur Entrichtung der für den Besteuerungskreis festgesetzten Körperschaftsteuer[106] ist die Verwaltungsgesellschaft verpflichtet[107]. Im Gegenzug kommen ihr auch etwaige Steuererstattungen zugute. Die gemeinsam veranlagten Unternehmen haften gesamtschuldnerisch für die gesamte Steuerschuld in Dänemark – somit besteht als Annex zur zugelassenen Verlustberücksichtigung die Eingliederung in den Haftungsverbund.

Da Einkünfte bzw. Gewinne aus der Veräußerung ausländischer Betriebstätten nicht der Besteuerung beim dänischen Stammhaus unterliegen, werden diese Ergebnisse auch nicht in die nationale Besteuerungsgruppe einbezogen.

---

104 Im Rahmen der internationalen Zusammenveranlagung mit Auslandstochtergesellschaften wird die Symmetrie von Gewinnbesteuerung und Verlustverrechnung trotz des Territorialitätsprinzips über die Betriebstättenfiktion erreicht. Selbstverständlich wird die Steuerpflichtigkeit und Steuerschuldnerschaft der Auslandstochtergesellschaft in ihrem Ansässigkeitsstaat nicht tangiert.

105 Der am 1.2.2007 veröffentlichte Regierungsentwurf eines Steueränderungsgesetzes enthält erhebliche Abzugsbeschränkungen für den die Zinserträge übersteigenden (Netto-)Zinsaufwand, soweit dieser 10 Mio DKK (ca. 1,3 Mio €) übersteigt; vgl. *IBFD*, Tax News Service, 12.2.2007, S. 74. Innerhalb einer gemeinsamen Besteuerung soll der Nettozinsaufwand sowie die Berechnung des abzugsfähigen Teils für die Gesamtgruppe vorzunehmen sein.

106 Nach § 17 Abs. 1 SEL beträgt der Körperschaftsteuersatz seit dem 1.1.2005 28% (zuvor 30%). Im Regierungsentwurf eines Steueränderungsgesetzes v. 1.2.2007 (Fn. 105) ist eine Tarifabsenkung rückwirkend zum 1.1.2007 auf 22% vorgesehen.

107 Allerdings gibt es ein Allokationswahlrecht: 1) Aufteilung der Steuer nur unter den dänischen Gesellschaften mit positivem Ergebnis oder 2) auch an solche mit Verlusten (mit oder ohne Umlage an Verlustgesellschaften) bzw. 3) Besteuerung alleine bei der Obergesellschaft, vgl. *Emmeluth*, Tax Planning International Forum 9/2003, 11 ff.; *Amby*, in: CDFI, IFA 2004 Vienna Congress, Vol. 89b, Denmark, S. 233, 241.

Im Rahmen der internationalen Zusammenveranlagung kann die Inlandsverwaltungsgesellschaft bei der Ermittlung der gemeinsamen Steuerschuld für die Auslandsgruppenmitglieder die Berücksichtigung der Auslandsbesteuerung im Rahmen der dänischen Anrechnungsvorschriften beanspruchen[108]. Da der Anrechnungsbetrag die tatsächlich im Ansässigkeitsstaat der Auslandstochter gezahlte Steuer nicht übersteigen darf, kann die Gewinnzurechnung in den Fällen einen Nachteil bedeuten, in denen die Steuerlast im ausländischen Staat niedriger als in Dänemark ausfällt. Die Anrechnungsregelung wurde jedoch verschärft[109]: In den Fällen, in denen die Auslandstochtergesellschaft Verluste erlitten und diese mit den Gewinnen der anderen Gruppengesellschaften verrechnet hat, ohne jedoch diese Verluste (bzw. die Minderung dänischen Steuersubstrats) durch spätere eigene Gewinne wieder auszugleichen, kommt es nur zu einer limitierten Anrechnung der ausländischen Steuer. Gleiches soll dann gelten, wenn die Auslandsgesellschaft nicht ihre gesamten Möglichkeiten der Gewinnminimierung, z.B. durch höchstmögliche Abschreibungen, ausgenutzt hat. Der „selbstverschuldete" Teil der ausländischen Steuer soll dann nicht in Dänemark anrechenbar sein.

Gruppeninterne Transaktionen und Übertragungen von Wirtschaftsgütern unterliegen den Fremdvergleichsgrundsätzen („at arm's length"). Die additive Ermittlung des Gesamteinkommens des Konzerns erfolgt jedoch ohne Eliminierung konzerninterner Zwischengewinne[110]. Für Dividendenausschüttungen an die Konzernmutter besteht ein Schachtelprivileg: Dividenden, die von einer ansässigen oder nicht ansässigen Tochtergesellschaft ausgeschüttet werden sowie die darauf lastende Quellensteuer, sind steuerfrei gestellt, soweit eine Mindestbeteiligung von 15% (bis 31.12.2006: 20%) innerhalb des gesamten Jahres, für das die Ausschüttung getätigt wurde, besteht[111]. Andernfalls werden zwei Drittel der Dividende dem zu versteuernden Einkommen hinzugerechnet.

108 Vgl. *Pedersen*, in: CDFI, IFA 1998 London Congress, Vol. LXXXIIIa, Denmark, S. 419, 432; *Amby*, in: CDFI, IFA 2004 Vienna Congress, Vol. 89b, Denmark, S. 233, 241.

109 Gesetz Nr. L 27 v. 9.10.2003 wurde am 19.12.2003 verabschiedet und trat rückwirkend für ab dem 9.10.2003 beginnende Wirtschaftsjahre in Kraft. Vgl. hierzu *Wittendorff*, TNI, 8.12.2003, 859, 860; *IBFD*, Tax News Service, 1.3.2004, S. 111.

110 *Amby*, in: CDFI, IFA 2004 Vienna Congress, Vol. 89b, Denmark, S. 233, 240 f.; *Kischel*, IWB F. 5 Gr. 2, Dänemark, S. 137, 145; *Watrin/Sievert/Strohm*, FR 2004, 1, 5. Erst recht gibt es keine Kapital- oder Schuldenkonsolidierung.

111 § 13 Abs. 1 SEL; vgl. *IBFD*, European Tax Handbook 2006, Denmark, S. 167; *Andersen*, in: The Taxation of Companies in Europe, IBFD 2006, Denmark-169, 109 f.; *Emmeluth*, Tax Management International Forum 9/2005, 11, 13.

Sonstige Zahlungen innerhalb der Gruppe werden normalerweise nicht zum Abzug zugelassen und steuerlich entweder als Einlage oder Ausschüttung behandelt. Ausgleichszahlungen für gruppeninterne Verlustübertragungen (von der übernehmenden an die übertragende Gesellschaft) sind grundsätzlich weder als Betriebsausgabe abziehbar noch beim Empfänger steuerbar. Ausnahmen vom Abzugsverbot gewährt die Rechtsprechung in vereinzelten Fällen, in denen die gruppeninternen Zahlungen zur Verlustdeckung bei der empfangenden Gesellschaft erbracht werden[112]. Im Rahmen der internationalen Gruppe können Einlagen der Auslandsgesellschaft an andere Gruppenmitglieder steuermindernd berücksichtigt werden, wenn die Einlage nach ausländischem Recht steuerlich abzugsfähig ist und die Einlage bei der Ermittlung des Einkommens der empfangenden dänischen Gruppengesellschaft hinzugerechnet wurde[113].

b) Anwendbares Bilanzrecht

Die dänische Obergesellschaft sowie die dänischen Tochtergesellschaften ermitteln ihr steuerpflichtiges Einkommen naturgemäß nach dänischem Recht. Die Berechnung des steuerpflichtigen Einkommens der in die internationale Zusammenveranlagung einzubeziehende Auslandsgruppenaktivität erfolgt ebenfalls *nach dänischem Recht*. Daher muss eine Neubewertung der abschreibungsfähigen Wirtschaftsgüter im Wirtschaftsjahr der erstmaligen Einbeziehung grundsätzlich auf Basis der allgemeinen Marktpreise (fair value) vorgenommen werden[114]. Die Verwaltungsgesellschaft trägt die Verantwortung, dass die ausländischen Bilanzen den dänischen steuerlichen Anforderungen genügen. Der ausländische Jahresabschluss kann in Dänisch, Englisch, Französisch, Deutsch, Norwegisch oder Schwedisch verfasst sein, wobei die Finanzbehörden eine dänische Übersetzung in jedem Fall verlangen können.

Die Rechnungslegung in ausländischen Währungen muss umgerechnet werden auf die dänische Krone[115].

112 *Andersen*, in: The Taxation of Companies in Europe, IBFD 2006, Denmark-169.

113 § 31A Abs. 2 SEL.

114 § 31A Abs. 8 SEL; vgl. *Emmeluth*, Tax Management International Forum 9/2005, 11, 14.

115 Da Dänemark bisher kein Mitglied der europäischen Währungsunion ist, müssen auch Tochtergesellschaften in Euro-Mitgliedstaaten ihre Bilanzwerte in das gesetzliche dänische Zahlungsmittel (DKK) konvertieren.

c) Verlustbehandlung

Vor dem Pooling des zu versteuernden Einkommens ermittelt jede einzelne Gruppengesellschaft ihr separates zu versteuerndes Einkommen und verrechnet daher die von ihr erzielten laufenden Gewinne mit ihren Verlusten bzw. ihren Verlustvorträgen.

Im Unterschied etwa zur deutschen Organschaft kommt es nicht zu einer generellen Zusammenfassung der Einzelergebnisse auf Ebene der Obergesellschaft. Vielmehr erfolgt vor der Ergebniszusammenfassung eine Verteilung der Verluste zwischen den Gruppenmitgliedern. Die von Gruppenmitgliedern erlittenen Verluste werden proportional auf die gewinnerzielenden Gruppengesellschaften übertragen, wie folgendes Beispiel verdeutlicht[116]: Bei vier Gruppengesellschaften erzielt Unternehmen A einen Gewinn von 400 und B von 200, Unternehmen C schreibt einen Verlust von 90 und D von 120. Die Verlustverteilung stellt sich wie folgt dar: 400/600 multipliziert mit dem Gesamtverlust von 210 ergibt 140, dies ist der Verlustanteil für A. Unternehmen B erhält 200/400 multipliziert mit 210, also die restlichen 70. Der Gewinn von A ist somit 260 und der von B 130 und das steuerbare Gesamteinkommen der Gruppe 390. Verluste, die auf diese Weise nicht ausgeglichen werden, werden den „Verlustgesellschaften" nach den Verhältnissen ihrer Einzelverluste zum Gesamtgruppenverlust für eine zukünftige Verlustverrechnung als Verlustvortrag zugewiesen[117]. Die Gruppenteilnehmer, die hierbei einen Verlust einer anderen Gesellschaft nutzen, haben eine steuerneutrale Ausgleichszahlung in Höhe des Steuerwertes des Verlusts (= Steuersatz (28%) x Verlustbetrag) an die Verwaltungsgesellschaft zu leisten, die wiederum die entsprechenden Beträge steuerneutral an die verlustübertragenden Gruppengesellschaften verteilt[118]. Dies geschieht zum Schutz der Minderheitsgesellschafter von übertragender und übernehmender Gesellschaft, obwohl bereits eine disquotale Konsolidierung erfolgt.

Erwähnenswert ist, dass Dänemark keinen Verlustrücktrag kennt. Der Verlustvortrag ist für Verluste, die bis zum Jahr 2002 entstanden sind, auf fünf

116 Nach *Hansen/Munch*, TNI, 30.6.2003, 1339, 1342. Vgl. auch das Beispiel A bei *Amby*, in: CDFI, IFA 2004 Vienna Congress, Vol. 89b, Denmark, S. 233, 241 f.

117 Im Beispiel von oben: Die Verluste von C und D betragen 300 und 600, der Gesamtverlust beträgt somit 900. Dieser übersteigt die Gewinne, die 600 betragen. Der überschießende Betrag von 300 ist Verlustvortrag bei C (300/900) und D (600/900), also zu 100 bzw. 200.

118 § 31 Abs. 6 SEL. Die Ausgleichszahlung muss spätestens zum Fälligkeitstermin für die von der Verwaltungsgesellschaft zu zahlende Gruppensteuer erfolgen.

Jahre zeitlich begrenzt, für später entstandene Verluste jedoch unbegrenzt[119]. Verlustvorträge aus früheren Jahren der gemeinsamen Besteuerung müssen grundsätzlich zuerst von der den Verlust erleidenden Gesellschaft in zukünftigen Gewinnjahren verrechnet werden. Ältere Verluste anderer Gesellschaften sind noch vor dem vorgetragenen eigenen Verlust zu verrechnen[120]. Überschießende vorgetragene Verluste werden von anderen Gruppengesellschaften saldiert. Wenn nach dem obigen Beispiel Gesellschaft C einen Verlust von 120 aus einem früheren Jahr hat, der vorgetragen werden kann, dann werden die Gewinne von A und B verhältnismäßig um 80 und 40 reduziert, so dass das Gesamteinkommen der Gruppe 270 beträgt.

Eine dänische Gesellschaft kann zwischen Verlustvortrag und sofortiger Verrechnung von Verlusten gegen Gewinne wählen[121]. Im Rahmen der internationalen Gruppe ist der Verlustvortrag wegen der Auslandssteueranrechnung immer dann günstiger, wenn die dänische Gesellschaft mangels Einkommen keine Steuerschuld vorweist, von der die Auslandssteuer abgezogen werden könnte: Beträgt beispielsweise im Jahr 01 das Einkommen der dänischen Mutter -100 und im Jahr 02 100 und das der Auslandsgesellschaft 100 im ersten und 0 im zweiten Jahr, und liegt der Steuersatz in beiden Ländern bei 30%, dann ist bei einem Verlustvortrag die Steuer im ersten Jahr 30 und im zweiten Jahr 0, anstatt 30 und 30[122].

Verluste einer Tochtergesellschaft vor Beitritt zum Besteuerungskreis („Vorgruppenverluste") sind nur mit Gewinnen derselben Gesellschaft und nicht unmittelbar innerhalb der Gruppe verrechenbar[123].

Finanzierungsverluste, die durch Beteiligungserwerb entstehen, sind grundsätzlich steuerlich abzugsfähig. Es besteht jedoch aus fiskalischen Gründen eine Verlustverrechnungsbeschränkung bei Verlusten von Gruppengesellschaften, die aus dem Erwerb von Beteiligungen herrühren: Diese sind nicht verrechenbar mit Gewinnen der erworbenen Tochtergesellschaft. Die Beschränkung gilt nur im Verhältnis zwischen betreffender Muttergesellschaft

119 § 15 Ligningsloven (Steuerveranlagungsgesetz) Nr. 995 v. 7.10.2004; vgl. *Sedlaczek*, IWB F. 5 Gr. 2, Dänemark, S. 165, 165.

120 Vgl. das Beispiel C bei *Amby*, in: CDFI, IFA 2004 Vienna Congress, Vol. 89b, Denmark, S. 233, 243.

121 § 31 Abs. 7 SEL; § 33H Ligningsloven iVm. Ministerialrundschreiben Nr. 82 v. 29.5.1997; vgl. hierzu *Amby*, in: CDFI, IFA 2004 Vienna Congress, Vol. 89b, Denmark, S. 233, 247.

122 Beispiel bei: *Hansen/Munch*, TNI, 30.6.2003, 1339, 1341.

123 Im Ausgangsbeispiel von oben: Wenn Unternehmen A einen Verlustvortrag von -300 hat, dann sollte der Gewinn von 260 auf 0 ausgeglichen werden, so dass das Gruppengesamteinkommen nur 130 (von B) beträgt.

und deren Tochter- oder Enkelgesellschaft. Gestalterisch dürfte deshalb interessant sein, dass die Verrechnung von Finanzierungsverlusten der Mutter mit Gewinnen, die nicht von der erworbenen Tochter, sondern von Schwestergesellschaften oder einer (anderen) Mutter auf höherer Konzernebene stammen, weiterhin möglich bleibt.

Um die unter Umständen bei der nationalen Zusammenveranlagung eintretende erhöhte Steuerlast einer multinationalen Gruppe zu vermeiden, besteht ein Wahlrecht[124]: Die Gruppe kann wählen, Verluste einer von einer Auslandsgesellschaft gehaltenen dänischen Gruppengesellschaft bzw. Betriebstätte aus der gemeinsamen Besteuerung auszunehmen, soweit die Ergebnisse der betreffenden Gesellschaft bzw. Betriebstätte in die ausländische Besteuerung eingehen und vorausgesetzt, das Ausland vermeidet die Doppelbesteuerung im Wege der Steueranrechnung.

Im Rahmen der nationalen Zusammenveranlagung werden ausländische Betriebstättenergebnisse und damit auch Betriebstättenverluste für die nach dem 14.12.2004 beginnenden Wirtschaftsjahre nicht mehr bei der Besteuerung des inländischen Stammhauses berücksichtigt[125]. Überführt das Stammhaus Wirtschaftsgüter auf die Auslandsbetriebstätte, so wird eine Veräußerung unterstellt und die übertragenen stillen Reserven besteuert. Anders ist dies nur bei Wahl der internationalen Zusammenveranlagung, die die Betriebstättenergebnisse nicht ausblendet und die Besteuerung bei Vermögensübertragung für die Dauer der internationalen Zusammenveranlagung aufschiebt.

Eine indirekte Verlustberücksichtigung im Wege der Teilwertabschreibung auf die ausländische Beteiligung sieht das dänische Recht nicht vor.

d) Beendigung

i) Ausscheiden einer Gruppengesellschaft

Bei Ausscheiden einer Gruppengesellschaft (weil etwa das Kontrollerfordernis nicht mehr vorliegt) ist eine Steuererklärung für die Zeit vom Beginn des Jahres bis zum Ausscheiden der Gesellschaft zu erstellen.

---

124 Vgl. *Ottosen/Nørremark*, IBFD-Bulletin 2005, 471, 472 mit Beispiel.

125 § 8 Abs. 2 SEL. Nur ausnahmsweise erfolgt eine Einbeziehung in die dänische Stammhausbemessungsgrundlage, wenn der Verlust im Betriebstättenstaat nicht nutzbar ist bzw. im Rahmen der CFC-Regelungen für niedrig besteuerte (unter 75% der dänischen Steuer) Finanzeinkünfte ausländischer Betriebstätten.

Wenn eine Gesellschaft aus der inländischen Gruppe ausscheidet, sind ihre Verluste insoweit „verbraucht“, als sie bereits innerhalb der Gruppe verrechnet wurden. Noch vorhandene Verlustvorträge aus der Zeit der gemeinsamen Besteuerung kann die ausscheidende Gesellschaft jedoch in die künftige Einzelbesteuerung mitnehmen[126].

Bei einem Ausscheiden eines Auslandsgruppenmitglieds aus der internationalen Zusammenveranlagung (ohne Totalbeendigung, etwa infolge eines Verkaufs) erfolgt eine *beschränkte Nachversteuerung* der auf die Gewinne der anderen beteiligten Gesellschaften angerechneten Verluste der ausscheidenden Gesellschaft. Das steuerbare Einkommen der dänischen Verwaltungsgesellschaft erhöht sich um den Nachbesteuerungsbetrag. Dieser ermittelt sich aus der Differenz der während der Gemeinschaftsbesteuerung genutzten Verluste und der in den Jahren danach einbezogenen Gewinne der ausgeschiedenen ausländischen Gesellschaft abzüglich etwaiger Steueranrechnungen[127]. Der anzusetzende Betrag darf jedoch der Höhe nach den fiktiven Liquidationsgewinn der ausgeschiedenen Tochtergesellschaft nicht übersteigen[128]. Im Unterschied zur früheren Rechtslage besteht eine Übergangsregelung für die Aufhebung einer noch unter den Altregelungen begründeten Gruppenbesteuerung mit ausländischen Gesellschaften: Hier vollzieht sich die Nachversteuerung nicht im Jahr des Ausscheidens der Auslandsgesellschaft, sondern in den kommenden Jahren, in denen die ausgeschiedene Auslandsgesellschaft Gewinne erzielt, die Anteile an ihr verkauft werden oder Umstrukturierungen mit steuerlichen Auswirkungen stattfinden. Als Konsequenz der Nachversteuerung von Auslandsverlusten bringt die Gruppenzugehörigkeit für Auslandsgesellschaften letztlich lediglich die Wirkung einer Steuerstundung mit sich.

ii) Anteilsveräußerung

Werden die Anteile an der nicht ansässigen Gruppengesellschaft veräußert, setzt ebenfalls die beschränkte, der Höhe nach auf den Veräußerungsgewinn

126 Vgl. das Beispiel bei *Amby*, in: CDFI, IFA 2004 Vienna Congress, Vol. 89b, Denmark, S. 233, 242 f.; *Watrin/Sievert/Strohm*, FR 2004, 1, 5.

127 § 33E Ligningsloven; vgl. *Amby*, in: CDFI, IFA 2004 Vienna Congress, Vol. 89b, Denmark, S. 233, 247 ff.; *Schulze*, in: Mennel/Förster (Hrsg.), Steuern in Europa, Amerika und Asien, 2005, Dänemark, Rn. 265; *Kischel*, IWB F. 5 Gr. 2, Dänemark, S. 137, 145.

128 § 31A Abs. 10 SEL; vgl. *Kessler*, in: DAI Arbeitsunterlage zur Tagung: Praxis des Internationalen Steuerrechts, 2004, S. 186, 190; *Emmeluth*, Tax Management International Forum 9/2005, 11, 14 f. mit Beispiel.

begrenzte Nachversteuerung für die in Dänemark genutzten Verluste dieser Gesellschaft ein. Bei einer Veräußerung der Anteile an eine andere Gruppengesellschaft greift eine volle Nachversteuerung ein.

Interessant ist hierbei der Ablauf: In den Folgejahren erhöhen die Dividenden und Veräußerungsgewinne hinsichtlich der verbleibenden Anteile an der Tochtergesellschaft auch dann die Bemessungsgrundlage der Mutter- bzw. Gruppengesellschaft, wenn sie eigentlich nach DBA steuerbefreit wären – die Grenze der Hinzurechnung bildet der Nachversteuerungsbetrag[129].

iii) Liquidation/Insolvenz der Auslandsgruppengesellschaft

Es gilt das zur Anteilsveräußerung Gesagte entsprechend, auch hier wird der Nachversteuerungsbetrag limitiert, es sei denn, die Geschäfte werden auf eine andere Gruppengesellschaft übertragen[130].

iv) Beendigung der internationalen Zusammenveranlagung

Eine Totalbeendigung der internationalen Zusammenveranlagung vor Ablauf der 10-jährigen Mindestbestandsfrist führt zur *vollständigen* Nachversteuerung aller bisher berücksichtigter Verluste von Auslandsgruppengesellschaften. Der Nachversteuerungsbetrag wird hierbei für jedes Land (per-country) separat ermittelt[131].

Wird die Gruppe hingegen nach Ablauf der Mindestdauer aufgelöst, kommt es zur *beschränkten* Nachversteuerung: Hierbei wird lediglich bis maximal zur Höhe des auf die fiktive Liquidation der Auslandsgesellschaften entfallenden Steuerbetrags nachversteuert, soweit dieser niedriger ist als der eigentliche Nachversteuerungssaldo. Die für das Ausscheiden eines ausländischen Gruppenmitglieds eingreifenden Nachversteuerungsregelungen gelten entsprechend.

Vermögensüberführungen vom inländischen Stammhaus auf eine Auslandsbetriebstätte führen während der Zusammenveranlagung nicht zur Aufde-

129 Dies erinnert sehr stark an die durch das StEntlG v. 24.3.1999, BStBl. I 1999, 304 aufgehobene und letztmals für den VZ 1998 anwendbare frühere deutsche Nachversteuerungsregelung des § 2a Abs. 3 EStG a.F., auch wenn es dort um Betriebstättenverluste bei DBA-Freistellung ging.

130 *Amby*, in: CDFI, IFA 2004 Vienna Congress, Vol. 89b, Denmark, S. 233, 251 f.

131 § 31A Abs. 3 SEL iVm. § 33D Ligningsloven; vgl. *Sedlaczek*, IWB F. 5 Gr. 2, Dänemark, S. 165, 168 sowie das Beispiel bei *Ottosen/Nørremark*, IBFD-Bulletin 2005, 471, 473; *Emmeluth*, Tax Management International Forum 9/2005, 11, 15.

ckung der stillen Reserven. Im Zeitpunkt der Auflösung der Zusammenveranlagung wird jedoch eine Veräußerung der überführten Wirtschaftsgüter zu dem dann bestehenden Verkehrswert fingiert.

e) Sondervorschriften zur Missbrauchsbekämpfung

i) Controlled Foreign Companies

In gewissen Fällen kommt es auch im internationalen Kontext zu einer „erzwungenen Organschaft“. Ähnlich der deutschen Hinzurechnungsbesteuerung greifen besondere Regelungen, wenn die Muttergesellschaft an einer Tochtergesellschaft oder Betriebstätte[132], die in einem Niedrigsteuerland[133], ansässig ist und am Wirtschaftsleben teilnimmt, beteiligt ist[134].

Falls die Voraussetzungen für die internationale Zusammenveranlagung gegeben sind, können die betroffenen Gesellschaften diese beantragen. Mit Erteilung der Zustimmung entfällt die Anwendbarkeit der Hinzurechnungsbesteuerung. Von CFC-Gesellschaften erhaltene Dividenden werden im Rahmen der internationalen Besteuerung in das Gruppeneinkommen einbezogen. Die Gruppensteuer wird um einen proportional auf diese Dividenden entfallenden Steuerbetrag reduziert, der der Höhe nach jedoch auf die ausländische Steuer auf die Dividenden beschränkt ist[135].

ii) Steuerbilanzielle Bewertung der Wirtschaftsgüter

Die nicht der Abnutzung unterliegenden Aktiva (insbesondere Umlaufvermögen) und Passiva der Auslandstochtergesellschaft, die nicht der dänischen Steuerhoheit unterfallen, werden mit dem Verkehrswert im Zeitpunkt des

---

132 Nach § 8 Abs. 2 SEL unterliegen Einkünfte aus Auslandsbetriebstätten grundsätzlich nicht der dänischen Steuerbemessungsgrundlage.

133 Eine niedrige Besteuerung wird unterstellt, wenn die ausländische Steuer auf die Einkünfte weniger als 75% der dänischen Steuer beträgt. Beim derzeitigen Körperschaftsteuersatz von 28% liegt eine Niedrigbesteuerung bei ausländischen Körperschaftsteuersätzen von unter 21% vor.

134 § 32 SEL, vgl. *Pedersen*, in: CDFI, IFA 1998 London Congress, Vol. LXXXIIIa, Denmark, S. 419, 433; *Amby*, in: CDFI, IFA 2004 Vienna Congress, Vol. 89b, Denmark, S. 233, 247; *Emmeluth*, Tax Planning International Forum 9/2003, 11 ff. Am 26.1.2007 kündigte der Dänische Finanzminister umfanreiche Änderungen an, die u.a. die dänischen CFC-Regelungen in Reaktion auf das EuGH-Urteil v. 12.9.2006, Rs. C-196/04, *Cadbury Schweppes*, IStR 2006, 670 europarechtskonform ausgestalten sollen, vgl. *IBFD*, Tax News Service, 12.2.2007, S. 74.

135 Vgl. *Emmeluth*, Tax Management International Forum 9/2005, 11, 13.

Beginns des ersten Jahres der Gruppenzugehörigkeit angesetzt[136]. Der Anschaffungszeitpunkt der Wirtschaftsgüter wird jedoch nicht tangiert. Die Bewertung ist beispielsweise für die spätere Veräußerungsgewinnbesteuerung erforderlich, bei der die Differenz zwischen dem späteren Verkaufspreis und dem Marktwert im Zeitpunkt des Gruppeneintritts besteuert wird.

Auf abnutzbare Wirtschaftsgüter sind spezielle Abschreibungsvorschriften anwendbar. Im Beitrittszeitpunkt wird ein Erwerb der abschreibungsfähigen Wirtschaftsgüter zu dem gegenwärtigen Verkehrswert fingiert[137]. Bei einem tatsächlichen Erwerb von einer Gruppengesellschaft wird der Buchwert der übertragenden Gesellschaft fortgeführt, falls die Übertragung im In- bzw. Ausland steuerneutral behandelt wurde. Bemessungsgrundlage einer künftigen Abschreibung ist – vorbehaltlich der unten beschriebenen neueren Regelungen – der Wert, der sich zu Beginn der Gruppenzugehörigkeit ergibt, wenn man die nach dänischem Recht möglichen Abschreibungen ab dem Anschaffungszeitpunkt der Wirtschaftsgüter bis zum Gruppenbeitritt vornimmt. Ist jedoch der Marktwert zu diesem Zeitpunkt geringer, so wird dieser als Bemessungsgrundlage der Abschreibung herangezogen. Sonderabschreibungen sind für nicht ansässige Gruppenmitglieder nicht zu berücksichtigen.

Nach der Veräußerung solcher Wirtschaftsgüter wird die Abschreibung teilweise wieder rückgängig gemacht, indem gewisse Abzüge bemessungsgrundlagenerhöhend berücksichtigt werden. Begrenzt wird diese Nachversteuerung allerdings auf den Überschuss des während der Gruppenzugehörigkeit vorgenommenen Abschreibungsvolumens über die (Markt-) Wertminderung des Wirtschaftsgutes, die seit dem Zeitpunkt des Beitritts der Gesellschaft zur Gruppenbesteuerung eintrat. Nachversteuert wird letztlich also der den realen Wertverzehr übersteigende Abschreibungsbetrag, mithin also die stillen Reserven.

Für die ab dem 9.10.2003 beginnenden Wirtschaftsjahre traten gewisse Änderungen hinsichtlich der Bewertung von Wirtschaftsgütern, die erstmals in die dänische Steuerpflicht einbezogen werden, in Kraft[138]. Grundsätzlich ist

136 § 31A Abs. 7 SEL, vgl. *Hansen/Munch*, TNI, 30.6.2003, 1339, 1341; *Emmeluth*, Tax Management International Forum 9/2005, 11, 14.

137 § 31A Abs. 8 SEL, vgl. *Amby*, in: CDFI, IFA 2004 Vienna Congress, Vol. 89b, Denmark, S. 233, 244 f.; *Emmeluth*, Tax Management International Forum 9/2005, 11, 14.

138 Gesetz Nr. L 27 v. 9.10.2003. Ziel der genannten Regelungen ist die Vermeidung der von dänischen internationalen Konzernen genutzten früheren Möglichkeit einer steuerfreien Buchwertaufstockung von Wirtschaftsgütern der Auslandstochtergesellschaf-

es nicht länger möglich, von einem höheren Betrag als den originären Anschaffungskosten abzuschreiben. Eine gestalterische „Konvertierung“ nicht abschreibbarer Wirtschaftsgüter in Abschreibungspotential wird ebenfalls künftig verhindert. Die Regelungen betreffen insbesondere die internationale Gruppenbesteuerung:

Selbst geschaffene immaterielle Wirtschaftsgüter oder Goodwill einer Auslandsgesellschaft, die in die gemeinsame Besteuerung einbezogen werden, erzeugen keine dänische Bemessungsgrundlage und damit auch kein Abschreibungspotential. Lediglich für Zwecke der Besteuerung im Veräußerungsfall bleibt es bei der Feststellung des Marktwerts dieser Wirtschaftsgüter im Zeitpunkt des Gruppenbeitritts. Der nicht steuerbefreite entgeltliche Erwerb eines immateriellen Wirtschaftsguts führt bei Weiterentwicklung desselben noch vor Aufnahme in die dänische Gruppe dazu, dass Dänemark die originären Anschaffungskosten als AfA-Bemessungsgrundlage zugrunde legt. Der steuerbefreite Erwerb zwischen zwei ausländischen Gesellschaften, noch bevor sie in die Gruppe einbezogen werden und bei dem das übertragene immaterielle Wirtschaftsgut von der übertragenden Gesellschaft erschaffen wurde, wird für Zwecke der dänischen Gruppenbesteuerung hingegen so behandelt, als ob es sich weiterhin um ein nicht abschreibbares selbst geschaffenes Wirtschaftsgut handelt. Wird ein Wirtschaftsgut entgeltlich von einer bereits einbezogenen Auslandstochtergesellschaft erworben, dann bestimmt sich die dänische AfA-Bemessungsgrundlage aus der Differenz der ursprünglichen Anschaffungskosten des Wirtschaftsguts beim Veräußerer und der maximal möglichen dänischen Abschreibung von der Zeit der Anschaffung bis zur Übertragung auf die einzubeziehende Tochtergesellschaft. Dies gilt jedoch nur, wenn erstens das Wirtschaftsgut nach dänischem Steuerrecht abnutzbar ist, zweitens der Veräußerer ein verbundenes Unternehmen ist und drittens die Übertragung weder eine dänische noch ausländische Besteuerung auslöst bzw. die ausländische Steuer gestundet ist. Unter denselben drei Voraussetzungen wird ein entgeltlicher Erwerb eines immateriellen Wirtschaftsguts durch eine Auslandsgruppengesellschaft für dänische Steuerzwecke so behandelt, als liege ein selbst geschaffenes immaterielles Wirtschaftsgut vor, so dass diesbezüglich vor allem keine Abschreibungen vernehmbar sind.

ten. Vgl. hierzu *Wittendorff*, TNI, 8.12.2003, 859, 860; *IBFD*, Tax News Service, 1.3.2004, S. 111.

iii) Betriebsausgabenabzug

Betriebsausgaben ausländischer Gesellschaften, die vor der Gruppenzugehörigkeit wirtschaftlich angefallen sind, können nur dann steuerlich wirksam im Rahmen der internationalen Zusammenbesteuerung abgezogen werden, wenn dies im Fall der beschränkten Steuerpflicht (§ 2 SEL), z.B. bei Betriebsausgaben einer dänischen Betriebstätte der Auslandsgesellschaft, möglich wäre. Zins- und Lizenzzahlungen der Auslandsgesellschaft sind steuerlich nicht abzugsfähig, wenn die Zahlungen der dänischen beschränkten Steuerpflicht unterliegen würden, weil sie von dänischen Quellen (z.B. einer dänischen Betriebstätte) stammen. Interne Zahlungen (Innenumsätze) zwischen der Auslandsgesellschaft und einem (z.B. steuerlich transparenten) Zahlungsempfänger sind ebenfalls nicht abzugsfähig, falls die Zahlung im Ausland nicht der Besteuerung unterliegt.

In vereinzelten Fällen wird den Auslandstochtergesellschaften hingegen die zwingende Vornahme von Abzügen und Abschreibungen auferlegt, auch wenn normalerweise ein Wahlrecht des Steuerpflichtigen besteht, um eine möglichst an die ausländische Bemessungsgrundlage angenäherte Bemessung der Auslandseinkünfte in Dänemark sicherzustellen.

iv) Verbot des doppelten Abzugs / Nachversteuerung

Verluste einer die Gruppenspitze bildenden inländischen Betriebstätte einer beschränkt steuerpflichtigen Gesellschaft sind in dem Umfang nicht mit den positiven Ergebnissen anderer Gruppenmitglieder verrechenbar, soweit diese Verluste auch im ausländischen Stammhausstaat genutzt werden[139]. Diese Vorschrift greift jedoch regelmäßig nicht ein, wenn zur internationalen Zusammenveranlagung optiert wurde[140].

Eine Nachversteuerung von in früheren Wirtschaftsjahren abgezogenen ausländischen Verlusten erfolgt, um eine doppelte Verlustnutzung infolge des Zusammenspiels der Besteuerung in Dänemark und im Ansässigkeitsstaat der Auslandstochtergesellschaft zu vermeiden. Bestimmte Vorschriften sichern daher die Nachversteuerung, wenn auf Ebene der ausländischen Tochtergesellschaft bzw. Betriebstätte oder mit dem ausländischen Grundbesitz

139 Z.B. bei DBA-Anrechnungsmethode. Vgl. *Wittendorff*, TNI, 12.7.2004, 126, 127.
140 Vgl. jedoch zur Ausnahme *Ottosen/Nørremark*, IBFD-Bulletin 2005, 471, 472.

später Gewinne erzielt werden bzw. diese aus der Gruppenbesteuerung ausscheiden[141].

IV. Frankreich: „régime de l'intégration fiscale/régime du bénéfice consolidé"

1. Einleitung

Anders als in anderen Staaten baut in Frankreich die Körperschaftsbesteuerung nicht auf dem Welteinkommensprinzip, sondern auf dem Territorialitätsprinzip (*principe de territorialité*) auf, vgl. Art. 209-I Abs. 1 CGI[142]. Besteuert wird grundsätzlich nur das Einkommen, das durch einen in Frankreich ausgeübten Geschäftsbetrieb erzielt bzw. aufgrund eines Doppelbesteuerungsabkommens zugeordnet wurde.

Somit wird die Wahl der Rechtsform der Auslandsniederlassung steuerlich im Grundsatz nicht tangiert, da sowohl die Einkünfte der im Ausland ansässigen Betriebstätten[143] als auch der Tochtergesellschaften[144] von der französischen Besteuerung ausgenommen werden. Auslandsverluste werden wie Auslandsgewinne steuerlich prinzipiell ignoriert[145]. Gleichwohl können Steuerpflichtige unter gewissen Voraussetzungen zu einer Welteinkommensbesteuerung und Einkommenskonsolidierung optieren, was die Berücksichtigung im Ausland erzielter Verluste ermöglicht.

Frankreich kennt die Besteuerung von verbundenen Unternehmen (*groupes de sociétés*) – diese ist im Grundsatz auf Inlandsgesellschaften beschränkt. Innerhalb eines Konzerns kann seit 1987 eine nationale Gruppenbesteuerung zum Zwecke der Verlustverrechnung begründet werden (*l'intégration fisca-*

141 §§ 33E, 33D Ligningsloven; vgl. *Emmeluth*, Tax Management International Forum 9/2005, 11, 15.

142 Code général des impôts (CGI) - das Allgemeine Steuergesetzbuch Frankreichs.

143 Eine Ausnahme deutet ein Urteil des Conseil d'Etat v. 16.5.2003, Nr. 222956, Section, *Société Télécoise*, Revue de Jurisprudence fiscale 7/2003, 823 an, das ausländische Betriebstättenverluste unter bestimmten Voraussetzungen zum Abzug zulässt, wenn die ausländische Betriebstätte den Geschäftsaktivitäten der französischen Gesellschaft dient, vgl. *Gouthiere*, European Taxation 2003, 383 ff.

144 Ausgeschüttete Gewinne, z.B. Dividenden, sind jedoch beim französischen Anteilseigner steuerbar.

145 Zu den Vor- und Nachteilen sowie zum möglichen EG-Verstoß wegen der Ungleichbehandlung von Verlusten von Inlands- u. Auslandsbetriebstätten: *Richard*, Intertax 2003, 20, 23, 24. Zum EG-rechtlichen Problem des französischen Territorialitätsprinzips allgemein: *Cordewener*, European Taxation 2003, 294, 303.

le)[146]. Hierdurch wird die Möglichkeit einer (modifizierten) Ergebnisverrechnung der einzelnen teilnehmenden Gesellschaften auf Ebene der Muttergesellschaft und damit eine Abmilderung des Trennungsprinzips geschaffen.

Grenzüberschreitend besteht die Möglichkeit der Einbeziehung ausländischer Tochtergesellschaften und Betriebstätten (*régime du bénéfice consolidé*), d.h. die optionale Konsolidierung mit Auslandsergebnissen der Gruppe[147].

2. Inlandsgruppe (l'intégration fiscale)

a) Subjektive Voraussetzungen

Die Muttergesellschaft (*société mère*) ist entweder eine nach Gesetz[148] oder Option[149] der Körperschaftsteuer vollumfänglich[150] unterliegende französi-

146 Art. 223A – 223Q CGI; vgl. *Borrat/Bassière*, in: CDFI, IFA 2004 Vienna Congress, Vol. 89b, France, S. 271, 275 ff.; *Gastineau*, La fiscalité des groupes de sociétés, l'intégration fiscale, 2003, S. 1 ff.; *Gelin*, Tax Management International Forum 9/2005, 16, 17; *Morgenstern*, L'intégration fiscale, S. 21 ff.; *Scheunemann*, Grenzüberschreitende konsolidierte Konzernbesteuerung, Köln 2005, S. 22 ff.; *Sievert*, Konzernbesteuerung in Deutschland und Europa, Düsseldorf 2006, S. 156 ff.

147 Art. 209 *quinquies* CGI; vgl. *Baranger*, in: The Taxation of Companies in Europe, IBFD 2006, France-192 ff.; *BDI/PWC*, Verlustberücksichtigung über Grenzen hinweg, 2006, S. 49; *Borrat/Bassière*, in: CDFI, IFA 2004 Vienna Congress, Vol. 89b, France, S. 271, 278 ff.; *Campbell*, Tax Planning International Forum 9/2003, 17 ff.; *Gelin*, Tax Management International Forum 9/2005, 16, 17 f.; *Gouthière*, Les impôts dans les affaires internationales, 5. Aufl., 2001; *IBFD*, European Tax Handbook 2006, France, S. 220; Supplementary Service to European Taxation, *IBFD* 2006, Section A, France-6 f.; *Scheunemann*, Grenzüberschreitende konsolidierte Konzernbesteuerung, Köln 2005, S. 277 ff.; *Sievert*, Konzernbesteuerung in Deutschland und Europa, Düsseldorf 2006, S. 159 ff.; *Tillmanns*, in: Mennel/Förster (Hrsg.), Steuern in Europa, Amerika und Asien, 2005, Frankreich, Rn. 276 ff.

148 Vgl. Art. 206-I CGI, z.B. die *société anonyme* (SA ≈ AG), *société par actions simplifiée* (SAS, in Art. 1655 *quinquies* CGI der SA gleichgestellt ≈ „kleine AG"), *société à responsabilité limitée* (SARL ≈ GmbH), *société en commandite par actions* (SCA ≈ KGaA). Nach Art. 206-II CGI unterliegen die *société civile* (SC ≈ GbR) mit gewerblichen Einkünften sowie die Gewinnanteile von Kommanditisten einer *société en commandite simple* (SCS ≈ KG) automatisch der französischen Körperschaftsteuer.

149 Personengesellschaften i.S.v. Art. 206-III CGI, also z.B. die *société en nom collectif* (SNC ≈ OHG) sowie die *société en commandite simple* (SCS ≈ KG) für die Gewinnanteile der Komplementäre, können nach Art. 239-I CGI grundsätzlich unumkehrbar für die Körperschaftsbesteuerung optieren.

sche Gesellschaft oder eine ebenfalls der französischen Steuer unterstehende Betriebstätte einer Auslandsgesellschaft mit französischem Beteiligungsbesitz. Nicht optierende Personengesellschaften scheiden, wie auch natürliche Personen, somit aus dem Anwendungsbereich der Regelung aus. Von Gesetzes wegen sind auch Betriebstätten ausländischer Unternehmen ausgeschlossen. Allerdings legt die französische Steuerverwaltung das Gesetz (europarechtskonform) dahin aus, dass auch französische Betriebstätten ausländischer Unternehmen die Spitze der Gruppe bilden können, soweit die qualifizierende Tochtergesellschaftsbeteiligung der Betriebstätte zuzurechnen ist[151].

Als Tochtergesellschaften (*sociétés filiales*) sind ebenfalls nur ansässige und der französischen Körperschaftsteuer unterliegende Gesellschaften zugelassen. Eine Einbeziehung ausländischer Tochtergesellschaften ist ausgeschlossen. Möglich ist hingegen die Konsolidierung einer französischen Betriebstätte einer ausländischen Gesellschaft, wenn die Auslandsgesellschaft sich zu mindestens 95% im Besitz einer französischen Muttergesellschaft befindet[152].

b) Materielle Voraussetzungen

In der nationalen Konsolidierung werden die Gewinne und Verluste ansässiger Unternehmen in einer 95%-Gruppe beim Mutterunternehmen angesammelt und dort besteuert. Die Konzernspitzengesellschaft ist unmittelbar bzw. mittelbar zu 95% an der Tochtergesellschaft (Mindestbeteiligung) beteiligt und hat zur Gruppenbesteuerung für fünf Jahre (Mindestzeitraum) optiert[153]. Allerdings kann die mittelbare Beteiligung nicht über eine ausländische Gesellschaft hergestellt werden[154]. Die Mindestbeteiligung muss sowohl hinsichtlich des Kapitals als auch der Stimmrechte von Beginn des einheitlichen Wirtschaftsjahres an erfüllt sein[155]. Eine Inlandsbetriebstätte einer ausländischen Gesellschaft muss als Obergesellschaft ebenfalls eine Mindestbe-

150 D.h. steuerpflichtig mit dem Gesamtergebnis und dem ungemilderten Körperschaftsteuersatz. Ausgenommen sind damit gewisse Unternehmen mit Steuersatz- oder Steuerbemessungsgrundlagenvergünstigung, wie Venture Capital Firmen oder Telekommunikationsunternehmen.

151 Vgl. *Richard*, Intertax 2003, 20, 25 m.w.N.; *Grotherr*, StuW 1996, 356, 364 f.

152 Vgl. Richtlinie 4 H-2-05 v. 19.7.2005 zu den Änderungen des Finanzgesetzes 2004 Nr. 2003-1311 v. 30.12.2003, Journal officiel Nr. 302 v. 31.12.2003, S. 22530.

153 *Baranger*, in: The Taxation of Companies in Europe, IBFD 2006, France-192.

154 Dazu kritisch im Hinblick auf Art. 43, 56 EG und EuGH v. 18.11.1999, Rs. C-200/98, *XAB, YAB*, Slg. 1999, I-8261: *Richard*, Intertax 2003, 20, 24.

155 Art. 46 *quater*-0 ZF Abs. 1 Annexe III CGI.

teiligung von 95% an den zu konsolidierenden Tochtergesellschaften aufweisen.

Für Zwecke der Gruppenbesteuerung werden bei der Berechnung der indirekten Beteiligung die zu 95% gehaltenen Töchter als zu 100% im Besitz der Muttergesellschaft fingiert[156]. Anteilsbesitz, der über nicht in die Gruppe einbezogene Tochtergesellschaften gehalten wird, findet bei der Ermittlung der 95%-Schwelle keine Berücksichtigung. Bei indirekten Beteiligungen muss somit jedes Unternehmen der Beteiligungskette der Gruppenbesteuerung angehören. Anders ausgedrückt: Es ist nicht möglich, die *intégration fiscale* mit einer Enkelgesellschaft einzugehen, wenn die zwischengeschaltete Tochtergesellschaft nicht mit einbezogen wird.

Die Muttergesellschaft darf selbst nicht zu 95% oder mehr unmittelbar oder mittelbar im Besitz einer anderen ansässigen Gesellschaft, die ebenfalls in Frankreich unbeschränkt körperschaftsteuerpflichtig ist, stehen. Sie darf beispielsweise von nicht der Körperschaftsteuer unterliegenden französischen Personen oder Personenvereinigungen allein beherrscht werden. Unschädlich ist es ferner, wenn sich das Mutterunternehmen gänzlich im Besitz einer nicht ansässigen (ausländischen) Gesellschaft befindet oder die Mindestbeteiligung von 95% von einer unbeschränkt steuerpflichtigen Gesellschaft über die Zwischenschaltung von einem bzw. mehrerer Unternehmen erreicht wird, die selbst nicht in Frankreich körperschaftsteuerpflichtig sind[157].

c) Formelle Voraussetzungen

Die gemeinsame Konsolidierung ist optional, bei Ausübung der Option jedoch auf mindestens fünf Jahre bindend festgelegt – andernfalls kann es zur (teilweisen) Rückgängigmachung der Gruppenvergünstigungen kommen. Nach fünf Jahren tritt automatisch eine Verlängerung um weitere fünf Jahre ein, Art. 225 Abs. 5 S. 4 CGI, es sei denn, die Beendigung der Option wird

156 Art. 46 *quater*-0 ZF Annexe III CGI; Beispiel: Unternehmen A hält 97% an Unternehmen B und B wiederum 97% an C, dann ist Gesellschaft C qualifiziert, obwohl die rechnerische Beteiligung von A an C nur 94,09% beträgt.

157 Art. 223-A CGI idF. des Finanzgesetzes 2002 v. 28.12.2001, Nr. 2001-1275. Nach Richtlinie 4 H-2-05 v. 19.7.2005 kann die Beteiligung an der Muttergesellschaft auch indirekt durch eine französische Körperschaft gehalten werden und zwar (1) über eine ausländische Gesellschaft, die keine französische Betriebstätte besitzt, der die Anteile an der Muttergesellschaft zuzurechnen sind bzw. (2) über eine nicht zur Körperschaftsteuer optierende Personengesellschaft.

vorher dem Finanzamt mitgeteilt. Seit 1988 besteht keine Genehmigungsbedürftigkeit mehr durch die Verwaltung[158].

Hinsichtlich der Größe des Organkreises, also der Einbeziehung qualifizierter Tochtergesellschaften, besteht Wahlfreiheit für das Mutterunternehmen. Gleichwohl sind die Tochtergesellschaften in ihrem Entschluss, an der Konsolidierung teilzunehmen, frei. Noch bis zur Abgabe der Körperschaftsteuererklärung des der Gruppenbesteuerung vorhergehenden Jahres kann das Mutterunternehmen den förmlichen Antrag zusammen mit den ausdrücklichen Zustimmungen der teilnehmenden Tochtergesellschaften an seine zuständige Finanzbehörde stellen[159]. Die teilnehmenden Tochtergesellschaften müssen ihre Zustimmung zur Konsolidierung ebenfalls ihren zuständigen Finanzbehörden zur selben Zeit mitteilen. Das Zeiterfordernis gilt auch für die Wahl einer neuen Gruppe nach Umstrukturierungen bzw. für ausscheidende Gesellschaften. Jedes Jahr hat die Muttergesellschaft eine Liste der Gesellschaften zu übermitteln, die für den nächsten Veranlagungszeitraum der Gruppe angehören. Die Mindestbeteiligung muss während des gesamten Veranlagungszeitraumes, für den die Gruppenbesteuerung gewählt wurde, bestehen. Die Gruppenmitglieder müssen denselben 12-monatigen Gewinnermittlungszeitraum aufweisen, wobei eine Angleichung der Wirtschaftsjahre auch noch im Rahmen einer bereits bestehenden Besteuerungsgruppe möglich ist[160]. Die Gruppengesellschaften dürfen einmal während des Fünfjahreszeitraums ihr Wirtschaftsjahr umstellen. Gruppentochtergesellschaften, deren Anteile am ersten Tag des Wirtschaftsjahres veräußert werden, können mit der erwerbenden Muttergesellschaft vom ersten Tag des Wirtschaftsjahres, in dem der Verkauf erfolgte, eine neue Gruppenbesteuerung eingehen[161].

d) Rechtsfolgen

Die Steuer wird auf das zusammengefasste Einkommen nach gewissen Berichtigungen für konzerninterne Sachverhalte bei der Konzernmutter erho-

---

158 Vgl. *Grotherr*, StuW 1996, 356, 369.

159 Art. 46 *quater*-0 ZD und ZE Annexe III CGI iVm. dem Finanzgesetz 2004 Nr. 2003-1311 v. 30.12.2003, Journal officiel Nr. 302 v. 31.12.2003, S. 22530 und Richtlinie 4 H-2-05 v. 19.7.2005.

160 Vor allem bei Erweiterungen bestehender Gruppen, vgl. *Schultze/Ludemann*, IStR 2004, 195, 195.

161 Vgl. Richtlinie 4 H-2-05 v. 19.7.2005 zu den Änderungen des Finanzgesetzes 2004 Nr. 2003-1311 v. 30.12.2003, Journal officiel Nr. 302 v. 31.12.2003, S. 22530.

ben, die sämtliche Steuerpflichten der Gruppe übernimmt[162]. Eine Ausnahme besteht im ersten Jahr der Gruppenzugehörigkeit, wo die Verpflichtung für geschätzte Steuerzahlungen ebenfalls noch bei den Tochtergesellschaften liegt.

Die Ergebnisse der Tochtergesellschaften werden weiterhin separat ermittelt und erst auf Stufe der Konzernmutter zu einem Gesamtergebnis unter Verrechnung der Gruppengewinne und -verluste zusammengefasst. Konzerninterne Zwischenerfolge werden dabei durch spezielle Berichtigungen auf Ebene der Konzernmutter nachträglich außerbilanziell korrigiert, um Doppelabzüge oder Doppelerfassungen zu vermeiden. Dies geschieht insbesondere dadurch, dass Wertberichtigungen auf Forderungen sowie Zuführungen zu Rückstellungen für ungewisse Verbindlichkeiten gegenüber anderen Gruppengesellschaften zum Gesamtergebnis hinzugerechnet und gruppeninterne Forderungsverzichte und andere „Subventionen“ neutralisiert werden[163]. Des Weiteren sind innerkonzernliche Dividendenausschüttungen vollumfänglich (und nicht nur zu 95% unter dem Schachtelprivileg) steuerbefreit. Seit dem Finanzgesetz 2006 gilt ab 1.1.2006 diese vollständige Entlastung ausnahmsweise nicht bei einer Gewinnausschüttung innerhalb des ersten Jahres nach Beitritt der ausschüttenden Gesellschaft zur Gruppenbesteuerung[164]. Bis zu ihrer Abschaffung zum 1.1.2005 erfolgte im Rahmen der Gruppenbesteuerung keine Wiederherstellung der Ausschüttungsbelastung (*précompte mobilier*) auf Gewinnausschüttungen und korrespondierend wurde auch kein *avoir fiscal*-Anrechnungsguthaben gewährt[165]. Eine Zwischengewinnelimi-

---

162 Die Standardrate bei der Körperschaftsteuer beträgt für den VZ 2005 33⅓% + 1,5% Zuschlag, d.h. 33 5/6%. Folgende Staffelung besteht: 15% + Zuschlag von 1,5%, d.h. 15,225% bis 38.120 € Einkommen bei bestimmten KMU, bei Großunternehmen (> 7.630.000 € Umsatz) erfolgt ein Zuschlag zur Standardrate von 3,3% auf den Steuerbetrag, der 763.000 € übersteigt (Spitzensteuersatz somit 34,94%). Eine nach Umsatz gestufte Mindestbesteuerung existiert. Mit dem VZ 2006 wurde der 1,5%-Zuschlagssatz abgeschafft, so dass der effektive Spitzensteuersatz 34,43% im Jahr 2006 beträgt.

163 Zur Behandlung konzerninterner Transaktionen ausführlich *Jacobs/Spengel*, IStR 1994, 100 ff., 146 ff.; vgl. auch *Grotherr*, StuW 1996, 356, 371; *Endres*, WPg-Sonderheft 2003, 35, 39; *Scheunemann*, Grenzüberschreitende konsolidierte Konzernbesteuerung, Köln 2005, S. 45; *Sievert*, Konzernbesteuerung in Deutschland und Europa, Düsseldorf 2006, S. 158 f.

164 Vgl. *IBFD*, Tax News Service, 21.11.2005, S. 557.

165 Mit dem Finanzgesetz 2004 Nr. 2003-1311 v. 30.12.2003, Journal officiel Nr. 302 v. 31.12.2003, S. 22530 wurden *avoir fiscal* und *précompte mobilier* zum 1.1.2005 abgeschafft, vgl. *Baranger*, in: The Taxation of Companies in Europe, IBFD 2006, France-187 ff.; *Collet*, Journal of International Taxation 1/2004, 32 ff.; *Berengier*, TNI, 6.10.2003, 7 f.; *de Bourmont/Rubechi*, IStR-Länderbericht 19/2003, S. 3; *Rube-*

nierung erfolgt beispielsweise bei der konzerninternen Veräußerung von Anlagegütern, die damit steuerneutral möglich ist. Aus Gründen der Praktikabilität ist bei der Veräußerung oder Übertragung von Umlaufvermögen hingegen keine Zwischengewinneliminierung vorgesehen.

Nach geltendem Recht ist ein Verlustrücktrag im Hinblick auf die vorangegangenen drei Veranlagungszeiträume möglich. Beim Verlustvortrag musste früher unterschieden werden zwischen so genannten „normalen" Verlusten, deren Abzug auf fünf Jahre beschränkt war, und Verlusten, die aus bestimmten Abschreibungen resultieren und unbegrenzt vortragbar waren[166]. Durch eine zum 1.1.2004 in Kraft getretene Gesetzesänderung sind nun alle ab dem 1.1.2004 erzielten körperschaftsteuerlichen Verluste zeitlich unbeschränkt vortragbar[167]. Dies betrifft insbesondere auch den Altbestand an Verlustvorträgen, soweit dieser aufgrund der zeitlichen Begrenzung nicht zum 31.12.2003 erloschen ist. Damit entfiel ein früherer zusätzlicher Vorteil der Gruppenbesteuerung, dass nämlich ein über die Fünfjahresfrist nicht genutzter Verlustvortrag zumindest bei einer anderen Gesellschaft zum Abzug kommen konnte.

Überhaupt ist die Möglichkeit der Verlustverrechnung ein entscheidender Vorteil für die teilnehmenden Gesellschaften. Verluste aus der Zeit vor Eingehung der gemeinsamen Besteuerung sind ausschließlich bei der Verlustgesellschaft selbst und damit nicht bzw. nur mittelbar innerhalb der Gruppe nutzbar. Teilwertabschreibungen auf Beteiligungen an Gruppentochtergesellschaften sind während der Gruppenzugehörigkeit steuerlich nicht zu berücksichtigen[168].

Jede Gruppengesellschaft hat eine eigene Steuererklärung, die Muttergesellschaft darüber hinaus noch eine besondere gemeinsame Steuererklärung abzugeben. Nur die Muttergesellschaft trifft die Verpflichtung zur Zahlung der

---

chi, IStR-Länderbericht 23/2003, S. 2; *Schultze/Ludemann*, IStR 2004, 195, 196 f.; *Viegener*, IWB F. 5 Gr. 2, Frankreich, S. 1377 ff.; *Tillmanns*, IWB F. 5 Gr. 2, Frankreich, S. 1385, 1390.

166 Art. 39 B Abs. 2 und Art. 209-I Abs. 4 CGI.

167 Finanzgesetz 2004 Nr. 2003-1311 v. 30.12.2003, Journal officiel v. 31.12.2003, S. 22530; vgl. *Collet*, Journal of International Taxation 1/2004, 32, 38; *de Bourmont/Rubechi*, IStR-Länderbericht 19/2003, S. 3; *Rubechi*, IStR-Länderbericht 23/2003, S. 2; *Schultze/Ludemann*, IStR 2004, 195, 195; *Viegener*, IWB F. 5 Gr. 2, Frankreich, S. 1377, 1384; *Tillmanns*, IWB F. 5 Gr. 2, Frankreich, S. 1385, 1390 f. Beachte jedoch, dass die Regelung des Art. 221-5 CGI hinsichtlich des Wegfalls der Verlustvorträge bei Änderung der wirtschaftlichen Identität bzw. Branchenwechsel weiterhin Anwendung findet.

168 *Grotherr*, StuW 1996, 356, 373.

Körperschaftsteuer, gleichwohl besteht eine gesamtschuldnerische Haftung der gesamten Gruppe für den Steuerbetrag. Die Gruppengesellschaften entrichten in der Regel im Umlageverfahren den Steuerbetrag an die Muttergesellschaft, der auf sie unter Anwendung der „stand-alone-Methode“ bei einer Einzelveranlagung entfallen wäre. Ihre separate Steuerhaftung ist ebenfalls auf diesen Betrag begrenzt. Etwaige Steuervorteile verbleiben grundsätzlich auf Ebene der Muttergesellschaft, es sei denn, die Umlagevereinbarung sieht eine steuerneutrale Verteilung auf die Gruppengesellschaften vor[169].

e) Beendigung

Die Inlandsgruppe wird zwingend aufgelöst, wenn:

- alle Tochtergesellschaften die Gruppe verlassen,
- die Muttergesellschaft auf eine andere Gesellschaft verschmolzen wird oder
- die Muttergesellschaft ihren Gewinnermittlungszeitraum ändert.

Die Verlustvorträge der aufgelösten Gruppe verbleiben allesamt auf Ebene der Muttergesellschaft. In dem Fall, in dem die Muttergesellschaft von einer anderen französischen Gesellschaft gekauft wurde und mit dieser eine neue Gruppe eingeht oder in deren bestehende Gruppe eintritt, können die Verlustvorträge der aufgelösten Gruppe nicht in der neuen Gruppe genutzt werden. Sie sind vielmehr auf die alte Muttergesellschaft und denjenigen ihrer Tochtergesellschaften, die ebenfalls Gesellschaften der neuen Gruppe sind, begrenzt und mindern deren künftige Gewinne. Im Falle der Verschmelzung bedarf der Übergang der Verlustvorträge der übertragenden früheren Muttergesellschaft auf die übernehmende Gesellschaft für Zwecke der Nutzung in einer neuen Gruppe mit Tochtergesellschaften der übertragenden Gesellschaft der ministeriellen Erlaubnis. Auf diese vorherige Zustimmung besteht ein Rechtsanspruch, wenn die betroffenen Gesellschaften darlegen können, dass wirtschaftliche Gründe für die Umstrukturierung vorliegen[170].

Scheidet eine von mehreren Tochtergesellschaften aus der Gruppe aus, so bleibt die Gruppe im Übrigen bestehen. Ausgelöst wird jedoch grundsätzlich eine Nachversteuerung der vorher steuerneutral erfolgten konzerninternen Zwischengewinnverlagerung. Eine Ausnahme hiervon besteht durch das Finanzgesetz 2006 seit dem 1.1.2006[171] für die Verschmelzung einer Gruppen-

169 Hierzu *Gelin*, Tax Management International Forum 9/2005, 16, 18.
170 *Tillmanns*, IWB F. 5 Gr. 2, Frankreich, S. 1417, 1422.
171 Vgl. hierzu *Schienke*, IStR 2006, 302, 303 f.

gesellschaft auf eine andere Gruppengesellschaft (was nicht länger als Ausscheiden aus der Gruppe verstanden wird), falls die Verschmelzung von der Steuerbegünstigung für Verschmelzungen nach Art. 210-A CGI profitiert. Korrespondierend zur fehlenden vollständigen Entlastung gruppeninterner Ausschüttungen von Gewinnen aus der Zeit vor Eingehung der Gruppenbesteuerung (die unter dem französischen Schachtelprivileg grundsätzlich zu 5% der Körperschaftsteuer unterliegen) wird seit 2006 auch keine Nachversteuerung vorgenommen, wenn entweder die ausschüttende oder empfangende Gruppengesellschaft ausscheidet oder die Gruppe insgesamt aufgelöst wird. Ein Verlustvortrag der ausscheidenden Gesellschaft verbleibt in der Gruppe auf Ebene der Muttergesellschaft. Ein Rücktrag nach dem Ausscheiden erwirtschafteter Verluste in die Veranlagungszeiträume der Gruppenzugehörigkeit mit positivem Einzelergebnis ist ausgeschlossen. Ein Verbot des Wiedereintritts in die Konsolidierung besteht nicht.

3. Grenzüberschreitende Konsolidierung (régime du bénéfice consolidé)

a) Einleitung

Um die Errichtung von Niederlassungen großer französischer multinationaler Konzerne in ausländischen Märkten auf indirektem Wege zu erleichtern und sich damit auch im Inland die Vorteile wirtschaftlicher Expansion zu sichern, führte Frankreich im Jahr 1965 die Regelungen zur grenzüberschreitenden Konsolidierung in Art. 209 *quinquies* CGI ein[172]. Im Jahr 1995 wurde hierzu eine detaillierte Verwaltungsanweisung erlassen[173].

Nach diesem Regime dürfen ansässige Unternehmen ihr Einkommen auf zweierlei Weise konsolidieren:

- durch Zusammenfassung mit den Ergebnissen ihrer inländischen oder ausländischen *Direkt*aktivitäten[174] (*bénéfice mondial*, Welteinkommensprinzip) oder
- durch Konsolidierung ihres Einkommens *darüber hinaus auch* mit dem von Inlands- oder Auslandstochtergesellschaften, an denen sie 50% oder

---

172 Gesetzlich kodifiziert in Art. 209 *quinquies* CGI, Art. 113-134A Annexe II CGI, Art. 46 *quater*-0 X - 46 *quater*-0 XB Annexe III CGI sowie Art. 23 *bis* A - 23 *bis* B Annexe IV CGI. Änderungen brachten bisher sechs Dekrete, insbesondere das Dekret Nr. 91-1265 v. 16.12.1991, Droit fiscal 1992, comm. 129.

173 16.3.1995, Droit fiscal 1995, Instruction administrative 11371.

174 Art. 105 Abs. 1 Annexe II CGI: Zweigniederlassungen, Agenturen, Büros, Fabriken und andere feste Einrichtungen dauerhafter Natur, durch die eine französische Gesellschaft ihre Geschäfte ganz oder zum Teil ausführt.

mehr an Stimmrechten halten (*bénéfice consolidé*, internationale Konsolidierung).

Die genannten Regelungen stellen eine klare Ausnahme von dem sonst in Frankreich praktizierten steuerlichen Territorialitätsprinzip dar, bei dem die Einkünfte aus der gewöhnlichen Auslandsaktivität nicht in die französische Bemessungsgrundlage einfließen[175]. Nicht umsonst bedarf es deshalb für die grenzüberschreitende Konsolidierung der Zustimmung des französischen Ministeriums für Wirtschaft, Finanzen und Industrie.

Einzubeziehen sind jeweils *alle* qualifizierenden Auslandsaktivitäten („all-in, all-out"). Ein „Rosinenpicken" hinsichtlich einzelner Auslandsbetätigungen ist damit nicht möglich. Als Ausnahme hierzu können solche Gesellschaften, die nur ein geringes Einkommen bzw. einen geringen Umsatz aufweisen oder deren Staat einen Gewinntransfer nach Frankreich nicht zulässt, aus der Konsolidierung ausscheiden.

Aufgrund der sehr restriktiv gehandhabten ministeriellen Genehmigungspraxis sowie dem Zwang, alle und nicht nur einzelne Auslandsaktivitäten einzubeziehen, erlangte das *régime du bénéfice mondial*[176] in der Vergangenheit in nur drei Fällen praktische Relevanz. Gegenwärtig spielt es, wenn überhaupt, nur eine theoretische Rolle und soll auch zukünftig seitens der Finanzverwaltung nicht mehr gewährt werden. Ein Grund ist sicherlich, dass es letztlich aufgrund der gleichen Voraussetzungen und dem alleinigen Unterschied im Anwendungsbereich lediglich ein pars pro toto zum *régime du bénéfice consolidé* darstellt und deshalb im direkten Vergleich keinen eigenständigen Vorteil aufweist.

Die im Folgenden zu besprechende Regelung des *régime du bénéfice consolidé* geht nämlich weit über das Welteinkommensprinzip hinaus, da hier nicht nur alle ausländischen Betriebstätten (unselbstständige Niederlassungen), sondern daneben *auch* alle in- und ausländischen Tochtergesellschaften (selbstständige Niederlassungen) einbezogen werden[177].

175 Hierzu *Scheunemann*, Grenzüberschreitende konsolidierte Konzernbesteuerung, Köln 2005, S. 50 ff.

176 Art. 209 *quinquies* CGI und Art. 134 A, Annexe II CGI.

177 Art. 209 *quinquies* Abs. 1 CGI; näher dazu: *Baranger*, in: The Taxation of Companies in Europe, IBFD 2006, France-194. Der Anwendungsbereich dieser Regelung umfasst somit zugleich die Anwendungsbereiche der Inlandsgruppe sowie der Welteinkommensbesteuerung, Art. 223 P Abs. 2 CGI.

b) Voraussetzungen

Nach Art. 209 *quinquies* Abs. 1 CGI kann nur eine französische Gesellschaft oder andere juristische Person, die der französischen Körperschaftsteuer unterliegt, Gruppenobergesellschaft sein. Nach der Verwaltungsanweisung von 1995 soll die Genehmigung aber nur Gesellschaften erteilt werden, die an der Spitze eines Konzerns stehen und eine internationale Ausrichtung haben. Nicht als Obergesellschaft in Frage kommen damit ansässige Körperschaften mit ausländischer Konzernmutter bzw. inländische Betriebstätten von Auslandsgesellschaften[178].

Die Konzernspitzengesellschaft muss eine bestehende mittelbare oder unmittelbare Mindestbeteiligung an den Stimmrechten der teilnehmenden Gesellschaften von 50% bzw. die nach ausländischem Recht höchste Beteiligungsquote, wenn diese unter 50% liegt[179], aufweisen. Bei Personengesellschaften als Gruppengesellschaften besteht keine Mindestbeteiligungsschwelle. Eine Gesellschaft kann nicht gleichzeitig zwei Gruppen für Zwecke der Gruppenbesteuerung angehören.

Die Konsolidierung auf internationaler Ebene ist an die im Ermessen des französischen Ministeriums für Wirtschaft, Finanzen und Industrie liegende Zustimmung (*agrément*) geknüpft. Da die bei einer Konsolidierung mögliche Auslandsverlustverrechnung Mindereinnahmen für den französischen Fiskus mit sich bringen kann, wird die Bewilligungspraxis sehr restriktiv gehandhabt, was ihre praktische Bedeutung eher einschränkt[180].

Eine Mindestdauer für die grenzüberschreitenden Konsolidierungen wird mit der erstmaligen Zustimmung unwiderruflich auf fünf Jahre festgelegt, Verlängerungen für jeweils drei weitere Jahre sind möglich[181]. Unter gewis-

178 Der Ausschluss auslandsbeherrschter französischer (Konzernholding-)Gesellschaften und französischer Betriebstätten von EU-Gesellschaften dürfte in Widerspruch zur Rspr. des EuGH zu Art. 43, 48 EG v. 8.3.2001, verb. Rs. C-397/98 u. C-410/98, *Metallgesellschaft u.a. Hoechst*, Slg. 2001, I-1727 Rn. 76 und v. 21.9.1999, Rs. C-307/97, *Saint-Gobain*, Slg. 1999, I-6161 ff. Rn. 43 f. stehen.

179 Dies kann der Fall sein, wenn (a) eine Beteiligung ausländischer Gesellschafter von 50% oder mehr nach dem nationalen Recht des Ansässigkeitsstaates der Auslandstochtergesellschaft untersagt ist, (b) die niedrigere Beteiligung Ergebnis von bilateralen Verträgen ist oder (c) diese niedrigere Beteiligung nach der Natur der Geschäftsaktivitäten (z.B. Joint Venture) der kontrollierten Gesellschaften vorausgesetzt ist.

180 Die Zustimmung wird also keinesfalls Unternehmen erteilt, deren Auslandsniederlassungen für gewöhnlich Verluste erwirtschaften, wie z.B. französischen Banken. Vgl. auch Fn. 183.

181 Art. 132 Annexe II CGI; Dekret Nr. 91-1265 v. 16.12. 1991.

sen Voraussetzungen, v.a. bei Missbrauchsgestaltungen, ist eine nachträgliche Aufhebung der Zustimmung denkbar.

Ebenso wie in Dänemark findet eine „echte" grenzüberschreitende Konsolidierung mit Verlusten ausländischer Tochterunternehmen statt[182]. Wegen der restriktiven Genehmigungserteilung besteht die internationale Organschaft jedoch mehr auf dem Papier als in der Praxis[183]. Dies liegt unter anderem daran, dass man – gerade bei Unternehmen, die kaum im Ausland präsent sind – eine Umgehung der 95%-Inlandsgruppe durch Wahl der internationalen Konsolidierung, bei der die Mindestbeteiligung bei nur 50% liegt, zu vermeiden versucht.

c) Rechtsfolgen

Zu Beginn der Konsolidierung wird für alle Auslandsaktivitäten eine Eröffnungsbilanz erstellt. Um doppelte Abzüge bzw. Doppelbesteuerungen zu vermeiden, existieren spezielle Vorschriften. Der Gewinn oder Verlust einer jeden qualifizierten Auslandsgesellschaft wird auf der Basis der französischen steuerbilanziellen Vorschriften neu bewertet und in die Bemessungsgrundlage des französischen Mutterunternehmens additiv einbezogen[184]. Das Einkommen der indirekten inländischen oder ausländischen Aktivitäten wird entsprechend dem (Gewinn-)Beteiligungsverhältnis am Ende des Veranlagungszeitraums zugerechnet. Abzüge, Abschreibungen, Wertansätze usw., die nach ausländischem Recht zulässig waren, dies nach französischem Recht jedoch nicht sind, werden für Zwecke der französischen Gewinnermittlung angepasst[185]. Gewisse, dem französischen Steuerrecht eigentümliche Vorschriften, werden nicht angewandt[186], etwa solche für Preiserhöhungen, Preisschwankungen bei Handelsware, Kreditrisiken usw. Die französische Obergesellschaft ist mit dem konsolidierten Gruppenergebnis steuerpflichtig.

---

182 *Jacobs*, Internationale Unternehmensbesteuerung, 5. Aufl. 2002, S. 178.

183 Bis heute wurde die ministerielle Zustimmung nur wenigen französischen Großunternehmen zuteil, unter den wenigen derzeitigen Gesellschaften z.B. Total, Saint-Gobain, Aventis, Otor, Lafarge, Vivendi Universal und Thomson. Kritisch zur restriktiven Einbeziehung von EU-Tochtergesellschaften zu Recht: *Mbwa-Mboma*, TNI, 5.5.2003, 457, 463 ff.

184 Art. 116 *ter* Annexe II CGI.

185 Art. 23 *bis* A und B Annexe IV CGI.

186 Vgl. *Baranger*, in: The Taxation of Companies in Europe, IBFD 2006, France-195.

i) Verlustberücksichtigung

Der größte Vorteil der grenzüberschreitenden Gruppenbesteuerung liegt auch hier in der Verlustverrechnung mit ausländischen Tochtergesellschaften. Speziell in Frankreich ist auch die Einbeziehung von Auslandsbetriebstättenverlusten eine steuerliche Besserstellung gegenüber dem ansonsten angewandten Territorialitätsprinzip[187].

Wenn eine Verlustübertragung innerhalb der Gruppe stattfindet, ist der nämliche Verlust beim übertragenden Unternehmen nicht mehr für etwaige Verlustvorträge vorhanden. Die Gruppengewinne und -verluste werden gegeneinander verrechnet und so zu einem Gesamtgruppeneinkommen zusammengeführt.

Verluste aus der Zeit vor Eingehung der Konsolidierung können im Rahmen der Gruppe nicht zur Verrechnung mit Gewinnen anderer Konzerngesellschaften genutzt werden; sie sind aber mit gewissen Einschränkungen weiterhin von den steuerlichen Ergebnissen der integrierten Gesellschaft abzugsfähig[188].

Eine Regelung zur Verhinderung einer doppelten Verlustnutzung im In- und Ausland (double dip) existiert nicht[189]. Genauso wenig besteht eine Nachversteuerungsregelung, so dass die vorgenommene Konsolidierung grundsätzlich dauerhaft ist.

ii) Steuern

Die von den Tochtergesellschaften respektive Betriebstätten im Ausland gezahlte Steuer[190] – inklusive Quellensteuer – ist in Frankreich auch in Nicht-DBA-Fällen auf die von der französischen Muttergesellschaft zu zahlende Steuerlast der Gesamtgruppe anrechenbar. Begrenzend greift eine per-country-limitation ein, des Weiteren eine Höchstbetragsregelung dahingehend, dass nur ein Betrag in der Höhe angerechnet wird, der der französischen Steuer auf die jeweiligen Auslandseinkünfte entspricht.

---

187 Beachte aber das Urteil des Conseil d'Etat v. 16.5.2003, Nr. 222956, Section, *Société Télécoise*, Revue de Jurisprudence fiscale 7/2003, 823, das ausländische Betriebstättenverluste unter bestimmten Voraussetzungen auch ohne Gruppenbesteuerung zum Abzug zulässt, vgl. *Gouthiere*, European Taxation 2003, 383 ff.

188 Vgl. Art. 223-I CGI; *Leffers/Long*, IWB F. 5 Gr. 2, Frankreich, S. 1213, 1230.

189 *Endres*, Intertax 2003, 349, 350.

190 Unabhängig davon, ob es Steuern des Staates, eines (Bundes-)Landes oder einer Konföderation sind.

Ein etwaiger Anrechnungsüberhang an Auslandssteuer, der nicht verrechnet werden konnte, ist bis zu fünf Jahre während der internationalen Konsolidierung vortragbar.

Die Welteinkommens- und Konsolidierungsregelungen sind immer dann von Nachteil, wenn die Gewinne im Ausland niedriger besteuert werden als die Verluste im Inland. Dieser „Hochschleusungseffekt" mag aus gestalterischer Sicht neben der Zwangseinbeziehung aller Auslandstochtergesellschaften ein weiterer Grund sein, weshalb die Nachfrage französischer Unternehmen an der internationalen Konsolidierung eo ipso eher gering ist.

Die von jeder einbezogenen inländischen Tochtergesellschaft gezahlte französische Körperschaftsteuer wird entsprechend dem am Ende des Veranlagungszeitraums bestehenden (Gewinn-)Beteiligungsverhältnis von der konsolidierten Steuerlast der Gesamtgruppe abgezogen.

d) Beendigung

Bei Ausscheiden einer französischen Tochtergesellschaft aus dem *régime du bénéfice consolidé* gilt es, die Gefahr einer doppelten Nutzung nämlicher Verluste zum einen im Konsolidierungskreis und zum anderen als Verlustvortrag oder Verlustrücktrag bei der ausgetretenen Gesellschaft, zu vermeiden. Dazu sind – gleiches gilt für den Fall der Totalbeendigung bei Wegfall der Anwendungsvoraussetzungen – die gesamten im Geschäftsjahr noch vortragbaren Verluste dem konsolidierten Ergebnis auf Ebene der Muttergesellschaft zuzurechnen. Eine Verlustmitnahme durch die ausscheidende Gesellschaft gibt es somit grundsätzlich nicht. Soweit allerdings die ausgetretene Gesellschaft einen Verlustrücktrag beantragt, muss der angerechnete bzw. erstattete Betrag von der Muttergesellschaft zurückerstattet werden[191]. Alternativ dazu kann die ausscheidende Gesellschaft endgültig auf aus Zeiten der Konsolidierung herrührende Verlustvorträge bzw. Verlustrückträge verzichten. Sie kann ihre zukünftigen Gewinne dann allenfalls mit Verlusten aus der Zeit vor der Genehmigungserteilung verrechnen, soweit noch vorhanden. Vertraglich kann ein Ausgleich dafür vereinbart werden, dass Verluste der ausscheidenden Gesellschaft im Besteuerungskreis verbraucht wurden.

Das Ausscheiden einer ausländischen Tochtergesellschaft oder Betriebstätte aus dem Konsolidierungskreis führt nicht zu Veränderungen des konsolidierten Ergebnisses. Insbesondere kommt es zu keiner Nachversteuerung der

191 Hierzu *Scheunemann*, Grenzüberschreitende konsolidierte Konzernbesteuerung, Köln 2005, S. 448, 457.

steuermindernd berücksichtigten Auslandsverluste. Bei einer Totalbeendigung des *régime du bénéfice consolidé* ist sicherzustellen, dass die französische Muttergesellschaft fortan nicht weiterhin die im Rahmen der Gruppe entstandenen Auslandsverluste nutzen kann. Dazu werden die vortragbaren Verluste der Muttergesellschaft im Zeitpunkt der Beendigung des Konsolidierungskreises auf den Teil des konsolidierten Verlustes begrenzt, der ihren eigenen erlittenen Verlusten entspricht[192].

4. Indirekte Verlustnutzung

Verluste bei Anlagebeteiligungen (*titre de participation*) an inländischen oder ausländischen Tochtergesellschaften können auch im Wege der Abschreibung der Beteiligung auf den vom Anschaffungswert abweichenden niedrigeren Teilwert erfolgen. Solche Teilwertabschreibungen auf langfristige Beteiligungen werden als langfristige Kapitalverluste gesondert behandelt, da Einkünfte aus diesen Beteiligungen einem reduzierten Körperschaftsteuersatz unterliegen. Sie werden nicht vom sonstigen steuerpflichtigen Einkommen des laufenden Jahres abgezogen, sondern vielmehr gegen Veräußerungsgewinne aus solchen Beteiligungen verrechnet oder aber vorgetragen. Jedoch ist die Teilwertabschreibung kein vollwertiger Ersatz für eine Verlustkonsolidierung, da sie der Höhe nach auf den Buchwert begrenzt bleibt, was mit den tatsächlich erlittenen Verlusten keinesfalls korrespondieren muss.

Besteht in Frankreich Körperschaftsteuerpflicht, können im Falle der Errichtung von Auslandsniederlassungen ausnahmsweise auch außerhalb einer Konsolidierungsgruppe erzielte ausländische Betriebstättenverluste berücksichtigt werden: Anlaufverluste ausländischer Vertriebsbetriebstätten mindern den Gewinn des französischen Stammhauses, sofern sie innerhalb der ersten fünf Jahre nach Gründung der Betriebstätte entstehen, Art. 39 *octies* D-I CGI. Sie dürfen jedoch ein bestimmtes Investitionsvolumen nicht übersteigen. Diese grenzüberschreitende Verlustberücksichtigung ist mit einer Nachversteuerungsregelung flankiert, wonach eine Rückgängigmachung der Minderung der steuerlichen Bemessungsgrundlage erfolgt, wenn die Betriebstätte in den Folgejahren Gewinne erzielt, Art. 39 *octies* D-II CGI.

192 Art. 120-1 Abs. 2 Annexe II CGI, vgl. *Scheunemann*, Grenzüberschreitende konsolidierte Konzernbesteuerung, Köln 2005, S. 457.

V. Italien: „Consolidato nazionale/Consolidato mondiale"

1. Einleitung

Im Zuge einer großen Steuerreform hat Italien zum 1.1.2004 erstmals sowohl eine rein nationale als auch eine weltweite Gruppenbesteuerung im Bereich der Körperschaftsteuer (*IRES – imposta sul reddito delle societa*[193]) eingeführt. Vorbildfunktion besaßen hierfür die entsprechenden Vorschriften von Dänemark und Frankreich. Die generellen Richtlinien im Reformgesetz vom April 2003[194] mussten noch im Wege von Dekreten der Regierung innerhalb der folgenden zwei Jahre konkretisiert, gebilligt und erlassen werden. Noch im Dezember 2003 wurde vom italienischen Ministerium für Wirtschaft und Finanzen eine Gesetzesverordnung zu Änderungen der Besteuerung der Kapitalgesellschaften und deren Anteilseignern beschlossen[195], die auch die neuen Konzernsteuerregeln einführte.

Bis zum 31.12.2003 gab es in Italien keine Gruppenbesteuerung im herkömmlichen Sinne, sondern nur:

193 Der bisherige Name „IRPEG" (imposta sul reddito delle persone giuridiche) wurde ebenfalls zum 1.1.2004 geändert, um die Reformdimension hervorzuheben. Die Gruppenbesteuerung gilt nicht für die „IRAP" (lokale Wertschöpfungsteuer).

194 Ermächtigungsgesetz Nr. 80/2003 v. 7.4.2003, Gazzetta Ufficiale della Repubblica Italiana Nr. 91 v. 18.4.2003; dazu: *Keen*, TNI, 17.2.2003, 665 ff.

195 Gesetz Nr. 344/2003 v. 12.12.2003, Gazzetta Ufficiale della Repubblica Italiana Nr. 291, Supplemento Nr. 190 v. 16.12.2003. Die Art. 117-142 IRES befassen sich mit der Gruppenbesteuerung. Dazu: *Agostini/Emma*, International Tax Review 2/2004, 38; *Annibaldi/Manguso/Barbantini*, Tax Planning International Review 8/2004, S. 15 ff.; *BDI/PWC*, Verlustberücksichtigung über Grenzen hinweg, 2006, S. 55 f.; *Brandes/Strassl*, PIStB 2004, 40, 43 f.; *Ferrol/Serao*, Journal of International Taxation 1/2004, 42 ff.; *Galli*, in: The Taxation of Companies in Europe, IBFD 2005, Italy-143 ff.; *Giaconia*, in: CDFI, IFA 2004 Vienna Congress, Vol. 89b, Italy, S. 369, 378 ff.; *IBFD*, European Tax Handbook 2006, Italien, S. 367; Supplementary Service to European Taxation, *IBFD* 2006, Section A, Italy-5; *Kessler*, in: DAI Arbeitsunterlage zur Tagung: Praxis des Internationalen Steuerrechts, 2004, S. 186, 191 ff.; *Leone/Zanotti*, European Taxation 2005, 187 ff.; *Lobis*, IStR-Länderbericht Heft 21/2003, S. 2 f.; *ders.*, in: Mennel/Förster (Hrsg.), Steuern in Europa, Amerika und Asien, 2004, Italien, Rn. 158 ff.; *Mayr/Frei*, IWB F. 5 Gr. 2, Italien, S. 525 ff., S. 533 ff., 551 ff.; *Panteghini/Venturi/Bagnardi*, TNI, 22.12.2003, 1105 ff.; *Romani/Strnad/Grabbe*, IStR 2004, 155, 158 ff.; *Savini/Circi*, TNI, 12.1.2004, 181 ff.; *Sievert*, Konzernbesteuerung in Deutschland und Europa, Düsseldorf 2006, S. 162 ff.; *Spreafico/Campisi*, Tax Planning International Forum 9/2003, 30 ff.; *Spreafico*, Tax Management International Forum 9/2005, 27, 28 ff.; *Valente/Antonini*, World Corporate Finance Review 2004, www.worldtaxandlaw.com.

- die Möglichkeit der Teilwertabschreibung, um Beteiligungsverluste an inländischen oder ausländischen Gesellschaften steuerlich zu nutzen[196].
- eine Gruppenvergünstigung für bestimmte in Italien körperschaftsteuerpflichtige Gruppengesellschaften durch die Möglichkeit der Abtretung von Körperschaftsteueranrechnungsguthaben zur Verrechnung mit Steuerzahllasten anderer Gesellschaften[197]. Eine Einkommens- und damit Verlustverrechnung bestand insofern gerade nicht. Diese Vergünstigung war zum einen auf eine reine Inlandsgruppe (Mindestbeteiligung 50%) beschränkt und wurde zum anderen mit der Abschaffung des körperschaftsteuerlichen Anrechnungsverfahrens in Italien zum 1.1.2004 obsolet[198].
- die Einbeziehung ausländischer Betriebstättenergebnisse in die Besteuerung des italienischen Stammhauses aufgrund der Anwendung der Anrechnungsmethode in italienischen Doppelbesteuerungsabkommen[199].

Mit Wirkung zum 1.1.2004 wurde erstmals die Möglichkeit der nationalen und weltweiten Konsolidierung geschaffen. Der Begriff „Konsolidierung", wie er im italienischen Gesetz Verwendung findet, beinhaltet lediglich eine optionale Einkommens-, nicht jedoch eine Kapitalkonsolidierung. Genauer müsste man also von Einkommenszurechnung sprechen, da keine obligatorische Zwischengewinneliminierung existiert. Einzelheiten zur konkreten Anwendung wurden den Durchführungsbestimmungen des Finanzministeriums vorbehalten.

196 Vgl. hierzu das Gesetz Nr. 209 v. 24.10.2002; vgl. *Ascoli*, in: CDFI, IFA 1998 London Congress, Vol. LXXXIIIa, Italy, S. 567, 577 u. 584; *Giaconia*, in: CDFI, IFA 2004 Vienna Congress, Vol. 89b, Italy, S. 369, 375 ff.

197 Art. 43 des Präsidentendekrets Nr. 602 v. 29.9.1973 und Ministerialdekret Nr. 384 v. 30.9.1997; vgl. zur Altregelung: *IBFD*, European Tax Handbook 2003, Italy, S. 350.

198 Vgl. zur Altregelung: *IBFD*, European Tax Handbook 2003, Italy, S. 347; zur neuen Rechtslage: *Keen*, TNI, 17.2.2003, 665, 671; *Mayr/Frei*, IWB F. 5 Gr. 2, Italien, S. 525, 526 f.

199 *Ascoli*, in: CDFI, IFA 1998 London Congress, Vol. LXXXIIIa, Italy, S. 567, 579 ff.

2. Nationale Konsolidierung (consolidato nazionale)

a) Formelle Voraussetzungen

Bei der consolidato nazionale[200] gibt es keinen Zwangsverband, die gemeinsame Konsolidierung ist optional. Der Beitritt zur steuerlichen Gruppe wird mittels Vereinbarung zwischen der Obergesellschaft und der jeweiligen kontrollierten Gesellschaft abgeschlossen. Das herrschende Gruppenunternehmen muss dies innerhalb von sechs Monaten nach Beginn des erstmaligen Gruppenbesteuerungsjahres der Finanzverwaltung mitteilen[201]. Eine Gesellschaft kann nicht gleichzeitig als herrschendes und beherrschtes Unternehmen zwei Konsolidierungskreisen angehören. Der Beitritt ist für mindestens drei Jahre bindend und unwiderruflich, vorausgesetzt, dass die Konsolidierungsvoraussetzungen für die gesamte Dauer gegeben sind. Die teilnehmenden Gesellschaften müssen ein übereinstimmendes Wirtschaftsjahr aufweisen. Dem Antrag wird nur stattgegeben, wenn die Beteiligungsanforderungen zu Beginn des Wirtschaftsjahres vorliegen. Die Obergesellschaft hat das Wahlrecht, welche der sich qualifizierenden Tochtergesellschaften an der Konsolidierung teilnehmen[202].

b) Subjektive Voraussetzungen

Nur in Italien ansässige und körperschaftsteuerpflichtige Gesellschaften qualifizieren sich für das System der nationalen Konsolidierung[203]. Mögliche Gruppengesellschaften sind inländische Kapitalgesellschaften, gewerbliche Körperschaften sowie Kooperativen, v.a. also die *società per azioni*

---

200 Vgl. Sezione II, Art. 117-129 IRES idF. des Gesetzes Nr. 344/2003 v. 12.12.2003; das Korrekturgesetz v. 18.3.2005; das Ausführungsdekret des Finanzministeriums v. 9.6.2004, Gazzetta Ufficiale Nr. 138 v. 15.6.2004; das Dekret des Ministerpräsidenten v. 27.10.2004, Gazzetta Ufficiale Nr. 255 v. 29.10.2004; die Verfügung des Direktors der Agentur der Einnahmen v. 2.8.2004, Gazzetta Ufficiale Nr. 194 v. 19.8.2004 sowie den Ministerialerlass Nr. 53/E „IRES/6" v. 20.12.2004. Vgl. insbesondere *Mayr/Frei*, IWB F. 5 Gr. 2, Italien, S. 551 ff.; *Leone/Zanotti*, European Taxation 2005, 187 ff.

201 Die Frist zur erstmaligen Option wurde vom 30.6.2004 auf den 31.12.2004 verlängert. Art. 119 Abs. 1 d) IRES legt nicht genau fest, welches Gruppenunternehmen den Antrag zu stellen hat, was jedoch durch das Ausführungsdekret v. 9.6.2004 konkretisiert wurde.

202 *Greggi*, TNI, 2.12.2002, 867, 869.

203 Zum Problem der bisher fehlenden tie-breaker-rule bei doppelt ansässigen Gesellschaften: *Greggi*, TNI, 2.12.2002, 867, 868. Trotz der Ansässigkeitsvoraussetzung schadet es natürlich nichts, wenn die Konzernspitze nicht in Italien ansässig ist.

(S.p.a. ≈ AG), *società in accomandita per azioni* (S.a.p.a. ≈ KGaA) und *società a responsibilità limitata* (S.r.l. ≈ GmbH).

Inländische und eigengewerblich tätige[204] Betriebstätten ausländischer Gesellschaften können lediglich als beherrschendes Unternehmen fungieren, und auch nur unter der Voraussetzung, dass zwischen Italien und dem entsprechenden ausländischen Staat des Stammhauses ein DBA besteht (das laut Ministerialerlass eine Klausel für den erweiterten Informationsaustausch enthalten muss) und die Inlandsbeteiligungen zum Betriebstättenvermögen zählen[205].

Von der Konsolidierung nicht erfasst sind solche Gesellschaften, die einem ermäßigten Körperschaftsteuersatz unterliegen oder sich in einem Konkursverfahren bzw. der Zwangsauflösung befinden. Gleiches gilt für Gesellschaften, die in ihrer Eigenschaft als kontrollierte Gesellschaft zur Transparenzbesteuerung optiert haben[206]. Der körperschaftsteuerpflichtige Gesellschafter einer transparent besteuerten Kapitalgesellschaft kann dagegen mit anderen Gesellschaften eine Gruppenbesteuerung eingehen.

Die Obergesellschaft muss nicht notwendig die Spitzengesellschaft in der Konzernkette darstellen, sondern kann auch eine Zwischenholding oder auslandsbeherrschte Landesholding sein. Es ist somit möglich, in einem Konzern mehrere Besteuerungsgruppen anzuordnen, die jedoch nicht ineinander greifen können[207].

Aufgrund einer Gesetzesänderung zum 4.7.2006[208] können künftig auch gewisse ausländische Körperschaften für die nationale Konsolidierung qualifizieren: Für eine im Ausland gegründete Gesellschaft, die eine kontrollierende Beteiligung an einer italienischen Tochtergesellschaft hält, wird der inländische Verwaltungssitz und damit die steuerliche Ansässigkeit in Italien widerlegbar vermutet, wenn a) die Gesellschaft entweder selbst von einer in Italien ansässigen Körperschaft unmittelbar bzw. mittelbar kontrolliert wird

204 Erfordernis zur Vermeidung bloßer Holdingbetriebstätten für Zwecke der Gruppenbesteuerung, vgl. *Leone/Zanotti*, European Taxation 2005, 187, 196 f..

205 Art. 117 Abs. 2 a), b) IRES. Mit der Reform wurde eine erstmalige Betriebstättendefinition in Anlehnung an Art. 5 OECD-MA 2003 eingeführt, vgl. *Eger/Schuman/Pellegrini*, TNI, 28.10.2002, 316, 317; *Mayr/Frei*, IWB F. 5 Gr. 2, Italien, S. 533, 535 f.

206 Zur Transparenzbesteuerung nachstehend, unter 4.

207 *Mayr/Frei*, IWB F. 5 Gr. 2, Italien, S. 551, 552.

208 Vgl. Gesetzesdekret Nr. 223/2006 v. 4.7.2006 (umgewandelt in das Gesetz Nr. 248 v. 4.8.2006, Gazzetta Ufficiale della Repubblica Italiana Nr. 186 v. 11.8.2006), vgl. *Mayr/Frei*, IWB F. 5 Gr. 2, Italien, S. 559, 569 f.

oder b) die Gesellschaft von einem Verwaltungsorgan verwaltet wird, dessen Mitglieder mehrheitlich in Italien ansässige Steuerpflichtige sind.

c) Materielle Voraussetzungen

Vorausgesetzt wird eine direkte oder indirekte Beherrschung der Tochtergesellschaft, was gesetzlich näher definiert wird. Eine solche Kontrolle liegt vor, wenn die Muttergesellschaft von Beginn des Wirtschaftsjahres an:

- mehr als 50% der stimmberechtigten Kapitalanteile und damit eine unmittelbare oder mittelbare Stimmrechtsmehrheit in der Hauptversammlung der Tochtergesellschaft entsprechend Art. 2359 Nr. 1 del codice civile (Bürgerliches Gesetzbuch)[209] *und*
- ein unmittelbares oder mittelbares Gewinnbezugsrecht von mehr als 50%, bezogen auf die stimmrechtsgewährenden Anteile an der Tochtergesellschaft, besitzt[210].

Bei mittelbaren Beteiligungen wird die normale rechnerische Beteiligung zugrunde gelegt[211]. Die Beteiligung zwischen Obergesellschaft und Gruppengesellschaft kann dabei auch über eine ausländische Zwischengesellschaft vermittelt werden. Der Abschluss eines Gewinnabführungsvertrags ist nicht vorgesehen.

d) Rechtsfolgen

Die Besteuerung erfolgt ausschließlich auf Ebene der konsolidierenden Obergesellschaft[212]. Voraussetzung ist hierfür die Ermittlung einer einzigen Bemessungsgrundlage und Erstellung einer einzigen Steuererklärung für alle teilnehmenden Gruppengesellschaften durch die Obergesellschaft. Gleichwohl müssen die Tochterunternehmen weiterhin ihre eigene Steuererklärung

---

209 Diese besteht, wenn die Obergesellschaft mehr als 50% der Stimmrechte in der Hauptversammlung der Tochtergesellschaft oder dort einen beherrschenden Einfluss besitzt. Die letzte Alternative spielt wegen der Voraussetzung der stimmrechtsgewährenden Kapitalbeteiligung von mehr als 50% jedoch keine Rolle.

210 *Romani/Strnad/Grabbe*, IStR 2004, 155, 158 sprechen von der mehr als hälftigen Beteiligung am Bilanzgewinn. Vgl. auch *Leone/Zanotti*, European Taxation 2005, 187, 188 ff. mit Beispielen.

211 Hält Gesellschaft A 80% an B und B 60% an C, dann kommt keine Besteuerungseinheit A-B-C zustande, da die mittelbare Beteiligung nur 48% beträgt. Gesellschaft C bleibt von der Konsolidierung ausgeschlossen.

212 Seit dem 1.1.2004 beträgt der italienische Körperschaftsteuersatz 33% (zuvor 34%).

erstellen und an die Finanzverwaltung übermitteln, um diese und die beherrschende Gesellschaft mit den notwendigen Daten für die gemeinsame Besteuerung versorgen zu können[213]. Die Gewinne und Verluste der Tochtergesellschaften werden *disquotal* immer zu 100% (und nicht quotal nach der Beteiligungshöhe) auf Ebene der Obergesellschaft angesetzt, auch wenn diese nicht alleiniger Anteilseigner sein sollte. Folgende steuerlich günstigen Korrekturen sind nach Ermittlung der Summe aller Ergebnisse u.a. vorzunehmen[214]: Hinsichtlich innerkonzernlicher Dividenden greift eine vollständige und nicht nur die allgemeine 95%-Freistellung ein[215]. Die Beschränkung des Abzugs von Finanzierungskosten auf den Beteiligungserwerb wird dahingehend korrigiert, als dass ein vollständiger (und nicht nur ein pro rata) Abzug von Betriebsausgaben stattfindet. Während der Gruppenzugehörigkeit ist bei Einhaltung gewisser Dokumentationspflichten eine Option zum steuerneutralen Transfer von Wirtschaftsgütern und Anlagevermögen zwischen Gruppengesellschaften möglich[216]. Ansprüche auf steuerliche Erleichterungen für Wirtschaftsgüter einer Gruppengesellschaft können ebenfalls auf die Obergesellschaft übertragen werden. Geschäftsbeziehungen zwischen den konsolidierenden Unternehmen bleiben dadurch „steuerneutral“, dass die Betriebsausgabe bei der einen Gesellschaft durch die betragsmäßig korrespondierende Betriebseinnahme bei der anderen Gesellschaft ausgeglichen wird[217].

Verlustvorträge aus der Zeit vor der Gruppenbesteuerung sind nur von der jeweiligen Gesellschaft, die den Verlust erwirtschaftete, selbst und daher nicht bei der Obergesellschaft nutzbar. Solche Verlustvorträge sind jedoch nicht von Veräußerungsgewinnen abziehbar, die aus einem (erst im Rahmen

213 Das Ausführungsdekret v. 9.6.2004 sieht neben der Übermittlung einer Steuererklärungskopie an die Obergesellschaft auch Informationen zu empfangenen Dividenden, Erwerb und Veräußerung von Wirtschaftsgütern sowie Auskunft über ausländische Einkünfte und im Ausland gezahlte Steuern vor.

214 Im Einzelnen vgl. *Mayr/Frei*, IWB F. 5 Gr. 2, Italien, S. 525, 531 f., S. 551, 553; *Panteghini/Venturi/Bagnardi*, TNI, 22.12.2003, 1105, 1106; *Leone/Zanotti*, European Taxation 2005, 187, 193 ff.

215 Zu dem zum 1.1.2004 geänderten Dividendenregime vgl. etwa *Serbini/Flora*, European Taxation 2004, 121 ff.

216 Art. 123 IRES; vgl. hierzu *Mayr/Frei*, IWB F. 5 Gr. 2, Italien, S. 533, 534. Nach *Eger/Schuman/Pellegrini*, TNI, 28.10.2002, 316, 317; *Giaconia*, in: CDFI, IFA 2004 Vienna Congress, Vol. 89b, Italy, S. 369, 382 soll hier eine Nachversteuerung für die nicht besteuerten Veräußerungsgewinne bei Ausscheiden aus der Gruppe oder deren Auflösung erfolgen. Eine Missbrauchsvermeidungsvorschrift ist auch bei der Übertragung auf eine Verlustgesellschaft und anschließender Veräußerung an Dritte zum Zwecke der Hebung von vor dem Gruppenbeitritt entstandener Verluste geplant.

217 *Greggi*, TNI, 2.12.2002, 867, 869.

der Einkommenskonsolidierung auf Ebene der Obergesellschaft) steuerneutral behandelten Transfer von Wirtschaftsgütern zwischen Gruppengesellschaften resultieren[218]. Nicht verrechnete Verluste, die während der Gruppenzugehörigkeit entstehen, sind ausschließlich von der Obergesellschaft vortragbar. Mit der Möglichkeit der Konsolidierung geht ein Wegfall der Teilwertabschreibung auf die Tochterbeteiligung, d.h. der indirekten Verlustnutzung, einher[219].

Ausländische Steuern einer Gruppengesellschaft werden auf Ebene der Gruppenobergesellschaft angerechnet, wobei der Gesamtgewinn der Gruppe und nicht der betreffenden Gruppengesellschaft für die Ermittlung des Anrechnungsbetrags herangezogen wird.

Die Obergesellschaft muss die Steuervorauszahlungen sowie die Abschlusszahlung leisten, gleichwohl haften die Gruppenmitglieder für die jeweils auf ihr Einzeleinkommen entfallende veranlagte Steuer bzw. Säumniszuschläge[220]. Ausgleichszahlungen oder Gruppenumlagen für die Steuerschuld bzw. für eine Verlustübertragung erfolgen freiwillig und steuerneutral sowohl für die Körperschaftsteuer als auch für die IRAP. Diese Werttransfers bilden damit weder steuerbares Einkommen noch steuermindernde Ausgaben bei den Gruppenteilnehmern, was Gestaltungspotential im Konzernfinanzierungsbereich eröffnet[221].

e) Beendigung

Die Konsolidierung endet, wenn die Spitzeneinheit die rechtlichen Voraussetzungen der Gruppenbesteuerung nicht länger erfüllt[222]. Die vortragsfähigen Verluste auf Ebene der Muttergesellschaft müssen dann neu bestimmt werden. Die Muttergesellschaft soll Steueranrechnungsguthaben auf Grup-

---

218 Neue Missbrauchsvermeidungsregelung durch Gesetz Nr. 247/2005 v. 18.11.2005.

219 Vgl. zur Übergangsregelung zur Vermeidung einer doppelten Verlustnutzung durch frühere Teilwertabschreibung und Gruppenbeitritt *Mayr/Frei*, IWB F. 5 Gr. 2, Italien, S. 551, 558.

220 Vgl. hierzu *Mayr/Frei*, IWB F. 5 Gr. 2, Italien, S. 551, 557 sowie die Änderungen durch das Gesetz Nr. 247/2005 v. 18.11.2005.

221 Auf mögliche Hürden vertraglicher Abreden weist *Greggi*, TNI, 2.12.2002, 867, 870 hin. Vgl. auch *Romani/Strnad/Grabbe*, IStR 2004, 155, 158; *Giaconia*, in: CDFI, IFA 2004 Vienna Congress, Vol. 89b, Italy, S. 369, 384 f.; *Mayr/Frei*, IWB F. 5 Gr. 2, Italien, S. 551, 557 f.

222 Die Obergesellschaft hat das entsprechende Ereignis innerhalb von 30 Tagen ab Eintritt des Ereignisses der Finanzbehörde mitzuteilen und die auf die Gesellschaften aufgeteilten Verlustbeträge zu spezifizieren.

pengesellschaften übertragen und kann Verlustvorträge auf diejenigen Gesellschaften verteilen, von denen der Verlust ursprünglich herrührt[223].

Bei Beendigung der Gruppe vor Ablauf der dreijährigen Mindestbestandsfrist erfolgt eine Nachversteuerung der vorgenommenen steuermindernden Korrekturen im Steuerjahr der Beendigung. Bei der Obergesellschaft werden die gruppenspezifisch vorgenommenen Abzüge mit Ausnahme der Vorteile aus der vollständigen Dividendenfreistellung wieder hinzugerechnet: Dazu zählen die aus der Nichtanwendung der Abzugsbeschränkung für Finanzierungskosten des Beteiligungserwerbs bzw. der Möglichkeit der konzerninternen Übertragung von Steuerermäßigungen resultierenden Steuervorteile. Gleiches gilt für die bisher unversteuerten stillen Reserven (Differenz aus Verkehrswert und Buchwert) der gruppenintern steuerneutral übertragenen Wirtschaftsgüter.

Der Verlust von qualifizierenden Beteiligungsvoraussetzungen an einer oder mehreren Tochtergesellschaften führt während des 3-Jahres-Zeitraums nicht zur Totalbeendigung, sondern zum Ausscheiden der jeweiligen Gesellschaft aus der Konsolidierung. Dies zieht in entsprechenden Fällen die angesprochene Neuberechnung des Abzugs von Finanzierungskosten für den Beteiligungserwerb und des Weiteren eine Nachversteuerung steuerneutraler innerkonzernlicher Transfers nach sich.

Wird die Option nach Ablauf der drei Jahre nicht verlängert[224], so werden ebenfalls die gruppenspezifischen Vergünstigungen, mit Ausnahme des Finanzierungskostenabzugs, rückgängig gemacht. Eine Nachversteuerung scheidet in diesen Fällen folglich nur aus, wenn die Gruppe während ihrer Zusammengehörigkeit nicht zur steuerneutralen Behandlung gruppeninterner Transfers optiert hatte.

Im Hinblick auf Verschmelzungen während der Gruppendauer muss unterschieden werden[225]: In den folgenden Fällen der Verschmelzung während der dreijährigen Mindestdauer wird die Konsolidierung nicht beendet:

223 Klarstellung durch das Gesetz Nr. 247/2005 v. 18.11.2005. Die Verteilung ist der Höhe nach auf den von der entsprechenden Gruppengesellschaft in die Konsolidierung eingebrachten Verlust bzw. Auslandssteueranrechnungsbetrag begrenzt, soweit eine Nutzung im Rahmen der Gruppenbesteuerung noch nicht erfolgte.

224 Antragstellung nur innerhalb von sechs Monaten ab Beginn des nachfolgenden Wirtschaftsjahres, vgl. das Ausführungsdekret des Finanzministeriums v. 9.6.2004, Gazzetta Ufficiale della Repubblica Italiana Nr. 138 v. 15.6.2004.

225 Vgl. hierzu das Ausführungsdekret des Finanzministeriums v. 9.6.2004, Gazzetta Ufficiale Nr. 138 v. 15.6.2004; hierzu näher *Queiroli*, TNI 26.7.2004, 319, 320 f.;

- Verschmelzung zwischen zwei oder mehreren konsolidierenden Tochtergesellschaften, vorausgesetzt, die daraus resultierende Gesellschaft wird ebenfalls Gruppengesellschaft;
- Verschmelzung einer nicht konsolidierten Gesellschaft (außerhalb der Gruppe) auf eine konsolidierte Tochtergesellschaft, sofern die Beteiligungsvoraussetzungen noch erfüllt sind;
- Aufspaltung einer konsolidierten Gesellschaft hinsichtlich des Teils ohne Anteilseigneränderung.

In folgenden Konstellationen endet jedoch die nationale Konsolidierung mit der Konsequenz der Anwendung der oben genannten Nachversteuerungsregeln[226]:

- Beteiligungsvoraussetzungen werden nicht mehr erfüllt;
- Verschmelzung der Muttergesellschaft auf eine konsolidierende Tochtergesellschaft[227];
- Verschmelzung einer konsolidierten Tochtergesellschaft auf eine nicht konsolidierte Gesellschaft;
- Verschmelzung zwischen Muttergesellschaft und nicht konsolidierter Gesellschaft, es sei denn, eine Entscheidung der Finanzverwaltung wurde beantragt.

Ein Ausscheiden aus der Gruppenbesteuerung ist ebenfalls vorgesehen für Unternehmen, die

- einem Liquidationsverfahren unterliegen;
- als Tochtergesellschaft nicht länger der Körperschaftsteuerpflicht unterliegen;
- als Tochtergesellschaften nun in die Rechtsform einer Personengesellschaft wechseln oder
- ihren Gesellschaftssitz ins Ausland verlegen.

Mayr/Frei, IWB F. 5 Gr. 2, Italien, S. 551, 555 f.; *Leone/Zanotti*, European Taxation 2005, 187, 195.

226 Vgl. die abschließende Liste der Beendigungsgründe in Art. 13 des Ausführungsdekrets des Finanzministeriums v. 9.6.2004, Gazzetta Ufficiale della Repubblica Italiana Nr. 138 v. 15.6.2004. Nach Art. 11 des Gesetzes Nr. 212 v. 27.7.2000 kann eine verbindliche Auskunft der Finanzverwaltung im Vorfeld einer Transaktion zur Frage der Beendigung der Gruppenbesteuerung eingeholt werden, vgl. *Queiroli*, TNI 26.7.2004, 319, 321.

227 Ausnahmsweise kommt es hier nicht zur Nachversteuerung.

3. Internationale Konsolidierung (consolidato mondiale)

a) Formelle Voraussetzungen

Die erstmalig für mindestens fünf Jahre bindende Option[228] für die weltweite Konsolidierung[229] muss für *alle* sich qualifizierenden Auslandstochtergesellschaften einheitlich erfolgen, ein „Rosinenpicken" hinsichtlich des Umfangs des Konsolidierungskreises ist daher – anders als bei der nationalen Gruppe – nicht möglich („all-in, all-out")[230]. Eine Verknüpfung von nationaler und internationaler Konsolidierung ist möglich, wenn die Obergesellschaft inländische und ausländische Tochtergesellschaften besitzt.

Die Option wird nur von der italienischen Konzernspitzeneinheit ausgeübt, ohne dass es der Zustimmung der ausländischen Gesellschaft(en) bedarf. Eine Erneuerung der Option kann nicht für weniger als drei Wirtschaftsjahre ausgeübt werden. Es ist ein übereinstimmendes Geschäftsjahr für alle beteiligten Gesellschaften erforderlich.

Voraussetzung ist weiterhin, dass die Bilanzen der Konzernmutter sowie der Auslandsgesellschaften durch eine Wirtschaftsprüfungsgesellschaft geprüft wurden. Die Ermittlung der Bemessungsgrundlage erfolgt auf Basis der ausländischen geprüften Bilanzergebnisse nach italienischem Steuerrecht. Hierfür sind gewisse Vereinfachungsvorschriften vorgesehen. Es bedarf der Erklärung jeder einzelnen Auslandstochtergesellschaft, dass sie alle zur Ermittlung der Bemessungsgrundlage erforderlichen Informationen zur Verfügung stellt und der Zustimmung zur Prüfung des Jahresabschlusses durch eine Wirtschaftsprüfungsgesellschaft.

Aufgrund dessen ist ein sehr detaillierter Antrag bei der zuständigen Finanzbehörde zu stellen, um ihr die Überprüfung der Voraussetzungen für die Gültigkeit der Option zu ermöglichen. Im Antrag sind neben der subjektiven Qualifikation der Muttergesellschaft auch eine Beschreibung der Auslandskonzernstruktur, Informationen zu den Auslandsgesellschaften, die Nennung der Wirtschaftsprüfungsgesellschaft und die ausländischen Steuern für die Steueranrechnung darzulegen. Anträge für die vereinfachte Ermittlung der Auslandsergebnisse und für den Ausschluss von kleinen unbedeutenden

228 Vgl. *IBFD*, Tax News Service, 6.10.2003, S. 598, 599; *Mayr/Frei*, IWB F. 5 Gr. 2, Italien, S. 533, 533.

229 Vgl. Sezione III, Art. 130-142 IRES idF. des Gesetzes Nr. 344/2003 v. 12.12.2003. Ein Ausführungsdekret des Finanzministeriums ist geplant. Bis dahin ist das Ausführungsdekret des Finanzministeriums v. 9.6.2004, Gazzetta Ufficiale Nr. 138 v. 15.6.2004 entsprechend anwendbar (vgl. Gesetz Nr. 247/2005 v. 18.11.2005).

230 In dieser Differenzierung dürfte ein Europarechtsverstoß zu sehen sein, ebenso *Weiner*, TNI, 13.10.2003, 149, 150.

Auslandsgesellschaften können ergänzend gestellt werden. Eine Zustimmung der Finanzverwaltung kann mit Auflagen verbunden werden[231].

b) Subjektive Voraussetzungen

Die Spitzeneinheit muss eine in Italien ansässige, unbeschränkt steuerpflichtige Kapitalgesellschaft oder gewerbliche Körperschaft sein, die entweder

- an einer Börse notiert ist *oder*
- von in Italien ansässigen natürlichen Personen, die nicht ihrerseits auch andere inländische oder ausländische Gesellschaften direkt oder über nahe stehende Personen kontrollieren *oder*
- vom italienischen Staat bzw. öffentlichen Körperschaften gehalten wird[232].

Italienische Betriebstätten ausländischer Gesellschaften sind – im Gegensatz zur nationalen Gruppenbesteuerung – gänzlich von der weltweit konsolidierten Besteuerung ausgeschlossen[233]. Sie können folglich nur italienische Gesellschaften konsolidieren, deren Beteiligung sie im Betriebstättenvermögen halten. Weiterhin sind italienische (Holding-)Gesellschaften mit ausländischen Mehrheitsgesellschaftern grundsätzlich nicht vom Anwendungsbereich erfasst, es sei denn, die auslandsbeherrschte italienische Holding ist börsennotiert[234].

Es sind grundsätzlich alle Auslandstochtergesellschaften, bei denen die Beteiligungsvoraussetzungen erfüllt sind, in die Konsolidierung einzubeziehen. Kleinere unbedeutende Gesellschaften, die nicht in Niedrigsteuerländern an-

231 *Mayr/Frei*, IWB F. 5 Gr. 2, Italien, S. 533, 533.

232 *Mayr/Frei*, IWB F. 5 Gr. 2, Italien, S. 533, 533; *Romani/Strnad/Grabbe*, IStR 2004, 155, 159. Anders lautete noch der erste Gesetzesentwurf: Die ansässige Obergesellschaft müsse börsennotiert sein oder an der Spitze der Beteiligungskette stehen. Genau betrachtet ist Letzteres jedoch der Fall, wenn die Beherrschung nur von natürlichen Personen oder dem Staat als Anteilseigner, nicht jedoch von anderen in- oder ausländischen Gesellschaften erfolgen darf.

233 Hierin liegt möglicherweise ein Verstoß gegen Art. 43, 48 EG, vgl. EuGH v. 21.9.1999, Rs. C-307/97, *Saint-Gobain*, Slg. 1999, I-6161 ff. So zutreffend *Kessler*, in: DAI Arbeitsunterlage zur Tagung: Praxis des Internationalen Steuerrechts, 2004, S. 186, 191.

234 *Mayr/Frei*, IWB F. 5 Gr. 2, Italien, S. 533, 533; zweifelnd: *Romani/Strnad/Grabbe*, IStR 2004, 155, 159. Der Ausschluss nicht börsennotierter, von einer EU-Gesellschaft beherrschter italienischer Gesellschaften dürfte in Widerspruch zur Rspr. des EuGH v. 8.3.2001, verb. Rs. C-397/98 u. C-410/98, *Metallgesellschaft u.a. Hoechst*, Slg. 2001, I-1727 Rn. 76 stehen.

sässig sind, können jedoch per Antrag von der konsolidierten Besteuerung ausgenommen werden.

Zu beachten ist in diesem Kontext die Mitte des Jahres 2006 neu eingeführte und unter den bereits erwähnten Voraussetzungen eingreifende widerlegbare Vermutung der steuerlichen Ansässigkeit und damit unbeschränkten Körperschaftsteuerpflicht einer im Ausland gegründeten Körperschaft mit kontrollierender Beteiligung an einer italienischen Tochtergesellschaft[235].

c) Materielle Voraussetzungen

An der ausländischen Tochtergesellschaft muss die herrschende inländische Muttergesellschaft direkt oder indirekt über eine italienische Tochtergesellschaft zu mehr als 50% an Stimmrechten *und* Gewinnbezugsrechten beteiligt sein[236]. Die Beteiligungshöhe schlägt letztlich auf die Rechtsfolgenseite durch, da es eine anteilsmäßige *quotale* Ergebniseinbeziehung gibt. Die qualifizierende Beteiligung muss zum Ende des Geschäftsjahres der Muttergesellschaft bereits seit mindestens einem halben Jahr bestehen. Andernfalls kommt eine Einbeziehung der Auslandsgesellschaft in die internationale Konsolidierung nicht in Betracht.

Bei indirekter Beteiligung an Auslandsgesellschaften über italienische Tochtergesellschaften ist zwingend auch die inländische Gruppenbesteuerung erforderlich, da die weltweite Konsolidierung nur über die Obergesellschaft vollzogen wird.

Aus gestalterischer Sicht ist für die Auslandskonzernmutter interessant, dass ein „Umhängen" ihrer Beteiligung an einer ausländischen Verlusttochtergesellschaft unter ihre börsennotierte italienische Tochtergesellschaft (Landesholding) die Möglichkeit der Verrechnung laufender Verluste im Rahmen der italienischen internationalen Konsolidierung eröffnet.

d) Rechtsfolgen

Die italienische Konzernspitzeneinheit ermittelt mit Schluss des Wirtschaftsjahres der ausländischen Gesellschaft ausgehend von deren geprüftem Jahresabschluss und unter Anwendung der Bestimmungen des italienischen Un-

235 Hierzu vorstehend, unter V.2.b) sowie Fn. 208.

236 Vgl. *Keen*, TNI, 17.2.2003, 665, 672. Die mittelbare Beteiligung errechnet sich durch Multiplikation, vgl. *Valente/Antonini*, World Corporate Finance Review 2004, www.worldtaxandlaw.com.

ternehmensteuerrechts die Bemessungsgrundlage der Auslandsgesellschaft. Für die erstmalige Anwendung gibt es Sonderregelungen für das Problem, ob und in welcher Höhe die Bilanzansätze der Auslandsgesellschaft steuerlich übernommen werden können[237]. Einige Vereinfachungsregeln sind hierfür vorgesehen.

Das Ergebnis wird der Inlandsmutter unabhängig vom Ausschüttungsverhalten der Tochtergesellschaft zugerechnet und im Rahmen ihrer Veranlagung konsolidiert. Folgerichtig gibt auch die Inlandsmutter eine einheitliche Steuererklärung für die Besteuerungsgruppe ab.

Anders als beim nationalen Konsolidierungsregime wird im Rahmen der internationalen Konsolidierung das einzelne positive oder negative Auslandsergebnis nicht vollständig, sondern nur in proportionaler Höhe zur von der Konzernmutter direkt oder indirekt gehaltenen Beteiligung an dieser Gesellschaft, also *quotal*, berücksichtigt[238]. Falls möglich, besteht die Pflicht zur Ausnutzung der ausländischen Gruppenbesteuerungsregelungen in den Staaten, in denen mehrere Auslandstochtergesellschaften ansässig sind. Bisher drohte als Sanktion die Nichteinbeziehung von Verlusten dieser Auslandsgesellschaften in die Konsolidierung. Nach einer Gesetzesänderung[239] wird künftig die Anrechnung der Auslandssteuer auf den Betrag begrenzt, der bei Inanspruchnahme der ausländischen Gruppenbesteuerung entstanden ist bzw. wäre.

Im Unterschied zur nationalen Konsolidierung werden *innerkonzernliche Geschäftsbeziehungen* unter Verrechnungspreisgesichtspunkten nach dem Fremdvergleichsgrundsatz („dealing at arm's length principle") behandelt. Es erfolgt ferner eine vollständige und nicht nur die allgemeine 95%-Freistellung von der Besteuerung der Dividendenerträge aus Gesellschaften, die der Gruppe angehören. Konzerninterne Übertragungen von Wirtschaftsgütern – nicht jedoch des Umlaufvermögens oder von Anteilen an Gruppen-

237 Betroffen sind v.a. Rückstellungen, Wertberichtigungen, Lagerbewertung und Wechselkursdifferenzen, vgl. *Mayr/Frei*, IWB F. 5 Gr. 2, Italien, S. 533, 534; *Spreafico/Campisi*, Tax Planning International Forum 9/2003, 30 ff.

238 *IBFD*, Tax News Service, 6.10.2003, S. 598, 599; *Eger/Schuman/Pellegrini*, TNI, 28.10.2002, 316, 318; *Greggi*, TNI, 2.12.2002, 867, 867; *Mayr/Frei*, IWB F. 5 Gr. 2, Italien, S. 533, 534. Hält die italienische Holding z.B. eine 80%-Beteiligung an der Auslandstochter, so sind auch nur 80% ihrer steuerlichen Bemessungsgrundlage in die Konsolidierung einzubeziehen. Im selben Fall wäre bei der rein nationalen Konsolidierung das gesamte Ergebnis der Inlandstochtergesellschaft einzubeziehen. Dies dürfte eine gemeinschaftswidrige Regelung darstellen, vgl. *Kessler*, in: DAI Arbeitsunterlage zur Tagung: Praxis des Internationalen Steuerrechts, 2004, S. 186, 197.

239 Art. 136 Abs. 6 IRES idF. des Gesetzes Nr. 247/2005 v. 18.11.2005.

gesellschaften – sind zum Teil steuerfrei möglich. Veräußerungsgewinne bzw. -verluste, die bei Übertragungen zwischen Auslandsgesellschaften entstehen, sind nur in prozentualer Höhe des Unterschieds zwischen der Beteiligungshöhe an der übertragenden Tochtergesellschaft und – falls kleiner – an der empfangenden Tochtergesellschaft als Gruppeneinkommen steuerbar. Die steuerlichen Anschaffungskosten bei dem empfangenden Unternehmen bemessen sich nach den getätigten Aufwendungen, die jedoch um den in die Konsolidierung einzubeziehenden Teil des Veräußerungsgewinns erhöht werden.

Verlustvorträge aus der Zeit vor der Konsolidierung sind nicht für Zwecke der Gruppenbesteuerung verwertbar. Das Problem einer Missbrauchsvorschrift gegen eine doppelte Verlustnutzung scheint bisher noch ungeklärt. Für den Fall, dass eine Gruppengesellschaft eine Teilwertabschreibung auf eine Beteiligung an einer anderen Gruppengesellschaft vorgenommen hat, soll im Verhältnis der Beteiligungsquote eine Wertanpassung erfolgen.

Im Ausland gezahlte Steuern der Auslandstöchter werden auf die italienische Steuer, die auf die nach den erwähnten Kriterien ermittelte Bemessungsgrundlage entfällt, bis zur Höhe der anteiligen italienischen Steuer angerechnet. Statt der bekannten „per-country limitation" erfolgt grundsätzlich eine „per-company limitation": Bei mehr als einer Tochtergesellschaft im Ausland muss der Anrechnungsbetrag für jede Gesellschaft getrennt und nicht für alle gemeinsam ermittelt werden[240]. Eine Ausnahme gilt bei Bestehen ausländischer Gruppenbesteuerungsregelungen, da insoweit für die Ermittlung des Anrechnungshöchstbetrags ihre Inanspruchnahme unterstellt wird[241]. Etwaige Anrechnungsüberhänge sind durch Rücktrag oder einen auf maximal acht Jahre begrenzten Vortrag der ausländischen Steuer in Italien nutzbar[242].

Vorgesehen ist der Erlass von Durchführungsbestimmungen für die konkrete Anwendung der weltweiten konsolidierten Besteuerung.

---

240 Dadurch wird vermieden, dass durch eine Verrechnung von Gewinnen und Verlusten mehrerer ausländischer Tochtergesellschaften, die in demselben Staat ansässig sind, die dort gezahlte Steuer letztlich nicht zu einer Steueranrechnung in Italien berechtigt, vgl. *Giaconia*, in: CDFI, IFA 2004 Vienna Congress, Vol. 89b, Italy, S. 369, 386.

241 Art. 136 Abs. 6 IRES idF. des Gesetzes Nr. 247/2005 v. 18.11.2005.

242 *Mayr/Frei*, IWB F. 5 Gr. 2, Italien, S. 533, 534; *Perin*, TNI, 8.12.2003, 879, 880; *Romani/Strnad/Grabbe*, IStR 2004, 155, 160.

e) Beendigung

Die Konsolidierung endet, wenn die italienische Spitzeneinheit die rechtlichen Voraussetzungen der Gruppenbesteuerung nicht länger erfüllt. Die vortragsfähigen Verluste auf Ebene der Muttergesellschaft müssen dann neu bestimmt werden.

Der Verlust von qualifizierenden Beteiligungsvoraussetzungen an einer oder mehreren Auslandstochtergesellschaften führt während des Fünfjahreszeitraums nicht zur Totalbeendigung, sondern lediglich zum Ausscheiden der jeweiligen Auslandsgesellschaft aus der Konsolidierung. Dies zieht in Einzelfällen eine Neuberechnung des Abzugs etwaiger Finanzierungskosten für den Beteiligungserwerb und damit eine Nachversteuerung nach sich. Zu einer Neubestimmung der vortragsfähigen Verluste auf Ebene der Muttergesellschaft kommt es daneben nur, wenn mehr als zwei Drittel der Auslandsgesellschaften ausscheiden[243]: Die Muttergesellschaft hat dann die noch ungenutzten Verlustvorträge zu mindern, und zwar proportional in dem Verhältnis der Verluste, die von den ausscheidenden Auslandsgesellschaften herrühren zu den Gesamtverlusten der Gruppe.

f) Auswirkungen

Nach dem bisherigen italienischen Körperschaftsteuerrecht waren die Einkünfte ausländischer Tochtergesellschaften mangels grenzüberschreitender Gruppenbesteuerungsregeln in Italien nicht steuerbar. Das neu eingeführte Regime der weltweiten Konsolidierung bringt somit Vor- und Nachteile[244]:

Für profitable Auslandsgesellschaften ist die (bisherige) Nichtbesteuerung in Italien günstiger als die Miteinbeziehung in die Gruppe, da italienische Steuer immer, und zwar auch auf die nicht in Form der Dividende nach Italien fließenden, also thesaurierten Gewinne, anfällt. Dies gilt erst recht, wenn das Steuerniveau im Ausland niedriger ist als in Italien[245].

Bei Auslandsverlustgesellschaften liegt der große Vorteil darin, dass die Verluste nun gegen italienische Gewinne der Gruppe verrechnet werden können und somit zu einer niedrigeren Steuerlast in Italien führen. Gleichwohl stellen die Kosten der Ermittlung des Abschlusses der jeweiligen Auslandsge-

243 Vgl. Sezione III, Art. 137 f. des Gesetzes Nr. 344/2003 v. 12.12.2003; hierzu: *Valente/Antonini*, World Corporate Finance Review 2004, www.worldtaxandlaw.com.

244 *Keen*, TNI, 17.2.2003, 665, 675 f.

245 Seit 1.1.2004 beträgt der italienische Körperschaftsteuersatz 33%. Vgl. hierzu das Berechnungsbeispiel bei *Kessler*, in: DAI Arbeitsunterlage zur Tagung: Praxis des Internationalen Steuerrechts, 2004, S. 186, 195 f.

sellschaft nach italienischem Recht und dessen Prüfung durch externe Wirtschaftsprüfer (Befolgungskosten) einen nicht zu unterschätzenden Kostenfaktor dar.

Wie bereits gesagt, müssen bei der Option zur internationalen Konsolidierung in Italien sämtliche Auslandstochtergesellschaften zwingend in der Gruppe integriert sein – die steuerlich günstige Einbeziehung nur der Verlustgesellschaften durch die italienische Konzernmutter ist damit nicht möglich. Im Falle der Option zur konsolidierten Besteuerung werden die u.U. konkurrierenden Vorschriften der Hinzurechnungsbesteuerung grundsätzlich verdrängt.

4. Option zur transparenten Besteuerung von Kapitalgesellschaften

Zum 1.1.2004 hat Italien des Weiteren eine Transparenzbesteuerung mit Wahlrecht (*Opzione per la trasparenza fiscale delle società a ristretta base proprietaria*) nach Vorbild der amerikanischen „check-the-box"-Regelung eingeführt[246]. Hintergrund ist die ansonsten drohende Benachteiligung von Joint Venture Gesellschaften[247], die aufgrund der fehlenden Beteiligungsvoraussetzungen nicht in den Genuss der Konsolidierungsregelungen kommen können.

Eine italienische Kapitalgesellschaft kann sich steuerlich wie eine Personengesellschaft behandeln lassen, wenn alle in- oder ausländischen Anteilseigner Körperschaften sind, bei denen jede zu mindestens 10% und höchstens zu 50% an den Stimmrechten und am Gewinn der betreffenden Kapitalgesellschaft beteiligt ist[248]. Im Fall von ausländischen Anteilseignern besteht die zusätzliche Einschränkung, dass die Option nur zulässig ist, wenn

---

246 Art. 115 und 116 IRES idF. des Gesetzes Nr. 344/2003 v. 12.12.2003; vgl. ferner das Ausführungsdekret des Finanzministeriums v. 23.4.2004, Gazzetta Ufficiale della Repubblica Italiana Nr. 101 v. 30.4.2004 sowie den Ministerialerlass Nr. 49/E „IRES/4" v. 22.11.2004; hierzu *IBFD*, Tax News Service, 6.10.2003, S. 598, 599; *IBFD*, Tax News Service 3.1.2005, S. 9; *Mayr/Frei*, IWB F. 5 Gr. 2, Italien, S. 525, 530; *dies.*, IWB F. 5 Gr. 2, Italien, S. 547 ff.

247 Also der Beteiligung mehrerer Mutterkapitalgesellschaften an einer Tochterkapitalgesellschaft.

248 Eine Ausnahme zu diesen Voraussetzungen ist nach Art. 116 IRES für kleine S.r.l. (GmbHs) und S.c.r.l. (beschränkt haftende Genossenschaften) vorgesehen, wenn an diesen nicht mehr als zehn (bei S.r.l.) bzw. 20 (bei S.c.r.l.) natürliche Personen beteiligt sind und der Jahresumsatz nicht mehr als 5,1 Mio. € beträgt, vgl. *Romani/Strnad/Grabbe*, IStR 2004, 155, 159; *Valente/Antonini*, World Corporate Finance Review 2004, www.worldtaxandlaw.com.

ihnen gegenüber bei Ausschüttungen keine italienische Quellensteuer erhoben oder diese vollständig wieder erstattet wird. Das ist jedenfalls bei Erfüllen der Voraussetzungen der EG-Mutter-Tochter-Richtlinie[249] gewährleistet. Auch ausländische Körperschaften mit italienischer Betriebstätte, der die Beteiligung an der transparenten Gesellschaft zuzurechnen ist, können optieren. Die Gesellschaft darf weder Finanzinstrumente mit Beteiligungscharakter[250] ausgeben noch an der nationalen oder weltweiten Konsolidierung teilnehmen und sich nicht in einem Konkursverfahren befinden. Die Option ist zwingend für drei Veranlagungszeiträume im ersten Jahr der Anwendung gegenüber der Finanzverwaltung auszuüben und bedarf der Zustimmung aller Anteilseigner.

Die Transparenzregelung bewirkt, dass der Gewinn bzw. Verlust der Gesellschaft den Gesellschaftern unabhängig vom Ausschüttungsverhalten direkt und entsprechend ihres Beteiligungsverhältnisses quotal zugerechnet wird[251]. Auf diese Weise wird im Inlandsfall wie bei den Konsolidierungsregeln eine Verlustverrechnung zwischen verbundenen Unternehmen auf Ebene des Anteilseigners erreicht. Gemäß Art. 23 IRES unterliegen die Einkünfte, die einem ausländischen Anteilseigner einer transparenten Körperschaft zugerechnet werden, der italienischen Körperschaftsteuer. Die Zurechnung erfolgt im Wirtschaftsjahr der beteiligten Gesellschaften zum Schluss des Wirtschaftsjahres der transparenten Gesellschaft. Die von ihr abgeführten Quellensteuern werden ebenso wie etwaige Steuerermäßigungen anteilig an die Gesellschafter durchgereicht. Erfolgt zeitlich gesehen zuerst die Ergebniszurechnung und später eine Gewinnausschüttung an die Gesellschafter, so ist diese vollständig steuerbefreit, um eine Mehrfachbesteuerung gleicher Gewinne zu vermeiden. Dies gilt jedoch nicht für Ausschüttungen von Gewinnrücklagen aus früherer Zeit, die nach den normalen Regeln zu versteuern sind[252]. Aus Gründen der Gleichbehandlung mit echten Personengesellschaften sind Verlustvorträge ebenfalls nicht auf die Gesellschafter über-

249 Richtlinie 90/435/EWG des Rates v. 23.7.1990 idF. der Änderung durch Richtlinie 2003/123/EG des Rates v. 22.12.2003 (Fn. 17): dort bedarf es jedoch einer Mindestbeteiligung von 15% (bis 31.12.2006: 20%). *Agostini/Emma*, International Tax Review 6/2004, 60, 61 sehen einen Europarechtsverstoß darin, dass bei einem Unterschreiten der Mindestbeteiligungsvoraussetzung keine Option für den EU-Anteilseigner – anders als für den inländischen Anteilseigner – möglich ist.

250 Vgl. Art. 2346 del codice civile (Bürgerliches Gesetzbuch).

251 *Romani/Strnad/Grabbe*, IStR 2004, 155, 159.

252 Eine Vermutung besteht jedoch hinsichtlich der Reihenfolge der für die Ausschüttung verwendeten Gewinne: Vorrangig werden (laufende) Gewinne ausgeschüttet, die der Transparenzbesteuerung unterliegen. Vgl. auch *Romani/Strnad/Grabbe*, IStR 2004, 155, 159.

tragbar, sondern verbleiben auf Ebene der transparenten Gesellschaft. Die bisher oft genutzte Möglichkeit, dass der Gesellschafter der transparent besteuerten Kapitalgesellschaft seine Altverluste von den aus der Transparenzbesteuerung zugerechneten Gewinnen abzog, schaffte der Gesetzgeber im Jahr 2006 ab[253]. Eine steuerneutrale Übertragung von Wirtschaftsgütern ist zwischen den Beteiligten der Transparenzbesteuerung nicht möglich. Für die Steuerpflichten haften die beteiligte Gesellschaft und ihre Gesellschafter gesamtschuldnerisch. Im Falle eines Gesellschafterwechsels besteht die Transparenzbesteuerung weiter, wenn die Voraussetzungen hierzu weiterhin erfüllt sind[254]. Nicht geklärt ist bisher, wie die transparente Gesellschaft und ihre Anteilseigner im Rahmen der Doppelbesteuerungsabkommen und EG-Richtlinien behandelt werden.

VI. Niederlande: „Fiscale eenheid“

1. Einleitung

Das niederländische Konzept der fiskalen Einheit (*fiscale eenheid*) umfasst besondere Vorschriften zur Ertragsbesteuerung nationaler Konzerne, vgl. Art. 15 - 15a Wet Vpb[255]. Es ist ein auf Vollkonsolidierung aufbauendes System[256]. Zugrunde liegt der Gedanke der fiktiven Fusion aller Konzerngesell-

---

253 Durch das Gesetzesdekret Nr. 223/2006 v. 4.7.2006 (umgewandelt in das Gesetz Nr. 248 v. 4.8.2006, Gazzetta Ufficiale della Repubblica Italiana Nr. 186 v. 11.8.2006), vgl. *Mayr/Frei*, IWB F. 5 Gr. 2, Italien, S. 559, 561.

254 *Valente/Antonini*, World Corporate Finance Review 2004.

255 Wet op de vennootschapsbelasting 1969 (Körperschaftsteuergesetz) v. 8.10.1968, Stb. Nr. 445 in der geltenden aktuellen Fassung; vgl. auch Besluit voorkoming dubbele belasting 2001 (Erlass des Ministeriums für Finanzen) v. 2.12.2000, Stb. 642 und die späteren Erlasse.

256 Vgl. *BDI/PWC*, Verlustberücksichtigung über Grenzen hinweg, 2006, S. 63 ff.; *de Vries*, in: CDFI, IFA 2004 Vienna Congress, Vol. 89b, Netherlands, S. 461, 465 ff.; *Essers*, in: CDFI, IFA 1998 London Congress, Vol. LXXXIIIa, Netherlands, S. 653, 670 ff.; *Geiger*, IWB F. 5 Gr. 2, Niederlande, S. 361 ff.; *Grotherr*, StuW 1996, 356, 361; *IBFD*, European Tax Handbook 2006, Netherlands, S. 481; Supplementary Service to European Taxation, *IBFD* 2006, Section A, Netherlands-5; *Jungnitz*, IStR 2006, 266 ff.; *Kessler*, in: DAI Arbeitsunterlage zur Tagung: Praxis des Internationalen Steuerrechts, 2004, S. 186, 193 f.; *Kollruss*, IStR 2004, 5 ff.; *Müssener*, in: Mennel/Förster (Hrsg.), Steuern in Europa, Amerika und Asien, 2004, Niederlande, Rn. 348 f.; *Scheuchzer*, IStR 1994, 562 ff.; *ders.*, RIW 1995, 35, 38; *Sievert*, Konzernbesteuerung in Deutschland und Europa, Düsseldorf 2006, S. 141 ff.; *van den Bruinhorst/ten Broeke*, Tax Planning International Forum 9/2003, 35 ff.; *van den Bruinhorst/Pennings*, Tax Management International Forum 9/2005, 33, 35 f.; *van Haaren/van Haaren-Nieboer*, in: The Taxation of Companies in Europe, IBFD 2006,

schaften[257], also die konsequente Umsetzung der betriebswirtschaftlichen Konzerneinheitstheorie.

Die Tochterunternehmen gelten für Besteuerungszwecke quasi „als im Mutterunternehmen aufgegangen" (*opgaan in*)[258], bleiben jedoch steuerpflichtig. Beide Steuerpflichtige werden so behandelt, als *seien sie* nur ein Steuerpflichtiger und zwar in dem Sinne, dass die Geschäftsaktivitäten sowie die Aktiva und Passiva der Tochter als die Geschäftsaktivitäten sowie die Aktiva und Passiva der Mutter angesehen werden[259]. Es gibt deshalb auch nur eine Einheitskonzernbilanz sowie eine einheitliche Gewinn- und Verlustrechnung. Die fiskale Einheit geht damit über die bloße Ergebniskonsolidierung hinaus, denn auch Vermögen und Schulden der Tochtergesellschaften werden für Zwecke der Besteuerung der Muttergesellschaft zugerechnet und konsolidiert.

Das niederländische System der Einheitsbesteuerung wurde zum 1.1.2003 in wesentlichen Punkten umgestaltet[260]. Die Änderungen betreffen alle Gruppengesellschaften, die ihr Wirtschaftsjahr an oder nach diesem Tag beginnen – dies gilt auch für bereits bestehende Besteuerungseinheiten. Letztere müssen also grundsätzlich auch die neuen Anforderungen erfüllen, für eine Übergangszeit bis zum zweiten Wirtschaftsjahr nach dem 1.1.2003 konnten sie sich jedoch für die Weitergeltung der Altregelungen entscheiden. Dies

---

Netherlands-151 ff.; *Waldens/Foddanu*, PIStB 2004, 91 ff.; *Watrin/Sievert/Strohm*, FR 2004, 1, 8.

257 Vgl. Court Amsterdam v. 10.1.1995, Nr. 94/3261 u. nachfolgend Hoge Raad v. 6.5.1998, BNB 1998/47: Die Muttergesellschaft der fiskalen Einheit wird - auch für Abkommenszwecke - so behandelt, als sei die Tochtergesellschaft ihre unselbstständige Betriebstätte.

258 Vgl. den Wortlaut des bis zum 31.12.2002 geltenden Art. 15 Abs. 1 Wet Vpb a.F. Vgl. auch Hoge Raad v. 22.2.1956, BNB 1956/132; v. 27.4.1988, BNB 1988/220; v. 4.6.1986, BNB 1986/239.

259 Art. 15 Abs. 1 S. 1 Wet Vpb: „...wordt op verzoek van beide belastingplichtigen de belasting van hen geheven alsof er één belastingplichtige is...". Die Tochtergesellschaft bleibt während der fiskalen Einheit somit Körperschaftsteuersubjekt, was bisher abgelehnt wurde bzw. umstritten war, vgl. Hoge Raad v. 4.6.1986, BNB 1986/282; *Scheuchzer*, IStR 1994, 562, 564 Fn. 23. Von Bedeutung ist dies z.B. für die abkommensrechtliche Ansässigkeit bei Beantragung von ausländischen Quellensteuerermäßigungen, was bisher wegen der umstrittenen Steuersubjektivität mit Problemen verbunden sein konnte.

260 Wet van 11.12.2002 tot wijziging van de Wet op de Vennootschapsbelasting 1969 c.a. (herziening regime fiscale eenheid) = Änderungsgesetz v. 11.12.2002, Stb. Nr. 618 sowie Besluit fiscale eenheid (Erlass des Ministeriums der Finanzen) Nr. 26854 v. 17.12.2002, Stb. Nr. 646; Nr. CPP2002/3783M v. 11.2.2003; Nr. CPP2003/1917M v. 23.10.2003; Nr. CPP2004/634M v. 12.5.2004.

galt nicht für Gruppengesellschaften, die zwar in den Niederlanden gegründet wurden, jedoch im Ausland ansässig waren oder wenn ein neues Mitglied der Besteuerungseinheit beitrat.

2. Subjektive Voraussetzungen

Für die Konsolidierung kommen ausschließlich in den Niederlanden steuerlich ansässige Kapitalgesellschaften in Betracht. Die Rechtsform der Muttergesellschaft ist entweder die *naamloze vennootschap* (NV ≈ AG), *besloten vennootschap met beperkte aansprakelijkheid* (BV ≈ GmbH), *coöperatie* (≈ Genossenschaft) oder *onderlinge waarborgmaatschappij* (≈ Versicherungsverein auf Gegenseitigkeit). Personengesellschaften qualifizieren sich nicht für die Einheitsbesteuerung[261]. Bei der Tochtergesellschaft ist die Rechtsform auf die NV (AG) oder BV (GmbH) limitiert, vgl. Art. 15 Abs. 3 d, e Wet Vpb. Allerdings ist reinen Vorratsgesellschaften (*voorraad*), die im Umlaufvermögen der Muttergesellschaft stehen, die Teilnahme verwehrt[262].

Genuine link ist also auch hier die Ansässigkeit im Inland als Voraussetzung der unbeschränkten Steuerpflicht. Diese setzt nach Art. 2 Abs. 1 Wet Vpb einen inländischen Sitz voraus, der wiederum nach objektiven Umständen bestimmt wird und regelmäßig mit dem Ort der tatsächlichen Geschäftsleitung zusammenfällt. Auslandstochtergesellschaften mit Sitz und Geschäftsleitung im Ausland nehmen nach Art. 15 Abs. 1 Wet Vpb jedenfalls nicht an der fiskalen Einheit teil[263].

Daneben gibt es aber in den Niederlanden die Ansässigkeitsfiktion bei im Inland gegründeten Gesellschaften, Art. 2 Abs. 4 Wet Vpb[264]. Wegen der im holländischen internationalen Privatrecht praktizierten Gründungstheorie wären somit auch doppelt ansässige Gesellschaften mit Geschäftsleitung im Ausland von der Regelung umfasst. Dies bestätigte eine Entscheidung des *Hoge Raad*, wonach eine niederländische Muttergesellschaft eine Besteuerungseinheit auch mit einer nach niederländischem Recht gegründeten (Tochter-)Gesellschaft, die ihre Geschäftsleitung in England hatte, begrün-

261 Vgl. Art. 15 Abs. 3 d Wet Vpb. *Kollruss*, IStR 2004, 5, 6 sieht zu Unrecht niederländische Personengesellschaften als Obergesellschaft an.

262 Art. 15 Abs. 3 f Wet Vpb.

263 Mehrere Unternehmen haben jedoch bereits die Einbeziehung ausländischer Tochtergesellschaften mit Verlusten in die fiskale Einheit beantragt, das weitere Verfahren bleibt zu beobachten, vgl. *Mbwa-Mboma*, TNI 5.5.2003, 457, 458.

264 Das Besteuerungsrecht - nicht die Ansässigkeit - richtet sich hier nach der jeweiligen tie breaker rule der DBA; missverständlich insoweit: *Lehner*, in: Vogel/Lehner (Hrsg.), DBA, 4. Aufl. 2003, Art. 4 Rn. 11.

den konnte[265]. Bemerkenswerterweise existierte damit aber keine substanzielle Anknüpfung mehr an den Besteuerungsstaat[266], da die Gesellschaft zwar nach dem auch für diese Gesellschaften geltenden Welteinkommensprinzip in den Niederlanden als unbeschränkt steuerpflichtig behandelt wurde, obwohl das Besteuerungsrecht regelmäßig im anderen Staat der Geschäftsleitung lag, vgl. Art. 4 Abs. 3 OECD-MA. In diesen Fällen kam es für die grenzüberschreitende Einbeziehung in die Gruppe und damit einer Auslandsverlustberücksichtigung letztlich nicht notwendigerweise auf die niederländische Besteuerungshoheit an. Um diese für den holländischen Fiskus leidige Konsequenz zu vermeiden, trat am 1.1.2003 eine wesentliche Änderung in Kraft[267]: Für die zu diesem Zeitpunkt oder danach beginnenden Wirtschaftsjahre haben Gesellschaften, die zwar in den Niederlanden gegründet wurden, ihre Geschäftsleitung jedoch im Ausland haben, nicht länger die Möglichkeit der Zugehörigkeit zur Besteuerungseinheit. Für Zwecke der fiskalen Einheit ist Anknüpfungspunkt damit alleine die inländische Geschäftsleitung, wie sie sich nach nationalem Steuerrecht und dem Steuerabkommen des Niederländischen Königreichs bzw. der niederländischen Doppelbesteuerungsabkommen bestimmt.

Ausländische Gesellschaften mit inländischer Geschäftsleitung oder inländischer Betriebstätte, die insofern in den Niederlanden steuerpflichtig sind, können Teil einer fiskalen Einheit sein[268]. Voraussetzung ist, dass sie folgen-

265 Hoge Raad v. 29.6.1988, Nr. 24738, BNB 1988/331 „UK dual resident"-Fall.

266 Genuine link ist lediglich die niederländische „Staatsangehörigkeit" des Gründungsstatuts der Gesellschaft.

267 Art. 2 Abs. 4 und 15 Abs. 3 c Wet Vpb; vgl. *van Haaren/van Haaren-Nieboer*, The Taxation of Companies in Europe, IBFD 2006, Netherlands - 151. Durch Besluit Nr. CPP2004/634M v. 12.5.2004 (Erlass des Finanzministeriums) wurde die frühere Rechtslage aufgrund eines vermuteten europarechtlichen Verstoßes auf die nicht in den Niederlanden gegründeten EU-Gesellschaften erstreckt, so dass bei Vorliegen aller weiteren Voraussetzungen eine grenzüberschreitende Fiskaleinheit bis zur erstmaligen Geltung der Neuregelung ermöglicht wurde, vgl. *Louwinger/Biemans*, TNI 31.5.2004, 914 f.; *Spierts*, IWB F. 5 Gr. 2, Niederlande, S. 391 f.

268 Unter gestalterischen Aspekten ist seit dem 1.1.2003 eine fiskale Einheit für Teilkonzerne also möglich zwischen a) der niederländischen Betriebstätte einer Auslandsmuttergesellschaft und einer 95% niederländischen Tochtergesellschaft; b) der niederländischen Betriebstätte einer Auslandstochtergesellschaft mit der 95% haltenden niederländischen Muttergesellschaft dieser Auslandstochter sowie c) der niederländischen Betriebstätte einer Auslandsmuttergesellschaft mit der der niederländischen Betriebstätte einer 95% Auslandstochtergesellschaft. Vgl. hierzu die Beispiele bei *de Vries*, in: CDFI, IFA 2004 Vienna Congress, Vol. 89b, Netherlands, S. 461, 476 f. sowie die Gestaltungsüberlegungen bei *Sievert*, Konzernbesteuerung in Deutschland und Europa, Düsseldorf 2006, S. 152.

de der in Art. 15 Abs. 3 d, e, Abs. 4 Wet Vpb genannten Bedingungen kumulativ erfüllen:

- Sie wurden unter dem Recht der Niederländischen Antillen, Aruba, eines Mitgliedstaats der EU oder eines Staates gegründet, der mit den Niederlanden ein DBA mit einem Diskriminierungsverbot geschlossen hat[269].
- Sie sind in einem dieser genannten Länder ansässig.
- Sie entsprechen unter Typenvergleichsaspekten der Rechtsform der NV oder BV.

Soll eine niederländische Tochtergesellschaft in eine gemeinsame Besteuerung mit der Inlandsbetriebstätte der Auslandsmuttergesellschaft einbezogen werden, so muss die Beteiligung im Betriebsvermögen der niederländischen Betriebstätte gehalten werden[270].

Nicht möglich ist es hingegen, in folgenden Fällen mit Auslandsbezug eine fiskale Einheit zu gründen:

- zwischen zwei in den Niederlanden ansässigen Schwestergesellschaften (mangels 95%-Beteiligung untereinander) einer Auslandsgesellschaft[271] oder
- zwischen den inländischen Betriebstätten zweier Auslandsschwestergesellschaften (mangels 95%-Beteiligung untereinander), falls die Muttergesellschaft nicht in den Niederlanden ansässig ist oder keine Betriebstätte dort innehat bzw.
- zwischen einer niederländischen Muttergesellschaft und ihrer niederländischen Enkelgesellschaft oder einer Betriebstätte dieser Enkelgesell-

269 Dieses Erfordernis basiert vermutlich auf der Entscheidung des Hoge Raad v. 16.3.1994, Nr. 27764, BNB 1994/191, der als in den Niederlanden gegründet auch eine auf den Niederländischen Antillen inkorporierte Gesellschaft mit Geschäftsleitung in den Niederlanden angesehen hatte, so dass diese eine Besteuerungseinheit zur niederländischen Muttergesellschaft eingehen konnte. Die Ansässigkeitsfiktion sei, so der Hoge Raad in seiner Entscheidung, letztlich eine Konsequenz aus der Anwendung des Diskriminierungsverbots nach Art. 1 Abs. 1 des Steuerabkommens des Niederländischen Königreichs. Dieses ist im Wesentlichen mit dem Diskriminierungsverbot nach Art. 24 Abs. 1 OECD-MA identisch, vgl. *van Raad*, EC Tax Review 1995, 190, 192 Fn. 6; vgl. auch die Reaktion des Finanzministeriums, 10.8.1994, Nr. DB94/1842M, Vakstudie Nieuws 1994, S. 2702.

270 Art. 15 Abs. 4 S. 2 Wet Vpb. Nach dem Erlass des Finanzministeriums Nr. CPP2001/1045 v. 13.6.2001, BNB 2001/390 bedarf es weiterer Voraussetzungen, wie z.B. eigene wirtschaftliche Betätigung mit eigenem Personal der Betriebstätte und unabhängige Entscheidungen über ihre Holdingaktivitäten.

271 Vgl. *Waldens/Foddanu*, PIStB 2004, 91, 93.

schaft, wenn die Tochtergesellschaft nicht in den Niederlanden ansässig ist oder keine Betriebstätte dort innehat[272].

3. Formelle Voraussetzungen

Alle teilnehmenden Unternehmen müssen gemeinsam die steuerliche Behandlung als fiskale Einheit bei der zuständigen Finanzbehörde beantragen. Der Abschluss eines Ergebnisabführungsvertrages ist nicht vorgesehen. Mit dem Antrag nimmt die Muttergesellschaft zugleich eine Eigenfestlegung des Konsolidierungskreises vor. Es gibt also weder eine quantitative Beschränkung hinsichtlich der Größe noch der Mindestdauer der Besteuerungseinheit, so dass eine gemeinsame Besteuerung mit einzelnen ausgesuchten Tochtergesellschaften und auch nur während eines einzigen Wirtschaftsjahres möglich ist[273].

Die Gewinnermittlungszeiträume und -methoden bei den beteiligten Gesellschaften müssen übereinstimmen[274], weiterhin müssen sie demselben Besteuerungsregime unterfallen. Dies ist beispielsweise nicht der Fall bei Investmentfonds, die spezifische steuerliche Vergünstigungen genießen. Im Falle des Beitritts neu gegründeter Gesellschaften gilt dasselbe mit Ausnahme des Gewinnermittlungszeitraums für das Jahr der Gründung. Die Wirtschaftsjahre der Gesellschaften müssen dann jedenfalls zum selben Zeitpunkt enden, um den späteren Gleichlauf zu gewährleisten[275].

Zur Sicherstellung der Körperschaftsbesteuerung verlangte die Finanzbehörde früher die Befolgung gewisser Standardbedingungen. Die beteiligten Unternehmen mussten den Voraussetzungen zustimmen und diese einhalten[276]. Seit dem 1.1.2003 sind diese Bedingungen, wie z.B. die Festlegung der Verlustberücksichtigungsmethode, die Bilanzierungsmethode zu Beginn und Ende der Einheit, die Methode zur Berechnung der Vermeidung der Doppelbesteuerung und einige Missbrauchsnormen im Körperschaftsteuer-

272 Vgl. auch *Kollruss*, IStR 2004, 5, 7.

273 Im ersten Jahr sofort wieder beendete Fiskaleinheiten werden jedoch steuerlich nicht anerkannt, vgl. etwa *Waldens/Foddanu*, PIStB 2004, 91, 94 mit Beispielen; *Jungnitz*, IStR 2006, 266, 267 m.w.N.

274 Art. 15 Abs. 3 Wet Vpb. Dadurch wird die Erstellung einer konsolidierten Steuererklärung erleichtert und eventuell die Bildung von Rumpfwirtschaftsjahren erforderlich.

275 Vgl. Art. 5 Abs. 1, 3 des Änderungsgesetzes v. 11.12.2002, Stb. Nr. 618.

276 Besluit fiscale eenheid 2003 (Erlass) v. 17.12.2002, Stb. Nr. 646; v. 30.9.1991, BNB 1991/329.

gesetz und einer Ausführungsverordnung näher geregelt und damit für alle Steuerpflichtigen einheitlich[277].

Seit dem 1.1.2003 kann eine fiskale Einheit an jedem Tag des Wirtschaftsjahres beginnen, in dem alle Voraussetzungen erfüllt sind, was eventuell Zwischenabschlüsse und Rumpfgeschäftsjahre erfordert. Der Antrag muss an die Finanzbehörde innerhalb von drei Monaten nach dem gewünschten Starttermin (möglicher Rückwirkungszeitraum) gestellt werden[278].

4. Materielle Voraussetzungen

Die Mindestbeteiligungsquote wurde ab dem 1.1.2003 von 99% auf 95% abgesenkt, wobei die Beteiligung unmittelbar oder mittelbar am Kapital der Tochtergesellschaft bestehen muss, Art. 15 Abs. 1, 2 Wet Vpb[279]. Die Muttergesellschaft muss das formaljuristische und wirtschaftliche Eigentum an der Tochter in besagter Höhe besitzen[280]. Sofern die Tochtergesellschaft verschiedene Anteilsarten ausgegeben hat, muss die Muttergesellschaft 95% jeder Anteilsart besitzen. Eine Ausnahme besteht, wenn zwar 95% am Nennkapital gehalten wird, nicht aber an allen ausgegebenen speziellen Anteilsarten, vorausgesetzt die speziellen Anteile umfassen nicht mehr als 5% des Nennkapitals der Gesellschaft und die fremden Anteilseigner haben insgesamt keinen höheren Gewinnanspruch als 5%[281]. Die Anteile an der Konzerntochtergesellschaft dürfen nicht dem Umlaufvermögen der Muttergesellschaft angehören. Hinsichtlich der mittelbaren Beteiligung besteht kein Additionsverbot, jedoch muss auch die vermittelnde Gesellschaft in die gemeinsame Besteuerung einbezogen sein[282]. Eine Enkelgesellschaft nimmt

277 *Van Haaren/van Haaren-Nieboer*, in: The Taxation of Companies in Europe, IBFD 2006, Netherlands-152.

278 Art. 15 Abs. 5, 8 Wet Vpb. Nach der Altregelung konnte die Einheitsbesteuerung erst am ersten Tag des folgenden Wirtschaftsjahres, in dem alle Voraussetzungen erfüllt waren, beginnen.

279 Vgl. *van Haaren/van Haaren-Nieboer*, in: The Taxation of Companies in Europe, IBFD 2006, Netherlands-151; *de Vries*, in: CDFI, IFA 2004 Vienna Congress, Vol. 89b, Netherlands, S. 461, 469.

280 Deshalb gibt es zur Vermeidung der missbräuchlichen Eingehung einer Einheitsbesteuerung mit fehlender wirtschaftlicher Beherrschung eine Revaluierung des Beteiligungsansatzes mit dem Verkehrswert.

281 Vgl. hierzu mit Beispiel den Erlass des Finanzministeriums Nr. CPP2004/1801M v. 23.12.2004.

282 *Geiger*, IWB F. 5 Gr. 2, Niederlande, S. 361, 362; *Kollruss*, IStR 2004, 5, 7 Fn. 22. Hält Gesellschaft A 95% an B und B wiederum 95% an C, dann kommt keine Be-

also an der Fiskaleinheit teil, wenn diese unmittelbar von der auch teilnehmenden Tochtergesellschaft gehalten wird. Erforderlich ist weder ein Ergebnisabführungsvertrag noch die wirtschaftliche oder organisatorische Eingliederung der verbundenen Unternehmen.

5. Rechtsfolgen

a) Konsolidierung und Einheitsbesteuerung

Die Muttergesellschaft einer fiskalen Einheit hat eine Steuererklärung auf Basis einer Konsolidierung zu erstellen. Hierzu werden die separat errechneten Ergebnisse der zugehörigen Gesellschaften unter Außerachtlassung der gruppeninternen Transaktionen addiert. Es gilt die Vollkonsolidierungsmethode, die Gewinnermittlung erfolgt also auf Grundlage einer einheitlichen Konzernsteuerbilanz sowie konzernbezogenen Gewinn- und Verlustrechnung bei der Muttergesellschaft[283].

Im Zeitpunkt der Eingehung der Besteuerungseinheit muss der mit dem Verkehrswert zu bewertende Bilanzposten für die Beteiligung an den entsprechenden Tochtergesellschaften in der Konzernsteuerbilanz aufgelöst und durch deren Aktiva und Passiva zum jeweiligen steuerlichen Buchwert ersetzt werden, was zu einer *Kapitalkonsolidierung* führt. Damit liegt also für steuerliche Zwecke kein Beteiligungsverhältnis mehr vor, für die objektive Steuerpflicht ist von nur einem Steuerpflichtigen auszugehen. Eine etwaige Aufdeckung von im Beteiligungswert ruhenden stillen Reserven wird sich regelmäßig über eine Verrechnung mit dem Eigenkapital der Tochtergesellschaft oder durch Bildung eines Ausgleichspostens erfolgsneutral vollziehen und im Rahmen des Schachtelprivilegs für Beteiligungsgewinne steuerfrei gestellt[284]. Die Aktiva und Passiva der Tochtergesellschaften werden unter Buchwertfortführung als solche der Muttergesellschaft angesehen. Das Eigenkapital der Gruppe wird festgestellt, die steuerlichen Rechte und Pflichten – nicht aber die Steuersubjektivität – werden auf die Gruppe übertragen.

---

steuerungseinheit A-B-C zustande, da die mittelbare Beteiligung nur 90,25% beträgt. Jedoch können A und B oder B und C eine fiskale Einheit eingehen.

283 Vgl. insbesondere *Geiger*, IWB F. 5 Gr. 2, Niederlande, S. 361, 362 ff. Zur originären Konzernsteuerbilanz und -gewinnermittlung: *Scheuchzer*, IStR 1994, 562, 564 ff.; *ders.*, RIW 1995, 35, 38; *Grotherr*, StuW 1996, 356, 361.

284 Vgl. *Jungnitz*, IStR 2006, 266, 267 hinsichtlich des Verfahrens bei früherer Teilwertabschreibung (*afwaarderingsverlies*) und bei Nichteingreifen des Schachtelprivilegs. Letzteres setzt ab 1.1.2007 nur noch eine Mindestbeteiligung von 5% voraus, vgl. *Spierts*, IWB F. 5 Gr. 2, Niederlande, S. 461, 463.

Die Tochtergesellschaften, die beabsichtigen, an einer Gruppe teilzunehmen, müssen im Zeitpunkt des Beitritts ihr altes Wirtschaftsjahr beenden.

Weiterhin kommt es zur *Schuldenkonsolidierung*, d.h. zur erfolgswirksamen Eliminierung von Forderungen und Verbindlichkeiten, die zwischen den Konzerngesellschaften bestehen[285]. Zum Bilanzstichtag des der Fiskaleinheit vorangehenden Wirtschaftsjahres hat der Gläubiger die Schuld mit dem Teilwert, höchstens jedoch mit dem Nennwert zum Bilanzstichtag neu zu bewerten. Der Forderungsschuldner ist an diesen Wert gebunden, so dass einem etwaigen durch die Forderungsabschreibung entstehenden Aufwand beim Gläubiger ein korrespondierender Ertrag beim Schuldner gegenübersteht[286].

Während des Bestehens der fiskalen Einheit wird die Tochtergesellschaft so behandelt, als seien ihre Angelegenheiten solche der Muttergesellschaft[287]. Letztlich werden alle Geschäftsergebnisse der Tochter, unabhängig, ob laufende Gewinne, Veräußerungsgewinne oder Verluste, als Ergebnisse der Muttergesellschaft angesehen, Art. 15 Abs. 1 S. 1 Wet Vpb[288]. Die fiskale Einheit vollzieht sich folglich im Rahmen eines einheitlichen Konzernabschlusses, bestehend aus Bilanz sowie Gewinn- und Verlustrechnung. Das steuerpflichtige Einkommen ist nach den regulären Gewinnermittlungsvorschriften zu ermitteln.

Die Gewinne und Verluste der zur fiskalen Einheit gehörenden Gesellschaften werden unmittelbar miteinander verrechnet. Gruppeninterne Transaktionen bleiben auf diese Weise steuerlich unberücksichtigt, wie z.B. Dividendenausschüttungen innerhalb der Besteuerungseinheit. Soweit eine ausländische Gesellschaft mit ihrer niederländischen Betriebstätte die Obergesellschaft bildet, unterliegen Dividendenzahlungen der Tochtergesellschaft auch keiner Quellensteuer. Vermieden wird durch die bereits angesprochene Buchwertverknüpfung insbesondere die Besteuerung von Zwischengewin-

285 Vgl. hierzu das erläuternde Beispiel von *Scheuchzer*, IStR 1994, 562, 564. Beachte im Einzelnen die Missbrauchsvorschriften für die Bewertung von Forderungen und Verbindlichkeiten bei Begründung (Art. 15ab Abs. 6 Wet Vpb) und Beendigung (Art. 15aj Wet Vpb) der fiskalen Einheit.

286 Vgl. *Jungnitz*, IStR 2006, 266, 268 m.w.N.

287 Vgl. Hoge Raad v. 22.2.1956, BNB 1956/132; 27.4.1988, BNB 1988/220. Wegen der bloßen Fiktion für Zwecke der fiskalen Einheit besteht keine Kollision mit den Betriebstättenregelungen in Doppelbesteuerungsabkommen; vgl. Hoge Raad, BNB 1994/163c; 6.5.1998, BNB 1998/47 „Irland-Fälle“.

288 Die Steuersubjektivität der Tochtergesellschaft findet also ihre Grenze, wo es um die Bestimmung der Konzerneinkünfte, der darauf entfallenden Steuer und die Verrechnung steuerlicher Ermäßigungen aus DBA geht.

nen aus dem innerkonzernlichen Lieferungs- und Leistungsverkehr[289]. Vorteilhaft ist weiterhin die Möglichkeit der steuerneutralen Überführung von Wirtschaftsgütern des Anlage- und Umlaufvermögens zwischen den beteiligten Gesellschaften zu Buchwerten, was Restrukturierungen im Konzern erleichtert. Besteuert werden die stillen Reserven erst im Zeitpunkt der Erbringung von Leistungen außerhalb der fiskalen Einheit, also an konzernfremde Dritte. Um einem missbräuchlichen Ausnutzen der Besteuerungseinheit zum Zwecke der Steuervermeidung vorzubeugen, existieren spezielle Missbrauchsvermeidungsvorschriften[290]. Im Falle der Beendigung der Konzernkonsolidierung kommt es zu einer Nachversteuerung der stillen Reserven.

Lediglich die Muttergesellschaft gibt eine Steuererklärung in ihrem und im Namen aller Gruppengesellschaften ab und versteuert das konsolidierte Gesamteinkommen[291]. Etwaige Steuerermäßigungen als Maßnahmen zur Vermeidung von Doppelbesteuerungen werden so berechnet, als seien die Gruppengesellschaften ein Steuerpflichtiger[292]. Jedoch bleiben die Tochtergesellschaften jeweils Steuersubjekt, was insbesondere für ihre DBA-Berechtigung zur Inanspruchnahme von Abkommensermäßigungen eine Rolle spielt. Steuerumlagezahlungen der Tochtergesellschaften entsprechend ihres Anteils an der Gesamtsteuerlast der Fiskaleinheit, können in Gruppenvereinbarungen festgelegt werden und bleiben steuerneutral. Gleiches gilt für eine Ausgleichszahlung für eine Verlustnutzung oder anderen Steuervergünstigungen.

Ein Nachteil der Besteuerungseinheit besteht darin, dass, obwohl nur die Mutter die Steuerpflichten trägt, alle zugehörigen Gruppenunternehmen einzeln und gesamtschuldnerisch für die beim Mutterunternehmen festgesetzte Steuerschuld haften[293]. Ebenfalls nachteilig kann die Zusammenrechnung von Auslandsbetriebstättenergebnissen zum Zwecke der Ermittlung des die Doppelbesteuerung vermeidenden Steuerermäßigungsbetrages sein.

---

289 Verzicht auf Zwischenerfolgsrealisierung, vgl. *Grotherr*, StuW 1996, 356, 371.

290 Art. 15ai Wet Vpb. Vgl. auch den Erlass des Finanzministeriums Nr. CPP2002/3783M v. 11.2.2003 über verschiedene Missbrauchsfragen sowie die Beispiele bei *Jungnitz*, IStR 2006, 266, 268.

291 Der allgemeine Körperschaftsteuersatz beträgt seit dem 1.1.2007 25,5% (bis 31.12.2006: 29,6%), der ermäßigte Körperschaftsteuersatz 20% für Einkommensteile bis 25.000 € und 23,5% für Einkommensteile von 25.000 € - 60.000 € (bis 31.12.2006: 25,5% für Einkommensteile bis 22.689 € und darüber hinaus 29,6% (Standardsatz), vgl. Art. 22 Wet Vpb.

292 Art. 15ac Abs. 4 Wet Vpb.

293 Art. 39 Invorderingswet (*Steuereintreibungsgesetz*).

b) Verlustberücksichtigung

i) Allgemeines

Ausschlaggebendes Kriterium für die Eingehung der Fiskaleinheit ist regelmäßig die Verlustberücksichtigung während der Konzernzugehörigkeit[294]: Innerhalb der Einheit können die Verluste eines Mitglieds auf ein anderes Mitglied im selben Veranlagungszeitraum übertragen werden (interpersonelle sowie intratemporale Verlustnutzung). Es ist nicht nur die Verlustübertragung von Untergesellschaften auf die Konzernspitze möglich, sondern auch in umgekehrter Richtung die Verrechnung bei Tochtergesellschaften. Die Verlustverrechnung zwischen „Schwestergesellschaften“ ist immer dann sinnvoll und nützlich, wenn die Konzernspitze etwa als Holding kaum eigene steuerpflichtige Einkünfte erwirtschaftet. Wie bei jedem Einzelsteuerpflichtigen gibt es auch bei der fiskalen Einheit die Möglichkeit des Verlustrücktrags auf den unmittelbar vorangehenden Veranlagungszeitraum sowie den seit 1.1.2007 zeitlich auf neun Jahre beschränkten Verlustvortrag[295] (vertikale oder intertemporale Verlustnutzung)[296]. Verluste, die im Rahmen der Fiskaleinheit erlitten wurden, können folglich von der jeweiligen Gruppengesellschaft, soweit ihr der Verlust zurechenbar ist, auch in einen vorangegangenen Veranlagungszeitraum und damit unter Umständen in ein Jahr vor Eingehung der Fiskaleinheit zurückgetragen werden.

Bei Austritt einer Gesellschaft aus dem Konsolidierungskreis oder Beendigung der fiskalen Einheit kann auf gemeinsamen Antrag hin der restliche Verlustvortrag derjenigen Gesellschaft zugeteilt werden, die den Verlust erlitten hatte. Nach alter Rechtslage konnten solche Verluste nur von der Muttergesellschaft genutzt werden, was zu einem „Verlustverlust“ auf Ebene der Tochterkonzerngesellschaften führte[297].

Für vorkonzernliche Verluste gibt es spezielle Vorschriften hinsichtlich des Vortrags und deren Verrechnung mit konsolidierten Gewinnen sowie bezüg-

294 Vgl. insbesondere *de Vries*, in: CDFI, IFA 2004 Vienna Congress, Vol. 89b, Netherlands, S. 461, 473 f.; *Essers*, in: CDFI, IFA 1998 London Congress, Vol. LXXXIIIa, Netherlands, S. 653, 671 f.; *Jungnitz*, IStR 2006, 266, 270.

295 Art. 20 Abs. 2 Wet Vpb. Bis 31.12.2006 konnten Verluste drei Jahre zurück und zeitlich unbeschränkt vorgetragen werden. Nach einer Übergangsregelung sollen Verluste, die bis einschließlich 2002 entstanden sind, noch bis einschließlich dem Wirtschaftsjahr 2011 genutzt werden können.

296 Vorteil des niederländischen Körperschaftsteuersystems ist, dass es keine Verlustverrechnungsbeschränkungen nach Einkunftsarten oder Einkunftsteilen etc. gibt. Jedoch gibt es bestimmte Missbrauchsregelungen in Art. 20a Wet Vpb, z.B. für den sog. Mantelkauf.

297 *Kollruss*, IStR 2004, 5, 5 übersieht insofern die zum 1.1.2003 eingetretene Änderung.

lich des Rücktrages konsolidierter Verluste auf Veranlagungszeiträume vor Eingehung der fiskalen Einheit. Im Allgemeinen gilt, dass bei der Verrechnung von Ergebnissen der Fiskaleinheit mit Vor-Eintrittsergebnissen die Fiskaleinheit weder gegenüber eigenständig Steuerpflichtigen besser gestellt noch rückwirkend in Kraft gesetzt werden soll. So sind etwa vor Eingehung der Besteuerungseinheit angefallene Verluste nicht unmittelbar mit dem Konzernergebnis verrechenbar, jedoch mit den (nach einer fiktiven Gewinnverteilung zurechenbaren) Gewinnen auf Ebene der Gesellschaft, die den Verlust erlitten hat[298]: Zuerst greift die horizontale Verrechnung der Gruppenverluste, erzielt also z.B. Gesellschaft A einen Gewinn von 100, Gesellschaft B einen Verlust von 60 und C von 10, dann beträgt das konsolidierte Ergebnis der Fiskaleinheit 30. Anschließend wird die vertikale Verlustverrechnung vorgenommen, wenn also Gesellschaft A einen vorkonzernlichen Verlust von 150 hat, sind lediglich 30 wegen des Vorrangs der horizontalen Verlustverrechnung ausgleichbar. Vorkonzernliche Verluste der Gruppengesellschaften B und C können in diesem Fall nicht verrechnet werden, da in dem betreffenden Jahr keine Gewinne bei stand-alone-Betrachtung durch diese Gesellschaften generiert wurden.

Eine allgemeine Regelung zur Verhinderung einer doppelten Verlustnutzung (double dip) existiert nicht, da der Anwendungsbereich der fiskalen Einheit auf inländisches Steuersubstrat beschränkt ist[299]. Allerdings bestehen gewisse Missbrauchsvermeidungsvorschriften: Wenn z.B. in dem oben genannten Fall Gesellschaft A einen gewinnbringenden (Teil-)Betrieb von Gesellschaft B steuerneutral während der Fiskaleinheit erwirbt, dann besitzt Gesellschaft A zukünftig mehr Gewinnpotential zur Verrechnung der eigenen vorkonzernlichen Verluste. Art. 15ae Wet Vpb verhindert dies, indem Gesellschaft A zu einer Rekalkulation ihrer Gewinne (für den Zweck der Verrechnung vorkonzernlicher Verluste) gezwungen wird und zwar auf der Basis, wie wenn die Transaktion mit Gesellschaft B außerhalb der Fiskaleinheit stattgefunden hätte. Wegen der unvermeidlichen Abgrenzungsprobleme erfolgt in

298 Art. 15ae Abs. 1 Wet Vpb; Erlass des Finanzministeriums Nr. IFZ 2004-192M v. 6.7.2004 m. Anm. *Muller*, TNI, 16.8.2004, 595 f. Zum Verrechnungsmechanismus etwa: *de Vries*, in: CDFI, IFA 2004 Vienna Congress, Vol. 89b, Netherlands, S. 461, 474; *Geiger*, IWB F. 5 Gr. 2, Niederlande, S. 361, 363 f.; *Jungnitz*, IStR 2006, 266, 270.

299 *Endres*, Intertax 2003, 349, 350. Für in die Einheitsbesteuerung einbezogene auslandsradizierte Betriebstättenverluste gibt es jedoch eine Nachversteuerungsregelung, vgl. unten 6. Ein im Ausland erfolgender double dip tangiert den niederländischen Fiskus nicht. Zu möglichen „double dip"-Strukturen für deutsche Outbound-Investitionen: *Kollruss*, IStR 2004, 5, 8 ff.

der Praxis weitgehend eine Abstimmung mit der Finanzverwaltung in solchen Fragen.

ii) Keine Berücksichtigung von Auslandsverlusten

Nach geltendem Recht sind nur ansässige, also unbeschränkt steuerpflichtige Gesellschaften für die steuerliche Einheit zugelassen. Eine Ergebniskonsolidierung mit ausländischen Tochtergesellschaften ist somit grundsätzlich ausgeschlossen.

iii) Grenzüberschreitende Sachverhalte

Soweit sie ihre Geschäftsleitung im Inland haben, können auch doppelt ansässige Auslandsgesellschaften von den Konsolidierungsregeln Gebrauch machen[300]. Gleichwohl wäre es falsch, hier von einer grenzüberschreitenden Konsolidierung zu sprechen, denn diese beschränkt sich vielmehr auf das in den Niederlanden erzielte Steuersubstrat.

Die Ausnahme, nach der infolge der bereits angesprochenen Ansässigkeitsfiktion für im Inland gegründete Gesellschaften diese auch bei Ansässigkeit im Ausland in die fiskale Einheit einbezogen werden konnten, wurde zum 1.1.2003 abgeschafft. Nach früherer Rechtslage galt Folgendes: Wegen der Fiktion der Verschmelzung der Tochtergesellschaft mit Geschäftsleitung im Ausland mit ihrer niederländischen Muttergesellschaft war die Tochtergesellschaft unter Anwendung des DBA in den Niederlanden als nichtansässige Gesellschaft zu behandeln. Für Zwecke des DBA wurde sie vielmehr als ausländische Betriebstätte der Muttergesellschaft angesehen, was eine Verlustverrechnung ermöglichte[301]. Nach einem Erlass des niederländischen Finanzministeriums vom 12.5.2004[302] konfligierte diese frühere steuerliche Behandlung mit EG-Recht, da sie in anderen Mitgliedstaaten gegründete Gesellschaften im Vergleich zu den in den Niederlanden gegründeten Gesellschaften diskriminierte. Infolgedessen soll es für die noch offenen Veranlagungszeiträume bis zum 31.12.2002 den niederländischen Steuerinspektoren möglich sein, eine Fiskaleinheit auch für nicht unter niederländi-

300 Vgl. *de Jong*, in: Deloitte & Touche (Hrsg.), Unternehmenskauf im Ausland, 2002, S. 170; *Kollruss*, IStR 2004, 5, 7.

301 Hoge Raad v. 6.5.1998, BNB 1998/47 „Irland III"-Fall. Zur Praxis der Verlustberücksichtigung ausländischer Betriebstätten in den Niederlanden, vgl. *Mulders*, EC Tax Review 1996, 123, 124.

302 Besluit Nr. CPP2004/634M v. 12.5.2004. Hierzu: *Louwinger/Biemans*, TNI 31.5.2004, 914 f.

schem Recht gegründete EU-Gesellschaften zuzulassen, soweit die übrigen Voraussetzungen vorliegen. Dies ermöglicht eine, wenn auch auf die Vergangenheit befristete, grenzüberschreitende Verlustberücksichtigung mit EU-Tochtergesellschaften[303].

Nach der Rechtsprechung des *Hoge Raad* wird eine in die fiskale Einheit einbezogene niederländische Tochtergesellschaft, die Kommanditistin an einem deutschen Organträger ist, dem Verluste seiner deutschen Tochtergesellschaft zugerechnet werden, wie eine Betriebstätte der holländischen Muttergesellschaft behandelt. Ermöglicht wird damit letztlich das „Hereinholen" der in der deutschen Organgesellschaft entstandenen Verluste im Rahmen einer fiskalen Einheit in den Niederlanden[304].

Ausländische Muttergesellschaften können die Besteuerungseinheit auch zum steuereffizienten Erwerb einer profitablen niederländischen Zielgesellschaft einsetzen: Sie erwerben die Anteile an diesem Unternehmen, gründen eine niederländische Holding und übertragen die Anteile auf die neu geschaffene Holding. Da diese keine eigenen finanziellen Mittel zum Erwerb besitzt, nimmt sie ein Darlehen von der Auslandsmutter (oder einem anderen verbundenen Unternehmen) zu üblichen Konditionen auf und beantragt sodann die gemeinsame Besteuerung zusammen mit der Zielgesellschaft. Das versetzt die Holding in die Lage, ihre Finanzierungskosten mit den operativen Gewinnen des erworbenen Unternehmens zu verrechnen[305]. Dieser Gestaltung sollte bisher Art. 15ad Abs. 1 Wet Vpb[306] entgegentreten, der zum 1.1.2007 abgeschafft wurde. Künftig sieht der in seinem Regelungsbereich erweiterte § 10a Wet Vpb eine Versagung des Abzugs von Beteiligungsfinanzierungskosten vor, soweit Fremdkapital zum Erwerb einer Zielgesellschaft aufgenommen wurde, die nach ihrem Erwerb als gegenüber der Akquisitionsgesellschaft verbundenes Unternehmen qualifiziert. Sämtliche

303 Die neue Regelung unterscheidet nicht mehr nach dem Staat der Gründung, sondern stellt auf die Ansässigkeit ab, weshalb die niederländische Regierung hier kein EG-rechtliches Problem bei Nichteinbeziehung von EU-Gesellschaften sieht. Kritisch zu Recht: *Louwinger/Biemans*, TNI, 31.5.2004, 914, 915; *Spierts*, IWB F. 5 Gr. 2, Niederlande, S. 391, 392 und im Hinblick auf Art. 24 Abs. 1 OECD-MA auch *Rubbens/Vogel*, IStR-Länderbericht 15/2004, S. 2 f.

304 Beispiel bei *Stevens*, IStR-Länderbericht 17/1999, S. 2, vgl. Hoge Raad v. 9.7.1999. Eine Nachversteuerung für berücksichtigte Auslandsbetriebstättenverluste besteht, dazu nachstehend, unter 6.

305 Vgl. Hoge Raad v. 20.9.1995, Nr. 29737, BNB 1996/5 und v. 27.9.1995, Nr. 30 400; vgl. *Hofland/van Raad*, TNI, 30.10.1995, 1143 f.;

306 Zur bisherigen Zinsabzugsbeschränkung unter Art. 15ad Wet Vpb, vgl. Besluit Nr. CPP2005/2662M v. 23.12.2005; *Dörr*, in: Schön (Hrsg.), Steuerliche Maßgeblichkeit in Deutschland und Europa, Köln 2005, S. 746, 802 m.w.N.

Darlehenszinsen unterliegen in der Folge einem Betriebsausgabenabzugsverbot, es sei denn, der Zinsertrag wird beim Gläubiger einer – nach niederländischen Maßstäben – „vernünftigen“ Besteuerung unterworfen oder es können sowohl für den Erwerb als auch für dessen Finanzierung vernünftige wirtschaftliche oder sonst beachtliche Gründe vorgetragen werden.

Für die konzerninterne Finanzierung von ausländischen Betriebstätten besteht nach Art. 15ac Abs. 5 Wet Vpb eine Abzugsbeschränkung, sofern die Finanzierungskosten bereits im Betriebstättenstaat abziehbar sind[307]. Spezielle Vorschriften existieren ferner bei Einbeziehung inländischer Betriebstätten ausländischer Gesellschaften in die Fiskaleinheit, insbesondere werden Transaktionen zwischen dem ausländischen Stammhaus und der von seiner Betriebstätte gehaltenen und konsolidierten niederländischen Tochtergesellschaft bei der Allokation des Gewinns der Betriebstätte berücksichtigt[308].

c) Beendigung

Die fiskale Einheit wird nach Art. 15 Abs. 6 Wet Vpb aufgelöst, wenn:

- die Bedingungen der fiskalen Einheit entfallen bzw. nicht weiterhin gegeben sind[309];
- die Auslandsgesellschaft, deren inländische Betriebstätte Teil der Konsolidierung war, ihren Sitz in die Niederlande verlegt[310];
- die in die Konsolidierung einbezogene niederländische Gesellschaft ihren Sitz ins Ausland verlegt oder
- ein Antrag der Muttergesellschaft und der entsprechenden Tochtergesellschaft gestellt wird[311].

307 Hierzu ausführlicher *Kollruss*, IStR 2004, 5, 6; *Jungnitz*, IStR 2006, 266, 268. Die Regelung wurde wegen der Entscheidungen des Hoge Raad v. 21.3.2001, Nr. 35425 u. Nr. 35883, V-N 2001/18.5 u. 2001/18.10 erforderlich.

308 Vgl. *de Vries*, in: CDFI, IFA 2004 Vienna Congress, Vol. 89b, Netherlands, S. 461, 478 ff.

309 Solange alle Voraussetzungen vorliegen, kann die Finanzverwaltung nicht von sich aus die Auflösung der fiskalen Einheit betreiben. Der steuerpflichtige Konzern kann jedoch durch Änderung seiner Gewinnermittlungszeiträume oder Anteilsverkäufe unproblematisch ein Ende der fiskalen Einheit herbeiführen.

310 Es greift insoweit nur eine „technische“ Beendigung - natürlich ist eine Fortführung mit der dann im Inland ansässigen Gesellschaft möglich, Art. 15 Abs. 10 c Wet Vpb. In diesem Fall gelten spezielle Missbrauchsvorschriften.

311 Vgl. im Einzelnen Art. 15 Abs. 6 Wet Vpb.

Die Auflösung tritt ohne Rückwirkung auf den Jahresbeginn in dem Zeitpunkt ein, in dem die Voraussetzungen entfallen sind. Ab diesem Zeitpunkt werden die betreffenden Gesellschaften wieder einzeln veranlagt. Eine im Jahr der Eingehung sogleich wieder beendete Einheit wird jedoch als zu keinem Zeitpunkt existierend behandelt[312].

Möglich ist auch die teilweise Auflösung, wenn beispielsweise nur einzelne Anteile an einer von mehreren Konzerntochtergesellschaften an eine konzernfremde Person verkauft werden.

Die Muttergesellschaft erstellt zusammen mit ihrer Steuererklärung eine Bilanz, in der sie das Eigenkapital der ausgeschiedenen Gesellschaft sowie die aktuellen Beteiligungs- und Finanzverhältnisse zu dieser Gesellschaft ausweist. Es muss also die konsolidierte Bilanz und Gewinn- und Verlustrechnung zerlegt werden. Bei Beendigung durch Anteilsverkauf wird die Veräußerung als nach der Auflösung der Besteuerungseinheit fingiert, was unter den allgemeinen Voraussetzungen zur Steuerfreistellung des Veräußerungsgewinnes führen kann. Die Gesellschaften müssen dieselben Buchwerte und dieselbe steuerliche Bilanzierungspolitik im Hinblick auf ihre Wirtschaftsgüter fortführen, wie sie es während der fiskalen Einheit taten. Somit bestimmt das buchmäßige Vermögen der Tochtergesellschaft im Austrittszeitpunkt den steuerlichen Beteiligungsbuchwert für die Bilanz der Muttergesellschaft. Für Zwecke etwaiger zukünftiger Liquidationsverluste wird der Beteiligungswert für die ausscheidende Gesellschaft an das Eigenkapital zu diesem Zeitpunkt angepasst. Gegenseitige Schulden und Forderungen werden im Beendigungszeitpunkt mit dem Nominalwert bzw. dem niedrigeren Teilwert der Forderung beim Gläubiger angesetzt. Ohne bestehende Wertverknüpfungspflicht hat der Schuldner zumindest den Nominalwert anzusetzen[313].

Die innerhalb der Einheit entstandenen Verluste können auf Antrag der Unternehmen als Verlustvortrag derjenigen Gesellschaft zugeteilt werden, die den Verlust erlitten hatte[314]. Ansonsten verbleiben sie auf Ebene der Muttergesellschaft. Nach der Beendigung erlittene Verluste können nur von der Muttergesellschaft in den Veranlagungszeitraum der Besteuerungseinheit zurückgetragen werden.

Übertragungen von Wirtschaftsgütern und damit stillen Reserven innerhalb der fiskalen Einheit werden grundsätzlich nicht rückgängig gemacht. Um

312 Vgl. *Waldens/Foddanu*, PIStB 2004, 91, 94 mit Beispielen.

313 Vgl. ausführlich *Jungnitz*, IStR 2006, 266, 269.

314 Art. 15af Wet Vpb sowie das Ausführungsdekret CPP 2004/812M v. 22.9.2004; vgl. hierzu *Nolten*, TNI 11.10.2004, S. 129 f.

jedoch beispielsweise das steuerneutrale Überführen von stillen Reserven in eine Gruppengesellschaft zum Zwecke ihrer anschließenden steuerfreien Anteilsveräußerung unter dem Schachtelprivileg zu verhindern, gilt folgende Missbrauchsvermeidungsvorschrift: Wenn die Transaktion nicht dem Fremdvergleich standhält („dealing at arm's length principle“), dann tritt eine Nachversteuerung dergestalt ein, dass die bis zur Auflösung entstandenen unbesteuerten stillen Reserven zu den steuerbaren Einkünften der übertragenden Gesellschaft im Jahr der Auflösung hinzugerechnet werden[315]. Eine Ausnahme von der Nachversteuerung gilt nur, falls a) der Transfer sich im Rahmen der normalen Geschäftsaktivitäten der beteiligten Konzerngesellschaften hält oder b) mindestens drei Jahre seit der Einbringung von Unternehmen, Unternehmensteilen oder Betriebstätten gegen (einbringungsgeborene) Anteile der Erwerbsgesellschaft verstrichen sind bzw. c) mindestens sechs Jahre seit der Übertragung des Wirtschaftsgutes verstrichen sind[316].

6. Indirekte Verlustnutzung

Unter bestimmten Umständen gibt es in den Niederlanden eine zeitlich begrenzte oder dauerhafte Abschreibung auf den Buchwert der Beteiligung[317].

Eine limitierte Teilwertabschreibung ist bei Beteiligungen von mindestens 25% an neu erworbenen oder errichteten Gesellschaften möglich, wenn der Marktwert der Beteiligung unter den Buchwert (Anschaffungskosten) gefallen ist[318]. Die Abschreibung kann bei der Berechnung des steuerlichen Ergebnisses zum Abzug gebracht werden. Spätere Einkünfte aus dieser Beteiligung unterliegen solange nicht der Dividendenbefreiung, bis die Abschreibung rückgängig gemacht ist (Nachversteuerung). Da die Beteiligung auch in Zukunft mit dem Marktwert zu bilanzieren ist (Obergrenze sind die Anschaffungskosten), tritt auch insoweit bei Wertsteigerung eine Rückgängigmachung der Abschreibung ein. Auch ohne Wertaufholung bzw. bei nicht vollständiger Rückgängigmachung der Abschreibung kommt es spätestens nach fünf Jahren zu einer automatischen Rückgängigmachung der bloß temporären Verlustberücksichtigung beim betreffenden Steuerpflichtigen.

315 Art. 15ai Wet Vpb. Vgl. hierzu *Jungnitz*, IStR 2006, 266, 269.

316 Vgl. *van Haaren/van Haaren-Nieboer*, in: The Taxation of Companies in Europe, IBFD 2006, Netherlands-153.

317 Vgl. *van den Bruinhorst/ten Broeke*, Tax Planning International Forum 9/2003, 35 ff. und das Beispiel bei *de Vries*, in: CDFI, IFA 2004 Vienna Congress, Vol. 89b, Netherlands, S. 461, 480 f.

318 Innerhalb der ersten fünf Jahre nach Erwerb oder Gründung.

Eine dauerhafte Abschreibung ist für erlittene Liquidationsverluste einer Tochtergesellschaft vorgesehen, an der der Steuerpflichtige zu mindestens 25% während eines Zeitraums von fünf Jahren vor der Liquidation beteiligt war. Der Liquidationsverlust wird nur im Jahr der vollständigen Auflösung der Gesellschaft steuerlich berücksichtigt. Diese Voraussetzungen knüpfen an das Gesellschaftsrecht an – bei Auslandsbeteiligungen richtet sich das Liquidationsende der Gesellschaft nach dem ausländischen Recht. Es ist darauf hinzuweisen, dass die Abschreibung regelmäßig nicht den realiter erlittenen Verlust widerspiegelt.

Bei Betriebstättenverlusten existiert trotz DBA-Freistellungsmethode keine eigentliche Freistellung der Einkünfte, sondern eine Reduzierung der niederländischen Steuer im Verhältnis zu den einbezogenen Auslandsgewinnen[319]. Folgerichtig gibt es daher auch eine unilaterale Verlustberücksichtigung mit Nachversteuerungsregelung im Inland: Die niederländische Steuer wird unter Einbeziehung des ausländischen Betriebstättenverlustes berechnet. Bei Betriebstättengewinnen in nachfolgenden Jahren werden diese in Höhe der vormals berücksichtigten ausländischen Verluste nicht „freigestellt“, was einer Nachversteuerungsregelung gleichkommt.

7. Unternehmensteuerreform 2007

Für das Jahr 2007 war offiziell eine große Körperschaftsteuerreform angekündigt worden[320], die auch Änderungen der Fiskalen Einheit bringen sollte. Der Ankündigung lag im Hinblick auf die damals bereits ergangenen Schlussanträge des Generalanwalts in der Rechtssache „Marks & Spencer“[321] die Annahme der Europarechtswidrigkeit der Regelungen zur steuerlichen Konsolidierung zugrunde, so dass eine Erstreckung auf Auslandstochtergesellschaften und damit auf die Verrechnung von Auslandsverlusten diskutiert wurde. Dieser Vorschlag wurde mittlerweile wieder zurückgezogen, was insbesondere damit zusammenhängt, dass nach Ergehen der Entscheidung in der Rechtssache „Marks & Spencer“ kaum Handlungsbedarf für den niederländischen Steuergesetzgeber besteht. Die Vorgabe des EuGH, dass

319 Die niederländische Version der Freistellung ist insoweit eher mit der Anrechnungsmethode zu vergleichen. Hierzu: *Heinsen*, Steuerliche Verlustpolitik bei grenzüberschreitenden Unternehmen, 2001, S. 156; *IBFD*, European Tax Handbook 2006, Netherlands, S. 482; *van den Bruinhorst/ten Broeke*, Tax Planning International Forum 9/2003, 35 ff.

320 Vgl. hierzu *Dörr/Küppers*, IWB F. 5 Gr. 2, Niederlande, S. 411, 424; *Spierts*, IWB F. 5 Gr. 2, Niederlande, S. 425 ff.; *ders.*, IWB F. 5 Gr. 2, Niederlande, S. 461 ff.

321 Hierzu nachstehend im 2. Teil, II.2.

ein Verlust einer ausländischen Tochtergesellschaft nur berücksichtigt werden muss, soweit dessen Nutzung bei der Tochtergesellschaft im Ausland nicht mehr möglich ist, sei in den Niederlanden mit der besprochenen Regelung zum Liquidationsverlust weitestgehend erfüllt[322].

Von den ursprünglichen Reformvorhaben umgesetzt wurde hingegen neben der Steuersatzsenkung des allgemeinen (auf 25,5%) und des ermäßigten (auf 20% für Einkommensteile bis 25.000 € und 23,5% für Einkommensteile von 25.000 € - 60.000 €) Körperschaftsteuertarifs insbesondere auch die Einschränkung der Verlustverrechnung (nur noch ein Jahr Verlustrücktrag und neun Jahre Verlustvortrag). Weiterhin gelten die Vorschriften über die steuerliche Freistellung von Erträgen aus Beteiligungen (Schachtelprivileg) künftig für alle Beteiligungen von mindestens 5% und zwar ohne zusätzliche Voraussetzungen. Zudem wird die Kapitalertragsteuer von 25% auf 15% gesenkt und die innerstaatliche Befreiung von der Kapitalertragsteuer bei Schachtelbeteiligungen auch auf EU-Sachverhalte ausgedehnt.

VII. Österreich: „Unternehmensgruppe“

1. Einleitung

Die österreichische Gruppenbesteuerung wurde mit Wirkung zum 1.1.2005 grundlegend novelliert. Das bis dahin geltende System der körperschaftsteuerlichen Organschaft fand sich in § 9 öKStG 1988 a.F. und ähnelte bis auf vereinzelte Unterschiede – nicht zuletzt aufgrund derselben Rechtswurzeln – dem bereits vorgestellten deutschen Zurechnungsmodell[323]. Hauptunterschiede bestanden insbesondere in den Organschaftsvoraussetzungen, wonach es neben dem Ergebnisabführungsvertrag und der finanziellen Unterordnung auch der wirtschaftlichen und organisatorischen Unterordnung der Organgesellschaft unter den Organträger bedurfte[324]. Auch konnte in Österreich ausgehend vom Regelungswortlaut eine doppelt ansässige Körperschaft nicht nur als Organgesellschaft, sondern auch als Organträger fungie-

322 So etwa *Jungnitz*, IStR 2006, 266, 272. Allerdings bedürfte es neuer Vorschriften im Rahmen der Fiskaleinheit für den Fall, dass Auslandsverluste infolge von sonstigen Verlustkompensationsbeschränkungen nicht mehr bei der Tochtergesellschaft verwertbar sind.

323 § 9 Abs. 1 S. 1 öKStG 1988 a.F.: „Besteht zwischen einer Organgesellschaft (Abs. 2) und dem Organträger (Abs. 3) ein Ergebnisabführungsvertrag (Abs. 4), dann ist der steuerlich ermittelte Gewinn (Verlust) der Organgesellschaft dem Organträger zuzurechnen.“

324 In Deutschland wurde hingegen die wirtschaftliche und organisatorische Eingliederung, § 14 Abs. 1 S. 1 Nr. 2 KStG a.F., durch das Steuersenkungsgesetz (StSenkG) v. 23.10.2000, BStBl. I 2000, 1521 ab dem VZ 2001 ersatzlos gestrichen.

ren, da die dort jeweils vorausgesetzte unbeschränkte Steuerpflicht an die Alternativitätsregelung des § 1 Abs. 2 öKStG („inländische Geschäftsleitung *oder* Sitz“) anknüpfte[325]. Dennoch sah das frühere österreichische, wie ebenfalls das gegenwärtige deutsche Organschaftskonzept, keine grenzüberschreitende Organschaft vor[326]. Mit Hinweis auf die in § 9 öKStG 1988 a.F. geregelten Eigenheiten kann für die Altregelung und deren Voraussetzungen und Rechtsfolgen auf die Darstellung der deutschen Organschaft Bezug genommen werden[327].

Im Fokus der folgenden Betrachtung soll die mit dem Steuerreformgesetz 2005[328] und dem Abgabenänderungsgesetz 2004[329] zum 1.1.2005 vollständig neu reformierte österreichische Gruppenbesteuerung stehen. Das aus den Anfängen des letzten Jahrhunderts herrührende Organschaftskonzept sollte zugunsten einer modernen, einfachen und europarechtskonformen[330] Gruppenbesteuerung ersetzt werden, die auch eine *grenzübergreifende Verlustbe-*

325 Allerdings verlangte die österreichische Finanzverwaltung verschärfend Sitz und Geschäftsleitung im Inland (Rn. 375, 383 öKStR 2001), bezog aber auch die über eine inländische Betriebstätte gehaltenen Beteiligungen EWR-ansässiger Gesellschaften in die Organschaft ein.

326 Vgl. *Bauer/Quantschnigg/Schellmann/Werilly*, Die Körperschaftsteuer KStG 1988, Band 1, § 9 Rn. 13.

327 Hierzu vorstehend, unter II. Vgl. auch die Darstellung bei *Hirschler/Konezny/Urtz*, in: CDFI, IFA 2004 Vienna Congress, Vol. 89b, Austria, S. 149, 152 ff.

328 Steuerreformgesetz 2005 v. 6.5.2005, BGBl. I Nr. 57/2004 v. 4.6.2004. Vgl. allgemein zur Neuregelung: *Althuber/Mang*, IWB F. 5 Gr. 2, Österreich, S. 607 ff.; *BDI/PWC*, Verlustberücksichtigung über Grenzen hinweg, 2006, S. 65 ff.; *Danelsing*, DStR 2005, 1342, 1344 ff.; *Eicker/Droscha*, IStR-Länderbericht 7/2004, 1 ff.; *Gahleitner/Furherr*, Der Konzern 2006, 129 ff.; *Gassner*, SWK 2004, S 347 ff.; *ders.*, DB 2004, 841 ff.; *ders.*, FR 2004, 517 ff.; *Gassner/Haidenthaler*, SWI 2004, 434 ff.; *Gierlinger/Müller*, SWK 2004, T 91, T 106 ff.; *Göttsche/Stangl*, IWB F. 5 Gr. 2, Österreich, S. 603 ff.; *Hirschler*, GeS aktuell 2004, 320 ff.; *Hirschler/Schindler*, IStR 2004, 505 ff; *Kessler/Daller*, IStR 2006, 289 ff.; *Mayr*, RdW 2004, 246 ff.; *Mühlehner/Zöchling (Hrsg.)*, Die neue Gruppenbesteuerung, SWK-Sonderheft 2004, S. 1 ff.; *Pummerer*, ÖStZ 2004, 456 ff.; *Schießl*, ZSteu 2004, 294 ff.; *Sievert*, Konzernbesteuerung in Deutschland und Europa, Düsseldorf 2006, S. 195 ff.; *Stefaner/Weninger*, ecolex 2004, 392 ff.; *dies.*, ecolex 2004, 508 ff.; *dies.*, IWB F. 5 Gr. 2, Österreich, S. 663 ff.; *Tissot*, SWK 2004, S 306 ff.; *Wiesner*, RWZ 2004, 33, 34 ff.; *ders.*, RWZ 2004, 97, 98 ff.; *ders.*, RWZ 2004, 129 f. Nach § 26c Ziff. 3 öKStG ist die Neuregelung erstmals bei der Veranlagung für das Kalenderjahr 2005 anzuwenden.

329 Abgabenänderungsgesetz 2004 (AbgÄG 2004), BGBl. I Nr. 180/2004 v. 30.12.2004. Vgl. hierzu SWK 2004, T 168 ff.; ÖStZ 2004, 430 ff., 502 ff.; dazu *Tumpel/Tissot*, SWK 2004, T 147 ff.; *Wiesner/Mayr*, RdW 2004, 629 ff.; *Stefaner/Weninger*, ecolex 2004, 887 ff.; *Wiesner*, RWZ 2004, 353, 354 ff.

330 Vgl. aber die kritische Bestandsaufnahme von *Stefaner/Weninger*, SWI 2004, 441 ff.

rücksichtigung ermöglicht[331]. An der grundsätzlichen vertikalen Ergebniszurechnung an die Obergesellschaft und die Besteuerung auf dieser Ebene wurde festgehalten, neu ist jedoch die Einbeziehung von ausländischen Tochtergesellschaften sowie die Reduzierung der Anwendungsvoraussetzungen auf die finanzielle Verbindung sowie den Gruppenantrag[332]. Mit der ebenfalls zum 1.1.2005 vorgenommenen Absenkung des Körperschaftsteuersatzes von 34% auf 25% dürfte dies einen beachtlichen Anreiz für ausländische Investoren bieten und den Steuerstandort Österreich im europäischen Wettbewerb exponieren[333].

2. Subjektive Voraussetzungen

a) Gruppenträger

Angelehnt an die neue Terminologie des § 9 öKStG, der die Besteuerung von „Unternehmensgruppen“ regelt, heißt die Obergesellschaft nicht mehr Organträger, sondern Gruppenträger.

Gruppenträger können nach § 9 Abs. 3 öKStG sein:

- unbeschränkt steuerpflichtige Kapitalgesellschaften, Erwerbs- und Wirtschaftsgenossenschaften, Versicherungsvereine auf Gegenseitigkeit i.S.d. Versicherungsaufsichtsgesetzes sowie Kreditinstitute i.S.d. Bankwesengesetzes (außerhalb der vorgenannten Rechtsformen, wie z.B. Sparkas-

---

331 Vgl. Erläuterungen zum Gesetzesentwurf, abgedruckt in ÖStZ 2004, 85, 86: „Der EuGH hat in der letzten Zeit mit seiner Rspr. eine Richtung eingeschlagen, die befürchten lässt, dass die österreichische Organschaft mit dem Diskriminierungsverbot unvereinbar ist.“ Zur Reformdiskussion allgemein: *Gassner*, DB 2004, 841 f.

332 Vgl. Allgemeiner Teil der Erläuterungen zum Gesetzesentwurf, abgedruckt in ÖStZ 2004, 85, 87: Österreich folgte dem rechtsvergleichenden Best-Practise-Modell und gründete die Neuregelung auf folgende Zielvorgaben: möglichst breiter und vereinfachter Zugang zur Gruppe, möglichst einfache Handhabbarkeit, Vermeidung von Missbrauchsanfälligkeiten, gemeinschaftsrechtskonforme Regelung.

333 Ausführlich *Thömmes/Lang/Schuch* (Hrsg.), Investitions- und Steuerstandort Österreich, 2. Aufl. 2005; vgl. auch den quantitativen Steuerbelastungsvergleich von *Finkenzeller/Hirschler*, RIW 2004, 561 ff.; *Wörndl/Kornberger*, IStR 2004, 577 ff. Zur Zwischenholding als Steuersparmodell *Pernegger*, SWK 2004, S 815 ff.; zu Einsatzmöglichkeiten der Gruppenbesteuerung zur Senkung der Konzernsteuerquote *Gahleitner/Furherr*, Der Konzern 2006, 129 ff.; aus der Sicht ausländischer Gruppenmitglieder *Kessler/Daller*, IStR 2006, 289 ff.

sen), jeweils ohne Rücksicht auf die Eigenschaft als operative oder vermögensverwaltende Körperschaft[334];

- beschränkt steuerpflichtige EU-Gesellschaften nach Anlage 2 des öEStG 1988 bzw. EWR-Kapitalgesellschaften[335], wenn sie mit einer Zweigniederlassung im Firmenbuch eingetragen sind und die Beteiligung an den Gruppenmitgliedern der Zweigniederlassung zuzurechnen ist[336]. Die Beteiligung muss also dem Betriebsvermögen der Zweigniederlassung angehören, wie dies von der deutschen Regelung des § 18 KStG bekannt ist.
- Beteiligungsgemeinschaften aus den vorstehend aufgezählten Gesellschaften. Der Terminus „Beteiligungsgemeinschaft" steht für Joint Ventures und Konsortien, die als Personengesellschaft, Beteiligungssyndikat oder im Wege gemeinsamer Kontrolle an Gruppenmitgliedern in bestimmter Höhe beteiligt sind. Als Beteiligungsgemeinschaften gelten jedenfalls Personen, die die Beteiligungskörperschaft gemeinsam i.S.v. Art. 3 EG-Fusionskontrollverordnung[337] kontrollieren oder an der gemeinsamen Kontrolle mitwirken. Kontrolle wird danach durch Rechte, Verträge oder andere Mittel begründet, die einzeln oder zusammen unter Berücksichtigung aller tatsächlichen oder rechtlichen Umstände die Möglichkeit gewähren, einen bestimmenden Einfluss auf die Tätigkeit eines Unternehmens auszuüben[338].

---

334 Aufgrund des Wegfalls des Erfordernisses der wirtschaftlichen Eingliederung kann auch die bisher nicht zulässige „Finanzholding", also die bloß vermögensverwaltende und nicht geschäftsleitende Holding Gruppenträger sein.

335 Vgl. Rn. 375 öKStR 2001, neben den Staaten der EU also noch Island, Liechtenstein und Norwegen. Es ist fraglich, inwieweit der Ausschluss von Drittstaatsgesellschaften mit von ihrer österreichischen Betriebstätte gehaltenen gruppenfähigen Beteiligungen gegen Art. 24 OECD-MA verstößt. Kritisch im Hinblick auf Art. 56 EG *Stefaner/Weninger*, ecolex 2004, 508, 510; *dies.*, SWI 2004, 441, 444.

336 Es fällt auf, dass gerade nicht der vom Anwendungsbereich umfassendere Begriff der „Betriebstätte" i.S.v. § 29 Abs. 1 BAO verwendet wurde.

337 Verordnung (EG) Nr. 139/2004 des Rates vom 20.1.2004 über die Kontrolle von Unternehmenszusammenschlüssen in der jeweils geltenden Fassung ("EG-Fusionskontrollverordnung"), ABl. EG Nr. L 24 v. 29.1.2004, S. 1 ff. Durch den Verweis soll klargestellt werden, dass der Begriff der Syndizierung die Annahme einer Beteiligungsgemeinschaft auch in jenen Fällen ermöglicht, in denen eine 50:50-Beteiligung vorliegt, vgl. *Tumpel*, SWK 2004, T 65, T 66; *Mayr*, RdW 2004, 246, 246; *Wiesner*, RWZ 2004, 97, 98.

338 Vgl. Art. 3 Abs. 2 EG-Fusionskontrollverordnung (Fn. 337): Kontrolle insbesondere durch: a) Eigentums- oder Nutzungsrechte an der Gesamtheit oder an Teilen des Vermögens des Unternehmens oder b) Rechte oder Verträge, die einen bestimmenden

Im Interesse einer systemkonformen Gleichbehandlung soll nach § 9 Abs. 3 S. 3 öKStG das Einbeziehen einer doppelt ansässigen Körperschaft in die Gruppenträgerfunktion nur dann möglich sein, wenn sie im Inland den für beschränkt steuerpflichtige Gruppenträger erforderlichen *genuine link* aufweist. Eine ausländische Gesellschaft mit österreichischer Geschäftsleitung kann somit nur dann Gruppenträger sein, wenn die Gesellschaft im Inland mit einer Zweigniederlassung im Firmenbuch eingetragen ist und die Beteiligung an den Gruppenmitgliedern der Zweigniederlassung zuzurechnen ist[339].

b) Gruppenmitglieder

Der neu eingeführte Begriff „Gruppenmitglied" steht sowohl für „Beteiligungskörperschaft" als auch für „beteiligte inländische Körperschaft". Die Aufspaltung des Begriffs ist erforderlich, da nach der Systematik der Neuregelung ein Gruppenmitglied sowohl als dem Gruppenträger untergeordnete Gesellschaft in die Gruppe einbezogen als auch selbst an einer ihr nachgeordneten Gruppengesellschaft beteiligt sein kann (mehrstöckige Gruppe)[340]. Unter Beteiligungskörperschaft versteht man folglich die Gesellschaft, deren Anteile von einem anderen Gruppenmitglied, nämlich der beteiligten Körperschaft gehalten werden. Damit kann eine Konzernkette mit mehreren Gliedern (Muttergesellschaft-Tochtergesellschaft-Enkelgesellschaft etc.) in dieselbe Unternehmensgruppe einbezogen werden.

Gruppenmitglieder können nach § 9 Abs. 2 öKStG sein:

- unbeschränkt steuerpflichtige Kapitalgesellschaften und Erwerbs- und Wirtschaftsgenossenschaften,
- nicht unbeschränkt steuerpflichtige *ausländische* Körperschaften, die mit einer inländischen Kapitalgesellschaft oder Erwerbs- und Wirtschaftsgenossenschaft vergleichbar und ausschließlich mit unbeschränkt steuer-

Einfluss auf die Zusammensetzung, die Beratungen oder Beschlüsse der Organe des Unternehmens gewähren.

339 § 9 Abs. 3 S. 3 öKStG wurde durch das AbgÄG 2005 neu eingeführt. Das Betriebstättenerfordernis dürfte im gewählten Beispielsfall gegen Art. 24 Abs. 5 OECD-MA verstoßen, vgl. etwa BFH v. 29.1.2003, I R 6/99, BStBl. II 2004, 1043.

340 IRd. Organschaft konnten bereits bisher Organgesellschaften auch Organträger sein, § 9 Abs. 3 S. 2 öKStG 1988 a.F., jedoch war die einzelne Organschaft auf zwei Gesellschaften beschränkt. Bei einer mehrstöckigen Organschaft bedurfte es somit mehrerer Einzelorganschaften.

pflichtigen Gruppenmitgliedern oder dem Gruppenträger (unmittelbar oder mittelbar) finanziell verbunden sind[341].

Ebenso wie beim Gruppenträger kommt es – ausgenommen hinsichtlich der Firmenwertabschreibung – nicht darauf an, ob das Gruppenmitglied vermögensverwaltend oder operativ tätig ist[342]. Neben doppelt ansässigen ausländischen Gesellschaften mit österreichischer Geschäftsleitung unterfallen auch ausländische Gesellschaften ohne Inlandsanknüpfung der Regelung, so dass insoweit eine Einbeziehung ausländischer Ergebnisse in die Gruppenbesteuerung ermöglicht wird. Die Gruppenmitgliedschaft ist für Auslandsgesellschaften jedoch auf eine Konzernebene begrenzt, da ein ausländisches Gruppenmitglied „ausschließlich" mit inländischen Gruppengesellschaften (Beteiligungskörperschaft bzw. Gruppenträger) verbunden sein muss. Damit scheidet die Einbeziehung von Tochtergesellschaften der (mehrstöckigen) Auslandsgesellschaft in die Gruppe aus[343]. Hintergrund der Einführung der grenzüberschreitenden Gruppenbesteuerung dürften die Signalwirkung an ausländische Investoren, also der steuerliche Anreiz zur Ansiedlung von Konzernzentralen und Holdinggesellschaften zum einen und die europarechtlichen Anforderungen der Grundfreiheiten in diesem Bereich zum anderen sein[344]. Allerdings ist nach dem Gesetzeswortlaut der subjektive Anwendungsbereich nicht auf Gesellschaften aus EU- oder EWR-Staaten begrenzt, sondern erfasst auch die dem Typenvergleich standhaltenden Drittstaatsgesellschaften[345].

---

341 *Wiesner*, RWZ 2004, 33, 35 bezieht auch Beteiligungsgemeinschaften von Gruppenmitgliedern ein, was jedoch vom Wortlaut des § 9 Abs. 2 öKStG nicht gedeckt ist. Hiergegen spricht zum einen der Umkehrschluss aus § 9 Abs. 3 öKStG und zum anderen auch der Allgemeine Teil der Erläuterungen zum Gesetzesentwurf, abgedruckt in ÖStZ 2004, 85, 87: „*An der Gruppenspitze* wird daher in Zukunft auch eine Mehrzahl von Unternehmen gemeinsam das finanzielle Beteiligungsausmaß aufbringen können." Das AbgÄG 2004 stellte jedoch klar, dass die Gruppenträgerfunktion der Beteiligungsgemeinschaft nicht ausschließt, dass eine mitbeteiligte Gesellschaft Gruppenträger oder Mitglied einer anderen Unternehmensgruppe bzw. ein inländisches Gruppenmitglied auch Mitbeteiligter einer Beteiligungsgemeinschaft sein kann.

342 *Wiesner*, RWZ 2004, 33, 35: Einkünfte aus steuerwirksamen Einkunftsquellen, damit scheidet wie bisher ein aus Liebhaberei geführter (Teil-)Voluptuarbetrieb aus, vgl. § 9 Rn. 334 öKStR 2001.

343 Vgl. *Hirschler/Schindler*, IStR 2004, 505, 508 mit Beispielen.

344 Vgl. *Stefaner*, SWK 2004, S 312, S 312; *Gassner*, SWK 2004, S 347, S 351.

345 Noch anders *Stefaner*, SWK 2004, S 312, S 312, der die Einbeziehung von Auslandstöchtern auf den Geltungsbereich des Europarechts bzw. EWR begrenzte. Jetzt wie hier: *Stefaner/Weninger*, ecolex 2004, 392, 393.

3. Formelle Voraussetzungen

a) Gruppenantrag zur Feststellung

Nach § 9 Abs. 8 öKStG erstreckt sich die Gruppenbesteuerung auf den Gruppenträger und jene Gruppenmitglieder, die in einem schriftlichen Gruppenantrag genannt sind[346]. Darin können die Gruppenmitglieder nach freier Wahl festgelegt werden, es besteht somit kein Zwang des „all-in, all-out“. Der Antrag ist von den gesetzlichen Vertretern des Gruppenträgers und aller einzubeziehenden inländischen Körperschaften zu unterfertigen und zwar nachweislich vor dem Ablauf des Wirtschaftsjahres der einzubeziehenden Körperschaft, für das die Ergebniszurechnung erstmals wirksam sein soll[347]. Bei einer Beteiligungsgemeinschaft ist der Gruppenantrag entsprechend zwischen der Personengesellschaft bzw. dem Syndikat und dem Gruppenmitglied abzuschließen. Im Antrag ist ferner zu erklären, dass eine Regelung über den Steuerausgleich („Umlage“) zwischen den inländischen Gruppengesellschaften getroffen wurde, wobei die Ausgestaltung dieser Regelung nicht von den Steuergesetzen präjudiziert wird, sondern im Ermessen der Gruppenunternehmen steht[348]. Folglich ist die künftige Gruppenbesteuerung optional, nämlich von der gemeinsamen Unterzeichnung eines Gruppenantrags abhängig. Die finanzielle Verbindung genügt per se nicht, um die Rechtsfolgen der Gruppenbesteuerung auszulösen. Im Unterschied zur bisherigen Organschaftsregelung bedarf es nicht mehr des Abschlusses eines Ergebnisabführungsvertrags mit all seinen gesellschaftsrechtlichen Konsequenzen (v.a. der Verlustübernahmeverpflichtung). In dem Gruppenantrag sind die Beteiligungs- und Stimmrechtsverhältnisse[349] sowie die Wirtschaftsjahre aller Gruppengesellschaften anzugeben. Ein übereinstimmendes Wirt-

---

346 Unter http://www.bmf.gv.at/service/formulare/steuern/detail.htm?FTYP=kst sind die Antragsformulare im Internet abrufbar. Ausführlich zum Gruppenantrag *Sedlaczek/Tissot*, ÖStZ 2004, 483 ff., 536 ff.

347 Aufgrund von Änderungen im Finanzausschuss entfiel bei ausländischen Gruppenmitgliedern die noch im Regierungsentwurf vorgesehene Unterfertigung durch die gesetzlichen Vertreter und die Vereinbarung eines Steuerausgleichs, vgl. *Göttsche/Stangl*, IWB F. 5 Gr. 2, Österreich, S. 603, 604; *Wiesner*, RWZ 2004, 129, 129 f.

348 Nach der Erläuterung zum Regierungsentwurf, vgl. SWK 2004, T 65, T 68 erfüllt jedoch die Erklärung über einen vertraglich vereinbarten Verzicht auf einen Steuerausgleich die Voraussetzung für einen ordnungsgemäßen Antrag nicht. Die Methode des Steuerausgleichs kann sich etwa an internationalen Rechnungslegungsvorschriften orientieren, die Verrechnung abhängig oder unabhängig von den konkret eintretenden Steuerfolgen vorsehen. Ausführlich zur Steuerumlage: *Zöchling/Fraberger*, SWK 2004, S 507 ff.; *Kauba/Krickl*, RdW 2004, 312 ff.; *Bucek*, GeS aktuell 2004, 323 ff.

349 Letzteres ist insbesondere bei mittelbar über Personengesellschaften gehaltenen Beteiligungen von Bedeutung.

schaftsjahr ist jedoch nicht Voraussetzung. Innerhalb eines Kalendermonats ab Unterfertigung des letzten gesetzlichen Vertreters ist der Gruppenantrag vom Gruppenträger bzw. dem Hauptbeteiligten oder einem Vertreter der Beteiligungsgemeinschaft an das für ihn zuständige Finanzamt für Körperschaften i.S.d. § 58 BAO zu stellen. Die übrigen Gruppenmitglieder müssen die Antragstellung ihrem jeweils zuständigen Finanzamt lediglich anzeigen[350]. Über das Vorliegen der Voraussetzungen für die Gruppenbesteuerung entscheidet das mit der Antragstellung befasste Finanzamt *deklaratorisch* gegenüber allen im Antrag genannten Körperschaften via rechtsbehelfsfähigem Feststellungsbescheid. Der Feststellungsbescheid kann nicht nur auf pro oder contra, sondern auch auf Teilanerkennung lauten[351]. Dies schafft für die Beteiligten Rechtssicherheit, so dass es zu der Problematik der „verunglückten Organschaft" nicht mehr kommen kann.

b) Mindestbestandsfrist

Die Mindestdauer der Unternehmensgruppe beträgt drei Wirtschaftsjahre und zwar bei nachträglichem Eintreten einer Gesellschaft für diese gesondert. Rumpfwirtschaftsjahre bleiben unbeachtlich, da das steuerliche Ergebnis von mindestens drei jeweils zwölf Monate umfassenden Wirtschaftsjahren zugerechnet werden muss, § 9 Abs. 10 öKStG[352].

Bei vorzeitigem Ausscheiden eines Gruppenmitglieds aus der Unternehmensgruppe ist eine auf den Gruppenbeitritt rückwirkende Rückgängigmachung der steuerlichen Verhältnisse dieser Gesellschaft vorgesehen. Die vorzeitig ausscheidende Gesellschaft wird dann im Wege der Veranlagung oder der Wiederaufnahme des Verfahrens[353] so gestellt, als wäre sie nie aus der Individualbesteuerung in die Gruppenbesteuerung gewechselt.

c) Änderungen der Gruppe

Jede Änderung der bestehenden Unternehmensgruppe, sei es durch ein faktisches Ereignis oder durch eine Gestaltung, ist von der betroffenen Grup-

350 Erläuterung zum Regierungsentwurf, vgl. SWK 2004, T 65, T 69: Die Anzeigepflicht ist Ordnungsvorschrift.

351 Erläuterung zum Regierungsentwurf, vgl. SWK 2004, T 65, T 69.

352 Anders *Stefaner*, SWK 2004, S 312, S 313, der von 36 Monaten trotz Rumpfwirtschaftsjahr spricht. Zutreffend dagegen *Wiesner*, RWZ 2004, 33, 37; *Tissot*, SWK 2004, S 306, S 310. Bei der bisherigen Organschaft forderte die Finanzverwaltung eine Mindestbestandsfrist von fünf Jahren, vgl. § 9 Rn. 421 öKStR 2001.

353 Bei bereits bestandskräftigen Veranlagungen, vgl. § 303 BAO.

pengesellschaft dem zuständigen Finanzamt des Antragstellers innerhalb eines Monats anzuzeigen, § 9 Abs. 9 öKStG. Zweck der Anzeigepflicht ist die an die neue Situation anknüpfende Abänderung des Feststellungsbescheides gegenüber dem Gruppenträger und allen Gruppenmitgliedern der Unternehmensgruppe.

Bei nachträglichem Beitritt einer Körperschaft zur bereits bestehenden Unternehmensgruppe gilt das oben dargestellte Antragsverfahren für die eintretende Gesellschaft und den Gruppenträger entsprechend.

Ein Ausscheiden aus der Gruppe kann jedes Mitglied gegenüber dem für den Antragsteller zuständigen Finanzamt erklären. Teilt der Gruppenträger oder das einzige (letzte) Gruppenmitglied selbst sein Ausscheiden aus der Unternehmensgruppe mit, so ist damit die Unternehmensgruppe beendet.

d) Systemübergangsvorschriften

Organschaftsverhältnisse verloren zum Ende des Veranlagungszeitraums 2004 ihre Wirkung. Für bereits unter dem alten System bestehende Organschaften, die von Anfang an die milderen Voraussetzungen der Unternehmensgruppe erfüllen, sieht § 26c Ziff. 3 öKStG eine „grandfathering rule“ vor: Bestehende Organschaften gelten unabhängig davon, ob der Ergebnisabführungsvertrag aufgehoben wurde oder nicht und unabhängig vom Ende des Wirtschaftsjahres der Organgesellschaften als Unternehmensgruppe, wenn der Gruppenantrag bis zum 31.12.2005 dem zuständigen Finanzamt übermittelt wurde[354]. Die Jahre der Zugehörigkeit zum Organkreis sind beim Übergang in die Gruppe auf die dreijährige Mindestbestandsfrist anzurechnen. Unterblieb die Antragstellung, erlöschte die Organschaft in steuerlicher Hinsicht. Dies konnte in den Fällen, in denen die Mindestdauer noch nicht erreicht wurde, zu einer rückwirkenden Aberkennung der bis 2004 bestehenden Vollorganschaft führen[355].

354 Im Begutachtungsentwurf hieß es noch „bis zum 30.6.2005“. Kritik an der Meldefrist-Übergangsregelung wegen teilweise eintretender, unbeabsichtigter Fristverschärfungen übt: *Kauba*, SWK 2004, S 354 f.

355 Vgl. *Wiesner*, RWZ 2004, 97, 100.

4. Materielle Voraussetzungen

a) Finanzielle Verbindung

Mit der neuen Gruppenbesteuerung entfallen die Voraussetzungen der wirtschaftlichen und organisatorischen Eingliederung. In § 9 Abs. 1 S. 1 öKStG heißt es: „Abweichend von § 7 können *finanziell verbundene* Körperschaften (Abs. 2 bis 5) nach Maßgabe des Abs. 8 eine Unternehmensgruppe bilden." Das Kriterium der finanziellen Eingliederung bzw. Verbindung wird nach § 9 Abs. 4 öKStG in folgenden Fällen fingiert:

- Die beteiligte Körperschaft besitzt *unmittelbar* mehr als 50% des Grund-, Stamm- oder Genossenschaftskapitals und der Stimmrechte der Beteiligungskörperschaft.
- Die beteiligte Körperschaft besitzt *mittelbar* über eine Personengesellschaft oder zusammen mit einer unmittelbar gehaltenen Beteiligung[356] mehr als 50% des Grund-, Stamm- oder Genossenschaftskapitals und der Stimmrechte der Beteiligungskörperschaft. Die über die außerhalb einer Beteiligungsgemeinschaft stehende Personengesellschaft gehaltene mittelbare Beteiligung errechnet sich durch Multiplikation der Beteiligungsquote an der Personengesellschaft und der von dieser gehaltenen Beteiligung an der Beteiligungskörperschaft (quotale Berechnung).
- Die beteiligte Körperschaft besitzt die oben genannte Kapital- und Stimmrechtsmehrheit an der Beteiligungskörperschaft mittelbar über eine (oder mehrere) unmittelbar gehaltene Beteiligung(en) an Gruppenmitgliedern, wobei letztere für sich betrachtet nicht mit der Beteiligungskörperschaft finanziell verbunden sind, allein oder in der Summe mit einer unmittelbar gehaltenen Beteiligung[357].

Bei der Berechnung der Beteiligungshöhe ist im Gegensatz zur früheren Rechtslage lediglich das Hauptkapital (Nennkapital) maßgebend, irrelevant ist hingegen so genanntes Surrogatkapital, wie Substanzgenussrechte bzw. Partizipationskapital[358]. Die finanzielle Verbindung muss während des ge-

---

356 Zur mittelbaren Beteiligung über eine Personen- bzw. Kapitalgesellschaft vgl. *Stefaner/Weninger*, ecolex 2004, 508, 513 f.; *dies.*, RWZ 2004, 296, 297; *Waldens/Foddanu*, PIStB 2004, 194, 195 ff. mit Beispielen.

357 Klarstellung im Gesetzeswortlaut durch AbgÄG 2004. Damit soll es nun möglich sein, dass z.B. ein Gruppenträger, der an vier Gruppenmitgliedern je 100% hält und diese an einer Körperschaft zu je 25% beteiligt sind, an dieser Körperschaft ausreichend finanziell verbunden ist. Vgl. *Stefaner/Weninger*, ecolex 2004, 887, 888 f.

358 *Wiesner*, RWZ 2004, 33, 34; *Tissot*, SWK 2004, S 306, S 307. Zur derzeitigen Rechtslage vgl. § 9 Rn. 391 öKStR 2001.

samten Wirtschaftsjahres des jeweiligen Gruppenmitglieds vorliegen, § 9 Abs. 5 öKStG. Sie ist ferner personenbezogen, d.h., sie ist von der Anschaffung der Beteiligung bis zu ihrer Veräußerung oder Aufgabe gegeben[359]. Steuerlich wirksame rückwirkende Anteilserwerbe und -übertragungen (Rückwirkungsfiktion im Umgründungssteuerrecht) sind auch für die Frage der finanziellen Verbindung maßgebend[360]. Vermögensübertragungen innerhalb der Unternehmensgruppe (konzerninternes Umhängen von Beteiligungen, Restrukturierungen) gelten – ungeachtet der trotzdem bestehenden Anzeigepflicht nach § 9 Abs. 9 öKStG – nicht als Änderung der Voraussetzungen für Gruppenverhältnisse, sofern die Unternehmensgruppe weiterhin finanziell verbunden bleibt.

b) Besonderheit: Beteiligungsgemeinschaften

Die im Rahmen der früheren österreichischen Organschaft nicht vorgesehene und in Deutschland wieder abgeschaffte Mehrmütterorganschaft[361] ist innerhalb der Besteuerung der Unternehmensgruppe durch das Institut der Beteiligungsgemeinschaft möglich.

Nach dem bereits Gesagten wird die Beteiligungsgemeinschaft aus den in den subjektiven Anwendungsbereich fallenden Gesellschaften im Wege eines Syndikatsvertrages bzw. durch eine neu gegründete (Willensbildungs-) Personengesellschaft[362] errichtet.

Hinsichtlich der finanziellen Verbundenheit ist auf das Verhältnis Beteiligungsgemeinschaft–Beteiligungskörperschaft abzustellen. In diesem Verhältnis muss folglich die finanzielle Verbindung, also die mehr als hälftige unmittelbare oder mittelbar über eine Personengesellschaft[363] hergestellte Beteiligung am Nennkapital sowie den Stimmrechten vorliegen. Gesetzlich vorgeschrieben ist jedoch, dass dabei zumindest ein Mitbeteiligter eine mittelbare oder unmittelbare Beteiligung an der Beteiligungskörperschaft von mindestens 40% hält („Kerngesellschafter“) und jeder weitere Mitbeteiligte von mindestens 15%. Rein rechnerisch können somit mindestens zwei

359 *Wiesner*, RWZ 2004, 33, 34: Die Eröffnung des Insolvenzverfahrens bzw. die Eintragung des Liquidationsbeschlusses beendet die finanzielle Verbindung noch nicht.

360 Ausführlich *Plansky/Stefaner/Weninger*, SWK 2004, S 993 ff.

361 Hierzu vorstehend, unter II.2.d).

362 Diese Personengesellschaft ist ausschließlich zum Zweck der Bildung einer Beteiligungsgemeinschaft zu gründen und darf auch keiner anderen „Tätigkeit“ nachgehen. Vgl. *Tissot*, SWK 2004, S 306, S 306.

363 Die Klarstellung für die mittelbare Beteiligung wurde durch das AbgÄG 2004 eingefügt.

(40%+15%) und höchstens fünf verschiedene Körperschaften eine Beteiligungsgemeinschaft eingehen[364]. Selbstverständlich sind viele weitere Varianten denkbar, z.B. zwei Partner mit einer jeweils 50%igen Beteiligung. Die entsprechenden Beteiligungsverhältnisse entnimmt die Finanzverwaltung den Angaben im Gruppenantrag.

Hintergrund der Regelung der Beteiligungsgemeinschaft ist die Vermeidung der Benachteiligung von Joint Venture Gesellschaften, die aufgrund der fehlenden Beteiligungsvoraussetzungen ansonsten nicht in den Genuss der Gruppenbesteuerungsregelungen kommen könnten[365]. Soweit beteiligte Körperschaften die Mindestbeteiligung von 15% nicht erreichen oder nicht Partner der Beteiligungsgemeinschaft sind, gelten für sie die allgemeinen steuerlichen Regelungen im Hinblick auf Beteiligungen, insbesondere das nationale und unter Umständen das internationale Schachtelprivileg, § 10 öKStG.

5. Rechtsfolgen

a) Zurechnung

Am bewährten Zurechnungskonzept der Organschaftsbesteuerung wird festgehalten[366]: Innerhalb einer Unternehmensgruppe wird das steuerlich maßgebende Ergebnis des jeweiligen Gruppenmitglieds gesondert ermittelt[367] und dem steuerlich maßgebenden Ergebnis des beteiligten Gruppenmitglieds bzw. Gruppenträgers jenes Wirtschaftsjahres zugerechnet, in das der Bilanzstichtag des Wirtschaftsjahres des Gruppenmitglieds fällt, vgl. § 9 Abs. 1 S. 2 öKStG. Das Konzept sieht grundsätzlich eine vollständige, rein buchtechnische Ergebniszurechnung vor. Wenn der Gruppenträger beispielsweise nur zu 51% an dem Gruppenmitglied beteiligt ist, so bedeutet dies dennoch eine 100%ige (disquotale) Ergebniszurechnung.

---

364 (40%+15%+15%+15%+15%). *Wiesner*, RWZ 2004, 33, 35 geht irrig von nur maximal vier Partnern aus. Verfassungsrechtliche Bedenken ob dieser Beschränkung haben *Stefaner/Weninger*, ecolex 2004, 508, 515; *dies.*, RWZ 2004, 296, 297 f.

365 Der Zweck besteht folglich im gemeinsamen Herstellen einer (erstmaligen) finanziellen Verbindung bzw. der Mitbeteiligung von minderbeteiligten Körperschaften.

366 Eine Anlehnung an den UK group relief findet folglich entgegen *Lüdicke/Rödel*, IStR 2004, 549, 550 und *Gassner*, SWK 2004, S 347, S 348 gerade nicht statt, wie *Gassner*, SWK 2004, S 347, S 349 später selbst feststellt.

367 Jedes Gruppenmitglied hat also wie gewohnt eine jährliche Körperschaftsteuererklärung abzugeben. Daraufhin ergeht an das Mitglied ein rechtsmittelfähiger Feststellungsbescheid, der jedoch wegen der Ergebniszurechnung nur dem Zwecke behördlicher Überprüfung dient.

Hinsichtlich der Ermittlung des zuzurechnenden steuerlich maßgebenden Ergebnisses ist nach § 9 Abs. 6 öKStG Folgendes zu beachten:

- Als Ergebnis eines unbeschränkt steuerpflichtigen Gruppenmitglieds gilt das nach den allgemeinen Vorschriften ermittelte individuelle Einkommen[368] unter Berücksichtigung der Ziffer 4 (hier vierter Teilstrich).
- Das so ermittelte Einkommen ist dem unmittelbar oder mittelbar beteiligten Gruppenmitglied bzw. Gruppenträger zuzurechnen, bei mehreren Gesellschaften in der Unternehmensgruppe erfolgt eine stufenweise Zurechnung entlang der Beteiligungskette (upstream sum up). Eine Verlustverrechnung downstream oder sidestream findet nicht statt[369]. Als Ergebnis des Gruppenträgers gilt das Einkommen mit der Maßgabe des Abzugs etwaiger Sonderausgaben (§ 8 Abs. 4 öKStG, insbesondere vortragsfähiger Verluste) vom zusammengefassten Ergebnis.
- Bei einer Beteiligungsgemeinschaft an der Spitze der Unternehmensgruppe funktioniert die Zurechnung wie folgt: Die Einkommen der Mitglieder der Gruppe werden entsprechend dem jeweiligen Beteiligungsschlüssel an der Beteiligungskörperschaft auf die Partner der Beteiligungsgemeinschaft aufgeteilt. Auch hierbei ist das Gesamteinkommen der Beteiligungskörperschaft zuzurechnen (auch wenn insgesamt keine 100%ige Beteiligung vorliegt)[370].
- Verlustvorträge i.S.d. § 8 Abs. 4 Ziff. 2 öKStG des unbeschränkt steuerpflichtigen Gruppenmitglieds aus Zeiträumen vor dem Wirksamwerden der Unternehmensgruppe (Vorgruppenverluste) oder aus einer umgründungsbedingten Übernahme durch ein Gruppenmitglied (Außergruppen-

368 Änderung durch das AbgÄG 2004 gegenüber der ursprünglichen Gesetzesfassung: Die Verwendung des Begriffes „Einkommen“ in § 9 Abs. 6 öKStG soll klarstellen, dass unbeschränkt steuerpflichtige Gruppenmitglieder zunächst unabhängig von der Unternehmensgruppe ihr Einkommen i.S.v. § 7 Abs. 2 öKStG zu ermitteln haben. Aufgrund dessen sind auch § 2 Abs. 2a, § 2 Abs. 2b und § 2 Abs. 8 öEStG 1988 anzuwenden.

369 Kritik bei *Gassner*, SWK 2004, S 347, S 349 f.; *ders.*, FR 2004, 517, 518, der für eine Verlustverrechnung nach Vorbild des UK group/consortium relief (vgl. nachstehend, unter VIII.), also upstream, downstream und sidestream plädiert und in SWK 2004, T 74 ff. eine Gesetzesalternative formuliert. Nach *Wiesner*, RWZ 2004, 97, 98 wurde das group relief-Konzept bewusst als „systemfremd“ nicht in Erwägung gezogen.

370 Beispiel: Beteiligungsgemeinschaft aus A (50%) und B (25%) an C. Obwohl die totale Beteiligung an C nur 75% beträgt, ist das Ergebnis von C zu 100% an die Beteiligungsgemeinschaft zuzurechnen. Innerhalb der Beteiligungsgemeinschaft kommt es zur Ergebnisaufteilung im Verhältnis 2/3 zu 1/3.

verluste) können bis zur Höhe des eigenen Gewinns nur bei demselben Gruppenmitglied verrechnet werden und wirken sich damit mittelbar in der Gruppenbesteuerung aus[371]. Das AbgÄG 2004 stellte klar, dass hierbei die 75%-Verlustverrechnungsbeschränkung nach § 7 Abs. 2 öKStG iVm. § 2 Abs. 2b öEStG nicht eingreift. Ausgeschlossen ist aber eine Verrechnung dieser Verluste mit zugerechneten Gewinnen[372]. Der Gruppenträger ist hiervon ausgenommen und kann seine Vorgruppen- und Außergruppenverluste auch mit dem Gruppenergebnis verrechnen[373]. Innerhalb der Gruppe entstandene und umgründungsbedingt auf ein anderes Gruppenmitglied übergehende Verlustvorträge sind nicht subjektiv verrechnungsbeschränkt.

- Steuerumlagen, die dem Zweck des Ausgleichs der steuerlichen Mehr- oder Minderbelastungen auf Ebene des die zugerechneten Einkommen versteuernden Gruppenträgers dienen, sind zwar bilanzwirksam, aber steuerneutral. Diese Werttransfers bilden also weder steuerbares Einkommen noch steuermindernde Ausgaben bei den Gruppenteilnehmern, was Gestaltungspotential im Konzernfinanzierungsbereich eröffnet[374].
- Bei Auslandsgruppengesellschaften erfolgt eine lediglich auf die Beteiligungsquote beschränkte Zurechnung von Verlusten, nicht jedoch von Gewinnen, wie näher auszuführen ist.

Die Summe aus den zugerechneten steuerlichen Einkommen der Gruppenmitglieder und desjenigen des Gruppenträgers wird *auf Ebene des Gruppenträgers besteuert*[375]. Ein Gesamtgruppenverlust kann vom Gruppenträger vorgetragen werden. Ein möglicher Nachteil der Gruppenbesteuerung ist die eventuell eingreifende steuerliche Doppelbelastung von Gewinnen der Tochtergesellschaft bei der Muttergesellschaft. Diese tritt zwar nicht bei Gewinn-

371 Vgl. § 9 Rn. 481 ff. öKStR 2001; *Tumpel*, SWK 2004, T 65, T 66 f.; *Stefaner/Weninger*, RdW 2004, 564 f. Insoweit kann sich die Auslandsverlustberücksichtigung u.U. steuerlich nachteilig auswirken, vgl. *Pummerer*, ÖStZ 2004, 456, 458.

372 Hierzu *Tumpel*, SWK 2004, T 65, T 66 f.

373 *Mayr*, RdW 2004, 246, 247 spricht insoweit von einem systematischen Bruch.

374 Nach *Tissot*, SWK 2004, S 306, S 308 kann die Umlage entweder in Höhe des nominellen Steuervorteils/-nachteils oder auf der Grundlage einer Barwertberechnung im Gruppenantrag vereinbart werden. Spezielle gesetzliche Vorgaben bestehen indes nicht. Nach der Erläuterung zum Regierungsentwurf, vgl. SWK 2004, T 65, T 68 kann der Steuerausgleich auch unabhängig von den konkret eintretenden Steuerfolgen vereinbart werden. Vgl. auch Fn. 348.

375 Der Körperschaftsteuersatz wurde zum 1.1.2005 von 34% auf 25% abgesenkt, § 22 Abs. 1 öKStG. Bei abweichendem Wirtschaftsjahr 2004/2005 ist die durch das AbgÄG 2004 eingeführte Gewinnzuordnungsvorschrift des § 26c Ziff. 2 lit. b öKStG zu beachten.

ausschüttungen an die Muttergesellschaft ein, da gruppeninterne Ausschüttungen nach § 10 Abs. 1 öKStG steuerbefreit sind. Jedoch sind Beteiligungsveräußerungen grundsätzlich steuerwirksam, ausgenommen hinsichtlich eines ausländischen unter die Steuerneutralität des § 10 Abs. 3 öKStG fallenden Gruppenmitglieds. Bei Gewinnthesaurierung auf Ebene der inländischen Tochtergruppengesellschaft und nachfolgender Veräußerung der Beteiligung durch die Muttergesellschaft ist der Veräußerungsgewinn – der zumindest teilweise den früher zugerechneten Gewinnen entspricht – somit nochmals steuerpflichtig[376].

Eine Zwischengewinneliminierung von nicht am Markt „realisierten“ Gewinnen und Verlusten bei gruppeninternen Transaktionen ist aus Vereinfachungsgründen im Gesetz nicht vorgesehen. Dies gilt bisher auch für die Veräußerung von Vermögensgegenständen innerhalb der Unternehmensgruppe[377]. Folglich findet keine Konsolidierung konzerninterner Transaktionen statt[378].

In Übereinstimmung mit der bisherigen Verwaltungspraxis zur Organschaft[379] kommt es hinsichtlich der Mindeststeuer nach § 24 Abs. 4 Ziff. 4 öKStG auf das Gesamteinkommen der Unternehmensgruppe an[380]. Zu einer Mindestkörperschaftsteuerpflicht kommt es für die Gruppengesellschaften nur dann, wenn die gesamte Unternehmensgruppe kein (ausreichendes) positives Einkommen aufweist, so dass die Tarifsteuer hinter der potentiellen Mindestkörperschaftsteuer der Unternehmensgruppe zurückbleibt. Die Differenz wäre dann wie bisher bei der Organschaft als Mindestkörperschaftsteuer abzuführen. Im Falle eines negativen Gesamtergebnisses der Unternehmensgruppe muss folglich für jedes Gruppenmitglied die Mindestkör-

376 Vgl. *Bauer/Quantschnigg/Schellmann/Werilly*, Die Körperschaftsteuer KStG 1988, Band 1, § 10 Rn. 2.4; *Stefaner*, SWK 2004, S 312, S 313; *Göttsche/Stangl*, IWB F. 5 Gr. 2, Österreich, S. 603, 605; *Stefaner/Weninger*, ecolex 2004, 508, 519. Abhilfe ließe sich wohl nur durch konsequente Steuerfreistellung auch der Veräußerungsgewinne und -verluste erzielen, vgl. z.B. die deutsche Regelung des § 8b Abs. 2 KStG. *Gassner*, SWK 2004, S 347, S 352 fordert neben der Steuerneutralität der Bewertung und des Ausscheidens von Beteiligungen eine aufgeschobene Berücksichtigung von Beteiligungsverlusten.

377 Kritik bei *Gassner*, SWK 2004, S 347, S 350 f., der bei gruppeninternen Vermögensübertragungen einen Besteuerungsaufschub wie bei der UK capital gains group (vgl. hierzu VIII.5.b) fordert.

378 *Stefaner*, SWK 2004, S 312, S 313; *Wiesner*, RWZ 2004, 33, 37; *Gassner*, SWK 2004, S 347, S 350.

379 Vgl. die Regelung für die frühere Organschaft in § 24 Rn. 1515 f. öKStR 2001.

380 Die Vorschrift wurde erst mit dem AbgÄG 2004 eingeführt.

perschaftsteuer vom Gruppenträger entrichtet werden[381]. Allerdings bleibt der Gruppenverlust nach § 8 Abs. 4 Ziff. 2 öKStG beim Gruppenträger vortragsfähig, so dass er in den Folgejahren unter Beachtung der in § 7 Abs. 2 öKStG iVm. § 2 Abs. 2b öEStG vorgesehenen 75%-Verrechnungsgrenze mit einem positiven Gesamtbetrag der eigenen und zugerechneten Einkünfte des Gruppenträgers verrechnet werden kann. Auch kann die Mindestkörperschaftsteuer zeitlich unbegrenzt auf die tatsächliche Körperschaftsteuerschuld späterer Jahre angerechnet werden, sie fungiert insofern als Steuervorauszahlung[382]. Vorgruppen-Mindestkörperschaftsteuer aus der Zeit vor Wirksamwerden der Unternehmensgruppe ist dem beteiligten Gruppenmitglied bzw. dem Gruppenträger in jener Höhe weiterzuleiten, die auf das vom Gruppenmitglied weitergeleitete eigene bzw. saldierte Einkommen anrechenbar wäre.

b) Grenzüberschreitende Verlustverrechnung

i) Auslandsbetriebstätten

Bereits nach den allgemeinen steuerlichen Vorschriften (also nicht erst im Rahmen der Gruppenbesteuerungsregeln) sind Verluste ausländischer Betriebstätten österreichischer Gesellschaften in die österreichische Bemessungsgrundlage einzubeziehen und zwar nach der Rechtsprechung des Verwaltungsgerichtshofs als höchstem österreichischen Finanzgericht auch im Falle der DBA-Freistellung von Betriebstättengewinnen[383].

Mit dem Steuerreformgesetz 2005 wurde diese Rechtsprechung in § 2 Abs. 8 öEStG kodifiziert, auf den für den Bereich der Körperschaften § 7 Abs. 2

381 Von AGs wird eine Mindeststeuer von € 3500 sowie von GmbHs in Höhe von € 1750 erhoben. Vgl. auch *Wiesner*, RWZ 2004, 33, 37; *Tissot*, SWK 2004, S 306, S 307.

382 Vgl. § 24 Rn. 1518 f. öKStR 2001.

383 ÖVwGH, Erkenntnis v. 25.9.2001, G 99/14/0217, IStR 2001, 754 und Folgeerkenntnis v. 25.10.2001, G 99/15/0149: Einkünfte i.S.d. DBA ist die um den Verlustvortrag gekürzte Größe. Zustimmend: *Zorn*, SWI 2001, 456 ff.; *Trenkwalder/Firlinger*, SWI 2001, 514 ff.; *dies.*, ÖStZ 2001, 550 ff.; *Kessler/Schmitt/Janson*, IStR 2001, 729 ff.; *dies.*, IStR 2003, 307; *Vogel*, IStR 2002, 91. Kritik an der Begründung, nicht am Ergebnis: *Wassermeyer*, in: Lang/Loukota/Reich/Wassermeyer/Zorn, SWI 2002, 428, 433; *M. Lang*, in: Lang/Loukota/Reich/Wassermeyer/Zorn, SWI 2002, 428, 436 f.; *ders.*, SWI 2002, 86, 94; *Schuch*, in: Lehner (Hrsg.), Verluste im nationalen und Internationalen Steuerrecht, 2004, S. 63, 79; *Urtz*, SWI 2001, 505, 507; *Loukota*, SWI 2001, 470 ff.; *Jirousek*, ÖStZ 2001, 569 ff.; *Ludwig*, RdW 2001, 704 ff.; *FW*, IStR 2001, 755 f.

öKStG verweist[384]. Danach sind im Ausland nicht berücksichtigte Verluste verpflichtend bei der Ermittlung des (österreichischen Stammhaus-)Einkommens anzusetzen[385]. Die Auslandsverluste errechnen sich nach der für den Steuerpflichtigen im inländischen Betrieb maßgeblichen Gewinnermittlungsart. Die nach inländischem Steuerrecht ermittelten Verluste erhöhen im entsprechenden Kalenderjahr ganz oder teilweise den Gesamtbetrag der Einkünfte, in dem sie im Ausland – nach ausländischem Recht – ganz oder teilweise berücksichtigt werden oder berücksichtigt werden könnten[386]. Österreich statuiert damit eine Verlustberücksichtigungsregelung für Auslandsbetriebstätten in Anlehnung an den früheren § 2a Abs. 3 EStG a.F. mit dem Unterschied, dass die neue österreichische Regelung – anders als die frühere deutsche – nicht auf Einkünfte aus gewerblicher Tätigkeit limitiert ist.

ii) Auslandstochtergesellschaften

Auslandstochtergesellschaften können Gruppenmitglieder der österreichischen Unternehmensgruppe sein, wie bereits dargestellt wurde. Die Zurechnung bei ausländischen Gruppenmitgliedern beschränkt sich auf die nach österreichischem Steuerrecht gemäß § 5 Abs. 1 öEStG ermittelten Verluste aus Einkunftsquellen des jeweiligen Wirtschaftsjahres[387]. Dabei werden die negativen Einkünfte dem unmittelbar beteiligten Gruppenmitglied bzw. Gruppenträger nur quotal, jedoch (bei Vorliegen auch mittelbarer Beteiligungen) im Ausmaß der (unmittelbaren) Beteiligungen aller an dieser Auslandsgesellschaft beteiligten Gruppenmitglieder einschließlich eines beteiligten Gruppenträgers (Additionsmethode) zugerechnet[388]. Die Eingrenzung auf Verluste wird damit begründet, dass Österreich im internationalen Kontext

384 Vgl. zuvor bereits in Umsetzung der öVwGH-Rspr. die Ansicht der Finanzverwaltung in Rn. 7605 ff. öEStR und Rn. 316 ff., 320 öKStR. Zu Auslandsbetriebstättenverlusten eingehend *Götsche/Stangl*, IWB F. 5, Gr. 2, Österreich, S. 625 ff.

385 Zum de-facto-Wahlrecht zur Auslandsverlustverwertung durch Nichtangabe der Auslandsverluste in der Steuererklärung vgl. *Mang*, SWI 2004, 486 ff.

386 Kritik bei *Gassner*, FR 2004, 517, 519 an der Vermischung von in- und ausländischem Recht.

387 Insoweit werden die Auslandstochtergesellschaften den Auslandsbetriebstätten bei DBA-Freistellungsmethode gleichgestellt. Kritik an der Ergebnisermittlung allein nach österreichischem Steuerrecht bei *Tissot*, SWK 2004, S 306, S 311.

388 Hält die österreichische Gesellschaft also eine 80%-Beteiligung an der Auslandstochter, so sind auch nur 80% ihrer steuerlichen Verluste in die österreichische Gruppenbesteuerung einzubeziehen. Im selben Fall wäre bei der rein nationalen Unternehmensgruppe das gesamte Ergebnis der Inlandstochtergesellschaft einzubeziehen. Vgl. für mittelbare und unmittelbare Beteiligungen an der Auslandsgesellschaft das Beispiel von *Tissot*, SWK 2004, S 306, S 308.

keine Besteuerungshoheit über die Gewinne von im Ausland ansässigen Kapitalgesellschaften zukommt[389]. Anders als bei österreichischen Gruppenmitgliedern kommt es erstens zu keiner Gewinnzurechnung und zweitens erfolgt die Verlustzurechnung nicht im vollen Umfang, sondern nur quotal, also abhängig von der eigenen Beteiligungshöhe[390].

Sollte der ausländische Verlust durch eine im Ausland bestehende Investitionsbegünstigung entstanden sein und sich bei der Umrechnung ein Gewinn ergeben, bleibt dieser ausländische Verlust unbeachtlich. Sollte theoretisch ein ausländischer Gewinn nach Umrechnung einen Verlust ergeben, ist er bei der beteiligten Körperschaft anzusetzen. Die Gesetzeserläuterungen betonen, dass die Gewinne oder Verluste der inländischen Betriebstätten der ausländischen Gruppengesellschaft bei der Verlustermittlung ausgeblendet bleiben und für sich gesondert in die Gruppenbesteuerung eingehen. Wenn folglich das ausländische Gruppenmitglied inländische Einkünfte erzielt, sind inländische Betriebstättenergebnisse unabhängig und damit getrennt von der Erfassung ausländischer Verluste der beteiligten Körperschaft bzw. dem Gruppenträger zuzurechnen. Außerbetriebliche Einkünfte bleiben von der Gruppenzurechnung ausgeschlossen und sind als beschränkt steuerpflichtige Einkünfte der ausländischen Körperschaft zu erfassen[391].

Zur Vermeidung einer doppelten Verlustberücksichtigung („double dip") kommt es in den Jahren, in denen der ausländische Verlust mit einem ausländischen Gewinn verrechnet wird oder verrechnet werden könnte (Ermittlung nach ausländischem Recht), zu einer Nachversteuerung in dieser Höhe beim unmittelbar beteiligten inländischen Gruppenmitglied bzw. Gruppenträger, dem zuvor der Verlust zugerechnet wurde[392]. Die *Nachversteuerungsregelung* greift also bereits bei der bloßen Möglichkeit und nicht erst bei tatsächlicher Verlustnutzung im Ausland ein. Des Weiteren muss der Verlust nicht unbedingt mit eigenen Gewinnen der Auslandsgesellschaft verrechen-

389 Vgl. *Wiesner*, RWZ 2004, 33, 36.

390 Letztere Unterscheidung hatte beispielsweise Italien seinen Konsolidierungsregelungen zugrunde gelegt. Allerdings gibt es dort auch eine quotale Einbeziehung der Auslandsgewinne; hierzu vorstehend, unter V.3.d). Zutreffend halten *Stefaner/Weninger*, ecolex 2004, 508, 517; *dies.*, SWI 2004, 441, 446; *Kessler*, in: DAI Arbeitsunterlage zur Tagung: Praxis des Internationalen Steuerrechts, 2004, S. 186, 197 sowie *Herzig/Wagner*, DB 2005, 1, 7 f. die nur quotale Einbeziehung für europarechtswidrig.

391 Erläuterung zur Regierungsvorlage, vgl. *Tumpel*, SWK 2004, T 65, T 67.

392 § 9 Abs. 6 Ziff. 6 S. 2 öKStG. *Gassner*, SWK 2004, S 347, S 352; *ders.*, FR 2004, 517, 519 sieht für die Verknüpfung der Auslandsverlustverrechnung mit der Verlustverwertung im Ausland im System des internationalen Steuerrechts keine Deckung und möchte auch für Zwecke der Nachversteuerung ohne nähere Begründung ausschließlich das Inland zum Maßstab erheben.

bar sein, vielmehr ist dem Wortlaut nach „mit *einem* ausländischen Gewinn" auch die mögliche Berücksichtigung im Rahmen einer ausländischen Gruppenbesteuerung erfasst[393].

Scheidet die ausländische Verlustgesellschaft aus der Unternehmensgruppe aus, so ist im Jahr des Ausscheidens ein Betrag in Höhe aller zugerechneten und im Ausland noch nicht verrechneten Verluste beim Gruppenmitglied bzw. Gruppenträger als Gewinn zuzurechnen. Dies gilt nicht für die Fälle, in denen es dadurch unzweifelhaft zu einem „Verlustverlust" käme, also in den Fällen der Liquidation bzw. Insolvenz der Auslandsgesellschaft. Um jedoch ein gezieltes Liquidieren ausländischer Gruppenmitglieder zu vermeiden, greift die *Ausnahme* nur bei tatsächlichem und endgültigem Vermögensverlust und nur insoweit, als der zuzurechnende Nachversteuerungsbetrag um die während der Gruppenzugehörigkeit nicht steuerwirksamen Teilwertabschreibungen gekürzt werden kann[394]. Somit kommt es, ausgenommen in den geschilderten Fällen der Insolvenz und der Liquidation, bei ausländischen Gruppenmitgliedern effektiv betrachtet nur zu einer Steuerstundung in Österreich, was allerdings Zins- und Liquiditätsvorteile für die Gruppe bedeutet.

Für internationale Konzerne sind die neuen Regelungen jedoch nur dann interessant, wenn entsprechende Gewinne („Verlustverrechnungspotential") bei den österreichischen Gruppengesellschaften anfallen, da sie erst dann die Vorteile der Auslandsverlustverrechnung nutzen können[395].

c) Abschreibungen auf Beteiligungen

§ 9 Abs. 7 S. 1 öKStG statuiert das *steuerliche Verbot von Teilwertabschreibungen* auf eine in- oder ausländische Beteiligung sowie die *Nichtberücksichtigung von Veräußerungsverlusten* hinsichtlich von Beteiligungen an Gruppenmitgliedern im Rahmen der Unternehmensgruppe[396]. Dies dient der

393 Probleme für die Berechnung der Nachversteuerung sieht in diesem Fall *Tissot*, SWK 2004, S 306, S 309 Fn. 9.

394 Die Missbrauchsvermeidungsvorschrift wurde in § 9 Abs. 6 Ziff. 6 S. 4 öKStG nachträglich durch das AbgÄG 2004 eingefügt.

395 In bestimmten Konstellationen kann sich die Verwertung von Auslandsverlusten iRd. Gruppenbesteuerung gar als nachteilig erweisen, vgl. *Zöchling*, SWK 2004, S 952 ff.; *Gahleitner/Furherr*, Der Konzern 2006, 129, 136 f.

396 Bei Beteiligungen an gruppenfremden Körperschaften bleibt es bei der Möglichkeit der steuerwirksamen Teilwertabschreibung, § 12 Abs. 3 Ziff. 2 öKStG („Siebentelregelung") oder der Steuerneutralität der Beteiligung in der Beteiligungskaskade, § 12 Abs. 3 Ziff. 3 öKStG. Auch ist die Option gegen die Steuerneutralität der Beteiligung

Vermeidung der doppelten Verlustberücksichtigung in der Unternehmensgruppe zum einen unmittelbar durch die von der Beteiligungskörperschaft zugerechneten Verluste und zum anderen mittelbar im Wege der verlustbedingten Abschreibung bei der beteiligten Körperschaft auf den niedrigeren Teilwert der Beteiligung an der Verlustgesellschaft. Veräußerungsverluste aus dem Verkauf einer Beteiligung an einem bisherigen Gruppenmitglied stellen rein wirtschaftlich betrachtet eine vorweggenommene unterjährige Teilwertabschreibung dar und sollen dementsprechend wie diese steuerneutral sein[397].

§ 9 Abs. 7 S. 2 öKStG sieht *im Rahmen der Gruppenzugehörigkeit zwingend* eine Firmenwertabschreibung in bestimmten Fällen des Beteiligungserwerbs beim unmittelbar beteiligten Gruppenmitglied bzw. Gruppenträger vor[398]:

- Bei bereits bestehender Unternehmensgruppe erwirbt ein Gruppenmitglied bzw. der Gruppenträger eine gruppenfähige, die finanzielle Verbundenheit vermittelnde Beteiligung an einer betriebsführenden unbeschränkt steuerpflichtigen Beteiligungskörperschaft.
- Bei (noch) nicht bestehender Unternehmensgruppe erwirbt eine für eine Gruppenbildung geeignete Körperschaft eine gruppenfähige Beteiligung an einer betriebsführenden unbeschränkt steuerpflichtigen Beteiligungskörperschaft.

Die Firmenwertabschreibung ist auf inländische Beteiligungen, die nach dem 31.12.2004 angeschafft werden, beschränkt, denn nur hier kommt es zur (disquotalen) Vollintegration der steuerlichen Ergebnisse[399]. Ausgenommen sind neben dem Erwerb von Auslandsgruppengesellschaften außerdem innerkonzernliche Erwerbe unmittelbar oder mittelbar von einem gruppenzugehörigen Unternehmen („gruppeninterner Erwerb"), damit Beteiligungen nicht mit Abschreibungswirkung im Konzern hin- und hergeschoben werden

nach § 10 Abs. 3 öKStG für ausländische Beteiligungen in der Unternehmensgruppe nicht explizit ausgeschlossen, vgl. *Tissot*, SWK 2004, S 306, S 309. Kritisch zu den Auswirkungen des Teilwertabschreibungsverbotes *Kohlhauser*, SWK 2004, S 867 ff.

397 § 9 Abs. 7 S. 1 Fall 2 öKStG wurde neu eingefügt durch das AbgÄG 2004.

398 Daneben sind ab dem 1.1.2005 auch die Beteiligungsfinanzierungskosten steuerlich absetzbar, vgl. § 11 Abs. 1 Ziff. 4 öKStG; vgl. *Wiesner*, RWZ 2004, 33, 37 f. Ausführlich zur Firmenwertabschreibung: *Doralt*, RdW 2004, 248 ff.; *Mitterlehner*, SWK 2004, S 503 ff.; *Kohlhauser/Wette*, SWK 2004, S 604 ff.; *dies.*, IStR 2004, 857 ff.; *Urtz*, GeS aktuell 2004, 328 ff.

399 *Tissot*, SWK 2004, S 306, S 311 erblickt in dieser Ungleichbehandlung inländischer und EU-ausländischer Beteiligungen zu Recht einen Verstoß gegen die Niederlassungsfreiheit. Ebenfalls kritisch: *Mitterlehner*, SWK 2004, S 503, S 505; *Hirschler/Schindler*, IStR 2004, 505, 511.

können[400]. Ausgenommen sind ferner Beteiligungserwerbe unmittelbar oder mittelbar von einem einen beherrschenden Einfluss ausübenden Gesellschafter, auch wenn dieser ein nicht konzernzugehöriges Unternehmen ist (z.B. Gebietskörperschaft)[401].

Finanzwirtschaftlicher Zweck der Firmenwertabschreibung ist primär die steuerliche Gleichbehandlung von Asset-Deal und Share-Deal: Aus diesem Grund wird der Erwerb einer „betriebsführenden" (= operativen) Körperschaft vorausgesetzt, der im Rahmen der Gruppenbesteuerung wie der Erwerb eines Betriebes dieser Körperschaft angesehen wird[402]. Firmenwertabschreibungen auf Beteiligungen an vermögensverwaltenden Körperschaften sind somit ebenfalls ausgeschlossen.

Ab dem Zeitpunkt der Firmenzugehörigkeit der erworbenen Körperschaft zur Unternehmensgruppe ist eine Abschreibung des Goodwill beim unmittelbar beteiligten Gruppenmitglied bzw. Gruppenträger in folgender Weise vorzunehmen[403]:

Der Firmenwert ist die Differenz zwischen den steuerlich maßgebenden Anschaffungskosten und dem der Beteiligungsquote entsprechenden anteiligen handelsrechtlichen Eigenkapital der Zielgesellschaft zuzüglich stiller Reserven im nicht abnutzbaren Anlagevermögen[404]. Höchstbemessungsgrundlage der AfA sind jedoch die hälftigen Anschaffungskosten. Soweit von den Anschaffungskosten der Beteiligung steuerwirksam Teilwertabschreibungen vorgenommen wurden, ist der Firmenwert im ersten Jahr der Gruppenzugehörigkeit um den vollen Betrag der Teilwert-AfA, saldiert mit erfolgten Wertaufholungen, zu kürzen. Offene Teilbeträge der Teilwert-AfA sind unabhängig davon gemäß § 12 Abs. 3 Ziff. 2 öKStG („Siebentelregelung") weiter zu berücksichtigen. Der so ermittelte abzugsfähige Firmenwert ist linear auf 15 Jahre abzuschreiben. Falls die Gruppenbildung erst nach dem Anschaffungsjahr stattfindet, so sind nur diejenigen Fünfzehntel zu berück-

400 Vgl. Allgemeiner Teil der Erläuterungen zum Gesetzentwurf, abgedruckt in ÖStZ 2004, 85, 87.

401 Diese Ausnahme wurde durch das AbgÄG 2004 eingefügt.

402 Bisher war eine Firmenwertabschreibung lediglich beim Erwerb einer Betriebstätte (Asset-Deal) möglich. Kritisch zur Firmenwertabschreibung generell *Doralt*, RdW 2004, 248 ff.; *Stefaner/Weninger*, ecolex 2004, 508, 518.

403 Nach § 26c Ziff. 3 öKStG ist die Firmenwertabschreibung erstmals auf Beteiligungen anzuwenden, die nach dem 31.12.2004 angeschafft werden.

404 Zum Begriff: *Hofstätter/Plansky*, SWK 2004, S 359 ff. Gegen den Ansatz des handelsrechtlichen Eigenkapitals aus Gestaltungsvermeidungsgründen und für den Ansatz des Wertes des steuerlichen Betriebsvermögens *Gassner*, SWK 2004, S 347, S 353; *ders.*, FR 2004, 517, 519; *Mitterlehner*, SWK 2004, S 503, S. 505.

sichtigen, die auf die Zeit der Gruppenzugehörigkeit entfallen, da die Firmenwertabschreibung auf die Dauer der Zugehörigkeit der beteiligten Körperschaft und der Zugehörigkeit des Betriebs oder der Teilbetriebe der Beteiligungskörperschaft zur Unternehmensgruppe beschränkt ist[405]. Ein eher selten anzutreffender negativer Firmenwert (Anschaffungskosten < anteiliges Eigenkapital + stille Reserven) ist entsprechend gewinnerhöhend anzusetzen („Firmenwertzuschreibung“)[406]. Die steuerlich berücksichtigten Fünfzehntelbeträge vermindern oder erhöhen den steuerlich maßgeblichen Buchwert der Beteiligung, was sich auf die Höhe künftiger Veräußerungsgewinne bzw. -verluste auswirkt. Im Falle eines umgründungsbedingten Übergangs der Beteiligung innerhalb der Unternehmensgruppe gehen die noch nicht abgesetzten Fünfzehntelbeträge auf die aufnehmende Gesellschaft über[407].

d) Beendigung/Ausscheiden

Ein Ausscheiden aus der Gruppe kann jedes Mitglied gegenüber dem für den Antragsteller zuständigen Finanzamt erklären. Die Unternehmensgruppe besteht dann ohne die ausgeschiedene Gruppengesellschaft und jede mit ihr finanziell verbundene Gesellschaft weiter, sofern mehr als zwei Gesellschaften die Gruppe bilden. Erklärt jedoch der Gruppenträger selbst sein Ausscheiden aus der Unternehmensgruppe, so ist damit die Unternehmensgruppe ex nunc beendet.

Scheidet eine Körperschaft innerhalb der Mindestbestandsfrist von drei Jahren nach ihrem Beitritt aus der Gruppe aus, so sind insoweit im Wege der Veranlagung oder der Wiederaufnahme des Verfahrens jene steuerlich maßgebenden Verhältnisse herzustellen, die sich ohne Gruppenzugehörigkeit ergeben hätten. Ein Ausscheiden nach Ablauf der Mindestbestandsfrist führt zu keinen (rückwirkenden) steuerlichen Auswirkungen auf das Gruppenergebnis, mit Ausnahme der bei einer ausländischen Gruppengesellschaft möglicherweise eingreifenden Nachversteuerung oder dem Ende der Firmenwert-AfA für die an dem ausgeschiedenen Gruppenmitglied beteiligte Gruppengesellschaft. Während der Gruppenbesteuerung entstandene Verlustvorträge verbleiben beim Gruppenträger. Dies erklärt sich daraus, dass

---

405 Beispiel: Beteiligungserwerb im VZ 01, Gruppenzugehörigkeit im VZ 06. Firmenwertabschreibung nur iHv. 10/15 (je 1/15 ab VZ 06 bis zum VZ 15 bei Fortbestehen der Gruppenzugehörigkeit) möglich.

406 Kritik hieran *Bachl*, SWK 2004, S. S 989 ff.

407 „Objektbezogene Firmenwertabschreibung“, vgl. *Tissot*, SWK 2004, S 306, S 310; *Gierlinger/Müller*, SWK 2004, T 91, T 110.

für die auf den Gruppenträger transferierten laufenden Verluste bereits eine Ausgleichszahlung in Form der Steuerumlage an die Gruppengesellschaft erbracht wurde. Anders verhält es sich mit den restlichen Vorgruppenverlusten von Tochtergesellschaften, die bei diesen verbleiben.

VIII. Vereinigtes Königreich: „Group relief/Capital gains group"

1. Einleitung

Eine Veranlagung aufgrund einer gemeinsamen, konsolidierten Steuererklärung miteinander verbundener Unternehmen ist nach britischem Steuerrecht nicht vorgesehen, obgleich eine konsolidierte Bilanzierung gesellschaftsrechtlich zulässig und bei Konzernen sogar vorgeschrieben ist. Eine Definition des Konzernbegriffs findet sich daher auch nicht in den Steuergesetzen, sondern in Sec. 736 Companies Act 1985[408].

Konsequenterweise gilt für die Gewinnermittlung verbundener Unternehmen nicht die Einheitstheorie, sondern das Trennungsprinzip, so dass innerkonzernliche Lieferungs- und Leistungsbeziehungen nach dem Fremdvergleichsgrundsatz („dealing at arm's length principle") abzurechnen sind. Jedes Unternehmen innerhalb einer *tax group* oder eines *consortiums* wird einzeln zur Körperschaftsteuer veranlagt und herangezogen. Mithin erfolgt keine Zusammenrechnung aller Einkommen der Gruppengesellschaften zum Zwecke der Besteuerung.

Allerdings gibt es Sonderregelungen auf Ebene der einzelnen Gesellschaften, die konzernspezifische Steuererleichterungen, insbesondere die Möglichkeit des Verlusttransfers innerhalb der Gruppe, mit sich bringen. Der so genannte *group relief bzw. consortium relief*[409] nach Sec. 402, 403 ICTA

---

408 In der geänderten Fassung durch Sec. 21 Companies Act 1989.

409 Vgl. *Bater*, in: The Taxation of Companies in Europe, IBFD 2005, United Kingdom-141 ff.; *BDI/PWC*, Verlustberücksichtigung über Grenzen hinweg, 2006, S. 50 ff.; *Evans*, DFI 2003, 195 ff.; *Geiger*, IWB F. 5 Gr. 2, Großbritannien, S. 397 ff.; *Hickey*, European Taxation 2000, 466 ff.; *IBFD*, European Tax Handbook 2006, United Kingdom, S. 731 f.; Supplementary Service to European Taxation, *IBFD* 2005, Section A, United Kingdom-5 f.; *Müssener*, in: Mennel/Förster (Hrsg.), Steuern in Europa, Amerika und Asien, 2005, Großbritannien, Rn. 220 f.; *Nias/Purcell*, Tax Planning International Forum 9/2003, 44 ff.; *Nias/Sinclair*, Tax Management International Forum 9/2005, 42, 44 ff.; *Orth*, IStR Beihefter 9/2002, S. 13; *Richard*, Intertax 2003, 20, 32; *Rupal*, in: CDFI, IFA 2004 Vienna Congress, Vol. 89b, United Kingdom, S. 685, 688 ff.; *Sievert*, Konzernbesteuerung in Deutschland und Europa, Düsseldorf 2006, S. 219 ff.; *Sweeney*, in: CDFI, IFA 1998 London Congress, Vol. LXXXIIIa, United Kingdom, S. 815, 830 ff.

1988[410] erlaubt es einer Gesellschaft, von Verlusten und weiteren Ermäßigungen einer anderen Gesellschaft zu profitieren, wenn beide Gesellschaften derselben Gruppe angehören. Weiterhin wird durch die Regelungen der *capital gains group* die steuerneutrale Übertragung von Wirtschaftsgütern zwischen Konzerngesellschaften ermöglicht. Ziel der Regelungen ist es, die steuerliche Behandlung der verbundenen Unternehmen mit ihren vielfältigen Aktivitäten in ihren Gesellschaften in einzelnen Bereichen derjenigen Besteuerung anzunähern, die sich ergäbe, wenn die Aktivitäten in der Hand einer einzigen Gesellschaft gebündelt wären.

Seit dem 1.4.2006 können in begrenztem Maße auch Verluste von Tochtergesellschaften, die im EWR[411] ansässig sind, im Rahmen des group relief berücksichtigt werden.

2. Subjektive Voraussetzungen

Group relief nach Sec. 402 ff. ICTA 1988 berechtigt die im Vereinigten Königreich ansässigen und körperschaftsteuerpflichtigen[412] bzw. im Inland über eine Betriebstätte unternehmerisch tätigen Gesellschaften[413] einer Gruppe dazu, den Periodenverlust auf andere Gesellschaften derselben Gruppe zu übertragen.

In Reaktion auf das EuGH-Urteil in der britischen Rechtssache „Marks & Spencer"[414] wurde seit dem 1.4.2006 (Steuerjahr 2006/07) der Kreis der Gruppenmitglieder, die unter bestimmten Voraussetzungen einen Verlust auf eine inländische Muttergesellschaft oder eine von dieser gehaltenen inländischen Schwestergesellschaft übertragen können, auf unmittelbar oder mittelbar gehaltene Tochtergesellschaften mit steuerlicher Ansässigkeit im

410 Income and Corporation Taxes Act 1988 (Körperschaftsteuergesetz des Vereinigten Königreichs).

411 Der Europäische Wirtschaftsraum (EWR) umfasst die Staaten der EU und darüber hinaus Island, Liechtenstein und Norwegen.

412 Sec. 413 Abs. 2 ICTA 1988 begrenzt auf „body corporate", v.a. die public company limited by shares (plc ≈ AG) sowie die private company limited by shares (Ltd. ≈ GmbH). Nicht erfasst sind somit Personengesellschaften oder natürliche Personen.

413 Sec. 402 Abs. 2 ICTA 1988. Der Terminus „Betriebstätte" wurde erst zum 1.1.2003 zum Zwecke der Anpassung an Art. 5 OECD-MA eingeführt und ersetzte die in ihrem Anwendungsbereich beschränkten Begriffe „Zweigniederlassung oder Agentur". Eine Definition findet sich in Sec. 832 ICTA 1988 iVm. Sec. 148 Finance Act 2003.

414 EuGH v. 13.12.2005, Rs. C-446/03, *Marks & Spencer plc*, Slg. 2005, I-10837; hierzu ausführlich nachstehend im 2. Teil, II.2.

EWR ausgedehnt[415]. Gleiches gilt für Verluste von EWR-Betriebstätten von drittstaatsansässigen Tochtergesellschaften.

Die inländische Ansässigkeit der Körperschaft (etwa der Muttergesellschaft) setzt entweder die Gründung der Gesellschaft innerhalb des Vereinigten Königreichs[416] (Gründungstheorie) oder ein inländisches *„central management and control"*[417], d.h. den Ort, an dem die Geschäftsleitung ihre Meetings abhält oder eine inländische Handelsregistereintragung voraus. Die unbeschränkte Körperschaftsteuerpflicht folgt aus Sec. 6, 8 Abs. 1 und 11 Abs. 1 (e contrario) ICTA 1988, die beschränkte Steuerpflicht aufgrund einer Betriebstätte aus Sec. 11 Abs. 1 ICTA 1988. Gewisse doppelt ansässige Gesellschaften sind vom Anwendungsbereich der Regelungen ausgenommen[418].

Die Einkunftserzielung im Wege einer inländischen Zweigniederlassung oder Agentur (seit 1.1.2003: Betriebstätte) wurde mit dem Finance Act 2000 als Reaktion auf die Entscheidung des EuGH im Fall „ICI"[419] über Regelungen des UK consortium relief als weitere Alternativvoraussetzung eingeführt, womit der group relief nun auch internationalen Konzernen offen steht.

Die Steuervergünstigung sollte ursprünglich nur dem inländischen Teil eines internationalen Konzerns (Teilkonzern) gewährt werden, unabhängig davon, ob die britische Muttergesellschaft ihrerseits von Auslandsgesellschaftern beherrscht wird. Gleiches gilt, wenn die Muttergesellschaft der inländischen Gruppengesellschaften ganz im Ausland ansässig ist, so dass auch UK Schwestergesellschaften in den Genuss der Spezialregelungen kommen können. Die Regeln für die Besteuerung als Gruppe oder Konsortium gelten selbst dann noch für die britischen Mitgliedsgesellschaften einer solchen

---

415 Sec. 402 Abs. 2A, 2B ICTA 1988 idF. des Finance Act 2006; vgl. *Sedlaczek*, IWB F. 5 Gr. 2, Großbritannien, S. 431, 434; *Alberts*, IWB F. 5 Gr. 2, Großbritannien, S. 437, 444.

416 Ansässigkeitsfiktion nach Sec. 66 Finance Act 1988. Beachte aber Sec. 249 Finance Act 1994: Falls ein DBA die Ansässigkeit dem Ausland zuweist, wird die Gesellschaft als nicht ansässig behandelt; vgl. *Lehner*, in: Vogel/Lehner (Hrsg.), DBA, 4. Aufl. 2003, Art. 4 Rn. 11.

417 Dies ist terminologisch ein Unterschied zur tie-breaker-rule der DBA in Entsprechung zu Art. 4 Abs. 3 OECD-MA, da es dort „place of effective management" heißt.

418 Sec. 404 ICTA 1988 eröffnet nur der sog. „dual resident trading company", nicht aber der „dual resident investing company" die Möglichkeit des group relief, vgl. *Grotherr*, StuW 1996, 356, 364.

419 EuGH v. 16.7.1998, Rs. C-264/96, *ICI*, Slg. 1998, I-4695, vgl. *Hickey*, European Taxation 2000, 466, 467.

Konstruktion, wenn einzelne Tochtergesellschaften in einem anderen Staat ansässig sein sollten[420].

Die subjektiven Voraussetzungen muss jede Gesellschaft der Gruppe erfüllen. Bis zur besagten Änderung zum 1.4.2006 besaßen Auslandsgesellschaften grundsätzlich keine Gruppenfähigkeit und damit keine Möglichkeit der Inanspruchnahme des group relief. Eine scheinbare Ausnahme bestand nach Sec. 403D Abs. 1 ICTA, wenn das Einkommen einer gebietsfremden Gesellschaft in die Berechnung der steuerbaren Gewinne für Zwecke der inländischen Besteuerung eingebracht wurde. Diese Ausnahme dürfte sich jedoch nur auf inländische Betriebstättengewinne des nicht ansässigen Unternehmens beschränkt haben.

3. Formelle Voraussetzungen

Der group relief regelt die auf ein Wirtschaftsjahr bezogene Übertragung des Verlustes unter den Gruppengesellschaften. Dazu muss das gewinnerzielende Unternehmen (*claimant company*) einen Antrag in seiner Steuererklärung stellen, das verlustübertragende Unternehmen (*surrendering company*) muss demgegenüber seine bedingungslose Zustimmung schriftlich den Steuerbehörden mitteilen[421]. Im Falle des Konsortiums ist eine Zustimmung aller Konsortiumsmitglieder erforderlich. Die Gruppengesellschaften müssen nicht notwenig denselben Gewinnermittlungszeitraum aufweisen, obwohl dies natürlich vieles vereinfacht. Es ist ausreichend, wenn die Voraussetzungen der Gruppenzugehörigkeit beispielsweise nur im Wirtschaftsjahr des Verlustausgleichs vorliegen. Sie müssen also nicht unbedingt noch Mitglieder derselben Gruppe oder desselben Konsortiums sein, wenn der innerhalb von zwei Jahren nach Ablauf des relevanten Veranlagungszeitraums bzw.

420 Mit dem Finance Act 2000 wurde das Urteil des EuGH v. 16.7.1998, Rs. C-264/96, *ICI*, Slg. 1998, I-4695, das nur bei EU-Tochtergesellschaften Europarechtskonformität verlangte (Rn. 30, 32), darüber hinaus auf sämtliche Drittstaatsfälle ausgedehnt. Vgl. *Corben*, EC Tax Journal 1998, 29, 33; *Hickey*, European Taxation 2000, 466, 467; *Watrin/Sievert/Strohm*, FR 2004, 1, 6; *Bater*, in: The Taxation of Companies in Europe, IBFD 2005, United Kingdom-141.

421 Zum Antragserfordernis im Detail: Sec. 412 Abs. 1 ICTA 1988 u. Part VIII of Schedule 18 Finance Act 1998, vgl. *Sweeney*, in: CDFI, IFA 1998 London Congress, Vol. LXXXIIIa, United Kingdom, S. 815, 836 f.; *Rupal*, in: CDFI, IFA 2004 Vienna Congress, Vol. 89b, United Kingdom, S. 685, 688 Fn. 13.

noch vor Eintritt der Bestandskraft des entsprechenden Steuerbescheids zu stellende Antrag auf group relief gestellt wird[422].

4. Materielle Voraussetzungen

Die Mindestbeteiligungsquote für eine *group* liegt bei 75% unmittelbarem oder mittelbarem Anteilsbesitz der Muttergesellschaft am Nennkapital der inländischen Töchter. Es existiert kein Additionsverbot[423]. Zwei (oder mehr) Gesellschaften werden als Gruppe angesehen, wenn entweder die eine an der anderen zu 75% beteiligt ist oder wenn beide 75%-Tochtergesellschaften einer dritten Gesellschaft sind[424]. Letzteres ermöglicht die Gruppe zwischen Schwestergesellschaften. Bei einer geringeren Beteiligung (ab 51%) werden lediglich spezielle Steuerzahlungsmodalitäten, nicht aber die Verlustverrechnung des group relief gewährt[425]. Eine Mindestbeteiligungsdauer ist nicht vorgesehen.

Gleiches gilt, soweit sich das Kapital einer inländischen Gesellschaft (Handelsgesellschaft oder Holding) im Besitz eines *Konsortiums* befindet, das aus mindestens zwei und höchstens zwanzig gebietsansässigen Mitgliedern besteht, von denen jedes einen Mindestanteil von 5% an der Gesellschaft besitzt und alle zusammen mindestens eine Dreiviertelmehrheit (75%) an ihr halten[426]. Eine Holdinggesellschaft in der Hand eines Konsortiums qualifiziert sich wiederum nur dann für den consortium relief, wenn sie zu mindestens 90% am Kapital von gewerblich tätigen Tochtergesellschaften beteiligt ist[427]. Dabei spielt es seit der Entscheidung des EuGH im Fall „ICI“ keine Rolle mehr, ob die gehaltenen und nicht in die Vergünstigung einbezogenen Gesellschaften im Inland oder in anderen EU-Staaten ansässig sind[428]. Konsortien ist lediglich die Verlustverrechnung erlaubt. Ein Konsortiumsmit-

422 Dies bringt den großen Vorteil, dass der Antrag nicht schon im Voraus gestellt werden muss, sondern eine Steuergestaltung in der Gruppe noch nach Erhalt der einzelnen Steuerbescheide möglich ist.

423 Sec. 413 Abs. 4 iVm. Sec. 838 Abs. 10 ICTA 1988.

424 Sec. 413 Abs. 3 (a) ICTA 1988.

425 Vgl. beispielsweise Sec. 190 TCGA (Taxation of Chargeable Gains Act) 1992 „recovery of unpaid tax“; vgl. *IBFD*, European Tax Handbook 2006, S. 731; *Hickey*, European Taxation 2000, 466, 470, 472.

426 Ein Konsortium ist vom Grundgedanken her mit der früheren deutschen „Mehrmütterorganschaft“ nach § 14 Abs. 2 KStG a.F. vergleichbar.

427 Sec. 402 Abs. 3 iVm. 413 Abs. 3 (b) ICTA 1988.

428 EuGH v. 16.7.1998, Rs. C-264/96, *ICI*, Slg. 1998, I-4695 Rn. 30. Darüber hinaus werden aber auch Drittstaatsfälle erfasst, vgl. Fn. 420.

glied, dessen Geschäft im Handel von Beteiligungen liegt, kommt nicht in den Genuss des consortium relief.

Es wird weder eine wirtschaftliche Eingliederung noch gewerbliche Betätigung der verbundenen Unternehmen gefordert. Gleichwohl soll die rechtliche Eingliederung nach dem „substance-over-form"-Grundsatz die effektive wirtschaftliche Beteiligung widerspiegeln. In gewissen Konstellationen kann der group relief verweigert werden, wenn Stimm- und Vermögensrechte im Hinblick auf eine Gruppengesellschaft auseinander fallen. Daher ist zusätzlich zum erwähnten 75% (group relief) bzw. 90% (consortium relief) Beteiligungserfordernis für jede Gruppengesellschaft (v.a. Enkelgesellschaften) notwendig, dass sie effektiv eine 75%ige bzw. 90%ige Tochtergesellschaft der Konzernobergesellschaft bzw. Holding darstellt. Letzteres ist dann der Fall, wenn der Obergesellschaft bzw. Holding ein Recht auf mehr als 75% bzw. 90% der auszuschüttenden Gewinne sowie der in einer Liquidation der Tochtergesellschaft zu verteilenden Aktiva zusteht[429]. Ferner bedarf es noch einer gewissen organisatorischen Eingliederung (*stability test*), d.h. die Muttergesellschaft muss ein Mindestmaß an Stimmrechten der Tochtergesellschaft besitzen, die ihr die Kontrolle der Tochtergesellschaft ermöglichen[430].

5. Rechtsfolgen

a) Konzernabzug (group relief)

i) Allgemeines

Jede Gruppengesellschaft macht ihre eigene Steuererklärung und zahlt ihre eigenen Steuern[431] – es gibt also keine konsolidierte Steuererklärung. Group relief nach Sec. 402 Abs. 1, 2 und 403 ICTA 1988 berechtigt lediglich dazu, den Periodenverlust im Nachhinein auf andere Unternehmen derselben Gruppe zu übertragen, die diesen bei der Ermittlung ihres jeweiligen Ge-

429 Sec. 413 Abs. 7 ICTA 1988; ausführlich dazu: *Rupal*, in: CDFI, IFA 2004 Vienna Congress, Vol. 89b, United Kingdom, S. 685, 688 ff.

430 Dies wird aus Sec. 410 ICTA 1988 abgeleitet, vgl. *Rupal*, in: CDFI, IFA 2004 Vienna Congress, Vol. 89b, United Kingdom, S. 685, 692.

431 Der Standard-Körperschaftsteuersatz beträgt derzeit 30% (geplant ist eine Absenkung auf 28% ab dem 1.4.2008). Folgende Staffelung besteht für das zum 1.4.2007 beginnende Steuerjahr 2007/08: 20% (im Steuerjahr 2006/07 noch 19%) für Einkommen bis zu £300.000; Marginal Relief ab £300.001 - £1.500.000 sowie der Standardsatz von 30% ab £1.500.001. Der untere Marginal Relief von 0% für Einkommen bis £10.000 wurde bereits zum 1.4.2006 mit Wirkung für das Steuerjahr 2006/07 aufgehoben.

samteinkommens (*total income*) wie eine Betriebsausgabe (*deduction*) abziehen. Die Gruppenbesteuerung macht also eine Verlustübertragung zwischen sämtlichen inländischen Gesellschaften derselben Gruppe, auch unter Aufteilung der Verluste, möglich. Verluste können damit z.B. vertikal in beide Richtungen (upstream, downstream) und auch horizontal (sidestream) verrechnet werden[432]. Während bei einer Mutter-Tochter-Gruppe die Gewinne und Verluste voll (disquotal) verrechnet werden können, erhält ein Mitglied eines Konsortiums nur einen seiner Beteiligungsquote entsprechenden Anteil am Betriebsergebnis zugewiesen[433]. Auch eine Kombination von group relief und consortium relief ist möglich[434]. In solch einem Fall kann ein Mitglied eines Konsortiums die Verluste des Konsortiums auf eine mit ihm zur Gruppe verbundenen Gesellschaft übertragen, Sec. 406 Abs. 2 ICTA 1988.

Hinsichtlich der Art der Verluste gibt es praktisch keine Beschränkungen, lediglich Veräußerungsverluste sind nicht erfasst, vgl. Sec. 403 ICTA 1988. Für die Reihenfolge der Verlustnutzung gilt Folgendes: Ein Gruppenunternehmen kann sich dafür entscheiden, seine geschäftlichen Verluste auf andere Gruppenmitglieder zu übertragen und die eigenen Geschäftsgewinne lediglich um Betriebsausgaben zu kürzen. Die den group relief beantragende Gesellschaft muss erst ihre eigenen möglichen Abzüge in Ansatz bringen. Erst dann kann der Fremdverlust genutzt werden, jedoch noch vor eigenen Verlustrückträgen[435]. Der zu übertragende Verlustbetrag ermittelt sich aus der kleineren der beiden Größen: des ungenutzten Verlustes der übertragenden und des noch nicht ausgeglichenen Gewinns der den group relief beantragenden Gesellschaft. Falls die Verluste größer sind, kann der nicht ausgeglichene Restverlust entweder auf andere Gruppengesellschaften verteilt oder regulär vorgetragen werden. Die auszugleichenden Gewinne und Verluste müssen dabei demselben Wirtschaftsjahr entstammen. Anpassungen werden folglich für sich nur teilweise überlappende Steuerjahre nötig. Bei einem unterjährigen Ausscheiden einer Gesellschaft aus der Gruppe oder beim unterjährigen Eintritt einer Gesellschaft in die Gruppe, können die Verluste

432 Sec. 402 Abs. 1, 2, 5 ICTA 1988, vgl. *Watrin/Sievert/Strohm*, FR 2004, 1, 6.

433 *Richard*, Intertax 2003, 20, 32: Sind die group relief-Regelungen anwendbar, so können 100% der Verluste auf eine Gesellschaft übertragen werden, die die 75% Beteiligung erfüllt. Möglich ist weiterhin, die Verluste zum Teil auf eine Gruppengesellschaft und zum anderen Teil auf eine Konsortiumsgesellschaft zu übertragen.

434 Sec. 405 ICTA 1988, vgl. *Sweeney*, in: CDFI, IFA 1998 London Congress, Vol. LXXXIIIa, United Kingdom, S. 815, 833; *Bater*, in: The Taxation of Companies in Europe, IBFD 2005, United Kingdom-142.

435 Sec. 407 Abs. 1 ICTA 1988, vgl. *Sweeney*, in: CDFI, IFA 1998 London Congress, Vol. LXXXIIIa, United Kingdom, S. 815, 838.

dieser Gesellschaft ebenfalls nur pro-rata-temporis mit Gruppengewinnen verrechnet werden[436]. Verluste, die vor dem Beitritt zur Gruppe entstanden, können jedoch nicht in der Gruppe, sondern nur bei dieser Gesellschaft selbst im Wege des Verlustvortrags genutzt werden.

Spezielle Missbrauchsbestimmungen sollen unangemessene Verlustakquisitionen bekämpfen[437]. Zur Vermeidung doppelter Verlustberücksichtigung (double dip) verliert die verlustübertragende Gesellschaft ihren Verlustvortrag in Höhe des übertragenen Verlusts. Die übernehmende Gesellschaft kann den Verlust nur mit Gewinnen derselben Periode verrechnen. Eine Übertragung von Veräußerungsverlusten ist ausgeschlossen, da korrespondierend zur Veräußerungsgewinnfreistellung auch kein Veräußerungsverlustabzug mehr zugelassen wird[438]. Zahlungen für den Verlusterhalt bzw. die Verlustübertragung sind freiwillig und erfolgen, soweit die Zahlungen den übertragenen Verlustbetrag nicht übersteigen, steuerneutral. Diese Werttransfers sind also weder steuerbares Einkommen der übertragenden noch steuermindernde Ausgaben der übernehmenden Gesellschaft, was Gestaltungspotential im Bereich der Konzernfinanzierung eröffnet[439].

Gruppeninterne Dividendenausschüttungen unterliegen weder einer Quellensteuer auf Ebene der ausschüttenden Gesellschaft noch einer Besteuerung auf Ebene des Gesellschafters.

Eine Gesellschaft unterfällt automatisch dann nicht mehr dem group relief-Regime, wenn die Zugangsvoraussetzungen nicht mehr vorliegen. Die während der Gruppenzeit entstandenen Verlustvorträge der ausscheidenden Gesellschaft verbleiben bei dieser Gesellschaft, fallen also nicht an die Gruppe. Ferner erfolgt keine Nachversteuerung bei Ausscheiden der verlustübernehmenden Gesellschaft aus der Gruppe. Ein Verbot der späteren erneuten Inanspruchnahme des group relief bei Erfüllen der oben erwähnten Voraussetzungen besteht für die ausgeschiedene Gesellschaft nicht.

---

436 *Richard*, Intertax 2003, 20, 32; *Endres*, in: Herzig (Hrsg.), Organschaft, 2003, S. 461, 467.

437 Vgl. hierzu *Rupal*, in: CDFI, IFA 2004 Vienna Congress, Vol. 89b, United Kingdom, S. 685, 693 f.

438 *Kessler/Dorfmüller*, IStR 2003, 228, 228. Dies gilt nur, wenn ein etwaiger Veräußerungsgewinn steuerbefreit gewesen wäre. Ansonsten ist an die Bildung einer „capital gains group" zu denken, dazu nachstehend b).

439 Sec. 402 Abs. 6 ICTA 1988; vgl. *Sweeney*, in: CDFI, IFA 1998 London Congress, Vol. LXXXIIIa, United Kingdom, S. 815, 832; *Grotherr*, StuW 1996, 356, 369.

ii) Grenzüberschreitende Sachverhalte

Da zur Bestimmung der Ansässigkeit nur auf den Ort des „central management and control“ (Geschäftsleitungsort) abgestellt wird, fallen grundsätzlich auch doppelt ansässige Gesellschaften (*dual resident companies*) in den Anwendungsbereich des group relief[440]. Zu beachten sind hier jedoch zum einen gewisse Restriktionen, die eine Verlustübertragung doppelt ansässiger Finanzierungsgesellschaften (*dual resident investing companies*) ausschließen[441]. Zum anderen bleibt es in diesen Fällen bei einer Beschränkung des group relief auf inländisches Steuersubstrat.

Auf inländische *Betriebstätten* ausländischer Unternehmen sowie ausländische Betriebstätten inländischer Unternehmen ist der group relief unter gewissen Voraussetzungen anwendbar: Eine gebietsansässige Betriebstätte eines ausländischen Unternehmens kann eine Verrechnung der Verluste anderer UK Gruppengesellschaften verlangen und kann sogar eigene Verluste als group relief übertragen, wenn diese der Betriebstätte zurechenbar sind und keine Berücksichtigung im ausländischen Stammhausstaat (Verrechnung mit nicht im UK steuerpflichtigen Gewinn) finden[442]. Eine britische Gesellschaft ist in ähnlicher Weise in der Lage, die Verluste ihrer ausländischen Betriebstätte zu verrechnen, vorausgesetzt, dass diese Verluste keine Berücksichtigung im anderen Staat finden[443]. Somit existiert eine „dual consolidated loss rule“ zur Verhinderung des Missbrauchs einer etwaigen doppelten Verlustverwertung im In- und Ausland.

---

440 Nach Sec. 249 Finance Act 1994 werden jedoch doppelt ansässige Gesellschaften, die wegen einer tie-breaker-rule eines DBA als nicht im UK ansässig angesehen werden, also v.a. mit Sitz im UK und Geschäftsleitung im Ausland, auch für Zwecke des nationalen Steuerrechts (group relief) als nicht ansässig angesehen.

441 Vgl. Sec. 404 ICTA 1988. Nur wenn Sec. 249 Finance Act 1994 (Fn. 440) keine Anwendung findet, gelangt man zu diesen Regelungen. Vgl. auch *Grotherr*, StuW 1996, 356, 364; *Mc Gowan*, TNI, 8.3.2004, S. 903 ff. zu den Restriktionen bei dual consolidated losses.

442 Sec. 403D ICTA 1988. Vgl. *Rupal*, in: CDFI, IFA 2004 Vienna Congress, Vol. 89b, United Kingdom, S. 685, 702 f.; *Bater*, in: The Taxation of Companies in Europe, IBFD 2005, United Kingdom-141; *Hickey*, European Taxation 2000, 466, 467. Interessant ist hier, dass mit Sec. 403D Abs. 6 ICTA 1988 eine „mirror rule“ existiert, die ausländisches Recht insoweit für unbeachtlich erklärt, als es für einen Steuerabzug auf die Frage abstellt, ob eine Verlustnutzung im UK stattfindet.

443 Sec. 403E ICTA 1988. Auch insoweit findet sich eine „mirror rule“ in Sec. 403E Abs. 8 ICTA 1988.

iii) Grenzüberschreitende Verlustverrechnung

Seit dem 1.4.2000 ist es für die Anwendung des group relief unschädlich, wenn sich Gruppen und Konsortien auch an *Auslandsgesellschaften* beteiligen[444]. Allerdings änderte dies nichts an der damals noch fehlenden Einbeziehung der im Ausland ansässigen Tochterunternehmen, sofern diese nicht im Vereinigten Königreich mit einer Betriebstätte steuerpflichtig waren. Eine Einbeziehung von Verlusten von Auslandstochtergesellschaften war nämlich bis zum 1.4.2006 im Rahmen des group relief ausgeschlossen, da dieser ausschließlich auf ansässige und unbeschränkt körperschaftsteuerpflichtige Konzerngesellschaften bzw. gebietsfremde Gesellschaften mit einer UK-Betriebstätte limitiert war. Der EuGH erblickte darin eine partielle Europarechtswidrigkeit[445], weshalb der britische Gesetzgeber im Finance Act 2006 reagierte[446]: Künftig können im EWR ansässige Tochtergesellschaften oder Betriebstätten von im EWR oder Drittstaat ansässigen Gruppengesellschaften einen endgültig gewordenen Verlust auf die in Großbritannien ansässige Muttergesellschaft oder auf die von dieser gehaltenen Gruppenschwestergesellschaft (upstream oder sidestream) übertragen. In Umsetzung der EuGH-Entscheidung ist Voraussetzung dieser Auslandsverlustübertragung, dass im Ansässigkeitsstaat der Tochtergesellschaft alle Möglichkeiten der dortigen Verlustnutzung ausgeschöpft wurden und ein Abzug der Verluste auch in Zukunft in keinem anderen Staat möglich ist (*equivalence, EEA tax loss, qualifying loss and precedence conditions*). Hierzu ist die verlustübernehmende britische Gesellschaft nachweispflichtig. Die ausländischen Verluste sind nach britischem Steuerrecht neu zu ermitteln[447]. Spezielle Regelungen bestehen des Weiteren für die Verlustnutzung bei Zwischenschaltung einer Auslandsgesellschaft.

Darüber hinaus wurde bereits mit Rückwirkung zum 20.2.2006 eine Missbrauchsvermeidungsvorschrift implementiert[448]. Diese soll die Auslandsverlustberücksichtigung in denjenigen Situationen ausschließen, in denen Steuergestaltungen betrieben wurden, die entweder dazu führen, dass der entsprechende Verlust erstmals für den group relief qualifiziert bzw. überhaupt

444 Finance Act 2000, vgl. *Hickey*, European Taxation 2000, 466 ff.; *Watrin/Sievert/Strohm*, FR 2004, 1, 6; *Rupal*, in: CDFI, IFA 2004 Vienna Congress, Vol. 89b, United Kingdom, S. 685, 701.

445 EuGH v. 13.12.2006, Rs. C-446/03, *Marks & Spencer plc*, Slg. 2005, I-10837; hierzu ausführlich nachstehend im 2. Teil, II.2.

446 Vgl. Finance Act 2006 Chapter 2 und Schedule 1 mit den entsprechenden Änderungen der Sec. 402 ff. ICTA.

447 Sec. 403F ICTA 1988 iVm. Schedule 18A Finance Act 2006.

448 Sec. 403G ICTA 1988; vgl. *Alberts*, IWB F. 5 Gr. 2, Großbritannien, S. 437, 444.

erst entsteht. Dies ist beispielsweise der Fall bei Gestaltungen, die zur Unmöglichkeit der andernfalls möglichen Verlustverwertung im Ansässigkeitsstaat der Auslandstochter führen oder die ohne wirtschaftlichen Grund zu einem Liquidationsverlust der Auslandstochter führen. Ferner muss Hauptgrund oder einer der wesentlichen Gründe der steuerlichen Gestaltung die Ausnutzung des group relief darstellen.

Die Minimalumsetzung der EuGH-Entscheidung im Fall „Marks & Spencer“ lässt die Frage unbeantwortet, ob letztlich die Erweiterung des group relief europarechtlich nicht auch im downstream-Fall geboten ist, d.h. für die Verlustübertragung einer EWR-Muttergesellschaft auf die britische Tochtergesellschaft[449].

b) Transfers within a group & roll-over relief

Innerkonzernliche Transaktionen müssen auch im Steuerrecht des Vereinigten Königreichs grundsätzlich zu dem per Fremdvergleich („dealing at arm's length principle“) ermittelten Verkehrswert erfolgen. Eine Ausnahme hiervon erlaubt die so genannte *capital gains group* nach Sec. 171 TCGA 1992[450]: Übertragungen von Wirtschaftsgütern des Anlagevermögens zwischen Gruppenmitgliedern lösen keine Besteuerung stiller Reserven aus, wenn die Wirtschaftsgüter weiterhin im UK steuerverstrickt bleiben[451]. Somit sind auch Transfers ins Betriebsvermögen einer an der Gruppe teilnehmenden UK Betriebstätte einer ausländischen Gesellschaft begünstigt[452].

449 Zu diesen und weiteren Fragen, zB. Mit Drittstaatsbezügen, ist bereits eine Sammelklage anhängig, vgl. zum bisherigen Verfahren: High Court of Justice, Chancery Division, Az.: HC02C03865 & others, *The Claimants under the Loss Relief Group Litigation Order v. Commissioners of Inland Revenue*, 3.3.2004, [2004] EWHC 358 (Ch)=[2004] STC 594; hierzu *Whitehouse/Foster*, The Tax Journal, 15.3.2004, S. 7, 7; *Craig/Rainer/Röls/Thömmes/Tomsett/van den Hurk*, TNI 15.3.2004, S. 947 f. sowie Court of Appeal, Civil Division, *Autologic Holdings plc & Others (Test Claimants in the Loss Relief Group Litigation Order)*Re Loss Relief Group Litigation*, 28.5.2004, [2004] EWCA Civ 680=[2004] All ER (D) 456 (May); hierzu *Whitehouse/Foster*, The Tax Journal, 28.6.2004, S. 8 ff.

450 Taxation of Chargeable Gains Act 1992 (Gesetz zur Besteuerung von Veräußerungsgewinnen).

451 Vgl. *Rupal*, in: CDFI, IFA 2004 Vienna Congress, Vol. 89b, United Kingdom, S. 685, 694 ff., 705; *IBFD*, European Tax Handbook 2006, S. 732; *Endres*, in: Herzig (Hrsg.), Organschaft, 2003, S. 461, 467; *Geiger*, IWB F. 5 Gr. 2, Großbritannien, S. 397, 399 f.; *Hickey*, European Taxation 2000, 466, 469; *Watrin/Sievert/Strohm*, FR 2004, 1, 6.

452 Sec. 172 TCGA 1992.

Der Übergang erfolgt steuerneutral auf einer „no gain, no loss" Basis, was Restrukturierungen im Konzern erleichtert. Übertragungen von Wirtschaftsgütern des Umlaufvermögens (trading assets) sind aus Praktikabilitätserwägungen nicht erfasst und führen somit grundsätzlich zu einer Erfolgsrealisierung.

Eine Antragstellung ist nicht erforderlich, die Vergünstigung greift ex lege ein. Zusätzlich zum erwähnten 75% Beteiligungserfordernis ist es für jede Gruppengesellschaft (vor allem Enkelgesellschaften) notwendig, dass sie effektiv eine mindestens 51%ige Tochtergesellschaft der Konzernobergesellschaft darstellt[453]. Dies ist dann der Fall, wenn der Obergesellschaft ein Recht auf mehr als 50% der auszuschüttenden Gewinne sowie der in einer Liquidation der Tochter zu verteilenden Aktiva zusteht. Die Konzernspitze darf nicht ihrerseits eine 75%ige Tochtergesellschaft eines anderen Unternehmens sein[454].

Entsprechend der Regelung beim group relief sind Veräußerungsgewinne, die vor dem Beitritt zur Gruppe erzielt wurden, von der Vergünstigung ausgeschlossen. Der Erwerber übernimmt das Wirtschaftsgut zu den Buchwerten des übertragenden Unternehmens (*Buchwertfortführung*). Besteuert werden die stillen Reserven erst im Zeitpunkt der Erbringung von Leistungen außerhalb der Gruppe, also bei Veräußerung der Wirtschaftsgüter an konzernfremde Dritte.

Um Missbräuchen vorzubeugen, kommt es zu einer Nachbelastung eines etwaigen Veräußerungsgewinns eines Transfers beim Ausscheiden der übernehmenden Gesellschaft bis zu einem Zeitraum von sechs Jahren nach dem steuerneutralen Erhalt des Wirtschaftsguts, so genannte *de-grouping charge*[455]. Der Veräußerungsgewinn wird unter Berücksichtigung des Marktwerts des Wirtschaftsguts zum damaligen Zeitpunkt der gruppeninternen Übertragung ermittelt. Der Gewinn wird dem ausscheidenden Unternehmen, nach Wahl aber auch einem in der Gruppe verbleibenden Unternehmen, zugerechnet.

Erhebliche Bedeutung erfährt die de-grouping charge somit im Rahmen eines Unternehmenskaufs, bei dem die Gesellschaft, die in der Vergangenheit Wirtschaftsgüter zum Buchwert übernommen hatte, durch mittelbaren oder unmittelbaren Anteilserwerb aus der capital gains group ausscheidet. Aus der Sicht der Beratungspraxis ist zu beachten, dass die steuerliche Nachbe-

453 Sec. 170 Abs. 3, 7 TCGA 1992; vgl. dazu *Rupal*, in: CDFI, IFA 2004 Vienna Congress, Vol. 89b, United Kingdom, S. 685, 695.

454 Sec. 170 Abs. 4 TCGA 1992; vgl. *Watrin/Sievert/Strohm*, FR 2004, 1, 6.

455 Sec. 179 TCGA 1992.

lastung grundsätzlich diese mittelbare oder unmittelbare Zielgesellschaft und damit die Erwerbergruppe trifft. Soweit die Nachbesteuerung nicht im Wege der Sec. 179A-election auf eine in der Veräußergruppe verbleibende Gesellschaft übertragen wird oder die nachfolgend beschriebene Ausnahme eingreift, sollte sich der Käufer daher einen Ausgleichs- bzw. Freistellungsanspruch (*tax indemnity*) für diese steuerliche Mehrbelastung im Unternehmenskaufvertrag einräumen lassen. Die Nachbelastung kann vermieden werden, wenn das übertragende und das übernehmende Unternehmen gemeinsam aus der Gruppe ausscheiden und anschließend verbunden bleiben[456]. Voraussetzung ist jedoch, dass sich die Gruppenstruktur hinsichtlich der beiden Gesellschaften in der Zeit zwischen der steuerneutralen Übertragung des Wirtschaftsguts und dem Ausscheiden beider Gesellschaften aus der Gruppe nicht verändert hat.

Etwaige Veräußerungsverluste sind nur gegen Veräußerungsgewinne ausgleichbar und auch nicht in der Gruppe nutzbar. Beim Verkauf eines Wirtschaftsguts an Dritte kann die übertragende Gesellschaft jedoch seit April 2000 dazu optieren, dass der Verkauf als von einer anderen Gruppengesellschaft (insbesondere einer mit Veräußerungsverlusten) ausgeführt gilt[457]. Das Wahlrecht gilt auch hinsichtlich der nachversteuerungspflichtigen degrouping charge[458] oder um Verluste einer in die Gruppe einbezogenen UK Betriebstätte einer ausländischen Gesellschaft zu nutzen. Der erforderliche Antrag ist innerhalb von zwei Jahren nach Ablauf des Wirtschaftsjahres, in dem die die Nachversteuerung auslösende Transaktion stattfand, auszuüben.

Der bei einer Veräußerung von bestimmten Gegenständen des Betriebsvermögens anfallende und nicht steuerbefreite Gewinn kann auf bestimmte Reinvestitionsgüter übergewälzt werden (*roll-over*, vergleichbar § 6b EStG), Sec. 152 ff. TCGA 1992. Der Veräußerungsgewinn einer Gruppengesellschaft kann auch zum Zwecke des *roll-over relief* bei einer Reinvestition einer anderen Gruppengesellschaft genutzt werden[459].

---

456 Vgl. *Rupal*, in: CDFI, IFA 2004 Vienna Congress, Vol. 89b, United Kingdom, S. 685, 696, 700.

457 Zu Missbrauchsvorschriften vgl. *Rupal*, in: CDFI, IFA 2004 Vienna Congress, Vol. 89b, United Kingdom, S. 685, 697.

458 Sec. 179A TCGA 1992, sog. „Sec. 179A-election".

459 Sec. 175 iVm. Sec. 152 ff. TCGA 1992; vgl. *Endres*, WPg-Sonderheft 2003, S35, S40; *ders.*, in: Herzig (Hrsg.), Organschaft, 2003, S. 461, 468; *Hickey*, European Taxation 2000, 466, 471; *Grotherr*, StuW 1996, 356, 371.

IX. Übersicht: Gruppenbesteuerungssysteme im direkten Vergleich

	Deutschland	**Dänemark**	**Frankreich**	**Italien**	**Niederlande**	**Österreich**	**UK**
1. System	Zurechnung (Organschaft)	Zurechnung (sambeskatning)	Zurechnung (intégration fiscale)	Zurechnung (consolidato nazionale/ mondiale)	Vollkonsolidierung (fiscale eenheid)	Zurechnung (Unternehmensgruppe)	Verlustübertrag (group und consortium relief)
a) Nationale Gruppenbesteuerung	ja	ja	ja	ja	ja	ja	ja
b) Grenzüberschreitende Gruppenbesteuerung	nein	ja	ja (aber restriktiv)	ja	nein (Ausnahme bis 31.12.2002)	ja	ja (aber restriktiv)
2. Subjektive Voraussetzungen							
a) Muttergesellschaft							
- inländische KapG	ja	ja	ja	ja	ja	ja	ja
- inländische PersG	ja	nein	nein (nur bei KSt-Option)	nein	nein	nein	nein
- inländische Betriebstätte	ja	ja	ja	ja	ja	ja	ja
- ausländische Konzernspitze (Gruppe inländischer Schwestergesellschaften)	nein	ja	nein	nein	nein	nein	ja
- Mehrmütterorganschaft/ Joint Ventures	nein	nein	nein	ja (Transparenzoption)	nein	ja (Beteiligungsgemeinschaft)	ja (consortium relief)
- Einbeziehung der Muttergesellschaft in weitere Gruppe	ja	ja	nein	ja	ja	ja	ja

	Deutschland	**Dänemark**	**Frankreich**	**Italien**	**Niederlande**	**Österreich**	**UK**
zulässig							
b) Tochtergesellschaften							
- inländische KapG	ja	ja	ja	ja	ja	ja	ja
- ausländische KapG	nein	ja , aber künftig wohl die Ausnahme	ja, aber seltener Ausnahmefall	ja	nein (Ausnahme bis 31.12.2002)	ja	ja, aber nur EWR
- inländische PersG	nein	nein	nein (nur bei KSt-Option)	nein	nein	nein	nein
3. Materielle Voraussetzungen							
- Kapital-, Stimmrechtsbeteiligung	> 50%	> 50%	≥ 95%	> 50%	≥ 95%	> 50%	≥ 75%
- sonstige Erfordernisse	Gewinnabführungsvertrag	Steuerausgleichszahlung				Steuerumlagevereinbarung	stability test
4. Formelle Voraussetzungen							
- Antragserfordernis (Wahlrecht)	ja	nur bei internationaler Gruppe	ja	ja	ja	ja	ja
- Auswahlmöglichkeit der Gruppenteilnehmer	ja, aber once-in, once-out	nein, da all-in, all-out	grds. ja; Ausn. bei ausl. TG, dort all-in, all-out	grds. ja; Ausn. bei ausl. TG, dort all-in, all-out	ja	ja	ja
- Mindestbestandsdauer	5 Jahre	10 Jahre für internationale Gruppe	5 Jahre	3 Jahre/ 5 Jahre	jährliche Option	3 Wirtschaftsjahre	jährliche Option
- einheitliches Wirtschaftsjahr in der	nein	ja	ja	ja	ja	nein	nein

	Deutschland	**Dänemark**	**Frankreich**	**Italien**	**Niederlande**	**Österreich**	**UK**
Gruppe							
- Steuererklärungspflichten	jede Gesellschaft	Verwaltungsgesellschaft	jede Gesellschaft	jede Gesellschaft	Muttergesellschaft	jede Gesellschaft	jede Gesellschaft
5. Rechtsfolgen							
a) Ergebnisausgleich							
- national, upstream	ja	ja	ja	ja	ja	ja	ja
- national, sidestream (Schwestergesellschaften)	nein	ja	nein	nein	nein	nein	ja
- national, downstream	nein	nein	nein	nein	nein	nein	ja
- grenzüberschreitend, upstream	nein	ja, auch down- und sidesteam	ja, aber Ausnahme mit minist. Erlaubnis)	ja	nein	ja, aber nur Verluste	ja, aber nur definitive Verluste
- Nutzung von Vorgruppenverlusten	nein	nur bei derselben Gesellschaft	nur bei derselben Gesellschaft	nur bei derselben Gesellschaft	nur bei derselben Gesellschaft	nur bei derselben Gesellschaft	nein
- Vermeidung doppelter Verlustberücksichtigung	ja	ja	nein	bisher nein	nein	ja	ja
b) Zwischengewinneliminierung (Konsolidierung)	nein	nein	ja (Anlagevermögen)	per Option steuerneutraler WG-Transfer	ja (Kapital- u. Schuldenkonsolidierung)	nein	ja (Anlagevermögen; capital gains group)
c) Verkehrssteuerprivileg (GrESt, stamp duty)	nein	nein	nein	nein	nein	nein	ja (stamp duty)

	Deutschland	Dänemark	Frankreich	Italien	Niederlande	Österreich	UK
6. Sonstiges	natürliche Person als Organträger möglich	Reform zum 1.1.2005	international nur mit minister. Genehmigung	System besteht erst seit 1.1.2004	Reform zum 1.1.2003	System besteht erst seit 1.1.2005	international ab 1.4.2006

X. Analyse und Ergebnisse zum 1. Teil

1. Vergleichsmaßstab

Der Überblick über die bestehenden Regelungen in sieben EU-Mitgliedstaaten[460] offenbart ein heterogenes Bild im Bereich der Konzernbesteuerung. Ein großes Gefälle existiert beispielsweise bei den Mindestbeteiligungsschwellen, die zwischen 50% und 100% Anteilsbesitz liegen. Weiterhin wurden hinsichtlich der Gruppengröße bzw. der Rechtsformanforderungen große Unterschiede zwischen den einzelnen Staaten aufgezeigt. Im Folgenden soll eine kurze Analyse der beschriebenen Gruppenbesteuerungssysteme anhand bestimmter Parameter eines ökonomischen Idealsystems erfolgen:

Der Idealtypus eines Gruppenbesteuerungssystems bezweckt die steuerliche Behandlung der miteinander verbundenen Gruppengesellschaften, als wenn diese nicht rechtlich selbstständig, sondern Teil eines einheitlichen Unternehmens wären. Um eine solch präferierte Gleichbehandlung von Holdingkonzern und Stammhauskonzern zu erreichen, bedarf es grundsätzlich folgender Elemente:

- interpersonelle Ergebnisverrechnung, d.h. Ausgleich von Gewinnen und Verlusten;
- Zwischengewinneliminierung, also Steuerneutralität konzerninterner Transaktionen;
- grenzüberschreitende Gruppenbesteuerung.

460 Einige Mitgliedstaaten der Europäischen Union besitzen überhaupt keine Gruppenbesteuerungsregelungen, z.B. Belgien, Estland, Griechenland, Litauen, die Slowakische und Tschechische Republik sowie Ungarn. Vgl. hierzu die Übersicht bei *Scheunemann*, IStR 2006, 145, 153 sowie im internationalen Kontext *Masui*, in: CDFI, IFA 2004 Vienna Congress, Vol. 89b, General Report, S. 21, 32 f.; *BDI/PWC*, Verlustberücksichtigung über Grenzen hinweg, 2006, S. 37 ff.

Wie bereits aufgezeigt, existiert derzeit kein „Idealsystem“ einer Konzernbesteuerung, das sämtliche der vorstehend genannten Elemente durchgehend aufweist:

Mitgliedstaat	**Ergebnisverrechnung**	**Zwischengewinneliminierung**	**Grenzüberschreitende Ergebniseinbeziehung**
Deutschland	ja	-	-
Dänemark	ja	-	ja
Frankreich	ja	nur bei Anlagevermögen	kaum praktiziert
Italien	ja	nur bei Option für Übertragung von Wirtschaftsgütern	ja
Niederlande	ja	ja	-
Österreich	ja	-	nur Auslandsverluste
UK	ja	nur bei Anlagevermögen	-

2. Systemfrage

Die untersuchten nationalen Regelungen reichen von der *Zusammenveranlagung auf Konsolidierungsbasis* in den Niederlanden über eine *Zusammenveranlagung mittels Ergebniszurechnung* und einem Mehr oder Weniger an Eliminierung konzerninterner Zwischengewinne in Deutschland, Dänemark, Frankreich, Italien und Österreich bis hin zur *Einzelveranlagung mit gewissen Spezialvorschriften* zur Übertragung von Verlusten und Wirtschaftsgütern innerhalb der Gruppenunternehmen, wie es im Vereinigten Königreich der Fall ist[461].

461 Illustrativ zur Klassifizierung: *Endres*, in: Herzig (Hrsg.), Organschaft, 2003, S. 461, 478; *ders.*, WPg-Sonderheft 2003, S35, S39; *Grotherr*, StuW 1996, 356, 359; *Jacobs*,

Beim *Vollkonsolidierungssystem* werden die Gruppengesellschaften für steuerliche Zwecke wie ein Unternehmen behandelt, so dass Zwischengewinne eliminiert und eine Ergebnisverrechnung erreicht werden. Davon zu unterscheiden ist das *Zurechnungskonzept*, das auf der eigenständigen Gewinnermittlung bei den Gruppengesellschaften aufbaut und die Ergebnisse additiv der Obergesellschaft zur Besteuerung zurechnet. Schließlich existieren *Spezialvorschriften für die Übertragung von Verlusten* zwischen einzelnen Gruppengesellschaften, die individuell besteuert werden. In den beiden letzten Systemen ist die Zwischengewinneliminierung nicht zwingend systembedingt angelegt, sondern eine Ausgestaltungsfrage. Wie aus der Tabelle klar hervorgeht, verfolgt die Mehrzahl der untersuchten Mitgliedstaaten das Zurechnungskonzept. Nicht berücksichtigt wurden Staaten wie Finnland, Norwegen oder Schweden, die ein Steuerumlagesystem für Zwecke der Gruppenbesteuerung vorsehen[462].

Mitgliedstaat	**Voll-konsolidierung**	**Zurechnungs-konzept**	**Verlustübertrag (group relief)**
Deutschland	-	ja	-
Dänemark	-	ja	-
Frankreich	-	ja	-
Italien	-	ja	-
Niederlande	ja	-	-
Österreich	-	ja	-
UK	-	-	ja

Internationale Unternehmensbesteuerung, 5. Aufl. 2002, S. 826 f.; *Kessler*, in: DAI Arbeitsunterlage zur Tagung: Praxis des Internationalen Steuerrechts, 2004, S. 186 ff.; *Masui*, in: CDFI, IFA 2004 Vienna Congress, Vol. 89b, General Report, S. 21, 29 ff.; *Sievert*, Konzernbesteuerung in Deutschland und Europa, Düsseldorf 2006, S. 231 ff.; *Schmidt/Heinz*, Stbg 2006, 60 ff., 141 ff.; *BDI/PWC*, Verlustberücksichtigung über Grenzen hinweg, 2006, S. 19, 97 ff.

462 Bei diesen sog. group contribution–Systemen wird der Ergebnisausgleich durch eine Zahlung der gewinnerzielenden an die verlusttragende Gruppengesellschaft erreicht, indem die Zahlung beim Zahlenden eine Betriebsausgabe und beim Empfänger eine Betriebseinnahme darstellt. Vgl. für Schweden und Finnland etwa *Sievert*, Konzernbesteuerung in Deutschland und Europa, Düsseldorf 2006, S. 211 ff., 215 ff.

3. Zwischengewinneliminierung

Neben der innerkonzernlichen Verrechnung von Gewinnen und Verlusten kennen weltweit ca. zwei Drittel der Staaten mit Gruppenbesteuerungsregeln auch die Eliminierung von Zwischengewinnen[463]. Im Regelfall haben die Mitgliedstaaten, die in ihren Gruppenbesteuerungsregeln eine Zwischengewinneliminierung (Konsolidierung) vorsehen, eine Mindestbeteiligungsquote von – Ausnahme Italien – 75% oder mehr. Das Vollkonsolidierungssystem der Niederlande setzt beispielsweise eine 95%ige Beteiligung voraus. Ferner fällt auf, dass mit Ausnahme des Vereinigten Königreichs alle Länder mit Zwischengewinneliminierung ein übereinstimmendes Wirtschaftsjahr der Gruppengesellschaften verlangen. Dies lässt sich mit der daraus resultierenden einfacheren Administrierbarkeit und Nachprüfbarkeit der erfassten Transaktionen erklären.

Mitgliedstaat	Mindestbeteiligung	Mindestdauer	einheitliches Wirtschaftsjahr	Antrag
Frankreich	≥ 95%	5 Jahre	ja	ja
Italien	> 50%	3 Jahre	ja	ja
Niederlande	≥ 95%	jährliche Option	ja	ja
UK	≥ 75%	jährliche Option	-	ja

Im Gegensatz dazu liegt die Mindestbeteiligungsquote bei Ländern ohne Zwischengewinneliminierung deutlich niedriger, nämlich regelmäßig nur bei einer einfachen Kapital- bzw. Stimmrechtsmehrheit (mehr als 50%). Interessanterweise verlangen die zu dieser Gruppe zählenden Länder Deutschland, Dänemark und Österreich jedoch entweder eine handelsrechtliche Ergebnisabführung (so im Fall der deutschen Organschaft) oder eine Steuerumlage innerhalb der Gruppe:

463 Vgl. die Länderübersicht im Generalbericht von *Masui*, in: CDFI, IFA 2004 Vienna Congress, Vol. 89b, General Report, S. 21, 32; *Lüdicke/Rödel*, IStR 2004, 549, 552.

Mitgliedstaat	Mindestbeteiligung	Mindestdauer	einheitliches Wirtschaftsjahr	Antrag	Sonstiges
Deutschland	> 50%	5 Jahre	ja	ja	Gewinnabführungsvertrag
Dänemark	> 50%	nein, nur bei internationaler Gruppe 10 Jahre	ja	nein, nur bei internationaler Gruppe	Steuer- und Verlustausgleichszahlung
Österreich	> 50%	3 Wirtschaftsjahre	-	ja	Steuerumlagevereinbarung

4. Grenzüberschreitende Systeme

Frankreich, Dänemark, Italien, Österreich und in beschränktem Maße auch das Vereinigte Königreich ermöglichen beim inländischen Mutterunternehmen eine *grenzüberschreitende Verlustverrechnung* zwischen Konzerngesellschaften. Aus der Übersicht wird erkennbar, dass kein Konnex zwischen der Einbeziehung von Auslandsgesellschaften und hohen Mindestbeteiligungsquoten existiert. Allerdings sichern sich die Länder mit niedrigeren Beteiligungsvoraussetzungen über eine lange Mindestbeteiligungsdauer ab, die ein missbräuchliches Ausnutzen der möglichen Auslandsverlustberücksichtigung vermeiden soll. Darüber hinaus nutzen Italien und Dänemark das System des „all-in, all-out" und setzen damit die zwingende Einbeziehung aller sich qualifizierenden ausländischen Gruppengesellschaften voraus, um damit ein „Rosinenpicken" nur der defizitären Auslandsgesellschaften zu vermeiden.

Wie das Beispiel Österreich zeigt, ist ein übereinstimmendes Wirtschaftsjahr nicht zwingend geboten, allerdings vereinfacht es die Ergebnisermittlung erheblich. Letztere vollzieht sich in allen grenzüberschreitenden Gruppenbesteuerungssystemen nach inländischem Recht. Die meisten Staaten sichern sich vor möglichen Einnahmeausfällen mit so genannten Nachversteuerungsregelungen ab, so dass es im Endeffekt nur zu Steuerstundungseffekten kommt.

Mitglied-staat	**Däne-mark**	**Frank-reich**	**Italien**	**Öster-reich**	**UK**
Mindest-beteiligung	> 50%	≥ 95%	> 50%	> 50%	≥ 75%
Mindest-dauer	10 Jahre	5 Jahre	5 Jahre	3 Wirt-schafts-jahre	jährliche Option
einheitliches Wirt-schaftsjahr	ja	ja	ja	-	-
Antrags-erfordernis	ja	ja	ja	ja	ja
Bemes-sungsgrundl agen-ermittlung	nach dän. Recht	nach franz. Recht	nach ital. Recht	nach österr. Recht	nach UK Recht
Berücksich-tigung aus-länd. Ver-luste	zu 100%	pro rata	pro rata	pro rata	zu 100%
Nachver-steuerungs-regelung	ja	nein	ja	ja	nein
Sonstiges	Prinzip des „all-in, all-out"; Re-gelungen werden kaum praktiziert	Prinzip des „all-in, all-out"; Re-gelungen werden kaum praktiziert	Prinzip des „all-in, all-out"	Einbezie-hung nur von ausl. Verlusten, nicht aber Gewinnen	Einbezie-hung nur von EWR Verlusten, die sonst nicht nutzbar wären

5. Ausblick

Die Möglichkeit der Konzernbesteuerung im Allgemeinen und der grenzüberschreitenden Verlustberücksichtigung im Besonderen wird neben den Körperschaftsteuersätzen zukünftige Investitionsentscheidungen in einzelnen Mitgliedstaaten und insoweit den Wettbewerb der Steuersysteme innerhalb der Europäischen Union erheblich beeinflussen. Die Mitgliedstaaten tun daher im Bereich der Besteuerung von multinationalen Konzernunternehmen gut daran, ihr territorial begrenztes Denken aufzugeben, zumindest jedoch der Besteuerung der Konzerneinheit unter Leistungsfähigkeitsaspekten mehr Beachtung zu schenken. Dies fordert nicht nur die fortschreitende Globalisierung, sondern vor allem im europäischen Bereich auch ein funktionierender Binnenmarkt[464]. In einem gemeinsamen europäischen Markt ohne Binnenmarktgrenzen darf, wie noch aufzuzeigen sein wird, die Betätigung auf Gemeinschaftsebene nicht schlechter gestellt werden als die innerhalb mitgliedstaatlicher Grenzen ausgeübte Tätigkeit.

Die Untersuchung einzelner gegenwärtiger Konzernbesteuerungsregelungen zeigt indes, dass die in Art. 2 und Art. 3 Abs. 1 Buchst. c EG manifestierte Bedingung eines barrierefreien Binnenmarktes derzeit nicht durchgehend erfüllt ist, da die geltenden Rechtsvorschriften den Unternehmen vielfach nicht die Möglichkeit einräumen, die Verluste ihrer in anderen Mitgliedstaaten errichteten Niederlassungen steuerlich zum Abzug zu bringen.

Das Hauptproblem der internationalen Gruppenbesteuerung liegt also darin, dass es sie bisher nur vereinzelt gibt, weil die meisten Staaten den Besteuerungskreis nur so weit ziehen, wie ihre Besteuerungshoheit reicht. Beschränkungen im grenzübergreifenden Verlustausgleich können jedoch zu wirtschaftlicher Doppelbesteuerung führen, wenn Verluste in keinem der beteiligten Staaten verrechnet werden können. Dies geht ökonomisch gesehen mit Wohlfahrtsverlusten und Wettbewerbsnachteilen im globalen Marktgeschehen einher.

Neue Impulse setzte im Bereich der grenzüberschreitenden Verlustberücksichtigung insbesondere die im Folgenden noch darzustellende Rechtssache „Marks & Spencer“. Um einen möglichen Europarechtsverstoß von vornherein zu vermeiden, erweiterten beispielsweise Italien zum 1.1.2004 und ein Jahr später Österreich noch vor Ergehen der EuGH-Entscheidung ihre Gruppenbesteuerungssysteme auf grenzüberschreitende Sachverhalte. Dänemark hingegen beschränkte im Jahr 2005 aus budgetären Erwägungen

464 Zum Begriff und zur Besteuerung im „Binnenmarkt“ vgl. *Schön*, IStR 2004, 289 ff.; *Paetsch*, Grenzüberschreitende Verlustberücksichtigung im Europäischen Binnenmarkt, 2004, S. 14 f.

sein sehr großzügiges grenzüberschreitendes Gruppenbesteuerungsregime. In Reaktion auf die im besagten Verfahren am 13.12.2005 ergangene Entscheidung[465] passte das Vereinigte Königreich seine Regelungen ab dem Steuerjahr 2006 an die vom EuGH aufgestellten europarechtlichen Mindestvorgaben an und erlaubt künftig in speziellen Situationen die Berücksichtigung von Verlusten im EWR ansässiger Tochtergesellschaften.

465 EuGH v. 13.12.2005, Rs. C-446/03, *Marks & Spencer plc*, Slg. 2005, I-10837. Zu den erwarteten Auswirkungen auf die mitgliedstaatlichen Systeme vgl. *Lovells*, International Tax Review 2/2006, 26 ff.; *Gillham u.a.*, BNA International Special Report 2006, 1 ff.; speziell für Österreich: *Stefaner*, TNI 23.1.2005, 275 ff.; für Portugal: *de Sousa da Câmara*, TNI 15.5.2006, 619 f.; für Deutschland: vgl. nachstehend im 3. Teil.

2. Teil: Europarecht und Verlustnutzung

I. Einschlägige Rechtsvorschriften

Gegenwärtig verfügt die Europäische Union nicht über eine einheitliche bzw. harmonisierte Unternehmensbesteuerung. Vielmehr existiert ein separates Besteuerungsregime in jedem Mitgliedstaat und somit eine Koexistenz von 25 heterogenen nationalen Unternehmensteuersystemen. Die Zuständigkeit im Bereich der direkten Steuern zählt in der Tat zu den wichtigsten den Mitgliedstaaten verbliebenen Gesetzgebungskompetenzen, was sich aus der starken Interdepenz von Steuerkompetenz, Ertragshoheit und Staatswesen erklären lässt. Dies bedeutet nicht, dass jeder Mitgliedstaat – trotz der originären gesetzgeberischen Gestaltungsprärogative – in der Ausgestaltung seiner Besteuerungshoheit planerisch frei und ungebunden schalten und walten könnte. Der EuGH betont hierzu in gefestigter Rechtsprechung[1]: „*Die direkten Steuern fallen zwar in die Zuständigkeit der Mitgliedstaaten, diese haben jedoch ihre Befugnisse unter Wahrung des Gemeinschaftsrechts auszuüben.*"

Folgende Instrumente des *acquis communautaire*, also des derzeitigen rechtlichen Besitzstandes der Gemeinschaft, wirken sich begrenzend auf den Gestaltungsspielraum des nationalen Steuergesetzgebers aus:

1. Primärrecht

a) Allgemeine Vorgaben

Im Folgenden werden diejenigen Artikel des EG-Vertrages[2] aufgeführt, aus denen sich Verpflichtungen im Hinblick auf die Nichtdiskriminierung bzw. Nichtbeschränkung im europäischen Binnenmarkt und somit an die nationalen Besteuerungssysteme ergeben:

- Nach Art. 10 EG sind die Mitgliedstaaten gehalten, alle geeigneten Maßnahmen allgemeiner oder besonderer Art zur Erfüllung der Ver-

1 Vgl. etwa EuGH v. 14.2.1995, Rs. C-279/93, *Schumacker*, Slg. 1995, I-225 Rn. 21; 16.7.1998, Rs. C-264/96, *ICI*, Slg. 1998, I-4695 Rn. 19, 6.6.2000, Rs. C-35/98, *Verkooijen*, Slg. 2000, I-4071 Rn. 32; zuletzt etwa 29.3.2007, Rs. C-347/04, *Rewe Zentralfinanz* Rn. 21 m.w.N.

2 Vertrag zur Gründung der Europäischen Gemeinschaft (Nizza konsolidierte Fassung), ABl. EG Nr. C 325 v. 24.12.2002, S. 33 ff.

pflichtungen, die sich aus dem Vertrag oder aus Handlungen der Organe der Gemeinschaft ergeben, zu treffen.

- Art. 12 EG verbietet jede Diskriminierung aus Gründen der Staatsangehörigkeit.
- Art. 39 EG gewährleistet die Freizügigkeit der Arbeitnehmer, die die Abschaffung jeder auf der Staatsangehörigkeit beruhenden unterschiedlichen Behandlung umfasst.
- Art. 43 EG verbietet die Beschränkung der freien Niederlassung von Staatsangehörigen eines Mitgliedstaates im Hoheitsgebiet eines anderen Mitgliedstaates.
- Nach Art. 48 EG stehen die nach den Rechtsvorschriften eines Mitgliedstaates gegründeten Gesellschaften, die ihren satzungsmäßigen Sitz, ihre Hauptverwaltung oder ihre Hauptniederlassung innerhalb der Gemeinschaft haben, für Zwecke des Art. 43 EG den natürlichen Personen gleich, die Angehörige der Mitgliedstaaten sind.
- Art. 49 EG verbietet Beschränkungen des freien Dienstleistungsverkehrs innerhalb der Gemeinschaft.
- Art. 56 EG verbietet Beschränkungen des Kapitalverkehrs zwischen den Mitgliedstaaten sowie zwischen den Mitgliedstaaten und dritten Ländern, soweit damit nicht die in Art. 58 verankerten Rechte berührt werden.
- Art. 87 EG verbietet bestimmte staatliche Beihilfengewährungen, soweit sie sich wettbewerbsverfälschend und handelsbeeinträchtigend auf den Binnenmarkt auswirken.
- Nach Art. 94 EG erlässt der Rat einstimmig Richtlinien zur Angleichung der Rechts- und Verwaltungsvorschriften, die sich unmittelbar auf die Errichtung oder das Funktionieren des Binnenmarkts auswirken.
- Art. 211 EG überträgt der EU-Kommission eine Reihe von Aufgaben, darunter die Abgabe von Empfehlungen und Stellungnahmen, um das ordnungsgemäße Funktionieren und die Entwicklung des Gemeinsamen Marktes zu gewährleisten.
- Laut Art. 294 EG stellen die Mitgliedstaaten die Staatsangehörigen der anderen Mitgliedstaaten hinsichtlich ihrer Beteiligung am Kapital von Gesellschaften den eigenen Staatsangehörigen gleich.

b) Vorgaben für den Bereich der Unternehmensbesteuerung

Im Rahmen der Unternehmensbesteuerung sind insbesondere die folgenden zwei Grundfreiheiten zu beachten[3]:

- Die *Niederlassungsfreiheit* nach Art. 43, 48 EG in ihrer Ausprägung als freiheitsrechtliches Beschränkungsverbot sowie gleichheitsrechtliches Diskriminierungsverbot und
- die *Kapitalverkehrsfreiheit* nach Art. 56 EG als ein Diskriminierungs- und umfassendes Beschränkungsverbot.

Nach ständiger Rechtsprechung des EuGH sind Art. 43 und 56 EG (vormals Art. 52 und 73b EGV) *grundlegende Vorschriften* der Gemeinschaft[4]. Die Niederlassungsfreiheit ist seit dem Ablauf der Übergangszeit in den Mitgliedstaaten unmittelbar anwendbar und geht mitgliedstaatlichem Recht vor[5]. Die Kapitalverkehrsfreiheit entfaltete unmittelbare Wirksamkeit erstmals ab dem 1.7.1990 aufgrund Art. 1, 6 Abs. 1 der Richtlinie über die Liberalisierung des Kapitalverkehrs[6]. Art. 73b EGV war als Vorgängervorschrift zu Art. 56 EG mit seinem unmittelbar anwendbaren Beschränkungsverbot für Kapitalverkehrsvorgänge durch den Maastrichter Vertrag mit Wirkung ab dem 1.1.1994 eingeführt worden[7].

Die *Niederlassungsfreiheit* gewährt den Staatsangehörigen der Mitgliedstaaten das Recht auf Aufnahme und Ausübung einer selbstständigen Erwerbstätigkeit (einschließlich der Gründung und Führung von Unternehmen) in dem Aufenthaltsstaat und zwar unter den gleichen Bedingungen und mit den gleichen Rechten wie dessen eigene Staatsangehörige. Insoweit liegt eine besondere Ausprägung des allgemeinen Diskriminierungsverbots aus Gründen der Staatsangehörigkeit nach Art. 12 Abs. 1 EG vor[8]. Nach Art. 48 EG

---

3 Vgl. zur Unternehmensbesteuerung im europäischen Kontext: *Jacobs*, Internationale Unternehmensbesteuerung, 5. Aufl. 2002, S. 203; *Menhorn*, SWI 2001, 62, 63; *Schön*, IStR 2004, 289 ff.; *ders.*, StbJb 2003/04, 27 ff.; *Cordewener*, DStR 2004, 6 ff.; *J. Hey*, StuW 2004, 193 ff.; *Rödder*, DStR 2004, 1629 ff.; *Thiel*, DB 2004, 2603 ff.

4 EuGH v. 29.4.1999, Rs. C-311/97, *Royal Bank of Scotland*, Slg. 1999, I-2651 Rn. 22.

5 Die Übergangszeit endete spätestens am 31.12.1969, vgl. Art. 7 EGV. Vgl. etwa EuGH v. 21.6.1974, Rs. 2/74, *Reyners*, Slg. 1974, 631 Rn. 32.

6 Richtlinie 88/361/EWG v. 24.6.1988 zur Umsetzung von Art. 67 EWGV, ABl. EG Nr. L 178 v. 8.7.1988, S. 5.

7 Vgl. zur unmittelbaren Anwendbarkeit der Kapitalverkehrsfreiheit etwa *Cordewener*, Europäische Grundfreiheiten und nationales Steuerrecht, 2002, S. 46 f.

8 *Tiedje/Troberg*, in: von der Groeben/Schwarze (Hrsg.), EU-/EG-Vertrag, 6. Aufl., 2003, Art. 43 EG Rn. 70 m.w.N.; EuGH v. 12.4.1994, Rs. C-1/93, *Halliburton*, Slg.

sind Gesellschaften, die ihren satzungsmäßigen Sitz, ihre Hauptverwaltung oder ihre Hauptniederlassung innerhalb der Gemeinschaft haben, den natürlichen Personen der Mitgliedstaaten gleichgestellt. Sie haben das Recht, ihre Tätigkeit durch Tochtergesellschaften und Zweigniederlassungen diskriminierungsfrei auszuüben[9], denn über Art. 43 Abs. 1 S. 2 EG wird auch die sekundäre Niederlassungsfreiheit geschützt. Die Vorschriften zur Niederlassungsfreiheit schützen insbesondere die Person oder Gesellschaft eines Mitgliedstaates, die eine Beteiligung an einer Gesellschaft mit Sitz in einem anderen Mitgliedstaat hält, die es ihr ermöglicht, einen sicheren Einfluss auf die Entscheidungen der Gesellschaft auszuüben und deren Tätigkeiten zu bestimmen[10]. Gleichwohl setzt die Anwendbarkeit der Niederlassungsfreiheit nicht notwendig eine Mehrheitsbeteiligung voraus[11]. Letztere besteht jedoch typischerweise als Minimalvoraussetzung einer nationalen Gruppenbesteuerung, wie bereits im 1. Teil der Arbeit aufgezeigt wurde.

Die *Kapitalverkehrsfreiheit* ist in Art. 56 ff. EG ohne eigene Definition des Begriffs „Kapitalverkehr" geregelt. Vom Anwendungsbereich erfasst sind einseitige Wertübertragungen aus einem Mitgliedstaat in einen anderen in Form von Sachkapital (Immobilien, Unternehmensbeteiligungen etc.) oder von Geldkapital (z.B. Wertpapiere, Darlehen etc.). Die Kapitalverkehrsfreiheit will, wie *Schön* zutreffend bemerkt, dem Kapital *„als zentralem Produktionsfaktor ...die Möglichkeit geben..., innerhalb Europas den Ort der ertragreichsten Anlage zu suchen und damit zugleich den größtmöglichen Nutzen für die Volkswirtschaft zu stiften"*[12]. Art. 56 EG enthält ein grundsätzliches Verbot aller Beschränkungen des Kapitalverkehrs, d.h. all jener

1994, I-1137 Rn. 12; 29.4.1999, Rs. C-311/97, *Royal Bank of Scotland*, Slg. 1999, I-2651 Rn. 20 f.

9 EuGH v. 16.7.1998, Rs. C-264/96, *ICI*, Slg. 1998, I-4695 Rn. 20.

10 EuGH v. 13.4.2000, Rs. C-251/98, *Baars*, Slg. 2000, I-2787 Rn. 21 f.; 21.11.2002, Rs. C-436/00, *X, Y*, Slg. 2002, I-10829 Rn. 37; 12.9.2006, Rs. C-196/04, *Cadbury Schweppes*, IStR 2006, 670 Rn. 31; 13.3.2007, Rs. C-524/04, *Test Claimants in the Thin Cap Group Litigation* Rn. 27; 27.3.2007, Rs. C-347/04, *Rewe Zentralfinanz* Rn. 22.

11 Vgl. EuGH v. 16.7.1998, Rs. C-264/96, *ICI*, Slg. 1998, I-4695, wo eine Beteiligung von 49% ausreichte. In der Entscheidung v. 18.9.2003, Rs. C-168/01, *Bosal Holding BV*, Slg. 2003, I-9409 genügte bei der Überprüfung der Vorgaben der Mutter-Tochter-Richtlinie bereits die dort in Art. 3 Abs. 1 Buchst. a vorausgesetzte Mindestbeteiligungsquote von 25% am Nennkapital. Hierfür bereits bisher *Schön*, in: Schön (Hrsg.), GS Knobbe-Keuk, 1997, S. 743, 751; *Geurts*, IStR 2000, 572, 573 f.; *Englisch*, UM 2004, 58, 59. *Paetsch*, Grenzüberschreitende Verlustberücksichtigung im Europäischen Binnenmarkt, 2004, S. 12 scheint eine Beteiligung von 20% als ausreichend anzusehen.

12 *Schön*, in: Schön (Hrsg.), GS Knobbe-Keuk, 1997, S. 743, 745.

Rechts- und Verwaltungsvorschriften oder sonstigen staatlichen Maßnahmen, die für den grenzüberschreitenden Kapital- und Zahlungsverkehr eine gegenüber den Inlandsgeschäften formell oder materiell abweichende ungünstigere Regelung vorsehen[13]. Das Beschränkungsverbot des Art. 56 Abs. 1 EG gilt nicht nur im Verhältnis der Mitgliedstaaten untereinander, sondern auch im Verhältnis zu Drittstaaten[14].

Im Bereich unternehmerischer Investitionen können sich die Anwendungsbereiche der Niederlassungs- und Kapitalverkehrsfreiheit überschneiden, insbesondere bei einem grenzüberschreitenden Transfer von Geld- und Sachkapital. Gerade im Konzernbereich werden durch die Beteiligung an der im Ausland ansässigen Gesellschaft regelmäßig sowohl Kontroll- und Stimmrechte als auch Gewinnbezugsrechte begründet. Die unternehmerische Niederlassung in einem anderen Mitgliedstaat ist daher als Ausübung sowohl der Niederlassungs- als auch der Kapitalverkehrsfreiheit, d.h. *beider* Grundfreiheiten zu verstehen[15]. Diese Erkenntnis ist vor allem wegen der Einbeziehung der Drittstaatenfälle in den Anwendungsbereich des Art. 56 Abs. 1 EG sowie des Vorbehalts in Art. 58 Abs. 1 Buchst. a) EG von Interesse: Danach behalten die Mitgliedstaaten ausdrücklich das Recht, *„die einschlägigen Vorschriften ihres Steuerrechts anzuwenden, Steuerpflichtige mit unterschiedlichem Wohnort oder Kapitalanlageort unterschiedlich zu behandeln.*" Der EuGH umsegelt diese Klippen in den Fällen, in denen beide Grundfreiheiten berührt sind, indem er regelmäßig die vorwiegend berührte Niederlassungsfreiheit zum Prüfungsmaßstab erhebt, sich dann aber mit der Kapitalverkehrsfreiheit nicht mehr auseinandersetzt[16]: Etwaige Beschränkungen der Kapitalverkehrsfreiheit wären unvermeidliche Konsequenz einer

13 *Kiemel*, in: von der Groeben/Schwarze (Hrsg.), EU-/EG-Vertrag, 6. Aufl., 2003, Art. 56 EG Rn. 7.

14 Grundlegend: *Schön*, in: Schön (Hrsg.), GS Knobbe-Keuk, 1997, S. 743, 749 ff.; *ders*., in: Gocke/Gosch/Lang (Hrsg.), FS Wassermeyer, 2005, S. 489 ff.

15 *Schön*, in: Schön (Hrsg.), GS Knobbe-Keuk, 1997, S. 743, 749 ff.; *Jacobs*, Internationale Unternehmensbesteuerung, 5. Aufl. 2002, S. 203; *Toifl*, in: Gassner/Lang/Lechner (Hrsg.), Doppelbesteuerungsabkommen und EU-Recht, 1996, S. 139, 144; *Paetsch*, Grenzüberschreitende Verlustberücksichtigung im Europäischen Binnenmarkt, 2004, S. 22 ff.; *Schuch*, IWB 1996, F. 11 Gr. 2, EG, S. 259, 264 ff. geht grundsätzlich von einer einheitlichen Reichweite der Diskriminierungsverbote aus.

16 EuGH v. 28.4.1998, Rs. C-118/96, *Safir*, Slg. 1998, I-1897 Rn. 35; 13.4.2000, Rs. C-251/98, *Baars*, Slg. 2000, I-2787 Rn. 16 ff.; 18.11.1999, Rs. C-200/98, *X AB & Y AB*, Slg. 1999, I-8261 Rn. 30; 23.2.2006, Rs. C-471/04, *Keller Holding*, Slg. 2006, I-2107 Rn. 51; zuletzt etwa v. 29.3.2007, Rs. C-347/04, *Rewe Zentralfinanz* Rn. 71. Vgl. zur Deutung des Konkurrenzverhältnisses zwischen Niederlassungs- und Kapitalverkehrsfreiheit insbesondere die Schlussanträge GA Alber v. 14.10.1999, Rs. C-251/98, *Baars* Rn. 26, 30.

eventuellen Beschränkung der Niederlassungsfreiheit und rechtfertigen keine eigenständige Prüfung im Hinblick auf Art. 56 EG[17]. Ungeachtet der Problematik des Art. 58 EG kann somit ein Verstoß gegen die Niederlassungsfreiheit gegeben sein, wenn eine inländische Gesellschaft in einem anderen Mitgliedstaat über eine Betriebstätte oder Tochtergesellschaft tätig wird. Damit hat infolge der vom EuGH wohl angenommenen Subsidiarität der Kapitalverkehrsfreiheit die Problematik des Art. 58 EG bei Unternehmen praktisch keine Relevanz, sondern nur beim freien Kapitalverkehr von Portfolioanlegern[18] und im Drittstaatsverhältnis.

Nach dem Wortlaut der Regelungen über die Niederlassungs- und Kapitalverkehrsfreiheit soll zunächst sichergestellt werden, dass die Gemeinschaftsangehörigen sowie die ihnen gleichgestellten Gesellschaften im Aufnahmestaat wie Inländer behandelt werden, so genannte Inländerbehandlung[19]. Konzeptionell bestehen keine elementaren Unterschiede zwischen den steuerlichen Beschränkungen, die durch Art. 43 EG und denen, die durch Art. 56 EG verboten sind, was insbesondere am Konvergenzprinzip bei der Auslegung der einzelnen Grundfreiheiten liegt[20].

Die genannten Grundfreiheiten erschöpfen sich jedoch nicht im Inländergleichbehandlungsgebot. Neben der echten Ungleichbehandlung aufgrund des Sitzes verbieten sie auch sonstige Behinderungen, die ohne Diskriminierung der Gesellschaft nach dem Sitz geeignet sind, die Ausübung der durch den EG-Vertrag garantierten Grundfreiheiten des Gemeinschaftsrechts zu behindern oder weniger attraktiv zu machen[21]. Die Niederlassungsfreiheit greift folglich auch ein, wenn der Herkunftsstaat die Niederlassung seiner Staatsangehörigen behindert, indem er steuerliche Vergünstigungen nicht gewährt, wenn eine Niederlassung statt im Inland im europäischen Ausland gewählt wird[22]. Andernfalls wäre die Niederlassungsfreiheit sinnentleert,

---

17 EuGH v. 14.10.2004, *Omega*, C-36/02, Slg. 2004, I-9609 Rn. 27; 12.9.2006, Rs. C-196/04, *Cadbury Schweppes*, IStR 2006, 670 Rn. 33; 3.10.2006, Rs. C-452/04, *Fidium Finanz*, IStR 2006, 754 Rn. 48 f.; 13.3.2007, Rs. C-524/04, *Test Claimants in the Thin Cap Group Litigation* Rn. 34.

18 Vgl. *Schön*, in: Schön (Hrsg.), GS Knobbe-Keuk, 1997, S. 743, 751 f.; *Saß*, StuW 1999, 164, 170; *ders.* FR 2000, 1270, 1271.

19 *Tiedje/Troberg*, in: von der Groeben/Schwarze (Hrsg.), EU-/EG-Vertrag, 6. Aufl., 2003, Art. 43 EG Rn. 69 ff.

20 Zum Konvergenzprinzip ausführlich *Cordewener*, Europäische Grundfreiheiten und nationales Steuerrecht, 2002, S. 103 ff., 322 ff.

21 EuGH v. 27.9.1988, Rs. 81/87, *Daily Mail*, Slg. 1988, 5483 Rn. 16. Vgl. zum grundfreiheitlichen Beschränkungsverbot auch nachstehend, unter II.4.a).

22 Vgl. etwa *Tiedje/Troberg*, in: von der Groeben/Schwarze (Hrsg.), EU-/EG-Vertrag, 6. Aufl., 2003, Art. 43 EG Rn. 89 ff.; *Everling*, in: Schön (Hrsg.), GS Knobbe-Keuk,

wenn sich nicht auch ein Inländer gegenüber seinem eigenen Herkunftsstaat auf sie berufen könnte[23]: Der Zuzug bzw. die Neugründung im Tätigkeitsstaat wäre nur soviel wert, wie der Wegzug bzw. die Durchführung der Auslandsaktivität ohne Beschränkung im Herkunftsstaat zulässig ist und umgekehrt. Wenngleich in diesen Konstellationen oftmals von grundfreiheitlichen Beschränkungen die Rede ist, lässt sich die Problematik auf eine Diskriminierungsprüfung reduzieren. Das für die Diskriminierung entscheidende Vergleichskriterium ist zwar weder Sitz noch Staatsangehörigkeit, sondern allein der Ort der Entfaltung wirtschaftlicher Aktivitäten des inländischen Steuerpflichtigen.

Zusammenfassend ist festzuhalten, dass das Primärrecht insbesondere in Form der Niederlassungsfreiheit den Prüfungsmaßstab vorgibt, der an die Problematik der grenzüberschreitenden Verlustnutzung im Rahmen einer nationalen Gruppenbesteuerung anzulegen ist.

2. Sekundärrecht

a) Stand der Harmonisierung

Wie bereits ausgeführt, fällt der Regelungsbereich der direkten Steuern grundsätzlich in die Zuständigkeit der Mitgliedstaaten. Dies ergibt sich aus dem Umkehrschluss aus Art. 93 EG iVm. Art. 5 Abs. 1, Art. 7 Abs. 1 S. 2 EG, der einen Harmonisierungsauftrag lediglich für den Bereich der indirekten Steuern vorsieht. Die direkten Steuern hingegen unterfallen dem Kapitel der binnenmarktorientierten Rechtsangleichung, Art. 94, 95 Abs. 2 EG. Für eine solche Rechtsangleichung bedarf es nicht nur der Wahrung des Grundsatzes der Subsidiarität des Gemeinschaftshandelns nach Art. 5 Abs. 2 EG, sondern auch der Einstimmigkeit in der Beschlussfassung des Rates. Bislang machten die Mitgliedstaaten in dem fiskalisch hoch sensiblen Bereich der direkten Steuern – anders als bei den indirekten Steuern – nur sehr zurückhaltend von der Möglichkeit der Rechtsangleichung Gebrauch.

Immerhin wurden im Bereich der direkten Unternehmensbesteuerung bisher die folgenden Sekundärrechtsakte zum Zwecke der Steuerharmonisierung verabschiedet:

1997, S. 607 ff.; *Roth*, in: Schön (Hrsg.), GS Knobbe-Keuk, 1997, S. 729 ff.; *Paetsch*, Grenzüberschreitende Verlustberücksichtigung im Europäischen Binnenmarkt, 2004, S. 15 ff., 18 f.

23 *Schuch*, in: Lehner (Hrsg.), Verluste im nationalen und Internationalen Steuerrecht, München 2004, S. 63, 67.

- die *Mutter-Tochter-Richtlinie*[24], die darauf abzielt, innerhalb der Gemeinschaft die Mehrfachbesteuerung von Dividenden, die von einer Kapitalgesellschaft an ihre qualifiziert beteiligte Mutterkapitalgesellschaft bzw. deren EU-Betriebstätte gezahlt werden, zu vermeiden.
- die *Fusionsrichtlinie*[25], die im Wesentlichen die steuerneutrale Umstrukturierung von Gesellschaften über die Grenze erleichtern soll und dementsprechend die erfolgsneutrale Verschmelzung, Spaltung, Einbringung von Unternehmensteilen sowie den Austausch von Anteilen vorgibt, wenn an diesen Vorgängen Gesellschaften aus zwei oder mehreren Mitgliedstaaten beteiligt sind.
- die *Zins- und Lizenzgebührenrichtlinie*[26], deren Ziel die Vermeidung der Doppelbesteuerung bei Zins- bzw. Lizenzzahlungen zwischen bestimmten verbundenen Unternehmen innerhalb der Gemeinschaft ist. Dazu sind Zinsen und Lizenzen von einer Besteuerung im Quellenstaat frei zu stellen, wenn der Nutzungsberechtigte der Zinsen oder Lizenzen ein Unternehmen in einem anderen Mitgliedstaat ist, und es sich um verbundene Unternehmen handelt.
- *Schiedsverfahrenskonvention*[27], einem auf Grundlage des Art. 293 zweiter Spiegelstrich EG geschlossenen multilateralen Übereinkommen über die Beseitigung der Doppelbesteuerung im Fall von Gewinnberichtigungen (insbesondere bei Verrechnungspreisen) zwischen verbundenen Unternehmen sowie zwischen Stammhaus und Betriebstätte.

---

24 Richtlinie 1990/435/EWG des Rates v. 23.7.1990 über das gemeinsame Steuersystem der Mutter- und Tochtergesellschaften verschiedener Mitgliedstaaten, ABl. EG Nr. L 225 v. 20.8.1990, S. 6 idF. der Änderung durch Richtlinie 2003/123/EG des Rates v. 22.12.2003, ABl. EG Nr. L 7 v. 13.1.2004, S. 41.

25 Richtlinie 1990/434/EWG des Rates vom 23.7.1990 über das gemeinsame Steuersystem für Fusionen, Spaltungen, die Einbringung von Unternehmensteilen und den Austausch von Anteilen, die Gesellschaften verschiedener Mitgliedstaaten betreffen, ABl. EG Nr. L 225 v. 20.8.1990, S. 1.

26 Richtlinie 2003/49/EG des Rates v. 3.6.2003 über eine gemeinsame Steuerregelung für Zahlungen von Zinsen und Lizenzgebühren zwischen verbundenen Unternehmen verschiedener Mitgliedstaaten, ABl. EG Nr. L 157 v. 26.6.2003, S. 49. Beachte hierzu den Änderungsvorschlag der Kommission v. 30.12.2003, KOM (2003) 841 endg., der derzeit Rat und Parlament vorliegt.

27 Übereinkommen 1990/436/EWG über die Beseitigung der Doppelbesteuerung im Falle von Gewinnberichtigungen zwischen verbundenen Unternehmen - Schlussakte - Gemeinsame Erklärungen - Einseitige Erklärungen, ABl. EG Nr. L 225 v. 20.8.1990, S. 10. Vgl. hierzu *Saß*, DB 1979, 2196 ff.; *ders.*, DB 1983, 306 ff.; *ders.*, DB 1991, 984 ff.; *Vögele/Förster*, IStR 2006, 537 ff.

Den genannten Rechtsakten ist das Ziel gemein, grenzüberschreitende Tätigkeiten nicht schlechter zu stellen als nationale Aktivitäten[28], was die Vermeidung der Doppelbesteuerung und den Abbau steuerlicher Hemmnisse bei Unternehmenszusammenschlüssen oder grenzübergreifenden wirtschaftlichen Betätigungen bedeutet. Erkennbar ist ebenfalls die Absicht des europäischen Gesetzgebers, nicht über eine Einmalbesteuerung von den unter den Sekundärrechtsakten angesprochenen besteuerungsrelevanten Sachverhalten hinauszugehen. Eine Sonderrolle nimmt die Fusionsrichtlinie ein, da sie in ihren Art. 6, 10 Abs. 1 S. 2 sowie 10b Abs. 2[29] spezielle Vorschriften zur steuerlichen Behandlung von Betriebstättenverlusten bei grenzüberschreitenden Einbringungen vorsieht. Allerdings lassen sich aus den erläuterten Richtlinien, die nach Art. 249 EG lediglich hinsichtlich des zu erreichenden Ziels (und nicht darüber hinaus) verbindlich sind, keine allgemeingültigen Vorgaben für oder wider die Einbeziehung ausländischer Einkunftsteile in die inländische Besteuerung ableiten.

Aufgrund seiner fehlenden rechtlichen Verbindlichkeit weniger bedeutend, aber der Vollständigkeit halber ebenfalls kurz anzusprechen, ist der *Verhaltenskodex für die Unternehmensbesteuerung*[30]. Der Kodex stellt eine politische Selbstverpflichtung der Mitgliedstaaten dar, noch bestehende Verzerrungen auf dem Binnenmarkt abzubauen, erhebliche Einbußen beim Steueraufkommen zu vermeiden, und die internationale Wettbewerbsfähigkeit der EU und der Mitgliedstaaten zu gewährleisten. Als potentiell schädlich werden danach diejenigen mitgliedstaatlichen Maßnahmen eingestuft, die „*gemessen an dem üblicherweise in dem betreffenden Mitgliedstaat geltenden Besteuerungsniveau eine deutlich niedrigere Effektivbesteuerung, einschließlich einer Nullbesteuerung bewirken*“. Rechtsbewehrte Vorgaben für den Bereich der Verlustverrechnung lassen sich dem Kodex jedoch ebenfalls nicht entnehmen.

28 Wie sich etwa aus der dritten Begründungserwägung der Mutter-Tochter-Richtlinie ergibt, „*bezweckt die Richtlinie die Beseitigung der Nachteile, die sich daraus ergeben, dass die für die Beziehungen zwischen Mutter- und Tochtergesellschaften verschiedener Mitgliedstaaten geltenden Steuervorschriften im Allgemeinen ungünstiger sind als diejenigen, die für die Beziehungen zwischen Mutter- und Tochtergesellschaften ein und desselben Mitgliedstaats gelten.*“

29 IdF. der Änderungsrichlinie 2005/19/EG v. 17.2.2005, ABl. EG Nr. L 58, S. 19 ff.

30 Entschließung des Rates und der im Rat vereinigten Vertreter der Regierungen der Mitgliedstaaten v. 1.12.1997 über einen Verhaltenskodex für die Unternehmensbesteuerung, ABl. EG Nr. C 2 v. 6.1.1998, S. 2.

Ein speziell auf den Bereich der Verlustnutzung bezogenes sekundäres Gemeinschaftsrecht existiert derzeit nicht, obwohl es in der Vergangenheit eine Vielzahl gesetzgeberischer Initiativen hierzu gab.

b) Vorschläge der Kommission zur Verlustverrechnung

Die Identifikation der europarechtlichen Problematik der grenzübergreifenden Verlustverrechnung ist nicht neu, vielmehr war sie Gegenstand mehrerer Richtlinienvorschläge und weiterer Regelungsentwürfe der Europäischen Kommission, die jedoch wegen mangelnder politischer Durchsetzbarkeit nie verabschiedet wurden[31]:

i) Vorschläge aus dem Jahr 1969

Erste Ansätze einer Berücksichtigung der in anderen Mitgliedstaaten erlittenen steuerlichen Verluste gab es bereits im Jahr 1969 in Art. 7 des Erstentwurfs der Mutter-Tochter-Richtlinie[32]. Vorgesehen war darin eine grenzüberschreitende Ergebniskonsolidierung zwischen EU-Konzerngesellschaften, was letztlich die Voraussetzung für eine grenzüberschreitende Verlustverrechnung gewesen wäre. Die Vorschrift befasste sich nach Art der französischen „konsolidierten Bilanz" mit dem Steuersystem des konsolidierten Gewinns. Zu dieser Besteuerung sollten Gesellschaften optieren können, die über eine Mindestbeteiligung von 50% über die Dauer von mindestens fünf Jahren verbunden waren. Im Rahmen der Ergebniskonsolidierung sollten die Ergebnisse der Tochtergesellschaften nach dem Recht ihres Ansässigkeitsstaates berechnet und im Verhältnis der Beteiligungshöhe der Muttergesellschaft in deren Steuerveranlagung einbezogen werden. Für Tochtergesellschaften in Drittstaaten bestand ein zusätzliches Antragserfordernis für ihre Aufnahme in den Konsolidierungskreis. Zur Vermeidung der Doppelbesteuerung sah Art. 7 eine „Verminderung" der innerstaatlichen Steuer auf die Gewinne der Muttergesellschaft vor, um der Tatsache gerecht zu werden, dass die einbezogenen Tochtergesellschaftsgewinne bereits der ausländischen Steuer unterworfen waren. Die Vorschrift wurde jedoch bereits 1970 aus dem Entwurf wieder gestrichen und die Richtlinie letztlich im Jahr 1990

31 Vgl. hierzu auch *Cordewener*, DStJG 28 (2005), 255, 257 ff.; *Denys*, European Taxation 2006, 443 ff.

32 Richtlinienvorschlag der EU-Kommission, dem Rat vorgelegt am 16.1.1969; KOM (69) 6 endg., ABl. EG Nr. C 39 v. 22.3.1969, S. 7. Ausführlich: *Grotherr*, RIW 1994, 1017, 1019 ff.

in ihrem auf Gewinnausschüttungen begrenzten Anwendungsbereich verabschiedet.

Auch der ursprüngliche Entwurf der Fusionsrichtlinie[33] aus dem Jahr 1969 enthielt in Art. 12 noch eine ähnliche Regelung zu Betriebstättenverlusten, die jedoch im weiteren Verfahrensgang wieder gestrichen wurde.

ii) Vorschläge im Rahmen der SE-Gesetzgebung

Im Rahmen der Vorarbeiten zu einem Statut für die Europäische Aktiengesellschaft (Societas Europaea, SE) fanden sich im Entwurf von 1970[34] und dem revidierten Entwurf von 1975[35] Bestimmungen zur Verlustberücksichtigung von ausländischen Betriebstätten (Art. 278) und Tochtergesellschaften (Art. 281). Die Kommission nahm insoweit die bereits erwähnte Konzeption des „konsolidierten Gewinns" aus dem Jahr 1969 wieder auf: Der Verordnungsvorschlag sah bei Einhaltung einer Mindestbeteiligungsquote von 50% eine beteiligungsproportionale Verrechnung von Verlusten ausländischer Tochtergesellschaften bei der Besteuerung im Ansässigkeitsstaat der SE vor. Auch hier sollte der entsprechende Betrag bei späterer Gewinnerzielung der Auslandstochter nachversteuert werden. Endgültig sollte der Abzug lediglich dann werden, wenn der Verlust im Ansässigkeitsstaat der Tochtergesellschaft nicht vorgetragen werden konnte. Allerdings entfiel diese Regelung zu Auslandstochterverlusten im Folgeentwurf von 1989.

Dieser von der Kommission dem Rat am 25.8.1989 vorgelegte Entwurf[36] enthielt in Art. 133 daher nur noch eine Sonderregelung zu Verlusten von in anderen Mitgliedstaaten belegenen Betriebstätten einer SE. Darin wurde der Ansässigkeitsstaat der SE verpflichtet, Auslandsbetriebstättenverluste vom Gewinn der SE im Ansässigkeitsstaat abzuziehen. Interessant war an der e-

33 Richtlinienvorschlag der EU-Kommission, dem Rat vorgelegt am v. 16.1.1969 (R 95/69), ABl. EG Nr. C 39 v. 22.3.1969, S. 4 ff. Vgl. zur gegenwärtigen Rechtslage bei der Fusionsrichtlinie idF. der Änderungsrichlinie 2005/19/EG v. 17.2.2005, ABl. EG Nr. L 58, S. 19 ff. vorstehend unter 2.

34 Vorschlag einer Verordnung (EWG) des Rates über das Statut für Europäische Aktiengesellschaften v. 30.6.1970, ABl. EG Nr. C 124 v. 10.10.1970, S. 1 ff.; vgl. Sonderbeilage Nr. 8/1970 zum Bulletin der EG; vgl. *Grotherr*, RIW 1994, 1017, 1021 ff.

35 Erster geänderter Vorschlag des Rates über das Statut für Europäische Aktiengesellschaften v. 30.4.1975, Sonderbeilage Nr. 4/1975 zum Bulletin der EG; BT-Drs. VII/3713; zu Art. 281 VO-E vgl. *Grotherr*, RIW 1994, 1017, 1021 ff.

36 Vorschlag für eine Verordnung (EWG) des Rates über das Statut der Europäischen Aktiengesellschaft, KOM (1989) 268 endg., ABl. EG Nr. C 263 v. 16.10.1989, S. 41. Vgl. ausführlich zu Art. 133 VO-E *Knobbe-Keuk*, AG 1990, 435, 437 ff.

benfalls vorgesehenen Nachversteuerungsmethode, dass die späteren Gewinne gemindert um den gewährten Verlustabzug steuerpflichtiges Einkommen im Staat des Stammhauses „bilden" sollten. Diese Formulierung wurde offensichtlich im Hinblick auf Mitgliedstaaten mit DBA-Freistellungsmethode gewählt, da der Entwurf den Mitgliedstaaten lediglich bei DBA-Anrechnungsmethode die Wahlfreiheit hinsichtlich der Normanwendung beließ. Die Ergebnisermittlung vollzog sich nach den Rechtsvorschriften des Betriebstättenstaates. Keine Regelung sah der Verordnungsentwurf hingegen für den Ausgleich von Verlusten von Tochtergesellschaften der SE vor. Die Verlustthematik wurde in den verschiedenen Folgevorschlägen für die SE gänzlich wieder ausgeblendet. Der letzte Entwurf des SE-Statuts erwähnte wie die verabschiedete Verordnung selbst die steuerliche Verlustverrechnung mit keinem Wort mehr[37]. Aus Angst vor der Gefahr von Wettbewerbsverzerrungen wurde auf steuerliche Sonderregelungen für die SE vollständig verzichtet.

iii) Vorschläge aus den Jahren 1984 und 1985

Am 11.9.1984[38] legte die Kommission dem Rat einen Richtlinienentwurf zur Übertragung von Unternehmensverlusten vor. Allerdings zielte der Vorschlag lediglich auf eine Harmonisierung der *innerstaatlichen intertemporalen Verlustberücksichtigung* ab, also den Abzug von Verlusten eines bestimmten Veranlagungszeitraums von positiven Ergebnissen anderer Veranlagungszeiträume im Wege des Verlustvortrags bzw. Verlustrücktrags. Im Vorschlag von 1984 war eine Berücksichtigung der Betriebsergebnisse *ausländischer* Betriebstätten oder Tochtergesellschaften des steuerpflichtigen Unternehmens explizit ausgeschlossen. In Reaktion auf die diesbezügliche Kritik des Wirtschafts- und Sozialausschusses[39] wurde im geänderten Vor-

37 Vgl. noch die Vorschläge der Kommission im ABl. EG Nr. C 138 v. 29.5.1991, S. 8 sowie ABl. EG Nr. C 176 v. 8.7.1991, S. 1, im Vergleich zur Verordnung (EG) Nr. 2157/2001 des Rates v. 8.10.2001 über das Statut der Europäischen Gesellschaft (SE), ABl. EG L 294 v. 10.11.2001, S. 1 ff.: In Erwägungsgrund Nr. 20 wird festgestellt, dass „andere Rechtsbereiche wie das Steuerrecht…nicht erfasst" sind.

38 Vorschlag einer Richtlinie des Rates zur Harmonisierung der steuerlichen Rechtsvorschriften der Mitgliedstaaten zur Übertragung von Unternehmensverlusten, KOM (84) 404 endg., ABl. EG Nr. C 253 v. 20.9.1984, S. 5.

39 Stellungnahme des Wirtschafts- und Sozialausschusses zu dem Vorschlag für eine Richtlinie des Rates zur Harmonisierung der steuerlichen Rechtsvorschriften der Mitgliedstaaten über die Übertragung von Unternehmensverlusten, ABl. EG Nr. C 160 v. 1.7.1985, S. 35, 36.

schlag vom 25.6.1985[40] der Gewinn oder Verlust als solcher verstanden, der sich „*gegebenenfalls* nach Verrechnung mit anderen Einkünften oder mit dem Betriebsergebnis aus *ausländischen* Betriebstätten oder Tochtergesellschaften ermittelt". Ferner war eine Ergebnisermittlung nach den steuerlichen Vorschriften des besteuernden Staates vorgesehen. Somit sollte die Entscheidung über die Konsolidierung mit Auslandsverlusten im Ergebnis den Mitgliedstaaten vorbehalten bleiben. Da auch der geänderte Vorschlag aus dem Jahr 1985 wieder zurückgezogen wurde, existieren innerhalb der EU derzeit keine einheitlichen nationalen Vorschriften zum intertemporalen Verlustabzug[41].

iv) Vorschlag aus dem Jahr 1990

Der Entwurf einer EG-Verlustrichtlinie[42] sah eine Verlustverrechnung zwischen verbundenen Unternehmen ab einer Mindestbeteiligungshöhe von 75% vor, wobei es den Mitgliedstaaten freistehen sollte, eine niedrigere Schwelle einzuführen[43]. Erfasst waren sowohl im Gemeinschaftsgebiet ansässige Betriebstätten als auch Tochtergesellschaften. Zwischen diesen Rechtsformen wurde insofern differenziert, als für Betriebstätten zwischen der Anrechnungsmethode und der Methode des Verlustabzugs mit Nach-

40 Kommissionsvorschlag KOM (85) 319 endg., ABl. EG Nr. C 170 v. 9.7.1985, S. 3

41 Zurückgezogen am 20.11.1996, ABl. EG Nr. C 2 v. 4.1.1997, S. 6. Vgl. zum intertemporalen Verlustabzug in den einzelnen Mitgliedstaaten etwa die Übersicht bei *Scheunemann*, IStR 2006, 145, 148; *BDI/PWC*, Verlustberücksichtigung über Grenzen hinweg, 2006, S. 13 ff., 95 f.

42 Vorschlag der Kommission für eine Richtlinie des Rates über eine Regelung für Unternehmen zur Berücksichtigung der Verluste ihrer in anderen Mitgliedstaaten belegenen Betriebstätten und Tochtergesellschaften v. 6.12.1990, KOM (90) 595 endg., ABl. EG Nr. C 53 v. 28.2.1991, S. 30-34 = BR-Drs. 96/91 v. 7.2.1991. Vgl. etwa *Cordewener*, DStJG 28 (2005), 255, 259 f.; *Denys*, European Taxation 2006, 443, 445 ff.; *Jacobs*, Internationale Unternehmensbesteuerung, 5. Aufl. 2002, S. 177 f.; *Kellersmann/Treisch*, Europäische Unternehmensbesteuerung, 2002, S. 283 ff.; *Kemmeren*, Principle of Origin in Tax Conventions - A Rethinking of Models, 2001, S. 227 ff.; *Michelsen*, in: CDFI, IFA 1998 London Congress, Vol. LXXXIIa, General Report, S. 21, 49 ff.; *Paetsch*, Grenzüberschreitende Verlustberücksichtigung im Europäischen Binnenmarkt, 2004, S. 118 ff.; *Saß*, BB 1991, 1161 ff.; *Scheffler*, DBW 1996, 589, 593 ff.; *Schollmeier*, in: Birk (Hrsg.), Handbuch des Europäischen Steuer- und Abgabenrechts, 1995, S. 897 ff.; *Stockmann*, Verluste ausländischer Tochtergesellschaften im deutschen internationalen Steuerrecht, 2000, S. 211 ff.; *Wilk*, Die einkommensteuerrechtliche Behandlung von Auslandsverlusten, 2000, S. 204 ff.; *Zoll*, Grenzüberschreitende Verlustberücksichtigung bei gewerblichen Betriebstätten und Tochtergesellschaften, 2001, S. 164 ff.

43 Art. 2 des Richtlinienvorschlags.

versteuerung gewählt werden durfte, wohingegen für Tochtergesellschaften nur die letztgenannte Methode offen stand[44]. Die Methode des Verlustabzugs mit Nachversteuerung ähnelte bis auf den Aktivitätsvorbehalt den früheren deutschen Vorschriften des § 2a Abs. 3 und 4 a.F. EStG – eine Aktivitätsklausel wurde deshalb von deutscher Seite für eine spätere Richtlinie gefordert[45].

Die Ergebnisermittlung sollte nach dem Recht des Ansässigkeitsstaates der Betriebstätte bzw. Tochtergesellschaft erfolgen[46]. Bei Tochtergesellschaften war der Verlust im Verhältnis zur Beteiligung der Muttergesellschaft (quotal) zuzurechnen. Eine Abschreibung auf den Teilwert der Beteiligung am verbundenen Unternehmen war zur Verhinderung einer doppelten Verlustnutzung unzulässig[47].

Eine wesentliche Aussage des alten Richtlinienvorschlags war die ausschließliche Verbindlichkeit hinsichtlich des Ziels der grenzüberschreitenden Verlustberücksichtigung. Hinsichtlich der Mittel hatten die Mitgliedstaaten bei Betriebstätten ein Wahlrecht, bei Tochtergesellschaften waren sie nicht an der Beibehaltung oder Einführung anderer Methoden der Verlustberücksichtigung, insbesondere im Wege der Ergebniskonsolidierung, gehindert[48].

Der Richtlinienentwurf beschränkte sich im Ergebnis auf den zwischenstaatlichen Verlustausgleich von einem unteren Konzernglied zur Konzernspitze („upstream"), nicht in umgekehrter Richtung („downstream") und auch nicht zwischen anderen Konzerngliedern, wie beispielsweise Schwestergesellschaften („sidestream"). Die Ergebnisermittlung bei dem unteren Konzernglied wurde ebenso wenig tangiert wie die Steuerhoheit des ausländischen Staates[49].

Aufgrund seiner progressiven Ausrichtung und dem großen Einfluss auf die mitgliedstaatlichen Steuersysteme hatte der Richtlinienentwurf letztlich keine reelle Chance auf politische Umsetzung[50]. Dabei verwirklichte der Entwurf – trotz der zum Teil berechtigten Kritik in Detailfragen[51] – bereits die

44 Art. 5 und 9 des Richtlinienvorschlags.

45 *Schollmeier*, in: Birk (Hrsg.), Handbuch des Europäischen Steuer- und Abgabenrechts, 1995, S. 897, 898 f.

46 Art. 7 Abs. 2 und 9 Abs. 2 des Richtlinienvorschlags.

47 Art. 11 des Richtlinienvorschlags.

48 Art. 12 des Richtlinienvorschlags.

49 *Saß*, BB 1991, 1161, 1164.

50 Zurückgezogen am 11.12.2001 mit KOM (2001) 763 endg./2 v. 21.12.2001, S. 23.

51 Vgl. beispielsweise *Stockmann*, Verluste ausländischer Tochtergesellschaften im deutschen internationalen Steuerrecht, 2000, S. 216 ff.

Forderung nach einer rechtsformneutralen Behandlung von Tochtergesellschaft und Betriebstätte als Ausdruck der Wettbewerbsneutralität und Gleichmäßigkeit der Besteuerung.

3. Jüngere Initiativen der Kommission

Die Europäische Kommission kündigte bereits im Oktober 2001[52] an, mit Vorarbeiten für einen erneuten Anlauf einer Richtlinie zur grenzüberschreitenden Verlustberücksichtigung zu beginnen. In der Mitteilung „Ein Binnenmarkt ohne unternehmensteuerliche Hindernisse - Ergebnisse, Initiativen, Herausforderungen" vom November 2003[53] erneuerte die Kommission ihr Versprechen. Zugleich machte sie das Fehlen einer Gemeinschaftsregelung für eine grenzüberschreitende Verlustverrechnung im Konzern als „eines der größten Hindernisse für das Funktionieren des Binnenmarktes" kenntlich. Allerdings sollte der Ausgang der Entscheidung in der Rechtssache „Marks & Spencer" abgewartet werden Als Reaktion auf das am 13.12.2005 vom EuGH erlassene Urteil veröffentlichte die Kommission cirka ein Jahr später nicht etwa einen neuen Richtlinienvorschlag, sondern lediglich eine für die Mitgliedstaaten rechtsunverbindliche Mitteilung zur „Steuerlichen Behandlung von Verlusten bei grenzübergreifenden Sachverhalten"[54]. Darin betont die Kommission nochmals ausdrücklich die Notwendigkeit, innerhalb der Gemeinschaft ein effizientes System der grenzüberschreitenden Verlustnutzung einzuführen. Sie ermutigt die Mitgliedstaaten, *auf nationaler Ebene* Regelungen zu schaffen oder beizubehalten, die Verluste von Konzernen mit Aktivitäten in verschiedenen Mitgliedstaaten möglichst genauso behandeln wie Verluste von Konzernen, die nur innerhalb eines Mitgliedstaates aktiv sind. Als Leitprinzipien für eine gezielte Maßnahme formulierte die Kommission, dass:

- ein sofortiger und effektiver einmaliger Abzug der Verluste zuzulassen sei;
- zumindest die Verrechnung „nach oben" auf die Ebene der Muttergesellschaft zuzulassen sei;
- Einkommensverlagerungen von einem Mitgliedstaat in den anderen vermieden werden müssten, es sei denn, die Verluste sind endgültig

52 Europäische Kommission, Unternehmensbesteuerung im Binnenmarkt, Arbeitsdokument der Dienststellen der Kommission, KOM (2001) 582 endg., Teil IV B 7.3 sowie SEK (2001) 1681, S. 340.
53 KOM (2003) 726 v. 24.11.2003, S. 11, Nr. 3.3.
54 KOM (2006) 824 endg. v. 19.12.2006.

und es besteht keine Abzugsmöglichkeit in dem Staat, in dem sie entstanden sind;

- zunächst alle inländischen Möglichkeiten der Berücksichtigung von Verlusten ausgeschöpft werden müssten; und
- keine Spielräume für Missbrauch eröffnet werden.

Zur Umsetzung dieses Rahmenkonzepts schlägt die Kommission insgesamt drei Alternativen vor, die allesamt einen Verlustabzug im Steuerjahr der Verlustentstehung vorsehen, sich jedoch in der Frage der Behandlung zukünftiger Gewinne voneinander unterscheiden:

Alternative 1 („konzerninterner Verlustübertrag") führt zu einem definitiven Übertrag der ausländischen Verluste, ohne dass zukünftige Gewinne etwa im Wege einer Nachversteuerung berücksichtigt werden. Nachteilige Auswirkungen auf das Steuerbudget des Mitgliedstaats der verlustübernehmenden Gesellschaft könnten deshalb nur durch ein kompliziertes Clearing-System, unter dem der Mitgliedstaat der verlustübertragenden einen Ausgleich zahlt, vermieden werden.

In *Alternative 2* („Abzugs-/Hinzurechnungsmethode") erfolgt nur ein vorübergehender Verlustübertrag. Zu einem späteren Zeitpunkt, in dem die Tochtergesellschaft wieder Gewinne erzielt, kommt es zu einer Nachversteuerung. Dieses Konzept lag dem bereits erläuterten Richtlinienvorschlag aus dem Jahr 1990 zugrunde.

Schließlich sieht *Alternative 3* („System des konsolidierten Gewinns") eine laufende Besteuerung sowohl der Gewinne als auch der Verluste der Tochtergesellschaft für einen festzulegenden Zeitraum auf Ebene der Muttergesellschaft vor. Dieses Konzept war in dem bereits erwähnten Vorschlag aus dem Jahr 1969 gewählt worden und führt im Ergebnis zu einer „Betriebstättenbehandlung" für konsolidierte Tochtergesellschaften.

Um einen entsprechenden Anpassungsdruck auf die Mitgliedstaaten zu erzeugen, regt die Kommission eine Überprüfung der dargestellten Vorschläge durch Rat, Parlament und Wirtschafts- und Sozialausschuss an.

4. Zwischenergebnis

In den sekundärrechtlichen EG-Rechtsakten finden sich keine normativen Vorgaben für oder gegen eine grenzübergreifende Berücksichtigung steuerlicher Verluste innerhalb der EU. Frühere Initiativen der EG-Kommission in diesem Bereich verliefen bisher im Sande.

Allerdings bezwecken beispielsweise sowohl die Mutter-Tochter-Richtlinie als auch die Fusionsrichtlinie und Zins- und Lizenzrichtlinie, dass (Finanz-) Beziehungen zwischen Mutter- und Tochtergesellschaften verschiedener Mitgliedstaaten nicht gegenüber gleichartigen Beziehungen zwischen Mutter- und Tochtergesellschaften ein und desselben Mitgliedstaates steuerlich benachteiligt werden – ein Ziel, welches auch dem Vorschlag zu einer Verlustrichtlinie zugrunde lag[55]. Erkennbar wird damit das Bestreben des europäischen Gesetzgebers, die wirtschaftliche Betätigung im Binnenmarkt möglichst von nationalen steuerlichen Schranken zu befreien. Ob dieses *Bestreben* jedoch im Hinblick auf die grenzüberschreitende konzerninterne Verlustberücksichtigung durch die Niederlassungsfreiheit des EG-Vertrags in den Rang einer *Verpflichtung* der Mitgliedstaaten erhoben wird, ist im Folgenden zu analysieren.

II. Niederlassungsfreiheit und grenzübergreifende Verlustnutzung im Konzern

1. Allgemeines

Wie bereits aufgezeigt, bestehen derzeit keine detaillierten europarechtlichen Regelungen zur Frage der grenzübergreifenden Verlustnutzung zwischen verbundenen Unternehmen. Gleichwohl enthalten der EG-Vertrag im Allgemeinen und dessen Grundfreiheiten im Besonderen einen Mindestkanon an Vorgaben. Die Auslegung der Grundfreiheiten und damit die Konkretisierung hinsichtlich der angesprochenen Vorgaben obliegt dem Europäischen Gerichtshof. Ihm ist nach Art. 220 EG die Wahrung des Rechts bei der Auslegung und Anwendung des EG-Vertrages und damit die Gewährleistung einer einheitlichen Rechtsanwendung innerhalb der Gemeinschaft übertragen. Zur Erfüllung dieser Aufgabe hat das Luxemburger Gericht ein mittlerweile umfangreiches „case law“ zu Fragen der Kompatibilität mitgliedstaatlicher Rechtsnormen mit dem EG-Vertrag geschaffen[56]. Diese Rechtsprechung zeitigt einen enormen Einfluss auf ziemlich alle Bereiche der innerstaatlichen Rechtsordnungen, mithin auch auf das Unternehmensteuerrecht, und dient beispielsweise als Hilfe für einzelstaatliche Gerichte in Fragen der Nichtanwendung konfliktträchtiger nationaler Steuernormen.

Änderungen bestimmter unternehmensrelevanter nationaler Regelungen lassen sich immer öfter auf Gemeinschaftsrecht zurückführen. Abgesehen von

---

55 Vgl. die Begründung zum Vorschlag der Kommission v. 6.12.1990, KOM (90) 595 endg., ABl EG C-53 v. 28.2.1991, S. 30.

56 Vgl. für die direkten Steuern etwa die Entscheidungssammlung *Ernst & Young*, EuGH-Rechtsprechung Ertragsteuerrecht, Bonn 2005.

der Fusionsrichtlinie, der Mutter-Tochter-Richtlinie, der Zins- und Lizenzrichtlinie, der Schiedsverfahrenskonvention sowie den Umsatzsteuerrichtlinien, wird die Gruppenbesteuerung jedoch grundsätzlich nicht von EG-Sekundärrecht tangiert. Die bisher einschneidendsten Änderungen im Bereich der mitgliedstaatlichen Steuerrechte waren hauptsächlich das Produkt der progressiven EuGH-Rechtsprechung zu den Grundfreiheiten, insbesondere zur Niederlassungsfreiheit.

Wegen der nur schleppenden (aufgrund des Einstimmigkeitserfordernisses nach Art. 94 EG) und unzulänglichen (aufgrund nationalen Besitzstandsdenkens) legislativen Fortentwicklung im Bereich der direkten Besteuerung in Europa ergriff der EuGH die Initiative, das entstandene Vakuum zu füllen[57]. Man kann den EuGH deshalb als „Motor der Integration" bezeichnen, nicht jedoch als Steuergesetzgeber. Dies erklärt sich daraus, dass der Gerichtshof zwar nationale Normen für unvereinbar mit dem EG-Vertrag erklären, aber keine neuen Vorschriften an deren Stelle setzen kann[58]. Die mittlerweile unumstrittene Zuständigkeit des EuGH in steuerlichen Fragen verdeutlicht folgender, oft gebrauchter Textbaustein des Luxemburger Gerichts[59]: *„Die direkten Steuern fallen zwar in die Zuständigkeit der Mitgliedstaaten, diese haben jedoch ihre Befugnisse unter Wahrung des Gemeinschaftsrechts auszuüben.*"

2. Das Verfahren „Marks & Spencer plc"

Der EuGH hatte erstmals in der Rechtssache „Marks & Spencer plc" Gelegenheit, sich intensiv mit der Frage der grenzüberschreitenden Verlustberücksichtigung zwischen verbundenen Unternehmen zu befassen[60]. Der High Court of Justice (England & Wales) legte dem Gerichtshof mit Beschluss vom 2.5.2003 das Vorabentscheidungsersuchen in diesem Rechtsstreit vor. Anhand dieses Referenzverfahrens sollen die für die Thematik der grenzübergreifenden Verlustnutzung relevanten Fragestellungen herausgear-

57 Vielen geht das jedoch zu weit, vereinzelt wird dem EuGH sogar der Vorwurf der „ultra vires" Entscheidung gemacht, vgl. *Wattel*, EC Tax Review 2003, 194, 198.

58 *Mössner*, ASA 2004, 673, 673 f. spricht zutreffend von „negativer Integration".

59 EuGH v. 14.2.1995, Rs. C-279/93, *Schumacker*, Slg. 1995, I-225 Rn. 21; 16.7.1998, C-264/96, *ICI*, Slg. 1998, I-4695 Rn. 19, 6.6.2000, Rs. C-35/98, *Verkooijen*, Slg. 2000, I-4071 Rn. 32.

60 EuGH v. 13.12.2005, Rs. C-446/03, *Marks & Spencer plc*, Slg. 2005, I-10837. Vgl. nunmehr auch das „spiegelbildliche" Verfahren in der Rs. C-231/05, *Oy AA* (Schlussanträge GAin Kokott v. 12.9.2006), zur grenzüberschreitenden Gewinnzurechnung unter der finnischen Gruppenbesteuerung.

beitet und im Rahmen der Grundfreiheitsprüfung[61] ausführlich analysiert werden.

Folgender Sachverhalt lag dem Rechtsstreit zugrunde: Marks & Spencer plc ist ein international agierender und in Großbritannien marktführender Einzelhandelskonzern. Das Mutterunternehmen ist im Vereinigten Königreich ansässig und dort unbeschränkt körperschaftsteuerpflichtig. Für die Expansion in Kontinentaleuropa gründete das Unternehmen über eine 100%ige englische Tochtergesellschaft (M&S International Holdings Ltd) aus steuerlichen Gründen eine Holding in den Niederlanden (M&S Nederland BV), in der die europäischen Aktivitäten gebündelt wurden. Zur Zeit der Verlustentstehung bei den Auslandstochtergesellschaften war die Holding mittelbar bzw. unmittelbar zu 100% an den Tochtergesellschaften mit Sitz und Geschäftsleitung in Belgien (SA M&S Belgium NV), Frankreich (M&S France SA) und Deutschland (M&S Deutschland GmbH) beteiligt.

Die genannten Auslandstochtergesellschaften beschränkten ihre unternehmerische Tätigkeit auf ihren jeweiligen Ansässigkeitsstaat. Während das Mutterunternehmen profitabel blieb, erwirtschafteten die Tochtergesellschaften infolge der Rezession in der zweiten Hälfte der 90er Jahre in den Geschäftsjahren von 1998 bis 2001 nur Verluste. Marks & Spencer trennte sich daher von seiner französischen Tochtergesellschaft und stellte den Handel in den Tochtergesellschaften in Belgien und Deutschland ein. Da die Verluste der vier Veranlagungszeiträume somit im ausländischen Ansässigkeitsstaat der jeweiligen Tochtergesellschaft keine Berücksichtigung mehr finden konnten, beantragte das britische Mutterunternehmen für diese den „group relief", also die Verlustberücksichtigung im Inland im Rahmen einer Unternehmensgruppe[62]. Die geltend gemachten kontinentaleuropäischen Verluste beliefen sich auf nach britischem Steuerrecht berechnete £ 100 Millionen, von denen Marks & Spencer sich eine Steuererstattung von ca. £ 30 Millionen versprach.

Der zuständige Steuerinspektor *David Halsey* lehnte den Antrag hinsichtlich der Verlustjahre 1998 bis 2000 mit der Begründung ab, dass die Auslandstochtergesellschaften nicht im Vereinigten Königreich ansässig waren, wie dies gesetzlich für die entsprechenden Veranlagungszeiträume vorausgesetzt

---

61 Zu den EuGH-Prüfschemata für die Grundfreiheiten des EG-Vertrages in steuerrechtlichen Fällen instruktiv: *Thömmes*, in: Schön (Hrsg.), GS Knobbe-Keuk, 1997, S. 795 ff.; *Reimer*, in: Lehner (Hrsg.), Grundfreiheiten im Steuerrecht der EU-Staaten, 2000, S. 39 ff.; *Englisch*, StuW 2003, 88 ff.; *Cordewener*, DStR 2004, 6 ff.; *Hahn*, DStZ 2005, 433 ff., 469 ff., 507 ff.

62 Vgl. zum UK group relief-System die Ausführungen vorstehend im 1. Teil, VIII.

war[63]. Die Vorschrift wurde durch den Financial Act 2000 aufgehoben und ersetzt: Für die Geschäftsjahre, die am oder nach dem 1.4.2000 begannen, wurde der group relief in den Fällen gewährt, in denen die verlustbringende Gesellschaft entweder im Inland ansässig oder im Inland über eine Zweigniederlassung oder Agentur unternehmerisch tätig war[64]. Der Steuerinspektor verweigerte den Antrag des Steuerpflichtigen für das Jahr 2001 deshalb mit der Begründung, dass der Steuerpflichtige weder die eine noch die andere Voraussetzung erfülle: *„Foreign losses belong abroad"*.

Marks & Spencer legte Rechtsbehelf ein und wählte den Weg über die Anhörung der Special Commissioners. Das Mutterunternehmen behauptete, dass die Versagung des group relief durch die britischen Steuernormen, also die *Nichtberücksichtigung von Verlusten der Auslandstochtergesellschaften einen Verstoß gegen die Niederlassungsfreiheit des Art. 43 EG darstelle.* In der erstinstanzlichen Entscheidung der Special Commissioners vom 25./26.11.2002[65] erfolgte trotz ausführlicher Auseinandersetzung mit den europarechtlichen Fragestellungen eine Ablehnung des Rechtsmittels. Die Berufung zum High Court of Justice (England & Wales) führte am 2.5.2003 zum Vorlagebeschluss[66] an den EuGH mit folgenden Vorlagefragen[67]:

---

63 Section 413 Abs. 5 ICTA 1988 (vor den Änderungen durch den Financial Act 2000): *„References in this Chapter to a company apply only to bodies corporate resident in the United Kingdom... ."*

64 Sections 402 Abs. 3A und Abs. 3B und Section 403D Abs. 1 (a) ICTA 1988 (idF. des Financial Act 2000): *„Group relief is not available unless the following condition is satisfied in the case of both the surrendering company and the claimant company. The condition is that the company is resident in the United Kingdom or is a non-resident company carrying on a trade in the United Kingdom through a branch or agency."*

65 SpC 352, *Marks & Spencer plc v. David Halsey (HM Inspector of Taxes)*, 25./26.11.2002, [2003] EuLR, S. 46 ff., zusammengefasst bei Simon's Weekly Tax Intelligence, 16.1.2003, S. 68 ff.; *Dörr*, Der Konzern 2003, 604 ff.; *Sheppard*, TNI 12.7.2004, 132 ff.; *Gammie*, Intertax 2005, 486 ff.

66 High Court of Justice, Chancery Division, Az.: CH/2003/APP/O181, *Marks & Spencer plc v. David Halsey (HM Inspector of Taxes)*, 2.5.2003, [2003] EWHC 1945 (Ch)=[2003] STC (SCD) 70=Der Konzern 2003, 862 ff. Vgl. hierzu das bereits umfangreiche Schrifttum: *Cordewener/Dahlberg/Pistone/Reimer/Romano*, European Taxation 2004, 218, 226 ff.; *Craig/Rainer/Röls/Thömmes/Tomsett*, TNI 13.1.2003, S. 125 ff.; *Cussons*, The Tax Journal 27.1.2003, S. 9 ff.; *ders.*, The Tax Journal 3.2.2003, S. 9 ff.; *Dörr*, Der Konzern 2003, 604 ff.; *ders.*, Der Konzern 2004, 15 ff.; *ders.*, IStR 2004, 265 ff.; *ders.*, Intertax 2004, 180 ff.; *Evans*, DFI 2003, 195 ff.; *Gosh*, TNI 4.4.2005, 33 ff.; *Gutmann*, Droit fiscal 2004, 681 ff.; *Herzig/Wagner*, DB 2005, 1 ff.; *Hinnekens*, European Taxation 2003, 175 ff.; *Johnson*, TNI 27.1.2003, 403 ff.; *Kippenberg*, IStR-Länderbericht 21/2003, S. 1; *Lyons*, British Tax Review

„1. Stellt es eine Beschränkung im Sinne von Artikel 43 EG in Verbindung mit Artikel 48 EG dar, wenn

- *Vorschriften eines Mitgliedstaats wie die Bestimmung des Vereinigten Königreichs über das Schachtelprivileg [group relief] eine Muttergesellschaft, die in diesem Staat Steuerinländer ist, daran hindern, ihre in diesem Staat erwirtschafteten steuerpflichtigen Gewinne dadurch zu senken, dass sie sie mit Verlusten verrechnet, die Tochtergesellschaften in anderen Mitgliedstaaten, in denen diese Steuerinländer sind, erlitten haben, obwohl eine solche Verrechnung möglich wäre, wenn diese Verluste von im Sitzstaat der Muttergesellschaft ansässigen Tochtergesellschaften erwirtschaftet worden wären;*
- *im Mitgliedstaat der Muttergesellschaft*
  - *eine Gesellschaft mit Sitz in diesem Staat in Bezug auf ihren gesamten Gewinn, einschließlich des Gewinns von Zweigniederlassungen in anderen Mitgliedstaaten, körperschaftsteuerpflichtig ist, wobei für die in einem anderen Mitgliedstaat angefallenen Steuern eine Regelung zur Vermeidung der Doppelbesteuerung besteht, nach der Verluste von Zweigniederlassungen bei diesen steuerbaren Gewinnen berücksichtigt werden;*
  - *die nicht ausgeschütteten Gewinne von Tochtergesellschaften in anderen Mitgliedstaaten nicht körperschaftsteuerpflichtig sind;*
  - *die Muttergesellschaft für alle Gewinnausschüttungen in Form von Dividenden, die die Tochtergesellschaft mit Sitz in einem anderen Mitgliedstaat vorgenommen hat, körperschaftsteuerpflichtig ist, während die Muttergesellschaft für Gewinnausschüttungen in Form von Dividenden durch im Sitzstaat der Muttergesellschaft ansässige Tochtergesellschaften nicht körperschaftsteuerpflichtig ist;*
  - *die Muttergesellschaft zur Vermeidung der Doppelbelastung für die auf Dividenden erhobene Quellensteuer und sonstige ausländische Steuern, die für Gewinne entrichtet wurden, aus denen in anderen*

2003, 443 ff.; *Martin*, Tax Planning International EU Focus 11/2004, 19 ff.; *Mbwa-Mboma*, TNI 5.5.2003, 457 ff.; *Mössner*, ASA 2004, 673, 698 ff.; *O'Grady*, TNI 30.6.2003, 1329 ff.; *Sheppard*, Tax Notes 2004, 1200 ff.; *dies.*, TNI 12.4.2004, 135, 140 f.; *dies.*; TNI 12.7.2004, S. 132 ff.; *Schön*, in: Arbeitsbuch 55. Steuerrechtliche Jahresarbeitstagung 2004, S. 4 ff.; *Smit*, fiscaal weekblad 2004, 3717; *Wattel*, EC Tax Review 2003, 194, 201; Sonderheft EC Tax Review 3/2003 mit Beiträgen von *Editorial Board*, *Vanistendael*, *Meussen*, *Pistone*, *Gutmann*.

67 Vgl. ABl. EG Nr. C 304 v. 13.12.2003, S. 18: dort datiert der Vorlagebeschluss jedoch auf den 16.7.2003.

Mitgliedstaaten ansässige Tochtergesellschaften Dividenden ausgeschüttet haben, eine Steuergutschrift erhält?

Wenn ja, ist diese Beschränkung nach Gemeinschaftsrecht gerechtfertigt?

2. a) Welchen Unterschied macht es gegebenenfalls für die Antwort auf die erste Frage, dass es je nach Gesetzeslage im Mitgliedstaat der Tochtergesellschaft unter gewissen Umständen möglich ist oder möglich sein kann, einige oder alle Verluste der Tochtergesellschaft gegen steuerbare Gewinne in ihrem Sitzstaat zu verrechnen?

b) Falls sich ein Unterschied ergibt, welche Bedeutung kommt dann gegebenenfalls dem Umstand zu, dass

- *eine in einem anderen Mitgliedstaat ansässige Tochtergesellschaft ihre Geschäftstätigkeit eingestellt hat und, obwohl in diesem Staat unter bestimmten Voraussetzungen ein Verlustabzug vorgesehen ist, nicht nachweisen kann, dass ihr dieser tatsächlich gewährt wurde;*
- *eine in einem anderen Mitgliedstaat ansässige Tochtergesellschaft an einen Dritten verkauft wurde und, obwohl in diesem Staat unter bestimmten Voraussetzungen ein Verlustabzug vorgesehen ist, nicht sicher ist, ob dieser im konkreten Fall vorgenommen wurde;*
- *die Voraussetzungen, unter denen der Mitgliedstaat der Muttergesellschaft die Verluste von im Vereinigten Königreich ansässigen Gesellschaften berücksichtigt, unabhängig davon Anwendung finden, ob auch in einem anderen Mitgliedstaaten ein Verlustabzug stattfindet?*

c) Würde es einen Unterschied machen, wenn nachgewiesen werden könnte, dass in dem Mitgliedstaat, in dem die Tochtergesellschaft ihren Sitz hat, ein Verlustabzug stattgefunden hat und wenn ja, wäre es von Bedeutung, wenn der Abzug später von einem Konzern vorgenommen würde, an den die Tochtergesellschaft verkauft wurde und der nicht mit dieser verwandt ist?"

Das Verfahren vor dem EuGH vollzog sich wie folgt: Die mündliche Verhandlung vor der Großen Kammer des Gerichtshofs fand am 1.2.2005 statt[68]. Anschließend gab Generalanwalt *Poiares Maduro* seine Schlussanträge am 7.5.2005[69] bekannt, bevor der EuGH letztlich mit Urteil vom

68 Zu den Details vgl. *Martin*, International Tax Review 3/2005, 63; *Meussen*, European Taxation 2005, 160 ff.; *Scheunemann*, IStR-Länderbericht 5/2005, S. 1 f.

69 Schlussanträge GA Poiares Maduro v. 7.5.2005, Rs. C-446/03, *Marks & Spencer plc*, Slg. 2005, I-10837. Vgl. hierzu etwa *Balmes/Brück/Ribbrock*, BB 2005, 966 ff.; *Ber-*

13.12.2005[70] entschied. Unter Berücksichtigung der Vorlageentscheidung wurde schließlich die Berufungsinstanz vom High Court of Justice mit Urteil vom 10.4.2006[71] abgeschlossen. Der Vollständigkeit halber zu erwähnen (aber bei der folgenden Untersuchung auszublenden) ist die derzeit noch vor britischen Gerichten anhängige Group Litigation Order[72], die sich mit weite-

---

gemann/Schönherr/Stäblein, BB 2005, 1706, 1714 ff.; *Confédération Fiscale Européenne*, European Taxation 2005, 507 f.; *Craig/van den Hurk/Lyons/Rainer/Roels/Thömmes/Tomsett*, TNI, 18.4.2005, S. 195 ff.; *Cunningham/Briault*, International Tax Review 5/2005, 10 ff.; *Eicker*, IWB Aktuell v. 13.4.2005, 322 f.; *ders.*, Stbg 2005, 197 ff.; *Finn*, The Tax Journal, 18.4.2005, S. 7 ff.; *Gammie*, Intertax 2005, 485 ff.; *Herzig/Englisch/Wagner*, Der Konzern 2005, 298 ff.; *Kleinert/Nagler*, GmbHR 2005, R 145 f.; *Kußmaul/Tcherveniachki*, StuB 2005, 626 ff.; *M. Lang*, EC Tax Review 2005, 95 ff.; *ders.*, SWI 2005, 255 ff.; *Meussen*, European Taxation 2005, 282 ff.; *Nagler/Kleinert*, DB 2005, 855 ff.; *Persoff*, International Tax Review 6/2005, 27 ff.; *ders.*, British Tax Review 2005, 260 ff.; *Petritz/Schilcher*, SWI 2005, 233 ff.; *Raupach/Pohl*, NZG 2005, 489 ff.; *Scheunemann*, IStR 2005, 303 ff.; *Thömmes*, IWB 2005, Fach 11a, Rspr., S. 852 ff.; *Wagner*, StBp. 2005, 190 ff.

70 EuGH v. 13.12.2005, Rs. C-446/03, *Marks & Spencer plc*, Slg. 2005, I-10837. Vgl. hierzu etwa: *Balmes/Brück/Ribbrock*, BB 2006, 186 ff.; *BNA Special Report*, The European Union and Group Relief 2006, S. 1 ff.; *Confédération Fiscale Européenne*, European Taxation 2007, 51 ff.; *Cordewener/Dörr*, CMLR 2006, 855 ff.; *Cussons*, The Tax Journal 23.1.2006, S. 9 f.; *Dörr*, EWS 2006, 34 ff.; *Dötsch/Pung*, Der Konzern 2006, 130 ff.; *Ehlermann/Nakhai*, The Tax Journal, 6.2.2006, S. 5 ff.; *Eicker/Röhrbein*, Stbg 2006, 117 ff.; *Englisch*, IStR 2006, 22 f.; *Herzig/Wagner*, DStR 2006, 1 ff.; *dies.*, Der Konzern 2006, 176 ff.; *J. Hey*, GmbHR 2006, 113 ff.; *Intemann*, NWB F. 4, S. 5037 ff.; *Kleinert*, GmbHR 2006, R45 f.; *Kleinert/Nagler*, DB 2005, 2791 f.; *Kofler*, ÖStZ 2006, 48 ff.; *M. Lang*, SWI 2006, 3 ff.; *ders.*, European Taxation 2006, 54 ff.; *Lovells*, International Tax Review 2/2006, 1 ff.; *Maiterth*, DStR 2006, 915 ff.; *Meister*, NZG 2006, 212 ff.; *Morgan*, The Tax Journal 20.2.2006, S. 5 f; *Müller/Müller*, GmbHR 2006, 301 ff.; *O'Shea*, EC Tax Review 2006, 66 ff.; *ders.*, TNI 15.5.2006, 587 ff.; *Reichl/Wittkowski*, StB 2006, 50 ff.; *Saß*, DB 2006, 123 ff.; *Scheunemann*, IStR 2006, 145 ff.; *ders.* Intertax 2006, 54 ff.; *ders.*, RIW 2006, 79 f.; *ders./macLachlan*, Tax Planning International Review 12/2005, 2 ff.; *Sedemund/Sterner*, DStZ 2006, 29 ff.; *Sutter*, EuZW 2006, 87 f.; *Thömmes*, IWB 2005, Fach 11a, Rspr., S. 938 ff.; *ders.*, EWS 1/2006, Erste Seite; *T.L.*, British Tax Review 2006, 9 ff.; *Wathelet*, British Tax Review 2006, 128 ff.; *Wernsmann/Nippert*, FR 2006, 153 ff.; Sonderheft European Taxation 9/2006 mit Beiträgen von *Smit*, *Vanistendael*, *M. Lang*, *Douma/Naumburg*, *Denys*, *Meussen*.

71 High Court of Justice, Chancery Division, *Marks & Spencer plc v. David Halsey (HM Inspector of Taxes)*, 10.4.2006, [2006] EWHC 811 (Ch)=[2006] All ER (D) 129 (Apr.).

72 Vgl. House of Lords, *Autologic Holdings plc & Others (Test Claimants in the Loss Relief Group Litigation Order) v. Commissioners of Inland Revenue*, 28.7.2005, [2005] UKHL 54 = [2005] STC 1357= [2005] 3 W.L.R. 339; zuvor: High Court of Justice, Chancery Division, Az.: HC02C03865, 3.3.2004, [2004] EWHC 358 (Ch) =

ren grenzüberschreitenden Verlustkonstellationen im Rahmen des group relief befasst.

3. Schutzbereich der Niederlassungsfreiheit

In ihrer erstinstanzlichen Entscheidung im Fall „Marks & Spencer“ verneinten die Special Commissioners die Einschlägigkeit der Niederlassungsfreiheit[73]. Auch in der Stellungnahme der Bundesrepublik Deutschland an den EuGH wurde behauptet, der Anwendungsbereich von Art. 43, 48 EG sei bei einer unterschiedlichen steuerlichen Behandlung durch den Herkunftsstaat – anders als beim Aufnahmemitgliedstaat – nicht einschlägig[74]. Dies gibt Anlass genug, sich genauer mit dem Normanwendungsbereich der Niederlassungsfreiheit auseinanderzusetzen.

a) Persönlicher Normanwendungsbereich

Gemäß Art. 43 Abs. 2 EG steht die Niederlassungsfreiheit neben den natürlichen Personen als Mitgliedstaatsangehörigen auch Gesellschaften i.S.d. Art. 48 Abs. 2 EG zur Seite. Vom subjektiven Anwendungsbereich erfasst sind somit in jedem Fall die in der Gruppenbesteuerung regelmäßig angesprochenen juristischen Personen.

b) Sachlicher Normanwendungsbereich

Die Niederlassungsfreiheit des Art. 43 EG räumt den Marktbürgern das Recht ein, in jedem Mitgliedstaat „nach den Bestimmungen des Aufnahmestaats für seine eigenen Angehörigen“ in einer dort begründeten Niederlassung eine selbstständige Erwerbstätigkeit von gewisser Dauer sowie die Gründung und Leitung von Unternehmen, insbesondere von Gesellschaften

---

[2004] STC 594 sowie Court of Appeal, Civil Division, 28.5.2004, [2004] EWCA Civ 680 = [2004] All ER (D) 456 (May). Vgl. hierzu: *Evans*, DFI 2003, 195, 199 f.; *Whitehouse/Foster*, The Tax Journal, 15.3.2004, S. 7; *Whitehouse/Foster*, The Tax Journal, 28.6.2004, S. 8 ff.; *Craig/Rainer/Röls/Thömmes/Tomsett/van den Hurk*, TNI 15.3.2004, S. 947 f.; *Foster*, The Tax Journal, 30.5.2005, S. 9 f.; *Fichardt*, European Taxation 2006, 87 ff.; *F.D.*, British Tax Review 2005, 453 ff.

73 SpC 352, *Marks & Spencer plc v. David Halsey (HM Inspector of Taxes)*, 25./26.11.2002, [2003] EuLR, S. 46 Rn. 89, 107.

74 Rn. 5 f. der Stellungnahme der Bundesrepublik Deutschland in der Rs. C-446/03 v. 10.2.2004 unter Verweis auf EuGH v. 27.9.1988, Rs. 81/87, *Daily Mail*, Slg. 1988, 5483 Rn. 22 ff.

i.S.d. Art. 48 Abs. 2 EG aufzunehmen und auszuüben. Der EuGH definiert den Begriff der Niederlassung als die „tatsächliche Ausübung einer wirtschaftlichen Tätigkeit mittels einer festen Einrichtung auf unbestimmte Zeit“[75].

i) Schutzbereich der primären und sekundären Niederlassungsfreiheit

Art. 43 Abs. 1 S. 1 EG verbietet die Beschränkungen der freien Niederlassung von Staatsangehörigen eines Mitgliedstaates im Hoheitsgebiet eines anderen Mitgliedstaates. Dieses als *primäre Niederlassungsfreiheit* bezeichnete Recht umfasst sowohl die erstmalige Aufnahme einer Tätigkeit im anderen Staat als auch die Ausübung der selbstständigen binnenmarktrelevanten Betätigung durch eine dort bereits existierende Gesellschaft i.S.d. Art 48 Abs. 2 EG. Hauptanwendungsbeispiele sind daher die Neugründung oder Übernahme eines Unternehmens als Hauptniederlassung im anderen Mitgliedstaat, jedoch auch Sitz- oder Standortverlegungen sowie grenzübergreifende Umwandlungsvorgänge[76].

Dieser Schutz wäre jedoch nur unvollständig verwirklicht, würde die in Art. 43 Abs. 1 S. 2 EG geregelte *sekundäre Niederlassungsfreiheit* nicht die Befugnis des Marktbürgers einschließen, „eine Tätigkeit in dem betreffenden Mitgliedstaat durch eine Tochtergesellschaft, Zweigniederlassung oder Agentur auszuüben“[77] und somit eine Nebenniederlassung zu betreiben. Nach der Rechtsprechung des EuGH wird neben dem Halten einer Beteiligung auch der Beteiligungserwerb umfasst, sofern es die Beteiligung erlaubt, die Gesellschaft zu kontrollieren, was bei einer Beteiligung am Nenn- oder Stammkapital von mindestens 25% angenommen wurde[78].

Der Unterschied zwischen primärer und sekundärer Niederlassungsfreiheit liegt in der jeweiligen Schutzrichtung: Unabhängig von seinem Aufenthaltsort ist jeder Mitgliedstaatsangehörige bzw. jede nach mitgliedstaatlichen Rechtsvorschriften gegründete Gesellschaft i.S.d. Art. 48 Abs. 2 EG Schutzadressat der primären Niederlassungsfreiheit. Berechtigter unter der sekun-

75 EuGH v. 25.7.1991, Rs. C-22/89 u. Rs. 221/89, *Faktortame*, Slg. 1991, I-3905 Rn. 20.

76 Vgl. nur EuGH v. 13.12.2005, Rs. C-411/03, *SEVIC Systems AG*, IStR 2006, 32.

77 EuGH v. v. 13.7.1993, Rs. C-330/91, *Commerzbank*, Slg. 1993, I-4017 Rn. 13; v. 16.7.1998, Rs. C-264/96, *ICI*, Slg. 1998, I-4695 Rn. 20; v. 21.9.1999, Rs. C-307/97, *Saint-Gobain*, Slg. 1999, I-6161 Rn. 34; v. 14.12.2000, Rs. C-141/99, *AMID*, Slg. 2000, I-11619 Rn. 20.

78 EuGH v. 13.4.2000, Rs. C-251/98, *Baars*, Slg. 2000, I-2787 Rn. 22 ff.

dären Niederlassungsfreiheit ist hingegen nur, wer innerhalb eines Mitgliedstaates ansässig ist[79].

Bezogen auf den Fall „Marks & Spencer" bzw. davon abstrahierend auf einen Konzernverbund aus Mutter- und Tochtergesellschaft in unterschiedlichen Mitgliedstaaten ist die sekundäre Niederlassungsfreiheit angesprochen.

ii) Rechtsformneutralität

(1) Problemstellung

Wie sich der sekundären Niederlassungsfreiheit entnehmen lässt, stehen dem Marktbürger unterschiedliche Organisationsformen zur Ausübung der Niederlassungsfreiheit zur Seite. Es drängt sich die Frage auf, ob es Art. 43 iVm. Art. 48 EG dementsprechend gebietet, unterschiedliche Niederlassungsformen steuerlich gleich zu behandeln, um somit Rechtsformneutralität zu erreichen und damit zugleich Freiheit in der Wahl der Organisationsform zu gewährleisten[80].

In der Tat bildete diese Thematik eine der beiden Argumentationslinien im Fall „Marks & Spencer". Neben der behaupteten Diskriminierung im Rahmen einer „*vertikalen*" Vergleichspaarbildung einer britischen Mutter mit Auslandstochter gegenüber einer britischen Mutter mit Inlandstochter trug das steuerpflichtige Mutterunternehmen außerdem vor, dass die angewandten Vorschriften des britischen Steuerrechts das Recht auf freie Niederlassung nach Art. 43, 48 EG dergestalt behindern, dass für den Steuerpflichtigen die Wahlfreiheit hinsichtlich der optimalen Form der Durchführung von Auslandsaktivitäten eingeschränkt werde. Dies sei die nachteilige Folge der Versagung der Verlustverrechnung mit Auslandstochtergesellschaften. Im Vergleich zu Letzteren könne ein britisches Mutterunternehmen, das eine ausländische Betriebstätte indirekt über eine Inlandstochtergesellschaft errichtet, automatisch jeden Betriebstättenverlust bei der Gewinnberechnung der Inlandstochtergesellschaft konsolidieren. Das inländische Tochterunternehmen könne anschließend die „überschüssigen Betriebstättenverluste" im Wege des group relief an das Mutterunternehmen (oder an andere Gruppenmitglieder mit Gewinnen) weitergeben. Angesprochen war damit das „*horizontale*" Vergleichspaar einer britischen Mutter mit Auslandstochter gegenüber einem britischen Stammhaus mit Auslandsbetriebstätte.

79 Vgl. *Bröhmer*, in: Callies/Ruffert (Hrsg.), EUV/EGV, 2. Aufl. 2002, Art. 43 EG Rn. 18.

80 Vgl. hierzu bereits *Schön*, EWS 2000, 281 ff.; *Dautzenberg*, EWS 2001, 270 ff.; *Aarnio*, EC Tax Review 2006, 18 ff.; *M. Lang*, IStR 2006, 397 ff.

(2) Rechtsprechung zum „Inbound"-Fall

Gleich in seinem ersten steuerlichen, unter dem Stichwort „Avoir Fiscal" bekannten Verfahren wurde dem EuGH die Frage vorgetragen, ob der Tätigkeitsstaat für Zwecke der Besteuerung eine ausländische Betriebstätte wie eine inländische Tochtergesellschaft zu behandeln habe. Die Zweifel gründen darauf, dass aus Sicht des Tätigkeitsstaates ein beschränkt Steuerpflichtiger, der nur mit seinen inländischen Betriebstätteneinkünften (nach dem Territorialitätsprinzip) der Steuerjurisdiktion unterliegt, mit einer unbeschränkt steuerpflichtigen (nach dem Welteinkommensprinzip veranlagten) Tochtergesellschaft verglichen werden soll. Diesen Unterschied erkennend lehnte der EuGH eine *generelle* Vergleichbarkeit von gebietsansässigen mit gebietsfremden Gesellschaften ab[81]. Bezogen auf die *konkreten* Umstände des Falles war hingegen von einer Vergleichbarkeit auszugehen.

Diese Argumentation fand Bestätigung in weiteren Entscheidungen des EuGH[82]: Insbesondere im Urteil „Royal Bank of Scotland", in dem ein begünstigender Körperschaftsteuersatz nur den ansässigen Bankgesellschaften, nicht aber einer britischen Zweigniederlassung zuteil wurde, führte der Gerichtshof aus, dass der unterschiedliche Steuerzugriff bei beschränkter und unbeschränkter Steuerpflichtigkeit nicht daran hindert, *„die Situationen beider Gruppen von Gesellschaften bei Gleichartigkeit sämtlicher Faktoren in Bezug auf das Verfahren zur Ermittlung der Bemessungsgrundlage als gleichartig anzusehen"*[83]. Unter Bezugnahme auf diese Entscheidung urteilte der EuGH auch in dem jüngeren deutschen Vorlageverfahren „CLT-UFA": Die Besteuerung der deutschen Betriebstättengewinne ausländischer Unternehmen im Streitjahr 1994 mit 42% sei gegenüber der steuerlichen Belastung ausgeschütteter Gewinne ansässiger Gesellschaften diskriminierend[84].

In der Entscheidung „Saint-Gobain" erstreckte der Gerichtshof sogar die Abkommensberechtigung unter Doppelbesteuerungsabkommen auf Betrieb-

81 EuGH v. 28.1.1986, Rs. 270/83, *Kommission/Frankreich* („Avoir Fiscal"), Slg. 1986, 273 Rn. 19: der EuGH spricht in diesem Zusammenhang nicht von der (Nicht-)Vergleichbarkeit der objektiven Situationen, sondern von einer möglichen Rechtfertigung der Ungleichbehandlung.

82 EuGH v. 13.7.1993, Rs. C-330/91, *Commerzbank*, Slg. 1993, I-4017; 29.4.1999, Rs. C-311/97, *Royal Bank of Scotland*, Slg. 1999, I-2651 Rn. 26.

83 EuGH v. 29.4.1999, Rs. C-311/97, *Royal Bank of Scotland*, Slg. 1999, I-2651 Rn. 29.

84 EuGH v. 23.2.2006, Rs. C-253/03, *CLT-UFA*, Slg. 2006, I-1831 Rn. Rn. 16, 31. A.A. noch die Vorinstanz FG Köln v. 8.2.2001, 13 K 9771/97, IWB F. 3a Gr. 1, S. 953, 955: „Unterschiedliche Rechtsformen können nämlich auch eine unterschiedliche steuerliche Behandlung rechtfertigen" mit berechtigter Kritik von *Kaefer*, IWB F. 3a Gr. 1, Rspr., S. 956 und *Lausterer*, IStR 2001, 212, 214.

stätten EU-ausländischer Gesellschaften, da diese ansonsten gegenüber ansässigen Tochtergesellschaften EU-ausländischer Gesellschaften benachteiligt wären[85]. Begründet wurde dies ebenfalls mit der über Art. 43, 48 EG gewährleisteten Freiheit der Wahl der Rechtsform zur Ausübung der Tätigkeit.

Gemeinsam ist diesen Entscheidungen[86], dass sie so genannte „inbound"-Fälle zum Gegenstand haben, in denen eine streitgegenständliche Vorschrift des Tätigkeitsstaates zu überprüfen war. Folgerichtig wurde das Prinzip der Rechtsformwahlfreiheit zugleich aus dem Diskriminierungsverbot nach der Staatsangehörigkeit entwickelt[87]: Die steuerliche Rechtsprechung des EuGH zur Betätigung im Staat der Niederlassung hebt darauf ab, dass sich bei einer Betriebstätte der beschränkt steuerpflichtige *Ausländer* betätigt, während bei einer Tochtergesellschaft diese selbst *als Inländer* unbeschränkt steuerpflichtig ist. Somit lässt sich eine Diskriminierungssituation herausarbeiten, wenn die Betriebstätte (d.h. der beschränkt Steuerpflichtige) unter demselben Besteuerungsregime schlechter behandelt wird als die ansässige Tochtergesellschaft. Die ursprüngliche generelle Aussage, beschränkt Steuerpflichtige befänden sich nicht in einer vergleichbaren Situation wie unbeschränkt Steuerpflichtige, dürfte sich nur noch auf den Bereich des subjektiven Nettoprinzips und damit auf nicht juristische Personen beschränken[88]. Bei Unternehmen hat hingegen die in Art. 43 Abs. 1 S. 2 EG gewährleistete Wahlfreiheit der geeigneten Rechtsform für die Ausübung von Tätigkeiten im anderen Mitgliedstaat insbesondere das Ziel, es den Gesellschaften mit Sitz in einem anderen Mitgliedstaat zu ermöglichen, eine Zweigniederlas-

85 EuGH v. 21.9.1999, Rs. C-307/97, *Saint-Gobain*, Slg. 1999, I-6161 Rn. 38 ff.

86 Vgl. überdies die Ausführungen zur Rechtsformwahlfreiheit bei EuGH v. 13.7.1993, Rs. C-330/91, *Commerzbank*, Slg. 1993, I-4017 Rn. 13; Schlussanträge GA Lenz v. 5.11.1996, Rs. C-250/95, *Futura Participations SA und Singer*, Slg. 1997, I-2471 Rn. 36; Schlussanträge GA La Pergola v. 16.7.1998, Rs. C-212/97, *Centros*, Slg. 1999, I-1459 Rn. 16; zuletzt EuGH v. 23.2.2006, Rs. C-253/03, *CLT-UFA*, Slg. 2006, I-1831 Rn. 14 f.

87 Bei Gesellschaften wird jedoch für die Diskriminierungsprüfung an den Sitz angeknüpft, der letztlich als der genuine link zu dem Rechtssystem eines Mitgliedstaates fungiert, vergleichbar der Staatsangehörigkeit bei natürlichen Personen. St. Rspr. seit 28.1.1986, Rs. 270/83, *Kommission/Frankreich* („Avoir Fiscal"), Slg. 1986, 273 Rn. 18.

88 Vgl. nur EuGH v. 12.6.2003, Rs. C-234/01, *Gerritse*, Slg. 2003, I-5933 Rn. 28 f.; *Englisch*, StuW 2003, 88, 92; *Schön*, IStR 2004, 289, 292; *J. Hey*, StuW 2004, 193, 195.

sung zu gründen, um ihre Betätigung unter gleichen Bedingungen auszuüben, wie sie für Tochtergesellschaften gelten[89].

Insoweit kann festgehalten werden, dass *im inbound-Fall* ein Verbot horizontaler Diskriminierung besteht: Bei objektiv gleicher Situation ist der *Tätigkeitsstaat* verpflichtet, die inländische Betriebstätte des Steuerausländers steuerlich nicht schlechter als die ansässige Tochtergesellschaft zu behandeln[90].

(3) Rechtsprechung zum „Outbound"-Fall

Die Frage einer steuerlichen Gleichbehandlung der unter Ausübung der sekundären Niederlassungsfreiheit des Steuerpflichtigen gewählten Niederlassungsformen *durch den Herkunftsstaat* (im „outbound"-Fall) wurde bisher noch nicht an den EuGH herangetragen[91]. Allerdings ließ der EuGH in der Rechtssache „Marks & Spencer" die entsprechende Gelegenheit zu klärenden Ausführungen ungenutzt[92], und dies, obwohl im selben Verfahren die UK Special Commissioners und der Generalanwalt hierzu Stellung nahmen.

Nach Ansicht der UK Special Commissioners[93] *Avery Jones* und *Gammie* existiert keine Verpflichtung des Herkunftsstaates zur Rechtsformwahlfreiheit: Art. 43, 48 EG und die einschlägigen Rechtsprinzipien, die der EuGH

89 EuGH v. 23.2.2006, Rs. C-253/03, *CLT-UFA*, Slg. 2006, I-1831 Rn. 15. Zutreffend geht *Schön*, IStR 2004, 289, 292 heute in allen Bereichen der objektiven Steuerpflicht von einer mitgliedstaatlichen Pflicht zur Gleichbehandlung beschränkt und unbeschränkt steuerpflichtiger Personen aus.

90 Auswirkungen dieser Rechtsprechung ergeben sich etwa im Hinblick auf die Ausgestaltung von Gruppenbesteuerungssystemen: Die Gruppenbildung darf nicht für eine inländische Betriebstätte einer ausländischen Gesellschaft versagt werden, wenn die Gruppenbeteiligung dem Betriebsvermögen dieser Betriebstätte zurechenbar ist und im Falle des Haltens dieser (Enkel-)Beteiligung über eine inländische Tochtergesellschaft eine inländische Gruppenbesteuerung zulässig wäre. Gleiches müsste überdies für inländische Betriebstätten von ausländischen (Gruppen-)Gesellschaften gelten, da auch die Betriebstättenergebnisse von inländischen Gruppengesellschaften in das Gesamtgruppenergebnis einfließen.

91 Auch die Vorlagenfragen des High Court of Justice in der Rs. C-446/03, *Marks & Spencer plc*, ABl. EG Nr. C 304 v. 13.12.2003, S. 18 gehen hierauf nicht ein.

92 EuGH v. 13.12.2005, Rs. C-446/03, *Marks & Spencer plc*, Slg. 2005, I-10837. Allerdings wird in Rn. 52 ohne nähere Begründung im Rahmen der Rechtfertigung erklärt, dass die Regelungen zu ausländischen Zweigniederlassungen der vorgenommenen Beurteilung nicht entgegenstehen.

93 SpC 352, *Marks & Spencer plc v. David Halsey (HM Inspector of Taxes)*, 25./26.11.2002, [2003] EuLR, S. 46 Rn. 57 ff.

in seiner Rechtsprechung[94] zur Niederlassungsfreiheit entwickelte, enthielten kein Rechtsprinzip, wonach Großbritannien (als Herkunftsstaat) dieselben Steuerregelungen auf eine etwa in Frankreich ansässige Tochtergesellschaft anwenden müsse, wie es das im Falle einer inländischen Tochtergesellschaft hinsichtlich ihrer französischen Betriebstätte tut. Art. 43 EG besage nur, dass der *Aufnahmemitgliedstaat* (Frankreich) die Niederlassung auf seinem Gebiet nicht behindern darf, indem er Angehörige anderer Mitgliedstaaten ungünstiger als seine eigenen Staatsangehörigen in vergleichbarer Situation behandelt.

Generalanwalt *Poiares Maduro* schließt sich in seinen Schlussanträgen vom 7.4.2005[95] im Ergebnis der Ansicht der Commissioners an, begründet dies jedoch differenzierter: Im Gegensatz zu den inbound-Fällen des EuGH, in denen die verschiedenen Niederlassungsformen demselben Besteuerungsregime unterlagen, gelten vorliegend unterschiedliche Steuerregelungen für die jeweils gebietsfremden Zweigniederlassungen und Tochtergesellschaften. Der britische group relief führe zu keiner Angleichung der Situationen von Betriebstätten und Tochtergesellschaften, da das Trennungsprinzip nur für den Verlustübertrag, nicht aber für die Gewinnzurechnung unter dem Aspekt der rechtlichen und steuerlichen Selbstständigkeit der Tochtergesellschaft durchbrochen wird. Die Niederlassungsfreiheit bezwecke gerade nicht die Vereinheitlichung der Rechtsregime der verschiedenen Niederlassungsformen: Die Verpflichtung zu einheitlichen Regelungen für verschiedene Niederlassungsformen würde ansonsten darauf hinauslaufen, *„dass die einschneidendsten Besteuerungsregelungen in den Mitgliedstaaten in Frage gestellt würden, auch wenn diese nicht eigens auf eine transnationale Situation abstellen.*“ Angesprochen wird damit ein fehlender grenzüberschreitender Bezug im Rahmen des horizontalen Vergleichspaars.

---

94 Vgl. v.a. folgende Entscheidungen: EuGH v. 14.2.1995, Rs. C-279/93, *Schumacker*, Slg. 1995, I-225; 29.4.1999, Rs. C-311/97, *Royal Bank of Scotland*, Slg. 1999, I-2651; 13.2.1974, Rs. 152/73, *Sotgiu*, Slg. 1974, 153; 28.1.1986, Rs. 270/83, *Kommission/Frankreich* („Avoir Fiscal“), Slg. 1986, 273; 12.4.1994, Rs. C-1/93, *Halliburton*, Slg. 1994, I-1137; 2.3.1999, Rs. C-307/97, *Saint-Gobain*, Slg. 1999, I-6161; 15.5.1997, Rs. C-250/95, *Futura Participations SA und Singer*, Slg. 1997, I-2471; 26.10.1999, Rs. C-294/97, *Eurowings*, Slg. 1999, I-7447; 6.6.2000, Rs. C-35/98, *Verkooijen*, Slg. 2000, I-4071; 12.5.1998, Rs. C-336/96, *Gilly*, Slg. 1998, I-2793; 14.12.2000, Rs. C-141/99, *AMID*, Slg. 2000, I-11619; 13.4.2000, Rs. C-251/98, *Baars*, Slg. 2000, I-2787; 16.7.1998, Rs. C-264/96, *ICI*, Slg. 1998, I-4695; 8.3.2001, verb. Rs. C-397/98 und C-410/98, *Metallgesellschaft u.a. Hoechst*, Slg. 2001, I-1727.

95 Schlussanträge GA Poiares Maduro v. 7.5.2005, Rs. C-446/03, Slg. 2005, I-10837 Rn. 42 ff., 49.

Am Rande des Verfahrens „Bosal" wurde die Frage der Rechtsformneutralität von Generalanwalt *Alber* aufgegriffen[96]. Er argumentierte im Rahmen dieses outbound-Falles zu Finanzierungskosten einer Inlandsmuttergesellschaft für die Beteiligung an der Auslandstochtergesellschaft, dass der Unterschied in der steuerlichen Behandlung zu Gesellschaften mit Betriebstätten bereits deswegen gerechtfertigt sei, „*weil eine Gesellschaft auch für ihre Betriebstätte haftet, während die Muttergesellschaft nicht in gleicher Weise für die Verluste ihrer Tochtergesellschaft einzustehen hat.*" Auch in dieser Rechtssache enthielt sich der EuGH jedoch einer Stellungnahme zum horizontalen Vergleich, da er seiner Prüfung ausschließlich das vertikale Vergleichspaar zugrunde legte.

(4) Literatur

Die in der Rechtsprechung vorgefundene Zurückhaltung hinsichtlich eines Gebots der Rechtsformneutralität für den Herkunftsstaat spiegelt sich gerade nicht im Schrifttum wider:

Dies dürfte, wie *Wattel*[97] sehr prägnant herausarbeitete, an der Tatsache liegen, dass die Behandlung von Betriebstätten und Tochtergesellschaften in vielen Situationen des internationalen Steuerrechts inkonsistent verläuft: So werden Betriebstätten regelmäßig wie selbstständige Tochtergesellschaften behandelt, wenn es um die Gewinnabgrenzung[98] oder Fragen der Abkommensberechtigung[99] geht, wohingegen die Steuerpflichtigen bei der Berücksichtigung von Finanzierungskosten[100] bzw. wie vorliegend bei Verlusten ihre Tochtergesellschaften wie Betriebstätten behandelt wissen wollen. Er plädiert deshalb für ein striktes Territorialitätsprinzip innerhalb der EU. Dies führt zur Gleichbehandlung der Niederlassungsformen durch den Herkunftsstaat dergestalt, dass Gewinne und Verluste weder von Auslandsbetriebstätten noch von Auslandstochtergesellschaften im Herkunftsstaat steuerliche Berücksichtigung finden[101].

---

96 Schlussanträge GA Alber v. 24.9.2002, Rs. C-168/01, *Bosal Holding BV*, Slg. 2003, I-9409 Rn. 64.
97 *Wattel*, EC Tax Review 2003, 194, 198.
98 Vgl. etwa Art. 7 Abs. 2 OECD-MA.
99 EuGH v. 21.9.1999, Rs. C-307/97, *Saint-Gobain*, Slg. 1999, I-6161.
100 EuGH v. 18.9.2003, Rs. C-168/01, *Bosal Holding BV*, Slg. 2003, I-9409.
101 *Wattel*, EC Tax Review 2003, 194, 201.

Der Rechtsformneutralität insgesamt ablehnend gegenüber steht *Cordewener*[102], der eine solche Auslegung schon nicht vom Wortlaut des Art. 43 Abs. 1 S. 2 EG gedeckt sieht. Alleine das vertikale Vergleichspaar zwischen grenzüberschreitendem (Gebietsfremder) und innerstaatlichem (Gebietsansässiger) Sachverhalt wird dem grundfreiheitlichem Verständnis gerecht. Als nicht rechtlich, sondern ausschließlich ökonomisch untermauertes Postulat lehnt er letztlich auch die hilfsweisen Ausführungen des EuGH zur rechtsformneutralen Besteuerung im inbound-Fall ab.

Auf dieser Linie, aber nicht ganz so radikal verneint *Aarnio*[103] lediglich die vom Herkunftsstaat zu wahrende Rechtsformneutralität. Dies wird aus der in inbound-Fällen wiederholten Äußerung des Gerichtshofs, dass Inländerbehandlung und Rechtsformwahlfreiheit in engem Zusammenhang stehen, deshalb zusammen zu prüfen sind und ihre Missachtung einen einheitlichen Verstoß gegen die Niederlassungsfreiheit ergibt, gefolgert[104]. Letztlich seien damit sämtliche Entscheidungen auf die Diskriminierung eines Gebietsfremden (des beschränkt steuerpflichtigen Stammhauses) gegenüber einem Gebietsansässigen (der inländischen Tochtergesellschaft) zurückzuführen. Rechtsformwahlfreiheit könne es damit nicht ohne vertikalen Vergleich bzw. nicht ohne Diskriminierungssachverhalt geben[105].

Nach der Ansicht von *Herzig/Wagner*[106] entspricht die an den Herkunftsstaat gerichtete Forderung einer rechtsformunabhängigen Gleichbehandlung nicht der Teleologie der Grundfreiheiten, da diese nicht dazu dienen können, um grenzüberschreitend schon innerstaatlich bestehende strukturelle Unterschiede in der Besteuerung von Rechtsformen auszugleichen. Auch *Meussen*[107] hält von vornherein den Unterschied in der Rechtsform von entscheidender Bedeutung und zwar sowohl für gesellschaftsrechtliche als auch für steuerliche Zwecke. Die rechtsformabhängige Differenzierung beschränkt

---

102 *Cordewener*, Europäische Grundfreiheiten und nationales Steuerrecht, 2002, S. 831 ff., 836; *ders.* IStR 2003, 413, 416 Fn. 32. Zustimmend: *Jacobs*, Internationale Unternehmensbesteuerung, 5. Aufl. 2002, S. 236 f.; *Englisch*, StuW 2003, 88, 94; *ders.*, Intertax 2005, 310, 323; *J. Hey*, StuW 2004, 193, 209.

103 *Aarnio*, EC Tax Review 2006, 18, 26. Ebenso *Herzig/Wagner*, DB 2005, 1, 2; *dies.*, Der Konzern 2006, 176, 180 f.

104 Vgl. etwa EuGH v. 28.1.1986, Rs. 270/83, *Kommission/Frankreich* („Avoir Fiscal"), Slg. 1986, 273 Rn. 15; 21.9.1999, Rs. C-307/97, *Saint-Gobain*, Slg. 1999, I-6161 Rn. 43 f.

105 In diesem Sinne bereits *Herzig/Englisch/Wagner*, Der Konzern 2005, 298, 301; *J. Hey*, GmbHR 2006, 113, 118.

106 *Herzig/Wagner*, DB 2005, 1, 2; *dies.*, DStR 2006, 1, 5; *dies.*, Der Konzern 2006, 176, 180.

107 *Meussen*, EC Tax Review 2003, 144, 147; *ders.*, European Taxation 2005, 282, 283.

den Steuerpflichtigen deshalb nicht wirklich in der Ausübung seiner grundfreiheitlichen Rechte.

Nachdem der EuGH sich in seiner Entscheidung zum Fall „Marks & Spencer“ auf das vertikale Vergleichspaar konzentrierte und erst gar nicht auf die Konstellation des horizontalen Vergleichspaars einging, wurde verschiedentlich in diesem Schweigen eine implizite Negierung des Gleichbehandlungsgebots[108] gesehen. Andere verstanden dies jedoch als reine Enthaltung ohne Präjudizierung[109].

Eine differenzierte Ansicht findet sich hingegen bei *Gutmann*[110] und *Lang*[111], die beide zwar ebenfalls eine generelle Vergleichbarkeit der unterschiedlichen Rechtsformen ablehnen, aber eine Gleichbehandlung *im konkreten Fall* nicht ausschließen wollen. Die bestehenden zivilrechtlichen Unterschiede zwischen Tochtergesellschaft und Betriebstätte könnten nicht als Argument einer Unterscheidung in Bezug auf Gruppenbesteuerungsnormen dienen. Zu untersuchen sei in jedem Einzelfall die konkrete Vergleichbarkeit des horizontalen Vergleichspaars hinsichtlich der heranzuziehenden Normen des nationalen Rechts.

Die für eine Rechtsformneutralität im outbound-Fall plädierenden Schrifttumsmeinungen ziehen zur Begründung in der Regel eine Verknüpfung aus Wertungen des EuGH heran, die sich in seiner Rechtsprechung zum Gleichbehandlungsgebot im inbound-Fall und in seiner Rechtsprechung zum Beschränkungsverbot in outbound-Fällen finden[112]: Zum einen rechtfertige das territorialitätsbedingt fehlende Gewinnbesteuerungsrecht über die Auslandstochtergesellschaft keine Ungleichbehandlung zum Inlandssachverhalt. Zum anderen würde das im inbound-Fall vom EuGH anerkannte Prinzip der frei-

108 *Aarnio*, EC Tax Review 2006, 18, 25; *Herzig/Wagner*, Der Konzern 2006, 176, 180; *Kofler*, ÖStZ 2006, 48, 50; *Englisch*, IStR 2006, 22, 22.

109 *J. Hey*, GmbHR 2006, 113, 118; wohl auch *M. Lang*, SWI 2006, 3, 4.

110 *Gutmann*, EC Tax Review 2003, 154, 155 f.

111 *M. Lang*, SWI 2005, 255, 259; *ders.*, IStR 2006, 397, 400, 402; *ders.*, European Taxation 2006, 54, 56.

112 Vgl. etwa *Dautzenberg*, EWS 2001, 270, 276; *Dörr*, Der Konzern 2003, 604, 611; *ders.*, Der Konzern 2004, 15, 17 f.; *ders.*, Intertax 2004, 180, 183 f.; *Herzig*, in: Schön (Hrsg.), GS Knobbe-Keuk, 1997, S. 627, 633 ff.; *Kaefer*, IWB F. 3a Gr. 1, Rspr., S. 1054; *Lüdicke*, IStR 2003, 188, 190; *Martin*, Tax Planning International EU Focus 11/2004, 19, 20; *ders.*, EC Tax Review 2005, 61, 65; *Paetsch*, Grenzüberschreitende Verlustberücksichtigung im Europäischen Binnenmarkt, 2004, S. 106 f., 111; *Saß*, BB 1991, 1161, 1162; *ders.*, BB 1999, 447, 451; *Scheuchzer*, RIW 1995, 35, 42; *Schnitger*, IStR 2004, 821, 827; *ders.*, FR 2003, 1149, 1150 f.; *Tumpel*, DStJG 23 (2000), 321, 361 f.; *Zoll*, Grenzüberschreitende Verlustberücksichtigung bei gewerblichen Betriebstätten und Tochtergesellschaften, 2001, S. 295 f.

en Rechtsformwahl massiv geschwächt, wenn der Herkunftsstaat letztlich für eine differenzierte steuerliche Behandlung allein an die unterschiedliche Niederlassungsform im Tätigkeitsstaat anknüpfen könne.

Demgegenüber argumentieren die Vertreter der Gegenansicht hauptsächlich mit einer fehlenden Vergleichbarkeit von Gebietsansässigen und Gebietsfremden im Rahmen der horizontalen Vergleichspaarbildung[113]. Überdies fehle es beim horizontalen Vergleichspaar an dem notwendigen grenzüberschreitenden Bezug[114]: Tertium comparationis sei ausschließlich die gewählte Rechtsform der Auslandsniederlassung, die per se jedoch keine Anknüpfung an den freien Waren-, Dienstleistungs- und Kapitalverkehr „zwischen den Mitgliedstaaten" aufweise.

(5) Stellungnahme

Zunächst ist klarzustellen, dass die im Fall „Marks & Spencer" angesprochene Benachteiligung der Auslandstochtergesellschaft gegenüber der Auslandsbetriebstätte nichts mit der Thematik der europarechtlich allgemein als zulässig angesehenen Inländerdiskriminierung[115] zu tun hat. Dieser Terminus beschreibt nämlich, um im Kontext zu bleiben, Maßnahmen des Ansässigkeitsstaates der Tochtergesellschaft bzw. Betriebstätte (Tätigkeitsstaat), die sich für einen reinen Inlandsfall steuerlich belastend auf unbeschränkt Steuerpflichtige im Vergleich zu beschränkt Steuerpflichtigen auswirken[116]. Er passt daher nicht auf den hier zu beurteilenden Fall: Hier geht es aus der Sicht des Herkunftsstaates *in beiden* Vergleichskonstellationen (Muttergesellschaft mit Auslandsbetriebstätte und Muttergesellschaft mit Auslandstochtergesellschaft) um die grenzüberschreitende Ausübung der Niederlassungsfreiheit durch die *inländische* Gruppenobergesellschaft.

Betrachtet man die Frage nach der Gleichbehandlung von Rechtsformen unter dem Aspekt der gesetzgeberischen Gestaltungsfreiheit, so haben die Mitgliedstaaten nach der so genannten „Schumacker"-Formel des EuGH ihre Befugnisse im Bereich der direkten Steuern „unter Wahrung des Gemein-

---

113 *Johnson*, TNI, 27.1.2003, 403, 406; *Evans*, DFI 2003, 195, 197; wohl auch *Lehner*, DStJG 23 (2000), 263, 283.

114 *Cordewener/Dahlberg/Pistone/Reimer/Romano*, European Taxation 2004, 218, 231.

115 Vgl. *Bröhmer*, in: Callies/Ruffert (Hrsg.), EUV/EGV, 2. Aufl. 2002, Art. 43 EG Rn. 6; *Tiedje/Troberg*, in: von der Groeben/Schwarze (Hrsg.), EU-/EG-Vertrag, 6. Aufl., 2003, Art. 43 EG Rn. 109 ff.

116 Nach *Dautzenberg*, EWS 2001, 270, 272 wäre bei einer Bevorzugung einer Betriebstätte gegenüber einer Tochtergesellschaft durch den Tätigkeitsstaat jedoch das Gleichbehandlungsverbot als Ausfluss des Beschränkungsverbotes verletzt.

schaftsrechts *auszuüben*“[117]. Negativ wird damit zugleich bestimmt, dass die Mitgliedstaaten weiterhin frei die Ausgestaltung und Konzeption ihres Steuerrechts festlegen[118] und die Aufteilung der Steuerhoheit untereinander bestimmen[119]. Weiterhin stellen Unterschiede in der steuerlichen Behandlung, die sich aus den Unterschieden der (nicht harmonisierten) Steuerrechtsordnungen der Mitgliedstaaten ergeben, keine EG-vertraglich verbotene Diskriminierung dar[120]. Die unterschiedliche Besteuerung von Steuerpflichtigen in ihrem Mitgliedstaat, die sich über unterschiedliche Niederlassungsformen in einem anderen Mitgliedstaat betätigen, gehört zu der Ausübung der steuerlichen Befugnisse des Herkunftsmitgliedstaates. Folglich sind die für die „Wahrung des Gemeinschaftsrechts“ von der Niederlassungsfreiheit auferlegten Zwänge hier näher zu beleuchten. Diese Zwänge bestehen im Wesentlichen in der Verpflichtung, Steuerpflichtige mit grenzüberschreitender Betätigung nicht gegenüber solchen mit rein nationaler Betätigung zu benachteiligen. Wenn folglich im vorliegenden Kontext die Frage der Rechtsformneutralität zwingend mit der nach der Zulässigkeit eines steuerlichen Belastungsvergleichs zwischen Betriebstättenkonzern und Holdingkonzern verknüpft ist, so geht es primär um die *Vergleichbarkeit* des Steuerpflichtigen mit Inlandsbetriebstätte zu demjenigen mit inländischer Tochtergesellschaft. Soweit das betreffende nationale Steuerregime hinsichtlich der zu untersuchenden steuerlichen Regelung zu einer Gleichbehandlung der unterschiedlichen Niederlassungsformen im Inland gelangt, ist eine Unterschiedsbehandlung im transnationalen Sachverhalt zumindest rechtfertigungsbedürftig.

Für die Bejahung der Rechtsformneutralität ist damit die erwähnte *Vergleichbarkeit* der Organisationsformen von entscheidender Bedeutung. Insoweit ist der von *Wattel* herausgearbeitete Befund fruchtbar zu machen: *„We are constantly being inconsistent between legal differences and economic comparability, sometimes denying separate legal personality, sometimes relying on it*”[121]. Wenn dies den Status quo der rechtlich bezweckten bzw. faktischen steuerlichen Behandlung von Betriebstätten und Tochtergesellschaften widerspiegelt, so darf man diesen Befund nicht unberücksichtigt lassen. Vielmehr hat man ihm insoweit Rechnung zu tragen, als man im outbound-Fall

117 EuGH v. 14.2.1995, Rs. C-279/93, *Schumacker*, Slg. 1995, I-225 Rn. 21.
118 EuGH v. 28.1.1992, Rs. C-204/90, *Bachmann*, Slg. 1992, I-249 Rn. 23.
119 EuGH v. 21.9.1999, Rs. C-307/97, *Saint-Gobain*, Slg. 1999, I-6161 Rn. 57.
120 EuGH v. 12.5.1998, Rs. C-336/96, *Gilly*, Slg. 1998, I-2793 Rn. 47.
121 Vgl. *Wattel*, EC Tax Review 2003, 194, 198.

- zwar von *keiner generellen Vergleichbarkeit* der Niederlassungsformen ausgehen kann, so dass insoweit der Schrifttumskritik beizupflichten ist;
- jedoch eine *konkrete Vergleichbarkeit* der Niederlassungsformen in der streitgegenständlichen steuerlichen Situation zu untersuchen ist, wie *Gutmann* und *Lang*[122] dies fordern.

Diese Ansicht hat den Vorteil, einen korrespondierenden Prüfungsmaßstab im Rahmen des Prinzips der freien Rechtsformwahl sowohl für den inbound- als auch für den outbound-Fall aufzustellen und damit von vornherein Abstufungen im Schutzniveau der Niederlassungsfreiheit zu vermeiden: Ebenso wenig wie der EuGH in seinen zitierten Entscheidungen zu inbound-Fällen von eine generellen Vergleichbarkeit der Inlandsbetriebstätte mit einer inländischen (Tochter-)Gesellschaft ausgeht, ist also im outbound-Fall von einer *generellen* Vergleichbarkeit auszugehen. Ob Rechtsformneutralität zu bejahen ist, hängt entscheidend von der objektiven Vergleichbarkeit von Betriebstätte und Tochtergesellschaft in der *konkreten* steuerlichen Situation ab. Zugegebenermaßen lässt sich – wie auch im inbound-Fall – die Gemeinschaftsrechtswidrigkeit in vielen Fällen statt unter Heranziehung des horizontalen auch unter Heranziehung des vertikalen Vergleichspaares begründen[123]. Eigenständigkeit und rechtlichen Mehrwert entfaltet das Gebot der Rechtsformneutralität jedoch hinsichtlich der Frage, ob und inwieweit bei der vertikalen Betrachtung von unterschiedlichen Prüfungsmaßstäben für eine ausländische Betätigung in der Form einer Tochtergesellschaft bzw. in der Form einer Betriebsstätte ausgegangen werden darf. Dies ist Gegenstand späterer Ausführungen, es genügt vorerst festzuhalten, dass auch im outbound-Fall unter bestimmten Voraussetzungen ein Gebot der freien Wahl der Niederlassungsform bestehen kann.

Im Folgenden ist die hier vertretene Meinung gegen die zu einem ablehnenden Ergebnis gelangenden Argumentationen zu verproben:

Vorab ist der Behauptung entgegenzutreten, der EuGH habe in der Entscheidung „Marks & Spencer" mit einer Art „beredtem Schweigen" zu erkennen gegeben, dass er eine den Herkunftsstaat verpflichtende Rechtsformwahlfreiheit allgemein ablehnt. Erstens kann auch eine positive Äußerung des Gerichtshofs eine nachvollziehbare juristische Argumentation prinzipiell nicht ersetzen. Zweitens aber kann das Nichteingehen auf eine Thematik

---

122 *Gutmann*, EC Tax Review 2003, 154, 155 f.; *M. Lang*, SWI 2005, 255, 259; *ders.*, IStR 2006, 397, 400, 402; *ders.*, European Taxation 2006, 54, 56.

123 So etwa *Cordewener*, Europäische Grundfreiheiten und nationales Steuerrecht, 2002, S. 831 ff., 836.

nicht als konkludente Aussage gewertet werden, wenn es bereits an einer entsprechenden Vorlagefrage und damit an der Veranlassung zur Stellungnahme fehlt. Und drittens könnte man genauso gut umgekehrt behaupten, der Gerichtshof hielt es nur deshalb nicht für erforderlich, auf das horizontale Vergleichspaar einzugehen, weil er im Ergebnis dieselbe Beschränkung festgestellt hätte, die er über das „traditionelle" vertikale Vergleichspaar mit weniger Begründungsaufwand ermitteln konnte. All dies sind folglich bloße Behauptungen und entbinden nicht von steuerrechtlicher Argumentation.

Entgegen *Herzig/Wagner*[124] kommt es bei einer differenzierenden Lösung wie hier auch nicht zur strukturellen Einebnung dergestalt, dass aus europarechtlichen Gleichbehandlungsgründen etwa eine grenzüberschreitende Zwischenergebniseliminierung im Rahmen der Gruppenbesteuerung durch die ausländische Tochtergesellschaft eingefordert werden könnte. Verkannt wird dabei, dass der Vergleich den konkreten Sinn und Zweck der *nationalen* Gruppenbesteuerungsregelungen und deren Systematik zugrunde zu legen hat. Ein Steuerregime ohne Gruppenbesteuerung ist nicht verpflichtet, ein solches bei bestehender Einbeziehung von Auslandsbetriebstättenergebnissen zu schaffen. Genauso wenig ist es geboten, ein Gruppenbesteuerungsregime ohne nationale Zwischenergebniseliminierung allein wegen der Konsolidierung von Auslandsbetriebstättenergebnissen auf Konsolidierung umzustellen.

Der Einwand[125], dass im Tätigkeitsstaat überdies eine Diskriminierungsprüfung stattfindet, wohingegen der Sachverhalt aus der Sicht des Herkunftsstaates nur unter dem Beschränkungsverbot zu prüfen ist, ist rein formaler Natur und vermag nichts beizutragen. Die Niederlassungsfreiheit kennt keine qualitative Abstufung des Schutzniveaus seiner gleichheits- bzw. freiheitsrechtlichen Ausprägung. Etwas anderes lässt sich weder mit Wortlaut von Art. 43 EG noch mit dessen Zielrichtung vereinbaren. Übersehen wird überdies, dass auch der horizontale Vergleich die Rechtslage im Inland mit der im transnationalen Kontext „vergleicht" und somit eine gleichheitsrechtliche Prüfung in Bezug auf die Wahl des Ortes vollzieht: Bei äquivalenter steuerlicher Behandlung eines Steuerpflichtigen mit inländischer Zweigniederlassung und Tochtergesellschaft sowie mit ausländischer Zweigniederlassung unter dem konkreten Normenkomplex, bedarf es für eine Gleichbehandlung von Inlands- und Auslandsaktivität der äquivalenten Behandlung auch bei bestehender ausländischer Tochtergesellschaft. Soweit jedoch das

124 *Herzig/Wagner*, DB 2005, 1, 2; *dies.*, DStR 2006, 1, 5; *dies.*, Der Konzern 2006, 176, 180.

125 Vgl. *Aarnio*, EC Tax Review 2006, 18, 26. In diesem Sinne bereits *Herzig/Englisch/Wagner*, Der Konzern 2005, 298, 301.

nationale Steuerrecht des Herkunftsstaates bereits im reinen Inlandsfall in Abhängigkeit der Rechtsform unterschiedlich besteuert, besteht auch europarechtlich kein Gleichbehandlungsgebot.

Nicht überzeugend ist ferner die Ansicht[126], die eine vom Herkunftsstaat nach Art. 43 EG zu gewährleistende freie Wahl der Organisationsform unter Berufung auf die unterschiedliche *gesellschaftsrechtliche* Ausgestaltung der betreffenden Rechtsformen verneint. Ausgeblendet wird damit nämlich die bereits skizzierte Besteuerungsgegenwart, die durchaus eine – regelmäßig sogar beabsichtigte – steuerliche Gleichbehandlung der Betriebstätte mit der Tochtergesellschaft bzw. vice versa kennt. Gerade die hier in Rede stehenden Konzernbesteuerungsregeln dienen als Musterbeispiel für eine gesetzgeberisch intendierte vergleichbare Besteuerung eines Stammhauskonzerns mit einem Beteiligungskonzern – zumindest in einzelnen steuerlichen Teilbereichen. Erforderlich wäre damit zumindest eine differenzierende Betrachtungsweise[127]. Ferner müsste diese Meinung konsequenterweise auch der Gleichbehandlung von Betriebstätten und Tochtergesellschaften im inbound-Fall widersprechen. Ganz im Gegenteil scheint man dort jedoch als Prämisse akzeptiert zu haben, dass zivilrechtliche Unterschiede zwischen beiden Organisationsformen existieren und dass sich die Vergleichbarkeitsprüfung alleine auf die streitgegenständlichen Steuernormen zu beschränken hat[128]. Und schließlich muss sich, wer die Bindung des Herkunftsstaates an das Gebot der freien Wahl zwischen unselbstständiger Niederlassung und selbstständiger Tochtergesellschaft von vornherein negiert, über folgende Auswirkung im Klaren sein: Ökonomischen Realitäten gerecht werdend, wird insbesondere von den Grundfreiheiten des EG-Vertrags eine „abgestufte“ Integration in den Markt eines anderen Mitgliedstaates nachvollzogen: Geschützt wird nicht nur die wirtschaftliche Betätigung im anderen Mitgliedstaat aus dem Gebiet des eigenen Herkuftsstaates heraus (etwa durch Dienstleistungserbringung, vgl. Art. 49 EG) als eine eher lose Form des Marktzugangs, sondern auch die substanziell untermauerte Betätigung durch Gründung entweder einer rechtlich unselbstständigen Betriebstätte oder – als intensivste Form wirtschaftlicher Einbindung – einer rechtlich selbstständigen

126 Schlussanträge GA Alber v. 24.9.2002, Rs. C-168/01, *Bosal Holding BV*, Slg. 2003, I-9409 Rn. 64; *Meussen*, EC Tax Review 2003, 144, 147.

127 Vgl. dazu die im Rahmen der konkreten Vergleichbarkeitsprüfung darzustellende Ansicht von *Schön*, EWS 2000, 281, 290; *ders.*, IStR 2004, 289, 300; wohl auch *M. Lang*, IStR 2005, 289, 294.

128 Auch der EuGH v. 23.2.2006, Rs. C-253/03, *CLT-UFA*, Slg. 2006, I-1831 Rn. 23 ff. hielt die gesellschaftsrechtlichen Unterschiede etwa bei einer Gewinnausschüttung der Tochtergesellschaft und dem Ergebnistransfer der Betriebstätte für bedeutungslos, soweit nur die Ergebnisse wirtschaftlich zur Muttergesellschaft gelangten.

(Tochter-)Gesellschaft im Gebiet des anderen Mitgliedstaates (vgl. Art. 43 Abs. 2, 48 EG). Diese Möglichkeit einer „abgestuften“ Integration in den jeweiligen Markt anderer Mitgliedstaaten wäre nur noch soviel wert, wie der Herkunftsstaat seinen Steuerpflichtigen in diesen Konstellationen an Gleichbehandlung zugesteht. Der nationale Gesetzgeber könnte damit eine transnationale Angelegenheit, die im Zusammenhang mit der Ausübung einer Grundfreiheit steht, durch eine von ihm getroffene und im reinen Inlandsfall gerade nicht nachvollzogene Belastungsentscheidung, benachteiligen. Dies würde der mitgliedstaatlichen Verpflichtung zur Förderung der Niederlassungsfreiheit und damit zur Beseitigung entsprechender Hindernisse klar zuwiderlaufen. Um dem Prinzip des „effet utile“, also der Effektivität des einschlägigen Europarechts zur Geltung zu verhelfen, dürfen zivilrechtliche Rechtformunterschiede nur dann Einfluss auf die Thematik der horizontalen Vergleichbarkeit nehmen, wenn die streitgegenständlichen Regelungen gerade aus diesem spezifischen Grund eine unterschiedliche steuerliche Behandlung der betreffenden Organisationsformen vorsehen.

In diesem Kontext ist schließlich auch die Ansicht[129], es fehle aufgrund des Vergleichskriteriums „Rechtsform“ am erforderlichen grenzüberschreitenden Bezug, zurückzuweisen: Es geht insoweit gerade nicht um einen *ausschließlich* mitgliedstaatsinternen Fall, sondern vielmehr um die im Rahmen der Grundfreiheitsprüfung zu beantwortende Frage, ob im konkreten Fall die Voraussetzungen für eine Vergleichbarkeit beider Niederlassungsformen auch im *outbound*-Fall vorliegen. Erforderlich ist somit die hier favorisierte *einzelfallbezogene* Prüfung der Rechtsformneutralität (im Rahmen der nachfolgenden Feststellung der Beschränkung) unter Fokussierung auf die streitgegenständlichen mitgliedstaatlichen Steuernormen.

iii) Grenzüberschreitender Aspekt

Nach ständiger Rechtsprechung des EuGH sind die Vertragsbestimmungen über die Niederlassungsfreiheit nicht auf Sachverhalte anwendbar, die sich rein nach innerstaatlichem Recht abspielen (wie etwa die dargestellte „Inländerdiskriminierung“), es bedarf mit anderen Worten immer eines grenzüberschreitenden Bezugs[130]. In der Frage der grenzüberschreitenden Verlustberücksichtigung im Konzern ist dieser Aspekt geradezu evident, denn die im Ansässigkeitsstaat der Tochtergesellschaft erlittenen Verluste sollen im Staat der Muttergesellschaft steuermindernd geltend gemacht werden. Was jedoch für das *vertikale Vergleichspaar* aus inländischer Muttergesellschaft

129 Hierzu vorstehend, unter Fn. 95, 114.

130 EuGH v. 16.11.1995, Rs. C-152/94, *van Buynder*, Slg. 1995, I-3981 Rn. 10 m.w.N.

und in- bzw. ausländischer Tochtergesellschaft auf der Hand liegt, ist im Fall des *horizontalen Vergleichs* von ausländischer Tochtergesellschaft mit ausländischer Betriebstätte nicht unumstritten, wie bereits erläutert wurde[131].

4. Der Ausschluss der Verlustverrechnung als Eingriff in die Niederlassungsfreiheit

a) Diskriminierung oder Beschränkung

Die Grundfreiheiten werden ganz allgemein als Konkretisierung und damit lex specialis des in Art. 12 EG angesiedelten allgemeinen *Diskriminierungsverbots* gehandelt: Eine nationale Maßnahme darf also Gebietsfremde im jeweiligen spezifischen Schutzbereich nicht gegenüber Ansässigen in vergleichbarer Lage benachteiligen (der gleichheitsrechtliche „lock-out" Effekt). Lange Zeit wurde daher auch die Niederlassungsfreiheit nur in ihrer gleichheitsrechtlichen Ausprägung verstanden. Dies war insofern konsequent, als es primär darum ging, Behinderungen des Marktzutritts durch Regelungen des Zuzugsstaats für die Betätigung von Angehörigen anderer Mitgliedstaaten, die benachteiligender als für eigene Staatsangehörigen sind, abzubauen. Die Niederlassungsfreiheit entwickelte sich zur Regel der Inländerbehandlung[132], wonach die Mitgliedstaaten den Staatsangehörigen bzw. Gesellschaften anderer Mitgliedstaaten in gleicher Lage die gleiche steuerliche Behandlung wie ihren eigenen Staatsangehörigen bzw. Gesellschaften zukommen lassen müssen[133].

Der EuGH entwickelte jedoch recht bald den Schutzbereich weiter, indem er auch eine *Beschränkung* der Ausübung der Grundfreiheit als rechtfertigungsbedürftig ansah[134]. Die Beschreibung der „Beschränkung" einer Grundfreiheit im Allgemeinen und der Niederlassungsfreiheit im Besonderen als eine Behinderung (Hindernis, Barriere, Nachteil, Benachteiligung,

---

131 Hierzu vorstehend, unter Fn. 129.

132 Gegen den (noch) weit verbreiteten missverständlichen Begriff der „Inländergleichbehandlung" überzeugend *Reimer*, in: Lehner (Hrsg.) Grundfreiheiten im Steuerrecht der EU-Staaten, 2000, S. 39, 46 Fn. 45.

133 Vgl. etwa EuGH v. 29.4.1999, Rs. C-311/97, *Royal Bank of Scotland*, Slg. 1999, I-2651 Rn. 21.

134 EuGH v. 31.3.1993, Rs. C-19/92, *Kraus*, Slg. 1992, I-1663; 30.11.1995, Rs. C-55/94, *Gebhard*, Slg. 1995, I-4165; 15.5.1997, Rs. C-250/95, *Futura Participations SA und Singer*, Slg. 1997, I-2471 Rn. 24; 18.9.2003, Rs. C-168/01, *Bosal Holding BV*, Slg. 2003, I-9409 Rn. 27. Vgl. etwa *Everling*, in: Schön (Hrsg.), GS Knobbe-Keuk, 1997, S. 607 ff.; *Roth*, in: Schön (Hrsg.), GS Knobbe-Keuk, 1997, S. 729 ff.; *Cordewener*, Europäische Grundfreiheiten und nationales Steuerrecht, 2002, S. 227 ff.

etc.[135]) des Rechts zur Ausübung dieser Freiheit stammt ursprünglich nicht aus der steuerrechtlichen Rechtsprechung des Gerichtshofs. Vielmehr liegt hierin eine Erstreckung der so genannten „Dassonville"-Formel des EuGH[136] zur Warenverkehrsfreiheit nach Art. 28 EG auf andere Grundfreiheiten: „*Jede Handelsregelung der Mitgliedstaaten, die geeignet ist, den innergemeinschaftlichen Handel unmittelbar oder mittelbar, tatsächlich oder potentiell zu behindern, ist als Maßnahme kontingentgleicher Wirkung anzusehen.*"

Das Beschränkungsverbot kann sich sowohl gegen den Tätigkeits- als auch gegen den Herkunftsstaat richten: Es zielt zum einen auf Marktzugangsschranken des Tätigkeitsstaates ab, die unterschiedslos und damit diskriminierungsfrei angewandt werden[137]. Zum anderen wendet es sich gegen eine Diskriminierung von Staatsangehörigen bzw. Gesellschaften bei Ausübung grenzüberschreitender Aktivitäten durch Regelungen ihres Herkunftsstaates (outbound-Fall), die zu einem freiheitsrechtlichen „lock-in" Effekt führen.

Im Fall „Marks & Spencer" wurde vorgebracht, dass die Regelungen des UK group relief die Expansion des Steuerpflichtigen mit Tochtergesellschaften im EU-Ausland steuerlich erschweren. Prüfungsgegenstand sind Normen des Herkunftsstaates, so dass Art. 43 EG in seinem Verständnis als Verbot der Beschränkung der freien Niederlassung im outbound-Sachverhalt zu prüfen ist. Das Beschränkungsverbot wirkt im Unterschied zum überkommenen Verständnis des grundfreiheitlichen Diskriminierungsverbots nicht primär gleichheitsrechtlich, sondern freiheitsrechtlich[138]. Diese Abgrenzung

135 Man kann insoweit von einer babylonischen Sprachverwirrung des EuGH im Bereich des Eingriffs in eine Grundfreiheit sprechen, da beispielsweise von „Behinderung" (EuGH v. 15.12.1995, Rs. C-415/93, *Bosman*, Slg. 1995, I-4921), „Erschwernis" (v. 28.4.1998, Rs. C-118/96, *Safir*, Slg. 1998, I-1897 Rn. 23), „Hemmnis" (v. 18.9.2003, Rs. C-168/01, *Bosal Holding BV*, Slg. 2003, I-9409 Rn. 27); „Beschränkung" der (v. 12.12.2002, Rs. C-324/00, *Lankhorst-Hohorst*, Slg. 2002, I-11779) oder „Verstoß" gegen (v. 30.9.2003, Rs. C-167/01, *Inspire Art*, Slg. 2003, I-10155 Rn. 62) eine Grundfreiheit die Rede ist.

136 EuGH v. 11.6. 1974, Rs. 8/74, *Dassonville*, Slg. 1974, 837 Rn. 5.

137 Vgl. EuGH v. 15.5.1997, Rs. C-250/95, *Futura Participations SA und Singer*, Slg. 1997, I-2471 Rn. 24 f. zur Buchführungspflicht eines beschränkt Steuerpflichtigen, die auch inländische Gesellschaften betraf. Da der Gebietsfremde jedoch bereits in seinem Sitzstaat der Buchführungspflicht unterlag, wurde hierin eine Beschränkung gesehen.

138 Gegen die Annahme eines grundfreiheitsrechtlichen Elements: *Englisch*, StuW 2003, 88, 89 f. Vgl. zur strukturellen Unterscheidung zwischen Beschränkungsverbot und Diskriminierungsverbot etwa *Cordewener*, Europäische Grundfreiheiten und nationales Steuerrecht, 2002, S. 175 ff., 200 ff., 249 ff.

ist eher farblos und obwohl der Ausdruck „Grundfreiheit" präjudiziert, dass es um Freiheitsrechte der Unionsbürger geht, wurden diese überwiegend gleichheitsrechtlich, also mit ihrem relativen Bezug, entwickelt. Dogmatisch betrachtet bedarf es auch bei Freiheitsrechten des Eingriffs in den Schutzbereich, der einen Vergleich der Situation des konkret Betroffenen mit der Situation der in den Schutzbereich aufgenommenen Personengruppe und geschützten Tätigkeiten voraussetzt[139]. Der Unterschied zur Diskriminierungsprüfung im Tätigkeitsstaat ist der, dass man dort zwei verschiedene Steuerpflichtige vergleicht, nämlich den Steuerinländer zum einen (dessen steuerliche Behandlung dient als Vergleichsmaßstab) und den Steuerausländer (und dessen konkrete steuerliche Behandlung) zum anderen. Bei der Beschränkungsprüfung einer steuerlichen Norm des Herkunftsstaats wird jedoch nur ein Steuerpflichtiger (der Steuerinländer) herangezogen. Der grenzüberschreitende Bezug und das Vergleichspaar entstehen dadurch, dass man dessen steuerliche Behandlung in den Fällen vergleicht, in denen er Inlandsaktivitäten und vergleichbare Auslandsaktivitäten betreibt. Diskriminiert wird – anders als beim überkommenen Begriffsverständnis – bei einer Beschränkung nicht der Steuerpflichtige per se in seinem Herkunftsstaat, sondern die Art seiner (in- oder ausländischen) Betätigung[140]. In den „Beschränkungsfällen" geht es somit in Wahrheit um eine Diskriminierung der grenzübergreifenden outbound-Betätigung von Steuerinländern im Verhältnis zur rein inländischen Betätigung. Folgerichtig hat der EuGH im Jahr 2002 die Definition der Diskriminierung, die er bei den inbound-Fällen entwickelte, auf einen Beschränkungssachverhalt im outbound-Fall übertragen[141]: „*Nach ständiger Rechtsprechung liegt eine Ungleichbehandlung vor, wenn zwei Gruppen von Personen, deren rechtliche oder tatsächliche Situation keine wesentlichen Unterschiede aufweist, unterschiedlich behandelt oder wenn nicht vergleichbare Sachverhalte gleichbehandelt werden.*"

Im Folgenden sind daher für die Feststellung einer Beschränkung die beiden Argumentationslinien im Fall „Marks & Spencer" und damit die steuerlichen Situationen des Steuerpflichtigen mit Inlands- und Auslandstochterge-

139 Zutreffend: *Reimer*, in: Lehner (Hrsg.), Grundfreiheiten im Steuerrecht der EU-Staaten, 2000, S. 39, 43 f., 51; *Schön*, StbJb 2003/04, 27, 31; *Lehner*, IStR 2001, 221, 221: Verbindung beider Aspekte der Niederlassungsfreiheit in Rs. „Hoechst"; *Paetsch*, Grenzüberschreitende Verlustberücksichtigung im Europäischen Binnenmarkt, 2004, S. 33 f. A.A. *Englisch*, StuW 2003, 88, 89 f., der für weiten Diskriminierungsbegriff eintritt. *Cordewener*, European Taxation 2003, 294, 299 spricht von „outbound discrimination".

140 So zutreffend *Cordewener*, Europäische Grundfreiheiten und nationales Steuerrecht, 2002, S. 227, 232.

141 EuGH v. 12.9.2002, Rs. C-431/01, *Mertens*, Slg. 2002, I-7073 Rn. 32.

sellschaft bzw. mit Auslandsbetriebstätte und Auslandstochtergesellschaft auf ihre Vergleichbarkeit zu untersuchen.

b) Der Tatbestand der Diskriminierung im vertikalen Vergleich: Inlandstochter-Auslandstochter

i) Rechtsprechung und Literatur

In der erstinstanzlichen Entscheidung in dem Verfahren „Marks & Spencer" verneinten die Commissioners *Avery Jones* und *Gammie* die vertikale Vergleichbarkeit von Inlands- und Auslandstochtergesellschaft für Zwecke der Verlustberücksichtigung aus Gründen der unterschiedlichen mitgliedstaatlichen Allokation der tangierten Steuerhoheiten[142]. In einem späteren Vorlagebeschluss[143] in der Rechtssache „Cadbury Schweppes"[144] gaben beide Commissioners aus Anlass der Prüfung der britischen Hinzurechnungsbesteuerung (Controlled Foreign Companies, CFC) ihre ursprüngliche Ansicht jedoch auf: Nunmehr sahen die Commissioners ein gemeinschaftsrechtliches Problem unter anderem darin, dass die CFC-Gesetzgebung keine Verlustverrechnung zwischen ausländischen CFC-Tochtergesellschaften *oder zwischen einer (ausländischen) CFC-Tochtergesellschaft und der UK Muttergesellschaft* zulässt. Eine solche Verlustberücksichtigung wäre nämlich möglich gewesen, wenn die beiden Gesellschaften statt im EU-Ausland im UK errichtet worden wären. Dies spiegelt exakt die Problematik der Rechtssache „Marks & Spencer" wider.

Anders als erstinstanzlich die Special Commissioners rekurrierte der UK High Court of Justice in seinem Vorlagebeschluss zutreffend auf den Vergleich des Steuerpflichtigen mit Inlands- bzw. mit Auslandstochtergesellschaften: Gemeinsamer Bezugspunkt im „Marks & Spencer"-Fall ist die Verlustübertragungsmöglichkeit im Rahmen des group relief an das gemein-

142 SpC 352, *Marks & Spencer plc v. David Halsey (HM Inspector of Taxes)*, 25./26.11.2002, [2003] EuLR, S. 46 Rn. 88. So auch *Gutmann*, EC Tax Review 2003, 154, 157; *Gammie*, European Taxation 2004, 35, 44.

143 SpC 415, *Cadbury Schweppes plc and other v. Inland Revenue Commissioners*, 6.6.2004, [2004] STC (SCD), S. 342 ff. Rn. 10. Vgl. *Körner*, IStR 2004, 697 ff.; *Schönfeld*, European Taxation 2004, 441 ff.; *Muller*, Tax Planning International EU Focus 7/2004, 14 ff.; *Stefaner*, SWI 2004, 339 ff.; *Lieber/Rasch*, GmbHR 2004, 1572 ff.

144 EuGH v. 12.9.2006, Rs. C-196/04, *Cadbury Schweppes*, IStR 2006, 670. Der EuGH sah die britischen CFC-Regelungen als mit der Niederlassungsfreiheit unvereinbar an, es sei denn, die Hinzurechnung betrifft nur rein künstliche Gestaltungen, die dazu bestimmt sind, der normalerweise geschuldeten nationalen Steuer zu entgehen.

same britische Mutterunternehmen. Im Gegensatz zu qualifizierenden Inlandstochtergesellschaften ist ausländischen Tochtergesellschaften die Teilnahme am group relief und damit eine Übertragung ihrer Verluste auf das britische Mutterunternehmen verwehrt. Differenzierungskriterium ist nach der streitgegenständlichen britischen Steuervorschrift die Ansässigkeit, also der Sitz des Tochterunternehmens (für die Altregelung bis 31.3.2000) bzw. Ansässigkeit oder sonstiger Inlandsbezug via Betriebstätte[145]. „Genuine link" der Vorschrift ist letztlich der physische Bezug des verlustübertragenden Unternehmens zum Inland, sei es durch Sitz oder Betriebstätte. Es sei evident, dass die britischen Vorschriften eine formale Ungleichbehandlung anknüpfend an der Ansässigkeit der Gruppentochtergesellschaft aufweisen.

Sowohl Generalanwalt *Poiares Maduro*[146] als auch der Gerichtshof[147] gelangten ebenfalls zu diesem Ergebnis. Für die Feststellung des Nachteils stellten sie nicht alleine auf die steuerliche Situation der Muttergesellschaft (die sich auf ihre Niederlassungsfreiheit beruft), sondern auf die *im gesamten Konzern* ab: Die Nichtberücksichtigung der Verluste ausländischer Tochtergesellschaften führe zu Zins- und Liquiditätsnachteilen für die multinationale Gesamtgruppe. Obwohl der Ausschluss der Auslandsverlustberücksichtigung im Rahmen des group relief alleine die britische Muttergesellschaft in der Ausübung ihrer Niederlassungsfreiheit beschränke, seien die betreffenden Vorschriften unter Beachtung ihrer bezweckten konzernsteuerlichen Auswirkungen der Prüfung zugrunde zu legen.

Nach Ansicht von Generalanwalt *Poiares Maduro*[148]ist die Beschränkung ihrer Art nach in der Rechtsprechung des Gerichtshofs bekannt und fügt sich ein in eine Reihe von Urteilen, die alle Maßnahmen eines Mitgliedstaats untersagen, mit denen dessen Staatsangehörige im Gebrauchmachen von der Möglichkeit der Freizügigkeit in der Gemeinschaft beschränkt werden[149].

145 Vgl. vorstehend Teil 1.VIII.2.

146 Schlussanträge GA Poiares Maduro v. 7.5.2005, Rs. C-446/03, *Marks & Spencer plc*, Slg. 2005, I-10837 Rn. 52 f.

147 EuGH v. 13.12.2005, Rs. C-446/03, *Marks & Spencer plc*, Slg. 2005, I-10837 Rn. 32 ff.

148 Schlussanträge GA Poiares Maduro v. 7.5.2005, Rs. C-446/03, *Marks & Spencer plc*, Slg. 2005, I-10837 Rn. 53.

149 Vgl. EuGH v. 31.1.1984, Rs. 286/82 u. 26/83, *Luisi und Carbone*, Slg. 1984, 377; 7.7.1988, Rs. 143/87, *Stanton*, Slg. 1988, 3877; 27.9.1988, Rs. 81/87, *Daily Mail*, Slg. 1988, 5483; 7.7.1992, Rs. C-370/90, *Singh*, Slg. 1992, I-4265; 26.1.1999, Rs. C-18/95, *Terhoeve*, Slg. 1999, I-345; 11.7.2002, Rs. C-224/98, *D'Hoop*, Slg. 2002, I-6191 sowie aus steuerlicher Sicht etwa EuGH v. 16.7.1998, Rs. C-264/96, *ICI*, Slg. 1998, I-4695 Rn. 21 ff.; 13.4.2000, Rs. C-251/98, *Baars*, Slg. 2000, I-2787 Rn. 30;

Die unterschiedliche steuerliche Verlustbehandlung, die sich aus den Rechtsvorschriften zur britischen Gruppenbesteuerung ergibt, und der daraus resultierende Nachteil für ansässige Gesellschaften mit einer in einem anderen Mitgliedstaat belegenen Tochtergesellschaft sei dazu geeignet, die Ausübung der Niederlassungsfreiheit zu behindern, indem diese davon abgehalten werden, eine Tochtergesellschaft in einem anderen Mitgliedstaat zu gründen, zu erwerben oder zu behalten[150].

Auch die ganz herrschende Meinung im Schrifttum[151] geht auf dem Boden der bisherigen EuGH-Rechtsprechung zu einem gegen den Herkunftsstaat gerichteten Beschränkungsverbot davon aus, dass sich in der vorliegenden Konstellation eine rechtfertigungsbedürftige Behinderung der Niederlassung in einem anderen Mitgliedstaat feststellen lässt.

ii) Stellungnahme

Unter Berücksichtigung der bisherigen Rechtsprechung des EuGH liegt die Wahl des vertikalen Vergleichspaares auf der Hand, denn in den bereits erwähnten einschlägigen Entscheidungen zu outbound-Fällen hatte der EuGH die im Ansässigkeitsstaat des Gesellschafters statuierte negative Ungleichbehandlung nach Maßgabe des (in- oder ausländischen) Sitzes der Tochtergesellschaften in ständiger Rechtsprechung als Verstoß gegen die Niederlassungsfreiheit gewertet.

Die Differenzierung nach der Ansässigkeit führt im konkreten Fall auch zu einer *Schlechterbehandlung* des Steuerpflichtigen mit Auslandstochtergesellschaft, da dieser – anders als im Inlandsfall – nicht die Möglichkeit der steuermindernden Verrechnung von Verlusten defizitärer Gesellschaften mit seinen Gewinnen erhält. Somit wird die Errichtung von Auslandstöchtern und damit von transnationalen Konzernstrukturen unattraktiver gemacht, so dass eine Beschränkung der Auslandsaktivität vorliegt. Konsequent ist in diesem Zusammenhang überdies das Abstellen des Gerichtshofs auf die regelungsintendierten Steuerauswirkungen im Konzern, da die Vorschriften der Gruppenbesteuerung im bestimmten Umfang eine Durchbrechung des

---

6.6.2000, Rs. C-35/98, *Verkooijen*, Slg. 2000, I-4071 Rn. 34 ff.; zuletzt 12.9.2006, Rs. C-196/04, *Cadbury Schweppes*, IStR 2006, 670 Rn. 46.

150 EuGH v. 13.12.2005, Rs. C-446/03, *Marks & Spencer plc*, Slg. 2005, I-10837 Rn. 33. Vgl. jüngst für eine Teilwertabschreibung auf eine ausländische Tochtergesellschaftsbeteiligung EuGH v. 29.3.2007, Rs. C-347/04, *Rewe Zentralfinanz* Rn. 36.

151 Vgl. die Nachweise nachstehend, unter Fn. 382.

Trennungsprinzips vorsehen und sich die Prüfung daher auch mit dem Sinn und Zweck der streitgegenständlichen Regelungen auseinandersetzen muss.

Interessanterweise wurde in der Entscheidung „Marks & Spencer" nicht auf die Vorfrage eingegangen, ob und unter welchen Voraussetzungen sich der an der ausländischen Gesellschaft beteiligte Steuerinländer in der gleichen Situation befindet wie der an einer inländischen Gesellschaft beteiligte Steuerinländer. Vielmehr wurde ohne weiteres die Vergleichbarkeit zugrunde gelegt und die dagegen vorgebrachten Argumente, wie auch im Anschluss, erst auf der Rechtfertigungsebene geprüft[152].

c) Horizontaler Vergleich: Auslandsbetriebstätte-Auslandstochter

i) Rechtsprechung und Literatur

Das von Marks & Spencer vorgebrachte Argument, dass das britische Steuerrecht infolge der Anrechnungsmethode zwar eine Einbeziehung von Verlusten ausländischer Betriebstätten, nicht aber derjenigen von ausländischen Tochtergesellschaften erlaubt und damit gegen die freie Wahl der Niederlassungsform nach Art. 43 Abs. 1 S. 2 EG verstößt, wurde bereits im Rahmen des objektiven Schutzbereichs der Niederlassungsfreiheit unter dem Stichwort „Rechtsformneutralität" diskutiert. Insoweit ist auf die entsprechenden Ausführungen zur verbreiteten Literaturansicht, die der rechtsformunabhängigen steuerlichen Behandlung *generell* ablehnend gegenüberstehen ebenso zu verweisen wie auf die Kritik an den diesbezüglichen Aussagen der Special Commissioners und des Generalanwalts *Poiares Maduro*.

Allerdings gibt es auch Ansichten im Schrifttum, die die Rechtsformneutralität nicht generell ablehnen, sondern sich näher mit der situativen Vergleichbarkeit auseinandersetzen und deshalb differenzieren:

152 Dies entspricht der Prüfungsabfolge des EuGH in anderen outbound-Fällen, vgl. etwa EuGH v. 13.4.2000, Rs. C-251/98, *Baars*, Slg. 2000, I-2787 Rn. 30 f.; v. 18.9.2003, Rs. C-168/01, *Bosal Holding BV*, Slg. 2003, I-9409 Rn. 27 f.. Diese wird aus Gründen der Übersichtlichkeit hier ebenfalls gewählt. Zwar wird diese Verortung aus rechtssystematischen Erwägungen kritisiert (vgl. *Englisch*, StuW 2003, 88, 90; ausführlich: *Reimer*, in: Lehner (Hrsg.), Grundfreiheiten im Steuerrecht der EU-Staaten, 2000, S. 39, 50, 69 m.w.N.), aber wegen der letztlich bestehenden Austauschbarkeit der Elemente im Prüfungsaufbau auch akzeptiert (vgl. *M. Lang*, in: Gassner/Lang/Lechner (Hrsg.), Doppelbesteuerungsabkommen und EU-Recht, 1996, S. 25, 37; *Schuch*, IWB F. 11 Gr. 2, EG, S. 259, 266; *Jann/Toifl*, SWI 1996, 306, 310 m.w.N.).

Wie erläutert, möchten *Gutmann* und *Lang* über die Vergleichbarkeit der Rechtsformen jeweils von Fall zu Fall unter Zugrundelegung der Systementscheidung und Zweckrichtung der streitgegenständlichen Norm des nationalen Steuerrechts entscheiden. Unter Anlegung dieser Maßstäbe gelangt *Gutmann* im vorliegenden Fall zu dem Ergebnis, dass die Regelungen des group relief im Kontext der britischen Steuernormen zu dieser Vergleichbarkeit im Hinblick auf die Frage der Nutzung von Verlusten aus unterschiedlichen Niederlassungsformen führen. Da der group relief zumindest bei Betriebstättenverlusten auch im grenzüberschreitenden Kontext eingreift und die Niederlassungsfreiheit die Gleichbehandlung vergleichbarer Sachverhalte gebietet, dürfe die Übertragung von Verlusten auch der Auslandstochtergesellschaftsverluste nicht verwehrt werden[153]. Demgegenüber lässt *Lang* die Frage offen und spricht abstrakt von einer „Wertungsentscheidung" des EuGH. Gleichwohl gibt auch er zu erkennen, dass bloß geringe Unterschiede angesichts des Verhältnismäßigkeitsgrundsatzes keine unterschiedlichen Rechtsfolgenanordnungen hervorrufen dürfen[154].

Insbesondere *Schön*[155] weist hingegen darauf hin, dass die zivilrechtlichen Rechtsformunterschiede je nach Fallkonstellation einen sachlichen Grund für eine Abweichung in der steuerlichen Behandlung der beiden Niederlassungsformen durch den Herkunftsstaat darstellen können. So bestehe beispielsweise ein erheblicher Unterschied in der gesellschaftsrechtlichen Haftungsbegrenzung. Das Stammhaus müsse (nur) für die Schulden seiner Betriebstätte, hingegen regelmäßig nicht für diejenigen seiner Tochtergesellschaft einstehen. Dies aufgreifend möchte *Scheunemann*[156] eine Vergleichbarkeit jedenfalls dann bejahen, wenn eine rechtlich bindende umfassende Schuldübernahme, etwa in Form von Konzernsicherungsvereinbarungen oder Patronatserklärungen, zwischen Mutter- und Tochtergesellschaft besteht.

Auch der EuGH setzte sich in einer jüngeren Entscheidung mit dem Argument bestehender gesellschaftsrechtlicher Rechtsformunterschiede auseinander. Im Fall „CLT-UFA" ging es um den früheren deutschen „Betriebstät-

153 *Gutmann*, EC Tax Review 2003, 154, 156. Ähnlich *Meussen*, European Taxation 2005, 160, 162; *Raupach/Pohl*, NZG 2005, 489, 490.

154 *M. Lang*, IStR 2006, 397, 401 f.; *ders.*, SWI 2006, 3, 5; *ders.*, European Taxation 2006, 54, 56; *ders.*, European Taxation 2006, 421, 422: „...legal treatment may only be *to a certain extent* different if the legal situation is only to a certain extent different." Ähnlich bereits *Lyal*, EC Tax Review 2003, 68, 68: "very different treatment of not very different situations".

155 *Schön*, EWS 2000, 281, 290; *ders.*, IStR 2004, 289, 300; wohl auch *M. Lang*, IStR 2005, 289, 294.

156 *Scheunemann*, Grenzüberschreitende konsolidierte Konzernbesteuerung, Köln 2005, S. 272 f.; *ders.*, IStR 2005, 303, 305.

tensteuersatz", der über dem Steuersatz für Gewinnausschüttungen von Tochtergesellschaften lag. Der EuGH[157] verneinte die Entscheidungserheblichkeit des bestehenden Unterschieds zwischen Betriebstättengewinntransfer zum Stammhaus und der auf förmlichen Beschluss basierenden Gewinnausschüttung ans Mutterhaus.

ii) Stellungnahme

Als Ausgangsstandpunkt kann das bisher bereits zur Rechtsformneutralität Formulierte dahingehend zusammengefasst werden, dass es für den horizontalen Vergleich im outbound-Fall analog zum inbound-Fall einer Prüfung bedarf, ob Betriebstätte und Tochtergesellschaft sich im Hinblick auf die konkreten streitgegenständlichen Vorschriften in vergleichbaren Situationen befinden. Die folgenden steuerlichen Ausführungen beziehen sich dabei argumentativ auf den Sachverhalt in der Rechtssache „Marks & Spencer".

Dazu muss man sich vergegenwärtigen, dass Adressat im Stammhauskonzern bestehend aus Stammhaus und Betriebstätte immer nur ein einziger Steuerpflichtiger ist, wohingegen der Holdingkonzern aus Muttergesellschaft und Tochtergesellschaft aus (mindestens) zwei Steuerpflichtigen besteht. Sowohl die nationale als auch die grenzübergreifende Verlustübertragung tangiert somit im Holdingkonzern – anders als im Stammhauskonzern – die abschirmende Wirkung der Steuersubjektivität. Dieser in diesem Kontext auch unter dem griffigeren Ausdruck „Trennungsprinzip"[158] bekannte Grundsatz beschreibt die rechtliche und insbesondere steuerliche Eigenständigkeit von Kapitalgesellschaft und Gesellschafter. In der Konsequenz ist auch nur das einzelne Rechtssubjekt für die Besteuerung seiner erzielten Gewinne bzw. erlittenen Verluste verantwortlich, so dass beispielsweise die Verrechnung von Gesellschaftsverlusten mit positiven Einkünften des Anteilseigners nicht zugelassen wird. Nur wenn diese *Durchbrechung des Trennungsprinzips* durch die Existenz von Gruppenbesteuerungsregelungen im nationalen Recht ermöglicht wird und von dieser Möglichkeit durch die Steuerpflichtigen Gebrauch gemacht wird, stehen sich Stammhaus- und Holdingkonzern zumindest *wirtschaftlich* vergleichbar gegenüber[159].

---

157 EuGH v. 23.2.2006, Rs. C-253/03, *CLT-UFA*, Slg. 2006, I-1831 Rn. 22 f.

158 Vgl. etwa *J. Hey*, in: Tipke/Lang, Steuerrecht, 18. Aufl. 2005, § 11 Rn. 1.

159 Vgl. auch das Vorbringen des Vereinigten Königreichs in den Schlussanträgen des GA Fennelly, 12.9.2000, verb. Rs. C-397/98 und C-410/98, *Metallgesellschaft u.a. Hoechst*, Slg. 2001, I-1730, 1739 Rn. 18 zur optionalen Besteuerung von Gruppeneinkommen, „weil solche Ausschüttungen in Wirklichkeit interne Geschäfte inner-

Es ist jedoch unzutreffend, wenn man damit bereits behaupten wollte, die Gruppenbesteuerung würde zu einer generellen rechtlichen Vergleichbarkeit von Tochtergesellschaft und Betriebstätte führen: Tochtergesellschaften bleiben etwa auch in ihrer Eigenschaft als Mitglied der Steuergruppe rechtlich selbstständiges Steuersubjekt. Die *rechtliche* Vergleichbarkeit kann demgemäß nur limitiert im Hinblick auf eine spezifische Steuervorschrift bestehen. Sie ist mit anderen Worten *teleologisch* nach dem Zweck der streitgegenständlichen mitgliedstaatlichen Gruppenbesteuerungsregelung zu bestimmen. Dies erfordert eine einzelfallbezogene Vergleichbarkeitsprüfung anhand der kontextbezogenen nationalen Rechtsvorschriften, mithin also einen Rekurs auf die Frage der konkreten steuerlichen Gleichbehandlung der Rechtsformen nach nationalem Recht. Der hier verfolgte Ansatz führt keineswegs zu der plakativ befürchteten „Gleichmacherei" der Niederlassungsformen unter der Ägide der EG-vertraglichen Niederlassungsfreiheit. Nur insoweit erkennt das differenzierende Verständnis eine ablehnende Haltung gegenüber einer aus Art. 43 EG fließenden abstrakt-generellen Rechtsformneutralität im Grundsatz an.

Um die rechtliche Vergleichbarkeit des betreffenden britischen Steuerpflichtigen mit seinen jeweils gewählten Niederlassungsformen festzustellen, ist also *der Zweck* der streitgegenständlichen Regelungen des britischen group relief zu eruieren: Nach offizieller Aussage des HM Revenue & Customs beabsichtigen die Vorschriften des group relief, die steuerliche Behandlung einer Vielzahl von Aktivitäten durch verschiedene Gesellschaften stärker an diejenige Besteuerung anzunähern, die sich ergäbe, wenn die Aktivitäten von einer einzelnen Gesellschaft ausgeführt worden wären[160]. Group relief ist somit vom Verständnis geprägt, die ökonomische Realität der Gruppe als Ganzes speziell für steuerliche Zwecke zu erfassen. Hierzu wird unter Durchbrechung des Steuersubjektprinzips die *Verlustübertragungsmöglichkeit* von einer Gruppengesellschaft auf eine andere Gruppengesellschaft ermöglicht. Präzisierend ist somit für die streitgegenständlichen Normen festzuhalten, dass der Eingangs erläuterte Vergleich nicht zwischen den ausländischen Niederlassungsformen, sondern zwischen den Unternehmensformen „Muttergesellschaft-Tochtergesellschaft" und „Stammhaus-Betriebstätte" zu führen ist.

---

halb einer einzigen *wirtschaftlichen* Einheit (wenn auch zwischen zwei *Unternehmens*einheiten) sind."

160 Pressebericht REVBN2A v. 21.3.2000 zu den Änderungen im Finance Act 2000: „Its objective is to make the tax treatment of a group carrying on a variety of activities through different companies closer to what it would have been if those activities had been carried on by a single company."

Diese Vergleichspaarbildung kollidiert auch nicht mit der Aussage des EuGH in der Rechtssache „Bosal“[161], wonach Mutter- und Tochtergesellschaften anders als Stammhaus und Betriebstätte verschiedene juristische Personen sind, die jeweils einer eigenen Besteuerung unterliegen, so dass es an einem unmittelbaren Zusammenhang im Rahmen einer einzigen Besteuerung fehlt. Generalanwalt *Alber* ist zuzustimmen, wenn er in seinen Schlussanträgen im selben Verfahren ausführt, dass Mutter- und Tochtergesellschaft für die Besteuerung *„nicht ohne weiteres* als ein einziges konsolidierendes Gebilde anzusehen sind“[162]. In der Tat handelt es sich bei „Marks & Spencer“ nicht um *irgendwelche* verbundenen selbstständigen Unternehmen. Es geht vielmehr um solche, die *konkret* die Voraussetzungen einer Gruppenbesteuerung nach dem britischen group relief und damit wirtschaftlich betrachtet einer dem Einheits- und Stammhausunternehmen vergleichbaren Verlustverrechnung erfüllen[163]. Für Zwecke der Vergleichbarkeit bedarf es nicht notwendig einer Beteiligung von 100% an der Gruppengesellschaft[164], wenn die nationale Gruppenbesteuerung wie im Falle des group relief mit 75% eine niedrigere Mindestbeteiligungsschwelle vorsieht[165].

Der Ansicht von *Schön*[166], dass unterschiedliche gesellschaftsrechtliche Rechtsformunterschiede *im Einzelfall* gegen eine Vergleichbarkeit der Organisationsform sprechen können, ist nicht allgemein zu widersprechen, liegt sie doch im Grunde auf der hier vertretenen Linie. In der steuerlichen Situation von „Marks & Spencer“ stellen jedoch die unterschiedlichen gesellschaftsrechtlichen Haftungsregime von Stammhaus- und Beteiligungskonzern keinen sachlichen Grund für eine Unterschiedsbehandlung dar. Dies liegt primär daran, dass die Regelungen des group relief gerade nicht auf ei-

161 EuGH v. 18.9.2003, Rs. C-168/01, *Bosal Holding BV*, Slg. 2003, I-9409 Rn. 32.

162 Schlussanträge GA Alber v. 24.9.2002, Rs. C-168/01, *Bosal Holding BV*, Slg. 2003, I-9409 Rn. 64.

163 Vgl. in dieser Richtung auch die in einem anderen Kontext getroffene Aussage von *Wattel*, in: M. Lang (ed.), Direct Taxation: Recent ECJ Developments, 2003, S. 153, 162: „A subsidiary is a legal person, a branch is not: a branch's profits and debts are not *its* profits and debts, but the profits and debts of the (foreign) company of which it is a branch. A subsidiary's profits and debts are *its own*, not the profits and debts of its (foreign) parent (*unless it has been legally consolidated with its parent or it is fiscally identified with its parent by way of Organschaft, a fiscale eenheid, a group relief, etc.*)."

164 So aber das Verständnis von *Paetsch*, Grenzüberschreitende Verlustberücksichtigung im Europäischen Binnenmarkt, 2004, S. 106 f.

165 Zu den Mindestbeteiligungsanfordererungen einiger nationaler Gruppenbesteuerungen vgl. vorstehend, unter 1. Teil, IX.3.

166 *Schön*, EWS 2000, 281, 290; *ders.*, IStR 2004, 289, 300; *M. Lang*, IStR 2005, 289, 294.

ner gesellschaftsrechtlichen Verlustübernahmeverpflichtung basieren, wie dies beispielsweise im Rahmen der deutschen Organschaft der Fall ist. Der britische Gesetzgeber hätte anknüpfend an solche zivilrechtlichen Unterschiede eine rechtsformabhängige Ausgestaltung der betreffenden Steuernormen vornehmen können. Entscheidet er sich im Inlandsfall dagegen, so hat er diese Wertungsentscheidung auch im transnationalen Kontext aufrecht zu erhalten.

Ebenfalls vor dem Hintergrund zivilrechtlicher Unterschiede wird die Vergleichbarkeit etwa von Generalanwalt *Poiares Maduro* abgelehnt, da das System des group relief gerade keine konsolidierte Besteuerung zwischen Mutter- und Tochtergesellschaft schaffe, wie sie zwischen Stammhaus und Betriebstätte bestehe[167]. Es fehle an der Zurechnung der Gewinne der Tochtergesellschaft. Diese Aussage ist aus zwei Gründen zu kritisieren: Erstens, weil sie dazu führt, dass sie bei nationalen Gruppenbesteuerungssystemen, die der Ergebniszurechnung (z.B. die deutsche Organschaft) oder zumindest der Konsolidierung (z.B. die niederländische fiscale eenheid) folgen[168] zu einem anderen Ergebnis gelangen müsste[169]. Die Untersuchung würde überdies nur auf die Frage der „qualitativen" Vergleichsindikatoren, wie etwa der Mindestbeteiligungsschwelle an der Tochtergesellschaft bzw. auf den Umfang der Zusammenbesteuerung verlagert. Zweitens kommt es vorliegend gar nicht auf die Vergleichbarkeit in Bezug auf die Gewinnberücksichtigung, sondern auf die hinsichtlich der Verlustberücksichtigung an. Die Thematik der fehlenden Gewinnberücksichtigung ist vielmehr eine solche des Territorialitäts- bzw. Kohärenzprinzips in seiner Ausprägung des Symmetrieprinzips, auf die anschließend in einer separaten Prüfung im Rahmen der Rechtfertigung zurückzukommen sein wird.

In der zu analysierenden Verlustsituation steht jedenfalls eine Muttergesellschaft mit defizitärer Inlandstochtergesellschaft nach Beantragung des group relief nicht schlechter als bei Vorhandensein einer defizitären Inlandszweigniederlassung: In beiden Fällen mindert der Verlust der jeweiligen Niederlassung in gleicher Weise den steuerlichen Gewinn der inländischen Konzernspitze. Dadurch, dass *in Bezug auf die Übertragung der Verluste unterschiedlicher inländischer Niederlassungsformen eines Steuerpflichtigen* jeweils die gleiche Besteuerungsfolge auf Ebene des Steuerpflichtigen gezogen wird, hat der britische Gesetzgeber anerkannt, dass zwischen beiden

167 Schlussanträge GA Poiares Maduro v. 7.5.2005, Rs. C-446/03, *Marks & Spencer plc*, Slg. 2005, I-10837 Rn. 48.

168 Vgl. hierzu die Übersicht im 1. Teil, X.2.

169 In diesem Sinne *M. Lang*, SWI 2005, 255, 258; *ders.*, IStR 2006, 397, 401; *ders.*, European Taxation 2006, 54, 56.

Formen in Bezug auf die Voraussetzungen dieser Besteuerung kein rechtlicher Unterschied in der objektiven Situation besteht. Betrachtet man in einem zweiten Schritt jedoch die gewählte Unternehmensstruktur im transnationalen Kontext, so ist es plötzlich nur der Auslandsbetriebstättenverlust, der in die Besteuerung des inländischen Stammhauses im Rahmen des group relief eingeht, nicht hingegen derjenige der ausländischen Tochtergesellschaft. Diese Benachteiligung des Steuerpflichtigen bei der Wahl der Tochtergesellschaft für seine Niederlassung im Ausland stellt deshalb sowohl eine Diskriminierung im vertikalen Vergleich (rechtsformunabhängige Gleichbehandlung im Inlandsfall, rechtsformabhängige Behandlung im Auslandsfall) dar als auch *zugleich* eine Beschränkung der aus der Niederlassungsfreiheit fließenden Rechtsformneutralität: Weil im rein innerstaatlichen Fall keine rechtsformabhängige Differenzierung vorgenommen wurde, darf das Vereinigte Königreich im grenzüberschreitenden Sachverhalt von dieser Systementscheidung nicht ohne Grund abweichen. Das Gebot der Rechtsformneutralität trifft folglich die Aussage, dass bei dem vertikalen Vergleich von Inlandstochter und Auslandstochter zum einen sowie von Inlandsbetriebsstätte und Auslandsbetriebsstätte zum anderen nur dann ein abweichender Prüfungsmaßstab angelegt werden darf, wenn bereits nach nationalem Recht die Rechtsformen in der konkreten Situation unterschiedlich behandelt werden.

Somit bleibt festzustellen, dass durch die Nichteinbeziehung der Verluste seiner ausländischen Gruppentochtergesellschaften Zins- und Liquiditätsnachteile im Konzernverbund entstehen, die nicht eingetreten wären, wenn der Steuerpflichtige seine grenzüberschreitenden Aktivitäten über eine Auslandsbetriebstätte ausgeübt hätte. Das klagende Unternehmen „Marks & Spencer“ war auch insoweit in seiner Niederlassungsfreiheit beschränkt.

5. Rechtfertigung

Das in Art. 43 EG enthaltene Verbot, die freie Niederlassung einer Gesellschaft i.S.d. Art. 48 EG zu beschränken, ist kein absolutes. Es greift nicht ein, wenn durch die Beschränkungen legitime und in Einklang mit dem EG-Vertrag stehende Ziele verfolgt werden bzw. durch zwingende Gründe des allgemeinen öffentlichen Interesses gerechtfertigt sind. Wenn die festgestellte Beschränkung diese Voraussetzung erfüllen sollte und folglich dem Grunde nach gerechtfertigt wäre, darf sie im Rahmen einer Verhältnismäßigkeitsprüfung nicht über das hinausgehen, was zur Erreichung des Ziels erforderlich ist[170]. Im Folgenden sind daher die für die zuvor festgestellte Beschränkung der Niederlassungsfreiheit möglichen Verteidigungsargumente der Reihe nach zu untersuchen.

a) Unzulässige Rechtfertigungsgründe

Die im Normenkomplex der Niederlassungsfreiheit im EG-Vertrag stehende Ausnahmebestimmung nach Art. 46 EG, die so genannte *ordre-public*-Klausel, dient sicherheits- und ordnungsrechtlichen Zwecken und findet daher im Ertragsteuerrecht keine Anwendung.

Vom EuGH wurden in ständiger Rechtsprechung ferner die folgenden Vorbringen nicht zur Rechtfertigung eines Grundfreiheitsverstoßes akzeptiert:

- *Vermeidung von Steuermindereinnahmen*, also die Sicherung des Finanzbedarfs des Staates bzw. die Verhinderung von Steuerausfällen. Ein solches Ziel ist rein wirtschaftlicher Natur und kann deshalb nach ständiger Rechtsprechung keinen zwingenden Grund des öffentlichen Interesses darstellen[171]. Auch im Verfahren „Marks & Spencer" wurde dieser Rechtfertigungsgrund „für sich allein" unter Verweis auf die ständige Rechtsprechung vom EuGH abgelehnt[172].
- *Fehlende Reziprozität der steuerlichen Vergünstigung im anderen Mitgliedstaat.* Eine Rechtfertigung ist auch nicht mit dem Argument möglich, dass der Gewährung einer steuerlichen Entlastung keine entsprechende Vergünstigung im anderen beteiligten Mitgliedstaat gegenübersteht[173]. Dass andere europäische Mitgliedstaaten ebenfalls keine grenz-

170 EuGH v. 30.11.1995, Rs. C-55/94, *Gebhard*, Slg. 1995, I-4165, Rn. 37; 31.3.1993, Rs. C-19/92, *Kraus*, Slg. 1993, I-1663 Rn. 32; 15.12.1995, Rs. C-415/93, *Bosman*, Slg. 1995, I-5040 Rn. 104; 15.5.1997, Rs. C-250/95, *Futura Participations SA und Singer*, Slg. 1997, I-2471 Rn. 26.

171 EuGH v. 28.1.1992, Rs. C-204/90, *Bachmann*, Slg. 1992, I-249 Rn. 22; 21.11.2002, Rs. C-436/00, *X, Y*, Slg. 2002, I-10829 Rn. 50 ; 16.7.1998, Rs. C-264/96, *ICI*, Slg. 1998, I-4695 Rn. 28; 21.9.1999, Rs. C-307/97, *Saint-Gobain*, Slg. 1999, I-6161 Rn. 51; 8.3.2001, verb. Rs. C-397/98 und C-410/98, *Metallgesellschaft u.a. Hoechst*, Slg. 2001, I-1727 Rn. 59; 3.10.2002, Rs. C-136/00, *Danner*, Slg. 2002, I-8147 Rn. 56; 12.12.2002, Rs. C-385/00, *F.W.L. de Groot*, Slg. 2002, I-11819 Rn. 103; 12.12.2002, Rs. C-324/00, *Lankhorst-Hohorst*, Slg. 2002, I-11779 Rn. 36; 26.6.2003, Rs. C-422//01, *Ramstedt*, Slg. 2003, I-6817 Rn. 53; 7.9.2004, Rs. C-319/02, *Manninen*, Slg. 2004, I-7477 Rn. 49.

172 EuGH v. 13.12.2005, Rs. C-446/03, *Marks & Spencer plc*, Slg. 2005, I-10837 Rn. 44.

173 EuGH v. 28.1.1986, Rs. 270/83, *Kommission/Frankreich* („Avoir Fiscal"), Slg. 1986, 273 Rn. 26.

überschreitende Gruppenbesteuerung kennen, ist für den EuGH mithin irrelevant. Der Gerichtshof beschränkt seine Prüfung regelmäßig auf den Einzelmitgliedstaat, dessen steuerliche Regelung Prüfungsgegenstand ist.

- *Administrative Schwierigkeiten.* Der EuGH erachtet mögliche Schwierigkeiten bei der Auslandssachverhaltsermittlung nicht als geeigneten Rechtfertigungsgrund für eine negative Unterschiedsbehandlung in- und ausländischer Sachverhalte. Vielmehr verweist er regelmäßig auf die Möglichkeiten der grenzübergreifenden Amtshilfe[174].
- *Kompensation bzw. Vorteilsausgleich.* Es stellt für sich gesehen keine Rechtfertigung dar, dass der Beschränkung irgendwelche anderweitigen Vorteile des grenzüberschreitenden Sachverhalts gegenüberstehen[175]. Die Kompensation der Benachteiligung im Verlustfall mir dem Vorteil der Nichtbesteuerung des Auslandsgewinns ist daher grundsätzlich nicht zulässig. Eine bisher eher theoretische Ausnahme hiervon bildet die so genannte Kohärenz des nationalen Steuersystems, auf die gesondert einzugehen sein wird.
- *Freiwillige Unterwerfung unter höhere Steuerlast durch Wahl einer steuerlich ungünstigeren Niederlassungsform*[176]. Eine Argumentation dergestalt, dass es der Steuerpflichtige selbst in der Hand gehabt hätte, durch die Wahl einer Betriebstätte für seine Auslandsaktivität eine Verlustberücksichtigung herbeizuführen, widerspricht der dargestellten Rechtsformwahlfreiheit und wird in inbound-Fällen deshalb vom EuGH abgelehnt[177]. Es besteht kein Grund, hiervon für oubound-Fälle abzuweichen.

---

174 Richtlinie 77/799/EWG des Rates v. 19.12.1977 über die gegenseitige Amtshilfe zwischen den zuständigen Behörden der Mitgliedstaaten im Bereich der direkten Steuern, ABl. EG Nr. L 336 v. 27.12.1977 S. 15 ff., in der derzeit aktuellen Fassung. Vgl. EuGH v. 14.2.1995, Rs. C-279/93, *Schumacker*, Slg. 1995, I-225 Rn. 45; 28.10.1999, Rs. C-55/98, *Vestergaard*, Slg. 1999, I-7643 Rn. 25; 7.9.2004, Rs. C-319/02, *Manninen*, Slg. 2004, I-7477 Rn. 54; Schlussanträge GA Poiares Maduro v. 7.5.2005, Rs. C-446/03, *Marks & Spencer plc*, Slg. 2005, I-10837 Rn. 81.

175 EuGH v. 28.1.1986, Rs. 270/83, *Kommission/Frankreich* („Avoir Fiscal"), Slg. 1986, 273 Rn. 21.

176 *Thömmes*, in: Schön (Hrsg.), GS Knobbe-Keuk, 1997, S. 795, 820 f. m.w.N.

177 EuGH v. 28.1.1986, Rs. 270/83, *Kommission/Frankreich* („Avoir Fiscal"), Slg. 1986, 273 Rn. 22.

b) Steueraufsicht / Steuerkontrolle

Der Gerichtshof in Luxemburg betont[178], dass ein Mitgliedstaat das Recht zur Anwendung von Maßnahmen hat, die eine klare und eindeutige Feststellung der Höhe der in diesem Staat steuerbaren Einkünfte und Verlustvorträge erlauben[179]. Allerdings gilt auch hier die durch den Verhältnismäßigkeitsgrundsatz gezogene Grenze[180]. Regelmäßig verweist der EuGH bei der Frage der *Wirksamkeit steuerlicher Kontrollen*[181] auf die europaweite zwischenstaatliche Zusammenarbeit nach den Möglichkeiten der Amtshilferichtlinie[182] sowie der Möglichkeit des Nachweises durch den Steuerpflichtigen[183]. Eine Rechtfertigung des Status quo eines Gruppenbesteuerungsregimes im Allgemeinen und des group relief im Besonderen aus Gründen der Steueraufsicht und -kontrolle ist somit nicht Erfolg versprechend. Im Verfahren „Marks & Spencer" wurde diese Begründung vermutlich deshalb von vornherein nicht vorgetragen.

---

178 EuGH v. 20.2.1979, Rs. 120/78, *Cassis de Dijon*, Slg. 1979, 649 Rn. 8; vgl. etwa *Sedemund*, IStR 2002, 390, 392.

179 EuGH v. 15.5.1997, Rs. C-250/95, *Futura Participations SA und Singer*, Slg. 1997, I-2471 Rn. 31.

180 EuGH v. 15.5.1997, Rs. C-250/95, *Futura Participations SA und Singer*, Slg. 1997, I-2471 Rn. 36; *Cordewener*, Europäische Grundfreiheiten und nationales Steuerrecht, 2002, S. 636, 640 mit zutreffender Kritik an Anspruch und Wirklichkeit der möglichen zwischenstaatlichen Amtshilfeermittlung.

181 Vgl. EuGH v. 15.5.1997, Rs. C-250/95, *Futura Participations SA und Singer*, Slg. 1997, I-2471 Rn. 31; 8.7.1999, Rs. C-254/97, *Baxter u.a.*, Slg. 1999, I-4809 Rn. 18; 21.11.2002, Rs. C-436/00, *X, Y*, Slg. 2002, I-10829 Rn. 51.

182 Richtlinie 77/799/EWG des Rates v. 19.12.1977 über die gegenseitige Amtshilfe zwischen den zuständigen Behörden der Mitgliedstaaten im Bereich der direkten Steuern, ABl. EG Nr. L 336 v. 27.12.1977 S. 15 ff., in der derzeit aktuellen Fassung. Vgl. EuGH v. 28.1.1992, Rs. C-204/90, *Bachmann*, Slg. 1992, I-249 Rn. 18; 12.4.1994, Rs. C-1/93, *Halliburton*, Slg. 1994, I-1137 Rn. 15; 14.2.1995, Rs. C-279/93, *Schumacker*, Slg. 1995, I-225 Rn. 45; 11.8.1995, Rs. C-80/94, *Wielockx*, Slg. 1995, I-2491 Rn. 26; 15.5.1997, Rs. C-250/95, *Futura Participations SA und Singer*, Slg. 1997, I-2471 Rn. 39; zuletzt etwa 29.3.2007, Rs. C-347/04, *Rewe Zentralfinanz* Rn. 56.

183 EuGH v. 26.10.1995, Rs. C-151/94, *Kommission/Luxemburg*, Slg. 1995, I-3685 Rn. 21; 28.10.1999, Rs. C-55/98, *Vestergaard*, Slg. 1999, I-7643 Rn. 25 f., 8.7.1999, Rs. C-254/97, *Baxter u.a.*, Slg. 1999, I-4809 Rn. 19 f.; zuletzt etwa 29.3.2007, Rs. C-347/04, *Rewe Zentralfinanz* Rn. 57.

c) Territorialitätsprinzip

Die Regelungen des group relief differenzieren, wie bereits festgestellt, in beschränkender Weise nach der Ansässigkeit der verlustübertragenden Tochtergesellschaft. Hinter dieser Unterscheidung steht die Thematik der Fiskalhoheit über mögliche Gewinne des verlustübertragenden Unternehmens. *Prima facie* leuchtet dieses Differenzierungsziel ein: Wenn ein Staat geben soll (in Form von bemessungsgrundlagen- und steuermindemdem Verlustabzug), dann muss er auch nehmen dürfen (in Form der Besteuerung der Unternehmensgewinne). Dieses Argument wurde deshalb in den Mittelpunkt der Diskussionen im Verfahren „Marks & Spencer" gerückt, da das Vereinigte Königreich Verluste der ausländischen Tochtergesellschaften berücksichtigen sollte, obwohl es keine Besteuerungshoheit über die Gewinne der Auslandstochter ausübt.

i) Rechtsprechung

Der EuGH hatte mittlerweile in mehreren Rechtssachen sowohl zu Steuernormen des Tätigkeitsstaates (inbound-Fall) als auch des Herkunftsstaates (outbound-Fall) die Gelegenheit, sich zu Fragen des Territorialitätsprinzips zu äußern:

In der Rechtssache „Futura-Singer" ging es um die Verrechnung von Verlusten eines *beschränkt Steuerpflichtigen* im Tätigkeitsstaat einer Betriebstätte. Der Gerichtshof legte hier den Grundstein für die steuerliche Anerkennung des Territorialitätsprinzips im *inbound*-Fall, indem er feststellte, dass es weder eine offene noch eine verdeckte Diskriminierung darstellt, wenn ein Mitgliedstaat bei der Ermittlung der Bemessungsgrundlage nur Verluste und Gewinne aus der Inlandstätigkeit berücksichtigt. Dies sei vielmehr eine zulässige Anwendung des *steuerlichen Territorialitätsprinzips*[184]. Der EuGH sah in dem Erfordernis eines Zusammenhangs zwischen dem Abzug *inländischer Verluste* und im Inland erzielter steuerpflichtiger Einkünfte *desselben Steuersubjekts* keine Diskriminierung.

184 EuGH v. 15.5.1997, Rs. C-250/95, *Futura Participations SA und Singer*, Slg. 1997, I-2471 Rn. 22. Vgl. *Tumpel*, SWI 2001, 55, 56; *Schaumburg*, Internationales Steuerrecht, 2. Aufl. 1998, Rn. 5.141. A.A.: *Cussons*, The Tax Journal 3.2.2003, S. 9, 10, der bestreitet, dass der EuGH hier überhaupt ein fiskalisches Territorialitätsprinzip aufgestellt habe, denn der EuGH habe diesen Punkt nie in Erwägung gezogen, vielmehr seien beide Parteien übereinstimmend davon ausgegangen.

Im Verfahren „Royal Bank of Scotland“[185] wurde die griechische Zweigniederlassung der gleichnamigen gebietsfremden Bank anders als in Griechenland ansässige Banken nicht mit dem ermäßigten Körperschaftsteuersatz besteuert. Der EuGH stellte eine konkrete *Vergleichbarkeit* von Betriebstätteneinkünften ausländischer Gesellschaften mit inländischen Gesellschaften fest, da beide demselben Verfahren zur Ermittlung der Bemessungsgrundlage unterlagen. Der Unterschied zwischen der territorial radizierten Betriebstättenbesteuerung auf der einen Seite und der Besteuerung der gebietsansässigen Steuerpflichtigen nach dem Welteinkommensprinzip auf der anderen Seite spielte keine Rolle[186]: *„Dieser Umstand, der darauf beruht, dass der Staat, in dem sich die Einkommensquelle befindet, im Verhältnis zu dem Staat, in dem die Gesellschaft ihren Sitz hat, nur über eine beschränkte Steuerhoheit verfügt, hindert jedoch nicht daran, die Situation beider Gruppen von Gesellschaften bei Gleichartigkeit sämtlicher übrigen Faktoren in Bezug auf das Verfahren zur Ermittlung der Besteuerungsgrundlage als vergleichbar anzusehen.“*

Für die Rechtsprechung zum Territorialitätsprinzip in *outbound*-Fällen kann beispielhaft die Rechtssache „Bosal“ angeführt werden: Dort entschied der EuGH, dass das Abzugsverbot für Kosten eines niederländischen Anteilseigners für seine wesentliche Beteiligung an einer Tochtergesellschaft in einem anderen Mitgliedstaat eine nicht zu rechtfertigende Beschränkung der Niederlassungsfreiheit darstellt, wenn entsprechende Kosten einer vergleichbaren inländischen Beteiligung steuerlich voll absetzbar waren. Zwar stellt die streitgegenständliche Vorschrift nicht auf In- und Auslandsbeteiligungen, sondern auf die Steuerpflicht der Tochtergesellschaftsgewinne in den Niederlanden ab. Der EuGH sah darin dennoch eine Beschränkung von Art. 43 EG, *„da solche Tochtergesellschaften gewöhnlich keine in den Niederlanden steuerpflichtigen Gewinne erzielen.“*[187] Zur Rechtfertigung argumentierte die niederländische Regierung unter anderem mit dem aus der Rechtssache „Futura“ bekannten *Territorialitätsprinzip*[188]. Es fehle bereits an der Vergleichbarkeit derjenigen Tochtergesellschaften, die Gewinne im Inland erzielen, gegenüber solchen, die dies nicht tun, weil sie ihre Gewinne im Ausland erzielen. Der EuGH lehnte ein Heranziehen der „Futura“-Argumentation ab, weil es sich dort nur um einen einzigen Steuerpflichtigen

185 EuGH v. 29.4.1999, Rs. C-311/97, *Royal Bank of Scotland*, Slg. 1999, I-2651.
186 EuGH v. 29.4.1999, Rs. C-311/97, *Royal Bank of Scotland*, Slg. 1999, I-2651 Rn. 29.
187 EuGH v. 18.9.2003, Rs. C-168/01, *Bosal Holding BV*, Slg. 2003, I-9409 Rn. 27.
188 EuGH v. 18.9.2003, Rs. C-168/01, *Bosal Holding BV*, Slg. 2003, I-9409 Rn. 37 ff. Vgl. bereits im Vorfeld der „Bosal“-Entscheidung die Argumentation von *Wattel*, in: M. Lang (ed.), Direct Taxation: Recent ECJ Developments, 2003, S. 155, 157.

handelte, während hier zwei verschiedene Steuerpflichtige angesprochen waren[189]. Im Hinblick auf die steuerliche Situation der Muttergesellschaften bezüglich der Gewinne ihrer Tochtergesellschaften stellte der Gerichtshof im Einklang mit dem so genannten Trennungsprinzip fest, *„dass die Muttergesellschaften nicht für diese Gewinne steuerpflichtig sind, unabhängig davon, ob diese von in den Niederlanden steuerpflichtigen Tochtergesellschaften oder anderen (ausländischen) Tochtergesellschaften stammen.“*[190]

Ähnlich urteilte der EuGH in der Rechtssache „Manninen“[191], in dem ein finnischer Steuerpflichtiger in schwedische Aktien investiert hatte. Das finnische Körperschaftsteuer-Vollanrechnungsverfahren wurde jedoch nur für die von inländischen Gesellschaften gezahlte Körperschaftsteuer gewährt. In der Versagung der Anrechnung der schwedischen, also ausländischen Körperschaftsteuer auf die in Finnland steuerpflichtigen Dividendeneinkünfte erblickte der EuGH eine nicht zu rechtfertigende Beschränkung der Kapitalverkehrsfreiheit nach Art. 56 EG. Zu dem als Rechtfertigungsgrund vorgetragenen Grundsatz der Territorialität führte der EuGH aus[192]: *„Ferner kann die finnische Steuerregelung im Unterschied zu der Regelung, um die es in der mit dem Urteil Futura Participations und Singer abgeschlossenen Rechtssache ging, nicht als Ausprägung des Territorialitätsprinzips betrachtet werden. Denn wie die Generalanwältin zu Recht in Nummer 42 ihrer Schlussanträge ausführt, steht dieser Grundsatz der Gewährung einer Steuergutschrift an eine in Finnland unbeschränkt steuerpflichtige Person für von in anderen Mitgliedstaaten ansässigen Gesellschaften ausgeschütteten Dividenden nicht entgegen.“*

Diese Ansicht wiederholte der Gerichtshof in entsprechender Weise im Urteil „Laboratoires Fournier“, in dem eine Regelung des französischen Steuerrechts eine Steuervergünstigung für Forschung den in Frankreich ausgeführten Forschungstätigkeiten vorbehielt[193].

Im Verfahren „Marks & Spencer“ stützen sich insbesondere die Special Commissioners auf die Tatsache der fehlenden Besteuerungshoheit über die Gewinne der ausländischen Tochtergesellschaft. Ihrer Meinung nach sei damit die Situation einer inländischen Tochtergesellschaft, die der Welteinkommensbesteuerung unterliegt, nicht vergleichbar mit der Situation einer gebietsfremden Tochtergesellschaft, die – wenn überhaupt – nur der be-

---

189 EuGH v. 18.9.2003, Rs. C-168/01, *Bosal Holding BV*, Slg. 2003, I-9409 Rn. 38.

190 EuGH v. 18.9.2003, Rs. C-168/01, *Bosal Holding BV*, Slg. 2003, I-9409 Rn. 39.

191 EuGH v. 7.9.2004, Rs. C-319/02, *Manninen*, Slg. 2004, I-7477.

192 EuGH v. 7.9.2004, Rs. C-319/02, *Manninen*, Slg. 2004, I-7477 Rn. 38.

193 EuGH v. 10.3.2005, Rs. C-39/04, *Laboratoires Fournier*, Slg. 2005, I-2057 Rn. 18.

schränkten Besteuerung unterliegt[194]. Die Allokation der Steuerhoheit entscheide folglich über die Vergleichbarkeit zweier Sachverhalte und damit über das Vorliegen eines Grundfreiheitsverstoßes.

Generalanwalt *Poiares Maduro* lehnte hingegen ein solches, auch von der britischen Regierung wiederholtes Verständnis als *„falsche Auslegung des gemeinschaftsrechtlichen Territorialitätsgrundsatzes“* ab[195]: Zwar habe der Gerichtshof im Fall „Futura Singer“ die Anwendbarkeit des steuerlichen Territorialitätsprinzips im Gemeinschaftsrecht anerkannt. Allerdings habe der EuGH dieses Prinzip als Ausdruck mitgliedstaatlicher Steuersouveränität angesehen, die entsprechend den Anforderungen des internationalen Rechts für die Besteuerungsausübung durch einen Mitgliedstaat einen Zusammenhang entweder mit der Staatsangehörigkeit (bzw. Ansässigkeit) des Steuerpflichtigen oder mit der Einkunftserzielung in seinem Hoheitsgebiet erfordert. Klar sei damit, dass ein Staat Gebietsfremde nur insoweit besteuern könne, wie diese in seinem Hoheitsgebiet Einkünfte erzielen. Der Generalanwalt misst dem steuerlichen Territorialitätsprinzip die Bedeutung zu, Besteuerungskonflikte zwischen den Mitgliedstaaten zu verhindern. Gleichwohl können sich Mitgliedstaaten unter Berufung darauf nicht ihren gemeinschaftlichen Pflichten entziehen, was nach Ansicht des Generalanwalts genau der Fall wäre, wenn Großbritannien die Gewährung der Steuervergünstigung von einer korrespondierenden Besteuerungsbefugnis abhängig machen könne. Die Gewährung des group relief würde auch nicht die Koexistenz der beteiligten Steuerhoheiten gefährden, da die Vergünstigung nicht auf Ebene der ausländischen Tochtergesellschaft, sondern auf Ebene der in Großbritannien unbeschränkt steuerpflichtigen Muttergesellschaft als Antragsteller zu gewähren sei. Die eigentliche Intention des Verteidigungsvorbringens, nur bei korrespondierender Gewinnbesteuerungsmöglichkeit zur Gewährung der Vergünstigung verpflichtet zu sein, betrifft nach Auffassung des Generalanwalts den Rechtfertigungsgrund der Kohärenz.

Der EuGH schloss sich dem im Ergebnis an[196]. Er führte jedoch zuerst aus, dass das im internationalen und im Gemeinschaftsrecht geltende Territorialitätsprinzip in der Tat eine steuerliche Ungleichbehandlung von Ansässigen und Nichtansässigen rechtfertigen könne. Unter Bezugnahme auf sein früheres „Avoir fiscal“-Urteil stellt er dann aber klar, dass die Unterscheidung nach dem Sitz nicht immer ein gerechtfertigtes Unterscheidungskriterium

---

194 SpC 352, *Marks & Spencer plc v. David Halsey (HM Inspector of Taxes)*, 25./26.11.2002, [2003] EuLR, S. 46 Rn. 88.

195 Schlussanträge GA Poiares Maduro v. 7.5.2005, Rs. C-446/03, *Marks & Spencer plc*, Slg. 2005, I-10837 Rn. 59-64.

196 EuGH v. 13.12.2005, Rs. C-446/03, *Marks & Spencer plc*, Slg. 2005, I-10837 Rn. 37.

darstellt[197], da ansonsten die Vorschrift des Art. 43 EG sinnentleert würde. Zwar handele Großbritannien bei der Besteuerung von Ansässigen (nach dem Welteinkommensprinzip) und der Nichtansässigen (Besteuerung des Einkommens aus inländischen Quellen) im Einklang mit dem Territorialitätsprinzip. Dennoch rechtfertige die Tatsache, dass Gewinne der Auslandstochtergesellschaften nicht in Großbritannien besteuert werden, für sich alleine nicht die Beschränkung des group relief auf Verluste inländischer Gruppengesellschaften.

In der Entscheidung „Rewe Zentralfinanz" festigte der EuGH diese Rechtsprechungslinie[198]: Im Rahmen der Überprüfung der früheren deutschen Regelung, die Teilwertabschreibungen auf Auslandsbeteiligungen unter bestimmten Voraussetzungen für unzulässig erklärte, lehnte er erneut einen Rechtfertigungsversuch ab, der sich auf die fehlende Berechtigung des betreffenden Mitgliedstaates zur Besteuerung der Gewinne der (ausländischen) Tochtergesellschaft stützte. Zwar sei dem Terrritorialitätsprinzip die Funktion beizulegen, bei Anwendung des Gemeinschaftsrechts sicherzustellen, dass die Grenzen der Zuständigkeiten der Mitgliedstaaten für die Besteuerung berücksichtigt werden. Allerdings gehe es im Ausgangssachverhalt um eine gebietsansässige Muttergesellschaft, die dort aus diesem Grund unbeschränkt steuerpflichtig sei, weshalb die Gewährung des streitgegenständlichen Steuervorteils gerade nicht die Ausübung einer konkurrierenden Besteuerungszuständigkeit in Frage stelle.

ii) Literatur

Insbesondere *Lehner*[199] hat sich grundlegend mit der Frage des Territorialitätsprinzips im Lichte des Europarechts beschäftigt. Ausgehend von einem staatsorganisationsrechtlichen Verständnis des Gebietsgrundsatzes als Ausprägung staatlicher Souveränität wirke das Prinzip in den Regelungsbereich der direkten Steuern in einem doppelten Sinne ein: Zum einen als territorialäquivalenztheoretische Rechtfertigung der Steuerpflicht, womit grundsätzlich die das Besteuerungsrecht auslösende Anknüpfung an das Inland gemeint ist. Dieser „genuine link" wird etwa durch die die unbeschränkte Steuerpflicht determinierenden personenbezogen-territorialen Merkmale in Gestalt des Sitzes, der Geschäftsleitung, des Wohnsitzes bzw. gewöhnlichen Aufenthaltes hergestellt. Die substanzielle Anknüpfung an das Inland kann

197 EuGH v. 28.1.1986, Rs. 270/83, *Kommission/Frankreich* („Avoir Fiscal"), Slg. 1986, 273 Rn. 18.

198 EuGH v. 29.3.2007, Rs. C-347/04, *Rewe Zentralfinanz* Rn. 39 ff., 43, 69.

199 *Lehner*, in: Gocke/Gosch/Lang (Hrsg.), FS Wassermeyer, 2005, S. 241 ff.

aber auch durch die vorwiegend die beschränkte Steuerpflicht indizierenden sachbezogen-territorialen Merkmale wie etwa den Ort der Belegenheit bzw. die Ausübung, Nutzung oder Verwertung von Einkunftsquellen erfolgen.

Zum anderen diene das Prinzip der Territorialität in seiner äquivalenztheoretischen Ausprägung – und damit steht es im Gegensatz zur Welteinkommensbesteuerung (bzw. dem Totalitäts- oder Universalitätsprinzip) – der dogmatischen Begründung eines nur beschränkten Steuerzugriffs auf inländische Einkünfte von Gebietsfremden. Selbst das im EG-Vertrag verankerte Ziel des gemeinsamen Binnenmarkts soll nicht zur Verzichtbarkeit auf das jeweils territorial konzipierte nationalstaatliche Steuerrechtsregime jedes einzelnen der 25 Mitgliedstaaten führen. Dies gelte zumindest solange, wie „die Mitgliedstaaten der EG souveräne Steuergläubiger auf der Grundlage territorial begründeter Staatlichkeit bleiben"[200]. *Lehner* gelangt schließlich über die These, dass das Territorialitätsprinzip einen gemeineuropäischen Bestand von äquivalenztheoretisch fundierten Rechtfertigungs- und Zuordnungsnormen bildet, der zwingend in die Rechtfertigungsprüfung eingehen muss, zu folgendem Ergebnis: Sollte die streitgegenständliche nationale Steuerrechtsnorm diesem Bestand angehören, so wäre ein Grundfreiheitsverstoß allein aus diesem Grund gerechtfertigt und das Hindernis alleine im Wege der sekundärrechtlichen Rechtsangleichung zu beheben. Gleichwohl stehe das Territorialitätsprinzip einer Berücksichtigung von Auslandseinkünften nicht von vornherein entgegen. Entscheidend sei, „dass das Territorialitätsprinzip nicht im Widerspruch zum Leistungsfähigkeitsprinzip steht", was solange nicht der Fall wäre, wie die Gesamtleistungsfähigkeit des Steuerpflichtigen „im Zusammenwirken zwischen der Besteuerung im Wohnsitzstaat und dem Quellenstaat im Grundsatz verwirklicht wird". Der Gleichheitssatz in seiner Konkretisierung der Leistungsfähigkeit bzw. die speziellere Eigentumsgewährleistung in Art. 14 GG verpflichte daher beispielsweise Deutschland als Ansässigkeitsstaat zur Berücksichtigung im Ausland nicht nutzbarer Auslandsverluste, soweit dies für die Gleichbehandlung unter der entsprechenden Rechtsordnung notwendig ist.

Vor diesem Hintergrund vertreten insbesondere *Kemmeren*, *Wattel*[201] sowie weitere Autoren[202] die Ansicht, dass nach dem fiskalischen Territorialitäts-

200 *Lehner*, in: Gocke/Gosch/Lang (Hrsg.), FS Wassermeyer, 2005, S. 241, 254 f.

201 *Wattel*, in: M. Lang (ed.), Direct Taxation: Recent ECJ Developments, 2003, S. 155, 157; *ders.*, EC Tax Review 2003, 194, 201, der für die Anwendung eines strikten Territorialitätsprinzips innerhalb der EU plädiert („a plea for territoriality").

202 Für das „*Primat der [abkommensrechtlichen] Freistellung*" als Modell der europäischen Verlustbehandlung *Stockmann*, Verluste ausländischer Tochtergesellschaften im deutschen internationalen Steuerrecht, 2000, S. 246 ff.; *Vogel*, StuW 1993, 380,

prinzip ausschließlich der Staat der Verlustentstehung in die Verantwortung zu nehmen ist: „*The territoriality principle should, in my view, be ranked over the universality principle and, as a consequence, the tax base exemption should prevail over the modified exemption and the tax credit. The Member State in which the loss has been incurred has enabled the taxpayer to produce 'negative' income. A part of the taxpayer's wealth has vanished in this Member State. The perishing of wealth should not be borne by a Member State in which the taxpayer produces 'positive' income, but by the Member State, in which the loss has been incurred. This Member State should compensate the taxpayer with a negative tax.*"[203]

In dieselbe Richtung geht auch die Ansicht[204], dass Staaten, die ihr Steuerrecht vollständig und nicht nur für Nichtansässige auf dem Territorialitätsprinzip anstelle des Welteinkommensprinzips gründen, mangels der nach nationalen Rechtsvorschriften vorgesehenen Einbeziehung von Auslandsergebnissen auch europarechtlich nicht zur grenzübergreifenden Verlustberücksichtigung verpflichtet werden können.

Nach einer weiteren Schrifttumsmeinung[205] steht der Begriff der Territorialität im besagten Kontext als Synonym für ein Konzept der Symmetrie und Folgerichtigkeit: Wenn schon die Gewinne der ausländischen Tochtergesellschaft nicht der eigenen Steuerhoheit unterliegen, so sollen auch die Auslandsverluste nicht steuermindernd berücksichtigt werden müssen.

---

387 f.; *Lehner*, in: Gassner/Lang/Lechner (Hrsg.), Doppelbesteuerungsabkommen und EU-Recht, 1996, S. 11, 19; *Thömmes*, EWS 1/2006, Die erste Seite; *Kußmaul/Tcherveniachki*, StuB 2005, 626, 630 verneinen bereits die Entscheidungskompetenz des EuGH, da er nicht darüber entscheiden könne, in welchem Umfang ein Mitgliedstaat sein Besteuerungsrecht wahrzunehmen hat.

203 *Kemmeren*, Principle of Origin in Tax Conventions - A Rethinking of Models, 2001, S. 229 f.

204 *Gutmann*, EC Tax Review 2003, 154, 156; *Wattel*, EC Tax Review 2003, 194, 201; *Haarmann*, in: Lüdicke (Hrsg.), Deutsches Steuerrecht im Europäischen Rahmen, 2004, S. 169, 173 f., 181; ähnlich *Hahn*, in: Lüdicke (Hrsg.), Deutsches Steuerrecht im Europäischen Rahmen, 2004, S. 199; *Meussen*, European Taxation 2005, 160, 162 f.; *Prokisch*, DStJG 28 (2005), 229, 249. Kritisch zur Europarechtskonformität des (französischen) Territorialitätsprinzips allgemein: *Richard*, Intertax 2003, 20, 24; *Cordewener*, European Taxation, 2003, 294, 303.

205 *Cordewener/Dahlberg/Pistone/Reimer/Romano*, European Taxation 2004, 218, 220. Vgl. in diesem Sinne auch *Lehner*, DStJG 23 (2000), 263, 283 f.; *Thömmes*, in: Herzig (Hrsg.), Organschaft, 2003, S. 525, 532; *ders.*, EWS 1/2006, Die erste Seite; Rn. 11 ff. der Stellungnahme der Bundesrepublik Deutschland in der Rs. C-446/03 v. 10.2.2004; *Prokisch*, DStJG 28 (2005), 229, 251; *Herzig/Wagner*, Der Konzern 2006, 176, 178; *Maiterth*, DStR 2006, 915, 917 f.

Nach *Schön*[206] ist ein solches Symmetrieverständnis der Territorialität jedoch von vornherein problematisch, wenn man das Argument der fehlenden Inlandsbesteuerung der Auslandstochtergesellschaft schon im Ausgangspunkt nicht anerkennt. Gerade die Abkehr des Gerichtshofs von einem solchen Symmetrieverständnis im outbound-Fall wurde von der Mehrzahl der Autoren im Fachschrifttum[207] als Indiz dafür gewertet, dass im Rahmen einer nationalen Gruppenbesteuerung, bei der eine Verlustverrechnungsmöglichkeit lediglich zwischen inländischer Muttergesellschaft und Inlandstochtergesellschaften besteht, eine Beschränkung der Niederlassungsfreiheit durch die Nichtberücksichtigung ausländischer Tochtergesellschaftsverluste vorliegt.

iii) Stellungnahme

Nach *Lehner*[208] soll sich eine innerstaatliche Norm dann nicht als Gemeinschaftsrechtswidrig erweisen, wenn sie Teil eines gemeineuropäischen Bestands an äquivalenztheoretisch fundierten Rechtfertigungs- und Zuordnungsnormen ist. Dass ließe sich dahin (miss-)verstehen, dass der Staat den Zusammenhang zwischen steuerlicher Be- und Entlastung von der eigenen territorialen Besteuerungszuständigkeit abhängig machen *darf, wenngleich auch nicht muss*. Diese Interpretation würde die Niederlassungsfreiheit jedoch auf den Diskriminierungsaspekt im Sinne einer Inländerbehandlung limitieren. Beschränkungen durch den Herkunftsstaat, die dem eigenen Besteuerungsrecht entzogene transnationale Betätigungen steuerlich nachteiliger als eine rein nationale Betätigungen behandeln, wären hingegen vom grundfreiheitlichen Schutz ausgeklammert. Ein solches Ergebnis stünde in krassem Gegensatz zur ständigen Rechtsprechung des EuGH, wie sie für die outbound-Fälle dargestellt wurde und kann daher von *Lehner* auch nicht gemeint sein. Wer akzeptiert, dass die Jurisdiktion des EuGH die mitglied-

206 *Schön*, StbJb 2003/04, 27, 54.

207 *Pistone*, EC Tax Review 2003, 149 ff.; *Lyons*, British Tax Review 2003, 443, 448; *Micker*, DB 2003, 2734, 2736; *Weber*, EC Tax Review 2003, 220, 230; *Dörr*, Intertax 2004, 180, 182 f.; *Englisch*, UM 2004, 58, 59; *Gillham*, Tax Planning International EU Focus 10/2004, 2, 5; *Cussons*, International Tax Review 10/2004, 3; *Martin*, Tax Planning International EU Focus 10/2004, 19 ff.; *ders.*, EC Tax Review 2005, 61 ff.; ähnlich *Rupal*, in: CDFI, IFA 2004 Vienna Congress, Vol. 89b, United Kingdom, S. 685, 704 f.; *Schön*, IStR 2004, 289, 300; *Mössner*, ASA 2004, 673, 698; *Meussen*, European Taxation 2005, 282, 284; *Scheunemann*, IStR 2005, 303, 306; *ders.*, RIW 2006, 79, 80; *M. Lang*, European Taxation 2006, 54, 59 f. A.A.: *Cordewener/Dahlberg/Pistone/Reimer/Romano*, European Taxation 2004, 218, 221.

208 *Lehner*, in: Gocke/Gosch/Lang (Hrsg.), FS Wassermeyer, 2005, S. 241, 257.

staatlichen Steuerrechte erfasst, steht unweigerlich vor der Folgefrage, ob der EuGH für Zwecke seiner Entscheidungsfindung zwingend die territorialen Grenzen des mitgliedstaatlichen Steuerzugriffs zu berücksichtigen hat oder vielmehr – gemäß dem gemeinschaftsrechtlichen Binnenmarktgedanken – lediglich die Außengrenzen der EU. Es offenbart sich ein – durchaus politisch eingefärbter – Zielkonflikt zwischen der Integrität der auf Steuerautonomie aufbauenden Staatsfinanzierung zum einen und der Verwirklichung eines von steuerlichen Barrieren befreiten Europäischen Binnenmarktes zum anderen.

Versucht man die skizzierte Problematik im Rahmen der Grundfreiheitsprüfung des EuGH zu verorten, wird deutlich, dass sowohl die Punkte der

- *Territorialität* (Besteuerungszugriff bzw. Steuerhoheit),
- der *Kohärenz* (Besteuerungssymmetrie) sowie
- das Argument *drohender Steuermindereinnahmen*

angesprochen sind. In der Tat wurde diese Vielschichtigkeit beispielsweise von Generalanwalt *Alber* in seinen Schlussanträgen in der Rechtssache „Bosal" grundsätzlich erkannt[209]. Jedoch maß er – anders als nachfolgend der EuGH[210] – dem Gesichtspunkt der Territorialität keinen eigenständigen Rechtfertigungscharakter bei, sondern lediglich begründende Wirkung im Rahmen der Kohärenz[211]. Demgegenüber behandelte der EuGH in der Rechtssache „Keller Holding"[212] die eigentlich die Kohärenz betreffende faktische Gleichbehandlung in der steuerlichen Entlastung von in- und ausländischen Dividenden auf Ebene der Muttergesellschaft unter dem Blickwinkel der Territorialität. Übersehen wurde in beiden Fällen, dass Territorialität und Kohärenz unterschiedliche Zielrichtungen aufweisen: Territorialität betrifft den mitgliedstaatlichen Steuerzugriff, wohingegen im Bereich der Kohärenz die Besteuerungssymmetrie oder -asymmetrie (hier zwischen Verlustberücksichtigung und Gewinnbesteuerung) angesprochen ist[213].

209 Schlussanträge GA Alber v. 24.9.2002, Rs. C-168/01, *Bosal Holding BV*, Slg. 2003, I-9409 Rn. 66.

210 EuGH v. 18.9.2003, Rs. C-168/01, *Bosal Holding BV*, Slg. 2003, I-9409 Rn. 29, 37.

211 Eine entsprechende Verortung findet sich etwa auch bei *Hinnekens*, European Taxation 2003, 175, 180.

212 EuGH v. 23.2.2006, Rs. C-471/04, *Keller-Holding*, Slg. 2006, I-2107 Rn. 44.

213 Demgegenüber ordnen *Herzig/Wagner*, DStR 2006, 1, 6; *dies.*, Der Konzern 2006, 176, 178; *Scheunemann*, RIW 2006, 79, 80 das Symmetrieargument im Rahmen der Territorialität zu. Sicherlich weist dieses Argument auch territoriale Bezüge auf, steht jedoch einer kohärenten Ausgestaltung des Steuersystems näher.

Wendet man sich im Einzelnen nun dem *Argument drohender Steuerausfälle* zu, so hat sich, wie vorstehend bereits erläutert, der EuGH hierzu zutreffend ablehnend gegenüber einer Rechtfertigungswirkung geäußert, da steuerliche Verfahren regelmäßig budgetäre Auswirkungen mit sich bringen.

Was das *Territorialitätsargument* anbelangt, so liegt zwar nach dem Gemeinschaftsrecht die Befugnis zur Verteilung der Besteuerungsrechte allein bei den Mitgliedstaaten, doch müssen die Mitgliedstaaten bei der Ausübung dieser Zuständigkeit das Diskriminierungs- bzw. Beschränkungsverbot des Art. 43 EG beachten[214]. Dem derzeitigen Stand der EuGH-Rechtsprechung lässt sich entnehmen, dass das Territorialitätsprinzip zwar unter Umständen in (inbound-)Fällen wie „Futura-Singer" rechtfertigend eingreifen kann, in denen eine Regelung des nationalen Steuerrechts sowohl auf gebietsfremde als auch auf gebietsansässige Unternehmen anwendbar ist. Keine Anwendung findet der Grundsatz jedoch in outbound-Sachverhalten, in denen es, wie in den Rechtssachen „Marks & Spencer" oder „Rewe Zentralfinanz", um die Europarechtskonformität nationaler Steuerbestimmungen geht, die in ihrem Mitgliedstaat niedergelassenen Unternehmen einen Vorteil in Abhängigkeit von einer binnenstaatlichen Aktivität gewähren, da insoweit transnationale Tätigkeiten behindert werden. Die in Rede stehende unterschiedliche steuerliche Behandlung betrifft nicht die Situationen der Tochtergesellschaften, sondern die der gebietsansässigen Muttergesellschaft, je nachdem, ob sie über in anderen Mitgliedstaaten niedergelassene Tochtergesellschaften verfügt. Mit anderen Worten geht es hier um die steuerliche Behandlung *desselben* Steuerpflichtigen, die danach unterscheidet, ob infolge der wirtschaftlichen Betätigung (hier im Rahmen der sekundären Niederlassungsfreiheit durch Auslandstochtergesellschaften) inländisches oder ausländisches Steuersubstrat erzielt wird. Das Territorialitätsprinzip kann deshalb hier nicht eingreifen, weil der Herkunftsstaat den betroffenen Steuerpflichtigen nach dem Welteinkommensprinzip besteuert und damit sowohl bei Inlands- als auch bei Auslandsaktivität auf die *von ihm* erzielten Einkünfte Zugriff nehmen kann. Die unterschiedliche Behandlung der Muttergesellschaft hängt somit nicht davon ab, ob ihre Tochtergesellschaften einer getrennten Besteuerung unterliegen.

Angelegt war dieses Territorialitätsverständnis bereits in der „Bosal"-Entscheidung des EuGH aus dem Jahr 2003, in der der Abzug von Finanzierungskosten der Muttergesellschaft für eine Beteiligung an einer gebiets-

214 Vgl. in diesem Sinne Schlussanträge GA Geelhoed, 27.4.2006, Rs. C-170/05, *Denkavit International BV* Rn. 26 f. m.w.N.; Schlussanträge GA Léger v. 2.5.2006, Rs. C-196/04, *Cadbury Schweppes* Rn. 101 ff.

fremden Tochtergesellschaft nicht von der Bedingung abhängig gemacht werden durfte, dass die Aufwendungen im Zusammenhang mit der Erzielung von Einnahmen im Staat der Muttergesellschaft stehen. In der Tat ist es aus der Perspektive der Marks & Spencer plc *in Bezug auf die eigene Besteuerung in Großbritannien* unerheblich, wo oder wie die entsprechende Tochtergesellschaft mit ihren Gewinnen dem Besteuerungszugriff unterliegt.

Nach einer Ansicht[215] soll jedoch das Territorialitätsprinzip – entgegen der dargestellten Schrifttumsmehrheit – weiterhin auch im outbound-Fall beachtlich sein, da im „Bosal"-Fall die Niederlande der einzige Staat gewesen wäre, der den Betriebsausgabenabzug hätte vornehmen können. In allen anderen Fällen soll das Territorialitätsprinzip vermutlich anwendbar sein. Hiergegen ist bereits einzuwenden, dass aus ökonomischer Sicht keineswegs die Kosten für den Beteiligungserwerb nur auf Ebene der Muttergesellschaft abziehbar sein müssen. Ferner ist gerade in den problematischen Verlustfällen, in denen im Staat der Tochtergesellschaft keine Verlustberücksichtigung mehr möglich ist, eine starke Ähnlichkeit zum „Bosal"-Fall und damit zur Negierung des Territorialitätsprinzips gegeben. Ein faktischer Unterschied zwischen den zu vergleichenden Sachverhalten liegt zugegebenermaßen darin, dass in der Rechtssache „Bosal" die Refinanzierungskosten auf Ebene der Muttergesellschaft anfielen, wohingegen vorliegend die Verluste auf Ebene der Tochtergesellschaft verursacht wurden[216]. Allerdings muss man sich vergegenwärtigen, dass im Rahmen einer Gruppenbesteuerung regelmäßig ein Verlustverrechnungsmechanismus existiert, so dass der Gesetzgeber zumindest in diesen Fällen und im Verrechnungsumfang es steuerlich als unbeachtlich ansieht, auf welcher Ebene der Verlust letztlich entstanden ist.

Folglich ist dem EuGH uneingeschränkt zuzustimmen, dass das Territorialitätsprinzip insoweit nicht rechtfertigend eingreift[217].

d) Kohärenz und Aufteilung der Besteuerungsbefugnisse

Im Fall „Marks & Spencer" geht es vornehmlich um die Kohärenz der britischen Steuerrechtsordnung in Bezug auf die Koppelung von interpersonaler Verlustübertragung und Gewinnbesteuerung über die beteiligten Gesellschaften. Zur Rechtfertigung wird deshalb das *Symmetrieargument* vorgebracht. Da Gewinne und Verluste steuerlich betrachtet die beiden Seiten der-

215 *Cordewener/Dahlberg/Pistone/Reimer/Romano*, European Taxation 2004, 218, 221.

216 Hierauf weist *Schnitger*, FR 2003, 1149, 1151 zutreffend hin.

217 Vor dem Hintergrund auch der unzweideutigen Urteilsaussage bleibt die Ansicht von *Thömmes*, IWB 2006 F. 11a Rspr., S. 938, 938; und *Englisch*, IStR 2006, 22, 22, die Entscheidung sei ein klares Bekenntnis zur Territorialität unverständlich.

selben Medaille seien, müssten die britischen Steuerbehörden die bei der Betätigung einer in einem anderen Mitgliedstaat ansässigen Tochtergesellschaft anfallenden Verluste nicht berücksichtigen, da sie nicht berechtigt seien, die Gewinne dieser Tochtergesellschaft zu besteuern. Dies ist, wie bereits aufgezeigt, eine Kohärenzproblematik, wenngleich ihre Ursache auf dem Territorialitätsprinzip und der damit verknüpften Abschirmwirkung bei juristischen Personen beruht: Soweit Gewinne ausländischer Tochterkapitalgesellschaften nicht ausgeschüttet, sondern thesauriert werden, besteht grundsätzlich das alleinige Besteuerungsrecht des Ansässigkeitsstaats der Tochterkapitalgesellschaft[218].

i) Rechtsprechung

(1) Personenbezogenheit der Kohärenz

Ursprünglich wurde die Kohärenz vom Gerichtshof in den Parallelverfahren „Kommission/Belgien“ und „Bachmann“ entwickelt, in denen ein in Belgien wohnender deutscher Staatsangehöriger den steuerlichen Abzug der an deutsche Lebensversicherer geleisteten Prämienzahlungen in Belgien begehrte[219]. Innerhalb der belgischen Steuerregelung bestand ein die Grundfreiheitsbeschränkung rechtfertigender Zusammenhang zwischen der Abzugsfähigkeit der Beiträge zu Lebensversicherungen und der späteren Besteuerung der der von den Versicherern zu zahlenden Versicherungssumme. Kohärenzvoraussetzungen waren nach dem EuGH ein strenger und unmittelbarer Zusammenhang zwischen steuerlicher Entlastung und Belastung bei *derselben* steuerpflichtigen Person im Rahmen ein und derselben Steuerart und in demselben Mitgliedstaat.

In den steuerlichen Folgeentscheidungen des Gerichtshofs wurde der Rechtfertigungsgrund der Kohärenz zwar vorgetragen und geprüft, jedoch stets verneint[220].

---

218 Vgl. *Mössner*, RIW 1986, 208 f.; *J. Hey*, IWB F. 3 Gr. 1, Deutschland, S. 2003, 2010. Eine Ausnahme hiervon stellen jedoch die Regelungen zur Hinzurechnungsbesteuerung dar, vgl. z.B. für Deutschland §§ 7 ff. AStG.

219 EuGH v. 28.1.1992, Rs. C-204/90, *Bachmann*, Slg. 1992, I-249 Rn. 28; 28.1.1992, Rs. C-300/90, *Kommission/Belgien*, Slg. 1992, I-305 Rn. 21. Vgl. auch *Cordewener*, Europäische Grundfreiheiten und nationales Steuerrecht, 2002, S. 431 ff., 459 ff.

220 Vgl. etwa EuGH v. 14.2.1995, Rs. C-279/93, *Schumacker*, Slg. 1995, I-225; 11.8.1995, Rs. C-80/94, *Wielockx*, Slg. 1995, I-2491; 14.11.1995, Rs. C-484/93, *Svensson-Gustavsson*, Slg. 1995, I-3955; 27.6.1996, Rs. C-107/94, *Asscher*, Slg. 1996, I-3089; 16.7.1998, Rs. C-264/96, *ICI*, Slg. 1998, I-4695; 26.10.1999, Rs. C-294/97, *Eurowings*, Slg. 1999, I-7447; 13.4.2000, Rs. C-251/98, *Baars*, Slg. 2000, I-

In der Rechtssache „Wielockx“[221] wurde dem Umstand Rechnung getragen, dass die unmittelbare Wechselbeziehung von den Mitgliedstaaten zumeist auf die Ebene der auf Gegenseitigkeit basierenden Doppelbesteuerungsabkommen gehoben wird. Entsprechend erweiterte der Gerichtshof sein Verständnis von Kohärenz als Systemgerechtigkeit unter Einbeziehung des Abkommensrechts.

Auch dieser leicht extensivierte Kohärenzbegriff erschien den Mitgliedstaaten schnell als zu eng, da er ebenfalls keine *personen- und staatenübergreifende* Kohärenzbetrachtung, etwa in Konzernverhältnissen zwischen in verschiedenen Mitgliedstaaten ansässigen Mutter- und Tochtergesellschaften zuließ. Vorgetragen wurde dementsprechend in outbound-Konstellationen, eine bestimmte steuerlich nachteilige Behandlung des ansässigen Gesellschafters kohärent sei, da mangels Besteuerung der Gewinne der nicht ansässigen Gesellschaft dem Fiskus kein vergleichbarer Vorteil gegenüberstünde:

- In der Rechtssache „ICI“, in der es um Anwendungsvoraussetzungen des britischen consortium relief ging, bestand zwischen der Steuerermäßigung, die der Obergesellschaft für Verluste von inländischen Tochtergesellschaften gewährt wurde und der Besteuerung der Gewinne von ausländischen Tochtergesellschaften, kein Unmittelbarkeitsverhältnis, so dass keine steuerliche Kohärenz vorlag[222]. Ein bloß budgetärer Ausgleich des Einnahmeausfalls bei einer Person durch eine Steuereinnahme bei einer anderen Person reiche zur Begründung der Kohärenz mangels Personenidentität nicht aus.
- In der Rechtssache „Baars“ war es zur Gewährung der Vergünstigung an den inländischen Anteilseigner ohne Belang, dass Gesellschaften mit Sitz im Inland auch dort der Gesellschaftssteuer unterworfen sind, Gesellschaften mit Sitz in einem anderen Mitgliedstaat dagegen nicht[223]. Der EuGH versagte den Versuch der Kohärenzrechtferti-

---

2787; 6.6.2000, Rs. C-35/98, *Verkooijen*, Slg. 2000, I-4071; 8.3.2001, verb. Rs. C-397/98 und C-410/98, *Metallgesellschaft u.a. Hoechst*, Slg. 2001, I-1727; 12.9.2002, Rs. C-431/01, *Mertens*, Slg. 2002, I-7073; 3.10.2002, Rs. C-136/00, *Danner*, Slg. 2002, I-8147; 21.11.2002, Rs. C-436/00, *X, Y*, Slg. 2002, I-10829; 12.12.2002, Rs. C-324/00, *Lankhorst-Hohorst*, Slg. 2002, I-11779; 12.12.2002, Rs. C-385/00, *F.W.L. de Groot*, Slg. 2002, I-11819; 18.9.2003, Rs. C-168/01, *Bosal Holding BV*, Slg. 2003, I-9409; 11.3.2004, Rs. C-9/02, *Hughes de Lasteyrie du Saillant*, Slg. 2004, I-2409; 7.9.2004, Rs. C-319/02, *Manninen*, Slg. 2004, I-7477.

221 EuGH v. 11.8.1995, Rs. C-80/94, *Wielockx*, Slg. 1995, I-2491 Rn. 24 f.

222 EuGH v. 16.7.1998, Rs. C-264/96, *ICI*, Slg. 1998, I-4695 Rn. 29.

223 EuGH v. 13.4.2000, Rs. C-251/98, *Baars*, Slg. 2000, I-2787 Rn. 40.

gung, denn ein unmittelbarer Zusammenhang könne bei verschiedenen Steuerpflichtigen, die verschiedenen Steuern unterliegen, nicht angenommen werden.

- In der Rechtssache „Verkooijen" wurde die Kohärenz mit demselben Argument verneint[224]. Die Besteuerung der Gewinne der belgischen Kapitalgesellschaft als eigenem Steuersubjekt war deshalb bei der Beurteilung der Dividendenbesteuerung auf der Ebene des niederländischen Anteilseigners außer Betracht zu lassen.
- In der Rechtssache „Bosal"[225] bestand ebenfalls kein unmittelbarer Zusammenhang zwischen dem der niederländischen Muttergesellschaft gewährten Recht zum Abzug der Beteiligungsfinanzierungskosten einerseits und der Besteuerung der Tochtergesellschaften andererseits, da es sich bei Mutter- und Tochtergesellschaften um verschiedene juristische Personen handelt, die jeweils einer eigenen Besteuerung unterliegen.

Eine Zäsur, nämlich eine Abkehr von dem eindimensional auf einen einzigen Steuerpflichtigen und eine Steuerregelung konzentrierten Verständnis der Kohärenz deutete sich in den Schlussanträgen der Generalanwältin *Kokott* in der Rechtssache „Manninen" an[226]. Dort vollzog die Generalanwältin eine Gesamtbetrachtung, in der sie die Steuerbelastung von Körperschaftsteuer auf Ebene der (ausländischen) Gesellschaft und der Besteuerung auf Ebene des (inländischen) Anteilseigners als steuerliche Doppelbelastung erkannte, die es – im zugrunde gelegenen Fall im Wege der finnischen Körperschaftsteueranrechnung – zu vermeiden galt. In seinem Urteil vom 7.9.2004 bestätigte der EuGH diese Gesamtschau der steuersubjektübergreifenden und grenzüberschreitenden Steuerbelastung[227]. Zwar bejahte er einen Kohärenzzusammenhang zwischen der Steueranrechnungsgutschrift und der von einer inländischen Gesellschaft auf die ausgeschütteten Gewinne entrichteten Körperschaftsteuer an und sah das Problem, dass bei Steueranrechnung ausländischer Körperschaftsteuer eine Steuervergünstigung gewährt würde, die nicht vom selben Mitgliedstaat vereinnahmt wurde. Dennoch hielt er die finnische Regelung für nicht zur Wahrung der Kohärenz erforderlich. Bezogen auf das von der betreffenden Regelung verfolgte Ziel, bliebe die Kohärenz gewährleistet, *„soweit der Zusammenhang zwischen der*

224 EuGH v. 6.6.2000, Rs. C-35/98, *Verkooijen*, Slg. 2000, I-4071 Rn. 58.
225 EuGH v. 18.9.2003, Rs. C-168/01, *Bosal Holding BV*, Slg. 2003, I-9409 Rn. 31 f.
226 Schlussanträge GAin Kokott v. 18.3.2004, Rs. C-319/02, *Manninen*, Slg. 2004, I-7477 Rn. 70 f.
227 EuGH v. 7.9.2004, Rs. C-319/02, *Manninen*, Slg. 2004, I-7477 Rn. 41 ff., 45.

dem Aktionär gewährten Steuervergünstigung und der [von der in- oder ausländischen Körperschaft] geschuldeten KSt. aufrechterhalten wird."[228] Die zu erwartenden Steuerausfälle könnten die angegriffene Regelung nach ständiger Rechtsprechung nicht rechtfertigen[229].

Seitdem prüften sowohl die Generalanwälte[230] als auch der EuGH[231] die Kohärenz verstärkt auf der Basis einer personen- und staatenübergreifenden Gesamtschau. Allerdings verneinten sie bisher ebenfalls die Kohärenzrechtfertigung. Sie begründeten dies zwar nicht mehr mit dem Vorhandensein unterschiedlicher Steuerpflichtiger, sondern mangels „Verbindung" bzw. „unmittelbaren Zusammenhangs" zwischen der Steuerentlastung bei der einen und der Steuerbelastung bei der anderen Gesellschaft. Prägnant heißt es in einer Entscheidung, in der es ähnlich dem Fall „Manninen" um die Abhängigkeit einer Steuergutschrift von der in- oder ausländischen Herkunft der erhaltenen Dividenden ging[232]: „*Die Notwendigkeit eines solchen unmittelbaren Zusammenhangs (Anm.: der Steuergutschrift auf Ebene des Gesellschafters mit der Steuerbelastung auf Ebene der ausschüttenden Gesellschaft) müsste nämlich genau dazu führen, dass dieser Steuervorteil auch Gesellschaften gewährt wird, die Dividenden von gebietsfremden Gesellschaften erhalten, da auch Letztere in ihrem Sitzstaat Körperschaftsteuer auf die ausgeschütteten Gewinne zahlen müssen.*"

Dies leitet über zur Frage, ob und inwieweit innerhalb der steuerlichen EuGH-Judikatur eine Regel der Symmetrie zwischen dem Recht, Gewinne einer Gesellschaft zu besteuern, und der Pflicht, steuerliche Nachteile (etwa Verluste) dieser Gesellschaft zu berücksichtigen im Rahmen der Kohärenz Berücksichtigung findet.

228 EuGH v. 7.9.2004, Rs. C-319/02, *Manninen*, Slg. 2004, I-7477 Rn. 46. Klammerzusatz nicht im Original.

229 EuGH v. 7.9.2004, Rs. C-319/02, *Manninen*, Slg. 2004, I-7477 Rn. 49.

230 Schlussanträge GA Geelhoed v. 6.4.2006, Rs. C-446/04, *Test Claimants in the FII Group Litigation* Rn. 51; Schlussanträge GA Poiares Maduro v. 31.5.2006, Rs. C-347/04, *Rewe Zentralfinanz* Rn. 30 f.

231 Vgl. etwa EuGH v. 23.2.2006, Rs. C-471/04, *Keller Holding*, Slg. 2006, I-2107 Rn. 43; 13.3.2007, Rs. C-524/04, *Test Claimants in the Thin Cap Group Litigation* Rn. 66 ff.; 29.3.2007, Rs. C-347/04, *Rewe Zentralfinanz* Rn. 59 ff.

232 EuGH v. 12.12.2006, Rs. C-446/04, *Test Claimants in the FII Group Litigation* Rn. 93. Klammerzusatz nicht im Original.

(2) Symmetrie zwischen Gewinnen und Verlusten

Was das Symmetrieargument zwischen Gewinn- und Verlustberücksichtigungshoheit anbelangt, so entschied der EuGH im Hinblick auf das vorstehende Kohärenzverständnis mehrfach, dass die Vergleichbarkeit der Situationen von Muttergesellschaften mit ausländischen Tochtergesellschaften und Muttergesellschaften mit inländischen Tochtergesellschaften nicht daran scheitert, dass die Gewinne der ausländischen Tochtergesellschaft der inländischen Besteuerung entzogen waren[233].

In seinen Schlussanträgen im Verfahren „Marks & Spencer" stellte Generalanwalt *Poiares Maduro* klar, dass die Kohärenz die Integrität der nationalen Steuersysteme schützen soll, vorausgesetzt, dass sie die Integration dieser Systeme im Rahmen des Binnenmarkts nicht behindert. Allerdings soll Kohärenz auch gewährleisten, dass die Gemeinschaftsbürger die Gemeinschaftsrechte nicht zur Sicherung von Steuervorteilen ausnutzen, die nicht mit den Grundfreiheiten im Zusammenhang stehen[234]. Unter Bezugnahme auf Generalanwältin *Kokott* hält auch er die Kohärenzvoraussetzung des Zusammenhangs innerhalb desselben Steuersystems und bei demselben Steuerpflichtigen für zu eng, denn Mutter- und Tochtergesellschaft sind unterschiedliche Steuerpflichtige. Er empfiehlt, die Kohärenzkriterien flexibler zu gestalten und an dem mit der fraglichen Steuerregelung verfolgten Zielsetzung und Systematik zu messen. In Anwendung dessen gelangt er zu dem Ergebnis, dass die Verlustübertragung im Konzern zwingend mit dem Wegfall der (zweiten) Verlustnutzungsmöglichkeit auf Ebene der übertragenden Gruppengesellschaft einhergeht. Es darf also keine zusätzliche Vergünstigung für den Konzern erwachsen. Dementsprechend würde die Gewährung der grenzüberschreitenden Verlustberücksichtigung dem Sinn und Zweck des group relief widersprechen, wenn durch eine Verlustnutzungsmöglichkeit (Verlustübertrag oder Verlustvortrag) im Ansässigkeitsstaat der Tochtergesellschaft bereits ein vergleichbarer Vorteil für die Gesamtgruppe erzielt wird. Allerdings wäre eine Begründung mit dem bloßen Risiko der doppelten Verlustnutzung unverhältnismäßig, so dass eine Kohärenzrechtfertigung

---

233 Vgl. EuGH v. 16.7.1998, Rs. C-264/96, *ICI*, Slg. 1998, I-4695 Rn. 29; 6.6.2000, Rs. C-35/98, *Verkooijen*, Slg. 2000, I-4071 Rn. 58; 18.9.2003, Rs. C-168/01, *Bosal Holding BV*, Slg. 2003, I-9409 Rn. 31 f.; 12.12.2006, Rs. C-446/04, *Test Claimants in the FII Group Litigation* Rn. 93.

234 Schlussanträge GA Poiares Maduro v. 7.5.2005, Rs. C-446/03, *Marks & Spencer plc*, Slg. 2005, I-10837 Rn. 64 ff.

nur zugelassen werden kann, wenn die ausländischen Verluste im Ansässigkeitsstaat der Tochtergesellschaft gleichbehandelt werden können[235].

Der Gerichtshof lässt in seinem die Rechtssache „Marks & Spencer" abschließenden Urteil die sehr detaillierten Ausführungen des Generalanwalts fast gänzlich unberücksichtigt. Er behandelt die Thematik letztlich in bisher unbekannter Art und Weise, was eine separate Darstellung im Folgenden rechtfertigt.

ii) „Rechtfertigungssynthese" des EuGH

Ohne auch mit nur einem Wort auf die Kohärenz einzugehen, scheint der EuGH in der Entscheidung „Marks & Spencer" wieder auf seine ursprüngliche Rechtsprechungslinie einzuschwenken[236]: *„Der Umstand allein, dass dieser Mitgliedstaat den Gewinn gebietsfremder Tochtergesellschaften einer in seinem Gebiet ansässigen Muttergesellschaft nicht besteuert, rechtfertigt jedoch noch keine Beschränkung des Konzernabzugs auf Verluste der gebietsansässigen Tochtergesellschaften.*" Die Satzeinleitung „der Umstand allein" lässt jedoch schon erahnen, dass zusätzliche Faktoren für eine Rechtfertigung notwendig, aber auch hinreichend sind, um zu einem gegenteiligen Ergebnis zu gelangen. In der Tat verlässt der Gerichtshof bekannte Wege und nimmt erstmals eine kumulative Betrachtung und Folgenbewertung von drei Rechtfertigungsargumenten vor[237]: *Erstens* sei die Aufteilung der Besteuerungsbefugnis zwischen den Mitgliedstaaten zu wahren, was grundsätzlich auf eine spiegelbildliche steuerliche Behandlung von Gewinnen und Verlusten im Rahmen eines Steuersystem hinausläuft (Symmetrieargument). *Zweitens* müsse die Gefahr der doppelten Verlustberücksichtigung und *drittens* schließlich die Gefahr der Steuerflucht vermieden werden können.

- Im Hinblick auf das Symmetrieargument erinnert er vorab an die unzulässige Rechtfertigung mit staatlichen Mindereinnahmen, um danach gleichwohl einen Bezug zur – vom EuGH nicht justiziablen – Aufteilung der Besteuerungshoheiten zwischen den Mitgliedstaaten herzustellen und ein Primat des Steuerrechts des Ansässigkeitsstaates in Bezug auf Gewinne und Verluste seiner Gesellschaften anzuerkennen. Die Ausgewogenheit der Allokation der Besteuerungsrechte

235 Schlussanträge GA Poiares Maduro v. 7.5.2005, Rs. C-446/03, *Marks & Spencer plc*, Slg. 2005, I-10837 Rn. 76 ff.

236 EuGH v. 13.12.2005, Rs. C-446/03, *Marks & Spencer plc*, Slg. 2005, I-10837 Rn. 40.

237 EuGH v. 13.12.2005, Rs. C-446/03, *Marks & Spencer plc*, Slg. 2005, I-10837 Rn. 42 ff.

würde durch die Möglichkeit der grenzüberschreitenden Verlustnutzung *„erheblich beeinträchtigt“*, wenn sich die Besteuerungsgrundlage im einen Staat um die übertragenen Verluste erweitert und im anderen Staat entsprechend verringert.

- Zur doppelten Verlustberücksichtigung vertritt der Gerichtshof die Auffassung, dass die Mitgliedstaaten dies verhindern können müssen, da diese Gefahr tatsächlich bei der transnationalen Erweiterung des group relief bestünde.
- Schließlich verhindere der Ausschluss von Auslandsverlusten auch die Steuerfluchtgefahr in Form der Steuerarbitrage, bei der sich Steuerpflichtige den Staat mit den höchsten Steuersätzen für ihre grenzüberschreitende Verlustverrechnung aussuchen würden, um optimale Steuerspareffekte zu erzielen.

Aus dieser Trias an Rechtfertigungsgründen „insgesamt“, d.h. in einer Gesamtschau, ergibt sich für den EuGH die Rechtfertigung der streitgegenständlichen Regelungen des britischen group relief.

In seinen Schlussanträgen in der Rechtssache „Rewe Zentralfinanz“[238] hatte Generalanwalt *Poiares Maduro* Gelegenheit, sich ausführlich mit der Rechtfertigungssynthese auseinanderzusetzen. Die deutsche Regierung wollte damit in einem Fall der indirekten Verlustnutzung die beschränkte Teilwertabschreibung auf Auslandsbeteiligungen unter Bezugnahme auf die EuGH-Argumentation in der Rechtssache „Marks & Spencer“ rechtfertigen. Er verweist auf die begrenzte Bedeutung des Erfordernisses der ausgewogenen Aufteilung der Besteuerungsrechte. Dieses könne sich *„nur in Bezug auf das Missbrauchs- und Betrugsrisiko, das sich in bestimmten Fällen aus einer schlechten Koordinierung der Zuständigkeit der Mitgliedstaaten für die Besteuerung ergeben kann“* beziehen. Nur wenn eine solche Missbrauchsgefahr existiert, die über die komplementär beizuziehenden beiden anderen Rechtfertigungsgründe der Gefahr doppelter Verlustnutzung und der Steuerumgehung indiziert wird, kann es erforderlich sein, für Gewinne und Verluste einer Gesellschaft „symmetrisch“ das Steuerrecht nur ihres Ansässigkeitsstaates anzuwenden[239]. Der EuGH schloss sich in seinem Urteil im Verfahren „Rewe Zentralfinanz“ den Ausführungen des Generalanwalts an[240]. Für sich allein kann die Tatsache, dass eine gebietsansässige Muttergesellschaft

238 Schlussanträge GA Poiares Maduro v. 31.5.2006, Rs. C-347/04, *Rewe Zentralfinanz* Rn. 25 ff.

239 Schlussanträge GA Poiares Maduro v. 31.5.2006, Rs. C-347/04, *Rewe Zentralfinanz* Rn. 32 ff.

240 EuGH v. 29.3.2007, Rs. C-347/04, *Rewe Zentralfinanz* Rn. 41 ff., 60 ff.

eine wirtschaftliche Betätigung in einem anderen Mitgliedstaat entfaltet, in dem der betroffene Mitgliedstaat seine Besteuerungszuständigkeit nicht ausüben könne, nicht unter Berufung auf das Erfordernis der ausgewogenen Aufteilung der Besteuerungsbefugnis zwischen den Mitgliedstaaten die systematische Versagung von Steuervorteilen für diese Muttergesellschaft rechtfertigen. Was überdies die Kohärenz anbelangt, so konnte keine Verbindung zwischen dem Verlustausgleich auf Ebene der Muttergesellschaft und der Steuerfreiheit der von der Tochtergesellschaft erhaltenen Dividenden nachgewiesen werden.

Generalanwalt *Léger* befasste sich in seinen Schlussanträgen in der Rechtssache „Cadbury Schweppes" ebenfalls mit den Erwägungen des EuGH im Urteil „Marks & Spencer" und entnimmt ihnen Folgendes: Der Grundsatz, dass die Grundfreiheiten nicht die Wahrung der Aufteilung der Besteuerungsbefugnisse der Mitgliedstaaten durch diese in Frage stellen dürfen, könne seinerseits nicht die Tragweite der Art. 43, 48 EG in Frage stellen. Dementsprechend habe eine Abwägung der beiden Grundsätze stattzufinden, die sich am Zweck der geltend gemachten Gemeinschaftsnorm zu orientieren habe[241]. Es ist anzumerken, dass der EuGH diesen Ansatz ebenso wenig wie die Aufteilung der Besteuerungsbefugnisse in seinem Urteil zu „Cadbury Schweppes" aufgriff, sondern sich im Rahmen der Rechtfertigung auf eine reine Missbrauchsprüfung beschränkte[242].

Demgegenüber fordert Generalanwalt *Geelhoed* eine strikte Beachtung der Wahrung der Aufteilung mitgliedstaatlicher Besteuerungsbefugnisse durch den EuGH. Scharf kritisiert er eine selbst unter Verhältnismäßigkeitsvorbehalt gestellte, grenzübergreifende Verlustberücksichtigung und damit letztlich auch das Urteil des EuGH in der Rechtssache „Marks & Spencer"[243]. Er plädiert für eine restriktive Anwendung solcher Vorbehalte, denn es führe zu Asymmetrien, wenn die Verluste der ausländischen Tochter im Inland berücksichtigt werden unbeschadet des Umstands, dass die Gewinne der Tochtergesellschaft im Staat der Muttergesellschaft unbesteuert bleiben. Insoweit komme es möglicherweise zu weiteren Verzerrungen in den Beziehungen der mitgliedstaatlichen Steuersysteme untereinander, die sich auf die Ausübung der Grundfreiheiten in gleichem Maße auswirken.

Generalanwältin *Kokott* stimmt hingegen mit dem Ansatz des EuGH überein und wendet die Rechtfertigungssynthese auf den „umgekehrten" Marks &

---

241 Schlussanträge GA Léger v. 2.5.2006, Rs. C-196/04, *Cadbury Schweppes* Rn. 103 f.

242 EuGH v. 12.9.2006, Rs. C-196/04, *Cadbury Schweppes*, IStR 2006, 670 Rn. 47 ff.

243 Schlussanträge GA Geelhoed, 23.2.2006, Rs. C-374/04, *Test Claimants in Class IV of the ACT Group Litigation* Rn. 63-65.

Spencer-Fall in der Rechtssache „Oy AA“[244] bei der Frage der Gewinnverlagerung ins Ausland im Rahmen der finnischen Gruppenbesteuerung entsprechend an.

iii) Literatur

Nach den Entscheidungen in den Rechtssachen „Bachmann“ und „Kommission/Belgien“ hat der EuGH den Grundsatz der Kohärenz der Steuersysteme nicht wieder als Rechtfertigungsgrund für eine Diskriminierung gelten lassen, weshalb bereits von Kohärenz als „Topos ohne Wert“ bzw. einer „Leerformel“ zu lesen war[245]. Dementsprechend wurde im Fachschrifttum die schon früh von *Schön*[246] geforderte und in der Rechtssache „Manninen“ propagierte erweiterte steuersubjekt- und staatenübergreifende Neudefinition der Kohärenz auch als „Renaissance“[247] der Kohärenz gefeiert. *Lang*[248] kritisiert jedoch, dass der EuGH – auch ohne ausdrücklich den Begriff der Kohärenz zu verwenden – diesen Rechtfertigungsgrund mittlerweile in seiner Rechtsprechung extrem ausgeweitet hat, so dass sich eine Voraussage zur Relevanz des eher diffusen Arguments nur schwerlich treffen lässt. Im Schrifttum mehren sich daher die Stimmen, die eine Fortentwicklung der Kohärenz im Sinne der Vermeidung von Doppelbesteuerung, Doppelnichtbesteuerung und doppelter Steuervorteilsziehung vorschlagen[249].

Bezogen auf den Fall „Marks & Spencer“ zieht die Schrifttumsmehrheit[250] zur Widerlegung des Arguments fehlender Symmetrie respektive Kohärenz infolge des fehlenden Besteuerungsrechts über die Gewinne einer Auslands-

244 Schlussanträge GAin Kokott v. 12.9.2006, Rs. C-231/05, *Oy AA* (vormals *Oy Esab*) Rn. 46 ff.

245 Vgl. *Mössner*, ASA 2004, 673, 677; *Jacobs*, Internationale Unternehmensbesteuerung, 5. Aufl. 2002, S. 207 f.

246 *Schön*, DB 2001, 940, 944; *ders.*, StbJb 2003/04, 27, 53; vgl. auch *Englisch*, StuW 2003, 88, 95; *ders.*, UM 2004, 58, 60; *ders.*, IStR 2004, 684, 685; *Rust*, EWS 2004, 450 ff.; *Schnitger*, FR 2004, 1357, 1360; *J. Hey*, GmbHR 2006, 113, 121.

247 Vgl. *Rust*, EWS 2004, 450 ff.

248 *Lang*, European Taxation 2006, 421, 424 ff.

249 *J. Hey*, GmbHR 2006, 113, 121; *Vanistendael*, European Taxation 2006, 413, 419.

250 *Lyons*, British Tax Review 2003, 443, 448; *M. Lang*, ÖStZ 2003, 254, 257; *Martin*, Tax Planning International EU Focus 11/2004, 19, 20; *ders.*, EC Tax Review 2005, 61, 62; *Mössner*, ASA 2004, 673, 702; *Schön*, IStR 2004, 289, 300; *Meussen*, European Taxation 2005, 282, 284; *Scheunemann*, IStR 2005, 303, 306; *Rupal*, in: CDFI, IFA 2004 Vienna Congress, Vol. 89b, United Kingdom, S. 685, 704 f.; *Kleinert/Nagler*, GmbHR 2005, R146; *Thömmes*, IWB 2005 F. 11a Rspr., S. 852, 853; vorsichtiger: *Schnitger*, FR 2003, 1149, 1151.

tochtergesellschaft das „Bosal"-Urteil[251] bzw. in das „Manninen"-Urteil[252] des EuGH heran. Wie bereits erläutert, nutzte das Symmetrieargument den Niederlanden im „Bosal"-Fall nicht. Warum, so wird gefragt, soll es dann dem Vereinigten Königreich im „Marks & Spencer"-Fall helfen? Mit anderen Worten bestehe keine unmittelbare Wechselbeziehung zwischen der Verlustnutzungsmöglichkeit auf Ebene der Muttergesellschaft und der Gewinnbesteuerungsmöglichkeit auf Ebene der Tochtergesellschaft, da es sich um unterschiedliche Steuerpflichtige handele.

Nach der Gegenansicht ist zur Erreichung einer symmetrischen Gewinn- und Verlustbesteuerung ein gänzlicher Ausschluss der Auslandsverlustverrechnung erforderlich[253]. Die rechtliche Trennung zwischen Mutter- und Tochtergesellschaft sowie die unterschiedlichen Besteuerungszuständigkeiten dürfen für die Beantwortung der Frage, welcher Mitgliedstaat für die Verlustberücksichtigung zuständig ist, nicht unberücksichtigt bleiben.

iv) Stellungnahme

Wie aus den vorstehenden Ausführungen hervorgeht, kennt der Kohärenzgedanke mehrere Bezugspunkte: Zum einen die *Kohärenz der nationalen Steuerrechtsordnung*, wenn sie z.B. dem nationalen Gleichheitssatz genügt[254]und somit die Besteuerung nach der Leistungsfähigkeit sowohl global als auch innerperiodisch wahrt. Zum anderen aber auch die *Kohärenz als zwischenstaatliche Gerechtigkeit*, also zum Zwecke der Vermeidung einer Doppelbesteuerung und Doppelnichtbesteuerung im Zusammenwirken mit einem anderen Staat[255].

Der EuGH bringt die als „Rechtfertigungssynthese" zu umschreibende Argumentation nicht mit dem Begriff der Kohärenz in Verbindung. Dies sollte jedoch weder als Abkehr von seinem bisherigen eindimensionalen Kohä-

251 EuGH v. 18.9.2003, Rs. C-168/01, *Bosal Holding BV*, Slg. 2003, I-9409.

252 EuGH v. 7.9.2004, Rs. C-319/02, *Manninen*, Slg. 2004, I-7477. Vgl. *Gammie*, Intertax 2005, 485, 487.

253 Vgl. *Cordewener/Dahlberg/Pistone/Reimer/Romano*, European Taxation 2004, 218, 220; *Lehner*, DStJG 23 (2000), 263, 283 f.; *Thömmes*, in: Herzig (Hrsg.), Organschaft, 2003, S. 525, 532; *ders.*, IWB 2006 F. 11a Rspr., S. 938; *Prokisch*, DStJG 28 (2005), 239, 251; *Englisch*, IStR 2006, 22, 23; *Maiterth*, DStR 2006, 915, 916.

254 Kritisch dazu: *Reimer*, in: Lehner (Hrsg.) Grundfreiheiten im Steuerrecht der EU-Staaten, 2000, S. 39, 61 m.w.N.

255 Angesprochen bei *Reimer*, in: Lehner (Hrsg.) Grundfreiheiten im Steuerrecht der EU-Staaten, 2000, S. 39, 62; *Lehner*, DStJG 23 (2000), 263, 270 sowie jüngst bei *J. Hey*, GmbHR 2006, 113, 121.

renzverständnis noch als Ablehnung einer möglichen Weiterentwicklung dieses Prinzips angesehen werden. Auch ohne terminologische Zuordnung wird deutlich, dass es insbesondere in outbound-Sachverhalten, in denen zwei Steuerrechtsordnungen in verstärktem Maße involviert sind, der Hinwendung zu einer aus der Rechtssache „Manninen“ fließenden teleologisch determinierten staatenübergreifenden Interpretation[256] bedarf. Dahinter verbirgt sich jedoch in der Tat der Aspekt der Folge- und Systemrichtigkeit des nationalen Steuersystems. Eventuell wollte der Gerichtshof eine Rechtsprechungsänderung zur Kohärenz nicht ausdrücklich vornehmen. Alle drei vom Gerichtshof vorgetragenen Argumente tangieren jedenfalls diesen Bereich auf bestimmte Weise: Die *Wahrung der Aufteilung der Besteuerungsbefugnis zwischen den Mitgliedstaaten* (hier als „Symmetrieargument“) betrifft insbesondere die Kohärenz der nationalen Steuerrechtsordnung, wohingegen die *Gefahr doppelter Verlustnutzung*[257] bzw. der *Steuerflucht* sowohl die Missbrauchsvermeidung als auch die Kohärenz als zwischenstaatliche Gerechtigkeit ansprechen. Mit der Rechtfertigungssynthese könnte der EuGH, da er insbesondere in diesem Urteilsabschnitt auch nicht mehr aus seiner bisherigen Rechtsprechung zitiert, einen Paradigmenwechsel einleiten wollen: Prüfte er bisher jeden Rechtfertigungsgrund isoliert, so verknüpft er nun mehrere separate Verteidigungsvorbringen und trifft eine Abwägung im Rahmen einer Gesamtschau. So neu und revolutionär die Rechtfertigungssynthese auch sein mag, sie ist nicht frei von Kritik:

(1) Wahrung der Aufteilung der Besteuerungsbefugnis

Was die Wahrung der Aufteilung mitgliedstaatlicher Besteuerungsbefugnisse (hier konkretisiert durch das Symmetrieargument) anbelangt, so besteht bei näherem Hinsehen kein wirklicher Unterschied zwischen der eher wirtschaftlich motivierten Sicherung von Steuereinnahmen und der eher politisch motivierten Wahrung der Aufteilung der mitgliedstaatlichen Besteuerungsrechte[258]: Nur weil die grenzübergreifende Betätigung nicht geeignet ist, britisches Steuersubstrat zu schaffen, soll der Vorteil dem multinationalen Konzern verweigert werden. Offenbar wird insoweit eine Aufweichung

256 Zutreffend *J. Hey*, GmbHR 2006, 113, 120 f.; *M. Lang*, European Taxation 2006, 54, 60; *Cordewener/Dörr*, CMLR 2006, 855, 877.

257 *J. Hey*, GmbHR 2006, 113, 121 odnet die Gefahr doppelter Verlustnutzung ausschließlich der Kohärenz zu; *Thömmes*, IWB 2005 F. 11a Rspr., S. 852, 853 hingegen ausschließlich der Missbrauchsabwehr. *M. Lang*, European Taxation 2006, 54, 60 sieht in der Rechtfertigungssynthese ein „Ersatz“ für Kohärenzerwägungen.

258 Ebenso Schlussanträge GA Maduro v. 31.5.2006, Rs. C-347/04, *Rewe Zentralfinanz* Rn. 28.

des bisher in ständiger Rechtsprechung strikt angewandten Grundsatzes, dass ein drohender Verlust von Steuereinnahmen eine Grundfreiheitsbeschränkung nicht zu rechtfertigen vermag, bezweckt. Der mitgliedstaatliche Finanzierungsvorbehalt soll vom unzulässigen singulären in den Stand eines zulässigen komplementären Rechtfertigungsgrundes gehoben werden.

Der EuGH bewegt sich mit seinem „judicial restraint“ auf der Linie anderer haushaltspolitisch brisanter Verfahren, in denen mögliche Staatsdefizite über eine Beschränkung der Urteilsfolgen Berücksichtigung finden sollten[259]. Mit seiner Grundsatzentscheidung im Verfahren „Meilicke“[260] zur zeitlichen Wirkung eines zugunsten des Steuerpflichtigen entschiedenen Urteils verneinte der Gerichtshof erstmals eine Beschränkung, da bereits aufgrund einer früheren EuGH-Entscheidung die gemeinschaftsrechtlichen Anforderungen an die streitgegenständlichen Regelungen feststanden, im damaligen Urteil keine Rückwirkungsbeschränkung vorgesehen war und aus Gründen mitgliedstaatlicher Gleichbehandlung davon nicht abgewichen werden könne. Diese Haltung des EuGH ist entschieden zu begrüßen, denn konträre Ansätze stimmen nicht nur bedenklich, vielmehr wären sie kategorisch abzulehnen. Andernfalls würde der Grundfreiheitsschutz letztlich in dem Maße schwinden, in dem Steuerausfälle infolge der Feststellung des Europarechtsverstoßes zu erwarten wären. Letzteres ist aber eine systemimmanente Folge der betreffenden rechtswidrigen Vorschriften. Auf die Spitze getrieben würde daher der Mitgliedstaat, der in der Vergangenheit seine Staatsfinanzierung in erheblichen Umfang seinem gemeinschaftsrechtswidrigen Steuerrecht verdankt, besser stehen, als ein Mitgliedstaat, der sich weitestgehend europarechtskonform verhält. Der Finanzierungsvorbehalt würde zu einem unüberschaubaren und dem effektiven Grundfreiheitsschutz widersprechenden Korrektiv.

---

259 Vgl. Schlussanträge von GAin Stix-Hackl v. 14.3.2006, Rs. C-475/03, *Banca Popolare di Cremona* Rn. 130 ff. sowie die Schlussanträge GA Tizzano v. 10.11.2005, Rs. C-292/04, *Meilicke*, IStR 2005, 810 Rn. 31 ff. Nach Wiedereröffnung der mündlichen Verhandlung in gleicher Sache aufgrund der Bedeutung der Frage einer etwaigen Begrenzung der zeitlichen Urteilswirkungen im Beschluss des EuGH v. 7.4.2006 lehnten die Schlussanträge der GAin Stix-Hackl v. 5.10.2005, Rs. C-292/04, *Meilicke* hingegen die Rückwirkungsbeschränkung ab.

260 EuGH v. 6.3.2007, Rs. C-292/04, *Meilicke*, DStR 2007, 485 Rn. 32 ff. In seinem Urteil v. 3.10.2006, Rs. C-475/03, *Banca Popolare di Cremona*, IStR 2006, 783 ging der EuGH auf die Frage der zeitlichen Beschränkung der Urteilswirkungen hingegen nicht ein, da er von vornherein keinen Gemeinschaftsrechtsverstoß feststellte. In der Entscheidung v. 13.3.2007, Rs. C-524/04, *Test Claimants in the Thin Cap Group Litigation* Rn. 129 ff.. sah der EuGH mangels ausreichender Sachangaben von der Prüfung eines entsprechenden Antrags der britischen Regierung ab.

Ein Widerspruch zu der unzulässigen Rechtfertigung mit staatlichen Mindereinnahmen lässt sich nicht mit der apodiktischen Aussage verneinen, dass es hier um das Interesse geht, den Mitgliedstaaten überhaupt eine Besteuerungsmöglichkeit (über inländische Gewinne) bzw. eine Nichtbesteuerungszuständigkeit (über ausländische Tochtergesellschaftsverluste) entsprechend dem Territorialitätsprinzip einzuräumen. Diese offensichtlich von den Generalanwälten *Geelhoed* und *Kokott* geteilte Meinung[261] überzeugt bereits dem Grunde nach nicht, da insoweit kein Unterschied zwischen dem Territorialitätsargument und der Aufteilung der Besteuerungsbefugnisse erkennbar ist, das Territorialitätsprinzip jedoch keine Rechtfertigungswirkung zu entfalten vermag, wie vorstehend bereits dargelegt wurde. Weiterhin soll die Wahrung der Aufteilung der Besteuerungsbefugnisse auch als „Kernelement" nicht isoliert, sondern nur „in engem Zusammenhang" mit den beiden anderen Elementen der Gefahr der doppelten Verlustberücksichtigung (bzw. doppelten Nichtbesteuerung von Gewinnen) sowie der Steuerfluchtgefahr zur Rechtfertigung ausreichen[262]. Es zeigt sich einmal mehr, dass die Argumentation mit der „Wahrung" mitgliedstaatlicher Besteuerungsbefugnisse für sich alleine nicht als tragfähig anerkannt wird. Man würde andernfalls die Geister die man rief, nicht mehr los, wenn man die Situation von Gemeinschaftsangehörigen, die im Binnenmarkt tätig sind, nicht einheitlich, sondern je nach Steuerjurisdiktion unterschiedlich bewertet. Im Ergebnis würden die Grundfreiheiten des EG-Vertrages praktisch entwertet.

In Anbetracht der daraus erwachsenden erheblichen Unsicherheiten für die künftige Grundfreiheitsrechtsprechung plädiert Generalanwalt *Poiares Maduro* in seinen Schlussanträgen und ihm folgend der Gerichtshof in der Rechtssache „Rewe Zentralfinanz", in denen sich bereits die deutsche Regierung auf die ausgewogene Aufteilung mitgliedstaatlicher Besteuerungsbefugnisse zur Rechtfertigung beruft, zu Recht für ein streng limitiertes Verständnis der Rechtfertigungssynthese. Ausschließlich die Missbrauchsgefahr, die sich in der Gefahr der doppelten Verlustberücksichtigung und der Steuerumgehung äußert, könne zur symmetrischen Behandlung der Einkünfte nur im Ansässigkeitsstaat einer Gesellschaft führen. Wer jedoch einen Missbrauch feststellen möchte, muss sich über den „Normalfall" einer Regelung im Klaren sein. Richtigerweise muss man dazu den Fokus der Kohä-

261 Vgl. Schlussanträge GA Geelhoed, 23.2.2006, Rs. C-374/04, *Test Claimants in Class IV of the ACT Group Litigation* Rn. 63 ff.; Schlussanträge GAin Kokott v. 12.9.2006, Rs. C-231/05, *Oy AA* Rn. 64.

262 Vgl. EuGH v. 13.12.2005, Rs. C-446/03, *Marks & Spencer plc*, Slg. 2005, I-10837 Rn. 51; 29.3.2007, Rs. C-347/04, *Rewe Zentralfinanz* Rn. 41; Schlussanträge GAin Kokott v. 12.9.2006, Rs. C-231/05, *Oy AA* Rn. 48, 54, 60.

renzanalyse korrespondierend zur Vergleichbarkeitsprüfung auf *Sinn und Zweck* der streitgegenständlichen Vorschriften richten[263]: Dieser besteht beim group relief in der Schaffung eines Zins- und Liquiditätsvorteils im Konzern infolge der Möglichkeit des Verlustübertrags für defizitäre Gruppengesellschaft auf eine andere Gruppengesellschaft und die damit beschleunigte Verrechnung mit den Gewinnen der anderen Gesellschaft.

Ausgehend von dieser Zielrichtung der streitgegenständlichen Regelungen greift die Symmetrie nach der „ursprünglichen" Auffassung von Kohärenz als steuerliche Be- und Entlastung bei demselben Steuerpflichtigen im Rahmen derselben Steuer bereits im reinen Inlandsfall zu kurz: Die Gewinne der Tochtergesellschaft könnten zwar bei ihr besteuert werden, die Verluste werden jedoch bei der Mutter – also einer anderen Rechtspersönlichkeit – genutzt. Der Unterschied in der Situation von inländischer Muttergesellschaft mit Inlandstochter zum einen und inländischer Muttergesellschaft mit ausländischer Tochtergesellschaft zum anderen besteht alleine darin, dass in der Gewinnsituation der ausländischen Tochtergesellschaft der ausländische Fiskus das Besteuerungsrecht innehat. Dies ist aus der Perspektive einer inländischen Muttergesellschaft, deren Tochtergesellschaft Verluste erlitten hat, grundsätzlich irrelevant[264], wie sich der aufgezeigten ständigen EuGH-Rechtsprechung unschwer entnehmen lässt.

Vor dem teleologischen Hintergrund des group relief, der *wirtschaftlichen Einheit* des Beteiligungskonzerns in der Verlustsituation steuerlich Rechnung zu tragen, ist es jedoch zutreffender, die steuersubjekt- und staatenübergreifende Kohärenzprüfung zugrunde zu legen. Nur dies entspricht der den Gruppenbesteuerungskonzepten inhärenten wirtschaftlichen Betrachtungsweise. Auch insoweit läuft das Symmetrieargument im Binnensachverhalt bereits immer dann leer, wenn die Tochtergesellschaft dauerhaft Verlust erleidet und letztlich ihre Tätigkeit einstellt, ohne auch nur einmal im Inland besteuert worden zu sein. Hier darf die Muttergesellschaft die Verluste der im Inland ansässigen und tätigen Tochtergesellschaft verrechnen, und zwar unabhängig davon, ob überhaupt und wie hoch ein späterer Gewinn bei

263 Vgl. bereits EuGH v. 11.3.2004, Rs. C-9/02, *Hughes de Lasteyrie du Saillant*, Slg. 2004, I-2409 Rn. 67; 7.9.2004, Rs. C-319/02, *Manninen*, Slg. 2004, I-7477 Rn. 43; Schlussanträge GA Poiares Maduro v. 7.5.2005, Rs. C-446/03, *Marks & Spencer plc*, Slg. 2005, I-10837 Rn. 71.

264 Vgl. *Dörr*, Der Konzern 2003, 604, 612; *Schuch*, in: Lehner (Hrsg.), Verluste im nationalen und Internationalen Steuerrecht, München 2004, S. 63, 73. Ähnlich *Pohl*, in: DAI Arbeitsunterlage zur Tagung: Praxis des Internationalen Steuerrechts, 2004, S. 169, 171.

dieser Tochtergesellschaft anfällt[265]. Obwohl in dieser Konstellation das Konzernergebnis nicht durch Gewinne der Tochtergesellschaft erhöht wird, bleibt die verlustbedingte Minderung des Konzernergebnisses zulässig. Gerade dieser Argumentation bediente sich nun auch der EuGH in einem Verfahren zur „indirekten Verlustnutzung" im Wege der Abschreibung des Beteiligungsbuchwerts einer deutschen Muttergesellschaft an einer ausländischen defizitären Tochtergesellschaft auf den niedrigeren Teilwert[266]. Damit ist der Meinung zu widersprechen, die die Verlustberücksichtigung als Ausfluss der Gewinnbesteuerung ansieht[267]. Es liegt gleichsam auf der Hand, dass das Symmetrieargument auf einer *potentiellen* Besteuerungsmöglichkeit von Tochtergesellschaftsgewinnen im Konzernergebnis aufbaut. Letzteres ist jedoch gerade nicht vom Normzweck des group relief erfasst, da der Zins- und Liquiditätsvorteil im Konzern unabhängig davon eintritt, ob die Tochtergesellschaft überhaupt wieder Gewinne in späteren Jahren erzielt.

Wer demgegenüber von einer sehr weiten Systematik der britischen Gruppenbesteuerungsregeln ausgeht, verlangt lediglich diese potentielle Besteuerungsmöglichkeit von Tochtergesellschaftsgewinnen. Auch insoweit fehlt es jedoch an der Kohärenz der britischen Vorschriften: Übersehen wird nämlich, dass die Gewinne der Auslandstochter in der Regel im Wege der Dividendenzahlung an die Konzernmutter zurückfließen, denn letztlich wird es jedes Mutterunternehmen – wie jeder vernünftige Investor – auf die Rendite seiner Auslandsinvestition absehen[268]. In diesem Fall werden die Gewinnausschüttungen auf Ebene der Muttergesellschaft besteuert, es sei denn, sie sind steuerfrei gestellt. Tatsächlich zahlte Marks & Spencer im Vereinigten Königreich in den Jahren 1994 bis 2001 mehr als £ 2 Millionen Körperschaftsteuer auf Dividenden aus den EU-Mitgliedstaaten. Gerade in Anbe-

265 So bereits *Dörr*, Der Konzern 2003, 604, 612 sowie die bei *Wattel*, in: M. Lang (ed.), Direct Taxation: Recent ECJ Developments, 2003, S. 153, 158 zitierten Ausführungen des *Hoge Raad* zum vergleichbaren Kohärenzprinzip im bereits vorgestellten „Bosal"-Fall: „It [the Hoge Raad] pointed at three *inconsistencies in the tax system*: (i) the parent company may deduct its expenses in respect *of a domestic* subsidiary *irrespective of the size of the subsidiary's profits, even if the subsidiary has made a loss*; ...".

266 EuGH v. 29.3.2007, Rs. C-347/04, *Rewe Zentralfinanz* Rn. 44.

267 So etwa *Maiterth*, DStR 2006, 915, 917.

268 Ähnlich *Schön*, IStR 2004, 289, 298: *„Denn die Gewinnerzielung bei der Gesellschaft bewirkt mittelbar eine Vermögensmehrung des Gesellschafters, ist - wirtschaftlich gesprochen - ihm zuzurechnen."* Ähnlich die Stellungnahme der EU-Kommission in der Rs. C-446/03 v. 11.2.2004, JURM (2004) 3012 RL. Vgl. auch Frankfurter Allgemeine Zeitung v. 19.7.2003, S. 19: Im Durchschnitt wird bei europäischen Unternehmen die Hälfte (46,5 % für den Zeitraum 2001-2003) des operativen Gewinns an die Anteilseigner ausgeschüttet.

tracht des horizontalen Vergleichspaars hatte der EuGH erst kürzlich im Verfahren „CLT-UFA"[269] entschieden, dass etwaige rechtsformindizierte unterschiedliche Gewinnausschüttungs- bzw. Gewinntransfermodalitäten von Tochtergesellschaft und Zweigniederlassung keine Rolle spielen, denn *„in beiden Fällen werden die Gewinne der Gesellschaft zur Verfügung gestellt, die die Tochtergesellschaft oder die Zweigniederlassung kontrolliert."* Eine ausschüttungsbedingte phasenverschobene Gewinnvereinnahmung ist daher zum einen unerheblich, zum anderen wäre aber selbst ein phasengleicher Zugriff auf die thesaurierten Gewinne denkbar: Großbritannien hat mit seinen Vorschriften über die Hinzurechnungsbesteuerung (Controlled Foreign Companies, CFC)[270] nämlich inzident anerkannt, dass eine Einbeziehung und Besteuerung von ausländischem Steuersubstrat der Tochterkapitalgesellschaft auf Ebene der britischen Muttergesellschaft möglich ist. Damit aber wird der Symmetriegedanke vom britischen Gesetzgeber nicht konsequent durchgehalten[271].

Als *Zwischenergebnis* bleibt festzuhalten, dass es keine kohärente Behandlung von Konzerngewinnen und Konzernverlusten im Rahmen des britischen group relief gibt.

(2) Symmetrie von Verlustübertrag und Verlustwegfall

Es lässt sich aus der Systematik des group relief jedoch eine unmittelbare Wechselbeziehung dergestalt identifizieren, dass die konzerninterne Übertragung der Verluste einer defizitären Gruppengesellschaft mit dem Wegfall einer zweiten Verlustnutzungsmöglichkeit (etwa im Wege des Verlustvortrags) auf Ebene der übertragenden Verlustgesellschaft einhergeht. Dies funktioniert a priori nicht im Auslandsfall. *Insoweit* wirkt sich in der Tat das fehlende Besteuerungsrecht Großbritanniens über die ausländische Tochtergesellschaft aus: Weder kann Großbritannien dem anderen Mitgliedstaat der Tochtergesellschaft vorschreiben, noch wird dieser die steuerliche Situation von sich aus in der Weise nachvollziehen, dass der in den group relief einzubeziehende Verlust der Tochtergesellschaft kein weiteres mal innerhalb

269 EuGH v. 23.2.2006, Rs. C-253/03, *CLT-UFA*, Slg. 2006, I-1831 Rn. 23 ff.

270 Diese waren Gegenstand eines eigenen EuGH-Verfahrens und sind nur zur Vermeidung rein künstlicher Missbrauchsgestaltungen europarechtskonform, vgl. EuGH v. 12.9.2006, Rs. C-196/04, *Cadbury Schweppes*, IStR 2006, 670. Vgl. ausführlich *Schönfeld*, Hinzurechnungsbesteuerung und Europäisches Gemeinschaftsrecht, Köln 2005.

271 Ähnlich *Herzig/Wagner*, Der Konzern 2006, 176, 178 und *M. Lang*, SWI 2006, 3, 6 im Rahmen der Territorialität. Vgl. auch *Scheunemann*, RIW 2006, 79, 80.

seiner Steuerjurisdiktion steuerlich genutzt werden kann[272]. Hierfür bedürfte es einer Kooperation zwischen den beteiligten Mitgliedstaaten, die gegenwärtig weder nach nationalen noch abkommensrechtlichen Bestimmungen vorgesehen ist.

Dies leitet über zu der behaupteten möglichen Gefahr einer doppelten Verlustnutzung des nämlichen Verlustes sowohl im Mitgliedstaat der Muttergesellschaft (z.B. im Wege des group relief) und im Mitgliedstaat der Tochtergesellschaft (z.B. durch Verlustvortrag oder Verlustübertrag). Die eigentliche Bedeutung einer derart verstandenen steuerlichen „Kohärenz" als Rechtfertigungsgrund für die unterschiedliche Behandlung gebietsfremder Aktivitäten scheint sich auf Situationen zu verengen, in denen eine tatsächliche und erhebliche *Gefahr* besteht, dass die Ausdehnung der Gleichbehandlung bezüglich einer Steuervergünstigung die Erzielung unberechtigter Steuervorteile bzw. Steuerumgehung sowohl im Tätigkeits- als auch im Herkunftsstaat erleichtern könnte. In diesem Sinne ist *Hey* beizupflichten, die das Kohärenzargument konsequent *„zur Vermeidung weißer Einkünfte (doppelte Nichtbesteuerung) und sonstiger unberechtigter Steuervorteile, die sich aus dem unabgestimmten Aufeinandertreffen zweier Rechtsordnungen ergeben können"* ausgebaut wissen möchte[273]. Dazu müsste aber der EuGH willens sein, den Rechtfertigungsgrund der Kohärenz des mitgliedstaatlichen Besteuerungssystems in seiner Argumentation „kohärent" anzuwenden. Zuzustimmen ist daher der Forderung von *Vanistendael*[274]: *„Even if two national tax systems or two tax treaties are in question, the ECJ is entitled to base its decisions on the nature and the internal logic and (yes!) on the coherence of the tax systems to eliminate double taxation, whereby one system must leave the priority to tax to another."* In diese Richtung weisen jüngst auch die Schlussanträge der Generalanwältin *Kokott* in der Rechtssache „Oy AA". In dem dort zu entscheidenden „umgekehrten" Marks & Spencer-Fall des finnischen Konzernbeitrags, also einer steuermindernden Gewinnverlagerung auf eine ausländische defizitäre Gruppengesellschaft, sei ein Steuerabzug für den grenzüberschreitenden Konzernbeitrag nur dann systemkonform, *„wenn die Besteuerung bei der empfangenden Gesellschaft gewährleistet ist. Andernfalls käme es zu einer Steuervergünstigung ohne entspre-*

272 Wie vorstehend aufgezeigt, macht die Aussage des EuGH v. 13.12.2005, Rs. C-446/03, *Marks & Spencer plc*, Slg. 2005, I-10837 Rn. 52, dass die Regeln betreffend Auslandsbetriebstätten und Auslandsgewinnausschüttungen nicht entgegenstehen, nur unter Zugrundelegung dieses Kohärenzpaares Sinn.

273 *J. Hey*, GmbHR 2006, 113, 121.

274 *Vanistendael*, European Taxation 2006, 413, 419.

chende Kompensation durch eine damit in unmittelbaren Zusammenhang stehende Belastung“ [275].

Der Grund für die dargestellte Behandlung des in die Gruppenbesteuerung einzubeziehenden Verlustes im Sinne einer Einmalverlustnutzung liegt ausschließlich in der Verhinderung ungerechtfertigter Steuervorteile infolge einer doppelten Nutzung desselben Verlustes. Angesprochen ist insoweit der inzident zu prüfende Rechtfertigungsgrund der *Vermeidung von Steuerumgehungen und Steuermissbrauch*, der im Anschluss gemeinsam mit dem Argument der *Steuerfluchtgefahr* zu untersuchen ist.

e) Vermeidung von Steuermissbrauch und doppelter Verlustnutzung

Für eine Vereinbarkeit des group relief mit Art. 43 EG wurde von der britischen Regierung und den sieben anderen verfahrensbeteiligten Regierungen[276] ein berechtigtes Allgemeininteresse an der Verhinderung einer *doppelten Verlustnutzung* in beiden beteiligten Mitgliedstaaten sowie der *Steuerfluchtgefahr* vorgetragen. Beide Vorbringen weisen Schnittmengen zu den möglichen Rechtfertigungsgründen sowohl der Kohärenz als auch der Vermeidung von Steuerumgehung auf. Gleichwohl liegt der thematische Mittelpunkt in beiden Fällen auf dem Aspekt des drohenden Steuermissbrauchs.

i) Rechtsprechung

Die Verhinderung der Steuerumgehung bzw. das staatliche Interesse an der Vermeidung missbräuchlicher Gestaltungen bilden grundsätzlich einen möglichen Legitimationsgrund i.S.d. EuGH-Judikatur[277]. Allerdings darf dieses Interesse nur mit für den konkreten Einzelfall geeigneten gezielten Maßnahmen verhindert werden. Eine generelle Regelung, mit der bestimmte Personen oder Aktivitäten automatisch und unabhängig davon, ob tatsächlich eine Steuerhinterziehung oder -umgehung vorliegt, vom Steuervorteil ausgeschlossen werden, geht über das zur Verhinderung einer Steuerhinter-

---

275 Schlussanträge GAin Kokott v. 12.9.2006, Rs. C-231/05, *Oy AA* Rn. 42, 57.

276 Deutschland, Griechenland, Frankreich, Irland, Niederlande, Finnland und Schweden.

277 EuGH v. 16.7.1998, Rs. C-264/96, *ICI*, Slg. 1998, I-4695 Rn. 26; 26.9.2000, Rs. C-478/98, *Kommission/Belgien*, Slg. 2000, I-7587 Rn. 37 ff.; 8.3.2001, verb. Rs. C-397/98 und C-410/98, *Metallgesellschaft u.a. Hoechst*, Slg. 2001, I-1727 Rn. 57; 12.12.2002, Rs. C-324/00, *Lankhorst-Hohorst*, Slg. 2002, I-11779 Rn. 37.

ziehung oder -umgehung Erforderliche hinaus[278]. Somit muss der Grundsatz der Verhältnismäßigkeit gewahrt sein[279], da ansonsten das von der Niederlassungsfreiheit verfolgte Ziel in unzulässiger Weise ausgehebelt werden könnte.

Wie bereits erläutert, befasst sich der EuGH in der Rechtssache „Marks & Spencer" mit der vorgetragenen Gefahr der doppelten Verlustnutzung. Ohne nähere Begründung vertritt der Gerichtshof die Auffassung, dass die Mitgliedstaaten dies verhindern können müssen, da diese Gefahr tatsächlich bei der transnationalen Erweiterung des group relief bestünde. Ferner sei hinsichtlich des weiteren Rechtfertigungsgrundes der Steuerfluchtgefahr anzuerkennen, dass Steuerpflichtige die zu übertragenden Verluste auf Gruppengesellschaften in einen Mitgliedstaat mit den höchsten Steuersätzen grenzüberschreitend leiten könnten, in denen der steuerliche Wert der Verluste am höchsten wäre.

Gemeinsam mit dem im Rahmen der Kohärenz besprochenen und abgelehnten Argument der Aufteilung der Besteuerungsbefugnisse ergibt sich für den EuGH aus allen drei Rechtfertigungsgründen „insgesamt" eine Rechtfertigung für die Beschränkung der Niederlassungsfreiheit

Eher restriktiv betrachtet Generalanwalt *Poiares Maduro* die Möglichkeiten der drohenden doppelten Verlustnutzung sowie der Steuerumgehung als Indikatoren für eine Missbrauchsgefahr, die letztlich eine symmetrische Behandlung von Gewinnen und Verlusten ausschließlich im Ansässigkeitsstaat der defizitären Gruppengesellschaft rechtfertigt[280].

Generalanwältin *Kokott* weist darauf hin, dass das Streben der Unternehmen, von den nationalen Steuersystemen zu profitieren, eine legitime Form wirtschaftlichen Handelns darstellt und dass es sich bei einer derartigen „Steuerflucht" nicht um einen eigenständigen Rechtfertigungsgrund handelt. Erst, wenn eine solche Steueroptimierung die Aufteilung der Besteuerungs-

---

278 EuGH v. 16.7.1998, Rs. C-264/96, *ICI*, Slg. 1998, I-4695 Rn. 25; 15.5.1997, Rs. C-250/95, *Futura Participations SA und Singer*, Slg. 1997, I-2471 Rn. 19; 17.7.1997, Rs. C-28/95, *Leur-Bloem*, Slg. 1997, I-4161 Rn. 44; 11.3.2004, Rs. C-9/02, *Hughes de Lasteyrie du Saillant*, Slg. 2004, I-2409 Rn. 50 f.; 12.9.2006, Rs. C-196/04, *Cadbury Schweppes*, IStR 2006, 670 Rn. 51; 13.3.2007, Rs. C-524/04, *Test Claimants in the Thin Cap Group Litigation* Rn. 72 ff.; 29.3.2007, Rs. C-347/04, *REWE Zentralfinanz* Rn. 51.

279 Vgl. EuGH v. 15.5.1997, Rs. C-250/95, *Futura Participations SA und Singer*, Slg. 1997, I-2471 Rn. 26 m.w.N.; GA Mischo, Schlussanträge v. 13.3.2003, Rs. C-9/02, *Hughes de Lasteyrie du Saillant* Rn. 63 ff.

280 Schlussanträge GA Poiares Maduro v. 31.5.2006, Rs. C-347/04, *Rewe Zentralfinanz* Rn. 25 ff.

befugnis der Mitgliedstaaten untergräbt, können Beschränkungen der Grundfreiheiten gerechtfertigt sein[281].

In dem Verfahren „Rewe Zentralfinanz" befasst sich der EuGH erneut mit der Frage der doppelten Verlustberücksichtigung sowie der Steuerumgehungsgefahr. Eine intensivere Auseinandersetzung mit dem vorgetragenen Rechtfertigungsgrund der Vermeidung mehrfacher Steuervorteile unterblieb jedoch, da die streitgegenständlichen Verluste jeweils bei unterschiedlichen Steuerpflichtigen anfielen[282]. Im Unterschied zum Fall „Marks & Spencer" unterblieb jedoch eine Konzernbetrachtung, da die streitgegenständlichen deutschen Regelungen (§ 2a Abs. 1 Nr. 3 Buchst. a, Abs. 2 EStG 1990) keinen Konnex zwischen dem aus einer Teilwertabschreibung resultierenden Buchwertverlust der Muttergesellschaft und dem operativen Verlust der Tochtergesellschaft vorsahen. Keine Beachtung geschenkt wurde dem weiteren Vorbringen der deutschen Regierung, der Gerichtshof müsse seine Rechtsprechung zur Frage der Steuerumgehung lockern, da das Erfordernis, rein künstliche Konstruktionen zu bekämpfen, zu eng sei. Die restriktiven Voraussetzungen des Steuermissbrauchsarguments wiederholend verwies der EuGH auf den Grundsatz, dass die Niederlassung einer Gesellschaft außerhalb des beklagten Mitgliedstaats als solche nicht das Vorliegen einer Steuerumgehung impliziert, da die betreffende Gesellschaft auf jeden Fall dem Steuerrecht des Niederlassungsstaats unterliegt[283].

ii) Literatur

Was das Argument der drohenden mehrfachen Verlustnutzung anbelangt, so wird im Schrifttum vereinzelt vertreten, dass dieser Umstand aus der mangelnden Harmonisierung der Unternehmensbesteuerung in der EU resultiert und damit nicht als Rechtfertigungsgrund in Betracht kommt[284].

Ferner wird darauf hingewiesen, dass die Gefahr einer steuerlichen Berücksichtigung der Verluste im jeweiligen Ansässigkeitsstaat der Tochtergesellschaften im konkreten Fall von „Marks & Spencer" gar nicht drohe, da die Verluste der kontinentaleuropäischen Tochtergesellschaften definitiv geworden sind[285]. Insofern scheitere ein Rechtfertigungsversuch von vornherein.

281 Schlussanträge GAin Kokott v. 12.9.2006, Rs. C-231/05, *Oy AA* Rn. 62 f.

282 EuGH v. 29.3.2007, Rs. C-347/04, *Rewe Zentralfinanz* Rn. 48 f.

283 EuGH v. 29.3.2007, Rs. C-347/04, *Rewe Zentralfinanz* Rn. 52 f.

284 *Watermeyer/Wiesemann*, GmbH-StB 2003, 321, 323; *M. Lang*, ÖStZ 2003, 254, 256; *ders.*, SWI 2006, 3, 7.

285 *Dörr*, Der Konzern 2003, 604, 614; ders., Der Konzern 2004, 15, 18;

Die Entscheidung im Verfahren „Marks & Spencer, in der der EuGH weder bei der Frage der doppelten Verlustberücksichtigung noch bei der Steuerflucht auf seine ständige Rechtsprechung zum Legitimationsgrund der Missbrauchsvermeidung eingeht, wird in der Literatur zum Teil als diesbezügliche „Trendwende" in seiner Rechtsprechung angesehen[286].

iii) Stellungnahme

(1) Gefahr der doppelten Verlustnutzung

An das *Missbrauchsargument* der Vermeidung eines „double dips" sind die in der Rechtsprechung des Gerichtshofs herausgearbeiteten Voraussetzungen anzulegen. Andernfalls käme es zu Widersprüchen mit bisherigen Prinzipien des EuGH, was im Ergebnis zu unterschiedlichen grundfreiheitlichen Schutzniveaus führen würde. Die dem widersprechende Ansicht, die allein aus dem diesbezüglichen Stillschweigen in der Entscheidung einen Paradigmenwechsel lesen möchte, bleibt ohne sachliche Begründung. Die Bekämpfung rein künstlicher und missbräuchlicher Konstruktionen, die auf die Umgehung des Steuerrechts abzielen, ist ein in der EuGH-Rechtsprechung anerkannter Rechtfertigungsgrund[287], soweit dieses Interesse nur mit für den konkreten Einzelfall geeigneten und gezielten Maßnahmen verhindert wird. Pauschale, undifferenziert bzw. generell wirkende „Präventivausschlussregelungen" führen daher nicht zu einer Rechtfertigung des grundfreiheitlichen Eingriffs. Überdies muss der Grundsatz der Verhältnismäßigkeit gewahrt sein[288].

Es fragt sich in diesem Kontext, ob die apodiktisch gehaltene Aussage des Gerichtshofs zur doppelten Verlustberücksichtigung, dass anzuerkennen sei, *„dass die Mitgliedstaaten dies verhindern können müssen"*, einer nachvollziehbaren Begründung – die der EuGH vermissen lässt – überhaupt zugäng-

286 *Eicker/Röhrbein*, Stbg 2006, 117, 120; *Herzig/Wagner*, Der Konzern 2006, 176, 179; *Wernsmann/Nippert*, FR 2006, 153, 159.

287 EuGH v. 15.5.1997, Rs. C-250/95, *Futura Participations SA und Singer*, Slg. 1997, I-2471 Rn. 19; 17.7.1997, Rs. C-28/95, *Leur-Bloem*, Slg. 1997, I-4161 Rn. 44; 16.7.1998, Rs. C-264/96, *ICI*, Slg. 1998, I-4695 Rn. 25 f.; 26.9.2000, Rs. C-478/98, *Kommission/Belgien*, Slg. 2000, I-7587 Rn. 37 ff.; 8.3.2001, verb. Rs. C-397/98 und C-410/98, *Metallgesellschaft u.a. Hoechst*, Slg. 2001, I-1727 Rn. 57; 12.12.2002, Rs. C-324/00, *Lankhorst-Hohorst*, Slg. 2002, I-11779 Rn. 37.

288 Vgl. EuGH v. 15.5.1997, Rs. C-250/95, *Futura Participations SA und Singer*, Slg. 1997, I-2471 Rn. 26 m.w.N.; GA Mischo, Schlussanträge v. 13.3.2003, Rs. C-9/02, *Hughes de Lasteyrie du Saillant* Rn. 63 ff.; *Cordewener*, Europäische Grundfreiheiten und nationales Steuerrecht, 2002, S. 70 ff., 95.

lich ist. Mit anderen Worten: Stellt das Verbot der doppelten Verlustnutzung im Rahmen einer staatenübergreifenden Gesamtschau überhaupt ein gemeinschaftsrechtlich legitimes Ziel dar? Wäre dies nicht der Fall, entfiele der Missbrauchsvorwurf und damit auch die Rechtfertigung von vornherein.

Der Meinung, die der doppelten Verlustnutzung die Qualität eines Legitimationsgrundes gänzlich abspricht, weil sie auf der fehlenden Harmonisierung der mitgliedstaatlichen Steuersysteme beruhe, kann jedenfalls in der Begründung nicht gefolgt werden. Wenn, wie bereits erläutert, die Dislokation mitgliedstaatlicher Besteuerungsrechte einem Eingriff in die Niederlassungsfreiheit regelmäßig nicht entgegensteht, dann kann sie auch einer möglichen Rechtfertigung nicht von vornherein entgegenstehen. Eine vom Steuerpflichtigen bewusst bezweckte doppelte Verlustnutzung kann sich jedoch in der konkreten Situation als *missbräuchliche Ausnutzung* der Niederlassungsfreiheit herausstellen. Insbesondere dann, wenn ein Vorgang nicht mehr wirklich mit der Ausübung der Verkehrsfreiheit im Zusammenhang steht, sondern nur noch mit dem Ziel erfolgt, die fehlende Konvergenz und die Inkompatibilität der mitgliedstaatlichen Steuerrechtsordnungen in missbräuchlicher Weise auszunutzen.

Man sollte sich der anfänglich aufgeworfenen Frage nach der Legitimität eines intendierten Ausschlusses eines „double dips" vielmehr durch einen Blick auf internationale Steuerprinzipien, auf die auch der EuGH rekurriert[289], annähern. Was das Verbot der doppelten Verlustnutzung anbelangt, so hatte beispielsweise der österreichische Verwaltungsgerichtshof in seinen beiden Erkenntnissen aus dem Jahre 2001[290] zur Berücksichtigung ausländischer Betriebstättenverluste entschieden, dass eine doppelte Verlustnutzung *abkommensrechtlich* nicht hinzunehmen[291] und dem Ganzen insoweit durch eine Nachversteuerungsregelung zu begegnen sei[292]. Nicht im Ergebnis, sondern in der Begründung wurden diese Entscheidungen im Fachschrifttum stark kritisiert, da sich keine abkommensrechtliche oder andere Rechts-

289 Vgl. etwa EuGH v. 12.5.1998, Rs. C-336/96, *Gilly*, Slg. 1998, I-2793 Rn. 31; 12.6.2003, Rs. C-234/01, *Gerritse*, Slg. 2003, I-5933 Rn. 45.

290 ÖVwGH, Erkenntnis v. 25.9.2001, 99/14/0217, IStR 2001, 754 ff. m. Anm. *FW* und Folgeerkenntnis v. 25.10.2001, 99/15/0149.

291 Das österreichische BMF reagierte in EAS 2135 v. 1.10.2002, SWI 2002, 527: konkludent wurde dort der gesetzlich vorgesehenen Geltendmachung des negativen Progressionsvorbehalts infolge der neuen Rechtsprechung eine Absage erteilt – es sei *nur noch* die Verlustverrechnung iRd. Bemessungsgrundlage möglich!

292 Vgl. auch § 2 Abs. 8 Nr. 3 öEStG in Umsetzung der Erkenntnisse des öVwGH. Zur entsprechenden Gruppenbesteuerungsregelung vgl. vorstehend 1. Teil, VII.5.

grundlage für diese Ansicht finden lasse[293]. Die Mehrheit im Fachschrifttum geht zutreffend davon aus, dass die Doppelbesteuerungsabkommen lediglich die Vermeidung der Doppelbesteuerung ein und desselben Steuersachverhaltes bezwecken[294], nicht jedoch auch die doppelte Nichtbesteuerung verhindern sollen[295], der wiederum die doppelte Verlustberücksichtigung zuzuordnen ist. Aus diesem Grund und unter Bezugnahme auf die Schlussanträge des Generalanwalts *Poiares Maduro* in der Rechtssache „Rewe Zentralfinanz"[296], die keine Notwendigkeit zum Ausschluss einer doppelten Verlustberücksichtigung vorsehen, geht *Lang* davon aus, dass keine gemeinschaftsrechtliche Verpflichtung zur Vermeidung der doppelten Verlustberücksichtigung existiert[297]. Allerdings ist die Rechtssache „Rewe Zentralfinanz" für die Thematik nicht wirklich aussagekräftig: Dort ging es um eine Teilwertabschreibung in der Bilanz der deutschen Muttergesellschaft in Bezug auf ihre defizitäre Auslandsbeteiligung sowie um die direkte Verlustverwertung auf Ebene dieser Auslandstochter, so dass von vornherein nicht von demselben Verlust gesprochen werden kann[298].

Aus der *europarechtlichen* Sicht ist *Cordewener* zuzustimmen, dass eine Doppelbesteuerung (die im reinen Inlandsfall nicht nachvollzogen wird[299]) eine prinzipiell verbotene Beschränkung der jeweils einschlägigen Grundfreiheit darstellt, weil die steuerliche Lastenkumulation eine spezifische

293 Vgl. etwa *Loukota*, SWI 2001, 466, 467, 470; *Trenkwalder/Firlinger*, SWI 2001, 514, 521 f.; *Gassner*, SWK 2004, S 347, S 352; *Schuch*, in: Lehner (Hrsg.), Verluste im nationalen und Internationalen Steuerrecht, München 2004, S. 63, 70.

294 Vgl. etwa *Schaumburg*, Internationales Steuerrecht, 2. Aufl. 1998, Rn. 16.81 ff.; *Vogel*, in: Vogel/Lehner (Hrsg.), DBA, 4. Aufl. 2003, Einl. Rn. 30 ff.; Wassermeyer, in: Debatin/Wassermeyer (Hrsg.), Doppelbesteuerung, OECD-MA, Vor Art. 1 Rn. 1 ff.

295 *M. Lang*, IStR 2002, 609 ff. Dieses Thema beschäftigte auch den IFA-Kongress des Jahres 2004 und länderübergreifend lässt sich den bestehenden DBA kein Ziel der doppelten Nichtbesteuerung entnehmen, vgl. den Generalbericht bei *M. Lang*, in: CDFI, IFA 2004 Vienna Congress, Vol. 89a, S. 21 ff., 71 f.; A.A.: *Loukota*, SWI 2001, 466 ff.; *Zorn*, SWI 2001, 456 ff.

296 Schlussanträge GA Poiares Maduro v. 31.5.2006, Rs. C-347/04, *Rewe Zentralfinanz* Rn. 36 ff.

297 *M. Lang*, IStR 2006, 550, 554 f.; A.A. wohl *Thömmes*, JbFStR 2001/2002, 80, 90.

298 Vgl. in diesem Sinne nun auch das kürzlich ergangene Urteil: EuGH v. 29.3.2007, Rs. C-347/04, *Rewe Zentralfinanz* Rn. 47 ff.

299 Vgl. Schlussanträge GA Geelhoed v. 6.4.2006, Rs. C-513/04, *Kerckhaert Morres* Rn. 36: *„Folglich ist der bloße Umstand, dass ein Sitzstaat wie Belgien sich möglicherweise nicht dafür entschieden hat, die rechtliche Doppelbesteuerung von Dividenden zu vermeiden, selbst kein Verstoß gegen die Artikel 43 EG oder 56 EG, solange dieser Staat der Verpflichtung nachkommt, bei der Ausübung seiner Besteuerungskompetenz nicht zwischen Einkünften aus ausländischer Quelle und Einkünften aus inländischer Quelle zu unterscheiden…"*.

Schlechterstellung gerade des grenzüberschreitenden Verkehrs bewirkt[300]. Ein Gegenschluss dergestalt, dass eine Doppelnichtbesteuerung bzw. Doppelbegünstigung grundfreiheitsrechtlich unproblematisch ist, ist zwar nicht zwingend, liegt aber auf der Hand[301]: Eine Schlechterbehandlung des Inlandssachverhalts gegenüber dem grenzüberschreitenden Fall ruft die Grundfreiheiten nicht auf den Plan, vielmehr bleibt es *Sache des jeweiligen mitgliedstaatlichen Gesetzgebers*, ob und wie er eine doppelte Verlustnutzung vermeiden will[302].

Zusammengefasst lässt sich feststellen, dass es zwar kein europarechtliches oder abkommensrechtliches Gebot, jedoch auch kein Verbot der Vermeidung der doppelten Verlustberücksichtigung gibt. Vor diesem Hintergrund erreichen die britischen Regelungen, die Auslandstochterverluste insgesamt vom group relief ausschließen, zwar in der Tat die bezweckte Missbrauchsvermeidung. Allerdings schießen sie in ihrer Allgemeinheit weit über das Ziel hinaus, indem sie nicht danach trennen, ob und insbesondere wann überhaupt eine doppelte Verlustnutzung droht. Letztendlich besteht nämlich immer die Möglichkeit, dass Verluste im anderen Mitgliedstaat der Tochtergesellschaft nicht vortragsfähig oder aufgrund zeitlicher Verlustvortragsbeschränkungen nicht mehr abzugfähig sind. Zumindest in diesen Fällen scheitert die „double dip"-Argumentation schon von vornherein[303].

Das gefundene Ergebnis lässt sich selbstverständlich am Fall „Marks & Spencer" exemplifizieren: In tatsächlicher Hinsicht blieben dort zumindest die Verluste der belgischen und deutschen Tochtergesellschaft in Belgien bzw. Deutschland steuerlich ungenutzt[304], so dass gerade keine Gefährdung

300 *Cordewener*, Europäische Grundfreiheiten und nationales Steuerrecht, 2002, S. 877 ff. Ähnlich etwa die Schlussanträge GA Colomer v. 26.10.2004, Rs. C-376/03, *D/Inspecteur van de Belastingdienst*, Slg. 2005, I-5821 Rn. 85.

301 So bereits *Hahn*, IStR 2002, 681, 682 mit Verweis auf EuGH v. 8.5.1990, Rs. C-175/88, *Biehl*, Slg. 1990, I-1779 Rn. 16. Siehe auch *M. Lang*, European Taxation 2006, 54, 58.

302 *Lechner*, in: Gassner/Lang/Lechner (Hrsg.), Doppelbesteuerungsabkommen und EU-Recht, 1996, S. 85, 87, 91; kritisch: *Vogel*, IStR 2002, 91, 93.

303 Vgl. die Begründung im Vorlagebeschluss des BFH an den EuGH v. 13.11.2002, I R 13/02, *Ritter-Coulais*, BFHE 201, 73, 78, Tz. III.2.b)bb) sowie *Menhorn*, SWI 2001, 62, 66 jeweils bezogen auf den vergleichbaren Betriebstättenfall. Ebenso *Körner*, Intertax 2003, 489, 494 f.; *Paetsch*, Grenzüberschreitende Verlustberücksichtigung im Europäischen Binnenmarkt, 2004, S. 61.

304 Die französischen Verluste wurden jedoch nach dem Verkauf der Tochtergesellschaft an Galeries Lafayette in Frankreich genutzt, vgl. High Court of Justice, Chancery Division, *Marks & Spencer plc v. David Halsey (HM Inspector of Taxes)*, 10.4.2006, [2006] EWHC 811 (Ch)=[2006] All ER (D) 129 (Apr.).

durch eine doppelte Verlustnutzung bestand. Der EuGH urteilte somit zu einer rein hypothetischen Fragestellung, was vor dem Hintergrund einer abstrakt-generell gehaltenen Folgenabwägung im Rahmen der „Rechtfertigungssynthese" nachvollziehbar wäre, nicht aber vor dem Hintergrund einer zwingend vorzunehmenden konkret-individuellen Missbrauchsprüfung. Folglich hätte eine Missbrauchsprüfung nur für die auf den Erwerber der französischen Tochtergesellschaft übergegangenen und damit möglicherweise doppelt nutzbaren französischen Verluste erfolgen dürfen.

(2) Steuerfluchtgefahr

Auf den ersten Blick irritierend ist die vom EuGH getroffene Anerkennung einer Gefahr, dass „*Verlustübertragungen innerhalb eines Gesellschaftskonzerns in die Richtung der Gesellschaften geleitet werden, die in den Mitgliedstaaten ansässig sind, in denen die höchsten Steuersätze gelten und folglich der steuerliche Wert der Verluste am höchsten ist.*"[305] Dies erklärt sich nur vor dem Hintergrund der Systematik des britischen group relief, der auch sidestream-Verlustübertragungen zwischen Schwestergesellschaften in der Gruppe zulässt. Für die in den meisten Ländern vorhandene ausschließliche Verlustübertragung „nach oben" (neudeutsch: „upstream") auf die Muttergesellschaft[306], die im übrigen auch dem Fall „Marks & Spencer" zugrunde lag, ist die Aussage schlicht unbrauchbar. Es existiert gerade kein „Verlustkreisel", sondern nur ein „Einbahnstraßensystem": Die übertragenen Verluste werden in der Steuerjurisdiktion der Muttergesellschaft genutzt, so dass der steuerliche Wert der Verluste von inländischen und ausländischen Gruppengesellschaften – soweit die Auslandsverluste wie hier nach inländischem Steuerrecht ermittelt werden[307] – nicht voneinander abweicht.

Überdies muss Zweck einer Regelung, die die vom EuGH angeführte Steuerarbitrage durch transnationale Verlustübertragungen vermeiden soll, ebenfalls die Verhinderung rein künstlicher Konstruktionen zur Steuerumgehung sein, nicht jedoch eine generelle undifferenzierte Anwendung auf alle möglichen Fallgestaltungen. Die Inanspruchnahme einer mitgliedstaatlichen Konzernsteuerregelung ist per se nicht missbräuchlich, unabhängig davon, ob sich die Konzernaktivität auf das Inland beschränkt oder auch auf andere Länder erstreckt. Bestätigend brachte der EuGH etwa in seiner Entscheidung „ICI" zum Ausdruck, dass das Bestehen einer Auslandstochter für sich

305 EuGH v. 13.12.2005, Rs. C-446/03, *Marks & Spencer plc*, Slg. 2005, I-10837 Rn. 49.
306 Vgl. dazu vorstehend 1. Teil, IX.5.
307 EuGH v. 13.12.2005, Rs. C-446/03, *Marks & Spencer plc*, Slg. 2005, I-10837 Rn. 22.

allein noch keine Steuerumgehung bedeutet[308]. Unzulässig ist ferner eine *allgemeine* Vermutung von Steuerflucht bei Ausnutzung mitgliedstaatlicher Steuergefälle[309]. Zudem sind die aus der Verlagerung einer Steuerschuld von einem Mitgliedstaat in einen anderen resultierenden Steuermindereinnahmen unbeachtlich[310]. Dieser Nachweis eines im Einzelfall vorliegenden Rechtsmissbrauchs lässt sich etwa durch objektive Anhaltspunkte führen, die belegen, dass mit der Wahl des Standorts der Tochtergesellschaft und der *konkreten* Entstehung des betreffenden Verlusts nur das Ziel der Ausnutzung einer mitgliedstaatlichen Gruppenbesteuerungsregelung verfolgt wird[311].

Generalanwältin *Kokott* fordert, dass zur Bejahung der Steuerfluchtgefahr durch die grenzüberschreitende Betätigung die Aufteilung der Besteuerungsbefugnisse der Mitgliedstaaten untergraben worden sein müsse[312]. Dieses Verständnis ist ebenfalls geprägt von der Vorstellung, dass die betreffende Besteuerungsgrundlage zwar – im Rahmen der streitgegenständlichen Besteuerungssystematik – frei zwischen den Konzerngesellschaften, jedoch nicht unbeschränkt zwischen den Mitgliedstaaten alloziert werden darf.

Eine Regelung jedenfalls, die wie die in Rede stehende *generell* jede Konstellation erfasst, in der Tochtergesellschaften eines Konzerns in anderen Mitgliedstaaten niedergelassen sind und dort mit ihrer Betätigung Verluste erleiden, ist nicht mit der Gefahr der Steuerumgehung zu rechtfertigen.

---

308 EuGH v. 16.7.1998, Rs. C-264/96, *ICI*, Slg. 1998, I-4695 Rn. 26; siehe auch EuGH v. 21.11.2002, Rs. C-436/00, *X, Y*, Slg. 2002, I-10829 Rn. 62; 12.9.2006, Rs. C-196/04, *Cadbury Schweppes*, IStR 2006, 670 Rn. 37, 50.

309 EuGH v. 26.10.1999, Rs. C-294/97, *Eurowings*, Slg. 1999, I-7447 Rn. 43 f.; 11.12.2003, Rs. C-364/01, *Barbier*, Slg. 2003, I-15013 Rn. 71; 11.3.2004, Rs. C-9/02, *Hughes de Lasteyrie du Saillant*, Slg. 2004, I-2409 Rn. 51; 12.9.2006, Rs. C-196/04, *Cadbury Schweppes*, IStR 2006, 670 Rn. 36 ff., 49.

310 Dies stellte der EuGH in einem Fall zur grenzüberschreitenden Gesellschafter-Fremdfinanzierung fest, die zur Zinsverlagerung ins Ausland führt: vgl. EuGH v. 12.12.2002, Rs. C-324/00, *Lankhorst-Hohorst*, Slg. 2002, I-11779 Rn. 34.

311 Vgl. in diesem Sinne auch den im Rahmen der Verhältnismäßigkeit vorgenommenen „Motivtest" in den Schlussanträgen des GA Léger v. 2.5.2006, Rs. C-196/04, *Cadbury Schweppes* Rn. 129 ff. sowie im Urteil des EuGH v. 12.9.2006, Rs. C-196/04, *Cadbury Schweppes*, IStR 2006, 670 Rn. 64 ff. Vgl. auch die entsprechende in Reaktion auf das „Marks & Spencer"-Urteil neu geschaffene Missbrauchsvorschrift des britischen group relief vorstehend 1. Teil, VIII.5.a)iii).

312 Schlussanträge GAin Kokott v. 12.9.2006, Rs. C-231/05, *Oy AA* Rn. 62 f.

f) Zwischenergebnis

Eine Rechtfertigung mit dem fehlenden Besteuerungsrecht über die Auslandstochtergesellschaft respektive dem Grundsatz der Territorialität muss scheitern, wenn es im Verfahren um die Besteuerung der inlandsansässigen Gesellschaft geht. Auch keines der weiteren drei vom EuGH angeführten Argumente, also weder die im Rahmen der Kohärenz geprüfte Aufteilung der Besteuerungsbefugnisse noch die unter Missbrauchsaspekten geprüfte Gefahr der Steuerflucht bzw. der doppelten Verlustnutzung reicht für sich allein zu einer Rechtfertigung der Grundfreiheitsbeschränkung. Damit ist aber auch der vom Gerichtshof in einer Art Gesamtschau oder „Rechtfertigungssynthese" der drei Argumente gewonnenen rechtfertigenden Wirkung zu widersprechen, denn die bloße Addition dreier „negativer" Summanden kann niemals zu einem „positiven" Ergebnis führen.

Die Rechtfertigungssynthese ist auch aus dogmatischer Sicht unbefriedigend, lässt sie doch unbeantwortet, welche quantitativen und qualitativen Anforderungen an die zusammenzufassenden Rechtfertigungsgründe gestellt werden. Es drängt sich der Schluss auf, dass der EuGH sich im Rahmen der Rechtfertigung bewusst ein Abwägungsinstrument schaffen möchte, das einer wertenden Entscheidung zugänglich ist[313]. Eine solche Folgenabwägung wäre im europäischen Kontext nichts Neues, wenn man etwa die Kriterien für eine Beschränkung der zeitlichen Rückwirkung von EuGH-Urteilen oder das von der EU-Kommission im Gesetzgebungsverfahren angewandte „Impact Assessment" betrachtet. Urteilsauswirkungen budgetärer Art sollten jedoch nicht auf Ebene der Rechtfertigung der beschränkenden Maßnahme, sondern höchstens im Rahmen einer zeitlichen Begrenzung der Urteilswirkungen unter den dortigen restriktiven Voraussetzungen[314] Berücksichtigung finden.

---

313 Dies entspricht der Forderung von *Hinnekens*, EC Tax Review 2004, 65 ff., der für eine größere Durchschlagskraft der Rechtfertigungsgründe eintritt.

314 Vgl. EuGH v. 16.7.1992, C-163/90, *Legros u. a.*, Slg. 1992, I-4625 Rn. 30 ff.; 13.2.1996, verb. Rs. C-197/94 u. C-252/94, *Bautiaa und Société française maritime*, Slg. 1996, I-505 Rn. 47; 4.10.2001, C-294/99, *Athinaïki Zythopoiia*, Slg. 2001, I-6797 Rn. 36: Es muss eine Gefahr von schweren wirtschaftlichen Folgen bestehen. Dies ist insbesondere der Fall bei einer großen Zahl von Rechtsverhältnissen, die in gutem Glauben auf der Grundlage einer als rechtswirksam angesehenen Regelung begründet wurden. Die Veranlassung der Einzelnen und der nationalen Behörden zu einem nicht im Einklang mit dem Gemeinschaftsrecht stehenden Verhalten basierte auf einer objektiven und erheblichen Unsicherheit in Bezug auf die Tragweite von gemeinschaftsrechtlichen Vorschriften, zu der unter Umständen gerade das Verhalten anderer Mitgliedstaaten oder der Kommission beigetragen hatte.

Misst man mit dem EuGH der ausgewogenen Aufteilung der Besteuerungsbefugnisse zwischen den Mitgliedstaaten eine anerkennenswerte europarechtliche Bedeutung bei, die auch Grundfreiheitsverstöße rechtfertigen kann, dann besteht eine generelle Kollision dieses mitgliedstaatlichen Rechtfertigungsgrundes mit der europäischen Niederlassungsfreiheit. Zur Lösung von Normenkollisionen hält beispielsweise das deutsche Verfassungsrecht das Prinzip der praktischen Konkordanz bereit, welches hier fruchtbar zu machen ist: Beide Schutzpositionen müssen mit dem Ziel der Optimierung zu einem angemessenen Ausgleich gebracht werden, wobei dem Grundsatz der Verhältnismäßigkeit für Zwecke der Abwägung der widerstreitenden Interessen besondere Bedeutung beizumessen ist[315]. Im Einzelnen darf also die „Rechtfertigungssynthese", und insoweit ist der Einschätzung von Generalanwalt *Léger*[316] beizupflichten, nicht zu einem Schutzvakuum im Rahmen der Niederlassungsfreiheit führen. Die hierzu erforderliche Folgenabwägung des EuGH ist systematisch passender im Bereich der Verhältnismäßigkeit anzusiedeln[317].

6. Verhältnismäßigkeit

a) Rechtsprechung

Eine nationale Maßnahme, die die Ausübung der durch den Vertrag garantierten grundlegenden Freiheiten behindert oder weniger attraktiv macht, muss nach der Rechtsprechung des EuGH vier Voraussetzungen zu ihrer Zulässigkeit erfüllen: Sie muss in nichtdiskriminierender Weise angewandt werden, aus zwingenden Gründen des Allgemeininteresses gerechtfertigt sein, sie muss geeignet sein, die Verwirklichung des mit ihr verfolgten Zieles zu gewährleisten, und sie darf nicht über das hinausgehen, was zur Erreichung dieses Zieles erforderlich ist[318].

---

315 Vgl. etwa BVerfG v. 17.12.1975, 1 BvR 63/68, BVerfGE 41, 29, 51; 3.11.1987, 1 BvR 1257/84, BVerfGE 77, 240, 255; 7.3.1990, 1 BvR 1215/87, BVerfGE 81, 298, 308; 27.11.1990, 1 BvR 402/87, BVerfGE 83, 130, 143.

316 Schlussanträge GA Léger v. 2.5.2006, Rs. C-196/04, *Cadbury Schweppes* Rn. 103.

317 Zur Funktion des Verhältnismäßigkeitsprinzips zur Auflösung von Normkollisionen *Cordewener*, Europäische Grundfreiheiten und nationales Steuerrecht, 2002, S. 95 ff.

318 EuGH v. 31.3.1993, Rs. C-19/92, *Kraus*, Slg. 1993, I-1663 Rn. 32; 30.11.1995, Rs. C-55/94, *Gebhard*, Slg. 1995, 4165 Rn. 37 sowie jüngst EuGH v. 12.9.2006, Rs. C-196/04, *Cadbury Schweppes*, IStR 2006, 670 Rn. 47 m.w.N. Zum Verhältnismäßigkeitsprinzip im Europarecht ausführlich *Schlag*, in: Schwarze (Hrsg.), EU-Kommentar, Art. 43 EGV Rn. 47 ff.; *Randelzhofer/Forsthoff*, in: Grabitz/Hilf (Hrsg.), EGV, Vor Art. 39-55 Rn. 157 ff.; *von Danwitz*, EWS 2003, 393 ff.

Selbst wenn man – abstrahiert vom „Marks & Spencer“-Fall – von einer Rechtfertigung der grundfreiheitlichen Beschränkung im Wege der Kohärenz ausgeht, weil eine doppelte Verlustberücksichtigung droht, so dürfen nicht mildere Mittel vorhanden sein, die das mit der streitgegenständlichen Vorschrift intendierte Ziel in gleich geeigneter Weise erreichen[319].

Es sei daran erinnert, dass die streitgegenständlichen Vorschriften des group relief einen *allgemeinen* Ausschluss von Verlusten ausländischer Tochtergesellschaften vorsehen, unabhängig davon, ob dieser Verlust nochmals im Ausland verwendet wird bzw. werden kann. Bereits in der mit Betriebstättenverlusten befassten Rechtssache „AMID“ entschied jedoch der EuGH cum grano salis wie folgt: Art. 43 EG stehe einer Regelung entgegen, durch die ein Verlust in *keinem* der beteiligten Staaten mit steuerlicher Wirkung vom Einkommen abgezogen werden könne, während dies sehr wohl möglich wäre, wenn alle ausgeübten Tätigkeiten innerstaatlich ausgeübt würden[320].

Zu dem Vortrag von Marks & Spencer und der Kommission, dass ein milderes Mittel sich sowohl in dem Instrument eines Verlustabzugs mit späterer Nachversteuerungsregelung als auch in einem Gebot der Ausschöpfung sämtlicher Verlustnutzungsmöglichkeiten im Ansässigkeitsstaat der Tochtergesellschaft konkretisieren könnte, äußerte sich Generalanwalt *Poiares Maduro* wie folgt[321]: In der Tat könne eine Kohärenzrechtfertigung der streitgegenständlichen Abzugsregelung nur zugelassen werden, wenn die ausländischen Verluste im Staat ihrer Quelle, d.h. im Sitzstaat der Tochtergesellschaft, eine gleichwertige steuerliche Behandlung erfahren. Er verneint damit einen Verstoß gegen die Niederlassungsfreiheit, wenn die Auslandsverlustberücksichtigung von der Voraussetzung abhängig gemacht wird, dass die Verluste der ausländischen Tochtergesellschaft nicht Gegenstand einer günstigeren steuerlichen Behandlung sein *können*. Die Versagung des group relief sei demnach zulässig, wenn die Möglichkeit bestehe, die Verluste im Ausland auf ein anderes Steuerjahr vorzutragen oder auf eine andere Person zu übertragen.

---

319 Vgl. EuGH v. 28.4.1998, Rs. C-118/96, *Safir*, Slg. 1998, I-1897 Rn. 33; 7.9.2004, Rs. C-319/02, *Manninen*, Slg. 2004, I-7477 Rn. 45.

320 EuGH v. 14.12.2000, Rs. C-141/99, *AMID*, Slg. 2000, I-11619 Rn. 24; vgl. *IMN*, FR 2001, 159, 160. Bestätigt durch EuGH v. 12.9.2002, Rs. C-431/01, *Mertens*, Slg. 2002, I-7073 Rn. 23.

321 Schlussanträge GA Poiares Maduro v. 7.5.2005, Rs. C-446/03, *Marks & Spencer plc*, Slg. 2005, I-10837 Rn. 76 ff.

In seinem Urteil[322] greift der Gerichtshof diesen Gedanken auf. Er schränkt die seiner Meinung nach vorhandene Rechtfertigung für eine Grundfreiheitsbeschränkung im Rahmen der Verhältnismäßigkeit ein und stützt sich – ohne jedoch von „gleichwertiger Verlustnutzung“ zu sprechen und ohne nähere Begründung – ebenfalls auf das besagte Stufenverhältnis: Die primäre Zuständigkeit für die Verlustberücksichtigung verbleibe beim Ansässigkeitsstaat der defizitären Tochtergesellschaft. Nur bei dort fehlender Verlustberücksichtigungsmöglichkeit (im Wege des sofortigen Verlustausgleichs, Verlustrücktrags, Verlustvortrags oder Verlustübertrags auf einen Dritten) greife eine subsidiäre Verlustberücksichtigungszuständigkeit im Staat der Gruppenmuttergesellschaft ein, da dann weder eine doppelte Verlustnutzung noch eine Steuerumgehung drohe und somit keine Rechtfertigung der Beschränkung von Art. 43 EG vorliege. Beweislastpflichtig für das Vorliegen dieser Voraussetzungen sei die gebietsansässige Muttergesellschaft. Ausdrücklich macht der EuGH einen Vorbehalt für Missbrauchsvorschriften eines Mitgliedstaates, die speziell die Vermeidung von Steuermissbrauch bezwecken. Wohl im Hinblick auf die Nachversteuerungsregelung führt er aus, dass andere, weniger belastende Maßnahmen unter Harmonisierungsvorbehalt stehen.

b) Literatur

Die Mehrheit im Fachschrifttum sieht ein totales Verbot der Auslandsverlustberücksichtigung, wie dies der britische group relief in seiner damaligen Fassung praktizierte, als unverhältnismäßig[323] an.

Einige wenige Stimmen favorisieren die Lösung der grenzüberschreitenden Berücksichtigung zwar nicht der „zeitweiligen“, aber der „endgültigen“ Auslandsverluste und loben teilweise den EuGH ob seines „klugen“ Urteils im Fall „Marks & Spencer“[324].

Mehrheitlich wurde jedoch Kritik an der Entscheidung laut: Diese betraf insbesondere die ablehnende Haltung des EuGH zum verhältnismäßigeren

---

322 EuGH v. 13.12.2005, Rs. C-446/03, *Marks & Spencer plc*, Slg. 2005, I-10837 Rn. 53 ff.

323 Vgl. etwa *Tumpel*, DStJG 23 (2000), 321, 362; *Dörr*, Der Konzern 2003, 604, 614; *ders.*, IStR 2004, 265, 269 f.; *Cordewener/Dahlberg/Pistone/Reimer/ Romano*, European Taxation 2004, 218, 229 f.; *Craig/van den Hurk/Lyons/Rainer/Röls/Thömmes/Tomsett*, TNI 18.4.2005, S. 195, 197; *M. Lang*, SWI 2005, 255, 256 sowie die Nachweise in Fn. 325.

324 Vgl. *Thömmes*, EWS 1/2006, Die Erste Seite; vgl. bereits *Prokisch*, DStJG 28 (2005), 239, 252.

Mittel der sofortigen Verlustberücksichtigung mit Nachversteuerungsregelung, weil dadurch Zins- und Liquiditätsnachteile im Konzernverbund in Kauf genommen werden[325]. Überdies weiche der Gerichtshof bewusst von seiner eigenen Rechtsprechung[326] ab, dass in Abhängigkeit der Ansässigkeit geknüpfte Liquiditätsnachteile für transnationale Aktivitäten „als solche" einen Verstoß gegen die Grundfreiheiten darstellen können.

Zwei Vertreter der deutschen Finanzverwaltung verneinen insbesondere die Verlustberücksichtigungspflicht im Rahmen der deutschen Organschaft bei Untergang des Auslandsverlustvortrags durch Zeitablauf, Betriebseinstellung, Anteilsveräußerung oder Umwandlung nach ausländischem Recht[327]. Hier gäbe es in der Regel keinen vergleichbaren Inlandsfall, wenn die ausländischen Abzugsverbote nicht dem inländischen Steuerrecht entsprechen. Außerdem würden dadurch die im Ausland bestehenden Abzugsverbote wieder aufgehoben.

c) Stellungnahme

Der Voraussetzung einer fehlenden „gleichwertigen" Verlustberücksichtigungsmöglichkeit im Ausland für die Erweiterung des group relief auf Auslandsverluste ist *aus Kohärenz- und Missbrauchserwägungen* im Ausgangspunkt zuzustimmen. Grundsätzlich ist nichts gegen die vorrangige Verlustverrechnung im Niederlassungsstaat der Tochtergesellschaft und einer nur subsidiären Verlustberücksichtigung im Herkunftsstaat der Muttergesellschaft einzuwenden, soweit damit eine dem group relief *vergleichbare* Verlustnutzung sichergestellt wird. Eine diesen Zweck wahrende Bestimmung

---

325 Vgl. etwa *Bergemann/Schönherr/Stäblein*, BB 2005, 1706, 1714; *Cordewener/Dörr*, CMLR 2006, 855, 878; *Dörr*, EWS 2006, 34, 35; *Eicker*, Stbg 2005, 197, 200; *Ewald*, IStR 2006, 155, 158; *Herzig/Wagner*, DStR 2006, 1, 8; *dies*., Der Konzern 2006, 176, 179; *J. Hey*, GmbHR 2006, 113, 116 f.; *M. Lang*, European Taxation 2006, 54, 61; *Meussen*, European Taxation 2005, 282, 284; *Müller/Müller*, GmbHR 2006, 301, 302; *Orth*, GmbHR 1996, 33, 39 f. m.w.N.; *Persoff*, British Tax Review 2005, 260, 263; *Pohl*, in: Arbeitsbuch 55. Steuerrechtliche Jahresarbeitstagung 2004, S. 345, 349; *Raupach/Pohl*, NZG 2005, 489, 491; *Saß*, DB 2006, 123, 126; *Scheunemann*, IStR 2005, 303, 308; *Sievert*, Konzernbesteuerung in Deutschland und Europa, Düsseldorf 2006, S. 262; *Thömmes*, IWB 2005 F. 11a Rspr., S. 852, 854; *Wagner*, StBp. 2005, 190, 193; *Wernsmann/Nippert*, FR 2006, 153, 159.

326 EuGH v. 13.7.1993, Rs. C-330/91, *Commerzbank*, Slg. 1993, I-4017 Rn. 15 ff.; 8.3.2001, verb. Rs. C-397/98 und C-410/98, *Metallgesellschaft u.a. Hoechst*, Slg. 2001, I-1727 Rn. 54, 83; 21.11.2002, Rs. C-436/00, *X, Y*, Slg. 2002, I-10829 Rn. 38; 8.6.2004, Rs. C-268/03, *De Baeck*, Slg. 2004, I-5961 Rn. 24.

327 *Dötsch/Pung*, Der Konzern 2006, 130, 133 f.

muss dem Grundsatz der Verhältnismäßigkeit genügen. Auf diese Weise würde sowohl den territorialen Besteuerungsbefugnissen beider beteiligter Mitgliedstaaten als auch der EG-vertraglich gewährleisteten Niederlassungsfreiheit am ehesten Rechnung getragen. Die sich in jüngeren EuGH-Verfahren abzeichnende Tendenz, Grundfreiheitsverstöße erst im Rahmen der Verhältnismäßigkeit festzustellen, schafft überdies für die Mitgliedstaaten die Gelegenheit, ihre streitgegenständlichen Vorschriften durch gezielte Änderungen aufrecht zu erhalten[328].

i) Gebot der Einmalverlustberücksichtigung

Generalanwalt *Poiares Maduro* hätte für seine Gleichwertigkeitsthese keineswegs den etwas eigentümlichen Verweis auf sozialversicherungsrechtliche EuGH-Urteile bemühen müssen, ausgereicht hätte ein Blick in die vorhandene steuerliche EuGH-Rechtsprechung, insbesondere in die mit Betriebstättenverlusten befasste Rechtssache „AMID" und anschließend in die Rechtssache „Mertens" [329]. Danach widerspreche es der Niederlassungsfreiheit, wenn ein Verlust in *keinem* der beteiligten Staaten steuerlich geltend gemacht werden könne, während dies bei rein innerstaatlicher Betätigung möglich gewesen wäre. Die „ratio decidendi" der „AMID"-Entscheidung ist die Einführung eines *gemeinschaftsrechtlichen Gebots steuerlicher Einmalverlustnutzung*[330]. Europarechtlich gilt also das Prinzip, dass der Verlust effektiv zumindest in einem der beiden beteiligten Mitgliedstaaten berücksichtigt werden muss, wenn er im reinen Binnensachverhalt steuermindernd hätte genutzt werden können[331].

328 Vgl. EuGH v. 7.9.2004, Rs. C-319/02, *Manninen*, Slg. 2004, I-7477 Rn. 45; ebenso *Sedemund/Sterner*, DStZ 2006, 29, 32.

329 EuGH v. 14.12.2000, Rs. C-141/99, *AMID*, Slg. 2000, I-11619 Rn. 24; 12.9.2002, Rs. C-431/01, *Mertens*, Slg. 2002, I-7073 Rn. 23. Vgl. auch Schlussanträge GA Léger v. 1.3.2005, Rs. C-152/03, *Ritter-Coulais*, Slg. 2006, I-1711 Rn. 98.

330 Kritisch *Cordewener*, DStR 2004, 1634, 1637. In die Richtung einer „Einmalverlustberücksichtigung" geht auch das FG Baden-Württemberg v. 30.6.2004, 1 K 312/03, Rev. I R 84/04, DStRE 2004, 958 f., das jedoch eine Berücksichtigung im Wege des (negativen) Progressionsvorbehalts als ausreichend ansieht und damit verkennt, dass § 32b EStG zum einen bei Körperschaften leer läuft und das zum anderen die Niederlassungsfreiheit eine Gleichbehandlung im Verlustfalle dem Grunde und *der Höhe nach* mit dem vergleichbaren „reinen" Inlandsfall verlangt. Kritisch zum Ausreichen des negativen Progressionsvorbehalts *Cordewener*, DStR 2004, 1634, 1637; *Hahn*, IStR 2001, 465, 469.

331 Dies erkannte im Grunde bereits *Knobbe-Keuk*, EC Tax Review 1992, 22, 26: „It is needless to say that a less favorable treatment of foreign losses compared with do-

Dieses für den Stammhauskonzern im Betriebstättenszenario zutreffende Ergebnis ist auf den Holdingkonzern *im Rahmen einer Gruppenbesteuerung* übertragbar, wie letztlich auch der EuGH in der Entscheidung „Marks & Spencer" verdeutlicht[332]. Der Grundsatz der Einmalverlustberücksichtigung stellt quasi das Pendant zum Grundsatz der Einmalbesteuerung dar, wie er in der Rechtssache „Manninen" zum Tragen kam[333]. Seine Grenze findet dieser Grundsatz insbesondere dort, wo spezielle Missbrauchsnormen bewecken, die Umgehung des nationalen Steuerrechts auszuschließen[334]. Nur insoweit ist der Ansicht von *Dötsch* und *Pung* zuzustimmen: Wenn und soweit die Verlustnutzungsmöglichkeit im Ansässigkeitsstaat der Tochtergesellschaft aufgrund einer verhältnismäßig ausgestalteten steuerlichen Missbrauchsvorschrift (z.B. einer Mantelkaufregelung) entfällt, kann sich der Ansässigkeitsstaat der Muttergesellschaft mit Erfolg gegen eine grenzübergreifende Einbeziehung des betreffenden Verlustes wehren[335]. Demgegenüber widerspricht die statische Auslegung[336], die eine potentielle Verlustnutzungsmöglichkeit allein im Zeitpunkt der Verlustentstehung beurteilt und eine grenzüberschreitende Verlustberücksichtigung deshalb ablehnt, wenn der betreffende Verlust später wegen einer nur zeitlich befristet möglichen Nutzung von Verlustvorträgen definitiv untergeht, dem Grundsatz der Einmalverlustberücksichtigung. Aus der Sichtweise und dem wohl eher dynamischen Verständnis des EuGH[337] ist ausschließlich der tatsächliche Untergang sämtli-

---

mestic losses hampers the right of establishment. The equal treatment of domestic and foreign losses in the State of residence is required by the fundamental freedoms of the EC Treaty". *Dautzenberg*, BB-Special 6/2004, 8, 14 geht allgemein davon aus, „dass der Wohnsitzstaat eines Steuerpflichtigen stets verpflichtet ist, alle erforderlichen Maßnahmen zu ergreifen, um eine übermäßige Besteuerung des grenzüberschreitenden Falles im Vergleich zum Inlandsfall zu unterbinden, dass es aber durchaus möglich ist, dass an seiner Stelle der Quellenstaat bereits entsprechende Maßnahmen einleitet."

332 In diesem Sinne auch *Dörr*, EWS 2006, 34, 35; *Kofler*, ÖStZ 2006, 48, 52 f.; *Cordewener/Dörr*, CMLR 2006, 854, 879.

333 Vgl. Schlussanträge GAin Kokott v. 18.3.2004, Rs. C-319/02, *Manninen*, Slg. 2004, I-7477 Rn. 51, 61 sowie EuGH v. 7.9.2004, Rs. C-319/02, *Manninen*, Slg. 2004, I-7477 Rn. 44.

334 EuGH v. 13.12.2005, Rs. C-446/03, *Marks & Spencer plc*, Slg. 2005, I-10837 Rn. 57. Dies verkennt offenbar *Maiterth*, DStR 2006, 915, 916.

335 Vgl. *Dötsch/Pung*, Der Konzern 2006, 130, 133; *Scheunemann*, IStR 2006, 145, 150, jedoch mit a.A. bei der Mantelkaufregelung (S. 150). A.A.: *Kleinert/Nagler*, DB 2005, 2791, 2791.

336 Vgl. *Eicker*, IWB-Aktuell v. 13.4.2005, 323; *Herzig/Wagner*, DStR 2006, 1, 6; *Dötsch/Pung*, Der Konzern 2006, 130, 133.

337 Vgl. EuGH v. 13.12.2005, Rs. C-446/03, *Marks & Spencer plc*, Slg. 2005, I-10837 Rn. 59: „...und wenn keine Möglichkeit besteht, dass die Verluste der ausländischen

cher Verlustnutzungsmöglichkeiten im Mitgliedstaat der Tochtergesellschaft entscheidend.

Dieser Befund der „Einmalverlustberücksichtigung" reiht sich nahtlos ein in eine Kette anderer steuerlicher Entscheidungen des EuGH, in denen die staatenübergreifende Gesamtschau entweder zu einer Einmalentlastung bzw. Einmalbelastung führte: So wurde beispielsweise eine Steuerentlastung für die persönliche Lage und den Familienstand im Quellenstaat für notwendig erachtet, weil mangels verrechenbarer Einkünfte diese subjektiven Steuerverschonungsbeträge im Wohnsitzstaat nicht berücksichtigt werden konnten[338]. Auch darf eine inländische Steuerbegünstigung versagt werden, wenn bereits eine Entlastung im Ausland vorliegt[339]. Umgekehrt wäre eine inländische Steuerbelastung zulässig, wenn im anderen Mitgliedstaat keine Belastung erfolgt[340]. Da der EuGH für die Überprüfung von Fiskal- und Sozialzwecknormen denselben Maßstab anlegt, ist das Ergebnis einer gemeinschaftsrechtlichen Einmalverlustberücksichtigung nur allzu konsequent und wenig überraschend[341].

ii) Sofortverrechnung im Verlustentstehungsjahr

Die Feststellung der Verpflichtung zur Einmalverlustberücksichtigung beantwortet jedoch noch nicht die Frage, wann *in zeitlicher Hinsicht* die Verlustnutzung geboten ist. Erinnert man sich zurück an die aufgestellte „Gleichwertigkeitsthese" der Verlustnutzung im Ausland, so fällt auf, dass dieser Gedanke weder vom Generalanwalt noch vom EuGH mit der notwendigen Konsequenz verfolgt wurde: „Gleichwertigkeit" bedeutet „Vergleichbarkeit" und verglichen werden muss die originäre Verlustnutzungs-

---

Tochtergesellschaft im Staat ihres Sitzes für künftige Zeiträume … *berücksichtigt werden.*" Ebenso *J. Hey*, GmbHR 2006, 113, 115; *Scheunemann*, IStR 2006, 145, 147 f.; *M. Lang*, SWI 2006, 3, 9; *ders.*, European Taxation 2006, 54, 62.

338 EuGH v. 14.2.1995, Rs. C-279/93, *Schumacker*, Slg. 1995, I-225 Rn. 41.

339 EuGH v. 12.12.2002, Rs. C-385/00, *F.W.L. de Groot*, Slg. 2002, I-11819 Rn. 99 f.; 12.7.2005, Rs. C-403/03, *Schempp*, DStR 2005, 1265 Rn. 33 f. Eine Steuerentlastung im Quellenstaat wurde für notwendig erachtet, wenn subjektive Steuerverschonungsbeträge im Wohnsitzstaat nicht berücksichtigt werden können, vgl. EuGH v. 14.2.1995, Rs. C-279/93, *Schumacker*, Slg. 1995, I-225 Rn. 41.

340 Angedeutet in EuGH v. 7.9.2004, Rs. C-319/02, *Manninen*, Slg. 2004, I-7477 Rn. 34 f. In diese Richtung auch Schlussanträge GAin Kokott v. 12.9.2006, Rs. C-231/05, *Oy AA* Rn. 42. Gleichwohl kann nach EuGH v. 26.10.1999, Rs. C-294/97, *Eurowings*, Slg. 1999, I-7447 Rn. 43, 57 eine steuerliche Begünstigung im Ausland keine diskriminierende Besteuerung im Inland rechtfertigen.

341 Vgl. in diesem Sinne bereits *Dörr*, Der Konzern 2003, 604, 614.

möglichkeit im Ansässigkeitsstaat der defizitären Tochtergesellschaft notwendigerweise mit der Funktionsweise und dem Zweck des group relief im reinen Inlandssachverhalt. Wie der EuGH selbst noch zutreffend ausführt, *beschleunigt* der Konzernabzug den Ausgleich der Verluste durch *unmittelbare* Verrechnung mit den Gewinnen einer anderen Konzerngesellschaft und führt so zu einem Liquiditätsvorteil im Konzern[342]. Diese Aussage ist insbesondere im zeitlichen Kontext zu verstehen: Für eine defizitäre Inlandstochtergesellschaft ist für die Verlustnutzung kein Abwarten späterer eigener Gewinne notwendig, was andernfalls auf einen *intertemporalen* Verlustabzug erst in einem späteren Veranlagungszeitraum hinausliefe. Vielmehr ist eine sofortige Verlustübertragung auf eine andere Konzerneinheit möglich, so dass ein *intratemporaler* Verlustausgleich noch im selben Veranlagungszeitraum der Verlustentstehung stattfinden kann. Aus diesem „timing effect" resultiert letztlich der Zins- und Liquiditätsvorteil für die Gesamtgruppe.

Betrachtet man nun aber das vom Generalanwalt und vom EuGH vertretene Ergebnis, so läuft dies auf eine „Letztstaatsverantwortung"[343] bzw. auf eine „Ausfallhaftung" und damit auf eine intertemporale Nutzung des ausländischen Definitivverlustes in einem späteren Besteuerungszeitraum hinaus. Eine zeitnahe grenzüberschreitende Verlustverrechnung soll die absolute Ausnahme darstellen. Dies führt gerade nicht zu dem bezweckten Zins- und Liquiditätsvorteil im Konzern, sondern zum genauen Gegenteil[344]. Anders als im reinen Inlandsfall erfolgt in der Regel keine phasengleiche Verlustverrechnung des Auslandsverlustes. Im Verlustentstehungsjahr nicht ausgeglichene Auslandsverluste werden entweder von der Tochtergesellschaft oder einem Dritten im Ausland („originär") oder, soweit diese Möglichkeit dort entfällt, durch Transfer auf die Muttergesellschaft im Inland („derivativ") erst in späteren Veranlagungszeiträumen verrechnet. Es bleibt festzuhalten, dass die vom EuGH noch als Beschränkung gewertete Benachteiligung des transnationalen Sachverhalts damit gerade nicht behoben wurde. Oder anders ausgedrückt: Die Versagung der sofortigen Verrechnung des Auslandsverlustes korrespondiert nicht mit einem im Ausland gegebenen unmittelbaren Vorteil im Konzern, der die erforderliche Kohärenz herstellen könnte. Überdies setzt sich der Gerichtshof mit seinem Ergebnis in klaren

342 EuGH v. 13.12.2005, Rs. C-446/03, *Marks & Spencer plc*, Slg. 2005, I-10837 Rn. 32.

343 So die prägnante Begrifflichkeit bei *Herzig/Englisch/Wagner*, Der Konzern 2005, 298, 313; *Herzig/Wagner*, Der Konzern 2006, 176, 181.

344 Dies verkennen *Dötsch/Pung*, Der Konzern 2006, 130, 133 f. und *Kleinert/Nagler*, DB 2005, 2791, 2791 da ihre Argumentation nicht am Zweck der Gruppenbesteuerungsregelung ansetzt. Zu den Zinsnachteilen bei nur interperiodischer Verlustnutzung im Beteiligungskonzern: *Förster*, WPg 2004, 1258, 1259 f.

Widerspruch zu seiner eigenen Rechtsprechung, wonach Liquiditätsnachteile einen Grundfreiheitsverstoß begründen können[345].

Einzig die intraperiodische derivative Berücksichtigung des im Ausland im Verlustentstehungsjahr nicht originär verrechneten Verlustes im Rahmen des group relief mit späterer Nachversteuerung[346], wenn es im Ausland zur doppelten Verlustnutzung käme, stellt eine zum reinen Inlandssachverhalt „gleichwertige" steuerliche Behandlung dar. Nur diese Lösung wahrt den Zins- und Liquiditätsvorteil im Konzern unabhängig davon, ob die übertragenen Verluste von einer in- oder ausländischen Gruppengesellschaft stammen. Dieser Zinsvorteil ist bei einer nur *temporären* Verlustberücksichtigung (mit Nachversteuerungslösung) umso größer, je länger die ausländische Tochtergesellschaft keinen Gewinn erwirtschaftet, je höher der erzielbare Kapitalmarktzins und das inländische verglichen zum ausländischen Besteuerungsniveau ist. Kommt es hingegen zu einer *definitiven* Entlastung (ohne Nachversteuerung) endgültiger ausländischer Verluste im Inland, vergrößert sich der Zinseffekt erheblich[347].

Der EuGH stützt seine konkludent ablehnende Haltung zu dem *verhältnismäßigeren Mittel* der Sofortverlustverrechnung (mit Nachversteuerungsregelung) auf den Harmonisierungsvorbehalt des Gemeinschaftsgesetzgebers. Allerdings steht die fehlende Harmonisierung der Anwendung der Grundfreiheiten nicht entgegen, wie bereits in anderem Zusammenhang mehrfach entschieden wurde[348]. Wenn der EuGH eine Richtlinienregelung zur sofortigen grenzüberschreitenden Verlustverrechnung mit Nachversteuerung für grundsätzlich zulässig erachtet und wenn ferner Richtlinien ebenfalls im

345 EuGH v. 13.7.1993, Rs. C-330/91, *Commerzbank*, Slg. 1993, I-4017 Rn. 15 ff.; 8.3.2001, verb. Rs. C-397/98 und C-410/98, *Metallgesellschaft u.a. Hoechst*, Slg. 2001, I-1727 Rn. 54, 83; 8.6.2004, Rs. C-268/03, *De Baeck*, Slg. 2004, I-5961 Rn. 24.

346 Ausführlich zu den verschiedenen Arten der „Nachversteuerung" *Cordewener/Dahlberg/Pistone/Reimer/Romano*, European Taxation 2004, 135, 138 f.

347 Vgl. hierzu die betriebswirtschaftlichen Berechnungen bei *Ewald*, IStR 2005, 155 ff. sowie *Jonas*, in: Grotherr (Hrsg.), Handbuch der internationalen Steuerplanung, 2. Aufl. 2003, S. 187, 188.

348 EuGH v. 28.1.1986, Rs. 270/83, *Kommission/Frankreich* („Avoir Fiscal"), Slg. 1986, 273 Rn. 24; 28.1.1992, Rs. C-204/90, *Bachmann*, Slg. 1992, I-249 Rn. 11; Schlussanträge GA Poiares Maduro v. 7.5.2005, Rs. C-446/03, *Marks & Spencer plc*, Slg. 2005, I-10837 Rn. 5. A.A. für Beschränkungsverbote wohl *Lehner*, DStJG 23 (2000), 263, 280.

Einklang mit dem EG-Primärrecht stehen müssen[349], dann ist es ein Gebot der Logik, dass die unter Harmonisierungsvorbehalt gestellte Verlusteinbeziehung mit Nachversteuerungsmethodik selbst grundfreiheitskonform sein muss. Vermutlich zögerte der Gerichtshof davor, das materiellrechtlich zutreffende Ergebnis direkt aus der Niederlassungsfreiheit abzuleiten[350]. Zugegebenermaßen war er zu einer Aussage nicht angehalten, da im Verfahren von Marks & Spencer nicht über laufende, sondern lediglich über definitiv gewordene Verluste zu entscheiden war. Ohne weiteres konnte er sich deshalb auf die Gewährleistung grundfreiheitlicher Mindeststandards beschränken.

iii) Systemimmanente „Anerkennung" der Sofortverrechnung

Für die Frage der Sofortverlustberücksichtigung ist insbesondere auch das horizontale Vergleichspaar und dort wiederum die Behandlung der Auslandsbetriebstätte im Hinblick auf den *Anerkennungsgrundsatz*, also dem europarechtlichen Verbot des „venire contra factum proprium"[351] von Bedeutung: Indem das Vereinigte Königreich die im Ausland erzielten Verluste einer Betriebstätte des britischen Stammhauses in dessen steuerliche Bemessungsgrundlage im Veranlagungszeitraum der Verlustentstehung einbezieht, zeigt es, dass es grundsätzlich keine Einwände gegen die *sofortige* Berücksichtigung ausländischer Verluste im Inland hegt[352]. Die bei der britischen Gesellschaft angerechneten Verluste können in den Fällen, in denen die Ver-

---

349 Eine Harmonisierungsmaßnahme, die z.B. hinter dem Urteil des EuGH zurückbleibt und strengere Anforderungen an die grenzüberschreitende Verlustberücksichtigung stellt, wäre als Verstoß gegen Art. 43, 48 EG anzusehen.

350 Hinzuweisen ist z.B. darauf, dass die beiden Erkenntnisse des öVwGH v. 25.9.2001, G 99/14/0217, IStR 2001, 754; 25.10.2001, G 99/15/0149 wegen fehlender Rechtsgrundlage für die aus dem DBA abgeleitete Nachversteuerung freigestellter Betriebstättenverluste heftig kritisiert wurden, vgl. *Wassermeyer*, in: Lang/Loukota/Reich/Wassermeyer/Zorn, SWI 2002, 428, 433; *M. Lang*, in: Lang/Loukota/Reich/Wassermeyer/Zorn, SWI 2002, 428, 436 f.; *ders.*, SWI 2002, 86, 94; *Schuch*, in: Lehner (Hrsg.), Verluste im nationalen und Internationalen Steuerrecht, 2004, S. 63, 79; *Urtz*, SWI 2001, 505, 507; *Loukota*, SWI 2001, 470 ff.; *Jirousek*, ÖStZ 2001, 569 ff.; *Ludwig*, RdW 2001, 704 ff.; *FW*, IStR 2001, 755 f.

351 Vgl. EuGH v. 28.1.1986, Rs. 270/83, *Kommission/Frankreich* („Avoir Fiscal"), Slg. 1986, 273 Rn. 19; 28.4.1998, *Safir*, Slg. 1998, I-1897 Rn. 33; 2.3.1999, Rs. C-307/97, *Saint-Gobain*, Slg. 1999, I-6161 Rn. 60; 29.4.1999, Rs. C-311/97, *Royal Bank of Scotland*, Slg. 1999, I-2651 Rn. 31.

352 *Gutmann*, EC Tax Review 2003, 154, 156; aus österreichischer Sicht: *M. Lang*, ÖStZ 2003, 254, 258.

luste ihre Gewinne übersteigen, selbstverständlich im Rahmen des group relief an eine andere inländische Gruppengesellschaft weitergegeben werden.

iv) Einwirkung des Leistungsfähigkeitsprinzips auf nationaler Ebene

Bereits nach nationalem Recht möchten *Schön* und *Lehner* die grenzüberschreitende Verlustberücksichtigung im Betriebstättenfall trotz abkommensrechtlicher Freistellung ausnahmsweise zulassen, wenn die Auslandsverluste im Ausland nicht mehr verwertet werden können[353]. Sie begründen dies unter Verweis auf den verfassungsrechtlichen Gleichheitssatz, der die Vermeidung einer insgesamt nicht mehr leistungsfähigkeitsgerechten Besteuerung einfordert. Dem ist zuzustimmen, da der *Ansässigkeitsstaat* des Steuerpflichtigen aufgerufen ist, im Rahmen der Welteinkommensbesteuerung dessen gesamte globale Leistungsfähigkeit zutreffend abzubilden. Wie die Rechtssache „Futura" jedoch lehrt, bedarf dieses gemeinschaftsrechtliche Gebot der Verlusteinmalnutzung einer *Einschränkung* dahingehend, dass ein transnationaler Verlustausgleich jedoch *nicht zu Lasten des Quellenstaates* und auch nur in dem im Sitzstaat für die Inlandsverlustberücksichtigung maßgeblichen Umfang erforderlich ist[354].

Es fragt sich, ob das für die Berücksichtigung von Auslandsbetriebstättenverlusten beim Stammhaus, also bei einem einzelnen Steuerpflichtigen, angeführte Leistungsfähigkeitsprinzip auch für einen Konzernsachverhalt, d.h. bei mindestens zwei Steuerpflichtigen, Bedeutung zu entfalten vermag. Die auf eine lange Verfassungstradition zurückreichende Besteuerung nach der Leistungsfähigkeit[355], die vom Bundesverfassungsgericht aus Art. 3 Abs. 1 GG abgeleitet wird[356], ist grundsätzlich an die Individualsteuerpflichtigkeit gekoppelt. Ein Holdingkonzern besteht demgegenüber aus mindestens zwei Einzelsteuerpflichtigen. Wie bereits erläutert, stellen Konzernbesteuerungsvorschriften jedoch eine partielle Durchbrechung des Trennungsprinzips dar.

353 *Schön*, IStR 2004, 289, 294; *Lehner*, in: Gocke/Gosch/Lang (Hrsg.), FS Wassermeyer, 2005, S. 241, 260.

354 EuGH v. 15.5.1997, Rs. C-250/95, *Futura Participations SA und Singer*, Slg. 1997, I-2471 Rn. 21. Vgl. zutreffend *Lehner*, in: Gocke/Gosch/Lang (Hrsg.), FS Wassermeyer, 2005, S. 241, 260; *Cordewener*, DStJG 28 (2005), 255, 271.

355 Vgl. Art. 134 der Weimarer Reichsverfassung vom 1.8.1919: „Alle Bürger ohne Unterschied tragen *im Verhältnis ihrer Mittel* zu allen öffentlichen Lasten nach Maßgabe der Gesetze bei", hierzu *Hensel*, Vierteljahresschrift für Steuer- und Finanzrecht 1930, 441 ff.

356 Zum Leistungsfähigkeitsprinzip im deutschen Steuerrecht vgl. etwa BVerfG v. 22.2.1984, 1 BvL 10/80, BVerfGE 66, 214, 223; 22.6.1995, 2 BvL 37/91, BVerfGE 93, 121, 134.

Dadurch wird die separate steuerliche Leistungsfähigkeit der Gruppenmitglieder im Rahmen einer Konzernbesteuerung mehr oder weniger aufgehoben und auf die Ebene der Gesamtgruppe verlagert. Durch die gemeinsame Besteuerung wird der Leistungsfähigkeit des Konzerns als wirtschaftliche Einheit Rechnung getragen[357].

Steuerliche Leistungsfähigkeit konkretisiert sich u.a. durch das so genannte „objektive Nettoprinzip", welches die Berücksichtigung von Erwerbsaufwendungen und damit auch von Verlusten gebietet[358]. Mit der steuersubjektübergreifenden Verlustübertragung im Inlandsfall geht ein Wegfall des ansonsten bestehenden Verlustvortrags auf Ebene der defizitären Tochtergesellschaft einher. Korrespondierend dazu wird jedoch das objektive Nettoprinzip nun im Rahmen des Konzerns durch die sofortige Verrechnung mit anderem (positiven) Konzerneinkommen gewährleistet. Bei Verlusten einer Auslandstochtergesellschaft ist Indikator mangelnder Leistungsfähigkeit zwar nicht der Wegfall des Verlustvortrags, aber die vom group relief untersagte Möglichkeit einer *sofortigen* Verlustverrechnung mit anderem Gruppeneinkommen. Es geht folglich darum, dem objektiven Nettoprinzip, mithin also der *Leistungsfähigkeit bezogen auf das einheitliche Unternehmen aus Mutter- und Tochtergesellschaft und bezogen auf denselben Veranlagungszeitraum*, grenzüberschreitend zur Geltung zu verhelfen[359]. Nur der Sofortabzug der ausländischen Verluste im Rahmen des group relief sichert dem Konzernverbund die besagten Liquiditäts- und Zinsvorteile und damit eine leistungsfähigkeitsgerechte Besteuerung.

v) Einwirkung des Leistungsfähigkeitsprinzips auf europarechtlicher Ebene

Im Rahmen einer europarechtlichen Prüfung ist zu überlegen, ob die auf nationaler Ebene geführte Argumentation auf das Europarecht übertragbar und somit von eigenständiger europarechtlicher Bedeutung ist. Dies wirft – quasi als Vorfrage – die Frage nach einer gemeinschaftsrechtlichen Konvergenz der Besteuerung nach der Leistungsfähigkeit gemäß Art. 3 Abs. 1 GG und

357 Vgl. *Breuninger/Prinz*, JbFStR 1999/2000, 535, 548; *Dörr*, IStR 2004, 265, 270 ff.; *Balmes/Brück/Ribbrock*, BB 2005, 966, 970; *Herzig/Wagner*, DB 2005, 1, 7; *Montag*, in: Tipke/Lang, Steuerrecht, 18. Aufl. 2005, § 18 Rn. 400, 422; *J. Hey*, GmbHR 2006, 113, 114.

358 Vgl. *J. Lang*, in: Tipke/Lang, Steuerrecht, 18. Aufl. 2005, § 9 Rn. 54.

359 In diesem Sinne bereits *Dörr*, Der Konzern 2003, 604, 614; *ders.*, Der Konzern 2004, 15, 18; *ders.*, IStR 2004, 265, 269.

den Grundfreiheiten des EG-Vertrages auf[360]. Dogmatisch besehen ist das Leistungsfähigkeitsprinzip auf europäischer Ebene unmittelbar tradiertes, gemeinsames Verfassungsgut der Mitgliedstaaten[361]. Beispielhaft seien hier – neben der bereits beschriebenen deutschen Regelung – nur die entsprechenden Verfassungsartikel in Frankreich[362], Griechenland[363], Italien[364], Spanien[365] oder Portugal[366] erwähnt, die allesamt auf die Grundlagen des Leistungsfähigkeitsprinzips (auch „ability to pay principle", „draagkrachtbeginsel", „principe de capacité fiscale", „principio della capacità contributiva", „principio de capacidade contributiva") abstellen. Überdies ist das Leistungsfähigkeitsprinzip *mittelbar* im EG-Vertrag selbst, nämlich im Beihilfeverbot nach Art. 87 ff. EG angelegt, wo es darum geht, die ökonomische Leistungsfähigkeit von Unternehmen nicht durch staatliche Zuwendungen zu verfälschen[367]. Mithin darf bei der Durchsetzung einer europarechtlichen Grundfreiheit nicht der Grundfreiheitsverstoß vom nationalen Gesetzgeber durch einen Beihilfenverstoß ersetzt werden. Des Weiteren hat sich auch der EuGH bei seiner Auslegung der Grundfreiheiten an den europäi-

360 Offengelassen von *Englisch*, StuW 2003, 88, 93. Vgl. auch *FW*, IStR 1997, 303 mit der Frage, ob eine Vorlagepflicht an den EuGH damit begründet werden kann, dass das vorlegende Gericht einen Verstoß gegen Art. 3 GG bejaht, wenn die Diskriminierungsverbote des EG-Vertrages nicht auch zugunsten eines Deutschen wirken, weshalb bei der Vorlage fiktiv auf einen von dem Staatsangehörigen eines anderen Mitgliedstaates verwirklichten Sachverhalt abgestellt werden müsste. Gegen die mittelbare Einwirkung der Grundfreiheiten auf rein innerstaatliche Sachverhalte wie bei der „Inländerdiskriminierung" z.B. *Kischel*, IWB F. 11 Gr. 2, EG, S. 317, 318.

361 Vgl. *Tipke*, Steuerrechtsordnung, Bd. I, 2. Aufl. 2000, S. 488 ff.

362 Déclaration des Droits de l'homme et du Citoyen de 1789, Art. 13: „Pour l'entretien de la force publique, et pour les dépenses d'administration, une contribution commune est indispensable: elle doit être également répartie entre tous les citoyens, en raison de leurs facultés."

363 ΣΥΝΤΑΓΜΑ, Άρθρο 4, Παράγραφος 5: „Οι Έλληνες πολίτες συνεισφέρουν χωρίς διακρίσεις στα δημόσια βάρη, ανάλογα με τις δυνάμεις τους."

364 Costituzione della Repubblica Italiana, Art. 53: „Tutti sono tenuti a concorrere alle spese pubbliche in ragione della loro capacita' contributiva. Il sistema tributario e' informato a criteri di progressivita'."

365 La Constitucion Espanola de 1978, Articulo 31 (1): „Todos contribuiran al sostenimiento de los gastos publicos de acuerdo con su capacidad economica mediante un sistema tributario justo inspirado en los principios de igualdad y progresividad que, en ningun caso, tendra alcance confiscatorio."

366 Constitución de Portugal de 1976, Artículo 106 (1) Del sistema fiscal: „El sistema fiscal será articulado por la ley con vistas a la distribución igualitaria de la riqueza y de las rentas y a la satisfacción de las necesidades hacendísticas del Estado."

367 Vgl. *Jansen*, Vorgaben des europäischen Beihilferechts für das nationale Steuerrecht, Baden-Baden 2003, S. 67 ff., 83; *Schön*, in: Koenig/Roth/Schön (Hrsg.), Aktuelle Fragen des EG-Beihilfenrechts, Beihefte der ZHR, Heft 69, 2001, S. 106, 119 f.

schen Grundrechten, insbesondere dem Gleichheitsrecht auszurichten, vgl. etwa Art. 6 Abs. 2 EUV, Art. 20 Grundrechtscharta (jetzt Art. II-80 EU-Verfassung). Wenngleich der EuGH die europäischen Grundrechte im Hinblick auf steuerrechtliche Verfahren – anders als beispielsweise das Bundesverfassungsgericht bei den Grundrechten des Grundgesetzes – bisher noch nicht zur Entfaltung brachte, so beinhaltet dies keine präjudizielle Aussage. Bis ins Jahr 1986[368] rechnete ebenfalls kaum jemand ernsthaft damit, dass sich die direkten Steuern der Mitgliedstaaten mal an den grundfreiheitlichen Bestimmungen des EG-Vertrages zu messen haben. Neben den Grundfreiheiten und dem Beihilfeverbot des EG-Vertrages dürften künftig die europäischen Grundrechte im Allgemeinen und der allgemeine Gleichheitssatz im Besonderen eine Dritte Säule in der steuerlichen Judikatur des EuGH bilden. Zudem hat der EuGH bereits bisher eine Vielzahl anderer in den Rechtsordnungen der Mitgliedstaaten tradierter Rechtsgrundsätze in seiner Rechtsprechung anerkannt, etwa das Verhältnismäßigkeitsprinzip, den Grundsatz rechtlichen Gehörs, den Vorbehalt des Gesetzes[369] usw. Aus dem vorzufindenden Bestand gemeineuropäischer Verfassungsprinzipien lässt sich, wie vorstehend erläutert, ebenfalls der Grundsatz der Leistungsfähigkeit extrahieren. Auf diesem Maßstab basieren, wenn auch ohne expliziter Bezugnahme, diejenigen EuGH-Entscheidungen[370], in denen die staatenübergreifende Gesamtschau entweder „nur" zu einer Einmalbelastung bzw. Einmalentlastung führte. Beides ist nämlich, bezogen auf ein und dieselben Besteuerungsgrundlagen, Ausfluss der leistungsfähigkeitsgerechten Besteuerung: In dem einen Fall durch Vermeidung mehrfacher Steuerbelastungen, in dem anderen Fall durch Versagung mehrfacher Steuervorteile. Zwar schadet Falschbezeichnung bekanntlich nicht, jedoch wäre der Gerichtshof gut beraten, das Leistungsfähigkeitsprinzip unter expliziter Nennung und verallgemeinerungsfähig in seiner Rechtsprechung herauszuarbeiten. Dieser Grundsatz könnte künftig verstärkt dazu dienen, europarechtliche Fragen, deren Beantwortung sich nicht bereits aus dem übrigen geschriebenen oder

---

368 EuGH v. 28.1.1986, Rs. 270/83, *Kommission/Frankreich* („Avoir Fiscal"), Slg. 1986, 273.

369 Vgl. zu den allgemeinen Rechtsgrundsätzen des Gemeinschaftsrechts *Wegener*, in: Callies/Ruffert (Hrsg.), EUV/EGV, 2. Aufl. 2002, Art. 220 EG Rn. 32 ff, 34 ff.

370 Vgl. EuGH v. 14.12.2000, Rs. C-141/99, *AMID*, Slg. 2000, I-11619 Rn. 24; 12.9.2002, Rs. C-431/01, *Mertens*, Slg. 2002, I-7073 Rn. 23; 12.12.2002, Rs. C-385/00, *F.W.L. de Groot*, Slg. 2002, I-11819 Rn. 99 f.; 7.9.2004, Rs. C-319/02, *Manninen*, Slg. 2004, I-7477 Rn. 44; 12.7.2005, Rs. C-403/03, *Schempp*, DStR 2005, 1265 Rn. 33 f.; 13.12.2005, Rs. C-446/03, *Marks & Spencer plc*, Slg. 2005, I-10837 Rn. 59.

ungeschriebenen Gemeinschaftsrecht ergibt, einer sinnvollen Lösung zuzuführen.

Zwar ist nicht zu leugnen, dass die fehlende Harmonisierung im Bereich der direkten Steuern eine Sensibilisierung innerhalb der Interpretation etwa der Grundfreiheiten durch den EuGH mit sich bringt. Allerdings engt das Einstimmigkeitserfordernis nach Wortlaut, Sinn und Zweck den sachlichen Anwendungsbereich der Grundfreiheiten nicht schon dem Grunde nach ein[371]. Weiterentwicklungen innerhalb der Rechtsprechung des EuGH sind demnach auch zukünftig möglich, um auf diesem Wege das Vertragsziel eines auch auf steuerlichem Gebiet barrierefreien europäischen Binnenmarktes zu erreichen. Bejaht man nach dem Vorstehenden ein europarechtliches Prinzip der Besteuerung nach der Leistungsfähigkeit an[372], so lässt sich das unter dem nationalen Gleichheitssatz in seiner spezifischen Bereichsausprägung der leistungsfähigkeitsgerechten Besteuerung gefundene Ergebnis in gleicher Weise europarechtlich herleiten: Verlagern daher mitgliedstaatliche Vorschriften die Leistungsfähigkeit vom Einzelsteuerpflichtigen auf den Gesamtkonzern und erlauben damit die intersubjektive Verlustzurechnung von der Tochter- auf die Muttergesellschaft im Jahr der Verlustentstehung, so ist dieses System unabhängig davon anzuwenden, in welchem Mitgliedstaat die defizitäre Tochtergesellschaft ansässig ist.

vi) Nachversteuerungsmöglichkeit

Die hier als milderes Mittel festgestellte Sofortverrechnung des Auslandsverlustes erhöht zwangsläufig die Gefahr einer doppelten Verlustnutzung. Allerdings muss, wie bereits erläutert, der betroffene Mitgliedstaat die *Möglichkeit* haben, eine kohärente Besteuerung sicherzustellen und dementsprechend eine doppelte Verlustberücksichtigung auszuschließen.

Fraglich ist jedoch, ob nicht aus anderen Gründen sogar eine *Verpflichtung* hierzu *in dem Zeitpunkt* erwächst, in dem derselbe Verlust infolge des Sofortabzugs im Ansässigkeitsstaat der Muttergesellschaft und der zeitlich verzögerten Nutzung im Ansässigkeitsstaat der Tochtergesellschaft letztlich doppelt verwertet würde:

371 So zu Recht: *Reimer*, in: Lehner (Hrsg.) Grundfreiheiten im Steuerrecht der EU-Staaten, 2000, S. 39, 73.

372 Offengelassen von *Meussen*, European Taxation 2005, 282, 282. Ausführlich diskutiert und bejaht von *Jansen*, Vorgaben des europäischen Beihilferechts für das nationale Steuerrecht, Baden-Baden 2003, S. 67 ff., 73 ff. Kritisch *Sutter*, Das EG-Beihilfenverbot und sein Durchführungsverbot in Steuersachen, Wien 2005, S. 108 f.

Würde das Auslandsengagement durch die Möglichkeit einer doppelten Verlustnutzung im Vergleich zum Inlandssachverhalt stärker begünstigt, so müsste man vom Grundsatz her von einer *grundfreiheitsrechtlich* zulässigen positiven Ungleichbehandlung bzw. Inländerdiskriminierung (bezogen auf den reinen Inlandssachverhalt) ausgehen.

Allerdings könnte die Ermöglichung einer doppelten Verlustberücksichtigung in der grenzübergreifenden Konstellation, die nicht rückgängig gemacht wird, zwar nicht generell[373], aber im Einzelfall eine unzulässige *steuerliche Beihilfe* i.S.d. Art. 87 EG darstellen, um den eigenen Wirtschaftsstandort attraktiver zu gestalten und die Wirtschaftskraft eigener Unternehmen (wenn auch mit Auslandsengagement) zu steigern. Im Regelfall dürfte es aber an der für die Beihilfe erforderlichen Selektivität bzw. Spezifizität der Regelung[374] fehlen.

Vorstehend wurde die sofortige personen- und staatenübergreifende Verlustberücksichtigung zur Vermeidung einer insgesamt nicht mehr leistungsfähigkeitsgerechten Besteuerung des Konzerns auch *grundrechtlich* hergeleitet. Wenn man diesem zweiten Argumentationsstrang folgt, dann ist nicht nur das „ob", sondern auch das „wie" und damit die Beschränkung der doppelten Verlustberücksichtigung in entsprechender Weise begründbar: Vor dem Hintergrund des Gebots der Vermeidung von Wettbewerbsverzerrungen sowie des Gebots der Einmalerfassung von (positiven *und* negativen) Einkünften als Ausfluss des gleichheitsrechtlich determinierten *Leistungsfähigkeitsprinzips*[375] bedarf es zwingend eines Korrelats der Rückgängigmachung des Verlustabzugs im Ansässigkeitsstaat der Muttergesellschaft, sobald der nämliche Verlust bei der Tochtergesellschaft im Ausland (durch Verlustrücktrag oder Verlustvortrag oder Verlustübertrag) verwertet wird.

Was die konkrete rechtliche Ausgestaltung der Verhinderung eines übermäßigen Verlustabzugs angeht, so kann auf die bisherigen Harmonisierungsbestrebungen rekurriert werden. Die Thematik war beispielsweise Bestandteil des bereits dargestellten zurückgezogenen Vorschlags der Kommission für eine Verlustrichtlinie aus dem Jahr 1990 und wurde auch jüngst wieder von der EU-Kommission aufgegriffen[376]. Technisch ist dieses Ziel grundsätzlich in allen Fällen EG-vertraglich geschützter ökonomischer Auslandstätigkeit –

373 So etwa *Zorn*, in: Lang/Loukota/Reich/Wassermeyer/Zorn, SWI 2002, 428, 430.

374 Zur Selektivität und Spezifität vgl. *Schön*, in: Koenig/Roth/Schön (Hrsg.), Aktuelle Fragen des EG-Beihilfenrechts, Beihefte der ZHR, Heft 69, 2001, S. 106, 126 ff.; *Blumenberg*, in: Grotherr (Hrsg.), Handbuch der internationalen Steuerplanung, 2. Aufl. 2003, S. 1787, 1797 f.

375 Zum Gebot der Einmalerfassung: *Beiser*, DStR 2000, 1505 ff.

376 Vgl. vorstehend 2. Teil, I.2.b) a)iv), 3.

also auch via Tochtergesellschaft – durch die so genannte Nachversteuerungsmethode umsetzbar. Zu denken wäre etwa an eine nationale Vorschrift entsprechend dem früheren § 2a Abs. 3 EStG a.F.[377] (für Auslandsbetriebstättenverluste) bzw. gegenwärtig nach § 2 Abs. 8 öEStG iVm. § 7 Abs. 2 öKStG (für Auslandstochtergesellschaftsverluste)[378]. Regelungsziel ist folglich die Verlustberücksichtigung im Veranlagungszeitraum der Entstehung mit nachfolgender Neutralisierung durch spätere Auslandsgewinne, also deren bemessungsgrundlagenerhöhende Einbeziehung zum Zwecke der inländischen Besteuerung des Mutterunternehmens[379]. Das Vereinigte Königreich bedient sich bereits bisher im Rahmen der Auslandsbetriebstättenaktivität eines Stammhauskonzerns infolge der abkommensrechtlichen Anrechnung nachfolgend erzielter ausländischer Betriebstättengewinne dieser Form der „Nachversteuerung".

Der vom EuGH gewählte Weg ist also keineswegs die einzige Möglichkeit, eine doppelte Verlustberücksichtigung zu vermeiden. Richtet man das Augenmerk schließlich auf die Zumutbarkeit der Sofortverlustberücksichtigung mit Nachversteuerung, dann ist dieser Lösungsansatz keineswegs unpraktikabler und mit höherem administrativen Aufwand verbunden als die Lösung des EuGH. Hierfür spricht bereits die Tatsache, dass Nachversteuerungsregelungen in vielen Mitgliedstaaten praktiziert werden. Der Nachweis, dass ein Verlust im anderen Mitgliedstaat genutzt wurde, ist nicht komplexer als der Nachweis, dass ein entsprechender Verlust nicht im Ausland genutzt werden konnte[380]. Überdies vermeidet das hier favorisierte Konzept einer sofortigen Auslandsverlustberücksichtigung mit Nachversteuerung die Ver-

377 Die durch das StEntlG v. 24.3.1999, BStBl. I 1999, 304 aufgehobene und letztmals für den VZ 1998 anwendbare Vorschrift des § 2a Abs. 3 EStG a.F. war jedoch explizit auf Betriebstättenverluste bei DBA-Freistellungsmethode beschränkt. Die Norm war 1990 eingeführt worden und hatte § 2 AuslInvG abgelöst. Die Frage der Gemeinschaftsrechtsmäßigkeit des Nachversteuerungsmechanismus der vorstehenden Vorschriften im Zusammenspiel mit der Verlustberücksichtigung im anderen Mitgliedstaat wurde dem EuGH kürzlich vorgelegt, vgl. BFH v. 29.11.2006, I R 45/05 (veröffentlicht am 28.3.2007).

378 Denkbar wäre auch eine dem früheren § 3 AuslInvG vergleichbare Regelung, der eine Bildung einer gewinnmindernden Rücklage für Auslandstochterverluste auf Ebene der deutschen Muttergesellschaft erlaubte. Die Rücklagenbildung war letztmals für vor dem 1.1.1990 endende Wirtschaftsjahre möglich.

379 In diese Richtung auch *Dautzenberg*, FR 2001, 809, 815; *M. Lang*, ÖStZ 2003, 254, 257; ablehnend *Lehner*, DStJG 23 (2000), 263, 284.

380 Kritisch zur EuGH-Lösung, die eine langjährige Beobachtung und Dokumentation erfordert *Scheunemann*, IStR 2005, 303, 308; *ders.*, IStR 2006, 145, 149 f.; *M. Lang*, SWI 2005, 255, 257. Kritisch zur Nachversteuerung wegen Gestaltungsanfälligkeit *Maiterth*, DStR 2006, 915, 918.

schärfung des europäischen Steuerwettbewerbs: Die vom EuGH gewählte Letztstaatenverantwortlichkeit könnte von einigen Mitgliedstaaten, insbesondere denjenigen mit niedrigen Steuersätzen, dazu genutzt werden, ihre Verlustverrechnungsregelungen weiter zu beschränken. Ein schneller herbeigeführter „Definitivverlust" in einem Mitgliedstaat würde damit höchstens das Steuersystem eines anderen Mitgliedstaates, nicht aber das eigene Steuersystem belasten[381].

7. Ergebnis

Die Analyse der europarechtlichen Implikationen der grenzüberschreitenden Verlustberücksichtigung am Referenzfall „Marks & Spencer" hat gezeigt, dass im Regelfall ein Verstoß gegen Art. 43, 48 EG anzunehmen ist, wenn innerhalb eines Mitgliedstaats die Vorteile einer Gruppenbesteuerung gewährt werden, grenzüberschreitend jedoch nicht[382].

---

381 Vgl. *Scheunemann*, IStR 2005, 303, 310; *ders.*, IStR 2006, 145, 148; *Balmes/Brück/Ribbrock*, BB 2005, 966, 968; *Kußmaul/Tcherveniachki*, StuB 2005, 626, 631; *Dörr*, EWS 2006, 34, 36; *Herzig/Wagner*, Der Konzern 2006, 176, 181; *J. Hey*, GmbHR 2006, 113, 116; *Thömmes*, IWB 2006 F. 11a Rspr., S. 938 f.

382 So bereits vor dem Urteil in der Rechtssache „Marks & Spencer" *Cordewener/Dahlberg/Pistone/Reimer/Romano*, European Taxation 2004, 218, 232; *Cussons*, The Tax Journal 3.2.2003, S. 9 ff.; *Dörr*, Der Konzern 2003, 604, 614; *ders.*, Der Konzern 2004, 15 ff.; *ders.*, IStR 2004, 265 ff.; *ders.*, Intertax 2004, 180, 186; *Evans*, Derivatives & Financial Instruments (DFI) 2003, 195, 200; *Gutmann*, EC Tax Review 2003, 154, 158; *Herzig/Wagner*, DB 2005, 1, 4; *Hinnekens*, European Taxation 2003, 175, 181; *Lyons*, British Tax Review 2003, 443, 447; *Martin*, Tax Planning International EU Focus 11/2004, 19, 21; *ders.*, EC Tax Review 2005, 61, 68; *Mbwa-Mboma*, TNI 5.5.2003, 457, 463; *Mössner*, ASA 2004, 673, 702; *O'Grady*, TNI 30.6.2003, 1329, 1332; *Pistone*, EC Tax Review 2003, 149, 151; *Scheunemann*, Grenzüberschreitende konsolidierte Konzernbesteuerung, Köln 2005, S. 226 ff., 237 ff.; *Schön*, in: Arbeitsbuch 55. Steuerrechtliche Jahresarbeitstagung 2004, S. 4, 7; *Vanistendael*, EC Tax Review 2003, 136, 143; *Vorlíčková/Zorman*, IStR-Länderbericht 21/2004, S. 4; *Wattel*, EC Tax Review 2003, 194, 201; Stellungnahme der EU-Kommission in der Rs. C-446/03 v. 11.2.2004, JURM (2004) 3012 RL; bei Staaten mit Welteinkommensprinzip auch *Haarmann*, in: Lüdicke (Hrsg.), Deutsches Steuerrecht im Europäischen Rahmen, 2004, S. 169, 184; für den Fall der Insolvenz bzw. Liquidation der Verlustauslandsgesellschaft auch *Meussen*, EC Tax Review 2003, 144, 148. Für die deutsche Organschaft bereits *Lüdicke*, IStR 2000, 341, 342; *Kellersmann/Treisch*, Europäische Unternehmensbesteuerung, 2002, S. 181 ff., 290 f.; *Frotscher*, Der Konzern 2003, 98, 103; ab einer 75% Mindestbeteiligung an der Auslandsgesellschaft: *Paetsch*, Grenzüberschreitende Verlustberücksichtigung im Europäischen Binnenmarkt, 2004, S. 96 ff., 106.

Eindeutig beschränkt der Ausschluss ausländischer Tochtergesellschaftsverluste im Vergleich zur Einbeziehung von Verlusten inländischer Tochterunternehmen (vertikales Vergleichspaar) die britische Muttergesellschaft in der Freiheit der Niederlassung nach Art 43, 48 EG.

Besonderheiten des britischen Steuerrechts ist es geschuldet, dass auch das horizontale Vergleichspaar, nämlich der Vergleich der steuerlichen Behandlung von Auslandsbetriebstättenverlusten gegenüber denen von ausländischen Tochterunternehmen auf Ebene der britischen Muttergesellschaft, zu einer solchen Beschränkung führt. Im konkreten Fall resultiert dies in einer Gleichbehandlung der beiden Niederlassungsformen auch im outbound-Fall. Impliziert wird damit zugleich eine Rechtsformneutralität dergestalt, dass beim vertikalen Vergleich von Inlandstochter und Auslandstochter zum einen sowie von Inlandsbetriebsstätte und Auslandsbetriebsstätte zum anderen nur dann ein abweichender Prüfungsmaßstab angelegt werden darf, wenn bereits nach nationalem Recht die Rechtsformen in der konkreten Situation unterschiedlich behandelt werden. Es bedarf insoweit der anhand der Zweck- und Zielrichtung der streitgegenständlichen Vorschriften zu ermittelnden steuersituativen nationalen und transnationalen Vergleichbarkeit von Betriebstätte und Tochtergesellschaft.

Im Mittelpunkt des Interesses steht jedoch das Rechtfertigungsvorbringen: Hier kann das Territorialitätsprinzip, das auf die fehlende Besteuerungshoheit über die Auslandstochtergesellschaft abstellt, keine rechtfertigende Wirkung entfalten. Die Frage der Besteuerungssymmetrie, also des Erfordernisses der steuerlichen Berücksichtigung von Verlusten und Gewinnen der Tochtergesellschaft ist ebenso im Bereich der Kohärenz anzusiedeln wie die Vermeidung einer doppelten Verlustnutzung. Erstmals in seiner steuerlichen Rechtsprechung verwendete der EuGH eine Synthese, also eine Gesamtabwägung mehrerer Rechtfertigungsgründe (der Aufteilung von Besteuerungsbefugnissen, der doppelten Verlustberücksichtigung und der Steuerumgehungsgefahr) für seine Argumentation. Wenn bereits jeder einzelne Grund isoliert für sich nicht zur Rechtfertigung ausreicht, kann auch eine Synthese dieser drei Elemente kein anderes Ergebnis herbeiführen. Essentiell für die diesbezügliche Kohärenzprüfung ist das Abstellen auf den Sinn und Zweck der in Rede stehenden nationalen Vorschrift. Dementsprechend läuft das Symmetrieargument für den group relief leer. Die Vermeidung einer doppelten Verlustnutzung und der Steuerumgehung müssen sich als Missbrauchsvermeidungsvorschriften an dem Grundsatz der Verhältnismäßigkeit messen lassen. Der EuGH bejaht deshalb eine grenzübergreifende Verlustnutzung dann, aber auch nur dann, wenn sämtliche Nutzungsmöglichkeiten für den betreffenden Verlust im Ausland (z.B. im Wege des Verlustvortrags oder Verlustübertrags) entfallen.

In Ablehnung dieses Ergebnisses stellt allein die sofortige Berücksichtigung von Verlusten einer in einem anderen Mitgliedstaat ansässigen Tochtergesellschaft iVm. einer Nachversteuerungsregelung ein milderes, gleich geeignetes Mittel dar, um sowohl dem Sinn und Zweck des group relief als auch der Vermeidung von Missbräuchen gerecht zu werden. Diese Lösung sichert durch die zeitlich nicht verzögerte Verlustverrechnung den Zins- und Liquiditätsvorteil im multinationalen Konzern. Da die britischen Regelungen diesem aus dem gruppenspezifischen Leistungsfähigkeitsprinzip entwickelten Grundsatz der Einmalverlustberücksichtigung im Zeitraum der Verlustentstehung widersprechen, wäre insoweit ihre – über den Befund des EuGH hinausgehende – Unvereinbarkeit mit der Niederlassungsfreiheit des EG-Vertrags festzustellen gewesen. Es bleibt zu hoffen, dass der Luxemburger Gerichtshof sein Ergebnis im Fall „Marks & Spencer" nicht als Leitentscheidung für künftige Verfahren ansehen wird. Anlass zur Hoffnung gibt die Einleitung des Tenors, wonach *„beim derzeitigen Stand des Gemeinschaftsrechts"* die Art. 43, 48 EG dem grundsätzlichen Ausschluss von Verlusten ausländischer Tochtergesellschaften von der inländischen Gruppenbesteuerung nicht entgegenstehen. Da der Stand des Gemeinschaftsrechts (*acquis communautaire*) insbesondere von der Auslegung durch den EuGH bestimmt wird, ist abzuwarten, ob die hier vorgetragenen Argumente Eingang in zukünftige Entscheidungen finden werden.

3. Teil: Auswirkungen auf die Organschaft

I. Europarechtliche (In-)Kompatibilität der Organschaft

Die Voraussetzungen und Wirkungen der deutschen Organschaft (§§ 14 ff. KStG) wurden bereits im ersten Teil der Arbeit dargestellt. Offen gelassen wurde die Frage, ob die Regelungen der körperschaftsteuerlichen Organschaft dem Europäischen Recht im Allgemeinen und den Grundfreiheiten des EG-Vertrages im Besonderen entsprechen. Dieser Frage soll im Anschluss unter Berücksichtigung der Vorgaben der bisherigen EuGH-Judikatur und der Ergebnisse des vorstehenden 2. Teils nachgegangen werden, denn die deutschen Organschaftsregelungen bieten derzeit ebenfalls noch keine Möglichkeit, ausländische Verluste bei der inländischen Veranlagung zu berücksichtigen. Der Schwerpunkt soll hierbei auf der Frage der Einbeziehung der Verluste von in anderen Mitgliedstaaten ansässigen Tochtergesellschaften in die Organschaft liegen.

1. Vergleichbarkeit zum britischen group relief

Wie bereits aufgezeigt, knüpft die Niederlassungsfreiheit für die Feststellung einer Beschränkung an der im reinen Inlandsfall vorzufindenden steuerlichen Systematik an. Möchte man folglich die Erkenntnisse aus dem britischen Fall „Marks & Spencer“, dem das System des group relief zugrunde lag, auf die deutschen Regelungen der steuerlichen Organschaft übertragen, so muss man sowohl die Gemeinsamkeiten als auch die Unterschiede beider Gruppenbesteuerungskonzepte[1] und deren Konsequenzen für die Frage der Europarechtskonformität der Organschaft berücksichtigen.

Die deutsche Organschaft ist insofern mit dem (früheren) UK group relief vergleichbar, als ebenfalls eine steuersubjektübergreifende Verlustverrechnung im Konzern ermöglicht wird. Auch die Organschaft negiert eine Berücksichtigung der Verluste ausländischer Tochtergesellschaften als Folge des Ansässigkeitserfordernisses (doppelter Inlandsbezug) für Organgesellschaften. Im *Unterschied* zum group relief existiert jedoch auch eine Gewinnzurechnung von der Organgesellschaft an den Organträger. Gesellschaftsrechtlich flankiert wird dies durch einen wirksam für mindestens fünf Jahre abgeschlossenen und durchgeführten Gewinnabführungsvertrag mit Verlustübernahmeverpflichtung. Ein weiterer steuersystematischer Unter-

1 Vgl. die Darstellungen zur Organschaft und zum group relief im 1. Teil, II. und VIII.

schied findet sich im Abkommensrecht: Statt der für britische Doppelbesteuerungsabkommen typischen Anrechnungsmethode für Auslandsbetriebstätteneinkünfte verwenden die deutschen Abkommen regelmäßig die Freistellungsmethode.

Seitens der Finanzverwaltung wurde bereits vertreten, dass die Besonderheiten des deutschen Steuerrechts, namentlich das Erfordernis des Gewinnabführungsvertrages, gegen eine Übertragbarkeit der EuGH-Entscheidung sprechen[2]. Zu klären ist somit, ob diese Behauptung argumentativen Rückhalt findet:

a) Gewinnzurechnung

Die innerhalb der Organschaft erfolgende Zurechnung von Gewinnen der inländischen Tochtergesellschaft an den inländischen Organträger ist bei einer im Ausland ansässigen Tochtergesellschaft nicht möglich. Das daraus abgeleitete Argument der fehlenden Besteuerungshoheit wurde jedoch auch für die Rechtfertigung des group relief im Rahmen der Territorialität bzw. der Kohärenz (Symmetrieprinzip) ohne Erfolg herangezogen. Insoweit kann das Spezifikum der Gewinnzurechnung im Rahmen einer deutschen ertragsteuerlichen Organschaft keine andersartige europarechtliche Bewertung in Bezug auf die Auslandsverlustberücksichtigung herbeiführen[3]. Überdies ist daran zu erinnern, dass eine Gewinnerzielung seitens der Organgesellschaft

2 Eine Vergleichbarkeit verneinend etwa *Thiel*, DB 2004, 2603, 2505; zweifelnd *Kußmaul/Tcherveniachki*, StuB 2005, 626, 631 f. Weder eine positive noch negative Aussage sehen *Balmes/Brück/Ribbrock*, BB 2006, 186, 189. Handlungsbedarf für den deutschen Gesetzgeber verneinen aus anderen Gründen *Dötsch/Pung*, Der Konzern 2006, 130 ff., 134. Demgegenüber hält *Paetsch*, Grenzüberschreitende Verlustberücksichtigung im Europäischen Binnenmarkt, 2004, S. 99 f. korrelierend zum Stimmrechtserfordernis für den Abschluss des Gewinnabführungsvertrags nach § 293 Abs. 1 S. 2 AktG eine Vergleichbarkeit erst ab einer Mindestbeteiligung von 75% an der Auslandstochtergesellschaft für gegeben. *Ehlermann/Nakhai*, The Tax Journal, 6.2.2006, S. 5, 6 halten wegen der Renitenz des deutschen Gesetzgebers, Lehren aus EuGH-Urteilen zu ziehen, ein eigenständiges deutsches Vorlageverfahren zur Organschaft für erforderlich. Für eine grundsätzliche Vergleichbarkeit hingegen die h.M., etwa *Balmes/Brück/Ribbrock*, BB 2005, 966, 968; *Dörr*, IStR 2004, 265 ff.; *Herzig/Englisch/Wagner*, Der Konzern 2005, 298, 315; *Herzig/Wagner*, Der Konzern 2006, 176, 183; *Intemann*, NWB F. 4, S. 5037, 5044 f.; *Müller/Müller*, GmbHR 2005, 1550, 1551; *Rödder*, DStR 2004, 1629, 1633; *Scheunemann*, IStR 2005, 303, 310; *ders.*, IStR 2006, 145, 146 ff.; *ders.*, RIW 2006, 79, 80; *Sedemund/Sterner*, DStZ 2006, 29, 33 f.; *Wagner*, StBp. 2005, 190, 193.

3 Ebenso *Herzig/Englisch/Wagner*, Der Konzern 2005, 298, 315; *Sedemund/Sterner*, DStZ 2006, 29, 33.

nicht immer stattfindet, daher steht es der Durchführung des Gewinnabführungsvertrages nicht entgegen, wenn die Organgesellschaft ständig Verluste erwirtschaftet[4]. Ein deutscher Organträger kann die Verluste seiner EU-ausländischen Tochtergesellschaft unbeschadet der Tatsache, dass deren Gewinne in ihrem Ansässigkeitsstaat versteuert werden, nicht im Rahmen der deutschen Organschaft verrechnen. Dies stellt im Vergleich zur steuerlichen Behandlung der Verluste einer ansässigen Tochtergesellschaft (vertikales Vergleichspaar) eine Beschränkung der grenzüberschreitenden Betätigung und damit seiner sekundären Niederlassungsfreiheit dar.

b) Horizontales Vergleichspaar

Im Fall „Marks & Spencer" bestand die Besonderheit, dass Großbritannien infolge seiner kapitalexportneutralen Abkommensausrichtung, d.h. der Gleichbehandlung von Investitionen im In- und Ausland im Wege der Anrechnungsmethode, auch ausländische Betriebstättenverluste im Rahmen der Besteuerung der inländischen Gesellschaft berücksichtigt. Die Ungleichbehandlung von Verlusten der Auslandsbetriebstätten im Vergleich zu solchen von Auslandstochtergesellschaften (horizontales Vergleichspaar) verstößt gegen die in Art. 43 Abs. 1 EG verbürgte Grundfreiheit der freien Wahl der Niederlassung.

Im Unterschied zu Großbritannien behandelt die Bundesrepublik ausländische Betriebstätteneinkünfte grundsätzlich nach dem System der Kapitalimportneutralität, d.h. der Gleichbehandlung im Tätigkeitsstaat, und wendet in der Regel die abkommensrechtliche Freistellungsmethode an. Da insoweit weder die Verluste ausländischer Betriebstätten noch deren Gewinne in die deutsche Bemessungsgrundlage integriert werden, wird die angesprochene Rechtsformneutralität im outbound-Fall nicht verletzt.

Ob allerdings der Ausschluss auch ausländischer Betriebstättenverluste im Hinblick auf den aufgestellten europarechtlichen Grundsatz der sofortigen Einmalverlustberücksichtigung der Niederlassungsfreiheit entspricht, ist stark anzuzweifeln, aber nicht Gegenstand der vorliegenden Untersuchung[5].

---

4 Abschn. 60 Abs. 5 Nr. 4 KStR 2004.

5 Der BFH hat dem EuGH mittlerweile die Frage der gemeinschaftsrechtlichen Vereinbarkeit der Nichtberücksichtigung von Auslandsbetriebstättenverlusten mit seinen Beschlüssen v. 28.6.2006, I R 84/04, BStBl. II 2006, 861 = anh. Rs. C-414/06, *Lidl Belgium GmbH & Co KG* (Luxemburger Betriebstätte); 22.8.2006, I R 116/04, BStBl. II 2006, 864 = anh. Rs. C-415/06, *Stahlwerke Ergste Westig GmbH* (US-Betriebstätte) sowie v. 29.11.2006, I R 45/05 (Österreichische Betriebstätte und Nachversteuerung nach § 2 Abs. 1 AuslInvG a.F. bzw. § 2a Abs. 3 EStG a.F.) zur Vo-

Falls die Bundesrepublik europarechtlich gezwungen sein sollte, trotz abkommensrechtlicher Freistellung von Betriebstättengewinnen auch ausländische Betriebstättenverluste zu berücksichtigen, dann würde sich eine Gleichbehandlungsverpflichtung für Auslandstochterverluste aus Gründen der Rechtsformwahlfreiheit gemäß Art. 43 EG ergeben.

c) Gewinnabführungsvertrag

In § 14 Abs. 1 S. 1 KStG ist Voraussetzung der deutschen körperschaftsteuerlichen und über § 2 Abs. 2 S. 2 GewStG auch gewerbesteuerlichen Organschaft, dass *„sich eine Aktiengesellschaft oder Kommanditgesellschaft auf Aktien mit Geschäftsleitung und Sitz im Inland (Organgesellschaft) durch einen Gewinnabführungsvertrag im Sinne des § 291 Abs. 1 des Aktiengesetzes [verpflichtet], ihren ganzen Gewinn an ein einziges anderes gewerbliches Unternehmen abzuführen...“*.

Einhergehend mit der Abführung des ganzen Gewinns der Organgesellschaft an den Organträger nach § 291 Abs. 1 S. 1 Alt. 2 AktG statuiert § 302 AktG eine gesellschaftsrechtliche Verpflichtung des Organträgers, während der Vertragsdauer des Gewinnabführungsvertrags etwaige entstehende Jahresfehlbeträge der Organgesellschaft auszugleichen, die so genannte Verlustübernahmeverpflichtung[6].

i) Literatur

Die gesellschaftsrechtliche Verlustübernahmeverpflichtung und damit die Haftungserweiterung des Organträgers für Jahresfehlbeträge der Organgesellschaft wird im Rahmen der §§ 14 ff. KStG als unentbehrliche sachliche Rechtfertigung für die steuerliche Verlustübertragung angesehen[7]. Der Gewinnabführungsvertrag diene daher der Verwirklichung der leistungsfähig-

---

rabentscheidung vorgelegt. Vgl. zur Berücksichtigung ausländischer Bestriebstättenverluste trotz Freistellung etwa FG München v. 14.2.2005, 1 V 305/04, DStRE 2005, 879 (rkr.); sowie die Diskussion bei *Cordewener*, DStJG 28 (2005), 255, 282 ff. m.w.N.; *Portner*, IStR 2005, 376 ff.; *Balmes/Grammel/Sedemund*, BB 2006, 1474 ff.

6 Vgl. ausführlich zu den gesellschaftsrechtlichen Grundlagen der Organschaft *Priester*, in: Herzig (Hrsg.), Organschaft, 2003, S. 37 ff. sowie *Dötsch*, in: Herzig (Hrsg.), Organschaft, 2003, S. 98 ff.

7 Bericht der Bundesregierung zur Fortentwicklung des Unternehmensteuerrechts, Beilage zu FR 11/2001, 1, 17; *Müller-Gatermann*, in: Kley/Sünner/Willemsen (Hrsg.), FS W. Ritter, 1997, S. 457, 464; *Thiel*, DB 2004, 2603, 2605; *Wassermeyer*, DStJG 28 (2005), 222.

keitsgerechten Besteuerung, weil nur derjenige Verluste nutzen können soll, dessen Leistungsfähigkeit infolge dieser Verluste – sei es, weil er die Aufwendungen hatte oder den Verlust gegen Ausgleichszahlung übernimmt – gemindert wurde. Eine Mindermeinung im Schrifttum vertritt daher die Ansicht, dass sich inländische und ausländische Tochtergesellschaften in keiner vergleichbaren Lage befinden, weil das ausländische Gesellschaftsrecht keine grenzüberschreitende Gewinnabführung und Verlustübernahme erlaubt. Dieser Unterschied soll einer Übertragbarkeit der zum group relief ergangenen Entscheidung auf die Organschaft entgegenstehen[8].

Demgegenüber resultiert nach der ganz herrschenden Meinung im Fachschrifttum gerade aus dieser Argumentation der Notwendigkeit des Gewinnabführungsvertrages eine *versteckte Diskriminierung der Niederlassungsfreiheit*: Knüpft man für die Frage der Wirksamkeit des Gewinnabführungsvertrages an die (EU-)ausländischen Gesellschaftsrechtsordnungen an, die dieses gesellschaftsrechtliche Institut mehrheitlich nicht kennen, so verlangt man rechtlich Unmögliches („impossibilium nulla est obligatio") und behindert von vornherein die Einbeziehung (EU-)ausländischer Tochtergesellschaften in den deutschen Organkreis[9].

---

8 Vgl. *Thiel*, DB 2004, 2603, 2605; wohl auch *Kußmaul/Tcherveniachki*, StuB 2005, 626, 632.

9 Vgl. *Balmes/Brück/Ribbrock*, BB 2005, 966, 969; *dies.*, BB 2006, 186, 188 f.; *Bergemann/Schönherr/Stäblein*, BB 2005, 1706, 1715; *BDI/PWC*, Verlustberücksichtigung über Grenzen hinweg, 2006, S. 26; *Cordewener*, DStJG 28 (2005), 255, 307; *Dörr*, EWS 2006, 33, 35; *Ehlermann/Nakhai*, The Tax Journal, 6.2.2006, S. 5, 7; *Eicker*, Stbg 2005, 197, 201; *Grotherr*, FR 1995, 1, 12; *Herzig/Wagner*, DB 2005, 1, 5; *dies.*, DStR 2006, 1, 9; *dies.*, Der Konzern 2006, 176, 185; *Herzig/Englisch/Wagner*, Der Konzern 2005, 298, 316 f.; *J. Hey*, GmbHR 2006, 113, 118 f.; *Hirschler/Konezny/Urtz*, in: CDFI, IFA 2004 Vienna Congress, Vol. 89b, Austria, S. 149, 170; *Krebühl*, DStR 2002, 1241, 1250; *Linn/Reichl/Wittkowski*, BB 2006, 630, 631 f.; *Pohl*, in: DAI Arbeitsunterlage zur Tagung: Praxis des Internationalen Steuerrechts, 2004, S. 169, 173; *Raupach/Pohl*, NZG 2005, 489, 492; *Reichl/Wittkowski*, StB 2006, 50, 52; *Rödder*, DStR 2004, 1629, 1633; *Saß*, StuW 1999, 164, 169; *ders.*, BB 1999, 447, 451; *ders.* DB 2006, 123, 126; *Scheunemann*, IStR 2005, 303, 310; *ders.*, RIW 2006, 79, 80; *ders.*, IStR 2006, 145, 147; *ders.*, Grenzüberschreitende konsolidierte Konzernbesteuerung, Köln 2005, S. 255 f., 268; *Schön*, in: Arbeitsbuch 55. Steuerrechtliche Jahresarbeitstagung 2004, S. 8 f.; *ders.*, ZHR 168 (2004), 629, 632 f.; *Sedemund/Sterner*, DStZ 2006, 29, 33 f.; *Sievert*, Konzernbesteuerung in Deutschland und Europa, Düsseldorf 2006, S. 263; *Thömmes*, JbFStR 2001/2002, 80, 83, 94; *ders.*, in: Herzig (Hrsg.), Organschaft, 2003, S. 525, 534 ff.; *ders.*, IWB 2006 F. 11a Rspr., S. 938, 940; *Wagner*, StBp. 2005, 190, 193; *Wernsmann/Nippert*, FR 2006, 153, 160 f.

Vermittelnd verlangt eine weitere Ansicht den Abschluss und die Durchführung eines „Quasi-Gewinnabführungsvertrags" mit der ausländischen Tochtergesellschaft. Da sich Deutschland bereits in dem gesellschaftsrechtlichen Verfahren „SEVIC"[10] nicht erfolgreich auf die gesetzliche Beschränkung seines Umwandlungsrechts auf inländische Rechtsträger berufen konnte, gelte Gleiches für den Abschluss eines Gewinnabführungsvertrages. Mit anderen Worten: Es sei auch ein grenzüberschreitender Gewinnabführungsvertrag anzuerkennen[11]. Zumindest müsse, um die Inländerbehandlung zu wahren, das mit den deutschen Vorschriften Bezweckte weitestgehend erreicht werden, weshalb Ausgleichszahlungen (d.h. Einlagen) vom inländischen Organträger für die Übernahme der Auslandstochterverluste zu tätigen wären[12]. Dem wird entgegnet, dass der Steuerpflichtige hier in „Vorleistung" treten und die Belastungen mit derartigen Ausgleichszahlungen in Kauf nehmen soll ohne damit Gewissheit über die künftige Zulässigkeit des Verlustimports innerhalb einer Organschaft zu erhalten: Gegenwärtig sprechen sowohl der Gesetzeswortlaut in §§ 14 ff. KStG als auch die bisherigen Stellungnahmen der Finanzverwaltung gegen die Begründung einer grenzüberschreitenden Organschaft mittels solcher Maßnahmen[13].

Auch aus diesem Grunde sollen schließlich nicht dieselben strengen Voraussetzungen zu fordern sein, wie sie der territorial begrenzten Organschaft derzeit zugrunde liegen[14]. Grund hierfür sei, dass es im Inlandsfall infolge der Verlustzurechnung zu einer effektiven und definitiven Steuerentlastung des Organträgers käme. Anders wäre dies, wenn eine grenzüberschreitende Verlustberücksichtigung mit späterer Nachversteuerung eingreifen würde. Eine solche Verrechnung ausländischer Verluste der Tochtergesellschaft auf Ebene der Muttergesellschaft würde gerade nicht zu einem endgültigen Vorteil führen, da die spätere Nachversteuerung lediglich eine Steuerstundung, also eine nur temporäre Steuerentlastung des Mutterunternehmens bewirkt.

---

10 EuGH v. 13.12.2005, Rs. C-411/03, *SEVIC Systems AG*, IStR 2006, 32.

11 *Kleinert/Nagler*, DB 2005, 2791, 2792; *Balmes/Brück/Ribbrock*, BB 2006, 186, 188.

12 In diesem Sinne *Balmes/Brück/Ribbrock*, BB 2006, 186, 189; *Ehlermann/Nakhai*, The Tax Journal, 6.2.2006, S. 5, 7; *Eicker*, Stbg 2005, 197, 201; *Englisch*, IStR 2006, 22, 23; *J. Hey*, GmbHR 2006, 113, 119; *Kleinert*, GmbHR 2006, R45, R46; *Kleinert/Nagler/Rehm*, DB 2005, 1869, 1872; *Müller/Müller*, GmbHR 2006, 301, 302 f.; *Nagler/Kleinert*, DB 2005, 855, 856; *Raupach/Pohl*, NZG 2005, 489, 492; *Reichl/Wittkowski*, StB 2006, 50, 53; *Sedemund/Sterner*, DStZ 2006, 29, 34; *Thömmes*, IWB 2006 F. 11a Rspr., S. 938, 940.

13 *Eicker/Röhrbein*, Stbg 2006, 117, 121.

14 *Grotherr*, RIW 1994, 1017, 1030; *ders.* FR 1995, 1, 12.

ii) Stellungnahme

Abzulehnen ist die Argumentation, die für den Auslandssachverhalt weniger strenge Voraussetzungen für die Organschaft aufstellen möchte, da es im Unterschied zum Binnensachverhalt nur zu einer temporären Steuerstundung käme. Legt man die hier favorisierte Lösung einer sofortigen Auslandsverlustberücksichtigung mit Nachversteuerung zugrunde, findet sich in der Besteuerungsrealität keiner der vorgebrachten spezifischen Nachteile des grenzüberschreitenden Sachverhalts, die eine „Günstigerbehandlung" im Vergleich zum Inlandssachverhalt rechtfertigen. Die Verluste sowohl einer in- als auch einer ausländischen Tochtergesellschaft werden im Verlustentstehungsjahr der inländischen Muttergesellschaft zugerechnet und mindern deren Einkommen. Erzielen beide Tochtergesellschaften im Folgejahr Gewinne, so werden diese ebenfalls der Muttergesellschaft zugerechnet und erhöhen deren Einkommen – bei den Auslandsgewinnen wird dieser Vorgang lediglich mit dem Terminus „Nachversteuerung" umschrieben.

Auch die sich auf die „SEVIC"-Entscheidung stützende Ansicht überzeugt nicht: In dieser Rechtssache entschied zwar der EuGH, dass eine Hereinverschmelzung einer Luxemburger Gesellschaft nicht am Ansässigkeitserfordernis des deutschen Umwandlungsgesetzes scheitern darf, da dies ansonsten mit der Niederlassungsfreiheit unvereinbar wäre. Unterstellt man eine Übertragbarkeit dieser Entscheidung auf die vorliegende Thematik, so würde dies lediglich über die Hürde hinweghelfen, dass das deutsche Konzernrecht den Abschluss eines Gewinnabführungsvertrages mit einer ausländischen abhängigen Konzerngesellschaft nicht vorsieht[15]. Allerdings ist der Abschluss eines grenzübergreifenden Unternehmensvertrages zwischen einer deutschen und einer ausländischen Gesellschaft nicht nach deutschem Recht, sondern entsprechend den kollisionsrechtlichen Grundsätzen des internationalen Privatrechts nach dem Gesellschaftsstatut der ausländischen abhängigen Gesellschaft zu beurteilen[16]. Im ausländischen Recht findet sich in der Regel kein dem Gewinnabführungsvertrag entsprechendes gesell-

15 *Emmerich*, in: Emmerich/Habersack, AktG, § 291 Rn. 52; Vgl. auch *Herzig/Wagner*, DB 2005, 1, 5 m.w.N. in Fn. 43. Vgl. zur gesellschaftsrechtlichen (Un-)Zulässigkeit des grenzüberschreitenden Ergebnisabführungsvertrags auch die Diskussion auf der 3. Gesellschaftsrechtlichen Jahresarbeitstagung des DAI v. 4.-5.3.2005 in Hamburg, zusammengefasst bei *Heidinger*, NZG 2005, 502 ff.

16 *Altmeppen*, in: Münchener Kommentar zum AktG, Bd. 8, §§ 278-328, 2. Aufl. 2000, Einl. §§ 291 ff. AktG Rn. 36 ff. m.w.N.; *Schön*, ZHR 168 (2004), 629, 633. Vgl. ausführlich zur Zulässigkeit transnationaler Gewinnabführungsverträge im vorliegenden Kontext: *Scheunemann*, Grenzüberschreitende konsolidierte Konzernbesteuerung, Köln 2005, S. 121 ff. m.w.N.

schaftsrechtliches Institut. Nur wenige europäische Staaten wie Portugal, Österreich und Slowenien kennen in ihren Gesellschaftsrechten die Möglichkeit eines Gewinnabführungsvertrages zwischen Unternehmen. Nachdem sich Österreich hiervon zum Jahresbeginn 2005 verabschiedete, verknüpft lediglich das ebenfalls 2005 neu konzipierte slowenische Gruppenbesteuerungsregime die steuerliche Verlustverrechnung noch mit einer handelsrechtlichen Ergebnisübernahme.

Die deutsche Besonderheit in der Systematik der Gruppenbesteuerungssysteme stellt folglich eine Bedingung dar, die *rechtlich* in der Regel nur von Inlandstochtergesellschaften erfüllbar ist und somit der Berücksichtigung von Verlusten von EU-Tochtergesellschaften auf Ebene des Organträgers entgegensteht. Soweit man für die grenzüberschreitende Organschaft auf dem Erfordernis des Abschlusses eines Ergebnisabführungsvertrages beharrt, muss man sich bewusst sein, dass man diese (regelmäßig fehlende) Möglichkeit im ausländischen Gesellschaftsrecht (analog § 291 Abs. 1 S. 1 2. Alt. AktG) voraussetzt, da der Anwendungsbereich des deutschen Rechts der Unternehmensverträge auf deutsche abhängige Gesellschaften beschränkt ist. Noch immer gilt nach dem alten römischen Rechtsgrundsatz „*impossibilium nulla est obligatio*“, dass niemand zu Unmöglichem verpflichtet ist. Einer multinationalen Konzerngruppe wird nach dem vorstehend Gesagtem jedoch Unmögliches abverlangt. Welcher der beteiligten Staaten hat nun aber dieses Dilemma, nämlich die Unerfüllbarkeit der Organschaftsvoraussetzung im grenzüberschreitenden Kontext zu verantworten? Ist es Deutschland durch die Schaffung des Erfordernisses „Gewinnabführungsvertrag“ oder ist es der andere Mitgliedstaat, dessen Gesellschaftsrecht kein solches Rechtsinstitut vorhält oder sind es gar beide Staaten?

Scheunemann sieht zutreffend den *Anlass* der Unzulässigkeit einer grenzüberschreitenden Organschaft mit Gewinnabführungsvertrag in den ausländischen Gesellschaftsrechten, die den Abschluss von Unternehmensverträgen nicht kennen[17]. Dies darf jedoch nicht den Blick dafür verstellen, dass *Ursache* des Dilemmas ausschließlich die deutsche Voraussetzung des Gewinnabführungsvertrages bildet. Es ist ohne weiteres möglich, mit der herkömmlichen Argumentation des EuGH eine Ungleichbehandlung darin zu sehen, dass in sachwidriger Weise *Ungleiches gleich behandelt* wird[18]: Das Differenzierungskriterium knüpft zwar gerade nicht an eine notwendig nur bei Steuerinländern gegebene Voraussetzung, wie z.B. unbeschränkte Steu-

---

17 *Scheunemann*, Grenzüberschreitende konsolidierte Konzernbesteuerung, Köln 2005, S. 121 ff., 263.

18 Vgl. zu dieser Argumentation iRd. Beschränkungsprüfung bereits EuGH v. 12.9.2002, Rs. C-431/01, *Mertens*, Slg. 2002, I-7073 Rn. 32 f.

erpflicht oder Veranlagung oder inländische Geschäftsleitung, an. Gleichwohl nutzt diese Verknüpfung für Zwecke der Ausgestaltung des inländischen Steuerrechts die Unterschiede der mitgliedstaatlichen Gesellschaftsrechte aus. Die Folgen des § 292 AktG treten somit im transnationalen Kontext nicht ein, so dass die grenzübergreifende Organschaftsbildung infolge der fehlenden tatsächlichen Durchführung des Gewinnabführungsvertrags nach § 14 Abs. 1 S. 1 Nr. 3 KStG ausscheidet. Da Deutschland jedoch die in den anderen Mitgliedstaaten vorzufindende Rechtsordnung grundsätzlich als gegeben zu akzeptieren hat[19], liegt eine Gleichbehandlung grundsätzlich ungleicher Situationen vor. Im Hinblick darauf, dass lediglich das österreichische, portugiesische und slowenische Gesellschaftsrecht den Abschluss eines entsprechenden Gewinnabführungsvertrages ermöglicht, nicht jedoch die Gesellschaftsrechte aller anderen Mitgliedstaaten, ist diese Organschaftsbedingung geeignet, einen deutschen Organträger davon abzuhalten, mit seinen ausländischen Tochtergesellschaften eine Organschaft zu bilden[20]. Auf die grundfreiheitsrechtliche Problematik solcher mitgliedstaatlichen Praktiken wies *Knobbe-Keuk* bereits im Jahr 1992 zutreffend hin[21]: *„Member States are however, prevented from establishing preconditions which cannot be fulfilled in connection with permanent establishments and subsidiaries in another Member State.“* Das Anknüpfen an den Gewinnabführungsvertrag verlagert den Gemeinschaftsrechtsverstoß lediglich von der Ebene des Steuerrechts in das Gesellschaftsrecht.

Im Zusammenspiel mit dem beschränkenden Element der Ansässigkeit der Tochtergesellschaft wird somit eine grenzüberschreitende Einbeziehung der Verluste von Auslandstochtergesellschaften in die Organschaftsbesteuerung verhindert, woraus die Beschränkung des Niederlassungsrechts aus Art. 43,

19 Dies ergibt sich inzident aus EuGH v. 7.9.2004, Rs. C-319/02, *Manninen*, Slg. 2004, I-7477 Rn. 34, in der der Wohnsitzstaat des Anteilseigners ausländische Körperschaftsteuer u.a. deshalb iR. seines Körperschaftsteueranrechnungssystems anrechnen musste, weil der ausländische Staat diese Steuerentlastung nicht gewährte.

20 Eine ähnliche, im Ausland nicht nachvollziehbare Verknüpfung inländischen Steuer- und Gesellschaftsrechts missbilligte der EuGH bereits in seiner Entscheidung v. 29.4.1999, Rs. C-311/97, *Royal Bank of Scotland*, Slg. 1999, I-2651 Rn. 24, 30, in der auf Gewinne von Gesellschaften mit Sitz in Griechenland zwei Steuersätze Anwendung finden konnten, wobei diese Gesellschaften unter bestimmten, von ihrer Rechtsform *und der Rechtsnatur der von ihnen emittierten Aktien abhängigen* Voraussetzungen in den Genuss des Steuersatzes von 35% anstelle des Satzes von 40% gelangen konnten. Dagegen fand auf die in Griechenland steuerbaren (Betriebsstätten-)Gewinne von Gesellschaften mit Sitz in einem anderen Mitgliedstaat, unabhängig von deren Rechtsform und der Rechtsnatur der von ihnen emittierten Aktien, nur ein einziger, nämlich der höhere Steuersatz Anwendung.

21 *Knobbe-Keuk*, EC Tax Review 1992, 22, 26 Fn. 19.

48 EG resultiert. Eine Kohärenzrechtfertigung mit dem Zweck des vollständigen *handelsrechtlichen Gewinntransfers* auf die Ebene des inländischen Organträgers greift zu kurz, da es auch im Binnensachverhalt der Durchführung des Gewinnabführungsvertrags nicht entgegensteht, wenn die Organgesellschaft dauernd Verluste, aber niemals Gewinne erwirtschaftet[22]. Überdies könnte entweder eine Einbeziehung auch der Gewinne der Auslandstochtergesellschaft oder eine ähnlich wirkende Nachversteuerungsregelung integriert werden. Die zwingend zu einem Gewinnabführungsvertrag komplementäre *Verlustübernahmeverpflichtung nach § 302 AktG* trägt dem Gedanken Rechnung, dass steuerliche Verlustverrechnung eine wirtschaftliche Verlusttragung voraussetzt. Wer jedoch – wie hier – die *wirtschaftliche Einheit* aus Mutter- und Tochtergesellschaft zum Konzept einer europarechtstauglichen Gruppenbesteuerung macht, nimmt zur Kenntnis, dass der Verlust innerhalb des Konzerns wirtschaftlich anfällt. Hält man jedoch am bisherigen Organschaftskonzept fest, dann ließe sich die handelsrechtliche Verlusttragung im Auslandskontext etwa durch eine faktische Ausgleichszahlung herstellen. Mildere Mittel im Vergleich zu einem vollständigen Ausschluss von der Organschaft sind damit nachweisbar[23]. Koppelt Deutschland die grenzüberschreitende Organschaft an einen rechtlich wirksamen grenzüberschreitenden Gewinnabführungsvertrag, liegt hierin regelmäßig ein faktischer Ausschluss von Auslandstochtergesellschaften und somit eine europarechtswidrige Beschränkung der grenzüberschreitenden Verlustverrechnung, wie die herrschende Meinung zu Recht feststellt. Aus der Sicht der ausländischen Tochtergesellschaft läge überdies eine *faktische* Diskriminierung vor[24], da es unmöglich ist, dass eine gebietsfremde Gesellschaft anders als eine gebietsansässige Gesellschaft ihre Verluste an die gemeinsame Muttergesellschaft im Rahmen der Organschaftsbesteuerung übertragen kann.

Dem Gedanken der möglichst weitgehenden situativen und damit tatbestandlichen Vergleichbarkeit entspringt die vermittelnde Auffassung, die äquivalente Maßnahmen zur Gewährleistung der Wirkungen eines Gewinn-

---

22 Abschn. 60 Abs. 5 Nr. 4 KStR 2004.

23 In ähnlicher Weise entschied der EuGH im Urteil v. 28.4.1998, Rs. C-118/96, *Safir*, Slg. 1998, I-1897 Rn. 32, dass die Nichtübertragbarkeit des schwedischen Systems der Besteuerung inländischer Versicherungsprämien einer weniger beschränkenden Maßnahme für die steuerliche Behandlung ausländischer Versicherungsprämien nicht entgegensteht und damit nicht gerechtfertigt ist.

24 Eine Parallele zur Behandlung versteckter bzw. mittelbarer Diskriminierungen ziehen etwa *Scheunemann*, Grenzüberschreitende konsolidierte Konzernbesteuerung, Köln 2005, S. 268; *Herzig/Wagner*, DB 2005, 1, 5; wohl auch *Paetsch*, Grenzüberschreitende Verlustberücksichtigung im Europäischen Binnenmarkt, 2004, S. 98; *Grotherr*, FR 1995, 1, 12.

abführungsvertrages und insbesondere der damit verbundenen Verlustübernahmeverpflichtung nach § 302 AktG auch im Auslandssachverhalt verlangt[25]. Allerdings führt die Feststellung eines Europarechtsverstoßes gerade nicht zu einer „geltungserhaltenden Reduktion" der unzulässigen Voraussetzung, vielmehr entfällt diese vollends. Dies folgt bereits aus dem Anwendungsvorrang des Gemeinschaftsrechts gegenüber dem nationalen Recht[26]. Sinn macht die vermittelnde Ansicht daher nur vor dem Hintergrund einer möglichen Reaktion des deutschen Gesetzgebers, der in der Tat nicht gehindert wäre, bei der Einbeziehung von ausländischen Tochtergesellschaften ein dem Gewinnabführungsvertrag vergleichbares und europarechtskonformes Äquivalent gesetzlich einzuführen.

In diesem Zusammenhang ist darauf hinzuweisen, dass ein für die Vergangenheit fehlender Gewinnabführungsvertrag ebenso wenig wie der fehlende mit der Steuererklärung des Organträgers vorzunehmende konkludente Antrag auf Organschaftsbesteuerung zur Versagung der Organschaft führen darf. Nicht gefordert werden kann damit ein in der Vergangenheit liegender Versuch des Steuerpflichtigen, eine grenzüberschreitende Organschaft zu etablieren[27]. Grund hierfür ist, dass der deutsche Fiskus dieses Verlangen sowieso mangels Inlandsansässigkeit der ausländischen Tochtergesellschaft und damit unter Berufung auf eine europarechtswidrige Rechtsanwendung abgelehnt hätte. In diesem Sinne entschied bereits der EuGH in der Rechtssache „Metallgesellschaft/Hoechst"[28]: *„Die Ausübung der Rechte, die den Einzelnen aus den unmittelbar anwendbaren Vorschriften des Gemeinschaftsrechts erwachsen, würde jedoch unmöglich gemacht oder übermäßig erschwert, wenn ihre auf den Verstoß gegen das Gemeinschaftsrecht gestützten Erstattungs- oder Schadensersatzklagen bereits deswegen abgewiesen oder die erhobenen Ansprüche gekürzt werden müssten, weil die Betroffenen es unterlassen hatten, einen ihnen nach nationalem Recht nicht zustehenden Steuervorteil zu beantragen, um mittels Rechtsbehelfen unter Berufung auf den Vorrang und die unmittelbare Wirkung des Gemeinschaftsrechts gegen die Ablehnung durch die Steuerbehörden vorzugehen."* Die rückwirkende Realisierung einer grenzüberschreitenden Organschaft wird daher verfahrensrechtlich durch die Bestandskraft bzw. die innerhalb der Festsetzungs-

---

25 Wohl über schuldrechtliche Verträge, u.U. analog Abschn. 66 Abs. 2, 3 KStR 2004.

26 Zutreffend *Scheunemann*, IStR 2006, 145, 147; *Sedemund/Sterner*, DStZ 2006, 29, 32 f. Ebenso gegen eine geltungserhaltende Reduktion und für eine ausdrückliche gesetzliche Regelung der Ausnahme vom generellen Auslandsverlustverrechnungsverbot *Jochum*, IStR 2006, 621 ff.

27 So aber *Herzig/Wagner*, Der Konzern 2006, 176, 184.

28 EuGH 8.3.2001, verb. Rs. C-397/98 und C-410/98, *Metallgesellschaft u.a. Hoechst*, Slg. 2001, I-1727 Rn. 98 ff., 107.

verjährung gegebenen Korrekturmöglichkeiten des betreffenden Steuerbescheids des inländischen Organträgers begrenzt[29].

d) Zwischenergebnis

Weder die im Unterschied zum group relief bei der Organschaft gegebene Gewinnzurechnung noch der Abschluss eines Gewinnabführungsvertrags stehen einer Übertragbarkeit der EuGH-Rechtsprechung im Fall „Marks & Spencer" auf die deutschen Vorschriften der §§ 14 ff. KStG entgegen.

2. Voraussetzungen der Organschaft für Organträger und Organgesellschaft

Im Folgenden sind die Voraussetzungen der Organschaft aus gemeinschaftsrechtlicher Sicht zu bewerten:

a) Organträger

i) Beschränkt steuerpflichtige Gesellschaft

(1) Mit inländischer Zweigniederlassung

Beschränkt steuerpflichtige „ausländische gewerbliche Unternehmen" können unter den Voraussetzungen des § 18 KStG über ihre inländische Betriebstätte als Gruppenträger einer Organschaft fungieren. Dies ist europarechtlich geboten[30]. Da in § 18 S. 2 KStG sinngemäß auf die Vorschriften der §§ 14-17 KStG verwiesen wird, bestehen hinsichtlich der von § 18 KStG umfassten ausländischen gewerblichen Unternehmen keine Unterschiede zum subjektiven Anwendungsbereich im reinen Inlandsfall. Alle Rechtsformen, die als unbeschränkt steuerpflichtige Personen Organträger werden können, können dies auch, wenn sie mit einer inländischen Zweigniederlassung beschränkt steuerpflichtig sind[31]. Nicht nur gemeinschaftsrechtlich, sondern auch nach dem abkommensrechtlichen Betriebstättendiskriminie-

29 Vgl. hierzu ausführlicher *Eicker/Röhrbein*, Stbg 2006, 117, 133 ff.; *Scheunemann*, IStR 2006, 145, 151 ff.

30 Vgl. etwa *M. Lang*, ÖStZ 2003, 254, 259.

31 Anders ist dies beispielsweise nach § 9 Abs. 3 öKStG, wonach Erwerbs- und Wirtschaftsgenossenschaften, Versicherungsvereine auf Gegenseitigkeit und Kreditinstitute, die keine Kapitalgesellschaften sind, nicht als beschränkt steuerpflichtige Gruppenträger fungieren können. Kritisch hierzu: *Stefaner/Weninger*, SWI 2004, 441, 444.

rungsverbot des Art. 24 Abs. 3 OECD-MA ist eine Regelung wie die des § 18 KStG geboten: Andernfalls könnte eine im Ausland ansässige Kapitalgesellschaft, die im Inland über eine Betriebstätte tätig wird, mit den im Betriebstättenvermögen gehaltenen Inlandstochtergesellschaften keinen Organkreis bilden. Da sie beispielsweise die Verluste der Inlandstochtergesellschaft nicht mit ihren Inlandsbetriebstättengewinnen verrechnen könnte, stünde sie steuerlich schlechter als ein inländischer Organträger mit seiner Organgesellschaft[32].

Allerdings setzt § 18 S. 1 KStG eine „im Handelsregister eingetragene“ Zweigniederlassung des ausländischen Unternehmens voraus. Es reicht somit für Zwecke der Organschaft nicht, dass der im Ausland ansässige Organträger eine inländische Einrichtung ohne Registereintragung unterhält, selbst wenn es sich um eine Betriebstätte i.S.v. § 12 AO bzw. Art. 5 OECD-MA handelt. Dies ist sowohl aus gemeinschaftsrechtlicher, als auch aus abkommensrechtlicher Sicht bedenklich:

Europarechtlich stellt zwar die mit Offenlegungspflichten verbundene Handelsregistereintragung einer ausländischen Zweigniederlassung nach §§ 13d, e HGB in Umsetzung der Elften gesellschaftsrechtlichen Richtlinie[33] für sich allein kein Problem dar. Dieses offenbart sich jedoch aus steuerlicher Sicht: Im Inlandssachverhalt genügt nämlich nach § 14 Abs. 1 S. 1 Nr. 2 KStG eine „nicht steuerbefreite Körperschaft, Personenvereinigung oder Vermögensmasse im Sinne des § 1 [KStG] mit Geschäftsleitung im Inland“. Unbeschränkt steuerpflichtig nach § 1 Abs. 1 KStG ist bereits die mit Abschluss des Gesellschaftsvertrages vor der Registereintragung bestehende Vorgesellschaft[34]. Die mit der späteren juristischen Person als identisch behandelte Vorgesellschaft ist demnach im Unterschied zu einer (noch) nicht eingetragenen Zweigniederlassung einer ausländischen Körperschaft organträgerfähig. Soweit das Gesetz aber im Inlandsfall auf die inländische Steuerpflicht abstellt, ist ein Abweichen hiervon beim Gebietsfremden rechtfertigungsbedürftig. Die ausländische Körperschaft ist nämlich in der Bundesrepublik mit ihrer festen Geschäftseinrichtung (Betriebstätte) beschränkt steuerpflichtig nach § 49 Abs. 1 Nr. 2 a) EStG iVm. § 12 AO, und zwar unabhängig da-

32 *Lehner*, IStR 2001, 329, 335; *M. Lang*, ÖStZ 2003, 254, 258; *Schuch*, in: Lehner (Hrsg.), Verluste im nationalen und Internationalen Steuerrecht, München 2004, S. 63, 72; offen gelassen bei *Lüdicke/Rödel*, IStR 2004, 549, 553.

33 Elfte Richtlinie 89/666/EWG des Rates v. 21.12.1989 über die Offenlegung von Zweigniederlassungen, die in einem Mitgliedstaat von Gesellschaften bestimmter Rechtsformen errichtet wurden, die dem Recht des anderen Staates unterliegen, ABl. EG Nr. L 395 v. 3012.1989, S. 36.

34 Vgl. *Rengers*, in: Blümich, KStG, § 1 Rn. 180 ff.

von, ob diese als Zweigniederlassung registergerichtlich bereits eingetragen wurde. Folglich dürfte in der zur Organschaftsvoraussetzung gemachten Eintragung eine Diskriminierung des grenzüberschreitenden gegenüber des rein innerstaatlichen Sachverhalts zu sehen sein[35]. Nicht möglich ist jedenfalls eine Rechtfertigung dieser Ungleichbehandlung i.S.d. Niederlassungsfreiheit mit dem zwingenden Allgemeininteresse der Besteuerung des im Inland erwirtschafteten Gewinns und der ansonsten bestehenden Schwierigkeiten im Bereich der Ermittlung der Besteuerungsgrundlagen[36]: Wiederholtermaßen entschied der EuGH[37], dass derartige Probleme mit Hilfe der Amtshilferichtlinie[38] und einem gegenseitigen Informationsaustausch seitens der beteiligten Finanzbehörden zu bewältigen seien.

Aus abkommensrechtlicher Sicht widerspricht § 18 KStG mit seiner Limitierung auf eingetragene Zweigniederlassungen dem Gleichbehandlungsgebot aus Art. 24 Abs. 3 OECD-MA. Danach darf die Besteuerung einer Betriebstätte, die ein Unternehmen eines Vertragsstaats im anderen Vertragsstaat hat, „*in dem anderen Staat nicht ungünstiger sein als die Besteuerung von Unternehmen des anderen Staates, die die gleichen Tätigkeiten ausüben*“. Mit anderen Worten darf eine inländische Betriebstätte einer Auslandsgesellschaft nach nationalem Steuerrecht nicht schlechter gestellt werden als eine inländische Kapitalgesellschaft in vergleichbarer Situation[39]. Der Diskriminierungsschutz ist auf die Besteuerung des ausländischen Unternehmens hinsichtlich seiner inländischen Betriebstätte beschränkt[40]. Vorausgesetzt, es existiert eine nationale Gruppenbesteuerung, so bewirkt das abkommensrechtliche Betriebstättendiskriminierungsverbot, dass auch zwischen einer inländischen Betriebstätte einer im anderen Vertragsstaat ansäs-

---

35 *Brück*, in: Löwenstein/Looks (Hrsg.), Betriebstättenbesteuerung, 2003, S. 397; *Dautzenberg*, FR 1997, 570, 571.

36 So aber *Danelsing*, in: Blümich, KStG, § 18 Rn. 4.

37 EuGH v. 15.5.1997, Rs. C-250/95, *Futura Participations SA und Singer*, Slg. 1997, I-2471 Rn. 40 f.; 28.10.1999, Rs. C-55/98, *Vestergaard*, Slg. 1999, I-7643 Rn. 26 ff.

38 Richtlinie 77/799/EWG des Rates v. 19.12.1977 über die gegenseitige Amtshilfe zwischen den zuständigen Behörden der Mitgliedstaaten im Bereich der direkten Steuern, ABl. EG Nr. L 336 v. 27.12.1977 S. 15 ff., in der derzeit aktuellen Fassung. Vgl. auch das Gesetz zur Durchführung der EG-Richtlinie über die gegenseitige Amtshilfe im Bereich der direkten Steuern v. 19.12.1985, BStBl. I 1985, 2436, 2441, in der derzeit aktuellen Fassung.

39 Zur Vergleichspaarbildung etwa *Papotti*, Intertax 2003, 320, 325. *Lehner*, IStR 2001, 329, 335 vertritt beispielsweise die Auffassung, dass das Gebot der Gleichbehandlung von Inlandsengagements via Betriebstätten und Kapitalgesellschaften auch aus einer europarechtskonformen Auslegung des Art. 24 Abs. 3 OECD-MA folgt.

40 Vgl. hierzu die Kommentierung von *Rust*, in: Vogel/Lehner (Hrsg.), DBA, 4. Aufl. 2003, Art. 24 Rn. 104 ff.

sigen Gesellschaft als Obergesellschaft und den der Betriebstätte zugeordneten qualifizierten Beteiligungen an inländischen Tochtergesellschaften eine Gruppenbesteuerung zulässig sein muss. Dem tragen die meisten Gruppenbesteuerungssysteme Rechnung[41]. Hingegen stellt § 18 KStG als Zugangsvoraussetzung zur deutschen Organschaft nicht auf den weiten Oberbegriff der „Betriebstätte“ (§ 12 S. 1 AO, Art. 5 OECD-MA), sondern lediglich auf den Teilaspekt der „Zweigniederlassung“ (§ 12 S. 2 Nr. 2 AO) ab, die zudem auch noch eingetragen sein muss. Die Ablehnung der Organträgerfähigkeit aller anderen als gewerbliche Betriebstätte i.S.d. Art. 23 Abs. 3 OECD-MA qualifizierenden festen Geschäftseinrichtungen und damit auch einer nicht eingetragenen Zweigniederlassung in Deutschland verstößt infolge dessen gegen das abkommensrechtliche Gleichbehandlungsgebot.

(2) Ohne inländische Zweigniederlassung

Eine ausschließlich im Ausland ansässige Kapitalgesellschaft, die nicht über eine gewerbliche Zweigniederlassung tätig wird, sondern im Inland Einkünfte aus unbeweglichem Vermögen, Dividenden, Zinsen oder Lizenzgebühren erzielt und insoweit beschränkt steuerpflichtig ist, wird trotz dieser Inlandseinkünfte von der Bildung eines Organkreises mit einer Inlandstochtergesellschaft ausgeschlossen[42]: Sie kann etwaige beschränkt steuerpflichtige Inlandsgewinne nicht mit Verlusten ihrer Tochtergesellschaft verrechnen und etwaige Inlandsverluste nicht mit Gewinnen der Tochtergesellschaft. Fraglich ist daher, ob die Organträgerfähigkeit eines ausländischen Unternehmens in zulässiger Weise an der Voraussetzung einer Zweigniederlassung und damit einer festen gewerblichen Niederlassung im Inland anknüpft. Die Ansässigkeitsbedingung führt dazu, dass hauptsächlich Gebietsfremde von der Möglichkeit der Organschaftsbildung ausgeschlossen werden, und zwar auch dann, wenn sie inländische steuerpflichtige Einkünfte erzielen. Hinsichtlich dieser Einkünfte befinden sie sich jedoch in einer objektiv vergleichbaren steuerlichen Situation zu einem gebietsansässigen Unternehmen. Gleichwohl setzt die Konsolidierung eines „Inlandsteilkonzerns“ zwingend die Existenz einer eingetragenen Zweigniederlassung im Inland voraus. Daraus resultiert eine mittelbare Diskriminierung des beschränkt Steuerpflichtigen und damit ein Verstoß gegen die Niederlassungsfreiheit.

41 Vgl. die Länderübersicht im 1. Teil, IX.2.a).

42 *M. Lang*, ÖStZ 2003, 254, 259; *Herzig/Dautzenberg* DB 1997, 8, 13 fordern daher bei beschränkt steuerpflichtigen Kapitalgesellschaften mit Inlandseinkünften sogar die Berücksichtigung von Verlusten ausländischer Niederlassungen mit Nachversteuerungsregelung.

Auch insoweit dürfte das Argument der Überprüfbarkeit der Organschaftsvoraussetzungen im Inland (insbesondere der finanziellen Eingliederung) auf EU-Ebene infolge des Auskunftsverkehrs nach DBA und Amtshilferichtlinie an Rechtfertigungskraft verloren haben. Das Ziel der Sicherstellung der deutschen Besteuerung über das Organkreiseinkommen ist auf verhältnismäßigere Weise erreichbar: Bei entsprechender Wahl der Organschaft könnte der deutsche Steuergesetzgeber etwa vorsehen, dass die bisher nicht gewerblichen beschränkt steuerpflichtigen Einkünfte als gewerblich fingiert werden. Ferner könnte eine Verpflichtung zum Übergang vom eventuell bislang praktizierten Steuerabzugsverfahren zur Veranlagung der Inlandseinkünfte des künftigen Organträgers verlangt werden, um zu einem Gleichlauf mit dem Inlandsfall zu gelangen. Überdies wird das deutsche Besteuerungsrecht auch über die Haftung der inlandsansässigen Organgesellschaft für die Steuern des (im EU-Ausland ansässigen) beschränkt steuerpflichtigen Organträgers nach § 73 AO ausreichend flankiert. Einer systembedingten Missbrauchsanfälligkeit könnte dadurch begegnet werden, dass die Option zur Organschaft des Inlandsteilkonzerns eine bestimmte Mindestbestandsdauer voraussetzt.

Aufgeworfen wird damit auch die *Kompetenzfrage*, welcher Staat sich letztlich für eine Verlustberücksichtigung als zuständig erweist. Die Konsolidierung des Inlandsteilkonzerns entspricht dem Konzept der „Inländerbehandlung" im Tätigkeitsstaat. Demgegenüber setzt die Verwirklichung des multinationalen Gesamtkonzerns im Ansässigkeitsstaat des beschränkt Steuerpflichtigen die Kapitalexportneutralität um, also die Gleichbehandlung mit einem Binnenkonzern im Ansässigkeitsstaat. Im Einklang mit der „Marks & Spencer"-Entscheidung ist vorrangig der Staat, der das Besteuerungsrecht über die erzielten Einkünfte hat, in der Pflicht. Mit anderen Worten liegt die *Primärverantwortlichkeit* für eine Steuerentlastung aufgrund der in Deutschland erlittenen Verluste in Deutschland. Soweit im Inlandsteilkonzern diese Verluste im Rahmen der deutschen Organschaft nicht ausgeglichen werden können, bedarf es der sofortigen Berücksichtigung der deutschen Verluste im Ansässigkeitsstaat der beschränkt steuerpflichtigen Konzernspitze, soweit dort die Möglichkeit einer Gruppenbesteuerung eröffnet ist. Der grenzüberschreitend berücksichtigte Verlust kann im Wege der Nachversteuerung in künftigen Steuerjahren neutralisiert werden.

ii) Doppelt ansässige Gesellschaft mit inländischem Geschäftsleitungsort

§ 14 Abs. 1 S. 1 Nr. 2 KStG stellt den Inlandsbezug des Organträgers über den „genuine link" der Ansässigkeit bei natürlichen Personen (i.S.v. § 1 Abs.

1 EStG, §§ 8, 9 AO) bzw. der Geschäftsleitung im Inland bei Gesellschaften (i.S.v. § 1 Abs. 1 KStG, § 10 AO) her.

Eine Einbeziehung doppelt ansässiger Gesellschaften mit inländischer Geschäftsleitung wird mit der Konzeption der deutschen Organschaftsbesteuerung begründet, nämlich die Organschaftsgrenze entlang der eigenen Besteuerungshoheit über das Steuersubstrat der am Organkreis teilnehmenden Personen zu ziehen. Der genuine link der inländischen Geschäftsleitung erreicht auch bei doppelt ansässigen Gesellschaften im Einklang mit der „tie breaker rule" des Art. 4 Abs. 3 OECD-MA bzw. den entsprechenden deutschen Abkommensnormen, dass die Gesellschaft für Abkommenszwecke im Staat der Geschäftsleitung als ansässig behandelt wird. Folglich liegt die deutsche Besteuerungshoheit über das Einkommen des Organkreises vor[43]. Die Einbeziehung dieser Sachverhalte in die deutschen Regelungen, wie sie derzeit gehandhabt wird, ist *europarechtlich geboten*, wie sich etlichen Entscheidungen des EuGH entnehmen lässt[44]. Der BFH[45] und ihm folgend die Finanzverwaltung[46] haben dies für die davon abweichende frühere Gesetzeslage in § 14 Nr. 3 KStG 1984 für Veranlagungszeiträume vor dem Jahre 2001 explizit bestätigt.

iii) Doppelt ansässige Gesellschaft mit ausländischem Geschäftsleitungsort

Nach § 14 Abs. 1 S. 1 Nr. 2 KStG ist eine unbeschränkt steuerpflichtige Körperschaft mit Sitz in Deutschland, aber ausländischer Geschäftsleitung, nicht als Organträger qualifiziert[47]. Eine beachtliche Schrifttumsmeinung

43 Vgl. die Begründung zum Regierungsentwurf des UntStFG, BT-Drs. 14/6882, S. 37; *Stadler/Elser*, DB Beilage 1/2002, 41; *Herlinghaus*, GmbHR 2001, 956, 960. Voraussetzung ist jedoch ein kongruentes Begriffsverständnis von § 10 AO und Art. 4 Abs. 3 OECD-MA, vgl. *Lehner*, in: Vogel/Lehner (Hrsg.), DBA, 4. Aufl. 2003, Art. 4 Rn. 104, 106, 115.

44 Vgl. EuGH v. 8.3.2001, verb. Rs. C-397/98 und C-410/98, *Metallgesellschaft u.a. Hoechst*, Slg. 2001, I-1727 Rn. 42; 5.11.2002, Rs. C-208/00, *Überseering*, Slg. 2002, I-9919; 30.9.2003, Rs. C-167/01, *Inspire Art*, Slg. 2003, I-10155.

45 Vgl. BFH v. 29.1.2003, I R 6/99, BStBl. II 2004, 1043, hierzu *Rust*, IStR 2003, 658 ff.; *Pache*, IStR 2003, 808 ff.

46 Nach Nr. 1 des BMF-Schreibens v. 8.12.2004, IV B 4 – S 1301 USA – 12/04, BStBl. I 2004, 1181 ist das BFH-Urteil (Fn. 45) auf entsprechende Sachverhalte anzuwenden, „wenn mit dem jeweiligen Staat ein DBA besteht, das eine Art. 24 Abs. 5 OECD-MA entsprechende Regelung enthält *oder es sich um einen EU/EWR-Mitgliedstaat handelt*."

47 Die Bund-Länder-Arbeitsgruppe „Organschaft" der Finanzverwaltung hat in ihren Vorschlägen v. 14.3.1995, IV B 7 - S 2770 - 5/95, n.v. eine Angleichung an die Vor-

hält dies insofern für EG-rechtlich problematisch, als nach § 1 Abs. 1 S. 1 KStG eine solche Gesellschaft weiterhin als im Inland unbeschränkt steuerpflichtig behandelt wird[48].

Für eine Vergleichbarkeit mit einem Unternehmen mit inländischer Geschäftsleitung spricht, dass auch die doppelt ansässige Gesellschaft mit ausländischem Geschäftsleitungsort der deutschen unbeschränkten Steuerpflicht unterliegt und in den Genuss der Organschaftsbesteuerung kommen möchte. Selbst wenn man entgegen der noch h.M. im gesellschaftsrechtlichen Schrifttum annimmt, dass eine im Inland gegründete Gesellschaft wegen der für Wegzugsfälle (noch) fortgeltenden Sitztheorie ihre zivilrechtliche Rechtsfähigkeit nicht verliert[49] und somit auch ihre Fähigkeit nicht einbüßt, einen wirksamen Gewinnabführungsvertrag zu schließen, so konfligiert die Anknüpfung an die inländische Geschäftsleitung grundsätzlich nicht mit Europarecht. Sie dient nämlich der Wahrung der Aufteilung der mitgliedstaatlichen Besteuerungsbefugnisse, hier also der Sicherung der deutschen Besteuerungshoheit auch bei Bestehen eines DBA (vgl. Art. 4 Abs. 3 OECD-MA). Bei bloßem Abstellen auf den Sitz der Körperschaft im Inland wäre dies immer dann nicht gewährleistet, wenn das Organeinkommen aufgrund eines DBA der deutschen Besteuerung beim Organträger entzogen wäre[50]. Dies rechtfertigt es, doppelt ansässigen deutschen Gesellschaften, also solchen

---

aussetzungen der unbeschränkten Steuerpflicht (Sitz *oder* Geschäftsleitung) gefordert.

48 Vgl. etwa *Meilicke*, DB 2002, 911; *Micker*, DB 2003, 2734, 2736; *Frotscher*, Der Konzern 2003, 98, 102 f.; *Schaumburg*, in: Herzig (Hrsg.), Organschaft, 2003, S. 419, 421; *Thömmes*, in: Herzig (Hrsg.), Organschaft, 2003, S. 525, 536 ff.; *Kessler/Spengel*, DB 2006 Beilage 1, S. 8 m.w.N.; *Herzig/Wagner*, DB 2005, 1, 6; *Danelsing*, in: Blümich, KStG, § 14 Rn. 47; *Sievert*, Konzernbesteuerung in Deutschland und Europa, Düsseldorf 2006, S. 257.

49 Nach h.M. verlieren diese Gesellschaften wegen der für Wegzugsfälle noch geltenden Sitztheorie ihre zivilrechtliche Rechtsfähigkeit und sind somit theoretisch nicht möglich; a.A. *Meilicke*, DB 2002, 911, 912; *Triebel/von Hase*, BB 2003, 2409 ff.: Anders als die Verlegung des Satzungssitzes soll die Verlegung der Geschäftsleitung regelmäßig nicht zur Auflösung der Gesellschaft in Deutschland führen.

50 Vgl. ausführlich *M. Lang*, SWI 2003, 215, 222; *Toifl*, SWI 2004, 325, 328 f.; i.E. auch *Löwenstein/Maier*, IStR 2002, 185, 186; ähnlich Nr. 2c) des BMF-Schreibens v. 8.12.2004, IV B 4 – S 1301 USA – 12/04, BStBl. I 2004, 1181. A.A. etwa die Anm. von *Meilicke*, GmbHR 2005, 68 sowie *Rust*, IStR 2005, 27, 28 zum o.g. BMF-Schreiben v. 8.12.2004 hinsichtlich der Organträgerfähigkeit ausländischer Gesellschaften; *Staringer*, Besteuerung doppelt ansässiger Kapitalgesellschaften, 1999, S. 353, 361 in Bezug auf doppelt ansässige Organträger mit ausländischer Geschäftsleitung.

mit ausländischem Geschäftsleitungsort, die Eigenschaft als Organträger abzusprechen.

Thömmes erblickt hierin dennoch eine Beschränkung der Niederlassungsfreiheit, weil es dem Verhältnismäßigkeitsprinzip entspreche, die Organschaftswirkungen davon abhängig zu machen, dass das Organkreiseinkommen nicht aufgrund eines DBA der deutschen Besteuerung entzogen ist[51]. Dem ist zu entgegnen, dass sich diese Argumentation eindeutig auf die Europäische Union beschränkt: Innerhalb der EU gibt es jedoch keinen Mitgliedstaat, mit dem die Bundesrepublik noch kein DBA abgeschlossen hätte bzw. dessen DBA keine tie breaker rule entsprechend Art. 4 Abs. 3 OECD-MA enthält. Die scheinbar angesprochenen Nicht-DBA-Staaten unterfallen folglich nicht den Bestimmungen der Niederlassungsfreiheit des EG-Vertrages. Die Argumentation läuft damit leer. Abgesehen vom „Inlandsteilkonzern" ist es innerhalb der EU primär die Aufgabe des Ansässigkeitsstaats der Muttergesellschaft, hier also des abkommensrechtlichen Ansässigkeitsstaates, die grenzübergreifende Gruppenbesteuerung mit den deutschen Tochtergesellschaften sicherzustellen.

Etwas anderes ist nur dann anzunehmen, wenn die doppelt ansässige Gesellschaft neben dem meist nur auf dem Papier befindlichen statuarischen Sitz im Inland auch über eine Betriebstätte verfügt. Der Ausschluss einer unbeschränkt steuerpflichtigen Kapitalgesellschaft, die zwar ihren statuarischen Sitz und eine Betriebstätte im Inland, ihre Geschäftsleitung jedoch im Ausland hat, von der Regelung des § 18 KStG widerspricht eindeutig der Gesetzessystematik[52]. Insoweit ist nämlich durch die Betriebstätte genug „Inlandssubstrat" vorhanden, für das Deutschland als Quellenstaat auch die abkommensrechtliche Besteuerungshoheit besitzt. Wenn bereits eine beschränkt steuerpflichtige Gesellschaft mit inländischer Zweigniederlassung organträgerfähig ist, so muss dies erst recht für eine unbeschränkt steuerpflichtige Gesellschaft mit inländischer Zweigniederlassung gelten. Die Ausschlussargumentation der ungesicherten Inlandsbesteuerung greift somit von vornherein nicht ein. Die Versagung der Organträgereigenschaft in dieser Konstellation verbindet einen steuerlichen Nachteil mit der Verlegung der unternehmerischen Geschäftsleitung in einen anderen Mitgliedstaat.

51 *Thömmes*, in: Herzig (Hrsg.), Organschaft, 2003, S. 525, 538. Ebenso *Schaumburg*, in: Herzig (Hrsg.), Organschaft, 2003, S. 419, 420 f.

52 *Meilicke*, DB 2002, 911, 911 f.; *Frotscher*, Der Konzern 2003, 98, 102 f.; *ders.*, in: Frotscher/Maas (Hrsg.), KStG, § 14 Rn. 27; *Micker*, DB 2003, 2734, 2736; *Schaumburg*, in: Herzig (Hrsg.), Organschaft, 2003, S. 419, 421; *Dötsch*, Der Konzern 2004, 531, 531 f.; *J. Hey*, Der Konzern 2004, 577, 586; *Herzig/Wagner*, DB 2005, 1, 6; *Bergemann/Schönherr/Stäblein*, BB 2005, 1706, 1715.

Diese mittelbare Beschränkung des „Wegzugs" ist als klare Beschränkung der Niederlassungsfreiheit zu werten.

Verfügt die doppelt ansässige Gesellschaft zwar über keine inländische Betriebstätte, kann trotzdem eine Konsolidierung des „Inlandsteilkonzerns" geboten sein. Voraussetzung wäre hierfür neben dem Bestehen einer inländischen Tochtergesellschaft die Erzielung eigener steuerbarer Einkünfte aus deutschen Quellen. Diese stellen nach § 8 Abs. 2 KStG gewerbliche Einkünfte dar und sind infolge der unbeschränkten Steuerpflicht – in den Grenzen des abkommensrechtlichen Besteuerungsrechts – in Deutschland zu veranlagen. Hinsichtlich der Organträgerfähigkeit gilt damit das zur beschränkt steuerpflichtigen Gesellschaft Gesagte entsprechend.

iv) (EU-)Ausländischer Organträger ohne Inlandsanknüpfung

Des Weiteren sind aufgrund des Ansässigkeitserfordernisses auch die weder beschränkt noch unbeschränkt steuerpflichtigen Auslandsgesellschaften von der Organträgerrolle ausgeschlossen. Da über diese mangels territorialer Verknüpfung jedoch bereits nach dem innerstaatlichen Recht kein Besteuerungsrecht des deutschen Fiskus besteht, ist auf das soeben Gesagte zu verweisen[53]. Ein Europarechtskonflikt liegt im Ansässigkeitsstaat der Tochtergesellschaft nicht vor[54], vielmehr ist innerhalb der EU unter der Prämisse einer upstream-Zurechnung und den europarechtlichen Vorgaben eine Erstreckung der Gruppenbesteuerung im Ansässigkeitsstaat der EU-ausländischen Obergesellschaft auf die deutschen Tochtergesellschaften zu fordern[55].

Auch die so genannten sidestream-Fälle stellen kein Problem unter der Prämisse dar, dass innerhalb Europas die *sofortige Einmalverlustverrechnung*[56] grenzüberschreitend auf Ebene der Gruppenmuttergesellschaft sicherzustellen ist: Zwar können eine inländische Tochtergesellschaft und eine inländi-

53 Hierzu vorstehend, unter iii).

54 Vgl. i.E. auch *Tumpel*, DStJG 23 (2000), 321, 356 f. sowie nun Nr. 2c) des BMF-Schreibens v. 8.12.2004, IV B 4 – S 1301 USA – 12/04, BStBl. I 2004, 1181. A.A.: *Maresch*, Group Taxation, 2002/2003, S. 55, 64; *Rust*, IStR 2005, 27, 28; *M. Lang*, ÖStZ 2003, 254, 260 unter Verweis auf EuGH v. 12.12.2002, Rs. C-324/00, *Lankhorst-Hohorst*, Slg. 2002, I-11779 Rn. 32, der insoweit keine Präferenz der Behebung des europarechtlichen Problems durch eine im Ansässigkeitsstaat der Muttergesellschaft gewährte grenzüberschreitende Gruppenbesteuerung sieht.

55 So auch der Lösungsansatz der Kommission, vgl. Mitteilung der Kommission „Steuerliche Behandlung von Verlusten bei grenzüberschreitenden Sachverhalten", KOM (2006) 824 endg. v. 19.12.2006, Tz. 3.3.2.

56 Hierzu vorstehend, unter 2. Teil, 6.c).

sche Betriebstätte (bzw. eine andere inländische Tochtergesellschaft) derselben ausländischen Muttergesellschaft keine Organschaft eingehen, es sei denn, die Voraussetzungen des § 18 KStG sind im Betriebstättenfall gegeben. Jedoch ist dies auch im reinen Inlandsfall nicht vorgesehen – die deutsche Organschaftsbesteuerung sieht *konzeptionell* eine Ergebniszurechnung zwischen Schwestergesellschaften (unter Ausschluss des gemeinsamen Gesellschafters) nicht vor[57]. Abzulehnen ist somit die Ansicht, die hierin einen Verstoß gegen die Niederlassungsfreiheit nach Art. 43, 48 EG sieht[58]. Regelmäßig ist eine Gruppenbildung nur möglich, wenn auch die Muttergesellschaft Bestandteil der Gruppe ist. Oder anders ausgedrückt: In den Fällen, in denen selbst im reinen Inlandsfall eine sidestream-Verlustverrechnung zwischen Tochtergesellschaften *ohne* Einbeziehung der Inlandsmuttergesellschaft nicht möglich ist, fehlt es bereits an der Ungleich- oder Schlechterbehandlung der rein innerstaatlichen zur grenzüberschreitenden Situation.

v) Mehrmütterorganschaft

Die deutsche Organschaft hat die so genannte Mehrmütterorganschaft, also die Beteiligung mehrerer Gesellschaften an einer Organgesellschaft mit Wirkung zum Veranlagungs- bzw. Erhebungszeitraum 2003 ersatzlos abgeschafft[59].

Es fragt sich, ob es europarechtlich geboten ist, eine Mehrmüttergruppenbesteuerung (wieder) einzuführen. Hiervon ist indes nicht auszugehen, da die Ausgestaltung des nationalen Gruppenbesteuerungssystems dem deutschen Gesetzgeber obliegt, der wiederum die verfassungsrechtlichen Wertentscheidungen zu berücksichtigen hat. Erst danach stellt sich die Frage, inwieweit diese getroffene Be- oder Entlastungsentscheidung des mitgliedstaatlichen Gesetzgebers mit den Vorgaben des Europarechts bei grenzüberschreitenden Sachverhalten vereinbar ist. Die Thematik der Abschaffung der deutschen Mehrmütterorganschaft ist somit primär verfassungsrechtlich determiniert, soll aber in diesem Rahmen nicht beantwortet werden.

Ein anderes Problem ist, ob bei der Existenz einer nationalen Regelung, die eine Mehrmüttergruppe anerkennt, zwingend auch ausländische Gesell-

---

57 Zutreffend *Thömmes*, JbFStR 2001/2002, 80, 92; *ders.*, in: Herzig (Hrsg.), Organschaft, 2003, S. 525, 531.

58 Vgl. *Stefaner/Weninger*, SWI 2004, 441, 445 im Hinblick auf § 9 öKStG; *Amby*, in: CDFI, IFA 2004 Vienna Congress, Vol. 89b, Denmark, S. 233, 252 f. unter Bezugnahme auf EuGH v. 18.11.1999, Rs. C-200/98, *XAB & YAB*, Slg. 1999, I-8261.

59 Vgl. hierzu vorstehend im 1. Teil, II.2.d).

schaften den Zugang zu dieser Regelung erhalten müssten. In dem Umfang, in dem es erforderlich ist, ausländischen Gesellschaften den Organträgerstatus anzuerkennen, ist es auch geboten, ihnen als Joint Venture-Gesellschaft die Mehrmüttergruppe offen zu halten. Andernfalls käme es zu einer mit der Niederlassungsfreiheit unvereinbaren Schlechterbehandlung von Gebietsfremden, denen diese Möglichkeit im Vergleich zu gebietsansässigen Steuerpflichtigen verwehrt wäre. Zutreffend sieht deshalb die österreichische Mehrmüttergruppe („Beteiligungsgemeinschaft“)[60] ebenso wie die in Italien mögliche Option zur transparenten Besteuerung[61] einen Zugang auch für ausländische Gesellschaften vor.

b) Organgesellschaft

i) (EU-)Ausländische Tochtergesellschaft ohne Inlandsanknüpfung

Das in § 14 Abs. 1 S. 1 KStG iVm. § 17 KStG für Organgesellschaften statuierte Kumulativerfordernis von Sitz und Geschäftsleitung im Inland begrenzt den personellen Anwendungsbereich der Organschaft auf deutsche Gesellschaften – sogar zugezogene doppelt ansässige Gesellschaften können nicht als Organgesellschaft fungieren. Erst recht sind die in anderen EU-Mitgliedstaaten ansässigen Tochtergesellschaften vom Organkreis ausgeschlossen, wie bereits in der Darstellung der deutschen Organschaftsregelungen deutlich wurde[62]. Eine Einbeziehung der steuerlichen Ergebnisse dieser Gesellschaften respektive eine Verrechnung ausländischer Verluste ist folglich ausgeschlossen, da sich die Gruppenstruktur auf das Inland beschränkt.

Unproblematisch ist – im Einklang mit den Entscheidungsgründen in der Rechtssache „Marks & Spencer“ – noch die Feststellung, dass Organträger mit organschaftlich qualifizierten *Auslandsbeteiligungen* durch die Versagung der Einbeziehung in die körperschaftsteuerliche Organschaft schlechter gestellt sind als diejenigen Organträger mit Inlandsbeteiligungen, die eine steuerliche Organschaft eingehen können[63].

---

60 Vgl. hierzu vorstehend im 1. Teil, VII.4.b).

61 Vgl. hierzu vorstehend im 1. Teil, V.4.

62 Vgl. hierzu vorstehend im 1. Teil, II.2.c).

63 Vgl. etwa *Frotscher*, Der Konzern 2003, 98, 103; *Jacobs*, Internationale Unternehmensbesteuerung, 5. Aufl. 2002, S. 252; *Kessler*, in: Lehner (Hrsg.), Verluste im nationalen und Internationalen Steuerrecht, München 2004, S. 83, 110; *M. Lang* ÖStZ 2003, 254, 257; *Lüdicke*, IStR 2000, 341, 342; *Orth*, GmbHR 1996, 33, 40, *Saß*, BB 1999, 447, 450; *ders.*, DB 2001, 508, 510; *Tumpel*, DStJG 23 (2000), 321, 361 f.; ab

Gleichwohl gibt es Stimmen in der Literatur, die die Vergleichbarkeit einer ausländischen Tochtergesellschaft mit einer inländischen Organgesellschaft verneinen: Entweder weil kein Besteuerungsrecht über die Auslandstochtergesellschaft besteht[64] oder weil das ausländische Gesellschaftsrecht den Abschluss des die Organschaft überhaupt rechtfertigenden Gewinnabführungsvertrages mit seiner Verlustübernahmeverpflichtung nicht erlaubt[65]. Die Frage, ob inländische und ausländische Tochtergesellschaften *ohne Inlandsanknüpfung* gerade vor dem Hintergrund des fehlenden Gewinnbesteuerungsrechts über die Auslandsgesellschaft überhaupt vergleichbar sind, wurde im Verfahren „Marks & Spencer“ diskutiert und in den zur Fallanalyse gemachten Ausführungen bejaht. Wie bereits erläutert, sind trotz der deutschen Sondervoraussetzung des Gewinnabführungsvertrages die Regelungen zur Organschaft mit denen des group relief *im Hinblick auf die Verlustberücksichtigung* vergleichbar. Der vollständige Ausschluss der Verluste ausländischer Tochtergesellschaften ist mithin unvereinbar mit der Niederlassungsfreiheit des EG-Vertrages. Insoweit kann das Ansässigkeitskriterium bei der Organgesellschaft keinen Bestand haben.

ii) Beschränkt steuerpflichtige Gesellschaft

Anders als beispielsweise beim Organträger gibt es für Organgesellschaften keine dem § 18 KStG nachgebildete Regelung, wonach beschränkt steuerpflichtige Gesellschaften zumindest mit den Ergebnissen ihrer inländischen Zweigniederlassung in den Organkreis einbezogen werden.

Nach der Entscheidung des EuGH im Fall „Marks & Spencer“ sind unter den dortigen Voraussetzungen bereits die *ausländischen* Verluste nicht steuerpflichtiger ausländischer Gesellschaften in die Organschaft einzubeziehen. Gleiches muss somit erst recht gelten, wenn die ausländische Tochtergesellschaft zusätzlich eine Inlandsanknüpfung aufweist, etwa, indem sie inländische Einkünfte i.S.d. § 49 EStG, § 8 Abs. 1 S. 1 KStG erzielt.

---

einer 75% Mindestbeteiligung an der Auslandsgesellschaft *Paetsch*, Grenzüberschreitende Verlustberücksichtigung im Europäischen Binnenmarkt, 2004, S. 96 ff., 106; *Röhrbein/Eicker*, BB 2005, 465, 472; *Eicker/Röhrbein*, Stbg 2006, 117, 120.

64 *Thiel*, JbFStR 2001/2002, 94 f.; *Schaumburg*, in: Herzig (Hrsg.), Organschaft, 2003, S. 419, 432. Eine mögliche Lösung der interterritorialen Verlustberücksichtigung ausschließlich im Wege einer legislativen Harmonisierungsmaßnahme auf EU-Ebene vertreten *Lehner*, DStJG 23 (2000), 263, 284; wohl auch *Stockmann*, Verluste ausländischer Tochtergesellschaften im deutschen internationalen Steuerrecht, 2000, S. 252; *Thömmes*, JbFStR 2001/2002, 80, 87; *ders.*, in: Herzig (Hrsg.), Organschaft, 2003, S. 525, 532.

65 Vgl. *Thiel*, DB 2004, 2603, 2605.

Hinsichtlich der *inländischen* Ergebnisse, z.B. aus ihrer deutschen Betriebstätte, besteht eine Vergleichbarkeit der beschränkt steuerpflichtigen gebietsfremden Gesellschaft mit einer unbeschränkt steuerpflichtigen ansässigen Gesellschaft. Das deutsche Steuerrecht unterscheidet nämlich hinsichtlich der Ermittlung der Besteuerungsgrundlage grundsätzlich nicht zwischen Gesellschaften, die ihren Sitz in Deutschland haben und denen, die zwar ihren Sitz in einem anderen Mitgliedstaat, in Deutschland jedoch eine Betriebstätte unterhalten[66]. *Herzig* und *Dautzenberg* treten daher zu Recht für eine gemeinsame Besteuerung des Inlandsteilskonzerns, d.h. der inländischen Ergebnisbestandteile der Auslandsgesellschaft mit denen der Inlandsmuttergesellschaft ein. Wenn folglich die Verluste der ausländischen Konzerntochter aus Deutschland als dem Staat des Organträgers herrühren[67], ist eine Berücksichtigung dieser Verluste, soweit dies nicht bei der steuerlichen Veranlagung im Ansässigkeitsstaat geschieht, bei der Besteuerung des Organträgers geboten. Da es sich bei diesen Verlusten um die Verluste der ausländischen Gesellschaft handelt, folgt dies bereits aus dem Grundsatz der sofortigen Einmalverlustberücksichtigung (bzw. nach der vom EuGH vertretenen Ausfallhaftung für eine fehlende ausländische Verlustnutzung). Selbst wenn die Organgesellschaft Gewinne erzielt, kann der inländische Organträger in seiner Niederlassungsfreiheit verletzt sein, da er zwar seine eigenen Verluste gegen mögliche Gewinne seiner Inlandstöchter verrechnen darf, dies jedoch bei Auslandstochtergesellschaften mit Inlandsgewinnen nicht kann. Insoweit lässt sich genauso gut mit einer grundfreiheitlichen Beschränkung argumentieren: De lege lata halten die Organschaftsregeln den inländischen Organträger davon ab, eine Tochtergesellschaft im Ausland zu gründen, da er deren *inländische Einkünfte* nicht verwerten kann[68].

Wie bereits ausgeführt, befindet sich eine inländische Organgesellschaft mit ausschließlich inländischen Einkünften in einer vergleichbaren Lage wie ei-

66 Vgl. zur Vergleichbarkeit im inbound-Fall etwa EuGH v. 28.1.1986, Rs. 270/83, *Kommission/Frankreich* („Avoir Fiscal"), Slg. 1986, 273 Rn. 14, 18; 21.9.1999, Rs. C-307/97, *Saint-Gobain*, Slg. 1999, I-6161 Rn. 47 f.; 12.6.2003, Rs. C-234/01, *Gerritse*, Slg. 2003, I-5933 Rn. 28 f. Vgl. *Seer*, in: Gassner/Lang/Lechner/Schuch/Staringer (Hrsg.), Die beschränkte Steuerpflicht im Einkommen- und Körperschaftsteuerrecht, 2004, S. 37, 58; *Schön*, IStR 2004, 289, 292; *J. Hey*, StuW 2004, 193, 195.

67 In diese Richtung der „Konsolidierung der inländischen Ergebnisbestandteile" eines internationalen Konzerns: *Herzig/Dautzenberg*, DB 2000, 12, 15; *Wernsmann/Nippert*, FR 2006, 153, 162; *Schaumburg*, in: Herzig (Hrsg.), Organschaft, 2003, S. 419, 431 f.; wohl auch *Maresch*, Group Taxation, 2002/2003, S. 84, die eine Einbeziehung beschränkt steuerpflichtiger Gesellschaften in die (bis 31.12.2004 existierende österreichische) Organschaft forderte.

68 *M. Lang*, ÖStZ 2003, 254, 256; ähnlich: *Herzig/Dautzenberg*, DB 1997, 8, 13.

ne Auslandskapitalgesellschaft mit ihren inländischen Einkünften. In § 18 KStG wird dies für den beschränkt steuerpflichtigen Organträger zumindest hinsichtlich der über eine eingetragene Zweigniederlassung erfolgenden Teilnahme am deutschen Marktgeschehen anerkannt. Auch die Regelung des § 2 Abs. 2 S. 2 GewStG belegt, dass eine ausländische Kapitalgesellschaft mit inländischer Betriebstätte sehr wohl Organ (einer gewerbesteuerlichen Organschaft) sein kann[69]. Entsprechendes ist damit europarechtlich zumindest auch für Zweigniederlassungen EU-ausländischer Tochtergesellschaften des inländischen Mutter- und Organträgerunternehmens zu fordern[70].

Dies folgt überdies aus dem bereits angesprochenen abkommensrechtlichen Betriebstättendiskriminierungsverbot: Art. 24 Abs. 3 OECD-MA fordert bei Bestehen einer nationalen Gruppenbesteuerung die Begründung einer gemeinsamen Besteuerung zwischen inländischer Obergesellschaft und ausländischer Tochtergesellschaft, deren Wirkungen sich auf die inländischen Betriebstätteneinkünfte der Auslandstochtergesellschaft beschränkt[71]. Andernfalls wären eine Ergebnisabführung und Nichtbesteuerung der inländischen Betriebstätte im Vergleich zu einer inländischen Organgesellschaft, und damit eine steuerlich ebenso günstige Behandlung nicht gewährleistet. Voraussetzung wäre insoweit das Erfüllen der Beteiligungsvoraussetzungen im Verhältnis inländische Obergesellschaft zur ausländischen Tochtergesellschaft.

iii) Doppelt ansässige Gesellschaft mit inländischem Geschäftsleitungsort

Doppelt ansässige Gesellschaften mit Satzungssitz im Ausland und inländischer Geschäftsleitung werden trotz ihres Inlandsbezugs, der nicht nur nach nationalen, sondern auch nach abkommensrechtlichen Bestimmungen die deutsche Besteuerungshoheit im Rahmen der unbeschränkten Steuerpflicht sichert, vom deutschen Organkreis ausgeschlossen. Die „Überseering BV" oder die „Centros Ltd." können damit in Deutschland nicht Organgesellschaften sein, obwohl der Gerichtshof der Europäischen Gemeinschaft dem Zuzugsstaat eine Diskriminierung der im Ausland gegründeten Gesellschaft

---

69 Vgl. hierzu auch BFH v. 28.3.1979, I R 81/76, BStBl. II 1979, 447.

70 Zutreffend *Schaumburg*, in: Herzig (Hrsg.), Organschaft, 2003, S. 419, 431; *Bergemann/Schönherr/Stäblein*, BB 2005, 1706, 1715; *Herzig/Wagner*, DB 2005, 1, 6 f.; anders noch *Thömmes*, JbFStR 2001/2002, 80, 89 ff., jetzt wie hier *ders.*, in: Herzig (Hrsg.), Organschaft, 2003, S. 525, 532.

71 Ebenso *M. Lang*, ÖStZ 2003, 254, 255; *Papotti*, Intertax 2003, 320, 324 ff., 326.

explizit verbietet[72]. Überdies stellt bereits ein *argumentum a fortiori* die Sinnhaftigkeit des geltenden Rechts insoweit in Frage: Wenn nach § 18 KStG eine nur beschränkt steuerpflichtige Gesellschaft in die Organschaft einbezogen wird, warum sollte dies dann nicht *erst recht* für eine ausländische Gesellschaft gelten, die sogar der unbeschränkten Steuerpflicht in Deutschland unterliegt?! Bei der unbeschränkt steuerpflichtigen Gesellschaft greifen von vornherein die Rechtfertigungsargumente der Wahrung der Aufteilung der Besteuerungsbefugnis, der Gefahr doppelter Verlustnutzung sowie der Steuerfluchtgefahr nicht ein. Das kumulative Ansässigkeitserfordernis für die Organgesellschaft, das bei einer Tochtergesellschaft mit statuarischem Sitz in der EU und deutscher Geschäftsleitung die Einbeziehung von Verlusten in die Organschaft hindert, verstößt damit in nicht zu rechtfertigender Weise gegen Art. 43, 48 EG.

iv) Doppelt ansässige Gesellschaft mit ausländischem Geschäftsleitungsort

In der Schlechterstellung doppelt ansässiger deutscher Gesellschaften mit inländischem Satzungssitz und ausländischer Geschäftsleitung – soweit es diese Fälle überhaupt geben mag bzw. nach deutschem Gesellschaftsrecht geben kann[73] – sieht *Rust* kein EU-Problem, da die so genannte „Inländerdiskriminierung" nicht durch den EG-Vertrag sanktioniert wird[74]. Konsequenterweise müsste man jedoch von einer Beschränkung der Freiheit dieser Gesellschaft sprechen, den Mittelpunkt ihrer unternehmerischen Betätigung in einen anderen Mitgliedstaat zu verlegen. Aus Sicht des Organträgers liegt ebenfalls eine Beschränkung vor, da dieser mit einer solchen Gesellschaft mangels der Möglichkeit grenzübergreifender Verlustberücksichtigung

72 EuGH v. 9.3.1999, Rs. C-212/97, *Centros*, Slg. 1999, I-1459 Rn. 34. Nach *Meilicke*, DB 2002, 911, 912; *ders.*, GmbHR 2003, 793, 803 liegt hierin eine klare Diskriminierung; ebenso *Thömmes*, in: Herzig (Hrsg.), Organschaft, 2003, S. 525, 534 ff.; *Micker*, DB 2003, 2734, 2737; *Sedemund*, BB 2003, 1362, 1363; *Rust*, IStR 2003, 658, 658 f.; *Schön*, StbJb 2003/04, 27, 56; *ders.*, IStR 2004, 289, 298; *Eckstein*, in: CDFI, IFA 2004 Vienna Congress, Vol. 89b, Germany, S. 293, 301; *Herzig/Wagner*, DB 2005, 1, 6; *Herzig/Englisch/Wagner*, Der Konzern 2005, 298, 315; *Wernsmann/Nippert*, FR 2006, 153, 161. Vorsichtiger: *J. Hey*, Der Konzern 2004, 577, 586 unter Hinweis auf eine Andeutung in EuGH v. 5.11.2002, Rs. C-208/00, *Überseering*, Slg. 2002, I-9919 Rn. 92.

73 Nach (noch) h.M. verlieren diese Gesellschaften wegen der für Wegzugsfälle (noch) geltenden Sitztheorie ihre zivilrechtliche Rechtsfähigkeit und sind somit theoretisch nicht möglich; a.A. *Meilicke*, DB 2002, 911, 912; *Triebel/von Hase*, BB 2003, 2409 ff.: Anders als die Verlegung des Satzungssitzes soll die Verlegung der Geschäftsleitung regelmäßig nicht zur Auflösung der Gesellschaft in Deutschland führen.

74 *Rust*, IStR 2003, 658, 658 f.

schlechter steht als mit einer ausschließlich in Deutschland ansässigen Organgesellschaft. Daran ändert auch die unbeschränkte Steuerpflicht der doppelt ansässigen Gesellschaft im Inland nichts, da sie abkommensrechtlich als im ausländischen Mitgliedstaat des Ortes der Geschäftsleitung ansässig gilt. Dementsprechend steht Deutschland lediglich das Besteuerungsrecht über die inländischen Einkünfte zu.

Die Gesellschaft ist somit nach internationalem Steuerrecht einer nicht der deutschen Besteuerung unterliegenden gebietsfremden Gesellschaft vergleichbar, so dass auch insoweit die grenzüberschreitende Berücksichtigung der im Geschäftsleitungsstaat angefallenen Verluste beim deutschen Organträger in dem Maße geboten ist, wie dies bei EU-ausländischen Tochtergesellschaften ohne Inlandsanknüpfung zu fordern ist[75].

c) Gewinnabführungsvertrag

Hinsichtlich des Gewinnabführungsvertrages als Zugangsvoraussetzung der Organschaft ist zur Vermeidung von Wiederholungen auf das bereits Gesagte zu verweisen[76]. Nach der Feststellung der Gemeinschaftsrechtswidrigkeit ist im Folgenden nach Alternativen zu suchen:

Rechtsvergleichend bietet sich der Blick nach Österreich an, das bisher aufgrund desselben historischen Ursprungs ebenfalls einen Ergebnisabführungsvertrag für seine Organschaftsbesteuerung kannte. Bei der Abschaffung der österreichischen Organschaft und der Einführung des neuen Gruppenbesteuerungskonzeptes zum 1.1.2005 löste man sich zugleich vom bisherigen Erfordernis des Gewinnabführungsvertrages. *Gassner* erläuterte hierzu zutreffend, dass der Ergebnisabführungsvertrag im Effekt eine Konzernhaftung der Ober- für die Untergesellschaft verlangte, die Konzentrationen im Konzern förderte, zu Verlustdeckungen auch in Fällen führte, in denen diese betriebswirtschaftlich nicht erforderlich war und den Minderheitsgesellschafter zum Bezieher einer fixen Dividende degradierte[77]. Dies sind genau die Argumente der Stimmen im deutschen Schrifttum, die den Ergebnisabführungsvertrag „aus betriebswirtschaftlich-organisatorischer Sicht nicht als notwendig“ erachten[78].

75 *Röhrbein/Eicker*, BB 2005, 465, 472 ff.; *Bergemann/Schönherr/Stäblein*, BB 2005, 1706, 1715; *Eicker/Röhrbein*, Stbg 2006, 117, 120.

76 Vgl. vorstehend I.1.c).

77 *Gassner*, DB 2004, 841, 843.

78 Vgl. etwa *Theisen*, DBW 1988, 279, 289; *Herzig/Wagner*, DB 2005, 1, 6.

Der österreichische Gesetzgeber kam jedenfalls, nicht zuletzt aufgrund der intensiven wissenschaftlichen Vorarbeiten zur Gruppenbesteuerung, zu dem Schluss, dass der Vertragskonzern mit zwingender gesellschaftsrechtlicher Ergebnisübernahme nicht erforderlich für gewisse steuerliche Abweichungen von der Individualbesteuerung wäre, da hierfür auch andere Mittel hinreichen, wie z.B. die Beteiligungshöhe, der Gruppenantrag oder die Mindestdauer der Gruppenbesteuerung. Auch in den Vorschlägen der Kommission zu einer grenzüberschreitenden Gruppenbesteuerung innerhalb Europas[79] finden sich keine konzernvertraglichen Elemente.

Die Frage lautet daher: Kann im Bereich der deutschen Konzernergebnisrechnung eine entsprechende Abkoppelung der steuerrechtlichen von den handelsrechtlichen Erfordernissen vorgenommen werden?

Dies ist aus rechtsdogmatischen Erwägungen zu bejahen: Die Organschaft ist ein von der Rechtsprechung des Preußischen Oberverwaltungsgerichts, des Reichsfinanzhofs sowie des Bundesfinanzhofs entwickeltes Rechtsinstitut[80]. Bevor dieses Institut im Jahr 1969 Eingang in das deutsche Körperschaftsteuergesetz fand, diente der Ergebnisabführungsvertrag nach Auffassung der Rechtsprechung als zivilrechtliches Bindeglied zwischen Gesellschafts- und Gesellschafterebene bei der Einkommenszurechnung. Dies rechtfertigte letztlich die steuerliche Einkommenszurechnung und die damit einhergehende Durchbrechung des Trennungsprinzips. Bei der nach der Kodifikation gesetzlich angeordneten steuerlichen Ergebniszurechnung bedarf es des gesellschaftsrechtlichen Hilfskonstrukts gerade nicht mehr – das Trennungsprinzip wird vielmehr kraft Gesetzes durchbrochen[81]. Ähnliche gesetzliche Durchbrechungen des Trennungsprinzips ohne die Notwendigkeit eines Ergebnisabführungsvertrags sind dem deutschen Steuerrecht nicht fremd, wenn man an Vorschriften wie § 8 Abs. 4 KStG (Mantelkaufregelung) oder §§ 7 ff. AStG (Hinzurechnungsbesteuerung) denkt.

---

79 Vgl. Mitteilung der Kommission, Ein Binnenmarkt ohne steuerliche Hindernisse, KOM (2001) 582 endg., Teil IV B 7.3; die zusammenfassende Studie der Dienststellen der Kommission zur „Unternehmensbesteuerung im Binnenmarkt", SEK (2001), 1681, Tz. 58 f. sowie die Mitteilung der Kommission „Ein Binnenmarkt ohne unternehmensteuerliche Hindernisse - Ergebnisse, Initiativen, Herausforderungen", KOM (2003) 726 v. 24.11.2003, S. 11, Tz. 3.3. Hierzu: *Schön*, in: Herzig (Hrsg.), Organschaft, 2003, S. 612 ff.; *ders.*, ZHR 168 (2004), 629, 632; *Wehrheim/Marquardt*, IStR 2003, 14 ff.

80 Vgl. zur Rechtshistorie vorstehend im 1. Teil, II.1.

81 Ebenso *Grotherr*, StuW 1995, 124, 139; *Watrin/Sievert/Strom*, FR 2004, 1, 10 Fn. 108; *Herzig/Wagner*, DB 2005, 1, 6; *Jochum*, FR 2005, 577, 580 f.

Es schließt sich daher die Folgefrage an: Stellt der Ergebnisabführungsvertrag ein zwingend notwendiges Erfordernis für eine Gruppenbesteuerung im Allgemeinen bzw. die deutsche Organschaftsbesteuerung im Besonderen dar? Die konservative Ansicht[82] beruft sich darauf, dass der Gewinnabführungsvertrag zu einer Verlagerung der Leistungsfähigkeit zu der Gesellschaft führe, die den Verlust „wirtschaftlich" zu tragen hat. Erst dies rechtfertige die intersubjektive Verlustzurechnung an den Organträger. In der Tat ist bereits bisher die Rechtfertigung für die Durchbrechung des Subjektprinzips nicht in der gesellschafts- und damit handelsrechtlichen Verknüpfung zu sehen, sondern vielmehr in dem Gedanken der leistungsfähigkeitsgerechten Besteuerung der wirtschaftlichen Einheit, bestehend aus Organträger und Organgesellschaft. Es ist jedoch unzutreffend, alleine die Durchführung von Gewinnabführungsvertrag und Verlustübernahmeverpflichtung als Leistungsfähigkeitsindikator zu konstruieren. Die steuerliche Leistungsfähigkeit des Organträgers ist auch ohne Verlustübernahmeverpflichtung und entsprechender Ausgleichszahlung bereits deshalb steuerlich gemindert, weil der Buchwert der Beteiligung an der verlusterleidenden Tochtergesellschaft gemindert wird. Dieser grundsätzlich im Wege der Teilwertabschreibung auf den Beteiligungsansatz zu kompensierende Verlust ist ganz klar ein solcher des Organträgers selbst. Folglich ist seine Leistungsfähigkeit ohne Weiteres, d.h. auch ohne Verlustübernahmezahlung, gemindert. Die Ursache hierfür liegt in der Verlustsituation der Organgesellschaft. Da allerdings ein körperschaftsteuerpflichtiger Organträger eine Teilwertabschreibung und damit eine „indirekte" Verlustnutzung wegen § 8b Abs. 3 S. 3 KStG nicht geltend machen kann, ist ihm der Organgesellschaftsverlust zur „direkten" Verlustnutzung steuerlich zuzurechnen[83]. Bei Personengesellschaften und Einzelunternehmern als Organträger wirkt sich die Wertminderung am Anteil der Organgesellschaft steuerlich zur Hälfte aus, § 3c Abs. 2 S. 2 EStG. Gleichwohl untersagt die Finanzverwaltung die mit ständigen Verlusten der Organgesellschaft begründete Teilwertabschreibung[84]. Hierdurch soll vermieden werden, dass sich Verluste beim Organträger doppelt auswirken, nämlich zum einen über die Verlustzurechnung und zum anderen über die Abschreibung auf die

---

82 Vgl. Bericht der Bundesregierung zur Fortentwicklung des Unternehmensteuerrechts, Beilage zu FR 11/2001, 1, 17; *Müller-Gatermann*, in: Kley/Sünner/Willemsen (Hrsg.), FS W. Ritter, 1997, S. 457, 464; *Thiel*, DB 2004, 2603, 2605; *Wassermeyer*, DStJG 28 (2005), 222.

83 In diesem Sinne bereits *Schön*, ZHR 168 (2004), 629, 631: „Damit wächst der Druck, den Zugang zum Organschaftsrecht auch nicht vertragsgebundenen Konzernen zugänglich zu machen". Ebenso *Jochum*, FR 2005, 577, 582 ff.

84 Abschn. 62 Abs. 3 S. 2 KStR 2004.

Beteiligung[85]. Auch hier wird deutlich, dass die Verlustzurechnung an den Organträger nicht etwa mit der Verlustübernahmezahlung, sondern vielmehr mit der Versagung der Teilwertabschreibung beim Organträger erkauft wird. Die Leistungsfähigkeit eines Organträgers, der an einer defizitären Tochtergesellschaft beteiligt ist, ist somit ohne Weiteres gemindert.

Zum selben Ergebnis, wenngleich mit anderer Begründung, gelangt die Konzerneinheitsbetrachtung. Abgestellt wird hierbei auf eine wirtschaftliche Betrachtungsweise, die die Rechtsprechung ursprünglich zur Schaffung der Organschaft anstrengte: Die leistungsfähigkeitsgerechte Besteuerung des Konzerns bestehend aus Organträger und Organgesellschaft erfordert eine Einmalverlustnutzung im Konzern, und zwar unabhängig davon, bei welcher Konzerngesellschaft letztlich der Verlust wirtschaftlich verursacht wurde. Entscheidend ist ausschließlich, *dass* der Verlust *im Konzern* anfiel.

Anstelle der Verknüpfung der steuerrechtlichen Organschaft mit einem gesellschaftsrechtlichen Unternehmensvertrag kann eine *Option bzw. ein Antragsverfahren*, also ein gemeinsames Wahlrecht der Organkreisteilnehmer zu einer mit einer gewissen Mindestdauer versehenen Organschaftsbesteuerung implementiert werden. Auf diese Weise wird eine steuerliche Gleichbehandlung von Vertragskonzern und faktischem Konzern erzielt. Die Forderung des Verzichts auf den Ergebnisabführungsvertrag ist im Schrifttum nicht neu[86], jedoch nach Ergehen des Urteils in der Rechtssache „Marks & Spencer“ wieder aktuell. Löst man sich von der Verknüpfung der handelsrechtlichen Ergebnisabführung mit der steuerlichen Ergebniszurechnung, die bisher über den Gewinnabführungsvertrag hergestellt wurde, so ist es erforderlich, die Frage des *Steuerausgleichs innerhalb der Unternehmensgruppe* zu beantworten[87]. Ein Blick in die dargestellten Gruppenbesteuerungssysteme zeigt, dass dort, wo sich eben dieses Problem stellt, die Lösung im Wege der Ermöglichung einer steuerneutralen Zahlung von Steuerumlagen gesehen wird. Für die Auslandsgruppengesellschaften wäre ein Steuerausgleich

85 BFH v. 6.11.1985, I R 56/82, BStBl. II 1986, 73, 75; *Schmidt/Müller/Stöcker*, Die Organschaft im Körperschaftsteuer-, Gewerbesteuer- und Umsatzsteuerrecht, 6. Aufl. 2003, Rn. 566.

86 Vgl. etwa *Borggräfe*, WPg 1995, 129, 136 f.; *Grotherr*, StuW 1995, 124, 139 ff.; *ders.*, in: Gassner/Lang/Wiesner (Hrsg.), Besteuerung von Unternehmensgruppen, 1998, S. 233, 256 f.; *Krebs*, BB 2001, 2029, 2030; *Krebühl*, DStR 2001, 1730, 1735 f.; *ders.*, DStR 2002, 1241, 1243 f.; *Watrin/Sievert/Strom*, FR 2004, 1, 11; *Herzig*, DStJG 28 (2005), 185, 192 f., 216 f.; *Herzig/Wagner*, DB 2005, 1, 6; *Jochum*, FR 2005, 577 ff.

87 Vgl. *Krebühl*, DStR 2001, 1730, 1733; *Schön*, ZHR 168 (2004), 629, 634 f., der zutreffend die *bisherige* gesellschaftsrechtliche Behandlung der Steuerumlage als problematisch ansieht; *Herzig/Wagner*, DB 2005, 1, 9.

bereits deshalb entbehrlich, weil diese in ihrer jeweiligen nationalen Steuerhoheit verhaftet bleiben, so dass sie durch die Einbeziehung in die Organschaft weder einen steuerlichen Vor- noch einen Nachteil erleiden[88]. Diese Effekte treten vielmehr allein auf Ebene der inländischen Organkreisteilnehmer auf.

Realistischer ist im Hinblick auf eine fiskalisch vorteilhaftere *Umsetzung nur der Mindestvorgaben des EuGH* zur Auslandsverlustberücksichtigung, dass der deutsche Gesetzgeber zumindest im reinen Inlandsfall am Gewinnabführungsvertrag mit Verlustübernahmeverpflichtung festhält. Der Auslandsfall kann hingegen eine günstigere steuerliche Behandlung erfahren, denn die Niederlassungsfreiheit verbietet lediglich die nachteiligere steuerliche Behandlung des grenzüberschreitenden Falles. Gleichwohl verkennt die Ansicht[89], die für die grenzüberschreitende Organschaft nur äquivalente phasengleiche Zahlungsströme wie beim Ergebnisabführungsvertrag verlangt („gelebte Organschaft"), dass dieses Konzept die innerperiodische steuerliche Zurechnung von Gewinnen bzw. Verlusten der Organgesellschaft zum Ziel hat. Im Gegensatz dazu führt die vom EuGH geforderte Ausfallhaftung für ausländische Definitivverluste lediglich zu einer periodenverschobenen Berücksichtigung von Verlusten. Die Umsetzung des in der Entscheidung „Marks & Spencer" gesetzten Minimalstandards schafft damit ein *Nebeneinander* eines Systems der primären, sofortigen *nationalen Verlustberücksichtigung* und eines Systems der subsidiären, zeitverschobenen *grenzübergreifenden Verlustberücksichtigung*. Letzteres basiert jedoch *nicht* auf einer jährlichen Ergebniszurechnung. Insoweit ist die Forderung einer jährlichen gesellschaftsrechtlichen Gewinnübertragung seitens der ausländischen Tochtergesellschaft bzw. der jährlichen Deckung für die im Inland nicht phasengleich im Entstehungsjahr nutzbaren Verluste der Auslandstochter durch den inländischen Organträger *unsystematisch*. Überdies würde der grenzüberschreitende Sachverhalt *ein weiteres Mal mit Zins- und Liquiditätsnachteilen* im Vergleich zum rein deutschen Organkreis bestraft: Zum einen durch die fehlerhafte gemeinschaftsrechtliche Ansicht des EuGH, die

88 Zutreffend *Herzig/Wagner*, DB 2005, 1, 9. Dies erklärt beispielsweise die Beschränkung der im Gruppenantrag anzugebenden Regelung über den Steuerausgleich auf die finanziell verbundenen *inländischen* Gruppengesellschaften in § 9 Abs. 8 öKStG.

89 *Balmes/Brück/Ribbrock*, BB 2006, 186, 189; *Ehlermann/Nakhai*, The Tax Journal, 6.2.2006, S. 5, 7; *Eicker*, Stbg 2005, 197, 201; *Englisch*, IStR 2006, 22, 23; *J. Hey*, GmbHR 2006, 113, 119; *Kleinert*, GmbHR 2006, R45, R46; *Kleinert/Nagler/Rehm*, DB 2005, 1869, 1872; *Müller/Müller*, GmbHR 2006, 301, 302 f.; *Nagler/Kleinert*, DB 2005, 855, 856; *Raupach/Pohl*, NZG 2005, 489, 492; *Reichl/Wittkowski*, StB 2006, 50, 53; *Sedemund/Sterner*, DStZ 2006, 29, 34; *Thömmes*, IWB 2006 F. 11a Rspr., S. 938, 940.

lediglich zu einer nur zeitverschobenen Berücksichtigung der ausländischen Definitivverluste führt. Inlandsgewinne können nämlich nicht sofort, sondern, wenn überhaupt, erst in späteren Perioden steuermindernd mit Verlusten verrechnet werden. Zum anderen würde die im Entstehungsjahr des Verlustes der Auslandstochtergesellschaft notwendige Ausgleichszahlung des deutschen Organträgers zu cash-flow-Nachteilen führen, obwohl der Auslandsverlust erst in späteren Jahren, möglicherweise jedoch gar nicht von ihm genutzt werden kann. Der im 2. Teil dieser Arbeit festgestellte Europarechtsverstoß würde damit perpetuiert. Im Ergebnis hat daher der deutsche Gesetzgeber bei einer Minimalumsetzung der „Marks & Spencer"-Entscheidung ins deutsche Organschaftsrecht zumindest im System der grenzüberschreitenden Organschaft auf das Erfordernis eines Ergebnisabführungsvertrags bzw. eines Äquivalents zu verzichten.

d) Finanzielle Eingliederung

Nachdem der deutsche Gesetzgeber zu Recht die anachronistischen Voraussetzungen der wirtschaftlichen und organisatorischen Eingliederung im Organschaftsrecht abgeschafft hatte[90], stellt sich die Frage, ob das verbliebene *Erfordernis der finanziellen Beteiligung* mit den Vorgaben des Gemeinschaftsrechts harmoniert.

In § 14 Abs. 1 S. 1 Nr. 1 S. 1 KStG heißt es: „*Der Organträger muss an der Organgesellschaft vom Beginn ihres Wirtschaftsjahrs an ununterbrochen in einem solchen Maße beteiligt sein, dass ihm die Mehrheit der Stimmrechte aus den Anteilen an der Organgesellschaft zusteht (finanzielle Eingliederung).*"

Rein *rechtlich* reicht also bereits die einfache Stimmrechtsmehrheit für die finanzielle Eingliederung, jedoch bedarf der erforderliche Zustimmungsbeschluss zum Gewinnabführungsvertrag gemäß § 293 Abs. 1 AktG mindestens der Dreiviertelmehrheit (75%) in der Hauptversammlung der abhängigen Organgesellschaft. Die Sperrminorität der Minderheitsgesellschafter kann in gewissen Fällen *faktisch* zu dem Erfordernis einer mindestens 75%-Beteiligung zur Begründung der Organschaft führen. Die deutsche Regelung hält sich damit im europäischen und internationalen Durchschnitt[91].

90 Ab dem VZ 2001 durch das StSenkG v. 23.10.2000, BStBl. I 2000, 1521.

91 Vgl. die Übersichten vorstehend unter 1. Teil, IX.3., X.3. sowie die internationale Zusammenstellung bei *Masui*, in: CDFI, IFA 2004 Vienna Congress, Vol. 89b, General Report, S. 21, 37 f.

Da die finanzielle Eingliederung einer ausländischen Gesellschaft in eine inländische Muttergesellschaft vom deutschen Rechtssystem nicht eingeschränkt wird und somit unproblematisch möglich ist, bestehen insoweit keine europarechtlichen Bedenken.

Anzumerken bleibt, dass es auch keine bestimmten europarechtlichen Vorgaben hinsichtlich einer Mindestbeteiligungshöhe gibt. In den Diskussionen um eine Reform der Organschaft wird sich insoweit an den zurückgezogenen Vorschlag der Kommission für eine Richtlinie des Rates über eine Regelung für Unternehmen zur Berücksichtigung der Verluste ihrer in anderen Mitgliedstaaten belegenen Betriebstätten und Tochtergesellschaften von 1990 angelehnt[92]: Dieser sah in Art. 2 eine Beteiligungshöhe von mindestens 75% vor, wobei es den Mitgliedstaaten freistehen sollte, einen niedrigeren Mindestbeteiligungssatz einzuführen. *Raupach* favorisiert ebenfalls eine Stimmrechtsquote von mindestens 75%, um von einem beherrschenden Einfluss des Organträgers auszugehen[93]. Geprägt ist die vorgeschlagene Dreiviertelmehrheit somit von der oben erwähnten Sperrminorität der Minderheitsgesellschafter für grundlegende Unternehmensentscheidungen. Dass demgegenüber auch die einfache Stimmrechtsmehrheit im Rahmen einer grenzüberschreitenden Gruppenbesteuerung ausreichend sein kann, belegen die Beispiele Österreichs, Dänemarks und Italiens[94].

3. Rechtsfolgen der Organschaft

a) Verlustberücksichtigung

Die Beschränkung der Organschaft de lege lata auf Inlandsergebnisse ist gesetzlich nicht etwa als Begrenzung des sachlichen Anwendungsbereichs der §§ 14 ff. KStG formuliert. Es ist vielmehr die Konsequenz der Beschränkung des persönlichen Anwendungsbereichs auf im Inland ansässige Organgesellschaften. Dieser Punkt knüpft somit an die oben gemachten Ausführungen zu Organträger und Organgesellschaft sowie an die Rechtssache „Marks & Spencer" an. Um Wiederholungen zu vermeiden, sei hier nur das

---

92 Vorschlag der Kommission v. 6.12.1990, KOM (90) 595 endg., ABl. EG C-53 v. 28.2.1991, S. 30-34; BR-Drs. 96/91 v. 7.2.1991; zurückgezogen mit KOM (2001) 763 endg. v. 11.12.2001. Vgl. dazu vorstehend im 2. Teil, I.2.b)a)iv) m.w.N.

93 Vgl. *Raupach*, in: Schön (Hrsg.), GS Knobbe-Keuk, 1997, 675, 721; ähnlich *Krebühl*, in: Herzig (Hrsg.), Organschaft, 2003, S. 595, 606; *Paetsch*, Grenzüberschreitende Verlustberücksichtigung im Europäischen Binnenmarkt, 2004, S. 96 ff., 106; *Herzig/Wagner*, DB 2005, 1, 8.

94 Vgl. die Übersicht vorstehend im 1. Teil, X.4.

Ergebnis festgehalten: Die fehlende Berücksichtigung grenzübergreifend erlittener Verluste bereits *dem Grunde nach* – hier auf Ebene des Organträgers – ist als nicht zu rechtfertigender Verstoß gegen die Niederlassungsfreiheit nach Art. 43, 48 EG zu bewerten[95]. Die gebotene Einbeziehung ausländischer Verluste in die Organschaftsbesteuerung wirft eine Reihe von Folgefragen auf.

i) Grenzüberschreitend verrechenbare Verluste

Was den Umfang der gebotenen grenzüberschreitenden Verlustberücksichtigung anbelangt, so geht der EuGH lediglich von einer Ausfallhaftung des Sitzstaates der Muttergesellschaft für definitiv gewordene Verluste ausländischer Tochtergesellschaften aus. Folglich bedürfe es nur in den Fällen, in denen die Möglichkeiten der Verlustnutzung im hierfür primär zuständigen Mitgliedstaat der Tochtergesellschaft erschöpft sind, einer Zurechnung zum deutschen Organträger[96]. Angesprochen ist damit insbesondere der Wegfall von Verlusten aufgrund zeitlicher Restriktionen des intertemporalen Verlustabzugs im Wege des Verlustvortrags oder -rücktrags im betreffenden Mitgliedstaat[97].

Eine Schrifttumsmeinung[98] hält diese Begrenzung auf ausländische Definitivverluste im Rahmen der Organschaft für unzutreffend, weil bei Durchführung des Gewinnabführungsvertrags die Gefahr der doppelten Verlustnutzung ausgeschlossen sei. Dem kann nicht zugestimmt werden. Selbst wenn man den Abschluss eines grenzüberschreitenden Gewinnabführungsvertrags für möglich erachtet, so werden die Wirkungen des Unternehmensvertrages von der Rechtsordnung des anderen Mitgliedstaats nicht nachvollzogen[99]. Mit anderen Worten kommt es gerade nicht zum Wegfall des Verlustvortrages auf Ebene der defizitären ausländischen Tochtergesellschaft, so dass weiterhin die Gefahr eines „double dip" droht. Ebenso wenig führt ein grenzüberschreitender Gewinnabführungsvertrag zu einem Besteuerungsverlust des Ansässigkeitsstaates der gewinnabführenden Tochtergesell-

95 Vgl. hierzu nur die Literaturhinweise im 2. Teil, II.7.

96 Zu den einzelnen praktischen Fällen instruktiv *Scheunemann*, IStR 2006, 145, 147 ff.; *Linn/Reichl/Wittkowski*, BB 2006, 630, 633 ff.

97 Vgl. zu den Möglichkeiten der zeitlichen Verlustübertragung für Körperschaften im internationalen Vergleich die Antwort der Bundesregierung, BT-Drs. 16/3942 v. 18.12.2006, S. 2 f.

98 *Balmes/Brück/Ribbrock*, BB 2006, 186, 189.

99 Ebenso *Herzig/Wagner*, Der Konzern 2006, 176, 183 Rn. 75.

schaft[100]. Andernfalls wären Konflikte mit grundlegenden international anerkannten Besteuerungszuständigkeiten sowie Widersprüche mit der vom EuGH mehrfach angesprochenen primären Besteuerungszuständigkeit des Ansässigkeitsstaates des Steuerpflichtigen vorprogrammiert.

Der auf die Berücksichtigung endgültiger Verluste beschränkten Ansicht des EuGH ist jedoch aus anderen Gründen nicht zu folgen: Ebenso wie der group relief bezweckt auch die Organschaft die sofortige *innerperiodische* Verlustverrechnung im Organkreis und somit Liquiditäts- und Zinsvorteile im Konzernverbund. Um zu einer kohärenten und gleichwertigen Besteuerung des grenzüberschreitend tätigen Konzerns zu gelangen, bedarf es daher – wie bereits erläutert – zwingend der Einmalverlustberücksichtigung des nicht ausgeglichenen ausländischen Verlustes im Verlustentstehungsjahr. Nur auf diese Weise lässt sich der Liquiditäts- und Zinsvorteil im Konzern durch eine sofortige steuermindernde Verlustverrechnung realisieren[101]. Damit wären im Unterschied zur Lösung des EuGH nicht nur Definitivverluste, sondern auch steuerlich ungenutzte laufende Verluste grenzüberschreitend zu berücksichtigen.

Die Diskussion in der Literatur entbrannte ferner um ausländische Liquidations- und Abwicklungsverluste. *Dötsch/Pung*[102] verneinen entgegen einer als offensichtlich einhellig bezeichneten Ansicht[103] den grenzüberschreitenden Abzug solcher Verluste, da die Verlustübertragung in dieser Konstellation auch bei der rein nationalen Organschaft nicht zulässig sei. Dies habe der BFH für den Gewinn im Zeitraum der Abwicklung bzw. Betriebseinstellung entschieden und die Finanzverwaltung ist ihm dabei gefolgt[104]. Der Ansicht von *Dötsch/Pung* ist beizupflichten, da sie die Gleichbehandlung zum Inlandsfall sicherstellt. Eine Besserbehandlung des transnationalen Sachverhalts gegenüber dem Binnensachverhalt ist nicht erforderlich. Jedoch muss die herrschende Schrifttumsmeinung wohl eher dahin verstanden werden, dass es auch *infolge* einer Liquidation zu einem „Definitivverlust" im Sinne

100 Ebenso *J. Hey*, GmbHR 2006, 113, 119; ähnlich *Wernsmann/Nippert*, FR 2006, 153, 160; a.A.: *Kleinert/Nagler/Rehm*, DB 2005, 1869, 1875; *Kleinert/Nagler*, DB 2005, 2791, 2792; *Kleinert*, GmbHR 2006, R 45, R 46.

101 Vgl. die Berechnungen zu den Zinseffekten bei *Förster*, WPg 2004, 1258, 1259 f.; *Ewald*, IStR 2006, 155 ff.

102 *Dötsch/Pung*, Der Konzern 2006, 130, 133; *Eicker/Röhrbein*, Stbg 2006, 117, 122.

103 Vgl. *Petritz/Schilcher*, SWI 2005, 233, 239; *Scheunemann*, IStR 2005, 303, 308; *Eicker*, Stbg 2005, 197, 200; *Herzig/Englisch/Wagner*, Der Konzern 2005, 298, 310; *M. Lang*, SWI 2005, 255, 256; *Herzig/Wagner*, DStR 2006, 1, 6; *J. Hey*, GmbHR 2006, 113, 115; wohl auch *Saß*, DB 2006, 123, 126.

104 BFH v. 18.10.1967, BStBl. II 1968, 105; Abschn. H 61 KStR 2004.

der Tenorierung des Gerichtshofs kommt, wenn Altverluste in Form von Verlustvorträgen durch die Liquidation als unverrechenbar wegfallen.

ii) Ermittlung der Verluste und Einbeziehung

Hinsichtlich des einzubeziehenden Verlustbetrages wäre die Übernahme des im Ansässigkeitsstaat der Tochtergesellschaft ermittelten Verlustes[105] oder alternativ eine Neuberechnung nach den Regeln des Ansässigkeitsstaates der inländischen Muttergesellschaft denkbar. Aufgrund der unterschiedlichen Gewinnermittlungsvorschriften in den Mitgliedstaaten würde die *Verlusthöhe* unter Zugrundelegung von inländischem bzw. ausländischem Steuerrecht jeweils divergieren. Folgen wären erneute Inkonsistenzen, wenn beispielsweise im Ausland ein Verlust anfällt, bei der Berechnung nach inländischem Steuerrecht hingegen ein Gewinnausweis erfolgen müsste oder auch nur ein niedriger Verlust feststellbar wäre[106]. Nach welcher Steuerrechtsordnung hat sich demnach die Ermittlung des im Inland zu berücksichtigenden ausländischen Verlustes zu richten?

Nach einer Schrifttumsmeinung[107] spricht viel dafür, die Verluste nach den Vorschriften des Ansässigkeitsstaates der inländischen Muttergesellschaft zu ermitteln, da tatbestandsmäßig die rechtliche Situation einer Muttergesellschaft mit in- und ausländischen Tochtergesellschaften vergleichbar sein müsse. Überzeugend ist nur das Ergebnis, nicht aber die Begründung. Für die Tatbestandsseite ist es grundsätzlich irrelevant, nach welchem Steuerrecht der Verlust der ausländischen Tochtergesellschaft festgestellt wurde. Dass die Auslandsgesellschaft einer fremden Rechtsordnung unterliegt, muss im Rahmen eines gemeinsamen Binnenmarktes hingenommen werden. Wesentlich ist vielmehr, dass die inländische Muttergesellschaft an der beantragten Verlustverrechnung gehindert wird. Die Feststellung der Benachteiligung „dem Grunde nach" ist von den Konsequenzen „der Höhe nach" zu trennen. Verlustermittlung und die mögliche Begrenzung nach inländischem Steuerrecht sind Rechtsfolgenfragen. Es geht nicht um die grenzüberschreitende Verlustberücksichtigung als solche (das „Ob"), sondern um den Umfang der Auslandsverlustberücksichtigung (das „Wie"). Nach ständiger Rechtsprechung des EuGH haben die Angehörigen der benachteiligten

105 So etwa Art. 7 Abs. 2, Art. 9 Abs. 2 des Vorschlags einer Verlustrichtlinie v. 6.12.1990, vgl. vorstehend im 2. Teil, I.2.b)a)iv).

106 Vgl. insbesondere *Schuch*, in: Lehner (Hrsg.), Verluste im nationalen und Internationalen Steuerrecht, München 2004, S. 63, 79 ff.

107 Vgl. *Herzig/Wagner*, DStR 2006, 1, 8; *M. Lang*, SWI 2006, 3, 9; *Scheunemann*, IStR 2006, 145, 150; *Intemann*, NWB F. 4, S. 5037, 5045 f.

Gruppe einen Anspruch auf die gleiche Behandlung und auf *Anwendung der gleichen Regelung* wie die übrigen Betroffenen, wenn das nationale Recht unter Verstoß gegen das Gemeinschaftsrecht eine unterschiedliche Behandlung mehrerer Personengruppen vorsieht. Diese Regelung bleibt, solange das Gemeinschaftsrecht nicht richtig durchgeführt ist, das einzig gültige Bezugssystem[108]. Abzulehnen ist deshalb die Auffassung, die den ausländischen handelsbilanziellen Verlust lediglich nach deutschem Steuerrecht modifizieren möchte[109]. Bezogen auf die deutsche Organschaftsbesteuerung steht vielmehr die regelmäßig eine Schattenbilanzierung der Tochtergesellschaft erfordernde Neuermittlung des ausländischen Verlustes nach deutschen Gewinnermittlungsvorschriften (§ 8 KStG iVm. §§ 4 ff. EStG) im Einklang mit dem Europarecht. Sie entspricht auch den in der Praxis vorzufindenden Regelungen derjenigen Länder, die bereits eine grenzüberschreitende Gruppenbesteuerung implementiert haben[110]. Der EuGH akzeptierte in den Entscheidungen, in denen diese Thematik eine Rolle spielte, die entsprechende mitgliedstaatliche Vorgehensweise[111]. Auch die zutreffende herrschende Meinung im Schrifttum spricht sich klar gegen eine ansonsten eintretende Abhängigkeit von den ausländischen Gewinnermittlungsvorschriften aus[112]. Im Ergebnis kann es beispielsweise nicht beanstandet werden, wenn Auslandsverluste unberücksichtigt bleiben, weil der nach ausländischem Steuerrecht errechnete Verlust den nach inländischem Steuerrecht ermittelten Verlust übersteigt.

Für die Einbeziehung der nach deutschem Steuerrecht nachermittelten Auslandsverluste kommen eine „direkte" und eine „indirekte" Methode in Betracht. Die direkte Methode könnte sich entsprechend an der früheren Rege-

108 EuGH v. 26.1.1999, Rs. C-18/95, *Terhoeve*, Slg. 1999, I-345 Rn. 57 m.w.N.

109 *Sedemund/Sterner*, DStZ 2006, 29, 34. Richtig demgegenüber *Scheunemann*, IStR 2006, 145, 150, der auf die Maßgeblichkeit nach § 5 Abs. 1 EStG hinweist.

110 Vgl. die Übersicht vorstehend, unter 1. Teil, X.4.

111 EuGH v. 12.5.1998, Rs. C-336/96, *Gilly*, Slg. 1998, I-2793 Rn. 46, 48; 13.12.2005, Rs. C-446/03, *Marks & Spencer plc*, Slg. 2005, I-10837 Rn. 22.

112 *Trenkwalder/Firlinger*, SWI 2001, 514, 521 f.; *M. Lang*, ÖStZ 2003, 254, 257; *ders.*, SWI 2006, 3, 9; *ders.*, European Taxation 2006, 54, 62; *Herzig/Wagner*, DB 2005, 1, 4; *dies.*, DStR 2006, 1, 8; *Bergemann/Schönherr/Stäblein*, BB 2005, 1706, 1714; *Scheunemann*, Grenzüberschreitende konsolidierte Konzernbesteuerung, Köln 2005, S. 254; *ders.*, IStR 2006, 145, 150; *Englisch*, IStR 2006, 22, 23; *J. Hey*, GmbHR 2006, 113, 115; *Dötsch/Pung*, Der Konzern 2006, 130, 134; *Reichl/Wittkowski*, StB 2006, 50, 53; wohl auch *Schuch*, in: Lehner (Hrsg.), Verluste im nationalen und Internationalen Steuerrecht, München 2004, S. 63, 79 ff.; im Betriebstättenfall etwa Österreichischer VwGH, Erkenntnis v. 25.9.2001, Az. 99/14/0217, IStR 2001, 754.

lung für Auslandsbetriebstättenverluste in § 2a Abs. 3 EStG a.F.[113] bzw. gegenwärtig an der für Auslandstochterverluste bestehenden Vorschrift der österreichischen Gruppenbesteuerung in § 2 Abs. 8 öEStG iVm. § 7 Abs. 2 öKStG orientieren. Wie bei der Inlandsorganschaft wird der Organgesellschaftsverlust dem Organträger phasengleich zugerechnet und vermindert folglich direkt dessen Steuerbemessungsgrundlage. Alternativ ließe sich dieselbe steuerliche Entlastungswirkung indirekt über eine bilanzielle Lösung erzielen, wie sie beispielsweise im früheren § 3 AuslInvG[114] vorzufinden war. Die Rede ist von der Bildung einer den Gewinn mindernden Rücklage für die Auslandstochterverluste auf Ebene des deutschen Organträgers.

Es schließt sich die Folgefrage an, was im Falle überschießender Auslandsverluste im Vergleich zu den Inlandsgewinnen geschehen soll. Ist ein Vortrag ausländischer Verluste auf Ebene des Organträgers vorzusehen? Bei einer Erstreckung der Organschaft auf grenzüberschreitende Sachverhalte wäre dies zwingend geboten, um dem *Gebot der Einmalverlustverrechnung*[115] innerhalb des europäischen Binnenmarktes zur praktischen Durchsetzung zu verhelfen[116]. Ein Verlustvortrag ist damit auf Ebene des Organträgers dann festzustellen, wenn eine phasengleiche Verlustberücksichtigung sowohl im Ansässigkeitsstaat der ausländischen Tochtergesellschaft als auch im Ansässigkeitsstaat des Organträgers ausscheidet. Dies hätte beispielsweise in Deutschland zur Folge, dass der spätere Abzug der Verluste beim Organträger im Wege des Verlustvortrags der so genannten Mindestbesteuerung nach § 10d EStG iVm. § 8 Abs. 1 KStG bzw. § 10a GewStG unterliegt.

iii) Nachversteuerungsmöglichkeit

In der Entscheidung „Marks & Spencer“ wird deutlich, dass der Gerichtshof einer doppelten Verlustberücksichtigung eher ablehnend gegenübersteht. Dies ist letztlich der Grund für die restriktive Haltung, nur die im Ausland in

113 Die durch das StEntlG v. 24.3.1999, BStBl. I 1999, 304 aufgehobene und letztmals für den VZ 1998 anwendbare Vorschrift des § 2a Abs. 3 EStG a.F. war explizit auf Betriebstättenverluste bei DBA-Freistellungsmethode beschränkt. Die Norm war 1990 eingeführt worden und hatte § 2 AuslInvG abgelöst. Die Frage der Gemeinschaftsrechtsmäßigkeit des Nachversteuerungsmechanismus der genannten Vorschriften wurde dem EuGH kürzlich vorgelegt, vgl. BFH v. 29.11.2006, I R 45/05 (veröffentlicht am 28.3.2007).

114 Die Rücklagenbildung nach § 3 AuslInvG a.F. war letztmals für vor dem 1.1.1990 endende Wirtschaftsjahre möglich.

115 Hierzu vorstehend, unter 2. Teil, II.6.c).

116 Bejahend auch *Zorn*, SWI 2001, 456, 464 mit Bezug auf öVwGH, Erkenntnis v. 25.9.2001, Az. 99/14/0217, IStR 2001, 754.

keiner Weise mehr nutzbaren „Definitivverluste" im anderen Mitgliedstaat zu verrechnen. Das verhältnismäßigere Mittel der sofortigen Konzernverrechnung unausgeglichener Auslandstochterverluste im Verlustentstehungsjahr vermeidet die *Gefahr der doppelten Verlustberücksichtigung* im Zeitpunkt der Konsolidierung des Auslandsverlustes hingegen nicht. Somit droht sich diese Gefahr in künftigen Veranlagungszeiträumen zu realisieren. Wie bereits erläutert, besteht zwar keine mitgliedstaatliche Verpflichtung, aber die – vom EuGH ausdrücklich unterstrichene – Möglichkeit, dieser Gefährdung mit einer europarechtskonform ausgestalteten Vorschrift zu begegnen.

Die Bundesrepublik kann der durch die „Hereinholung" ausländischer negativer Einkünfte verursachten Schmälerung des inländischen Steuersubstrats beispielsweise dadurch begegnen, dass sie eine Nachversteuerungsregelung für bereits berücksichtigte Auslandsverluste implementiert. Hierzu könnte man sich an der österreichischen Regelung des § 9 Abs. 6 Ziff. 6 öKStG orientieren: „*...In Jahren, in denen der [im Inland berücksichtigte] ausländische Verlust mit einem ausländischen Gewinn verrechnet wird oder tatsächlich verrechnet werden könnte, ist ein Betrag in diesem Ausmaß beim beteiligten inländischen Gruppenmitglied bzw. Gruppenträger, dem der Verlust zugerechnet wurde, als Gewinn zuzurechnen. Scheidet das nicht unbeschränkt steuerpflichtige ausländische Gruppenmitglied aus der Unternehmensgruppe aus, ist im Jahr des Ausscheidens ein Betrag im Ausmaß aller zugerechneten im Ausland nicht verrechneten Verluste beim Gruppenmitglied bzw. beim Gruppenträger als Gewinn zuzurechnen. Im Falle des Untergangs (Liquidation oder Insolvenz) des ausländischen Gruppenmitglieds ist bei tatsächlichem und endgültigem Vermögensverlust der zuzurechnende Betrag um die während der Gruppenzugehörigkeit nicht steuerwirksamen Teilwertabschreibungen zu kürzen.*"

Überdies kann, wie bereits ausgeführt, eine Auslandsverlustberücksichtigung von vornherein dann einfachgesetzlich ausgeschlossen werden, wenn der Verlust im Ausland bereits steuermindernd zum Abzug gebracht bzw. die Möglichkeit hierzu nicht genutzt wurde[117]. Selbstverständlich gilt dieses auch für die hier favorisierte Lösung, soweit der Auslandsverlust im Verlustentstehungsjahr beispielsweise im Rahmen der ausländischen Gruppenbesteuerung des dortigen „Inlandsteilkonzerns" ausgeglichen werden kann. Eine vergleichbar wirkende „mirror rule" existiert z.B. im Bereich der Anrechnung ausländischer Steuer gemäß § 34c Abs. 1 S. 1 EStG bzw. § 26 Abs.

117 Vgl. etwa EuGH v. 7.9.2004, Rs. C-319/02, *Manninen*, Slg. 2004, I-7477 Rn. 34 sowie die Ausführungen dazu im 2. Teil, II.6.c).

1 KStG, wonach nur „die festgesetzte und gezahlte und keinem Ermäßigungsanspruch mehr unterliegende ausländische Steuer“ auf die deutsche Steuer anzurechnen ist. Speziell für den Bereich der Organschaft verhindert bisher bereits § 14 Abs. 1 S. 1 Nr. 5 KStG[118] eine doppelte Berücksichtigung ausländischer Verluste eines Organträgers, soweit diese im Rahmen einer der deutschen Besteuerung entsprechenden Besteuerung im Ausland berücksichtigt werden. Entstehungsgeschichtlich wurde diese Regelung zeitgleich mit der Aufgabe des doppelten Inlandsbezugs für den Organträger eingeführt. Vor diesem Hintergrund dürfte es aus Gründen der Missbrauchsvermeidung nicht fern liegen, eine ähnliche Regelung im Rahmen der Öffnung des Organschaftsregimes für EU/EWR-ausländische Tochtergesellschaften einzuführen.

Es ist zutreffend, dass es nach dem Grundsatz der Einmalverlustverrechnung[119] bei vorgenommener Verrechnung der Auslandsverluste gegen inländische Gewinne immer dann zu einer endgültigen Entlastung in Deutschland (ohne die Möglichkeit der Nachversteuerung) kommt, wenn die ausländische Tochtergesellschaft, wie im „Marks & Spencer“-Fall, keine zukünftigen Gewinne erwirtschaftet und daraufhin liquidiert wird. Erstens, und dies ist das schlagende Argument, steht es nach Ansicht der Finanzverwaltung der Durchführung des Gewinnabführungsvertrages und damit der Organschaftsbesteuerung nicht entgegen, wenn die Organgesellschaft ständig Verluste erwirtschaftet[120]. Folglich kommt es auch im vergleichbaren Binnensachverhalt zur endgültigen Entlastung. Zweitens resultiert hieraus keine spezifische Sonderbelastung nur für Deutschland. Vielmehr besteht in den weiteren EU-Mitgliedstaaten mit Gruppenbesteuerungsregeln dieses Risiko genauso für die dort ansässigen Gruppenträger mit deutschen Tochtergesellschaften. Diese „Gegenseitigkeit“ von Be- und Entlastung in Bezug auf mitgliedstaatliche Konzernverluste stellt eine kohärente steuerliche Behandlung auf europäischer Ebene her. Drittens schließlich ließe sich eine endgültige und nicht nur suspensiv wirkende Entlastung des Auslandsverlustes rechtstechnisch mittels einer zeitlich aufgeschobenen, jedoch zwingend nachzuholenden Nachversteuerung vermeiden. Diese Schlussbesteuerung könnte wie in den früheren Regelungen von § 3 Abs. 3 AuslInvG bzw. Art. 8 und Art. 10

118 Vgl. zu dieser äußerst umstrittenen Vorschrift *Pache*, in: Herrmann/Heuer/Raupach (Hrsg.), KStG, § 14 Rn. 250 ff.; *Scheunemann*, Grenzüberschreitende konsolidierte Konzernbesteuerung, Köln 2005, S. 199 ff. jeweils m.w.N.

119 Hierzu vorstehend, unter 2. Teil, II.6.c).

120 Abschn. 60 Abs. 5 Nr. 4 KStR 2004.

des Kommissionsvorschlags einer Verlustrichtlinie von 1990[121] beispielsweise nach Ablauf von fünf Jahren ab dem Jahr der Verlustberücksichtigung erfolgen. Ob allerdings eine solche zwingende Schlussbesteuerung grundfreiheitskonform wäre, ist stark zu bezweifeln, denn konsequenterweise darf die ausländische „Dauerverlustgesellschaft" nicht schlechter als eine inländische vergleichbare Organgesellschaft behandelt werden. Letztere kann ihre laufenden Verluste jährlich an den Organträger weitergeben, ohne dass es insoweit zu einer Schlussbesteuerung kommt. Gleiches muss daher auch für die dauerhaft defizitäre Auslandstochtergesellschaft gelten. Zutreffend verneinte beispielsweise der deutsche Gesetzgeber in den vergleichbaren Fällen der Auslandsbetriebstättenverluste in § 2a Abs. 3 S. 4 EStG a.F. bzw. in dessen gleichlautender Vorgängerregelung in § 2 Abs. 1 S. 4 AuslInvG das Nachversteuerungsobligo: *„Satz 3 [die Nachversteuerung] ist nicht anzuwenden, wenn der Steuerpflichtige nachweist, daß nach den für ihn geltenden Vorschriften des ausländischen Staates ein Abzug von Verlusten in anderen Jahren als dem Verlustjahr allgemein nicht beansprucht werden kann."*

iv) Missbrauchsregelung

Ausdrücklich erwähnt der EuGH[122], dass es den Mitgliedstaaten freisteht, *„nationale Maßnahmen beizubehalten oder zu erlassen, die speziell bezwecken, nur zur Umgehung des nationalen Steuerrechts oder zur Steuerflucht geschaffene Sachverhalte von einem Steuervorteil auszuschließen."* Da er den group relief als Steuerbegünstigung ansieht, durfte folglich Großbritannien, wie es dies im Anschluss an das Urteil auch tat, spezielle Missbrauchsvermeidungsvorschriften schaffen. Verhindert werden soll ein „cross-border loss relief-shopping", also das bewusste Herbeiführen nichtverrechenbarer ausländischer Verluste, um auf diese Weise in den Genuss der grenzüberschreitenden Verlustberücksichtigung zu kommen.

Wenngleich das europäische Recht dazu nicht zwingt, darf bei einer Erweiterung der Organschaft der Missbrauchsvermeidungsvorbehalt des EuGH rechtlich umgesetzt und bei der Geltendmachung ausländischer Verluste angewendet werden. Täte dies der deutsche Gesetzgeber, so würde die ständige Rechtsprechung des BFH[123], wonach die dem Leistungsfähigkeitsprinzip

121 Vorschlag der Kommission v. 6.12.1990, KOM (90) 595 endg., ABl. EG C-53 v. 28.2.1991, S. 30-34; BR-Drs. 96/91 v. 7.2.1991; zurückgezogen mit KOM (2001) 763 endg. v. 11.12.2001. Vgl. dazu vorstehend im 2. Teil, I.2.b)a)iv).

122 EuGH v. 13.12.2005, Rs. C-446/03, *Marks & Spencer plc*, Slg. 2005, I-10837 Rn. 57.

123 Vgl. BFH v. 19.8.1999, I R 77/96, BStBl. II 2001, 43; 17.10.2001, I R 97/00, GmbHR 2002, 169, 171.

entsprechende steuergestalterische Ausnutzung des Verlustausgleichspotentials grundsätzlich nicht dem Verdikt des Missbrauchs unterliegt, an nationale Grenzen stoßen: Eine steuergestalterisch mit dem einzigen Zweck der Ausnutzung der grenzüberschreitenden Verlustnutzung erfolgende Liquidation der defizitären Auslandstochtergesellschaft könnte einen Missbrauch rechtlicher Gestaltungsmöglichkeiten i.S.d. § 42 AO darstellen. In diesem Fall müsste die Einbeziehung des über Verlustvorträge angesammelten Auslandsverlustes in den Organkreis unter Missbrauchsaspekten abgelehnt werden[124]. Der fiskalischen Notwendigkeit, sich gegen missbräuchliche Liquidationen von ausländischen Verlustgesellschaften zu schützen, kann man entsprechend der oben genannten österreichischen Nachversteuerungsregelung genügen. Keiner Missbrauchsvorschrift bedarf es hinsichtlich des im Veranlagungszeitraum der Liquidation oder Abwicklung entstehenden Verlustes, da auch im reinen Inlandsfall keine Einbeziehung eines solchen Liquidations- oder Abwicklungsverlustes in die Organschaftsbesteuerung vorgesehen ist[125].

Die Lösung einer sofortigen Einmalverlustberücksichtigung des ausländischen Verlustes kombiniert mit einer Nachversteuerungsregelung hat den Vorteil, weniger Anreize zu künstlichen Steuergestaltungen zu erzeugen. Um jedoch auch insoweit das Ausnutzen mitgliedstaatlicher Steuergefälle zu unterbinden, sollte die Mindestbestandsfrist von fünf Jahren auch bei der „grenzübergreifenden Organschaft“ beibehalten werden. Länder wie Italien oder Dänemark begegnen dem „cherry picking“, d.h. der Einbeziehung nur von gebietsfremden Verlusttochtergesellschaften darüber hinaus mit einer „all-in, all-out“ Option[126]. Die Einbeziehung aller qualifizierenden Gruppengesellschaften müsste dann aber sowohl bei der Inlandsorganschaft als auch bei der „Auslandsorganschaft“ zur Bedingung gemacht werden, um einen Gemeinschaftsrechtsverstoß zu vermeiden.

b) Gewinnberücksichtigung

Fraglich ist die Möglichkeit der Einbeziehung von positiven *ausländischen* Einkünften in die Gruppenbesteuerung. *Prima facie* würde man aus dem

124 Ebenso *Scheunemann*, RIW 2006, 79, 80; *Eicker/Röhrbein*, Stbg 2006, 117, 123; *Intemann*, NWB F. 4, S. 5037, 5043. A.A. wohl *M. Lang*, European Taxation 2006, 54, 66: „The Liquidation of a subsidiary can, however, probably, under no circumstances, be considered to be a wholly artificial arrangement“.

125 Vgl. bezogen auf die korrespondierende Gewinnsituation BFH v. 18.10.1967, BStBl. II 1968, 105; Abschn. H 61 KStR 2004.

126 Vgl. vorstehend 1. Teil, III.4.b), V.3.a).

Symmetriegedanken schließen, dass man, wenn man schon zwingend die ausländischen negativen Einkünfte (Auslandsverluste) zu berücksichtigen hat, auch die Gewinne der Auslandstochtergesellschaft zum Gruppeneinkommen hinzurechnen und im Inland besteuern darf. Entsprechend plädiert etwa *Maiterth*[127] für die Schaffung einer kapitalexportneutralen Organschaftsbesteuerung durch Einbeziehung sowohl sämtlicher Verluste als auch sämtlicher Gewinne der ausländischen Tochtergesellschaft unter Anrechnung der Auslandssteuer.

Wie bereits erwähnt, führt die Unvereinbarkeit des Gewinnabführungsvertrags mit der Niederlassungsfreiheit gerade nicht zu einer „geltungserhaltenden Reduktion“ dieser Organschaftsvoraussetzung. Äquivalente Ersatzinstrumentarien sind im Verhältnis zu Auslandsgesellschaften damit zur derzeitigen Organschaftszugehörigkeit nicht erforderlich, könnten jedoch künftig *gesetzlich* vorgeschrieben werden. Sollte der deutsche Gesetzgeber dies tun und einen dem Gewinnabführungsvertrag und der Verlustübernahmeverpflichtung jeweils vergleichbaren Zahlungsstrom für die „grenzüberschreitende Organschaft“ einfordern, sind hinsichtlich der Einbeziehung von Auslandsgewinnen abkommens- und europarechtliche Vorgaben zu beachten:

i) Abkommensrecht

Die Berücksichtigung des Gewinns der Auslandsgruppengesellschaft tangiert die Besteuerungshoheit nach Art. 7 Abs. 1 OECD-MA und darüber hinaus die allgemeine Problematik der Doppelbesteuerung bei steuerlicher Gewinnerfassung in zwei Staaten. Eine extraterritoriale Besteuerung der Gewinne der ausländischen Tochtergesellschaft bei der inländischen Obergesellschaft, also dem Mutterunternehmen, wäre abkommensrechtlich nicht unproblematisch, da Art. 7 Abs. 1 OECD-MA im Umkehrschluss das diesbezügliche ausschließliche Besteuerungsrecht dem Vertragsstaat, in dem die Tochtergesellschaft ansässig ist, zuweist[128]:

„Gewinne eines Unternehmens eines Vertragsstaates können nur in diesem Staat besteuert werden, es sei denn, das Unternehmen übt seine Geschäftstätigkeit im anderen Vertragsstaat durch eine dort gelegene Betriebstätte aus.“

127 Vgl. *Maiterth*, DStR 2006, 915, 918.

128 Vgl. etwa *Kellersmann/Treisch*, Europäische Unternehmensbesteuerung, 2002, S. 183, 184. A.A. *Aigner*, SWI 2004, 187 ff., der den Fall von Art. 10 OECD-MA erfasst sieht.

Wenngleich die Zuordnung der Besteuerungshoheit hier bereits im Rahmen der Verteilungsnorm erfolgt, entspricht dies im wirtschaftlichen Ergebnis einer abkommensrechtlichen „Freistellung" der Gewinne der ausländischen Tochtergesellschaft im Ansässigkeitsstaat der Muttergesellschaft. Dass die abkommensrechtlich aufgeworfenen Probleme systementscheidend sein können, zeigt das Beispiel Österreichs: Im Rahmen der grenzüberschreitenden Gruppenbesteuerung wird die isolierte Verlustberücksichtigung damit begründet, dass Österreich im internationalen Kontext keine Besteuerungshoheit über die Gewinne der im Ausland ansässigen Kapitalgesellschaften zukommt[129].

Die deutsche Organschaft ist, wie bereits gesagt, nicht nur mit einer Zurechnung von Verlusten, sondern auch mit einer steuerwirksamen Gewinnabführung der Tochterorgangesellschaft an den Organträger verbunden. Es fragt sich, ob Art. 7 Abs. 1 OECD-MA insoweit einer grenzüberschreitenden Berücksichtigung von Gewinnen einer Auslandstochtergesellschaft im Rahmen einer grenzüberschreitenden Gruppenbesteuerung entgegenstünde. In Dänemark, Frankreich und Italien, die im Rahmen ihrer grenzüberschreitenden Gruppenbesteuerungskonzepte auch ausländische Gewinne berücksichtigen, erfolgt eine korrespondierende Anrechnung der im Ausland von der Tochtergesellschaft gezahlten Steuer, so dass das Besteuerungsrecht des ausländischen Staates regelmäßig gewahrt bleibt. Ein Problem tritt erst dann auf, wenn das Besteuerungsniveau im Sitzstaat der Tochtergesellschaft niedriger ist, so dass es durch die Gewinneinbeziehung trotz der Anrechnung der ausländischen Steuer zu einer Besteuerung der Gewinne der Auslandstochtergesellschaft im Gruppenbesteuerungsstaat käme. Damit angesprochene abkommensrechtliche Besteuerungskonflikte sind dann, aber auch nur dann vermeidbar, wenn beispielsweise im Wege der Anrechnung ausländischer Steuern und der Beschränkung des auf die ausländischen positiven Einkünfte anzuwendenden Steuersatzes auf das (niedrigere) ausländische Steuerniveau gewährleistet ist, dass es *effektiv* zu keiner inländischen Steuerbelastung der Auslandsgewinne kommt. Das Abkommensrecht zwingt für Zwecke der interterritorialen Gruppenbesteuerung somit nicht zu einer isolierten Einbeziehung nur der Auslandsverluste, wenn bei Einbeziehung auch der Gewinne der ausländischen Gruppentochtergesellschaft im Staat des Gruppenträgers für eine Vermeidung der Doppelbesteuerung Sorge getragen wird.

---

129 Erläuterung in der Regierungsvorlage zum Steuerreformgesetz zu § 9 Abs. 6 öKStG, abgedruckt in ÖStZ 2004, 133, 145. Zur österreichischen Gruppenbesteuerung ausführlich vorstehend im 1. Teil, VII.

ii) Europarecht

Nach einer im Schrifttum vertretenen Ansicht würde die Einbeziehung von Auslandsgewinnen zu einer Doppelbesteuerung führen, die den Grundfreiheiten des EG-Vertrags widerspreche[130]. Demgegenüber sieht die Kommission sieht die internationale Doppelbesteuerung als ein klassisches Beispiel eines Hemmnisses für den Binnenmarkt an, das auf fehlender Koordinierung einzelstaatlicher Steuersysteme beruht und nur durch mitgliedstaatliche Kooperation beseitigt werden könne[131]. Ungeachtet der Tatsache, dass die Schrifttumsaussage für sich betrachtet nur dann Geltung beanspruchen kann, wenn eine Anrechnung der auf die Auslandseinkünfte entfallenden ausländischen Steuer unterbleibt bzw. das Steuerniveau im Ansässigkeitsstaat der Tochtergesellschaft geringer ist und keine dementsprechende Korrektur erfolgt, gilt es hier zu differenzieren:

Fakt ist, dass eine Einbeziehung der Auslandsgewinne europarechtlich *nicht geboten* ist, da insoweit keine nachteilige Ungleichbehandlung, mithin keine Beschränkung oder Diskriminierung eines grenzübergreifenden Sachverhalts mit Grundfreiheitsberührung vorliegt. Ist jedoch die vorgenommene Berücksichtigung der Gewinne der Auslandsorgangesellschaft im Rahmen der Besteuerung des Organträgers europarechtlich mit dem EG-Vertrag und damit den Grundfreiheiten vereinbar? Gibt es eine Alternative zu einer isolierten Berücksichtigung ausländischer Verluste? Um diese Fragen adäquat zu beantworten, muss man sich darüber im Klaren sein, dass es insoweit *auf den Adressaten der Grundfreiheiten* ankommt: Dieser ist primär der einzelne Mitgliedstaat[132] und nicht der Verbund der beteiligten Mitgliedstaaten. Obwohl der Ansatz von *Thömmes*, der in bestimmten Konstellationen von einer

130 *Stefaner/Weninger*, SWI 2004, 441, 447; *Cordewener*, Europäische Grundfreiheiten und nationales Steuerrecht, 2002, S. 879; *van Thiel/Achilles*, IStR 2003, 530, 534; *Vanistendael*, European Taxation 2006, 413, 418 messen der Doppelbesteuerung aufgrund der kumulierenden Belastung per se eine grundfreiheitsbeschränkende Wirkung zu. Ähnlich der Schlussantrag des GA Colomer v. 26.10.2004, Rs. C-376/03, *D/Inspecteur van de Belastingdienst*, Slg. 2005, I-5821 Rn. 85.

131 Vgl. Tz. 2.2 der Mitteilung der Kommission „Koordinierung der Regelungen der Mitgliedstaaten zu den direkten Steuern im Binnenmarkt", KOM 2006 (823) endg. Auch nach *Schaumburg*, Internationales Steuerrecht, 2. Aufl. 1998, Rn. 14.5 sowie den Nachweisen bei *Cordewener*, Europäische Grundfreiheiten und nationales Steuerrecht, 2002, S. 862 Fn. 157 lässt sich, gestützt auf Art. 293 EG, dem EG-Vertrag kein unmittelbar wirksames Verbot der Doppelbesteuerung entnehmen.

132 In diesem Sinne bereits *Schön*, in: Schön (Hrsg.), GS Knobbe-Keuk, 1997, S. 743, 762: „Die Frage, ob und welche der sich addierenden Steuernormen dem Verdikt der Unzulässigkeit unterfällt, ist im Einzelfall anhand der sachlichen Zuordnung der Besteuerungsgrundlagen zu klären."

Gesamtschuld der Mitgliedstaaten[133] ausgeht, gerade im Hinblick auf eine grenzüberschreitende Gesamtschau der Wirkungen der streitgegenständlichen Regelung einiges für sich hat, bleibt es bei der grundsätzlich unilateralen Sichtweise des EuGH zur Lokalisierung eines Europarechtsverstoßes. Es ist nicht die Aufgabe des Luxemburger Gerichtshofs, über ihm nicht vorgelegte und damit nicht streitbefangene Vorschriften eines Mitgliedstaates zu urteilen. Solche auf Rechtskompatibilität und Kooperation angelegte Maßnahmen bedürfen entweder einer nationalen oder bilateralen Regelung der beteiligten Mitgliedstaaten oder einer vom Gemeinschaftsgesetzgeber zu erlassenden Harmonisierungsregelung.

Die *Ursache* für eine überschießende steuerliche Belastung, die letztlich die Doppelbesteuerung auslöst, setzt der Staat der Gruppenträgergesellschaft, wenn dieser die Gewinne der Auslandstochtergesellschaft der inländischen Besteuerung unterwirft. Im Einklang mit dem Territorialitätsprinzip steht das Besteuerungsrecht dem Ansässigkeitsstaat der Tochtergesellschaft zu. Folglich ist eine Einbeziehung ausländischer Tochtergesellschaftsgewinne im Rahmen der Organschaft nur dann mit den Grundfreiheiten des EG-Vertrages vereinbar, *soweit* dadurch im steuerlichen Ergebnis keine europarechtswidrige Doppelbesteuerung ausgelöst wird. Ebenso wenig wie das Symmetrieprinzip für einen vollständigen Ausschluss ausländischer Verluste in Stellung gebracht werden kann, führt es somit zu einer vollständigen Erfassung ausländischer Gewinne. Auch insoweit ist nämlich die Primärzuständigkeit des Ansässigkeitsstaates der Tochtergesellschaft zu beachten. Da die Nachversteuerung jedoch eine Rückgängigmachung einer nur subsidiär für den anderen Mitgliedstaat vorgenommenen Steuerentlastung darstellt, greift sie nicht in die „Besteuerungsrechte“ des anderen Staates ein. Der Mitgliedstaat der Muttergesellschaft wird innerhalb der eigenen Steuerhoheit tätig: Durch Minderung seiner Steuer über die Auslandsverlustverrechnung zum einen und der späteren Nacherhebung des letztlich „gestundeten“ eigenen Steuerbetrags zum anderen. Hierdurch wird die gerechte Aufteilung der mitgliedstaatlichen Besteuerungsbefugnisse gewahrt und die „Normalsituation“ der Primärzuständigkeit für die Steuerentlastung wiederhergestellt. Die Schrifttumsmeinung, die die Einbeziehung von Gewinnen ausländischer

133 Vgl. zur „Gesamtschuld der Mitgliedstaaten“ auch *Thömmes*, IStR 2001, 441, 442; *ders.*, DB 2002, 2397, 2400; *Heydt*, in: Lehner (Hrsg.), Grundfreiheiten im Steuerrecht der EU-Staaten, 2000, S. 25, 30 ff.; *Schön*, StbJb 2003/04, 27, 67. Dagegen: *Kokott*, in: Lehner (Hrsg.), Grundfreiheiten im Steuerrecht der EU-Staaten, 2000, S. 1 ff.; *Reimer*, in: Lehner (Hrsg.), Grundfreiheiten im Steuerrecht der EU-Staaten, 2000, S. 39, 57 ff.; *Lehner*, DStJG 23 (2000), 263, 274 ff.; *Jacobs*, Internationale Unternehmensbesteuerung, 5. Aufl. 2002, S. 204 f.

Tochtergesellschaften mit einer Anrechnung der ausländischen Steuer verbindet[134], muss folglich präzisiert werden: Soweit durch die Anrechnungsmethodik eine Belastung des Auslandsgewinns mit deutscher Steuer verhindert wird, liegt kein Europarechtsverstoß vor.

c) Fehlende Zwischengewinneliminierung

Die körperschaft- und gewerbesteuerliche Organschaft fußt zwar auf dem Gedanken der Einheit des Organkreises, setzt diesen jedoch nur unvollständig um: Beim Organträger erfolgt eine Zurechnung zunächst autonom ermittelter und danach addierter Einzelergebnisse. Dadurch werden insbesondere auch nur innerkonzernlich verwirklichte Erfolgsbeiträge bei Lieferungs- und Leistungsbeziehungen unter Vorverlagerung des marktorientierten Realisationszeitpunkts erfasst. Die so genannten Zwischengewinne werden beispielsweise für Zwecke der Aufstellung einer handelsrechtlichen Konzernbilanz eliminiert, um das eigentlich am Markt generierte Konzernergebnis nicht zu verfälschen, vgl. § 304 Abs. 1 HGB[135].

Das Bundesministerium der Finanzen lehnt die Einführung einer Zwischengewinneliminierung im Rahmen der Organschaftsbesteuerung ab, da diese gegen Grundsätze des deutschen Steuerrechts, insbesondere den Grundsatz der Gleichmäßigkeit der Besteuerung verstoßen würde. Nur in bestimmten Bereichen würde der Grundsatz der Individualbesteuerung von der Organschaft durchbrochen – an der grundsätzlichen Behandlung der an der Organschaft teilnehmenden Konzernunternehmen als selbstständige Rechts- und Steuersubjekte würde sich dadurch nichts ändern[136].

In Gruppenbesteuerungssystemen, die auf der Ergebniskonsolidierung aufbauen, wird die Besteuerung von Zwischengewinnen vermieden. Besteuert wird lediglich der im Verhältnis zu einem konzernfremden Dritten realisierte Gewinn. Hintergrund ist die Betrachtung des Konzerns als wirtschaftliche Einheit. Eine Transaktion innerhalb derselben Unternehmensgruppe beeinflusst – betrachtet man die Konzernbilanz – weder den Gewinn noch den Verlust der Unternehmensgruppe. Wie man aus dem Vergleich der darge-

134 *Herzig/Wagner*, DB 2005, 1, 8.

135 Gleiches gilt für den aus den addierten Einzelabschlüssen bestehenden IFRS-Konzernabschluss (Summenabschluss) nach IAS 27.24 (ABl. EG Nr. L 394 v. 31.12.2004, S. 117, 120): „*Konzerninterne Salden, Transaktionen, Gewinne und Aufwendungen sind in voller Höhe zu eliminieren*."

136 Vgl. Bericht zur Fortentwicklung der Unternehmensbesteuerung, Beilage zu FR 11/2001, S. 46 f.; kritisch: *Krebühl*, in: Herzig (Hrsg.), Organschaft, 2003, S. 595, 604 f.

stellten mitgliedstaatlichen Gruppenbesteuerungskonzepte ersehen kann, ist die Zwischengewinneliminierung eine systemunabhängige Komponente, d.h. von der jeweiligen Grundsystematik der Gruppenbesteuerung (group relief, Zurechnungskonzept, group contribution system)[137] unabhängig. Dass auch dem deutschen Steuerrecht eine solche steuerliche Behandlung nicht gänzlich fremd ist, zeigt sich de lege lata bei den Regelungen zur umsatzsteuerlichen Organschaft. Erst der Außenumsatz geht ein in die steuerliche Belastungsrechnung, während Umsätze innerhalb des Organschaftsverbundes als nicht steuerbare „Innenumsätze" gelten[138].

Auch wenn aus wirtschaftlicher Sicht eine Ergebniskonsolidierung wünschenswert wäre, würde diese jedoch mit einer erheblichen Zunahme an rechtlicher Komplexität und damit einhergehend mit einem höheren Verwaltungs- und Dokumentationsaufwand auf Seiten des Steuerpflichtigen und des Fiskus erkauft[139]. Im Sinne einer einfachen Handhabbarkeit und größerer Praktikabilität der deutschen Organschaft und zur Unterstützung der Vereinfachung des deutschen Steuerrechts ist die Abkehr vom Zurechnungssystem hin zu einem Konsolidierungssystem nicht zwingend erforderlich. Aus europarechtlicher Sicht sind bisher jedenfalls keine Präferenzen oder Vorgaben erkennbar.

4. Ergebnis

Beim Vergleich der derzeit geltenden Regelungen der deutschen Organschaft mit den vom derzeitigen Stand des Europarechts abgeleiteten Vorgaben sticht ins Auge, dass das deutsche Recht sowohl hinsichtlich der Voraussetzungen als auch der Rechtsfolgen hinter diesen Erfordernissen zurückbleibt. Im Einzelnen wurden folgende Unvereinbarkeiten mit dem Gemeinschaftsrecht identifiziert:

- Eine ausländische Gesellschaft ist bisher trotz Inlandseinkünften, mit denen sie beschränkt steuerpflichtig ist, nur dann organträgerfähig, wenn sie über eine eingetragene Zweigniederlassung i.S.d. § 18 KStG verfügt.
- EU-ausländische Tochtergesellschaften sind gänzlich als Organgesellschaften und damit von der Organschaft ausgeschlossen und können auch nicht analog § 18 KStG mit ihrer inländischen Betriebstätte als Organgesellschaft auftreten.

137 Vgl. hierzu die Übersicht vorstehend im 1. Teil, X.3.

138 § 2 Abs. 2 Nr. 2 S. 3 UStG; Abschn. 183 Abs. 4 UStR 2005.

139 In diesem Sinne auch *Lüdicke/Rödel*, IStR 2004, 549, 552. *Herzig/Wagner*, DB 2005, 1, 8 weisen zudem auf die Gestaltungsanfälligkeit hin.

- Doppelt ansässige Tochtergesellschaften mit inländischer Geschäftsleitung werden als Organgesellschaften disqualifiziert.
- Der Gewinnabführungsvertrag steht einer grenzüberschreitenden Organschaft entgegen.
- Verluste EU-ausländischer Tochtergesellschaften können dem Organträger generell nicht zugerechnet werden.

Der deutsche Gesetzgeber wird nach der Entscheidung in der Rechtssache „Marks & Spencer“ nicht um Änderungen der derzeitigen Organschaftsbesteuerung herumkommen. Er sollte dies zum Anlass nehmen, die weiteren aufgezeigten europa- und abkommensrechtlichen Diskriminierungen zu beseitigen. Insbesondere der Zugang zum Organkreis sollte auf eine schlüssige Grundlage gestellt werden. Ausgangspunkt ist dabei das der deutschen Besteuerung unterliegende Einkommen des Inlandsteilkonzerns. Ferner sollte zur Verwirklichung einer leistungsfähigkeitsgerechten europatauglichen Konzernbesteuerung auch eine sofortige Berücksichtigung von Verlusten ausländischer Organgesellschaften mit Nachversteuerungslösung implementiert werden. Der europarechtsuntaugliche Gewinnabführungsvertrag ist keine zwingende Voraussetzung für eine steuerliche Ergebniszurechnung und kann durch ein Optionsverfahren mit Steuerumlagen ersetzt werden. Ziel muss es sein, die Organschaft zu einer modernen binnenmarktgerechten Gruppenbesteuerung auszubauen.

II. Mittelbare Auswirkungen der Europarechtswidrigkeit der Organschaft

Nicht nur die speziellen Regelungen der Organschaft können mit der Niederlassungsfreiheit konfligieren. Neben einem unmittelbaren Europarechtsverstoß sind auch mittelbare Verstöße dadurch möglich, dass die europarechtswidrige Vorschrift vor Belastungswirkungen anderer steuerlicher Regelungen schützt, diesen Schutz jedoch in diskriminierender Weise wiederum nur gebietsansässigen Steuerpflichtigen bzw. rein inländischen Aktivitäten zugute kommen lässt[140].

1. Gesellschafter-Fremdfinanzierung

Die Regelungen der deutschen Gesellschafter-Fremdfinanzierung nach § 8a KStG boten dem EuGH bereits einmal Anlass, einen Grundfreiheitsverstoß

140 Ähnlich *Scheunemann*, Grenzüberschreitende konsolidierte Konzernbesteuerung, Köln 2005, S. 257; *Herzig/Wagner*, DB 2005, 1, 4 f.

festzustellen, da die früheren Regelungen ihrer Wirkung nach nur die Fremdfinanzierung der ansässigen Tochtergesellschaft durch einen ausländischen wesentlich beteiligten Anteilseigner erfassten. In Reaktion auf das deutliche Signal aus Luxemburg[141] reformierte der deutsche Gesetzgeber die Regelung des § 8a KStG zum 1.1.2004. Er erstreckte dessen Belastungswirkungen, also die Folgen der verdeckten Gewinnausschüttung auf Gesellschafts- und Gesellschafterebene auch auf die Fremdfinanzierung durch inländische Anteilseigner. Auf diesem Wege wurde die gebotene europarechtskonforme Gleichbehandlung erzielt.

Die Neuregelung ist jedoch in vielen Punkten missglückt und führte zu einer Vielzahl von Beiträgen im Schrifttum[142], die sich mit der Auslegung der Änderungen und der aus Praktikersicht wichtigen Gestaltungs- und Vermeidungsfragen befassten. Der einfachste gestalterische Weg, um § 8a KStG bei einer Direktfinanzierung zu entschärfen, ist die Begründung einer Organschaft. Bei dieser wird das Ergebnis der Tochterkapitalgesellschaft (Organgesellschaft) dem Anteilseigner (Organträger) für steuerliche Zwecke zugerechnet, so dass das Vorliegen einer offenen bzw. verdeckten Gewinnausschüttung steuerlich irrelevant ist. Zudem findet die 5%-Hinzurechnung nach § 8b Abs. 5 KStG sowie der Kapitalertragsteuereinbehalt auf die verdeckte Gewinnausschüttung keine Anwendung[143]. Nachteilig bei der Organschaft ist indes, dass eine fünfjährige Bindung und die zivilrechtliche Verpflichtung zu einem Verlustausgleich bestehen.

Tochtergesellschaften mit Sitz im Ausland können, wie im Abschnitt zuvor bereits erläutert, grundsätzlich nicht in eine deutsche Organschaft einbezogen werden. Eine deutsche Mutterkapitalgesellschaft mit ausländischer Tochterkapitalgesellschaft kann folglich die besagten günstigen Rechtsfolgen gerade nicht erzielen[144]. Mit einem vergleichbaren Problem sah sich der EuGH in der Rechtssache „Metallgesellschaft u.a. Hoechst"[145] konfrontiert: Dort hatte die britische Tochtergesellschaft für Dividendenzahlungen an ihre ausländische Muttergesellschaft Vorauszahlungen (Advanced Corporation Tax – ACT) auf ihre Körperschaftsteuer zu leisten, die später mit der Ab-

141 EuGH v. 12.12.2002, Rs. C-324/00, *Lankhorst-Hohorst*, Slg. 2002, I-11779.

142 Vgl. etwa das umfangreiche Literaturverzeichnis bei *Dörr/Geibel/Gemmel/Geißelmeier/Krauß/Schreiber*, Beilage 11 zu NWB 34/2004, S. 1, 92 f.

143 Vgl. BMF-Schreiben v. 15.7.2004, IV A2-S2742a-20/04, BStBl. I 2004, 593, Tz. 26; hierzu ausführlich *Dörr/Geibel/Gemmel/Geißelmeier/Krauß/Schreiber*, Beilage 11 zu NWB 34/2004, S. 58, 89.

144 Zum hierin liegenden Europarechtsverstoß vgl. bereits vorstehend, unter I.

145 EuGH v. 8.3.2001, verb. Rs. C-397/98 und C-410/98, *Metallgesellschaft u.a. Hoechst*, Slg. 2001, I-1727 Rn. 30, 43, 53 ff.

schlusszahlung der Tochtergesellschaft verrechnet werden konnten. Zwischen Voraus- und Abschlusszahlung lag regelmäßig ein erheblicher Zeitraum, so dass es zu Zins- und Liquiditätsnachteilen durch die ACT kam. Soweit Mutter- und Tochtergesellschaft im Vereinigten Königreich ansässig waren, fielen hingegen bei Ausübung der Option zur gemeinsamen Besteuerung keine Vorauszahlungen an. Dieses Optionsrecht bestand für eine ausländische Muttergesellschaft mit ihrer britischen Tochtergesellschaft gerade nicht. Zutreffend erkannte der EuGH auf einen nicht zu rechtfertigenden Verstoß gegen die Niederlassungsfreiheit des EG-Vertrages, da die Steuerbelastung aufgrund der Auslandsverknüpfung höher war als bei den optierenden ansässigen Gesellschaften.

Der Befund bei den deutschen Vorschriften zur Gesellschafter-Fremdfinanzierung ist vergleichbar: Auch hier eröffnet die Organschaft den Inländern die steuergestalterische Möglichkeit der Umgehung der belastenden Normwirkungen des § 8a KStG. Eine Organschaft mit gebietsfremden Tochtergesellschaften ist nach geltender Rechtslage nicht zulässig, so dass dem deutschen Mutterunternehmen mit Auslandstochter *auch* die steuerlich vorteilhafte Folgewirkung für Zwecke der Gesellschafter-Fremdfinanzierung versagt bleibt. Dies stellt eine Beschränkung der Niederlassungsfreiheit der deutschen Muttergesellschaft dar, da diese bei der Finanzierung einer Auslandsniederlassung steuerlich schlechter steht als bei Finanzierung einer Inlandsniederlassung[146]. Der Europarechtsverstoß liegt jedoch nicht in der Normanwendung des § 8a KStG in diesen Fällen, sondern wurzelt in der fehlenden grenzüberschreitenden Organschaft.

Nach dem Gesetzentwurf zur Unternehmensteuerreform 2008 vom 14.3.2008 soll § 8a KStG in seiner jetzigen Fassung jedoch zum 1.1.2008 aufgehoben und durch das Konzept der so genannten „Zinsschranke“ ersetzt werden[147].

2. Beteiligungsaufwendungen

Nach § 8b Abs. 5 KStG besteht ein 5%iges pauschales Betriebsausgabenabzugsverbot bei der Besteuerung von Beteiligungserträgen. Genauer gesagt gelten 5% der grundsätzlich zu 100% steuerfrei bezogenen Dividenden i.S.d. § 8b Abs. 1 KStG als nicht abziehbare Betriebsausgaben. Im wirt-

146 So auch *Dörr/Geibel/Gemmel/Geißelmeier/Krauß/Schreiber*, Beilage 11 zu NWB 34/2004, S. 89; *Körner*, IStR 2004, 253, 260.

147 Vgl. § 4h EStG iVm. § 8a KStG idF. des Gesetzentwurfs zur Unternehmensteuerreform 2008 v. 14.3.2007, BT-Drs. 16/4841 v. 27.3.2007.

schaftlichen Ergebnis sind damit 5% der Beteiligungserträge zwingend zu versteuern – anders ausgedrückt besteht effektiv nur eine 95%ige Steuerfreistellung. Im Inlandsfall ist jedoch diese 5%ige „Schachtelstrafe" vermeidbar, indem man eine Organschaft zwischen der ausschüttenden Tochtergesellschaft und deren Muttergesellschaft implementiert. Im Organkreis ist eine Gewinnausschüttung an den Organträger steuerlich irrelevant, weil es insoweit gesellschaftsrechtlich zur Gewinn*abführung* und steuerrechtlich zur Zurechnung kommt[148].

Im Hinblick darauf, dass somit ausländische Tochtergesellschaften hiervon keinen Gebrauch machen können, ist auf das oben zu § 8a KStG Gesagte zu verweisen, so dass die Europarechtswidrigkeit der deutschen Organschaftsbesteuerung auch auf § 8b Abs. 5 KStG durchschlägt[149]. Allerdings erlaubt Art. 4 Abs. 2 der Mutter-Tochter-Richtlinie gerade diese 5%-Pauschalbesteuerung, so dass man an der Richtigkeit des Ergebnisses zweifeln könnte. In der Tat ist auch nicht die Vorschrift des § 8b Abs. 5 KStG als solche das Problem, sondern die Tatsache, dass der Normanwendungsbereich in der Praxis bei entsprechenden Gestaltungen nur noch die Fälle der Auslandsdividenden erfasst. Mit anderen Worten bildet auch hier die auf ansässige Gruppengesellschaften beschränkte Organschaft die Ursache der Ungleichbehandlung.

Demhingegen verweist *Hey*[150] auf den Grundgedanken der Regelung, wonach der Ansässigkeitsstaat der Muttergesellschaft Betriebsausgaben grundsätzlich nicht anzuerkennen braucht, wenn er die mit diesen in Zusammenhang stehenden Gewinne nicht versteuert. Wolle man Deutschland zur Berücksichtigung der Betriebsausgaben verpflichten, käme es zu einer Verschiebung der Aufteilung der Besteuerungsbefugnisse, die der EuGH im „Marks & Spencer"-Urteil nicht akzeptierte. Dem ist jedoch bei genauerer Betrachtung nicht so: Zum einen greift das Symmetrieargument der fehlenden Gewinnbesteuerungshoheit ebenso wenig wie in der Referenzentscheidung „Marks & Spencer", wofür auf die dort gemachten Ausführungen vollumfänglich verwiesen werden kann[151]. Die als Grundfreiheitsverstoß zu wertende Beschränkung des inländischen Unternehmens mit ausländischer

148 Klarstellend das BMF-Schreiben v. 26.8.2003, IV A 2-S 2770-18/03, BStBl. I 2003, S. 437, Tz. 24; vgl. auch BFH v. 18.12.2002, I R 51/01, BStBl. II 2005, 49; *Rödder/Schumacher*, DStR 2002, 1163, 1164.

149 Ebenso *Meilicke*, DB 2003, 2100; *Herzig/Wagner*, DB 2005, 1, 5; *Scheunemann*, Grenzüberschreitende konsolidierte Konzernbesteuerung, Köln 2005, S. 257 f.; *BDI/PWC*, Verlustberücksichtigung über Grenzen hinweg, 2006, S. 27.

150 *J. Hey*, GmbHR 2006, 113, 119

151 Vgl. vorstehend 2. Teil, II.5.c),d).

Tochtergesellschaft, das keine Möglichkeit des vollständigen Betriebsausgabenabzugs durch Begründung einer Organschaft erhält, kann auch nicht mit der Kohärenz des deutschen Systems gerechtfertigt werden: Innerhalb der Organschaft sind die Beteiligungsaufwendungen auf Ebene des Organträgers nämlich unabhängig davon abziehbar, ob es zu Gewinnabführungen der Organgesellschaft kommt. In diesem Sinne entschied bereits der Gerichtshof zutreffend in dem Luxemburger Fall „Weidert und Paulus“[152], in dem Beteiligungsaufwendungen nur für Inlands-, nicht aber für Auslandsdividenden abzugsfähig waren. Auch dort wurde der Steuervorteil nicht durch eine Besteuerung der Dividenden ausgeglichen, da der Beteiligungsaufwand unabhängig von tatsächlichen Ausschüttungen steuerlich anerkannt wurde.

Zum anderen aber, und dies ist der entscheidende Punkt, handelt es sich bei den Betriebsausgaben nicht um solche der ausländischen Tochtergesellschaft, sondern um originäre Aufwendungen der inländischen Muttergesellschaft zur Erzielung der Beteiligungseinkünfte. Insoweit verbietet sich der Vergleich zum Fall „Marks & Spencer“, da die Aufteilung der mitgliedstaatlichen Besteuerungsbefugnisse gerade nicht tangiert wird. Es geht nicht um die Abzugsfähigkeit von ausländischen, sondern von *inländischen* Betriebsausgaben. Dies ist vergleichbar mit dem deutschen Vorlageverfahren „Rewe Zentralfinanz“, in dem es um Teilwertabschreibungen, also Betriebsausgaben auf Ebene der inländischen Muttergesellschaft ging. Nach deutschem Steuerrecht (§ 2a Abs. 1 Nr. 3a) EStG) wurde in den Streitjahren die Teilwertabschreibung auf die Beteiligung an einer ausländischen Tochtergesellschaft gegenüber der Teilwertabschreibung auf eine inländische Beteiligung nachteiliger behandelt. Darin sah Generalanwalt *Poiares Maduro*[153] und ihm folgend der Gerichtshof[154] zu Recht einen Grundfreiheitsverstoß und lehnte explizit die Übertragung der „Marks & Spencer“-Argumentation auf „Verluste der inländischen Muttergesellschaft“ ab. Nichts anderes kann im Fall der Beteiligungsaufwendungen der inländischen Muttergesellschaft gelten.

3. Kapitalertragsteuerabzug

Die Pflicht zur Einbehaltung und Abführung von Kapitalertragsteuer gemäß § 43 Abs. 1 S. 1 Nr. 1, § 43a Abs. 1 Nr. 1 EStG in Höhe von grundsätzlich 20% (zzgl. Solidaritätszuschlag) auf offene und verdeckte Gewinnausschüt-

152 EuGH v. 15.7.2004, Rs. C-242/03, *Weidert und Paulus*, Slg. 2004, I-7379 Rn. 23.
153 Schlussanträge GA Maduro v. 31.5.2006, Rs. C-347/04, *Rewe Zentralfinanz* Rn. 24 ff.
154 EuGH v. 29.3.2007, Rs. C-347/04, *Rewe Zentralfinanz* Rn. 47 f.

tungen ist zwischen im Inland ansässigen Konzerngesellschaften vermeidbar, wenn diese die Organschaftsvoraussetzungen erfüllen und eine Organschaft eingehen[155].

Bei grenzüberschreitenden Sachverhalten ist dies gerade nicht der Fall. Man denke etwa an die von § 14 Abs. 1 S. 1 KStG als Organgesellschaft ausgeschlossene doppelt ansässige Gesellschaft mit inländischer Geschäftsleitung, die nach § 1 Abs. 1 S. 1 KStG unbeschränkt steuerpflichtig ist. Ihr ist es versagt, eine Organschaft mit dem deutschen Organträger einzugehen und auf diese Weise mangels Gewinnausschüttungen vom Kapitalertragsteuereinbehalt verschont zu bleiben.

Gleiches gilt für Gewinnausschüttungen einer unbeschränkt steuerpflichtigen Tochtergesellschaft an ihre beschränkt steuerpflichtige Muttergesellschaft, die sich nach geltendem Recht nur über § 18 KStG, nicht jedoch mit ihren Ausschüttungserträgen als Organträger qualifiziert. Streng genommen ist Ursache des Problems nicht primär die versagte Organschaft, obwohl eine solche mit der beschränkt steuerpflichtigen Muttergesellschaft als Organträger geboten ist, wie bereits dargestellt wurde[156]. Das Problem liegt vielmehr vorgelagert in den Untiefen und der Unsystematik des deutschen Quellensteuereinbehalts, der bereits im Normalfall europarechtswidrig ist: Ein deutsches Mutterunternehmen kann die von der inländischen Tochtergesellschaft bei Ausschüttung abgeführte Kapitalertragsteuer bei seiner Körperschaftsteuer anrechnen, für das EU-ausländische Mutterunternehmen wird die Quellenbesteuerung jedoch definitiv, wenn nicht die Quellensteuerermäßigungen bzw. -befreiungen nach § 43b EStG bzw. nach DBA eingreifen. Eine solche „Abgeltungswirkung" scheint jedenfalls dann EG-rechtlich problematisch, wenn es im anderen Staat nicht zur Steueranrechnung kommt, weil beispielsweise der ausländische Staat eine Freistellung der Beteiligungserträge (*participation exemption*) vorsieht oder die Steueranrechnung aus anderen Gründen unterbleibt[157]. Dies gilt immer dann, wenn die die Anrechnung ausschließenden Gründe kohärenterweise in Inlandsfällen und EU-Auslandsfällen gleichermaßen Geltung beanspruchen, so dass der Europarechtsverstoß nicht im Ansässigkeitsstaat des Anteilseigners zu lozieren ist. Zumindest in einem solchen konkreten Einzelfall stellt die deutsche Abgeltungswirkung der Kapitalertragsteuer für das EU-ausländische Unternehmen eine steuerliche Mehrbelastung gegenüber dem vergleichbaren inländischen Unternehmen dar. Die Bundesrepublik ist in diesen Fällen beru-

155 Vgl. zur Bedeutung der Organschaft bereits 1. Teil, II.5.c).

156 Hierzu vorstehend, unter I.1.a)i).

157 Zu dieser Problematik bereits *Dörr/Geibel/Gemmel/Geißelmeier/Krauß/Schreiber*, Beilage 11 zu NWB 34/2004, S. 31.

fen, dem EU-Anteilseigner die einbehaltene Quellensteuer in dem Maße zu erstatten, wie sie auch dem im Inland ansässigen körperschaftsteuerpflichtigen Anteilseigner letztlich wieder zugute kommt. *De lege lata* liegt jedenfalls in den angesprochenen kritischen Fällen ein nicht zu rechtfertigender Verstoß sowohl gegen die Niederlassungs- als auch die Kapitalverkehrsfreiheit, Art. 43 ff., 56 ff. EG, vor.

4. Gewerbesteuerliche Organschaft

Der sachliche Anwendungsbereich der Gewerbesteuer ist auf *im Inland betriebene* Gewerbebetriebe limitiert, § 2 Abs. 1 S. 1 GewStG. Ausländische Gewerbebetriebe und deren Ergebnisse unterliegen somit nicht der Gewerbesteuer. § 2 Abs. 2 S. 2 GewStG verweist hinsichtlich der Voraussetzungen der gewerbesteuerlichen Organschaft auf die §§ 14, 17, 18 KStG und damit die bereits besprochenen Voraussetzungen der körperschaftsteuerlichen Organschaft. Folglich könnte man versucht sein, das dort zu den subjektiven Beschränkungen und ihrer Vereinbarkeit mit dem Europarecht Gesagte[158] undifferenziert und ungeprüft auf die gewerbesteuerliche Organschaft zu übertragen[159]. Hierbei ist Vorsicht geboten, wenn man sich der dogmatischen Unterschiede der beteiligten Steuerarten bewusst wird. Die Gewerbesteuer, und damit unterscheidet sie sich von den anderen Ertragsteuern, weist Objektsteuercharakter auf. Steuergegenstand ist der stehende Gewerbebetrieb, und zwar nach § 2 Abs. 1 S. 1 GewStG auch nur, *„soweit er im Inland betrieben wird"*. Ferner ist nach § 9 Nr. 3 S. 1 GewStG der Teil des Gewerbeertrages eines inländischen Unternehmens, der auf eine nicht im Inland belegene Betriebstätte entfällt, bei der Ermittlung des Gewerbeertrags zu kürzen. Bereits aus dieser legislatorischen Selbstbeschränkung auf das Territorialitätsprinzip folgert etwa *Haarmann* die Europarechtskonformität des Gewerbesteuerrechts hinsichtlich der hier interessierenden Frage der Auslandsverlustberücksichtigung[160]. Auch dies bedarf einer näheren Untersuchung:

Grundsätzlich unterliegt jeder Gewerbebetrieb seiner eigenen Gewerbesteuer, auch wenn es sich jeweils um denselben Betriebsinhaber (*Einzelunternehmer*) handelt. In diesen Fällen ist somit von vornherein eine Verrechnung von Gewinnen bzw. Fehlbeträgen ausgeschlossen. Anders ist dies jedoch bei

158 Hierzu vorstehend, unter I.

159 *Micker*, DB 2003, 2734, 2738.

160 *Haarmann*, in: Lüdicke (Hrsg.), Deutsches Steuerrecht im Europäischen Rahmen, 2004, S. 169, 173 f. Zum Prinzip der Territorialität (im Gegensatz zur Universalität) in einer Steuerordnung ausführlich nachstehend, unter II.2.

ansässigen *Personen- und Kapitalgesellschaften*, deren Tätigkeit für Zwecke der Gewerbesteuer stets als ein einheitlicher, alle Betriebstätten umfassender Gewerbebetrieb gilt[161]. In diesen Stammhauskonzernen werden somit die Einzelbetriebstättenergebnisse *als aufsummierte Größe* der Ermittlung des Steuermessbetrags zugrunde gelegt, der – nach seiner eventuellen anschließenden Zerlegung im Rahmen der §§ 28 ff. GewStG – als Ausgangsgröße zur Berechnung der Gewerbesteuer dient. Unter Anlegung des jeweiligen gemeindlichen Hebesatzes wird schließlich die Gewerbesteuer von der zuständigen Gemeinde festgesetzt und erhoben und kann ihrem verfassungsrechtlichen Zweck der Kommunalfinanzierung gerecht werden. Der Ausschluss ausländischer Betriebstätten von dieser beim inländischen Stammhauskonzern möglichen Verrechnung gewerbesteuerlicher Verluste (korrekter: Fehlbeträge) und Gewinne einzelner Betriebsteile führt zu einer in den Schutzbereich der Niederlassungsfreiheit fallenden spezifischen Beschränkung der grenzüberschreitenden gegenüber der rein inländischen Betätigung[162].

Interessanterweise wird die oben vorgenommene Stammhausbetrachtung – wenn auch leicht modifiziert[163] – bei der gewerbesteuerlichen Organschaft ebenfalls vollzogen, da die Organgesellschaft nach § 2 Abs. 2 S. 2 GewStG *„als Betriebstätte des Organträgers"* gilt. Daraus resultiert auch hier die Möglichkeit des Ergebnisausgleichs zwischen Organträger und Organgesellschaft im Inlandsfall bei der Ermittlung des Gewerbesteuermessbetrags des Organträgers[164]. Konsequenterweise ist deshalb, wie bereits zuvor bei der körperschaftsteuerlichen Organschaft, die aus dem Ausschluss ausländischer Tochtergesellschaften resultierende Versagung der Auslandsverlustberücksichtigung im Rahmen der gewerbesteuerlichen Organschaft als europarechtsinkonform zu brandmarken[165]. Dass die ausländische Tochtergesellschaft als nicht im Inland betriebener Gewerbebetrieb nicht der deutschen Gewerbesteuer unterliegt, kann nicht zur Rechtfertigung dienen. Wie bereits im Rahmen der Rechtssache „Marks & Spencer" ausführlich diskutiert, ist

161 § 2 Abs. 2 S. 1, § 28 Abs. 1 (e contrario) GewStG; Abschn. 16 Abs. 3, 4 GewStR 1998; *Obermeier*, in: Blümich, GewStG, § 2 Rn. 50 ff., 60.

162 So zutreffend *Schön*, IStR 2004, 289, 294. Ähnlich *Herzig/Wagner*, DB 2005, 1, 3 Fn. 25, die auf die Besteuerung weltweit erzielter Einkünfte (wohl aus Direktgeschäften) hinweisen und damit wohl mit der Durchbrechung des Territorialitätsprinzips argumentieren. A.A. *Haarmann*, in: Lüdicke (Hrsg.), Deutsches Steuerrecht im Europäischen Rahmen, 2004, S. 169, 173.

163 Vgl. etwa *Montag*, in: Herzig (Hrsg.), Organschaft, 2003, S. 291 ff., 296 ff.

164 BFH v. 18.9.1996, I R 44/95, BStBl. II 1997, 181; Abschn. 14 Abs. 1 S. 9, 10, Abschn. 41 Abs. 1, 3 GewStR 1998 m.w.N.

165 Ebenso *Cordewener*, DStJG 28 (2005), S. 255, 313.

dieses Territorialitäts- und Symmetrieverständnis fehlerhaft. Speziell für die Gewerbesteuer entschied der EuGH bereits im Urteil „Eurowings", dass eine gewerbesteuerliche Ungleichbehandlung beim Zahlenden nicht damit gerechtfertigt werden kann, dass der ausländische Zahlungsempfänger nicht mit der deutschen Gewerbesteuer belastet ist[166].

5. Gewerbesteuerliche Hinzurechnung

Eine weitere mittelbare Auswirkung der Europarechtswidrigkeit der körperschaftsteuerpflichtigen Organschaft findet sich überdies beim hälftigen Schuldzinsenabzugsverbot nach § 8 Nr. 1 GewStG. Im reinen Inlandsfall werden zur Vermeidung von Doppelerfassungen Entgelte für Dauerschulden dann nicht hinzugerechnet, wenn entsprechende Schuldverhältnisse zwischen Organträger und Organgesellschaft bzw. zwischen den Organgesellschaften bestehen[167]. Der Ausschluss ausländischer Tochtergesellschaften von der Ergebnisverrechnung im Inland hat zur Folge, dass bei entsprechender Darlehensgewährung der Inlandsgesellschaft an die Auslandsgesellschaft die hälftige Hinzurechnung auf Ebene des inländischen Organträgers nicht unterbleibt, obwohl dies beim rein inländischen Engagement der Fall gewesen wäre. In der umgekehrten Konstellation des upstream-loan besteht kein Problem für die beim Auslandstochterunternehmen anfallenden Dauerschuldzinsen, da die Auslandsniederlassung per se nicht der deutschen Gewerbesteuerpflicht unterliegt. Für eine doppelt ansässige Kapitalgesellschaft mit inländischer Geschäftsleitung besteht jedoch sowohl unbeschränkte Körperschaftsteuerpflicht nach § 1 Abs. 1 S. 1 KStG als auch Gewerbesteuerpflicht nach § 2 Abs. 2, 1 GewStG. Unverständlicherweise wird diesen Gesellschaften in § 14 Abs. 1 S. 1 KStG iVm. § 2 Abs. 2 S. 2 GewStG die Fä-

166 EuGH v. 26.10.1999, Rs. C-294/97, *Eurowings*, Slg. 1999, I-7447 Rn. 42 ff. Vgl. jüngst auch EuGH v. 12.9.2006, Rs. C-196/04, *Cadbury Schweppes*, IStR 2006, 670 Rn. 49: "Insoweit geht aus der ständigen Rechtsprechung hervor, dass ein Vorteil, der aus der relativ geringen steuerlichen Belastung einer Tochtergesellschaft mit Sitz in einem anderen Mitgliedstaat als dem, in dem die Muttergesellschaft gegründet worden ist, resultiert, als solcher dem letztgenannten Mitgliedstaat nicht das Recht gibt, diesen Vorteil durch eine weniger günstige steuerliche Behandlung der Muttergesellschaft auszugleichen."

167 BFH v. 23.10.1974, I R 182/72, BStBl. II 1975, 46; 2.2.1994, I R 10/93, BStBl. II 1994, 768; 29.7.2004, I B 69/03, BFH/NV 2005, 72; Abschn. 41 Abs. 1 S. 5, 6 GewStR 1998; *Obermeier*, in: Blümich, GewStG, § 2 Rn. 702; *Montag*, in: Herzig (Hrsg.), Organschaft, 2003, S. 291 ff., 298. Demgegenüber findet beispielsweise eine Hinzurechnung trotz Organschaft bei § 8 Nr. 7 GewStG, vgl. BFH v. 23.1.1992, XI R 47/89, BStBl. II 1992, 630 bzw. bei § 8 Nr. 10 GewStG statt.

higkeit abgesprochen, als Organgesellschaft zu fungieren. Obwohl gewerbesteuerpflichtig, lässt sich die hälftige Hinzurechnung nach § 8 Nr. 1 GewStG für diese doppelt ansässige Gesellschaft nicht vermeiden.

Im Ergebnis perpetuiert sich hier der bereits angesprochene, aus den subjektiven Voraussetzungen bzw. Ansässigkeitserfordernissen der Organschaft herrührende Grundfreiheitsverstoß[168].

III. Europarechtskonformität durch Destruktion?

Der Gesetzgeber hat grundsätzlich zwei Möglichkeiten der Reaktion auf nicht zu rechtfertigende Grundfreiheitsverstöße. Eine europataugliche Ausgestaltung der Besteuerung ist grundsätzlich möglich durch:

- die Erweiterung der nur Binnensachverhalte begünstigenden nationalen Regelung auch auf die bisher ausgegrenzten grenzüberschreitenden Sachverhalte (Konformität zugunsten der bisher Benachteiligten) oder
- die Abschaffung der einseitig den Inlandssachverhalt begünstigenden Regelung (Konformität zu Lasten der bisher Begünstigten).

In den vorstehenden Abschnitten wurde an den betreffenden Stellen bereits auf die möglichen bzw. notwendigen Anpassungen im Wege der Extensivierung des derzeitigen Organschaftsrechts hingewiesen. Im Folgenden soll auf die zweite Entscheidungsalternative der Abschaffung der Organschaft näher eingegangen werden. Auch wenn diese nach dem durchaus profiskalischen Ergebnis in der Rechtssache „Marks & Spencer" nicht mehr zu befürchten ist[169], lassen sich hieraus interessante Fragen ableiten.

1. Abschaffung der Organschaft?

Vanistendael vertritt im Hinblick auf den Fall „Marks & Spencer" und den britischen group relief die Meinung, dass die Mitgliedstaaten einer europarechtswidrigen Ungleichbehandlung dadurch begegnen könnten, dass sie die Inlandsgruppe genauso nachteilig behandeln („Konformität durch Destruktion") wie die grenzübergreifende Konzerngruppe[170]: *„Let us not forget that*

168 Hierzu vorstehend, unter I.1.b). Ebenso *Scheunemann*, Grenzüberschreitende konsolidierte Konzernbesteuerung, Köln 2005, S. 258 f.; differenzierend *Herzig/Wagner*, DB 2005, 1, 5 Fn. 40.

169 Vgl. *Dörr*, EWS 2006, 34, 35; *J. Hey*, GmbHR 2006, 113, 119 f.

170 Vgl. *Vanistendael*, EC Tax Review 2003, 136, 140. *Wassermeyer*, in: Lüdicke (Hrsg.), Deutsches Steuerrecht im Europäischen Rahmen, 2004, S. 197 hält für den Fall der Ausdehnung der deutschen Regelungen über die Organschaft durch den

there is no obligation for a Member State to allow group relief for losses. If there is no group relief, there is no obstacle, because domestic subsidiaries will meet the same obstacle as foreign subsidiaries."

Eine Vielzahl weiterer Unternehmen (darunter auch FTSE 100-Gesellschaften), die sich Marks & Spencer in der *Loss Relief Group Litigation Order* anschlossen, fordern vom britischen Finanzministerium geschätzte £ 1 Milliarde an Steuerrückerstattungsansprüchen wegen bisher nicht berücksichtigter Auslandstochterverluste[171]. Dementsprechend wurde in der Vergangenheit kolportiert, dass die britische Regierung für den Fall eines negativen Entscheids aus Luxemburg plante, den group relief zu beseitigen, weil eine Berücksichtigung der ausländischen Verluste zu hohen Steuerausfällen geführt hätte[172].

Abwegig waren die damaligen Gerüchte um eine Abschaffung keinesfalls – ein Streichen von Vergünstigungen für Steuerinländer konnte man beispielsweise in Deutschland bei der Änderung der Gesellschafter-Fremdfinanzierung nach § 8a KStG als Reaktion auf die „Lankhorst-Hohorst"-Entscheidung des EuGH beobachten[173]. Nach der eindeutig zugunsten der Mitgliedstaaten ausgefallenen Entscheidung in der Rechtssachte „Marks & Spencer" dürfte es jedenfalls *steuerpolitisch* keinen Grund mehr für eine Abschaffung des nationalen Gruppenbesteuerungsregimes geben. Die Frage müsste jedoch dahingehend formuliert werden, ob die Abschaffung der Organschaft *steuerrechtlich* überhaupt eine Alternative sein kann. Die Handlungsalternativen des Gesetzgebers wären nämlich beschränkt, wenn eine ersatzlose Abschaffung der derzeitigen Organschaftsregelungen in Deutsch-

---

EuGH eine Abschaffung der Organschaft für wahrscheinlich. In der Break-out Session B des 58. IFA Kongresses 2004 hielt *Mors* diese Möglichkeit auf lange Sicht für nicht praktikabel, vgl. *IBFD*, Tax News Service, 27.9.2004, S. 469, 472.

171 Vgl. *Watts*, Sunday Telegraph (London), 4.5.2003, S. 2: „Rush to join M&S tax challenge in Europe". Die Loss Relief Group Litigation wurde vom House of Lords, *Autologic Holdings plc & Others (Test Claimants in the Loss Relief Group Litigation Order) v. Commissioners of Inland Revenue*, 28.7.2005, [2005] UKHL 54 = [2005] STC 1357= [2005] 3 W.L.R. 339 in der Revisionsentscheidung formell als zulässig erachtet.

172 Vgl. die Angabe bei *Baumgartner*, in: Neue Züricher Zeitung, 4.12.2003, S. 29: „Irritationen in der Europäischen Union" sowie den Editorial Comment der Financial Times London Ed. England, 7.12.2004, S. 1: „Bad strategy for UK competitiveness".

173 EuGH v. 12.12.2002, Rs. C-324/00, *Lankhorst-Hohorst*, Slg. 2002, I-11779. Vgl. zu § 8a KStG idF. des Gesetzes zur Umsetzung der Protokollerklärung der Bundesregierung zur Vermittlungsempfehlung zum StVergAbG v. 22.12.2003, BGBl. I 2003, 2840 etwa *Dörr/Geibel/Geißelmeier/Gemmel/Krauß/Schreiber*, Beilage 11 zu NWB 34/2004, S. 1 ff. m.w.N.

land rechtlich nicht zulässig wäre. Dazu ist in die Dogmatik der Gruppenbesteuerungsregelungen respektive der Organschaft einzusteigen:

a) Sinn und Zweck der Gruppenbesteuerung

Da Gruppengesellschaften selbstständige Steuersubjekte darstellen, ist eine Ergebnisverrechnung im Allgemeinen oder eine Verlustverrechnung im Besonderen zwischen den eigenständig besteuerten Konzerngesellschaften grundsätzlich nicht möglich („Trennungsprinzip"). Dies ist aus ökonomischer Sicht beispielsweise dann nachteilig, wenn eine Steuerschuld bei einer Gruppengesellschaft anfällt, obwohl das addierte Gesamtgruppenergebnis negativ ausfällt. Eine Konzern- bzw. Gruppenbesteuerung eröffnet die Möglichkeit der Einkommensverrechnung zwischen einzelnen oder allen in der Gruppe verbundenen Gesellschaften im Rahmen einer Unternehmensbesteuerung. Erreicht wird dies beispielsweise durch den Transfer des Ergebnisses vor Steuern einer Organ- oder Tochtergesellschaft auf eine Muttergesellschaft als Organ- oder Rechtsträger. Unter den speziellen ertragsteuerlichen Voraussetzungen mildern die jeweiligen Gruppenbesteuerungsregeln das strikte Trennungsprinzip zwischen Gesellschaft und Anteilseigner folglich ab. Mithilfe einer *wirtschaftlichen Betrachtungsweise* wird die Konzerngruppe als ein einheitliches Unternehmen angesehen und steuerlich mehr oder weniger als solches behandelt. Der mit einer Vielzahl eigenständiger Tochtergesellschaften ausgestattete Beteiligungskonzern soll in seiner steuerlichen Behandlung an diejenige eines Einheitsunternehmens mit unselbstständigen Betriebstätten angenähert werden. Eine Ergebnisverrechnung soll somit auch ohne gesellschaftsrechtliche Verschmelzung der Gesellschaften ermöglicht werden.

b) Organkreisbezogenes Leistungsfähigkeitsprinzip

Die deutsche Organschaft wurde vor über 100 Jahren als richterrechtliches Rechtsinstitut entwickelt, bevor sie erstmals im Jahre 1969 Eingang in das Körperschaftsteuergesetz fand[174]. Die Rechtsprechung etablierte die Organschaft zwischen verbundenen Unternehmen, um in erster Linie die Möglichkeit zu schaffen, *„die mehrfache Belastung des Gewinns mit Körperschaftsteuer beim Organ und Organträger zu vermeiden…"*[175].

174 Vgl. zur Entstehungsgeschichte vorstehend im 1. Teil, II.1.
175 BFH v. 12.8.1965, IV 322/64 U, BFHE 83, 245, 247.

Bestünde ihr alleiniger Zweck in der Beseitigung der steuerlichen Doppelbelastung der von einer Kapitalgesellschaft ausgeschütteten Gewinne, wäre die Organschaft bei konsequenter Freistellung von Schachteldividenden – die allerdings derzeit gemäß § 8b Abs. 1, 5 KStG nur zu 95% erfolgt – überflüssig. Die Frage der Abschaffung hatte sich daher in der Tat vor der Einführung des die steuerliche Doppelbelastung von Gewinnausschüttungen vermeidenden körperschaftsteuerlichen Anrechnungsverfahrens im Jahr 1977 gestellt.

Der BFH legt der Organschaft jedoch eine weitere wichtige Funktion bei: *„...und zudem Verluste des Organs mit Gewinnen des Organträgers auszugleichen.“* [176]

Entsprechend stellte die Bundesregierung im Jahr 1974 fest[177]: „Die Bedeutung des Instituts der körperschaftsteuerlichen Organschaft reicht jedoch über die Beseitigung der steuerlichen Doppelbelastung hinaus. Sie beinhaltet darüber hinaus den Verlustausgleich zwischen den an der Organschaft beteiligten Unternehmen, eine Folge, die dem Anrechnungsverfahren nicht wesensimmanent ist. Die Bundesregierung ist daher der Auffassung, und sie folgt darin der Ansicht der Steuerreformkommission, dass die körperschaftsteuerliche *Organschaft als Bestandteil unseres Konzernsteuerrechts* auch nach der Einführung des Anrechnungsverfahrens *unentbehrlich* ist.“

Im Bericht zur Fortentwicklung des Unternehmensteuerrechts aus dem Jahr 2001 ist das Bundesministerium der Finanzen den Forderungen der Kommunalen Spitzenverbände nach einer Abschaffung der (v.a. gewerbesteuerlichen) Organschaft ebenfalls entschieden entgegengetreten: „Ertragsteuerlich ermöglicht es [das Institut der Organschaft] eine Ergebniskonsolidierung innerhalb unternehmerischer Einheiten, die den *Grundprinzipien des deutschen Steuerrechts* entspricht. Insbesondere bietet sie die Grundlage für die Durchbrechung des Subjektprinzips und berücksichtigt den *Grundsatz der Besteuerung nach der Leistungsfähigkeit.*“[178]

Vor diesem Hintergrund wird auch im Schrifttum zu Recht vertreten, dass das Rechtsinstitut der Organschaft das aus dem Gleichheitssatz des Art. 3 Abs. 1 GG fließende Leistungsfähigkeitspostulat bezogen auf organschaft-

176 BFH v. 12.8.1965, IV 322/64 U, BFHE 83, 245, 247.

177 Vgl. die Begründung des Entwurfs eines Dritten Steuerreformgesetzes (das schließlich zum Körperschaftsteuerreformgesetz v. 31.8.1976, BStBl. I 1976, 445 führte) in BT-Drs. 7/1470 v. 9.1.1974, S. 347 (Hervorhebungen nicht im Original). Vgl. auch *Witt*, Die Organschaft im Ertragsteuerrecht, 1999, S. 63.

178 Bericht zur Fortentwicklung der Unternehmensbesteuerung, Beilage zu FR 11/2001, S. 16 (Hervorhebungen nicht im Original).

lich verbundene Unternehmen konkretisiert[179]. In dem Maße, in dem die Organschaftsbesteuerung der Verwirklichung einer sachgerechten und am Leistungsfähigkeitsprinzip orientierten Besteuerung einer Unternehmenseinheit dient, haben gesetzgeberische Dispositionen im Bereich der Organschaftsregelungen diese verfassungsrechtlichen Implikationen zu berücksichtigen. Die Abschaffung der Organschaft ohne gleichzeitige Einführung entsprechender Ersatzregelungen zur Vermeidung einer steuerlichen Doppelbelastung von Konzerngewinnen oder zur Ermöglichung eines sofortigen konzerninternen Verlustausgleichs wäre mithin rechtfertigungsbedürftig.

c) Rechtsformwahlfreiheit

i) Deutsches Verfassungsrecht

Grundsätzlich entscheidet der Steuerpflichtige über eine beteiligungsunternehmerische oder einheitsunternehmerische Konzernstruktur. Bereits die *Rechtsformwahlfreiheit*, also der Grundsatz der freien Wahl zwischen Zweigniederlassung und Tochtergesellschaft erfordert eine möglichst von steuerrechtlichen Erwägungen unbeeinflusste, allein auf betriebswirtschaftlichen Erwägungen basierende Unternehmerentscheidung[180]. Ohne die Organschaft könnten Verluste eines verbundenen Unternehmens nicht mit Gewinnen des anderen Unternehmens verrechnet werden: Aufgrund der 95%igen Steuerfreistellung von Dividenden nach § 8b Abs. 1, 5 KStG ist beispielsweise auf Ebene der Muttergesellschaft mangels erhaltener steuerpflichtiger Erträge bei Gewinnausschüttungen der Tochtergesellschaft ein Ausgleich mit eigenen Verlusten weitgehend unmöglich. Die Verluste wären bei der jeweiligen Gesellschaft eingeschlossen und könnten erst interperiodisch oder im ungünstigsten Fall der nachhaltigen Erfolglosigkeit steuerlich nie genutzt werden. Dem soll die Organschaft abhelfen, indem sie der wirtschaftlichen Einheit des Konzerns Rechnung trägt. Der Fokus der einheitstheoretischen Betrachtung liegt auf der wirtschaftlichen Gesamtheit Konzernverbund als Besteuerungssubjekt. Ausfluss des im gesamten Steuerrecht herrschenden Rechtsgrundsatzes der Gleichmäßigkeit der Besteuerung ist

179 *Breuninger/Prinz*, JbFStR 1999/2000, 535, 548; *Krebühl*, DStR 2002, 1241, 1242; *J. Hey*, FR 2001, 1279, 1279; *dies.*, GmbHR 2006, 113, 114; *Olbing*, in: Streck (Hrsg.), KStG, 6. Aufl. 2003, § 14 Anm. 1; *Dörr*, IStR 2004, 265, 270 ff.; *Scheunemann*, Grenzüberschreitende konsolidierte Konzernbesteuerung, Köln 2005, S. 274 f.; *Müller/Müller*, GmbHR 2005, 1550, 1551 f.; *Balmes/Brück/Ribbrock*, BB 2005, 966, 970; *Herzig/Wagner*, DB 2005, 1, 7; *Sievert*, Konzernbesteuerung in Deutschland und Europa, Düsseldorf 2006, S. 264.

180 Vgl. *Krebühl*, DStR 2001, 1730, 1731.

ein Neutralitätspostulat im Hinblick auf eine gleichmäßige Besteuerung wirtschaftlich gleich gelagerter Sachverhalte, und zwar unabhängig von Rechtsformfragen. Insbesondere die bei einer wirtschaftlichen Betrachtungsweise verbleibenden geringen rechtlichen Unterschiede zwischen Stammhaus- und Beteiligungskonzern können jedenfalls keine vollständig unterschiedliche steuerliche Behandlung der besagen Gesellschaftsstrukturen bewirken. Dies folgt aus dem im Rahmen des Gleichbehandlungsgebots zu beachtenden Verhältnismäßigkeitsprinzips.

ii) Europarecht

Im europäischen Kontext ist ebenfalls das dort aus der Niederlassungsfreiheit nach Art. 43, 48 EG abgeleitete *Neutralitätsgebot hinsichtlich der gewählten Rechtsform* verletzt, wenn eine Konzernauslandstochter ihre Verluste – anders als eine Auslandsbetriebstätte – nicht an die Konzernmutter weitergeben kann. Insoweit ist zur Vermeidung von Wiederholungen auf die im Rahmen der Prüfung der Rechtssache „Marks & Spencer" gemachten Ausführungen zu verweisen[181].

Anders als im Vereinigten Königreich bezieht jedoch die Bundesrepublik im Regelfall ausländische Betriebstättenverluste nicht in die Steuerbemessungsgrundlage des inländischen Stammhauses ein. Dies liegt daran, dass abkommensrechtlich nicht die Anrechnungs-, sondern die Freistellungsmethode zur Vermeidung einer etwaigen Doppelbesteuerung der Betriebstättenergebnisse angewendet wird. Die Zielsetzung, innerstaatliche und grenzüberschreitende Betätigungen gleich zu behandeln, ist jedoch dem DBA-Recht gerade im Anwendungsbereich der Freistellungsmethode nicht immanent: Vergleicht man nämlich die im deutschen Steuerrecht gezeitigten Folgen beider Methoden zur Vermeidung der Doppelbesteuerung bei ausländischen Verlusten mit dem Inlandsfall, führt nur die Anrechnungsmethode *grundsätzlich* zum gleichen Besteuerungsergebnis. Bei der Freistellung ergeben sich jedoch Zins- und Liquiditätsnachteile, da die in Deutschland regelmäßig „freigestellten", also unberücksichtigten Verluste[182] erst in späte-

181 Vgl. vorstehend 2. Teil, II.4.c). Siehe auch *Scheunemann*, Grenzüberschreitende konsolidierte Konzernbesteuerung, Köln 2005, S. 269 ff., 274.

182 Der Begriff der Betriebstätteneinkünfte wird auf einen Nettobetrag bezogen, so dass sich die Freistellung nicht nur positive sondern auch negative Einkünfte bezieht (sog. Symmetriethese), st. Rspr. seit RFH v. 26.6.1935, VI A 414/35, RStBl. 1935, 1335, 1338; z.B. BFH v. 17.10.1990, I R 182/87, BStBl. II 1991, 136; 6.10.1993, I R 32/93, BStBl. II 1994, 113; 13.11.2002, I R 13/02, BStBl. II 2003, 795; 28.6.2006, I R

ren Jahren im Rahmen des Verlustvortrags im Ausland verrechnet werden können. Im Gegensatz dazu sind Verluste einer inländischen Zweigniederlassung im selben Veranlagungszeitraum, also intratemporal im Rahmen der Besteuerung des Einheitsunternehmens verrechenbar.

Das DBA-Recht als transformiertes Zustimmungsgesetz und seine deutsche Rechtsanwendung sind auch am Gemeinschaftsrecht zu messen, insbesondere an Art. 43, 48 EG. Nach der zutreffenden herrschenden Meinung im Fachschrifttum[183] verstößt die deutsche Anwendung der DBA-Freistellungsmethode infolge der dargestellten Benachteiligung von Auslandsverlusten gegenüber solchen aus dem Inland gegen die Grundfreiheiten, bei Betriebstättenverlusten insbesondere gegen die Niederlassungsfreiheit. Die Gegner[184] dieser Ansicht verweisen auf die symmetrische und damit kohärente sowie dem Territorialitätsprinzip entsprechende steuerliche Behandlung von

---

84/04, BStBl. II 2006, 861; 22.8.2006, I R 116/04, BStBl. II 2006, 864; 29.11.2006, I R 45/05 (veröffentlicht am 28.3.2007).

183 Vgl. etwa *Brück*, in: Löwenstein/Looks (Hrsg.), Betriebstättenbesteuerung, 2003, Rn. 1030 ff.; *Cordewener*, European Taxation 2003, 294, 299 ff.; *ders.*, IStR 2003, 413, 418 Fn. 44 m.w.N.; *ders.*, DStJG 28 (2005), 255, 282 ff.; *Haarmann*, in: Lüdicke (Hrsg.), Deutsches Steuerrecht im Europäischen Rahmen, 2004, S. 169, 180; *Heinicke*, in: Schmidt (Hrsg.), EStG, 25. Aufl. 2006, § 2a Rn. 12 m.w.N.; *Kessler*, in: Lehner (Hrsg.), Verluste im nationalen und Internationalen Steuerrecht, 2004, S. 83, 113; *Kessler/Schmitt/Janson*, IStR 2001, 729, 735 ff.; *dies.*, IStR 2003, 307 ff.; *Kessler/Spengel*, DB Beilage 5 zu Heft 26/2003, S. 1, 3 m.w.N.; *dies.*, DB Beilage 1 zu Heft 1/2006, S. 1, 3 m.w.N.; *Lechner*, in: Gassner/Lang/Lechner (Hrsg.), Die Methoden zur Vermeidung der Doppelbesteuerung, 1995, S. 137, 144 ff.; *ders.*, in: Gassner/Lang/Lechner (Hrsg.), Doppelbesteuerungsabkommen und EU-Recht, 1996, S. 85, 93 ff.; *Lehner*, RIW 2001, 387, 387; *Ludwig*, RdW 2001, 701, 202 f.; *Menhorn*, SWI 2001, 62, 64 ff.; *Mössner*, in: Vogel (Hrsg.), Grundfragen des internationalen Steuerrechts, DStJG Bd. 8 (1985), 135 ff., 149 ff.; *ders.*, in: Kirchhof/Söhn (Hrsg.), EStG, § 2a Rn. A 45; *Oestreicher*, in: Lüdicke (Hrsg.), Besteuerungspraxis bei grenzüberschreitender Tätigkeit, 2003, S. 67, 76 f.; *Paetsch*, Grenzüberschreitende Verlustberücksichtigung im Europäischen Binnenmarkt, 2004, S. 83 ff., 95 f.; *Pohl*, in: Arbeitsbuch 55. Steuerrechtliche Jahresarbeitstagung 2004, S. 345, 348; *Rödder*, DStR 2004, 1629, 1631; *ders.*, in: Gocke/Gosch/Lang (Hrsg.), FS Wassermeyer, 2005, S. 163, 170; *Schaumburg*, in: Ebling (Hrsg.), Besteuerung von Einkommen, DStJG Bd. 24 (2001), 225, 242 ff.; *Schön*, StbJb 2003/04, 27, 40; *Schuch*, Verluste im Recht der Doppelbesteuerungsabkommen, 1998, S. 21 und S. 178; *Tumpel*, SWI 2001, 55, 57 ff.; *Vogel*, in: Vogel/Lehner (Hrsg.), DBA, 4. Aufl. 2003, Art. 23 Rn. 48 m.w.N.; *Wilk*, Die einkommensteuerrechtliche Behandlung von Auslandsverlusten, 2000, S. 245, 262; *Wilke*, PIStB 2003, 115, 117.

184 *Bernhard*, IStR 2001, 366, 367 f.; *Hahn*, IStR 2002, 681, 685 ff.; *ders.*, IStR 2003, 734 ff.; *Jacobs*, Internationale Unternehmensbesteuerung, 5. Aufl. 2002, S. 250 f. m.w.N.; *Thiel*, DB 2004, 2603, 2606; *Thömmes*, JbFStR 2001/2002, 80, 88 f.; *Weinreich*, Probleme des Verlustausgleichs über die Grenze, 1994, S. 83 ff., 87.

Auslandsgewinnen und Auslandsverlusten. Sie ordnen also die Frage der Verlustberücksichtigungszuständigkeit der grundsätzlich „europarechtsimmunen“ Aufteilung der Besteuerungsrechte zwischen den Mitgliedstaaten zu. Diese Verteidigungslinie half jedoch im Fall „Marks & Spencer“ nur bedingt – sie wird bei der steuerlichen Auslandsverlustbehandlung eines deutschen Stammhauses, das zudem der Welteinkommensbesteuerung unterfällt, keine bessere Rechtfertigung liefern. Da es aber erneut um die Aufteilung der mitgliedstaatlichen Besteuerungsbefugnisse geht, ist zu erwarten, dass der EuGH in den dazu derzeit anhängigen Verfahren[185] ebenfalls „nur“ im Sinne einer subsidiären deutschen Ausfallhaftung für im primär zuständigen Betriebstättenstaat nicht mehr nutzbare und damit definitiv gewordene Verluste entscheidet. Rechtlich zutreffender wäre jedoch die bereits ausführlich beschriebene Sofortberücksichtigung des ausländischen Betriebstättenverlustes im Verlustentstehungsjahr kombiniert mit einer Nachversteuerungsregelung[186].

Für die vorliegenden Zwecke reicht jedoch die Feststellung, dass die derzeitige Praxis der vollständigen Nichtberücksichtigung ausländischer Betriebstättenverluste bei DBA-Freistellung gegen die Niederlassungsfreiheit verstößt. Zumindest in bestimmten Konstellationen müssten dann auch die ausländischen Verluste im Rahmen der inländischen Veranlagung des Stammhauses einbezogen werden. Gesetzt den Fall, der EuGH wird in den zu dieser Thematik anhängigen deutschen Vorabentscheidungsverfahren[187] in dargestellter Weise entscheiden, käme es zu einer Ungleichbehandlung von Verlusten aus ausländischen Betriebstätten im Vergleich zu solchen aus ausländischen Tochtergesellschaften. Dies ist bereits gegenwärtig in den Konstellationen zu beobachten, in denen mangels DBA oder aufgrund einer DBA-Anrechnungsmethode der Auslandsbetriebstättenverlust in Deutschland steuerlich berücksichtigt wird. Eine gleichmäßige Besteuerung der grenzüberschreitenden Konzernunternehmung (inländische Muttergesellschaft mit ausländischer Tochtergesellschaft) im Vergleich zur grenzüberschreitenden Einheitsunternehmung (inländisches Stammhaus mit ausländischer Betriebstätte) ist jedoch auch im grenzüberschreitenden Kontext geboten[188]. Ohne eine denselben Maßstäben genügende grenzüberschreitende

185 Vgl. Rs. C-414/06, *Lidl Belgium GmbH & Co KG* (BFH-Vorlagebeschluss v. 28.6.2006, I R 84/04, BStBl. II 2006, 861), Rs. C-415/06, *Stahlwerke Ergste Westig GmbH* (BFH-Vorlagebeschluss v. 22.8.2006, I R 116/04, BStBl. II 2006, 864) sowie den BFH-Vorlagebeschluss v. 29.11.2006, I R 45/05 (veröffentlicht am 28.3.2007).

186 Vgl. hierzu vorstehend die Argumente unter 2. Teil, II.6.c).

187 Vgl. vorstehende Fn. 185.

188 So zu Recht *Scheuchzer*, RIW 1995, 35, 42; *Herzig/Dautzenberg*, DB 1997, 8, 13; *Gutmann*, EC Tax Review 2003, 154, 156; *Scheunemann*, Grenzüberschreitende kon-

Konzernbesteuerung wäre in diesem Fall der *Rechtsformwahlfreiheit* als einem Grundsatz des europäischen Unternehmensteuerrechts[189] nicht genügt.

2. Übergang zum Territorialitätsprinzip?

Hand in Hand mit der Möglichkeit der Abschaffung der Organschaft geht auch die Idee, den nationalen Steuerzugriff und damit das Steuersystem als solches grundsätzlich zu überdenken: Verstärkt wurde daher die Abkehr vom Totalitätsprinzip, also der Welteinkommensbesteuerung hin zum Territorialitätsprinzip im Bereich des Ertragsteuerrechts propagiert, um auf diese Weise dem Problem der Auslandsverlustberücksichtigung Herr zu werden[190]. Im abkommensrechtlichen Kontext wurde dies auch als „Primat der Freistellungsmethode" bezeichnet[191].

Dahinter steht die Überlegung, dass sich dann keine europarechtlichen Probleme (mehr) ergeben, wenn Auslandsverluste deshalb von der Berücksichtigung ausgeschlossen werden, weil nach dem am Territorialitätsprinzip ausgerichteten Steuersystem des Mitgliedstaates ohnehin nur inländische Einkünfte der Einkommensbesteuerung unterliegen. Hauptargument ist damit der bereits mehrfach angesprochene Kohärenzgedanke.

Was abkommensrechtlich aber aus Gründen der Wettbewerbsgleichheit unter den Investoren verschiedener Länder im Quellenstaat („Kapitalimportneutralität") erwünscht ist, scheint europarechtlich nicht nur problematisch, sondern ist zumindest im Hinblick auf die Verlustfrage nicht haltbar[192].

Nach den Entscheidungen in der Rechtssache „Manninen" sowie „Marks & Spencer" dürfte klar geworden sein, dass das Territorialitätsargument im

---

solidierte Konzernbesteuerung, Köln 2005, S. 69 ff.; *Müller/Müller*, GmbHR 2005, 1550, 1551; in diesem Sinne auch *Cordewener*, DStJG 28 (2005), 255, 308 f.

189 Zur Rechtsformneutralität im Kontext der Niederlassungsfreiheit vgl. vorstehend im 2. Teil, II.3.a)ii).

190 *Gutmann*, EC Tax Review 2003, 154, 156; *Wattel*, EC Tax Review 2003, 194, 201; *Haarmann*, in: Lüdicke (Hrsg.), Deutsches Steuerrecht im Europäischen Rahmen, 2004, S. 169, 173 f.; *Sheppard*, TNI 12.7.2004, 132, 135; *Gammie* in der Break-out Session B des 58. IFA Kongresses 2004, zitiert von *Sheppard*, TNI 4.10.2004, 18, 19; *Schnitger*, FR 2004, 1357, 1359 f.; *Prokisch*, DStJG 28 (2005), 229, 249.

191 So der Ausdruck bei *Stockmann*, Verluste ausländischer Tochtergesellschaften im deutschen internationalen Steuerrecht, 2000, S. 246 ff.; *Lehner*, DStJG 23 (2000), 263, 283; *Kemmeren*, Principle of Origin in Tax Conventions - A Rethinking of Models, 2001, S. 229 f.; *Vogel*, IBFD-Bulletin 2002, 4, 9, der die Anrechnungsmethode überdies für europarechtswidrig erachtet.

192 Vgl. etwa *Schön*, StbJb 2003/04, 27, 37, 41 f.

Ansässigkeitsstaat jedenfalls dann nicht zur Rechtfertigung taugt, wenn Auslands- und Inlandseinkünfte des Steuerpflichtigen objektiv vergleichbar sind. *Englisch* vermutet zu Recht, dass die Durchsetzung der grundfreiheitsrechtlichen Diskriminierungsverbote nicht dadurch mittelbar ins Belieben der Mitgliedstaaten gestellt werden soll, dass diese für ihre Ansässigen „*Inseln der Territorialität im Meer des Welteinkommens freiwillig durch unilaterale oder bilaterale Maßnahmen schaffen, ohne dazu wie bei Nichtansässigen durch völkerrechtliche Grundsätze verpflichtet zu sein.*“[193]

Jeder Mitgliedstaat könnte sonst durch die Wahl seines Steuersystems im Hinblick auf grenzüberschreitende Sachverhalte zu einer „europarechtlichen Enklave“ mutieren, was nicht nur dem Binnenmarktgedanken ganz klar widerspricht, sondern auch in die europarechtliche und steuerrechtliche Steinzeit führt. Selbst wenn die Protagonisten des Territorialitätsprinzips gerne und oft das Beispiel des französischen Steuersystems anführen, wird ihr Ergebnis dadurch nicht richtiger. Vielmehr dürfte es sich bei dieser Ansicht um eine *petitio principii*, also einen klassischen Zirkelschluss handeln, da das in Frankreich angewendete steuerliche Territorialitätsprinzip *insoweit* selbst europarechtswidrig ist[194]. Oder entspricht es etwa einem barrierefreien europäischen Binnenmarkt, dass ein französisches Stammhausunternehmen tatsächlich nur Anlaufverluste seiner Straßburger Betriebstätte berücksichtigen darf, nicht aber die seiner Freiburger Betriebstätte? Ein Blick über den Rhein offenbart, dass auch das französische Territorialitätsprinzip in dieser Konsequenz nicht durchgehalten wird, da der Conseil d'Etat andeutete, dass ausländische Betriebstättenverluste unter bestimmten Voraussetzungen abziehbar sind, wenn die ausländische Betriebstätte den Geschäftsaktivitäten der französischen Gesellschaft dient[195]. Überdies stellt auch die bereits besprochene französische grenzüberschreitende Gruppenbesteuerung des régime du bénéfice consolidé[196] eine Durchbrechung des Territorialitätsprinzips im Hinblick auf Auslandsergebnisse dar.

Selbst wenn man aber das Territorialitätsprinzip in seiner gesamten Schärfe konsequent anwendet, ändert dies nichts am Stigma der Europarechtswidrigkeit. Wie *Schön* zutreffend herausarbeitete, greift die Kohärenzrechtferti-

---

193 *Englisch*, GmbHR 2004, R 421, R 422.

194 Ähnlich *Richard*, Intertax 2003, 20, 23, 24; *Cordewener*, European Taxation, 2003, 294, 303; *Scheunemann*, Grenzüberschreitende konsolidierte Konzernbesteuerung, Köln 2005, S. 65 f. Wohl auch *Mössner*, ASA 2004, 673, 703, 705. A.A.: *Hahn*, IStR 2002, 681, 685 f.

195 Conseil d'Etat v. 16.5.2003, Nr. 222956, Section, *Société Télécoise*, Revue de Jurisprudence fiscale 7/2003, 823; hierzu: *Gouthiere*, European Taxation 2003, 383 ff.

196 Vgl. vorstehend im 1. Teil, IV.3.

gung immer dann zu kurz, wenn die Besteuerung auf dem Grundsatz der Besteuerung nach der individuellen Leistungsfähigkeit aufbaut[197]. Die Leistungsfähigkeit macht gerade nicht an den binnenstaatlichen Grenzen halt und hat überdies auch eine europarechtliche Dimension, wie bereits herausgearbeitet wurde[198]. *Lehner* ergänzt, dass das Territorialitätsprinzip den zwingenden Vorgaben individueller Steuergerechtigkeit nicht widersprechen darf. Dies wäre gewährleistet, „wenn eine die Gesamtleistungsfähigkeit des Steuerpflichtigen entsprechende Besteuerung im Wohnsitzstaat und dem Quellenstaat im Grundsatz verwirklicht wird“[199]. Ähnlich dem EuGH in der Entscheidung „Marks & Spencer“ plädiert er deshalb trotz Freistellung für eine „Ausfallhaftung“ im Ansässigkeitsstaat für die im Quellenstaat steuerlich nicht nutzbaren Verluste.

Dies ist dem Grunde nach richtig, jedoch verlangt die aus dem Gleichheitssatz fließende Gleichmäßigkeit der Besteuerung auch eine Gleichbehandlung des inländischen Steuerpflichtigen nicht nur „in räumlicher Hinsicht“ (inländische bzw. ausländische Verluste), sondern auch „in zeitlicher Hinsicht“ (intratemporale bzw. intertemporale Verlustverrechnung). Zur Vermeidung von Liquiditäts- und Zinsnachteilen im grenzüberschreitenden Kontext bedarf es folglich nicht lediglich der Einmalverlustberücksichtigung erst von endgültigen Auslandsverlusten, sondern der phasengleichen sofortigen Auslandsverlustberücksichtigung (mit Nachversteuerungsmethode) im Ansässigkeitsstaat des Steuerpflichtigen.

Im Ergebnis würde letztlich ein steuersystematischer Übergang zum Territorialitätsprinzip nicht von einer Antwort auf die Frage der grenzüberschreitenden Verlustberücksichtigung befreien, sondern vielmehr zusätzliche europarechtliche Probleme aufwerfen.

3. Ergebnis

Es ist festzuhalten, dass die Organschaft nicht etwa als Steuervergünstigung zu werten ist und folglich auch nicht zur gesetzgeberischen Disposition steht. Die Organschaftsbesteuerung ist kein Steuergeschenk oder Privileg für Konzerne, sondern dient der Verwirklichung einer sachgerechten und am

197 *Schön*, StbJb 2003/04, 27, 41 f.; *ders.*, IStR 2004, 289, 294. Ebenfalls kritisch im Hinblick auf die Vereinbarkeit des Territorialitätsprinzips mit dem Leistungsfähigkeitsprinzip und Binnenmarkterfordernissen *Neubert*, Inhalt und Grenzen der Personenverkehrsfreiheiten bei Anwendung von Doppelbesteuerungsabkommen, 2002, S. 370, 372.

198 Vgl. vorstehend im 2. Teil, II.6.c).

199 *Lehner*, in: Gocke/Gosch/Lang (Hrsg.), FS Wassermeyer, 2005, S. 241, 258 ff.

Leistungsfähigkeitsprinzip orientierten Besteuerung eines Unternehmensverbunds. Gleiches gilt für die Ausschöpfung angefallener Verluste, denn darin liegt nicht etwa eine Steuerumgehung, sondern vielmehr wird hierdurch dem Verfassungsgebot der Besteuerung nach der Leistungsfähigkeit unmittelbar entsprochen[200]. Die Ergebniskonsolidierung innerhalb unternehmerischer Einheiten hat sich mittlerweile zu einem Grundprinzip des deutschen Körperschaftsteuerrechts verfestigt. Im Ergebnis wäre damit eine Abschaffung der Organschaft sowohl aus verfassungsrechtlichen als auch aus europarechtlichen Erwägungen heraus ohne entsprechende Rechtfertigung nicht vertretbar. Gleiches gilt aus Gründen des die Gesamtleistungsfähigkeit eines Steuerpflichtigen widerspiegelnden Gebots der Besteuerung nach der individuellen Leistungsfähigkeit für einen möglichen Übergang vom Welteinkommens- zum Territorialitätsprinzip. Überdies würde man dem Holdingstandort Deutschland enormen Schaden zuführen und wäre auf lange Sicht für Investitionen ausländischer Kapitalgeber uninteressant.

200 Vgl. BFH, 19.8.1999, I R 77/96, BStBl. II 2001; BFH, 17.10.2001, I R 97/00, GmbHR 2002, 169, 171; vgl. zur Verlustnutzung bei der Organschaft: *Orth*, WPg-Sonderheft 2003, 13 ff.; *ders.*, in: Herzig (Hrsg.), Organschaft, 2003, S. 167 ff.

4. Teil: Ergebnisse in Thesenform

1. Im Rahmen der Darstellung von sieben mitgliedstaatlichen Gruppenbesteuerungsregimen wurde deutlich, dass sich – ebenso wie beim Übergang von Körperschaftsteueranrechnungssystemen auf Dividendenfreistellungssysteme – ein Trend von der rein nationalen hin zur grenzüberschreitenden Konzernbesteuerung innerhalb Europas zu entwickeln scheint. Gleichwohl bestehen weiterhin erhebliche Unterschiede im Hinblick auf subjektive, formelle und materielle Voraussetzungen sowie Rechtsfolgen der mitgliedstaatlichen Gruppenbesteuerungsregelungen.

2. Die früheren Versuche einer Harmonisierung der grenzüberschreitenden Verlustberücksichtigung scheiterten auf EU-Ebene und dürften im Hinblick auf die jüngere Rechtsprechung des EuGH auch künftig keine ernsthafte Realisierungschance besitzen. Infolgedessen mündete die thematisch bezogene Reaktion der Kommission im Dezember 2006 auch nicht in einem erneuten Richtlinienvorschlag. In ihrer Stellungnahme zur steuerlichen Behandlung von Verlusten bei grenzübergreifenden Sachverhalten an Rat, Parlament und Wirtschafts- und Sozialausschuss werden lediglich unverbindliche Empfehlungen und Vorschläge zur entsprechenden Anpassung der mitgliedstaatlichen Steuersysteme unterbreitet.

3. Soweit eine nationale Gruppenbesteuerung besteht, ist nach der „Marks & Spencer"-Entscheidung des EuGH in beschränktem Maße eine steuerliche Berücksichtigung „endgültiger", nicht mehr nutzbarer ausländischer Tochtergesellschaftsverluste im Ansässigkeitsstaat der Muttergesellschaft im Rahmen der dortigen Gruppenbesteuerung geboten. Diese bloße „Ausfallhaftung" oder „Letztverantwortlichkeit" zur grenzübergreifenden Verlustberücksichtigung wird jedoch den Vorgaben der Niederlassungsfreiheit nicht vollständig gerecht, da die Einbeziehung auch „laufender" Verluste mit späterer Nachversteuerung ein verhältnismäßigeres Mittel darstellt.

4. Gemeinschaftsrechtlich geboten ist folglich nicht nur der steuermindernde „Einmalabzug" von den im europäischen Konzern erzielten negativen Einkünften. Die erforderliche Gleichbehandlung einer Inlandsmuttergesellschaft mit defizitärer Inlandstochtergesellschaft und Inlandsmuttergesellschaft mit defizitärer Auslandstochtergesellschaft lässt sich nur erreichen, wenn die Auslandsverluste bereits innerperiodisch im Verlustentstehungsjahr bei der Inlandsmuttergesellschaft steuerliche Berücksichtigung finden. Nur durch diese Einmalverlustberücksichtigung im Verlustentstehungsjahr werden Zins- und Liquiditätsnachteile in der Gruppe vermieden und

zugleich das auch im Gemeinschaftsrecht anzuerkennende Rechtsprinzip der Besteuerung nach der Leistungsfähigkeit im Rahmen einer Gruppenbesteuerung verwirklicht.

5. Aus Gründen der kohärenten Ausgestaltung mitgliedstaatlicher Besteuerungsrechte bleibt es jedoch bei der Primärzuständigkeit für die Verlustverrechnung im Verlustentstehungsstaat. Vorrang hat somit die Ausschöpfung innerstaatlicher Verlustnutzungsmöglichkeiten: Wenn im Staat der Verlustentstehung eine innerperiodische Verlustnutzungsmöglichkeit im Rahmen einer nationalen Gruppenbesteuerung vorhanden ist, bedarf es keines grenzüberschreitenden Verlusttransfers zur Verwirklichung der „Einmalverlustberücksichtigung“. Dies bedeutet jedoch nicht, dass der Steuerpflichtige wirtschaftlich nachteilige Verlustnutzungsalternativen (etwa die Veräußerung der Gesellschaft an Dritte) vorrangig in Kauf nehmen muss. Insoweit können an ihn keine höheren Anforderungen als im reinen Inlandsfall gestellt werden.

6. Hinter der vom EuGH neu eingeführten „Rechtfertigungssynthese“ und insbesondere dem Einzelelement der „Wahrung der Aufteilung mitgliedstaatlicher Besteuerungsbefugnisse“ versteckt sich unausgesprochen eine neuartige Kohärenzargumentation unter Berücksichtigung von Steuermissbrauchsaspekten. Nachdem der Gerichtshof selbst in ständiger Rechtsprechung sowohl das Territorialitätsprinzip als auch die Verringerung von Steuereinnahmen nicht als Rechtfertigungsgründe für Grundfreiheitsbeschränkungen anerkannt hat, ist es an der Zeit, den Kohärenzgedanken „kohärent“ fortzuentwickeln. Um den massiven steuerpolitischen Zwängen gerecht zu werden, ist hierbei ein Ausgleich zwischen den anzuerkennenden Zielen der Wahrung der Finanzautonomie der Mitgliedstaaten und der Schaffung eines barrierefreien europäischen Binnenmarktes zu suchen. Dies lässt sich beispielsweise dadurch bewerkstelligen, dass man die Kohärenz im grenzüberschreitenden Sachverhalt grundsätzlich dann negiert, wenn die Ausübung der Grundfreiheit vom Steuerpflichtigen vordergründig dazu genutzt wird, doppelte steuerliche Vorteile (etwa eine doppelte Verlustnutzung) zu erzielen.

7. Ungerechtfertigte künstliche Steuergestaltungen und Steuermissbräuche lassen sich im Rahmen der Einbeziehung laufender Verluste der ausländischen Gruppengesellschaft dadurch vermeiden, dass man zusätzlich eine einfachgesetzliche Nachversteuerungsregelung implementiert. In späteren Veranlagungszeiträumen, in denen die ausländische Gesellschaft Gewinne erzielt, wird die ursprüngliche Berücksichtigung des ausländischen Verlusts steuerlich rückgängig gemacht. Hierdurch wird die zwischenstaatliche Kohärenz im Sinne einer Primärverantwortlichkeit des Quellenstaates für den betreffenden Verlust gewahrt. Da es zu keiner endgültigen Verlagerung ne-

gativer Einkünfte zwischen den Mitgliedstaaten kommt, reduzieren sich die fiskalischen Auswirkungen für den Ansässigkeitsstaat der Muttergesellschaft daher regelmäßig auf Steuerstundungseffekte. Ferner wird zugleich einer missbräuchlichen doppelten Verlustnutzung vorgebeugt.

8. Legt man die europarechtlichen Anforderungen an die deutsche Organschaftsbesteuerung de lege lata an, so bedarf es vielfältiger Anpassungen, um das Ziel der Europarechtskonformität der deutschen Organschaftsregelungen de lege ferenda zu erreichen. Insbesondere der mit Ausnahme von § 18 KStG statuierte Ausschluss beschränkt steuerpflichtiger ausländischer Gesellschaften mit Inlandseinkünften von der Organträgerstellung dürfte mit Vorgaben des Europarechts konfligieren. Eine generelle Organträgerfähigkeit ausländischer Gesellschaften ohne Inlandseinkünfte ist hingegen ebenso wenig zu fordern wie eine sidestream-Verlustverrechnung im Inlandsteilkonzern. Im Rahmen eines hierarchisch strukturierten Beteiligungskonzerns bedarf es jedoch der Einbeziehung des gesamten Inlandsteilkonzerns (inländisches Besteuerungssubstrat) des ausländischen Konzerns in die Organschaftsbesteuerung, soweit die sonstigen Eingliederungsvoraussetzungen der Organschaft gewahrt bleiben. Offenkundig widerspricht die Versagung der Organgesellschaftsstellung bei den in der EU bzw. im EWR ansässigen Tochtergesellschaften der Niederlassungsfreiheit, ebenso wie der Ausschluss unbeschränkt steuerpflichtiger doppelt ansässiger Tochtergesellschaften oder beschränkt steuerpflichtiger Tochtergesellschaften mit inländischer Betriebstätte.

9. Im grenzüberschreitenden Kontext stellt insbesondere der Abschluss eines Gewinnabführungsvertrages ein weiteres europarechtliches Hindernis dar, das es zu beseitigen gilt, um die angesprochene grenzüberschreitende Verlustberücksichtigung im Rahmen der Organschaft zu implementieren. Eine „geltungserhaltende Reduktion“ dieser Organschaftsvoraussetzung im Sinne tatsächlicher Verlustausgleichszahlungen („Quasi-Ergebnisabführungsvertrag“) ist unzulässig und dürfte auch nur auf gesetzlicher Basis neu geregelt werden. Die europarechtlich indizierte Reformnotwendigkeit beschränkt sich nicht nur auf die körperschaftsteuerliche, sondern darüber hinaus auch auf die gewerbesteuerliche Organschaft. Vorbildfunktion für die deutsche Gruppenbesteuerung de lege ferenda könnte man – wenn auch mit leichten Modifikationen – den jüngeren, nach dem Best Practise Modell geschaffenen Regelungen der italienischen und österreichischen Gruppenbesteuerung beimessen.

10. Sowohl im Bereich der Organschaft existiert neben der Herstellung grundfreiheitlicher Konformität durch Extension bestehender Regelungen die (wenn auch wenig wahrscheinliche) Möglichkeit der Konformität durch

Destruktion, d.h. durch Abschaffung der nationalen Organschaft bzw. durch den strikten Übergang vom Welteinkommens- zum Territorialitätsprinzip bei der Ertragsbesteuerung. Es wurde aufgezeigt, dass die letztgenannten Alternativen sowohl verfassungs- als auch europarechtliche Verwerfungen mit sich bringen und sich auch aus ökonomischer Sicht schädlich auf das Investitionsverhalten ausländischer Unternehmen und damit auf die künftige wirtschaftliche Entwicklung Deutschlands auswirken.

Ich fasse zusammen: Die grenzüberschreitende Verlustberücksichtigung im Rahmen eines internationalen Konzerns ist im europäischen Binnenmarkt europarechtlich geboten.

Literaturverzeichnis

Aarnio, Katri: Treatment of permanent establishments and subsidiaries under EC law: towards a uniform concept of secondary establishment in European tax law?, EC Tax Review 2006, S. 18 ff.

Agostini, Massimo / Emma, Marco: Italian update: Decree implements tax-transparency regime, International Tax Review 6/2004, S. 60 f.

Agostini, Massimo / Emma, Marco: Italy: Corporate Tax Reform becomes effective, International Tax Review 2/2004, S. 38

Aigner, Dietmar / Kofler, Georg: Steuerliche Folgen des Zuzugs von EU-Kapitalgesellschaften nach Österreich nach der Rechtsprechung des EuGH in der Rs. Überseering (C-208/00), IStR 2003, S. 570 ff.

Aigner, Hans-Jörgen: Die abkommensrechtlichen Rahmenbedingungen für eine internationale Konzernbesteuerung, SWI 2004, S. 187 ff.

Alberts, Wolfgang: Das Steuerrecht Großbritanniens 2006/2007, IWB 5/2006 Fach 5 Gruppe 2 Großbritannien, S. 437 ff.

Althuber, Franz / Mang, Martin: Ausgewählte Fragen zur neuen Gruppenbesteuerung in Österreich, IWB 17/2004 Fach 5 Gruppe 2 Österreich, S. 607 ff.

Amby, Christen: Group Taxation, National Report Denmark, Cahiers de droit fiscal international, IFA 2004 Vienna Congress, Vol. 89b, S. 233 ff.

Annibaldi, Filippo / Manguso, Giosue / Barbantini, Valerio: Tax Consolidation Rules Implemented in Italy, Tax Planning International Review 8/2004, S. 15 ff.

Ascoli, Roberto: Tax treatment of corporate losses, National Report Italy, Cahiers de droit fiscal international, IFA 1998 London Congress, Vol. LXXXIIIa, S. 567 ff.

Bachl, Robert: Negativer Firmenwert und andere Hindernisse, SWK 2004, S. 989 ff.

Balmes, Frank / Brück, Michael / Ribbrock, Martin: Das EuGH-Urteil Marks & Spencer: Grenzüberschreitende Verlustnutzung kommt voran!, BB 2006, S. 186 ff.

Balmes, Frank / Brück, Michael / Ribbrock, Martin: Der EuGH-Fall Marks & Spencer: Rückschlüsse für die deutsche Organschaftsbesteuerung, BB 2005, S. 966 ff.

Balmes, Frank / Grammel, Ralf / Sedemund, Jan: Berücksichtigung von Betriebsstättenverlusten trotz Freistellungsmethode, BB 2006, S. 1474 ff.

Bauer, Egon / Quantschnigg, Peter / Schellmann, Gottfried / Werilly, Harald (Hrsg.): Die Körperschaftsteuer KStG 1998, Kommentar, Wien 2003

Baumgartner, Peter: Irritationen in der Europäischen Union, Neue Züricher Zeitung, 4.12.2003, S. 29

Beiser, Reinhold: Keine Vererbbarkeit von Verlustvorträgen? - Kritik zur Divergenzanfrage des I. Senats des BFH vom 29. 3. 2000, DStR 2000, S. 1505 ff.

Bérengier, Eric: French Finance Bill Merits Corporate Attention, Tax Notes International 6.10.2003, S. 7 f.

Bergmann, Achim / Schönherr, Frank / Stäblein, Winfried: Die Rechtsprechung des EuGH im Ertragsteuerrecht - Chancen und Risiken für deutsche Unternehmen, BB 2005, S. 1706 ff.,

Bernhard, Winfred: Einkünfte aus ausländischen Betriebsstätten im Lichte des Europarechts – Anmerkung zu dem Urteil des EuGH vom 14.12.2000, C-141/99 (AMID), IStR 2001, S. 366 ff.

BDI / PWC: Verlustberücksichtigung über Grenzen hinweg, Vergleichende Gegenüberstellung der Verlustverrechnungsmöglichkeiten in 33 Ländern, Berlin/Frankfurt a.M., 1. Aufl. 2006

Bierlaagh, Huub / de Goede, Jan / Holmes, Kevin / Wheeler, Joanna: European Assiciation of Tax Law Professors Meets in Paris, European Taxation 2004, S. 328 ff.

Birk, Dieter (Hrsg.): Handbuch des Europäischen Steuer- und Abgabenrechts, Herne/Berlin 1995

Birk, Dieter: Zuzug und Wegzug von Kapitalgesellschaften - Zu den körperschaftsteuerlichen Folgen der Überseeringentscheidung des EuGH, IStR 2003, S. 469 ff.

Bjørnholm, Nikolaj / Becker-Christensen, Anne: The New Danish Tax Consolidation Regime, European Taxation 2006, S. 47 ff.

Blumenberg, Jens: Steuervergünstigungen als steuerliche Beihilfen im Sinne des Europäischen Gemeinschaftsrechts, in: Grotherr (Hrsg.), Handbuch der internationalen Steuerplanung, 2. Aufl., Herne/Berlin 2003, S. 1787 ff.

Blümich, Walter (Begr.): EStG - KStG - GewStG - Nebengesetze, Loseblatt-Kommentar zum Einkommensteuergesetz, Körperschaftsteuergesetz, Gewerbesteuergesetz, München, Stand: Mai 2006

Böhme, Christian Andreas: Entwicklung der internationalen Organschaft in Dänemark, IStR 1998, S. 165 ff.

Borggräfe, Joachim: Chancen und Risiken einer Konzernbesteuerung, WPg 1995, S. 129 ff.

Borrat, José André / Bassière, Alain: Group Taxation, National Report France, Cahiers de droit fiscal international, IFA 2004 Vienna Congress, Vol. 89b, S. 271 ff.

Brandes, Stefan / Strassl, Martina: Blickpunkt Italien: Umfassende Steuerrechtsreform endlich verabschiedet, PIStB 2004, S. 40 ff.
Brandis, Peter: Ist § 2a Abs. 1 Nr. 3a, Abs. 2 EStG europarechtswidrig?, Anmerkung zum Beschluss des FG Köln vom 15.7.2004, Az. 13 K 1908/00, FR 2004, 1609, 1614 ff.
Breuninger, Gottfried E. / Prinz, Ulrich: Möglichkeiten für eine Konzernsteuerreform, Mängel der geltenden Organschaft; Gruppenbesteuerung (österreichische Vorschläge), JbFStR 1999/2000, S. 535 ff.
Bucek, Christian: Steuerumlagen im Rahmen der Gruppenbesteuerung, GeS aktuell 2004, S. 323 ff.
Callies, Christian / Ruffert, Matthias (Hrsg.): Kommentar des Vertrages über die Europäische Union und des Vertrages zur Gründung der Europäischen Gemeinschaft: EUV/EGV, 2. Aufl., Neuwied 2002
Campbell, Charles: Host Country France, Tax Planning International Forum 9/2003, S. 17 ff.
Collet, Michel: France 2004 Draft Finance Bill - New Cash Repatriation Strategies for Foreign Investors, Journal of International Taxation 1/2004, S. 32 ff.
Confédération Fiscale Européenne, Opinion Statement of the CFE Task Force on ECJ Cases on the Opinion of Advocate General Maduro in the Case of Marks & Spencer plc v. Halsey (Case C-446/03), European Taxation 2005, S. 507 f.
Confédération Fiscale Européenne, Opinion Statement of the CFE Task Force on ECJ Cases on the Judgment in the Case of Marks & Spencer plc v. Halsey (Case C-446/03), European Taxation 2007, S. 51 ff.
Corben, Heather: Commentary on the *ICI v Colmer* Case, EC Tax Journal, Vol. 3, Issue 1 1998, S. 29 ff.
Cordewener, Axel / Dahlberg, Mattias / Pistone, Pasquale / Reimer, Ekkehart / Romano, Carlo: The Tax Treatment of Foreign Losses: Ritter, M & S and the Way Ahead (Part One), European Taxation 2004, S. 135 ff.; (Part Two) S. 218 ff.
Cordewener, Axel / Dörr, Ingmar: Case C-446/03, *Marks & Spencer plc v. David Halsey (HM Inspector of Taxes)*, Judgment of the Court of Justice (Grand Chamber) of 13 December 2005, CMLR 2006, S. 855 ff.
Cordewener, Axel: Auslandsverluste und EG-Grundfreiheiten: Kurskorrektur am falschen Fall? - Kritische Anmerkungen zum Vorlagebeschluss des BFH vom 13.11.2002, IStR 2003, S. 413 ff.
Cordewener, Axel: DBA-Freistellung von Auslandsverlusten und EG-Grundfreiheiten: Klärung aufgeschoben, aber (hoffentlich) nicht aufgehoben! - Anmerkung zu FG Baden-Württemberg, Gerichtsbescheid

vom 30. 6. 2004 (1 K 312/03, Rev. I R 84/04), DStRE 2004, 958, DStR 2004, S. 1634 ff.

Cordewener, Axel: Deutsche Unternehmensbesteuerung und europäische Grundfreiheiten – Grundzüge des materiellen und formellen Rechtsschutzsystems der EG, DStR 2004, S. 6 ff.

Cordewener, Axel: Europäische Grundfreiheiten und nationales Steuerrecht, Köln 2002

Cordewener, Axel: Foreign Losses, Tax Treaties and EC Fundamental Freedoms: A New German Case before the ECJ, European Taxation 2003, S. 294 ff.

Cordewener, Axel: Grenzüberschreitende Verlustberücksichtigung im Europäischen Recht, in: von Groll (Hrsg.), Verluste im Steuerrecht, DStJG Bd. 28, Köln 2005, S. 255 ff.

Craig, Adam / Rainer, Anno / Roels, Jan / Thoemmes, Otmar / Tomsett, Eric: U.K. Tribunal Rejects Loss Offset for European Subsidiaries, Tax Notes International 13.1.2003, S. 125 ff.

Craig, Adam / Rainer, Anno / Roels, Jan / Thoemmes, Otmar / Tomsett, Eric / van den Hurk, Hans: U.K. High Court Class Litigants Must File New Tax Appeals, Tax Notes International 15.3.2004, S. 947 ff.

Craig, Adam / van den Hurk, Hans / Lyons, Susan / Rainer, Anno / Roels, Jan / Thoemmes, Otmar / Tomsett, Eric: Advocate General Backs Marks & Spencer's Claim For Loss Relief, Tax Notes International 18.4.2005, S. 195 ff.

Cunningham, Ralph / Briault, Simon: M&S opinion keeps Europe guessing, International Tax Review 5/2005, S. 10 f.

Cussons, Peter: Fog in the Channel – Continent Isolated (Part One), The Tax Journal, 27.1.2003, S. 9 ff.

Cussons, Peter: Fog in the Channel – Continent Isolated (Part Two), The Tax Journal, 3.2.2003, S. 9 ff.

Cussons, Peter: Marks & Spencer plc v Halsey (C-446/03), The Tax Journal 23.1.2006, S. 9 f.

Cussons, Peter: The new ECJ – has their approach changed?, International Tax Review 10/2004, S. 3

Danelsing, Walter: Reform der inländischen Organschaftsbesteuerung – Die österreichische Gruppenbesteuerung als ein mögliches Modell, DStR 2005, S. 1342 ff.

Dautzenberg, Norbert: Anmerkungen zum EuGH-Urteil vom 15.5.1997, Rs. C-250/95 („Futura-Singer"), FR 1997, 570 f.

Dautzenberg, Norbert: Das EG-rechtliche Gleichbehandlungsgebot für Betriebstätten und Tochtergesellschaften, EWS 2001, S. 270 ff.

Dautzenberg, Norbert: EG-rechtswidrige Behandlung von negativen ausländischen Einkünften nach den EuGH-Entscheidungen Vestergaard und AMID, FR 2001, S. 809 ff.

Dautzenberg, Norbert: Gedanken zur Rechtsprechung des EuGH zu den direkten Steuern im Jahre 2004, BB-Special 6/2004, S. 8 ff.

de Bourmont, Jacques-Henry / Rubechi, Guillaume: Frankreich: Wegfall des avoir fiscal - Übergang zum Halbeinkünfteverfahren?, IStR-Länderbericht 19/2003, S. 3

de Jong, Chris E.: Niederlande, in: Unternehmenskauf im Ausland, Deloitte & Touche (Hrsg.), Herne/Berlin 2002, S. 157 ff.

de Sousa da Câmara, Francisco: How Will the Marks & Spencer Ruling Affect Portugal, Tax Notes International 15.5.2006, S. 619 f.

de Vries, Rudolf J.: Group Taxation, National Report Netherlands, Cahiers de droit fiscal international, IFA 2004 Vienna Congress, Vol. 89b, S. 461 ff.

Debatin, Helmut / Wassermeyer, Franz (Hrsg.): Doppelbesteuerung, Loseblatt-Kommentar zu allen deutschen Doppelbesteuerungsabkommen, Bd. 1: Kommentierung des OECD-MA, München, Stand: Mai 2004

Denys, L.A.: Previous EU Proposals for Cross-Border Loss Relief, European Taxation 2006, S. 443 ff.

Dettmeier, Michael / Dörr, Ingmar: Geplante Änderungen der Unternehmensbesteuerung in den Regierungsentwürfen zum Richtlinien-Umsetzungsgesetz und EG-Amtshilfe-Anpassungsgesetz, BB 2004, S. 2382 ff.

Doralt, Werner: Firmenwertabschreibung von Beteiligungen - eine verantwortungsvolle Steuerpolitik?, RdW 2004, S. 248 ff.

Dörr, Ingmar / Geibel, Stephan / Geißelmeier, Werner / Gemmel, Heiko / Krauß, Rolf G. / Schreiber, Susanne: Die neuen Regelungen zur Gesellschafter-Fremdfinanzierung – unter Berücksichtigung des BMF-Schreibens vom 15.7.2004, Beilage zu NWB Heft 34/2004, S. 1 ff.

Dörr, Ingmar / Küppers, Christoph: Überblick über das Steuerrecht der Niederlande, IWB 12/2005 Fach 5 Gruppe 2 Niederlande, S. 411 ff.

Dörr, Ingmar: A Step Forward in the Field of European Corporate Taxation and Cross-border Loss Relief: Some Comments on the Marks and Spencer Case, Intertax 2004, S. 180 ff.

Dörr, Ingmar: Abschaffung oder Erweiterung der Organschaft?! Zu den möglichen Konsequenzen der Rechtssache „Marks & Spencer plc", IStR 2004, S. 265 ff.

Dörr, Ingmar: Der Fall Marks and Spencer – europaweite Verlustberücksichtigung im Konzern?!, Der Konzern 2003, S. 604 ff.

Dörr, Ingmar: Vorlage an den EuGH im Fall Marks and Spencer - der europaweiten Verlustberücksichtigung im Konzern einen Schritt näher?!, Der Konzern 2004, S. 15 ff.

Dörr, Ingmar: Niederlassungsfreiheit: Verlustausgleichsausschluss einer Muttergesellschaft für Verluste gebietsfremder Tochtergesellschaften, EWS 2006, S. 34 ff.

Dörr, Ingmar: Überblick über die Konzernbesteuerung in einzelnen EU-Mitgliedstaaten, in: Schön (Hrsg.), Steuerliche Maßgeblichkeit in Deutschland und Europa, Köln 2005, S. 727 ff.

Dötsch, Ewald / Pung, Alexandra: Grenzüberschreitende Verlustverrechnung: Muss der deutsche Gesetzgeber wegen der europarechtlichen Entwicklungen reagieren?, Der Konzern 2006, S. 130 ff.

Dötsch, Ewald / Pung, Alexandra: Organschaftsbesteuerung: Das Einführungsschreiben des BMF vom 26.8.2003 und weitere aktuelle Entwicklungen, DB 2003, S. 1970 ff.

Dötsch, Ewald: Aktuelle Entwicklungen bei der ertragsteuerlichen Organschaft, Der Konzern 2003, S. 21 ff.

Dötsch, Ewald: Ausgewählte Einzelfragen zur körperschafts- und gewerbesteuerlichen Organschaft, Der Konzern 2004, S. 531 ff.

Dötsch, Ewald: Ausgleichszahlungen einer Organgesellschaft an ihre außenstehenden Gesellschafter: Ausgewählte Fragen, Der Konzern 2004, S. 716 ff.

Dötsch, Ewald: Gewinnabführungsvertrag, in: Herzig (Hrsg.), Organschaft, Stuttgart 2003, S. 98 ff.

Dötsch, Ewald: Organschaftskonzerne, in: Kessler/Kröner/Köhler (Hrsg.), Konzernsteuerrecht, München 2004, S. 153 ff.

Douma, Sjoerd / Naumburg, Caroline: Marks & Spencer: Are National Tax Systems *Éclairé*?, European Taxation 2006, S. 431 ff.

Ebenroth, Carsten Thomas / Boujong, Karlheinz / Joost, Detlev (Hrsg.): Kommentar zum HGB, München 2001

Ebenroth, Carsten Thomas / Willburger, Andreas: Die Organträgerfähigkeit US-amerikanischer Kapitalgesellschaften im deutschen Körperschaftsteuerrecht, RIW Beilage 3 zu Heft 8/1995, S. 1 ff.

Ebling, Iris (Hrsg.): Besteuerung von Einkommen, DStJG, Bd. 24, Köln 2001

Eckstein, Hans-Martin: Group Taxation, National Report Germany, Cahiers de droit fiscal international, IFA 2004 Vienna Congress, Vol. 89b, S. 293 ff.

Eger, Anneliese / Schuman, Robert / Pellegrini, Stefano: Ambitious Reform Bill to Restructure Italy´s Corporate Tax Regime, Tax Notes International 28.10.2002, S. 316 ff.

Ehlermann, Christian / Nakhai, Katja: Marks & Spencer and ist German Impact, The Tax Journal, 6.2.2006, S. 5 ff.

Eicker, Klaus / Droschka, Anatol: Österreich: Gesetzesentwurf zur Einführung einer grenzüberschreitenden Gruppenbesteuerung ab 2005, IStR-Länderbericht 7/2004, S. 1 ff.

Eicker, Klaus / Röhrbein, Jens: Marks & Spencer: Die Entscheidung des EuGH und ihre Konsequenzen, Stbg 2006, S. 117 ff.

Eicker, Klaus: Grenzüberschreitende Verlustberücksichtigung: Die Schlussanträge des Generalanwalts Maduro in der Rechtssache Marks & Spencer, Stbg 2005, S. 197 ff.

Eicker, Klaus: Verlustberücksichtigung über die Grenze. Erste Analyse der Schlussanträge des Generalanwalts Maduro, EuGH v. 07.04.2005 - Rs. C-446/03 - (Marks & Spencer), IWB Aktuell v. 13.4.2005, S. 322 f.

Emmeluth, Christian: Host Country Denmark, Tax Management International Forum 9/2005, S. 11 ff.

Emmeluth, Christian: Host Country Denmark, Tax Planning International Forum 9/2003, S. 11 ff.

Emmerich, Volker / Habersack, Mathias: Aktien- und GmbH-Konzernrecht Kommentar, 4. Aufl. 2005

Endres, Dieter / Thies, Angelika: Bekämpfung doppelter Verlustnutzung im UntStFG - Oder: Wer danebenschießt, muss eine Strafrunde laufen, RIW 2002, S. 275 ff.

Endres, Dieter: Internationaler Vergleich von Konsolidierungs- und Organschaftsvorschriften, WPg-Sonderheft 2003, S. S35 ff.

Endres, Dieter: Konzernbesteuerung in wichtigen Industriestaaten, in: Herzig (Hrsg.), Organschaft, Stuttgart 2003, S. 461 ff.

Endres, Dieter: The Concept of Group Taxation: A Global Overview, Intertax 2003, S. 349 ff.

Englisch, Joachim: Anmerkung zum EuGH-Urteil vom 7.9.2004, Rs. C-319/02 („Manninen"), IStR 2004, S. 684 ff.

Englisch, Joachim: Die Besteuerung grenzüberschreitender Kapitalgesellschaften in neuem Licht, GmbHR 20/2004, R 421 f.

Englisch, Joachim: Europarechtswidrigkeit der Nichtabzugsfähigkeit von Beteiligungsaufwendungen, UM 2004, S. 58 ff.

Englisch, Joachim: Marks & Spencer: Grenzüberschreitender Verlustabzug im Mutter-Tochter-Verhältnis, IStR 2006, S. 22 f.

Englisch, Joachim: The European Treaties's Implications for Direct Taxes, Intertax 2005, 310 ff.

Englisch, Joachim: Zur Dogmatik der Grundfreiheiten des EGV und ihren ertragsteuerlichen Implikationen, StuW 2003, S. 88 ff.

Ernst & Young: Marks & Spencer (C-446/03) Schlussanträge vom 14. April 2005, EuGH-Rechtsprechung Ertragsteuerrecht, Bonn 2005

Essers, Peter H.J.: Tax treatment of corporate losses, National Report Netherlands, Cahiers de droit fiscal international, IFA 1998 London Congress, Vol. LXXXIIIa, S. 653 ff.

Evans, David: European Court of Justice to Consider Cross-Border Loss Compensation, DFI 2003, S. 195 ff.

Everling, Ulrich: Das Niederlassungsrecht in der EG als Beschränkungsverbot – Tragweite und Grenzen, in: Schön (Hrsg.), Gedächtnisschrift für Brigitte Knobbe-Keuk, Köln 1997, S. 607 ff.

Ewald, Jens: Berücksichtigung von Verlusten ausländischer Tochtergesellschaften bei Existenz einer Nachversteuerungsregelung im Inland, IStR 2006, S. 155 ff.

F. 5 Gr. 2 Dänemark, S. 163 ff.

F.D.: The loss relief group litigation order, British Tax Review 2005, S. 453 ff.

Ferrol, Mario / Serao, Christian: Major Italian Corporate Tax Reform includes Repeal of Dividend Imputation Credit System, Journal of International Taxation 1/2004, S. 42 ff.

Fichardt, Liesl: The UK Group Actions – An Update, European Taxation 2006, S. 87 ff.

Finkenzeller, Martin / Hirschler, Klaus: Die Auswirkungen der Steuerreform 2005 auf den Unternehmensstandort Österreich, RIW 2004, S. 561 ff.

Finn, Sean: M&S – An Unexpected Result?, The Tax Journal, 18.4.2005, S. 7 ff.

Förster, Guido: Verlustverrechnung im Beteiligungskonzern, WPg 2004, S. 1258 ff.

Frotscher, Gerrit / Maas, Ernst (Hrsg.): Körperschaftsteuergesetz, Umwandlungssteuergesetz, KStG, UmwStG, Loseblatt-Kommentar, Freiburg i. Brg., Stand: August 2006

Frotscher, Gerrit: Die grenzüberschreitende Organschaft, Der Konzern 2003, S. 98 ff.

Frotscher, Gerrit: Internationales Steuerrecht, München 2001

Füger, Rolf: Organschaftsfälle: Die Auslegung des § 14 Abs. 1 Nr. 5 KStG, PIStB 2003, S. 136 ff.

Fußbroich, Pinkas: Verlustverrechnung und Verlustverwertung im nationalen Kapitalgesellschaftskonzern, DStR 2002, S. 697 ff.

FW: Anmerkung zum BFH-Urteil vom 22.1.1997, Az. I R 152/94, IStR 1997, S. 303

FW: Anmerkung zum BFH-Urteil vom 29.1.2003, Az. I R 6/99, IStR 2003, S. 424 f.

FW: Anmerkung zum Erkenntnis des öVwGH vom 25.9.2001, Az. 99/14/0217, IStR 2001, S. 755 f.

Gahleitner, Gerald / Furherr, Gebhard: Die österreichische Gruppenbesteuerung und Einsatzmöglichkeiten zur Senkung der Konzernsteuerquote, Der Konzern 2006, S. 129 ff.

Gammie, Malcolm: EU Taxation and the Societas Europaea – Harmless Creature or Trojan Horse?, European Taxation 2004, S. 35 ff.

Gammie, Malcom: The impact of the Marks & Spencer case on US-European Planning, Intertax 2005, S. 485 ff.

Gassner, Wolfgang / Haidenthaler, Werner: Group Taxation in Austria, SWI 2004, S. 434 ff.

Gassner, Wolfgang / Lang, Michael / Lechner, Eduard (Hrsg.): Die Methoden zur Vermeidung der Doppelbesteuerung; Anrechnungs- und Befreiungsmethode, Wien 1995

Gassner, Wolfgang / Lang, Michael / Lechner, Eduard (Hrsg.): Doppelbesteuerungsabkommen und EU-Recht, Wien 1996

Gassner, Wolfgang / Lang, Michael / Lechner, Eduard / Schuch, Josef / Staringer, Claus (Hrsg.): Die beschränkte Steuerpflicht im Einkommen- und Körperschaftsteuerrecht, Wien 2004

Gassner, Wolfgang / Lang, Michael / Wiesner, Werner (Hrsg.): Besteuerung von Unternehmensgruppen: Bestandsaufnahme und Vorschläge zur Reform der Organschaft im Körperschaftsteuerrecht, Wien 1998

Gassner, Wolfgang: Die neue Gruppenbesteuerung – Eine Alternative zum Begutachtungsentwurf, SWK 2004, S. T 74 ff.

Gassner, Wolfgang: Die neue Gruppenbesteuerung, Stärken und Schwächen des Begutachtungsentwurfes, SWK 2004, S. S 347 ff.

Gassner, Wolfgang: Europarechtswidrigkeit der Organschaftsbesteuerung, DB 2004, S. 841 ff.

Gassner, Wolfgang: Reform der Konzernbesteuerung in Deutschland und Europa – Österreich ersetzt Organschaft durch Gruppenbesteuerung, FR 2004, S. 517 ff.

Gastineau, Pierre: La fiscalité des groupes de sociétés, l`intégration fiscale, Paris 2003

Geiger, Uli: Die Ertragsbesteuerung der Konzernunternehmen in den Niederlanden nach dem Konzept der fiskalen Einheit, IWB 20/2002 Fach 5 Gruppe 2 Niederlande, S. 361 ff.

Geiger, Uli: Die Ertragsbesteuerung der Konzernunternehmen in Großbritannien im Rahmen der Einzelveranlagung, IWB 22/2002 Fach 5 Gruppe 2 Großbritannien, S. 397 ff.

Gelin, Stéphane: Host Country France, Tax Management International Forum 9/2005, S. 16 ff.

Geurts, Matthias: Das Konkurrenzverhältnis der EU-Grundfreiheiten - Zugleich eine Anmerkung zu EuGH Baars Rs. C 251/98, IStR 2000, S. 572 ff.

Geyrhalter, Volker / Gänßler, Peggy: Perspektiven nach „Überseering“ - wie geht es weiter?, NZG 2003, S. 409 ff.

Ghosh, Julian: The *Marks & Spencer* Case: A Prediction of The ECJ's Holding, Tax Notes International 4.4.2005, S. 33 ff.

Giaconia, Massimo: Group Taxation, National Report Italy, Cahiers de droit fiscal international, IFA 2004 Vienna Congress, Vol. 89b, S. 369 ff.

Gierlinger, Bernadette M. / Müller, Eduard: Übersicht über geplante Änderungen in der Einkommen- und Körperschaftsteuer durch das Steuerreformgesetz 2005, SWK 2004, S. T 91 ff.

Gillham, George u.a.: The European Union and Group Relief: How will the Marks & Spencer Case Impact?, BNA Special Report 2006, S. 1 ff.

Gillham, George: The Developing Role of the ECJ in Direct Tax and its Effect in U.K. Law, Tax Planning International European Union Focus 10/2004, S. 2 ff.

Gocke, Rudolf / Gosch, Dietmar / Lang, Michael (Hrsg.): Festschrift für Franz Wassermeyer zum 65. Geburtstag, München 2005

Göttsche, Max / Stangl, Ingo: Geplante Gruppenbesteuerung in Österreich, IWB 9/2004 Fach 5 Gruppe 2 Österreich, S. 603 ff.

Göttsche, Max / Stangl, Ingo: Steuerliche Verwertung ausländischer Betriebstättenverluste in Österreich, IWB 21/2004 Fach 5 Gruppe 2 Österreich, S. 625 ff.

Gouthière, Bruno: Les impôts dans les affaires internationales, 5. Aufl., Paris 2001

Gouthière, Bruno: Supreme Court Allows Deduction of Foreign Losses under Conditions, Decision of 16 May 2003, European Taxation 2003, S. 383 ff.

Grabitz, Eberhard / Hilf, Meinhard (Hrsg.): Das Recht der Europäischen Union, Kommentar, Bd. I EUV/EGV, Loseblattsammlung, München, Stand: Juni 2006

Greggi, Marco: Italian Government Proposes Corporate Group Tax Regime, Tax Notes International 2.12.2002, S. 867 ff.

Gronstedt, Sebastian: Anmerkung zum BGH-Urteil vom 1.7.2002, Az. II ZR 380/00, BB 2002, S. 2033 f.

Grotherr, Siegfried (Hrsg.): Handbuch der internationalen Steuerplanung, 2. Aufl., Herne/Berlin 2003

Grotherr, Siegfried: Der Abschluß eines Gewinnabführungsvertrags als (un-) verzichtbares Tatbestandsmerkmal der körperschaftsteuerlichen Organschaft, FR 1995, S. 1 ff.

Grotherr, Siegfried: Die Reformdiskussion über das steuerliche Organschaftskonzept in der Bundesrepublik Deutschland, in: Gassner/Lang/Wiesner (Hrsg.), Besteuerung von Unternehmensgruppen, Wien 1998, S. 233 ff.

Grotherr, Siegfried: Die unterschiedlichen Konzernbesteuerungssysteme in den Mitgliedstaaten der Europäischen Union, StuW 1996, S. 356 ff.

Grotherr, Siegfried: Kritische Bestandsaufnahme der steuersystematischen und betriebswirtschaftlichen Unzulänglichkeiten des gegenwärtigen Organschaftskonzepts, StuW 1995, S. 124 ff.

Grotherr, Siegfried: Zur Einführung einer EG-weiten grenzüberschreitenden Verlustberücksichtigung ausländischer Tochtergesellschaften, RIW 1994, S. 1017 ff.

Grotherr, Siegfried: Zur gegenwärtigen Bedeutung der Organschaft in der Konzernbesteuerung, BB 1993, S. 1986 ff.

Gutmann, Daniel: LA FISCALITE FRANCAISE DES GROUPES DE SOCIETES A L´ÉPREUVE DU DROIT COMMUNAUTAIRE, Réflexions sur l´affaire « Marks & Spencer » pendante devant la CJCE, Revue de Droit Fiscal 2004, S. 681 ff.

Gutmann, Daniel: The *Marks and Spencer* case: proposals for an alternative way of reasoning, EC Tax Review 2003, S. 154 ff.

Haarmann, Wilhelm: Grenzüberschreitende Gruppenbesteuerung und Verlustnutzung in der EU, in: Lüdicke (Hrsg.), Deutsches Steuerrecht im Europäischen Rahmen, Köln 2004, S. 169 ff.

Hahn, Hartmut: Das AMID-Urteil – belgisches Internum oder Aufbruch zu neuen Ufern?, IStR 2001, S. 465 ff.

Hahn, Hartmut: Gemeinschaftsrecht und Recht der direkten Steuern, DStZ 2005, S. 433 ff. (Teil I), S. 469 ff. (Teil II), S. 507 ff. (Teil III)

Hahn, Hartmut: Grenzüberschreitende Berücksichtigung von Betriebsstättenverlusten? – Bemerkungen zu einer neu entfachten Diskussion, IStR 2002, S. 681 ff.

Hahn, Hartmut: Nochmals: Betriebsstättenverluste, Verfassungs- und Europarecht – Eine Erwiderung auf Kessler/Schmitt/Janson, IStR 2003, 307 –, IStR 2003, S. 734 ff.

Hansen, Anders Oreby / Munch, David A.: Application on the Danish Tax Rules on Group Consolidation, Tax Notes International 30.6.2003, S. 1339 ff.

Hansen, Anders Oreby: New Rules on Thin Cap, Joint Taxation and Transparent Entities: Update, European Taxation 2004, S. 263 f.

Harle, Georg / Bank, Stefan: Körperschaft- und gewerbesteuerliche Organschaft nach dem Unternehmenssteuerfortentwicklungsgesetz (UntStFG), BB 2002, S. 1341 ff.

Heidinger, Andreas: Verlustverrechnung über die Grenzen – Das Ende des Vertragskonzerns, NZG 2005, S. 502 ff.

Heinsen, Oliver: Steuerliche Verlustpolitik bei grenzüberschreitenden Unternehmen, Herne/Berlin 2001

Hensel, Albert: Verfassungsrechtliche Bindungen des Steuergesetzgebers, Besteuerung nach der Leistungsfähigkeit – Gleichheit vor dem Gesetz, Vierteljahresschrift für Steuer- und Finanzrecht 1930, S. 441 ff.

Herlinghaus, Andreas: Weitere „Renovierung" der steuerlichen Organschaftsbestimmungen, GmbHR 2001, S. 956 ff.

Herrmann, Carl / Heuer, Gerhard / Raupach, Arndt (Hrsg.): Einkommensteuer- und Körperschaftsteuergesetz, Kommentar, Loseblattsammlung, Köln, Stand: Juni 2006

Herzig, Norbert (Hrsg.): Organschaft, Stuttgart 2003

Herzig, Norbert / Dautzenberg, Norbert: Die deutsche Steuerreform ab 1999 und ihre Aspekte für das deutsche Außensteuerrecht und das internationale Steuerrecht, DB 2000, S. 12 ff.

Herzig, Norbert / Dautzenberg, Norbert: Die Einwirkungen des EG-Rechts auf das deutsche Unternehmenssteuerrecht, DB 1997, S. 8 ff.

Herzig, Norbert / Englisch, Joachim / Wagner, Thomas: Steuerliche Berücksichtigung von Verlusten ausländischer Konzerntöchter, Der Konzern 2005, S. 298 ff.

Herzig, Norbert / Wagner, Thomas: EuGH-Urteil "Marks & Spencer" - Begrenzter Zwang zur Öffnung nationaler Gruppenbesteuerungssysteme für grenzüberschreitende Sachverhalte, DStR 2006, S. 1 ff.

Herzig, Norbert / Wagner, Thomas: EuGH-Urteil Marks & Spencer - Grenzüberschreitende Verlustverrechnung in der Gruppe, Der Konzern 2006, S. 176 ff.

Herzig, Norbert / Wagner, Thomas: Zukunft der Organschaft im EG-Binnenmarkt, DB 2005, S. 1 ff.

Herzig, Norbert: Körperschaftsteuersystem und Europäischer Binnenmarkt, in: Schön (Hrsg.), Gedächtnisschrift für Brigitte Knobbe-Keuk, Köln 1997, S. 627 ff.

Herzig, Norbert: Verluste im Körperschaftsteuerrecht, in: von Groll (Hrsg.), Verluste im Steuerrecht, DStJG Bd. 28, Köln 2005, S. 185 ff.

Heurung, Rainer / Klübenspieß, Marco: Ertragsteuerliche Organschaften im Lichte des BMF-Schreibens vom 26.8.2003, BB 2003, S. 2483 ff.

Heurung, Rainer / Oblau, Markus / Röker, Julia: Neufassung der Tatbestandsvoraussetzungen der ertragsteuerlichen Organschaft durch das UntStFG und das StVBG, GmbHR 2002, S. 620 ff.

Hey, Friedrich E. F.: Organschaft und Verlustberücksichtigung im Ausland - Adressatenkreis von § 14 Abs. 1 Nr. 5 KStG n. F., BB 2002, S. 915 ff.

Hey, Johanna: Ausschluss der Lebens- und Krankenversicherungsunternehmen, in: Herzig (Hrsg), Organschaft, Stuttgart 2003, S. 507 ff.

Hey, Johanna: Das Territorialitätsprinzip als theoretische Grundlage der beschränkten Steuerpflicht, IWB 1/2004 Fach 3 Gruppe 1 Deutschland, S. 2003 ff.

Hey, Johanna: Die EuGH-Entscheidung in der Rechtssache Marks & Spencer und die Zukunft der deutschen Organschaft, Haben die Mitgliedstaaten den EuGH domestiziert?, GmbHR 2006, S. 113 ff.

Hey, Johanna: Personalstatut und Steuerrecht, Auswirkungen der Rechtsprechung des Europäischen Gerichtshofs zur Sitztheorie auf die Besteuerung doppelansässiger Gesellschaften, Der Konzern 2004, S. 577 ff.

Hey, Johanna: Perspektiven der Unternehmensbesteuerung in Europa, StuW 2004, S. 193 ff.

Hey, Johanna: Verfassungswidrigkeit des Ausschlusses von Lebens- und Krankenversicherungsunternehmen von der körper- und gewerbesteuerlichen Organschaft, FR 2001, S. 1279 ff.

Heydt, Volker: Der Einfluss der Grundfreiheiten des EG-Vertrages auf das nationale Steuerrecht der Mitgliedstaaten und ihre Doppelbesteuerungsabkommen, in: Lehner (Hrsg.), Grundfreiheiten im Steuerrecht der EU-Staaten, München 2000, S. 25 ff.

Hickey, Julian J. B.: Worldwide Groups and UK Taxation after the Finance Act 2000, European Taxation 2000, S. 466 ff.

Hinnekens, Luc: European Court goes for robust tax principles for treaty freedoms. What about reasonable exceptions and balances?, EC Tax Review 2004, S. 65 ff.

Hinnekens, Luc: The *Marks and Spencer* Case: UK Special Commissioners Find UK Group Relief Rules Compatible with Freedom of Establishment, European Taxation 2003, S. 175 ff.

Hirschler, Klaus / Konezny, Gerd / Urtz, Christoph: Group Taxation, National Report Austria, Cahiers de droit fiscal international, IFA 2004 Vienna Congress, Vol. 89b, S. 149 ff.

Hirschler, Klaus / Schindler, Clemens Philipp: Die österreichische Gruppenbesteuerung als Vorbild für Europa?, IStR 2004, S. 505 ff.

Hirschler, Klaus: Die neue Gruppenbesteuerung – ein Kurzüberblick, GeS aktuell 2004, S. 320 ff.

Hofland, Dick / van Raad, Kees: Dutch Consolidated Income That Erodes Interest Payment to Foreign Parent Company Is Not an Abuse of Law, Tax Notes International 30.10.1995, S. 1143 ff.

Hofstätter, Matthias / Plansky, Patrick: Ein neuer „Firmenwert" im KStG, SWK 2004, S 359 ff.

Hommelhoff, Peter / Zätzsch, Roger / Erle, Bernd (Hrsg.): Gesellschaftsrecht Rechnungslegung Steuerrecht, Festschrift für Welf Müller zum 65. Geburtstag, München 2001

Hübl, Leo: Gedanken zum neuen Organschaftserlass - Voraussetzungen zur Organschaft, DStZA 1972, S. 81 ff.

Intemann, Jens: Keine unbeschränkte Verlustverrechnung, NWB Fach 4, S. 5037 ff.

International Bureau of Fiscal Documentation (IBFD): European Tax Handbook 2003, Amsterdam 2003

International Bureau of Fiscal Documentation (IBFD): European Tax Handbook 2004, Amsterdam 2004

International Bureau of Fiscal Documentation (IBFD): European Tax Handbook 2006, Amsterdam 2006

International Bureau of Fiscal Documentation (IBFD): Supplementary Service to European Taxation 2006, Loseblattsammlung, Amsterdam, Stand: 8. EL August 2006

International Bureau of Fiscal Documentation (IBFD): The Taxation of Companies in Europe, Loseblattsammlung, Amsterdam, Stand: 190. EL December 2006

International Fiscal Association (I.F.A.): Cahiers de droit fiscal international, Studies on International Fiscal Law, London Congress, Vol. LXXXIIIa, Tax Treatment of Corporate Losses, Den Haag/London/Boston 1998

International Fiscal Association (I.F.A.): Cahiers de droit fiscal international, Studies on International Fiscal Law, Vienna Congress, Vol. 89a, Double Non Taxation, Amersfoort, 2004

International Fiscal Association (I.F.A.): Cahiers de droit fiscal international, Studies on International Fiscal Law, Vienna Congress, Vol. 89b, Group Taxation, Amersfoort, 2004

Jacobs, Otto H. / Spengel, Christoph: Ertragsbesteuerung von Konzernen in Deutschland und Frankreich - eine vergleichende Analyse unter besonderer Berücksichtigung der Behandlung konzerninterner Transaktionen, Teil 1, IStR 1994, S. 100 ff.

Jacobs, Otto H. / Spengel, Christoph: Ertragsbesteuerung von Konzernen in Deutschland und Frankreich - eine vergleichende Analyse unter besonderer Berücksichtigung der Behandlung konzerninterner Transaktionen, Teil 2, IStR 1994, S. 146 ff.

Jacobs, Otto H.: Internationale Unternehmensbesteuerung, 5. Aufl., München 2002

Jann, Martin / Toifl, Gerald: Der Fall "Asscher" – Weiterentwicklung der EuGH-Rechtsprechung zum Diskriminierungsverbot, SWI 1996, S. 306 ff.

Jansen, Bela : Vorgaben des europäischen Beihilferechts für das nationale Steuerrecht, Baden-Baden 2003

Jirousek, Heinz: Aus der höchstgerichtlichen Rechtsprechung zum internationalen Steuerrecht, ÖStZ 2001, S. 569 ff.

Jochum, Heike: Organschaft versus Gruppenbesteuerung: Ist der Ergebnisabführungsvertrag als Organschaftsvoraussetzung bei der Körperschaftsteuer verzichtbar?, FR 2005, S. 577 ff.

Jochum, Heike: Zur Fortsetzung der Rechtssache Marks & Spencer: Gestattet das europäische Gemeinschaftsrecht eine „geltungserhaltende Reduktion" des nationalen Steuerrechts, IStR 2006, S. 621 ff.

Johnson, Trevor: U.K. Tax Updade: We´re All Europeans Now – Well, Almost, Tax Notes International 27.1.2003, S. 403 ff.

Jonas, Bernd: Die Steuerkonsolidierung als Instrument der internationalen Konzernsteuerplanung, in: Grotherr (Hrsg.), Handbuch der internationalen Steuerplanung, 2. Aufl., Herne/Berlin 2003, S. 187 ff.

Jungnitz, Susanne: „Fiscale eenheid" in den Niederlanden, IStR 2006, S. 266 ff.

Kaefer, Wolfgang: Anmerkung zum BFH-Beschluss vom 1.4.2003, Az. I R 31/01 („CLT-UFA"), IWB 14/2003 Fach 3a Gruppe 1 Rechtsprechung., S. 1053 f.

Kaefer, Wolfgang: Anmerkung zum Urteil des FG-Köln vom 8.2.2001, Az. 13 K 9771/97 („CLT-UFA"), IWB 7/2001 Fach 3a Gruppe 1 Rechtsprechung, S. 955 f.

Kauba, Andreas / Krickl, Rudolf: Steuerreform 2005: Gruppenbesteuerung und Steuerumlage, RdW 2004, S. 312 ff.

Kauba, Andreas: Steuerreform 2005: Meldefrist-Übergangsregelung von Organschaft zur Gruppe, SWK 2004, S 354 f.

Keen, Michael: Tax Reform in Italy, Tax Notes International 17.2.2003, S. 665 ff.

Kellersmann, Dietrich / Treisch, Corinna: Europäische Unternehmensbesteuerung, Wiesbaden 2002

Kemmeren, Eric C.C.M.: Principle of Origine in Tax Conventions - A Rethinking of Models, Dongen 2001

Kersting, Christian: Rechtswahlfreiheit im Europäischen Gesellschaftsrecht nach Überseering - Ein Richtlinienvorschlag, NZG 2003, S. 9 ff.

Kessler, Wolfgang / Daller, Rico: Die österreichische Gruppenbesteuerung aus der Sicht ausländischer Gruppenmitglieder – investitionsbeeinflussende Faktoren, IStR 2006, S. 289 ff.

Kessler, Wolfgang / Dorfmüller, Pia: Holdingstandort Großbritannien - eine attraktive Alternative?, IStR 2003, S. 228 ff.

Kessler, Wolfgang / Kröner, Michael / Köhler, Stefan: Konzernsteuerrecht, München 2004

Kessler, Wolfgang / Schmitt, Claudio Philipp / Janson, Gunnar: Nochmals: Berücksichtigungsverbot abkommensrechtlich „befreiter" Betriebsstättenverluste? - Klarstellung zu Kessler/Schmitt/Janson, IStR 2001, 729 ff. unter Berücksichtigung des Beitrags von Hahn, IStR 2002, 681 ff., IStR 2003, S. 307 ff.

Kessler, Wolfgang / Schmitt, Claudio Philipp /Janson, Gunnar: Berücksichtigungsverbot abkommensrechtlich „befreiter" Betriebsstättenverluste? - Analyse der BFH-Rechtsprechung unter Berücksichtigung von Verfassungs- und Europarecht nach AMID, IStR 2001, S. 729 ff.

Kessler, Wolfgang / Spengel, Christoph: Checkliste potenziell EG-rechtswidriger Normen des deutschen direkten Steuerrechts – Update 2006, DB Beilage 1/2004 zu Heft 1/2006, S. 1 ff.

Kessler, Wolfgang / Spengel, Christoph: EG-rechtliche Vorgaben für die Neuordnung der direkten Steuern in Deutschland, DB Beilage 5/2003 zu Heft 26/2003, S. 1 ff.

Kessler, Wolfgang: Ausländische Betriebstättenverluste, in: Lehner (Hrsg.), Verluste im nationalen und Internationalen Steuerrecht, München 2004, S. 83 ff.

Kessler, Wolfgang: Internationale Organschaft in Dänemark, IStR 1993, S. 303 ff.

Kessler, Wolfgang: Übersicht über die Gruppenbesteuerung in den alten und neuen EU-Staaten (insbesondere auch Regelungen in Dänemark, Italien und Niederlande), in: Praxis des Internationalen Steuerrechts, Arbeitsbuch zur DAI Tagung v. 8.-9.11.2004, Frankfurt/M. 2004, S. 186 ff.

Kippenberg, Johannes: EU: Englischer Vorlagebeschluss „Marks & Spencer" zur grenzüberschreitenden Verlustverwendung, IStR-Länderbericht 21/2003, S. 1

Kippenberg, Johannes: EU: Verlustverwertung nach dem Urteil Marks & Spencer, IStR-Länderbericht 3/2006, S. 1

Kirchhof / Söhn (Hrsg.: Kichhof, Paul / Söhn, Hartmut / Mellinghoff, Rudolf): Einkommensteuergesetz, Loseblatt-Kommentar, Heidelberg, Stand: Juni 2006

Kirsch, Martin / Grube, Frank: Die Organschaft nach dem Steuersenkungsgesetz - für die Gewerbesteuer noch keine wirkliche Vereinfachung, GmbHR 2001, S. 371 ff.

Kischel, Dieter: Die mittelbare Anwendung von EG-Recht auf rein innerstaatliche Sachverhalte, IWB 11/1997 Fach 11 Gruppe 2 Europäische Gemeinschaften, S. 317 ff.

Kischel, Dieter: Übersicht über die direkten Steuern Dänemarks, IWB 5/2000 Fach 5 Gruppe 2 Dänemark, S. 137 ff.

Kleinert, Jens / Nagler, Jürgen: EuGH-Urteile "Marks & Spencer" und "Sevic" ermöglichen grenzüberschreitende Organschaft, DB 2005, S. 2791 ff.

Kleinert, Jens / Nagler, Jürgen: Grenzüberschreitende Verlustverrechnung: Geht dem „Motor der Europäischen Integration“ der Sprit aus?, GmbHR 2005, S. R 145 f.

Kleinert, Jens: Freie Bahn für den Binnenmarkt mit den EuGH-Urteilen *Marks & Spencer* und *Sevic* vom 13.12.2005!, GmbHR 3/2006, S. R 45 f.

Kley, Max Dietrich / Sünner, Eckart / Willemsen, Arnold (Hrsg.): Steuerrecht, Steuer- und Rechtspolitik, Wirtschaftsrecht und Unternehmensverfassung, Umweltrecht, Festschrift für Wolfgang Ritter zum 70. Geburtstag, Köln 1997

Knobbe-Keuk, Brigitte: Die steuerliche Behandlung der Europäischen Aktiengesellschaft, AG 1990, S. 435 ff.

Knobbe-Keuk, Brigitte: The Ruding Committee Report – an impressive vision of European Company Taxation for the year 2000, EC Tax Review 1992, S. 22 ff.

Koenig, Christian / Roth, Wulf-Henning / Schön, Wolfgang (Hrsg.): Aktuelle Fragen des EG-Beihilfenrechts, Beihefte der ZHR, Heft 69, Heidelberg 2001

Kofler, Georg: Marks & Spencer: Bedingte Verpflichtung zur Hereinnahme von Verlusten ausländischer Tochtergesellschaften, ÖStZ 2006, S. 48 ff.

Kohlhauser, Richard / Wette, Paul: Steuererleichterungen für Share deals in Österreich, IStR 2004, S. 857 ff.

Kohlhauser, Richard / Wette, Paul: Was bringt die neue Firmenwertabschreibung im Rahmen der Gruppenbesteuerung, SWK 2004, S. S 604 ff.

Kohlhauser, Richard: Steuerfalle Gruppenbesteuerung, Auswirkung des Teilwertabschreibungsverbotes auf die Attraktivität der Gruppenbesteuerung, SWK 2004, S. S 867 ff.

Kokott, Juliane: Die Bedeutung der europarechtlichen Diskriminierungsverbote und Grundfreiheiten für das Steuerrecht der EU-Mitgliedstaaten, in: Lehner (Hrsg.), Grundfreiheiten im Steuerrecht der EU-Staaten, München 2000, S. 1 ff.

Kollruss, Thomas: Die neuen Organschaftsregeln in den Niederlanden und Double Dip - Strukturen für deutsche Outbound-Investitionen, IStR 2004, S. 5 ff.

Körner, Andreas: § 8a KStG n. F. - Darstellung, Gestaltungsmöglichkeiten, Europarechtsinkonformität - Teil II, IStR 2004, S. 253 ff.

Körner, Andreas: Europarecht und CFC-Regelungen – Anrufung des EuGH im Verfahren "Cadbury Schweppes". IStR 2004, S. 697 ff.

Körner, Andreas: Reference to the ECJ by the German Federal Fiscal Court for a Preliminary Ruling: Does European Law Require Cross-Border Loss Relief?, Intertax 2003, S. 489 ff.

Krebs, Hans-Joachim: Die ertragsteuerliche Organschaft, BB 2001, S. 2029 ff.

Krebühl, Hans-Herbert: Besteuerung der Organschaft im neuen Unternehmenssteuerrecht, DStR 2002, S. 1241 ff.

Krebühl, Hans-Herbert: Konzernbesteuerung de lege ferenda, in: Herzig (Hrsg.), Organschaft, Stuttgart 2003, S. 595 ff.

Krebühl, Hans-Herbert: Zur Reform und Reformnotwendigkeit der deutschen Konzernbesteuerung, DStR 2001, S. 1730 ff.

Kußmaul, Heinz / Tcherveniachki, Vassil: Die EuGH-Rechtssache Marks & Spencer und ihre Bedeutung für die körperschaftsteuerliche Organschaft, StuB 2005, S. 626 ff.

Küting, Karlheinz / Weber, Claus-Peter (Hrsg.): Handbuch der Konzernrechnungslegung, Kommentar zur Bilanzierung und Prüfung, Bd. II, 2. Aufl., Stuttgart 1998

Lang, Michael (editor): Direct Taxation: Recent ECJ Developments, Wien 2003

Lang, Michael / Loukota, Helmut / Reich, Markus / Wassermeyer, Franz / Zorn, Nikolaus: Konsequenzen der neuen Judikatur des Verwaltungsgerichtshofs zu den Auslandsverlusten – Podiumsdiskussion, SWI 2002, S. 428 ff.

Lang, Michael: Abkommens- und gemeinschaftsrechtliche Anforderungen an die Organschaft, ÖStZ 2003, S. 254 ff.

Lang, Michael: Ausländische Betriebsstättenverluste und DBA-Auslegung, SWI 2002, S. 86 ff.

Lang, Michael: Die Bindung der Doppelbesteuerungsabkommen an die Grundfreiheiten des EU-Rechts, in: Gassner/Lang/Lechner (Hrsg.), Doppelbesteuerungsabkommen und EU-Recht, Wien 1996, S. 25 ff.

Lang, Michael: Die Vermeidung der Doppelbesteuerung und der doppelten Nichtbesteuerung als DBA-Auslegungsmaxime?, IStR 2002, S. 609 ff.

Lang, Michael: Direct Taxation: Is the ECJ Heading in a New Direction?, European Taxation 2006, S. 421 ff.

Lang, Michael: Doppelte Verlustberücksichtigung und Gemeinschaftsrecht – am Beispiel der Betriebsstättengewinnermittlung, IStR 2006, S. 550 ff.

Lang, Michael: Double non-taxation, Generalbericht, Cahiers de droit fiscal international, IFA 2004 Vienna Congress, Vol. 89a, S. 21 ff.

Lang, Michael: Gemeinschaftsrechtliche Verpflichtung zur Rechtsformneutralität im Steuerrecht?, IStR 2006, S. 397 ff.

Lang, Michael: Marks & Spencer - Eine erste Analyse des EuGH-Urteils, SWI 2006, S. 3 ff.

Lang, Michael: Marks & Spencer – more questions than answers: an analysis of the Opinion delivered by Advocate General Maduro, EC Tax Review 2005, S. 95 ff.

Lang, Michael: Marks & Spencer und die Auswirkungen auf das Steuerrecht der Mitgliedstaaten, SWI 2005, S. 255 ff.

Lang, Michael: The Marks & Spencer Case – The Open Issues Following the ECJ's Final Word, European Taxation 2006, S. 54 ff.

Lang, Michael: Wohin geht das Internationale Steuerrecht, IStR 2005, S. 289 ff.

Lausterer, Martin: Auslandsverluste nach § 2a EStG - Vorlagen durch BFH und FG Köln an EuGH, in: Praxis des Internationalen Steuerrechts, Arbeitsbuch zur DAI Tagung v. 8.-9.11.2004, Frankfurt/M. 2004, S. 160 ff.

Lausterer, Martin: Das Ärgernis Betriebsstätten-Diskriminierung – Anmerkung zum Urteil des FG Köln vom 8. 2. 2001, 13 K 9771/97, IStR 2001, S. 212 ff.

Lausterer, Martin: Die Beschränkung des Verlustausgleichs über die Grenze und das Gemeinschaftsrecht, FR 2004, S. 1109 ff.

Lechner, Eduard: Befreiungsmethode und Einkommensermittlung, in: Gassner/Lang/Lechner (Hrsg.), Die Methoden zur Vermeidung der Doppelbesteuerung, Wien 1995, S. 137 ff.

Lechner, Eduard: Die Auswirkungen des EU-Rechts auf die „Befreiung" von Verlusten nach den Doppelbesteuerungsabkommen, in: Gassner/Lang/Lechner (Hrsg.), Doppelbesteuerungsabkommen und EU-Recht, Wien 1996, S. 85 ff.

Leffers, Ines / Long, Yves: Verlustmanagement in Frankreich, IWB 5/2000 Fach 5 Gruppe 2 Frankreich, S. 1213 ff.

Lehner, Moris (Hrsg.): Grundfreiheiten im Steuerrecht der EU-Staaten, Münchner Schriften zum Internationalen Steuerrecht Bd. 23, München 2000

Lehner, Moris (Hrsg.): Verluste im nationalen und Internationalen Steuerrecht, München 2004

Lehner, Moris: Anmerkung zum EuGH-Urteil vom 14.12.2000, Rs. C-141/99 („AMID"), RIW 2001, S. 387

Lehner, Moris: Anmerkung zum EuGH-Urteil vom 8.3.2001, verb. Rs. C-397/98 und C-410/98, („Metallgesellschaft u.a. Hoechst"), IStR 2001, S. 221 f.

Lehner, Moris: Begrenzung der nationalen Besteuerungsgewalt durch die Grundfreiheiten und Diskriminierungsverbote des EG-Vertrages, in: Pelka (Hrsg.), Europa- und verfassungsrechtliche Grenzen der Unternehmensbesteuerung, DStJG, Bd. 23, Köln 2000, S. 263 ff.

Lehner, Moris: Das Territorialitätsprinzip im Licht des Europarechts, in: Gocke/Gosch/Lang (Hrsg.), Festschrift für Franz Wassermeyer zum 65. Geburtstag, München 2005, S. 241 ff.

Lehner, Moris: Der Einfluss des Europarechts auf die Doppelbesteuerungsabkommen, IStR 2001, S. 329 ff.

Lehner, Moris: EU-Recht und die Kompetenz zur Beseitigung der Doppelbesteuerung, in: Gassner/Lang/Lechner (Hrsg.), Doppelbesteuerungsabkommen und EU-Recht, Wien 1996, S. 11 ff.

Leone, Francesco / Zanotti, Emiliano: Italian Domestic Tax Consolidation: New Opportunities for Tax Planning, European Taxation 2005, S. 187 ff.

Lieber, Bettina / Rasch, Stephan: Mögliche Konsequenzen der Rechtssache „Cadbury Schweppes" für die deutsche Hinzurechnungsbesteuerung, GmbHR 2004, S. 1572 ff.

Lindauer, Jürgen: BB-Forum: Anmerkungen zur Mindestbesteuerung 2004, BB 2004, S. 2720 ff.

Linn, Alexander / Reichl, Alexander / Wittkowski, Ansas: Grenzüberschreitende Verlustverrechnung: Möglichkeiten und Grenzen, BB 2006, S. 630 ff.

Lobis, Eduard: Italien: Unternehmensbesteuerung ab 2004 - Dringlichkeitsmaßnahmen laut Gesetzesdekret Nr. 269/2003, IStR-Länderbericht 21/2003, S. 2 f.

Loukota, Helmut: Sensationelle Neuerung bei Auslandsverlusten, SWI 2001, S. 466 ff.

Louwinger, Anton / Biemans, Arno: Netherlands – Finance Secretary Clarifies Eligibility Rules for Tax Consolidation, Tax Notes International 31.5.2004, S. 914 ff.

Louwinger, Anton: Netherlands Relaxes Interest Deferral Rules, Tax Notes International 12.1.2004, S. 121

Lovells: Member states start to get grips with *Marks & Spencer*, International Tax Review 2/2006, S. 1 ff.

Löwenstein, Ulrich / Looks, Christian: Betriebsstättenbesteuerung, München 2003

Löwenstein, Ulrich / Maier, Jochen: Organschaft und eingeschränkte Verlustnutzung bei doppelt ansässigen Organträgern - Mitwirkung von Dr. Jekyll und Mr. Hyde bei den Neuregelungen des UntStFG?, IStR 2002, S. 185 ff.

Lüdicke, Jürgen (Hrsg.): Besteuerungspraxis bei grenzüberschreitender Tätigkeit, Köln 2003

Lüdicke, Jürgen (Hrsg.): Deutsches Steuerrecht im Europäischen Rahmen, Köln 2004

Lüdicke, Jürgen / Rödel, Sabine: Generalthema II: Gruppenbesteuerung, IStR 2004, S. 549 ff.

Lüdicke, Jürgen: Anmerkungen zum EuGH-Urteil vom 13.4.2000, Rs. C-251/98 („Baars“), IStR 2000, 341 f.

Lüdicke, Jürgen: Beteiligungen an IFSC-Gesellschaften - Gemeinschaftsrechtskonforme Anwendung der Schachtelprivilegien im DBA Deutschland-Irland, im Gewerbesteuergesetz und im Bewertungsgesetz, IStR 2003, S. 188 ff.

Lüdicke, Jürgen: Organschaft und Verlustberücksichtigung im Ausland (»double dip«), in: Herzig (Hrsg.), Organschaft, Stuttgart 2003, S.

Ludwig, Christian: Verluste bei DBA mit Befreiungsmethode, RdW 2001, S. 704 ff.

Lyal, Richard: Non-discrimination and direct tax in Community law, EC Tax Review 2003, S. 68 ff.

Lyons, Timothy: Tax in a single market – *Bosal* and *Marks and Spencer plc*, British Tax Review 2003, S. 443 ff.

Maiterth, Ralf: Das EuGH-Urteil „Marks & Spencer“ und die grenzüberschreitende Verlustverrechnung aus ökonomischer Sicht, DStR 2006, S. 915 ff.

Mang, Martin: Verwertung von Auslandsverlusten nach dem SteuerreformG 2005 – Pflicht oder Wahlrecht?, SWI 2004, S. 486 ff.

Maresch, Daniela: Group Taxation, Diplomarbeit, Wirtschaftsuniversität Wien, EucoTax Wintercourse 2002/2003

Martin, Philip: Marks & Spencer: The Taxing Jurisdiction Argument: A Rebuttel, Tax Planning International European Focus 11/2004, S. 19 ff.

Martin, Philip: The Marks & Spencer EU group relief case – a rebuttal of the 'taxing jurisdiction' argument, EC Tax Review 2005, S. 61 ff.

Martin, Philip: The trial of the century (no, not that one) comes at last, International Tax Review 3/2005, S. 63

Masui, Yoshihiro: Group Taxation, General Report, Cahiers de droit fiscal international, IFA 2004 Vienna Congress, Vol. 89b, S. 21 ff.

Mayr, Gunter: Die neue Gruppenbesteuerung, RdW 2004, S. 246 ff.

Mayr, Siegfried: Änderungen im italienischen Steuerrecht (Teil 1), IWB 2/2007 Fach 5 Gruppe 2 Italien, S. 559 ff.

Mayr, Siegfried / Frei, Robert: Nationale Gruppenbesteuerung in Italien, IWB 12/2005 Fach 5 Gruppe 2 Italien, S. 551 ff.

Mayr, Siegfried / Frei, Robert: Reform der Unternehmensbesteuerung in Italien (I), IWB 19/2003 Fach 5 Gruppe 2 Italien, S. 525 ff.

Mayr, Siegfried / Frei, Robert: Reform der Unternehmensbesteuerung in Italien (II), IWB 20/2003 Fach 5 Gruppe 2 Italien, S. 533 ff.

Mayr, Siegfried / Frei, Robert: Transparente Besteuerung von italienischen Kapitalgesellschaften, IWB 19/2004 Fach 5 Gruppe 2 Italien, S. 547 ff.

Mbwa-Mboma, Marcellin N.: The Push Towards Pan-European Tax Consolidation: A French Perspective on *Marks & Spencer* Case, Tax Notes International 5.5.2003, S. 457 ff.

Mc Gowan, Michael: U.K. Restrictions in the Use of Dual Consolidated Losses, Tax Notes International 8.3.2004, S. 903 ff.

Meilicke, Wienand: Anmerkung zum BMF-Schreiben vom 8.12.2004 – IV B 4 – S 1301 USA 12/04, GmbHR 2005, S. 68

Meilicke, Wienand: Anmerkung zum EuGH-Urteil vom 18.9.2003, Rs. C-168/01 („Bosal"), DB 2003, S. 2100

Meilicke, Wienand: Die Neuregelung der ertragsteuerlichen Organschaft über die Grenze, DB 2002, S. 911 ff.

Meilicke, Wienand: Die Niederlassungsfreiheit nach „Überseering", Rückblick und Ausblick nach Handelsrecht und Steuerrecht, GmbHR 2003, S. 793 ff.

Meister, Norbert: Der lange Weg zu einem Konzernsteuerrecht für den Binnenmarkt, NZG 2006, S. 212 ff.

Menhorn, Matthias: Die Rechtsache AMID und ihre Auswirkungen auf den grenzüberschreitenden Verlustausgleich, SWI 2001, S. 62 ff.

Mennel, Annemarie / Förster, Jutta (Hrsg.): Steuern in Europa, Amerika und Asien, Loseblattsammlung, Herne/Berlin, Stand: 55. EL November 2004

Meussen, Gerard T.K.: Cross-Border Loss Relief in the European Union following the Advocate General's Opinion in the Marks & Spencer Case, European Taxation 2005, S. 282 ff.

Meussen, Gerard T.K.: Recent EU Developments in Relation to the *Marks & Spencer* Case, European Taxation 2006, S. 449 ff.

Meussen, Gerard T.K.: The *Marks & Spencer* case: reaching the boundaries of the EC Treaty, EC Tax Review 2003, S. 144 ff.

Meussen, Gerard T.K.: The Marks & Spencer Case: The Final Countdown Has Begun, European Taxation 2005, S. 160 ff.

Michelsen, Aage: Tax treatment of corporate losses, General Report, Cahiers de droit fiscal international, IFA 1998 London Congress, Vol. LXXXIIIa, S. 21 ff.

Micker, Lars: Europarechtswidrigkeit der Organschaftsbesteuerung im Körperschafts- und Gewerbesteuerrecht?, DB 2003, S. 2734 ff.

Mitterlehner, Karl: Firmenwertabschreibung und Gruppenbesteuerung, SWK 2004, S. S 503 ff.

Montag, Heinrich: Grundlagen der gewerbesteuerlichen Organschaft, in: Herzig (Hrsg.), Organschaft, Stuttgart 2003, S. 291 ff.

Morgan, Chris: Pan-EU Loss Relief Post M&S, The Tax Journal 20.2.2006, S. 5 f.

Morgenstern, Patrick: L`intégration fiscale, 6. Aufl., Paris 2002

Mössner, Jörg Manfred: Der EuGH als Steuergesetzgeber, ASA/Archives 72, Nr. 11/12 2004, S. 673 ff.

Mössner, Jörg Manfred: Die Methoden zur Vermeidung der Doppelbesteuerung – Vorzüge, Nachteile, aktuelle Probleme, in: Vogel (Hrsg.), Grundfragen des Internationalen Steuerrechts, DStJG Bd. 8, Köln 1985, S. 135 ff.

Mössner, Jörg Manfred: Selbständigkeit juristischer Personen und Kapitalgesellschaften im internationalen Steuerrecht, RIW 1986, S. 208 ff.

Mühlehner, Johann / Zöchling, Hans (Hrsg.): Die neue Gruppenbesteuerung, SWK-Sonderheft, 1. Aufl., Wien 2004

Mulders, Maurice: Compensation of losses within the EC, EC Tax Review 1996, S. 123 ff.

Muller, Johann H.: Cadbury Schweppes Case: A Review, Tax Planning International European Union Focus 7/2004, S. 14 ff.

Muller, Johann H.: Netherlands – Ministry Issues Decree on Tax Consolidation, Tax Notes International 16.8.2004, S. 595 f.

Müller, Wolfgang / Müller, Sebastian: Begrenzte Möglichkeiten einer grenzüberschreitenden Verlustanrechnung - eine Nachbetrachtung zur

EuGH-Entscheidung in der Rechtssache Marks & Spencer, GmbHR 2006, S. 301 ff.

Müller, Wolfgang / Müller, Sebastian: Europaweite Konzernbesteuerung – Auswirkungen auf das deutsche Recht, GmbHR 2005, S. 1550 ff.

Müller-Gatermann, Gert: Überlegungen zur Änderung der Organschaftsbesteuerung, in: Kley/Sünner/Willemsen (Hrsg.), Steuerrecht, Steuer- und Rechtspolitik, Wirtschaftsrecht und Unternehmensverfassung, Umweltrecht, Festschrift für Wolfgang Ritter zum 70. Geburtstag, Köln 1997, S. 457 ff.

Münchener Kommentar zum AktG: Münchener Kommentar zum Aktiengesetz, hrsg. Von Kropff, Bruno / Semler, Johannes, Bd. 8, §§ 278 – 328, 2. Aufl. München 2000

Nagler, Jürgen / Kleinert, Jens: Das EuGH-Verfahren Marks & Spencer - Konsequenzen des Schlussantrags des Generalanwalts, DB 2005, S. 855 ff.

Neubert, René: Inhalt und Grenzen der Personenverkehrsfreiheiten bei Anwendung von Doppelbesteuerungsabkommen, Berlin 2002

Nias, Peter / Purcell, Nicola: Host Country United Kingdom, Tax Planning International Forum 9/2003, S. 44 ff.

Nias, Peter / Sinclair, Stuart: Host Country United Kingdom, Tax Management International Forum 9/2005, S. 42 ff.

Nolten, Aart: Netherlands: Decree Clariefies Tax-Loss Rules for Subsidiary Leaving Fiscal Unity, Tax Notes International 11.10.2004, S. 129 f.

O´Grady, Eileen: ECJ Leads the Way Towards Tax Unification, Tax Notes International 30.6.2003, S. 1329 ff.

O´Shea, Tom: From Avoir Fiscal to Marks & Spencer, Tax Notes International 15.5.2006, S. 587 ff.

O´Shea, Tom: Marks and Spencer v Halsey (HM Inspector of Taxes): restriction, justification and proportionality, EC Tax Review 2006, S. 66 ff.

Oestreicher, Andreas: Verlustberücksichtigung bei grenzüberschreitender Unternehmenstätigkeit, in: Lüdicke (Hrsg.), Besteuerungspraxis bei grenzüberschreitender Tätigkeit, Köln 2003, S. 67 ff.

Orth, Manfred: Elemente einer grenzüberschreitenden Organschaft im deutschen Steuerrecht, GmbHR 1996, S. 33 ff.

Orth, Manfred: Schritte in Richtung einer „Grenzüberschreitenden Organschaft“, IStR Beihefter 9/2002, S .1 ff.

Orth, Manfred: Verlustnutzung bei Organschaft, in: Herzig (Hrsg.), Organschaft, Stuttgart 2003, S. 167 ff.

Orth, Manfred: Verlustnutzung bei Organschaft, WPg-Sonderheft 2003, S. 13 ff.

Ottosen, Arne Møllin / Nørremark, Michael: Denmark: New Joint Taxation Regime, Territoriality Principle and Reduction of the Corporate Tax Rate, Bulletin for International Fiscal Documentation (IBFD Bulletin) 2005, S. 471 ff.

Pache, Sven: Die Urteile des BFH und des BGH vom 29. 1. 2003 als erste Reaktionen auf die Überseering-Entscheidung des EuGH, IStR 2003, S. 808 ff.

Paetsch, Ralf: Grenzüberschreitende Verlustberücksichtigung im Europäischen Binnenmarkt, Lohmar-Köln 2004

Pantheghini, Paolo / Venturi, Federico / Bagnardi, Bruno: Recent Corporate Tax Reforms in Italy, Tax Notes International 22.12.2003, S. 1105 ff.

Papotti, Raul-Angelo: Treaty Non-Discrimination Clauses in Group Consolidation Situations, Intertax 2003, S. 320 ff.

Pedersen, Jan: Tax treatment of corporate losses, National Report Denmark, Cahiers de droit fiscal inernational, IFA 1998 London Congress, Vol. LXXXIIIa, S. 419 ff.

Pelka, Jürgen (Hrsg.): Europa- und verfassungsrechtliche Grenzen der Unternehmensbesteuerung, DStJG, Bd. 23, Köln 2000

Perin, Luigi: Italy - New Corporate Tax Regime to Begin in January, Tax Notes International 8.12.2003, S. 879 f.

Pernegger, Robert: Die Zwischenholding als Steuersparmodell, SWK 2004, S. S 815 ff.

Persoff, Mark: Marks & Spencer: more questions thatn answers, British Tax Review 2005, S. 260 ff.

Persoff, Mark: Opinion prompts more questions, International Tax Review 6/2005, S. 27 ff.

Petritz, Michael / Schilcher, Michael: Marks & Spencer - Erste Erkenntnisse aus dem Schlussantrag von Generalanwalt M. Poiares Maduro, SWI 2005, S. 233 ff.

Pistone, Pasquale: Tax treatment of foreign losses: an urgent issue for the European Court of Justice, EC Tax Review 2003, S. 149 ff.

Plansky, Patrick M. / Stefaner, Marcus C. / Weninger, Patrick J.: Die finanzielle Verbindung während des gesamten Wirtschaftsjahres, SWK 2004, S. S 993 ff.

Pohl, Dirk: Gruppenbesteuerung, in: Praxis des Internationalen Steuerrechts, Arbeitsbuch zur DAI Tagung v. 8.-9.11.2004, Frankfurt/M. 2004, S. 169 ff.

Pohl, Dirk: Holdingstandort Deutschland, in: 55. Steuerrechtliche Jahresarbeitstagung – Unternehmen 2004, Arbeitsbuch, Wiesbaden 2004, S. 345 ff.

Portner, Rosemarie: Zwei bemerkenswerte Entscheidungen zur Verrechnung von Auslandsverlusten im Wohnsitzstaat bei DBA-Freistellung des der Auslandsbetriebstätte zuzurechnenden positiven Ergebnisses, IStR 2005, S. 376 ff.

Priester, Hans-Joachim: Gesellschaftsrechtliche Grundlagen der Organschaft, in: Herzig (Hrsg.), Organschaft, Stuttgart 2003, S. 37 ff.

Prinz, Ulrich / Simon, Stefan: Ausschluss der doppelten Verlustnutzung in Organschaftsfällen nach § 14 Abs. 1 Nr. 5 KStG, Der Konzern 2003, S. 104 ff.

Prinz, Ulrich: Unternehmenssteuerreform 2001: Organschaftsbesteuerung im Wandel, FR 2000, S. 1255 ff.

Prokisch, Rainer: Grenzüberschreitende Verlustberücksichtigung, in: von Groll (Hrsg.), Verluste im Steuerrecht, DStJG Bd. 28, Köln 2005, S. 229 ff.

Pummerer, Erich: Gruppenbesteuerung aus Sicht der Betriebswirtschaftlichen Steuerlehre, ÖStZ 2004, S. 456 ff.

Queiroli, Gianluca: Italy`s Domestic Tax Consolidation Regime Takes Effect, Tax Notes International 26.7.2004, S. 319 ff.

Rädler, Albert J. / Lausterer, Martin: Die EG-Rechtswidrigkeit deutscher Steuervorschriften bei Teilwertabschreibungen und Veräußerungsverlusten von ausländischen Tochtergesellschaften – Verlustausgleichsbeschränkung nach § 2a Abs. 1 Satz 1 Nr. 3 EStG, in: Hommelhoff/Zätzsch/Erle (Hrsg.), Festschrift für Welf Müller zum 65. Geburtstag, München 2001, S. 339 ff.

Raupach, Arndt / Burwitz, Gero: Gestaltungsüberlegungen nach Abschaffung der Mehrmütterorganschaft, DStR 2003, S. 1901 ff.

Raupach, Arndt / Pohl, Dirk: Die Rechtssache Marks und Spencer, NZG 2005, S. 489 ff.

Raupach, Arndt: „Gemeinschaftsweite Unternehmensbesteuerung, die den Anforderungen des Marktes gerecht wird" – Flucht aus dem Chaos in eine Utopie?, in: Schön (Hrsg.), Gedächtnisschrift für Brigitte Knobbe-Keuk, Köln 1997, S. 675 ff.

Reichl, Alexander / Wittkowski, Ansas: Das Urteil im Fall Marks & Spencer: Mögliche Auswirkungen für deutsche Konzerne, StB 2006, S. 50 ff.

Reimer, Ekkehart: Die Auswirkungen der Grundfreiheiten auf das Ertragsteuerrecht der Bundesrepublik Deutschland – eine Bestandsaufnahme, in: Lehner (Hrsg.), Grundfreiheiten im Steuerrecht der EU-Staaten, München 2000, S. 39 ff.

Richard, J.: Comparison between UK and French Taxation of Groups of Companies, Intertax 2003, S. 20 ff.

Rödder, Thomas / Schumacher, Andreas: Keine Anwendung des § 3c Abs. 1 EStG bei Organschaft, DStR 2002, S. 1163 ff.

Rödder, Thomas: Deutsche Unternehmensbesteuerung im Visier des EuGH, DStR 2004, S. 1629 ff.

Rödder, Thomas: Deutsche Unternehmensbesteuerung im Visier des EuGH, in: Gocke/Gosch/Lang (Hrsg.), Festschrift für Franz Wassermeyer zum 65. Geburtstag, München 2005, S. 163 ff.

Röhrbein, Jens / Eicker, Klaus: Verlustberücksichtigung über die Grenze - Aktuelle Rechtslage, BB 2005, S. 465 ff.

Romani, Brigitte / Strnad, Oliver / Grabbe, Christian: Italien - Große Steuerreform ab 2004, IStR 2004, S. 155 ff.

Roth, Wulf-Henning: Die Niederlassungsfreiheit zwischen Beschränkungs- und Diskriminierungsverbot, in: Schön (Hrsg.), Gedächtnisschrift für Brigitte Knobbe-Keuk, Köln 1997, S. 729 ff.

Rubbens, Bart / Vogel, Matthijs: Niederlande: Organschaft mit in EU-Mitgliedstaaten ansässigen Tochtergesellschaften, IStR-Länderbericht 15/2004, S. 2 f.

Rubechi, Guillaume: Frankreich: Das Finanzgesetz für 2004 bietet deutschen Investoren interessante Gestaltungsmöglichkeiten, IStR-Länderbericht 23/2003, S. 2

Rupal, Yash: Group Taxation, National Report United Kingdom, Cahiers de droit fiscal international, IFA 2004 Vienna Congress, Vol. 89b, S. 685 ff.

Rust, Alexander: Anmerkung zum BMF-Schreiben vom 8.12.2004 – IV B 4 – S 1301 USA 12/04, IStR 2005, S. 27 f.

Rust, Alexander: Ermöglichen Diskriminierungsverbote eine Organschaft über die Grenze?, IStR 2003, 658 ff.

Rust, Alexander: Renaissance der Kohärenz, EWS 2004, S. 450 ff.

Saß, Gert: Einfluß des Europarechts auf die deutschen Ertragsteuern in der Währungsunion, StuW 1999, S. 164 ff.

Saß, Gert: Nochmals zum EG-Schiedsverfahren zur Vermeidung der Doppelbesteuerung zwischen verbundenen Unternehmen, DB 1983, S. 306 ff.

Saß, Gert: Zum EG-Abkommen über die Beseitigung der Doppelbesteuerung (Schlichtungsverfahren) im Falle einer Gewinnberichtigung bei Geschäftsbeziehungen zwischen verbundenen Unternehmen, DB 1991, S. 984 ff.

Saß, Gert: Zum EG-Richtlinienvorschlag vom 28.11.1990 über den Abzug von Verlusten ausländischer Betriebstätten und Tochtergesellschaften, BB 1991, S. 1161 ff.

Saß, Gert: Zum EG-Richtlinienvorschlag zur Vermeidung der Doppelbesteuerung bei Gewinnberichtigungen zwischen verbundenen Unternehmen („Schiedsverfahren"), DB 1979, S. 2196 ff.

Saß, Gert: Zum Schutz von Kapitalbewegungen in der EU gegen steuerliche Diskriminierung, Das „Verkooijen"-Urteil des EuGH v. 6.6.2000 – Rs. C-35/98, FR 2000, S. 1270 ff.

Saß, Gert: Zur Berücksichtigung der Verluste ausländischer Tochtergesellschaften bei der inländischen Muttergesellschaft in der EU, BB 1999, S. 447 ff.

Saß, Gert: Zur Berücksichtigung von Verlusten ausländischer Tochtergesellschaften in der EU, DB 2006, S. 123 ff.

Saß, Gert: Zur Verlustberücksichtigung bei grenzüberschreitender Unternehmenstätigkeit in der EU – Anmerkung zum EuGH-Urteil vom 14.12.2000 Rs. C 141/99, AMID –, DB 2001, S. 508 ff.

Savini, Nicoletta / Circi, Andrea: A Guide to Italy`s Corporate Tax Reforms, Tax Notes International 12.1.2004, S. 181 ff.

Schaumburg, Harald: Besteuerung von Kapitalerträgen – Vollzugsdefizite und Vorgaben des Europäischen und Internationalen Steuerrechts, in: Ebling (Hrsg.), Besteuerung von Einkommen, DStJG, Bd. 24, Köln 2001, S. 225 ff.

Schaumburg, Harald: Internationale Organschaft, in: Herzig, Organschaft, Stuttgart 2003, S. 419 ff.

Schaumburg, Harald: Internationales Steuerrecht, 2. Aufl., Köln 1998

Scheffler, Wolfram: Verluste aus grenzüberschreitender Geschäftstätigkeit – Konzeption der EU zur Verrechnung von Auslandsverlusten, DBW 1996, S. 589 ff.

Scheuchzer, Marco: Ertragsbesteuerung von Konzernen in den Niederlanden aus betriebswirtschaftlicher Sicht, IStR 1994, S. 562 ff.

Scheuchzer, Marco: Zur Notwendigkeit einer Europäisierung der Organschaft, RIW 1995, S. 35 ff.

Scheunemann, Marc P. / macLachlan, James: Cross-Border Loss Relief in Europe: Judgment of the ECJ in the Marks & Spencer Case, Tax Planning International Review 12/2005, S. 2 ff.

Scheunemann, Marc P.: Decision in the Marks & Spencer Case: a Step Forward, but No Victory for Cross-Border Group Taxation in Europe, Intertax 2006, 54 ff.

Scheunemann, Marc P.: EU: Mündliche Verhandlung im Fall Marks & Spencer, IStR-Länderbericht 5/2005, S. 1 f.

Scheunemann, Marc P.: Europaweite Verlustberücksichtigung im Konzern, IStR 2005, S. 303 ff.

Scheunemann, Marc P.: Grenzüberschreitende konsolidierte Konzernbesteuerung, Köln 2005

Scheunemann, Marc P.: Praktische Anforderungen einer grenzüberschreitenden Verlustberücksichtigung im Konzern in Inbound- und Outboundfällen nach der Entscheidung Marks & Spencer, IStR 2006, 145 ff.

Scheunemann, Marc P.: Voraussetzungen des Konzernabzugs für Verluste gebietsfremder Tochtergesellschaften, RIW 2006, S. 79 f.

Schienke, Tanja: Das französische Jahressteuergesetz für 2006, IStR 2006, S. 302 ff.

Schießl, Harald: Die österreichische Gruppenbesteuerung als Modell für Deutschland?, ZSteu 2004, S. 294 ff.

Schlagheck, Markus: Ertragsteuerliche Organschaft und Verlustnutzung, StuB 2004, S. 401 ff.

Schmidt, Ludwig (Hrsg.): Einkommensteuergesetz Kommentar, 25. Aufl., München 2006

Schmidt, Lutz / Heinz, Carsten: Gruppenbesteuerung im internationalen Vergleich, Darstellung verschiedener Gruppenbesteuerungsmodelle in Europa, Stbg 2006, S. 60 ff. (Teil I), S. 141 ff. (Teil II)

Schmidt,Ludwig / Müller,Thomas / Stöcker, Ernst E.: Die Organschaft im Körperschaftsteuer, Gewerbesteuer- und Umsatzsteuerrecht, 6. Aufl., Herne/Berlin 2003

Schnitger, Arne: Grenzüberschreitende Körperschaftsteueranrechnung und Neuausrichtung der Kohärenz nach dem EuGH-Urteil in der Rs. Manninen, FR 2004, S. 1357 ff.

Schnitger, Arne: Möglichkeit zur Präzisierung des europarechtlichen Prinzips der Rechtsformwahlfreiheit und Körperschaftsteuerguthaben für Betriebsstätten ausländischer Kapitalgesellschaften gemäß § 37 KStG - Vorlagenfrage an den EuGH in der Rs. CLT-UFA, IStR 2004, S. 821 ff.

Schnitger, Arne: Teilweise Aufgabe des Territorialitätsprinzips als europarechtlicher Rechtfertigungsgrund, FR 2003, S. 1149 ff.

Schnittker, Helder / Hartmann, Rainer: Zur Verfassungsmäßigkeit des Ausschlusses der Lebens- und Krankenversicherungsunternehmen von der körperschaft- und gewerbesteuerlichen Organschaft, BB 2002, S. 277 ff.

Schollmeier, Andres: Ratschläge für eine Richtlinie über eine Regelung für Unternehmen zur Berüclsichtigung der Verluste ihrer in anderen Mitgliedstaaten belegenen Betriebsstätten und Tochtergesellschaften, in: Birk (Hrsg.), Handbuch des Europäischen Steuer- und Abgabenrechts, Herne/Berlin 1995, S. 897 ff.

Schön, Wolfgang (Hrsg.): Gedächtnisschrift für Brigitte Knobbe-Keuk, Köln 1997

Schön, Wolfgang (Hrsg.): Steuerliche Maßgeblichkeit in Deutschland und Europa, Köln 2005

Schön, Wolfgang: Abschied vom Vertragskonzern?, ZHR 168 (2004), S. 629 ff.

Schön, Wolfgang: Besteuerung im Binnenmarkt - die Rechtsprechung des EuGH zu den direkten Steuern, IStR 2004, S. 289 ff.

Schön, Wolfgang: Der Kapitalverkehr mit Drittstaaten und das internationale Steuerrecht, in: Gocke/Gosch/Lang (Hrsg.), Festschrift für Franz Wassermeyer zum 65. Geburtstag, München 2005, S. 489 ff.

Schön, Wolfgang: Die Abzugsschranken des § 3c EStG zwischen Verfassungs- und Europarecht, FR 2001, S. 381 ff.

Schön, Wolfgang: Die Zukunft der Organschaft in der Europäischen Gemeinschaft, in: Herzig (Hrsg.), Organschaft, Stuttgart 2003, S. 612 ff.

Schön, Wolfgang: Europäische Kapitalverkehrsfreiheit und nationales Steuerrecht, in: Schön (Hrsg.), Gedächtnisschrift für Brigitte Knobbe-Keuk, Köln 1997, S. 743 ff.

Schön, Wolfgang: Freie Wahl zwischen Zweigniederlassung und Tochtergesellschaft – ein Grundsatz des Europäischen Unternehmensrechts, EWS 2000, S. 281 ff.

Schön, Wolfgang: Hinzurechnungsbesteuerung und Europäisches Gemeinschaftsrecht, DB 2001, S. 940 ff.

Schön, Wolfgang: Steuerliche Beihilfen, in: Koenig/Roth/Schön (Hrsg.), Aktuelle Fragen des EG-Beihilfenrechts, Beihefte der ZHR, Heft 69, 2001, S. 106 ff.

Schön, Wolfgang: Unternehmensbesteuerung und Europäisches Gemeinschaftsrecht, StbJb 2003/04, S. 27 ff.

Schön, Wolfgang: Verlustverrechnung über die Grenze, in: 55. Steuerrechtliche Jahresarbeitstagung – Unternehmen 2004, Arbeitsbuch, Wiesbaden 2004, S. 4 ff.

Schönfeld, Jens: Hinzurechnungsbesteuerung und Europäisches Gemeinschaftsrecht, Köln 2005

Schönfeld, Jens: The Cadbury Schweppes Case: Are the Days of the United Kingdom´s CFC Legislation Numbered?, European Taxation 2004, S. 441 ff.

Schraufl, Martin / Zech, Herbert: Abzugsverbot für Finanzierungskosten und geplante Änderung des § 8b Abs. 5 KStG, PIStB 2003, S. 337 ff.

Schreiber, Christoph / Meiisel, Patrick: Auswirkungen des § 14 Abs. 1 Nr. 5 KStG auf die Nutzung von Organträgerverlusten, IStR 2002, S. 581 ff.

Schuch, Josef: Die Reichweite der Diskriminierungsverbote des EG-Vertrags, IWB 17/1996 Fach 11 Gruppe 2 Europäische Gemeinschaften, S. 259 ff.

Schuch, Josef: Europarechtliche und abkommensrechtliche Vorgaben für die Verlustbehandlung, in: Lehner (Hrsg.), Verluste im nationalen und Internationalen Steuerrecht, München 2004, S. 63 ff.

Schuch, Josef: Verluste im Recht der Doppelbesteuerungsabkommen, Wien 1998

Schultze, Pascal / Ludemann, Matthias: Frankreich: Jahressteuergesetz für 2004 und Jahressteueränderungsgesetz für 2003, IStR 2004, S. 195 ff.

Schulze, Isolde: Änderungen in der dänischen Konzernbesteuerung, IWB

Schwarze, Jürgen (Hrsg.): EU-Kommentar, 1. Aufl., Baden-Baden 2000

Sedemund, Jan / Sterner, Ingo: Welche Folgen hat das Urteil "Marks & Spencer" für das deutsche internationale Steuerrecht?, DStZ 2006, S. 29 ff.

Sedemund, Jan / Sterner, Ingo: Welche Folgen hat das Urteil „Marks & Spencer“ für das deutsche internationale Steuerrecht?, DStZ 2006, S. 29 ff.

Sedemund, Jan: Der BFH verabschiedet sich von der Sitztheorie im Steuerrecht, BB 2003, S. 1362 ff.

Sedemund, Jan: Direkte und mittelbare Reichweite der Grundfreiheiten des EG-Vertrags am Beispiel des § 8a KStG, IStR 2002, S. 390 ff.

Sedlaczek, Michael / Tissot, Michael: Der Gruppenantrag, Mindestinhalt – Vertragscharakter – Genehmigungspflicht – Steuerausgleich, Teil I, ÖStZ 2004, S. 483 ff.; Teil II, ÖStZ 2004, S. 536 ff.

Sedlaczek, Stefan: Verlustbehandlung bei Kapitalgesellschaften und Konzernen in Dänemark – ein Überblick, IWB 5/2006 Fach 5 Gruppe 2 Dänemark, S. 165 ff.

Sedlaczek, Stefan: Verlustbehandlung bei Kapitalgesellschaften und Konzernen in Großbritannien – ein Überblick, IWB 15/2006 Fach 5 Gruppe 2 Großbritannien, S. 431 ff.

Seer, Roman: Beschränkte Steuerpflicht und Gemeinschaftsrecht, in: Gassner/Lang/Lechner/Schuch/Staringer (Hrsg.), Die beschränkte Steuerpflicht im Einkommen- und Körperschaftsteuerrecht, Wien 2004, S. 37 ff.

Serbini, Stefano / Flora, Paola: Italy - New Dividend and Capital Gains Regime, European Taxation 2004, S. 121 ff.

Sheppard, Lee A.: Companies Have Rights, Too: The European Court of Justice Speaks, Tax Notes International 12.4.2004, S. 135 ff.

Sheppard, Lee A.: Dowdy U.K. Retailer Set to Destroy European Corporate Tax, Tax Notes International 12.7.2004, S. 132 ff.

Sheppard, Lee A.: Responding to Marks & Spencer, or Not?, Tax Notes International 4.10.2004, S. 18 ff.

Sheppard, Lee A.: Tax Commissioners Set Marks And Ignite Sparks, Tax Notes 2004, S. 1200 f.

Sievert, Elke: Konzernbesteuerung in Deutschland und Europa Ertragsteuerliche und betriebswirtschaftliche Analyse der europäischen Gruppenbesteuerungssysteme, Düsseldorf 2006

Smit, Paul: Marks & Spencer en het speelveld van het HvJ EG, fiscaal weekblad 2004, S. 3717 ff.

Smit, Pim M.: Marks & Spencer: The Paradoxes, European Taxation 2006, S. 411 f.

Sørensen, Katrine E. / Bjørnholm, Nikolaj: Denmark to Tighten Cross-Border Rules on Joint Taxation, Cut Corporate Tax Rate, [2004] WTD 230-2-News Stories v. 30.11.2004

Spierts, E.M.S.: Anträge auf steuerliche Einheit mit ausländischen Tochtergesellschaften aus niederländischer Sicht, IWB 23/2004 Fach 5 Gruppe 2 Niederlanden, S. 391 f.

Spierts, E.M.S.: Steuerreform 2007 in den Niederlanden, IWB 13/2005 Fach 5 Gruppe 2 Niederlande, S. 425 ff.

Spierts, E.M.S.: Steueränderungen in den Niederlanden, IWB 1/2007 Fach 5 Gruppe 2 Niederlande, S. 461 ff.

Spreafico, Laura / Campisi, Isidoro: Host Country Italy, Tax Planning International Forum 9/2003, S. 30 ff.

Spreafico, Laura: Host Country Italy, Tax Management International Forum 9/2005, S. 27 ff.

Stadler, Rainer / Elser, Thomas: Änderungen bei der Organschaft, in: Linklaters Oppenhoff & Rädler, Steueränderungen zum 1.1.2002 im Unternehmensbereich, DB Beilage 1/2002, S. 41 ff.

Staringer, Claus: Besteuerung doppelt ansässiger Kapitalgesellschaften, Wien 1999

Stefaner, Markus Christoph / Weninger, Patrick J.: Die Gruppenbesteuerung im österreichischen Konzernsteuerrecht, ecolex 2004, S. 508 ff.

Stefaner, Markus Christoph / Weninger, Patrick J.: Die wesentlichen Auswirkungen der Steuerreform 2005 auf die Unternehmensbesteuerung, ecolex 2004, S. 392 ff.

Stefaner, Markus Christoph / Weninger, Patrick J.: Geplante Änderungen im österreichischen Gruppenbesteuerungsregime, ecolex 2004, S. 887 ff.

Stefaner, Markus Christoph / Weninger, Patrick J.: Gruppenbesteuerung: Vor- und Außergruppenverluste, RdW 2004, 564 f.

Stefaner, Markus Christoph / Weninger, Patrick J.: Gruppenbesteuerung und Gemeinschaftsrecht, SWI 2004, S. 441 ff.

Stefaner, Markus Christoph / Weninger, Patrick J.: Gruppenbesteuerung: Mehr Gestaltungsspielraum bei der Konzernstrukturplanung, RWZ 2004, S. 296 ff.

Stefaner, Markus Christoph / Weninger, Patrick J.: Österreichische Gruppenbesteuerung und Steuerplanung deutscher Konzerne, IWB F. 5. Gr. 2, Österreich, S. 663 ff.

Stefaner, Markus Christoph: Die neue Gruppenbesteuerung in Österreich als Kernstück der Steuerreform, SWK 2004, S. S 312 f.

Stefaner, Markus Christoph: EuGH-Verfahren zur Vereinbarkeit von CFC-Gesetzgebung mit Gemeinschaftsrecht, SWI 2004, S. 339 ff.

Stefaner, Markus Christoph: Implications of Marks & Spencer on Austria´s Group Tax Regime, Tax Notes International 23.1.2006, S. 275 ff.

Stevens, Ton: Niederlande: Neue steuerliche Rechtsprechung, IStR-Länderbericht 17/1999, S. 2 f.

Stockmann, Frank: Verluste ausländischer Tochtergesellschaften im deutschen internationalen Steuerrecht, Hamburg 2000

Streck, Michael (Hrsg.): Körperschaftsteuergesetz, Kommentar, 6. Aufl., München 2003

Sutter, Franz Philipp: Das EG-Beihilfenverbot und sein Durchführungsverbot in Steuersachen, Wien 2005

Sutter, Philipp: Zur Frage der Zulässigkeit eines pauschalen Verbots eines grenzüberschreitenden Verlustabzuges, EuZW 2006, S. 87 f.

Svendgaard, Anja: Frivillig og tvungen sambeskatning af selskaber, Kopenhagen 2001

Sweeney, John J.: Tax treatment of corporate losses, National Report United Kingdom, Cahiers de droit fiscal international, IFA 1998 London Congress, Vol. LXXXIIIa, S. 815 ff.

T.L.: *Marks & Spencer*: something for everyone?, British Tax Review 2006, S. 9 ff.

Theisen, Manuel René: Der Konzern, 2. Aufl., Stuttgart 2003

Theisen, Manuel René: Vorüberlegungen zu einer Konzernunternehmungslehre, DBW 1988, S. 279 ff.

Thiel, Jochen: Aussprache, in: Aktuelle Fragen zum Europäischen Steuer- und Gesellschaftsrecht, JBFStR 2001/2002, S. 94 f.

Thiel, Jochen: Der fortschreitende Einfluss des EuGH auf die Ertragsbesteuerung der Unternehmen – Aktuelle Urteile und anhängige Verfahren, DB 2004, S. 2603 ff.

Thömmes, Otmar / Lang, Michael / Schuch, Josef (Hrsg.): Investitions- und Steuerstandort Österreich, 2. Aufl., München, Wien 2005

Thömmes, Otmar: Aktuelle Fragen zum Europäischen Steuer- und Gesellschaftsrecht - Grenzüberschreitende Organschaft, JbFStR 2001/2002, S. 80 ff.

Thömmes, Otmar: Berücksichtigung von Verlusten ausländischer Tochtergesellschaften, IWB 8/2005 Fach 11a Rechtsprechung, S. 852 ff.

Thömmes, Otmar: Berücksichtigung von Verlusten ausländischer Tochtergesellschaften, IWB 24/2005 Fach 11a Rechtsprechung, S. 938 ff.

Thömmes, Otmar: EG-rechtliche Anmerkungen zu Ritter, S. 430, IStR 2001, S. 441 ff.

Thömmes, Otmar: Konzernfinanzierung und Europäisches Recht, DB 2002, S. 2397 ff.

Thömmes, Otmar: Sieg der Vernunft - oder Kniefall vor den Mitgliedstaaten? Das EuGH-Urteil Marks & Spencer, EWS 1/2006, Erste Seite

Thömmes, Otmar: Tatbestandsmäßigkeit und Rechtfertigung steuerlicher Diskriminierungen nach EG-Recht, in: Schön (Hrsg.), Gedächtnisschrift für Brigitte Knobbe-Keuk, Köln 1997, S. 795 ff.

Thömmes, Otmar: Vereinbarkeit der Organschaftsregeln mit dem EG-Recht, in: Herzig (Hrsg.), Organschaft, Stuttgart 2003, S. 525 ff.

Tillmanns, Wolfhard: Steueränderungen in Frankreich 2003/2004, IWB 12/2004 Fach 5 Gruppe 2 Frankreich, S. 1385 ff.

Tillmanns, Wolfhard: Steueränderungen in Frankreich 2004/2005, IWB 8/2005 Fach 5 Gruppe 2 Frankreich, S. 1417 ff.

Tipke / Lang (begr. von Tipke, Klaus, fortgef. von Lang, Joachim): Steuerrecht, 18. Aufl., Köln 2005

Tipke, Klaus: Die Steuerrechtsordnung, Bd. 1, 2. Aufl., Köln 2000

Tissot, Michael: Die geplante Gruppenbesteuerung - Ein erster Überblick, SWK 2004, S. S 306 ff.

Töben, Thomas / Schulte-Rummel, Björn: Doppelte Verlustberücksichtigung in Organschaftsfällen mit Auslandsberührung, FR 2002, S. 425 ff.

Toifl, Gerald: Die EU-Grundfreiheiten und die Diskriminierungsverbote der Doppelbesteuerungsabkommen, in: Gassner/Lang/Lechner (Hrsg.), Doppelbesteuerungsabkommen und EU-Recht, Wien 1996, S. 139 ff.

Toifl, Gerald: Gemeinschaftsrechtskonforme Interpretation der DBA-rechtlichen Diskriminierungsverbote, SWI 2004, S. 325 ff.

Trenkwalder, Verena / Firlinger, Robert: Ausländische Betriebsstättenverluste im Lichte der Vorgaben des EU-Rechts, SWI 2001, S. 514 ff.

Trenkwalder, Verena / Firlinger, Robert: Berücksichtigung ausländischer Betriebsstättenverluste im Lichte des VwGH-Erkenntnisses vom 25.9.2001, ÖStZ 2001, S. 550 ff.

Triebel, Volker / von Haase, Karl: Wegzug und grenzüberschreitende Umwandlungen deutscher Gesellschaften nach „Überseering“ und „Inspire Art“, BB 2003, S. 2409 ff.

Tumpel, Michael / Tissot, Michael: Erste Änderungen in der neuen Gruppenbesteuerung, SWK 2004, S. T 147 ff.

Tumpel, Michael: Betriebsstättenverluste in der Europäischen Union, SWI 2001, S. 55 ff.

Tumpel, Michael: Europarechtliche Besteuerungsmaßstäbe für die grenzüberschreitende Organisation und Finanzierung von Unternehmen, in: Pelka (Hrsg.), Europa- und verfassungsrechtliche Grenzen der Unternehmensbesteuerung, DStJG, Bd. 23, Köln 2000, S. 321 ff.

Tumpel, Michael: Regierungsvorlage zum Steuerreformgesetz 2005, SWK 2004, S. T 65 ff.

Urtz, Christoph: Probleme der Firmenwertabschreibung im Rahmen der Gruppenbesteuerung, GeS aktuell 2004, S. 328 ff.

Urtz, Christoph: Rechtsprechung zum Internationalen Steuerrecht, SWI 2001, S. 505 ff.

Valente, Piergiorgio / Antonini, Pietro: The Italian Tax Reform, World Corporate Finance Review 2004, www.worldtaxandlaw.com

van den Bruinhorst, Carola / Pennings, Philip: Host Country Netherlands, Tax Management International Forum 9/2005, S. 33 ff.

van den Bruinhorst, Carola / ten Broeke, Linda: Host Country Netherlands, Tax Planning International Forum 9/2003, S. 35 ff.

van Raad, Kees: The Impact of the EC Treaty's Fundamental Freedoms Provisions on EU Member States´ Taxation in Border-crossing Situations - Current State of Affairs, EC Tax Review 1995, S. 190 ff.

van Thiel, Servaas / Achilles, Charlotte: Die Beseitigung ertragsteuerlicher Hindernisse im Binnenmarkt: Eine Darstellung der Einflüsse der Rechtsprechung des EuGH auf die Ertragsbesteuerung in der Europäischen Union (Teil I), IStR 2003, S. 530 ff.; (Teil II) S. 553 ff.

Vanistendael, Frans: The compatibility of the basic economic freedoms with the sovereign national tax systems of the Member States, EC Tax Review 2003, S. 136 ff.

Vanistendael, Frans: The ECJ at the Crossroads: Balancing Tax Souvereignty against the Imperatives of the Single Market, European Taxation 2006, S. 413 ff.

Viegener, Johannes: Systemänderungen im französischen Recht, IWB 6/2004 Fach 5 Gruppe 2 Frankreich, S. 1377 ff.

Vogel, Klaus (Hrsg.): Grundfragen des Internationalen Steuerrechts, DStJG Bd. 8, Köln 1985

Vogel, Klaus / Lehner, Moris (Hrsg.): Doppelbesteuerungsabkommen Kommentar, 4. Aufl., München 2003

Vogel, Klaus: Das oberste österreichische Steuergericht erklärt Verluste bei DBA-Freistellung für abzugsfähig, IStR 2002, S. 91 ff.

Vogel, Klaus: Harmonisierung des Internationalen Steuerrechts in Europa als Alternative zur Harmonisierung des (materiellen) Körperschaftsteuerrechts, StuW 1993, S. 380 ff.

Vogel, Klaus: Which Method Should the European Community Adopt for the Avoidance of Double Taxation?, Bulletin for International Fiscal Documentation (IBFD Bulletin) 2002, S. 4 ff.

Vögele, Alexander: Das EU-Schiedsübereinkommen, IStR 2006, S. 537 ff.

von Danwitz, Thomas: Der Grundsatz der Verhältnismäßigkeit im Gemeinschaftsrecht, EWS 2003, S. 393 ff.

von der Groeben, Hans / Schwarze, Jürgen: Vertrag über die Europäische Union und Vertrag zur Gründung der Europäischen Gemeinschaft, Kommentar, 6. Aufl., Bd. I, Baden-Baden 2003

von Groll, Rüdiger (Hrsg.): Verluste im Steuerrecht, DStJG Bd. 28, Köln 2005

Vorličková, Lucie / Zorman, Gregor: Slowenien: Neuregelung der Gruppenbesteuerung ab 1.1.2005, IStR-Länderbericht 21/2004, S. 4

Wagner, Siegfried: Traum oder Albtraum: Ist grenzüberschreitender Verlustabzug bei Konzernen in Sicht?, Die Steuerliche Betriebsprüfung (StBp.) 2006, S. 190 ff.

Waldens, Stefan / Foddanu, Frauke M.: Gruppenbesteuerung in Österreich: Gestaltungschancen für internationale Konzerne, PIStB 2004, S. 194 ff.

Waldens, Stefan / Foddanu, Frauke M.: Steuerliche Organschaft in den Niederlanden: Neue Chancen für Internationale Konzerne, PIStB 2004, S. 91 ff.

Watermeyer, Heinrich J. / Wiesemann, Magdalena: GmbH mit Auslandsverlusten, Nutzung von Verlusten aus Betriebsstätten und Tochtergesellschaften, GmbH-StB 2003, S. 321 ff.

Wathelet, Melchior: Marks & Spencer plc v Halsey: lessons to be drawn, British Tax Review 2006, S. 128 ff.

Watrin, Christoph / Sievert, Elke / Strohm, Christiane: Reform der Konzernbesteuerung in Deutschland und Europa, FR 2004, S. 1 ff.

Wattel, Peter J.: Corporate tax jurisdiction in the EU with respect to branches and subsidiaries; dislocation distinguished from discrimination and disparity; a plea for territoriality, EC Tax Review 2003, S. 194 ff.

Wattel, Peter J.: Pending Cases Filed by Dutch Courts: the Bosal Holding Case and the Heirs of H. Barbier Case, in: Lang, Michael (ed.), Direct Taxation: Recent ECJ Developments, Wien 2003, S. 153 ff.

Watts, Robert: Rush to join M&S tax challenge in Europe, Sunday Telegraph (London), 4.5.2003, S. 2

Weber, Dennis: The *Bosal Holding* Case: Analysis and Critique, EC Tax Review 2003, S. 220 ff.

Wehrheim, Michael / Marquardt, Anja: Die Vorschläge der Europäischen Kommission zur Unternehmensbesteuerung im Binnenmarkt - Ein Überblick, IStR 2003, S. 14 ff.

Weiner, Joann M.: Consolidated Taxation in the European Union, Tax Notes International 13.10.2003, S. 149 ff.

Weinreich, Volker: Probleme des Verlustausgleichs über die Grenze, Frankfurt/Main/Berlin/Bern/New York/Paris/Wien 1994

Wernsmann, Rainer / Nippert, Allit: Gemeinschaftsrechtliche Vorgaben für die grenzüberschreitende Verlustberücksichtigung im Konzern, FR 2006, S. 153 ff.

Whitehouse, Mark / Foster, Hartley: Back We GLO? The Tax Journal 28.6.2004, S. 8 ff.

Whitehouse, Mark / Foster, Hartley: GLO-ing, GLO-ing, Gone? The Tax Journal 15.3.2004, S. 7 ff.

Wiesner, Werner / Mayr, Gunter: Neues zur Gruppenbesteuerung, RdW 2004, S. 629 ff.

Wiesner, Werner: Abänderungsantrag zur Regierungsvorlage des Steuerreformgesetzes 2005, RWZ 2004, S. 129 ff.

Wiesner, Werner: Die Ertragsbesteuerung der Kapitalgesellschaft nach dem Abgabenänderungsgesetz 2004, RWZ 2004, S. 353 ff.

Wiesner, Werner: Entwurf eines Steuerreformgesetzes 2005 - Die Auswirkungen auf Körperschaften, RWZ 2004, S. 33 ff.

Wiesner, Werner: Steuerreformgesetz 2005 - Änderungen in der Regierungsvorlage betreffend Körperschaften, RWZ 2004, S. 97 ff.

Wilk, Stefan: Die einkommensteuerliche Behandlung von Auslandsverlusten, Berlin 2000

Wilke, Kay-Michael: § 2a EStG: BFH hält Nichtberücksichtigung von Auslandsverlusten für EU-rechtswidrig, PIStB 2003, S. 115 ff.

Witt, Georg: Die Organschaft im Ertragsteuerrecht, Stuttgart 1999

Wittendorff, Jens: Danish Parliament Studies Overhaul of Tax Consolidation Rules, Tax Notes International 8.12.2003, S. 859 ff.

Wittendorff, Jens: Danish Tax Consolidation Rules Conflict With EC Treaty, Board Says, Tax Notes International 12.7.2004, S. 126 ff.

Wöhe, Günter: Überblick über die Konzernbesteuerung, in: Küting/Weber (Hrsg.), Handbuch der Konzernrechnungslegung, Kommentar zur Bilanzierung und Prüfung, Bd. II, 2. Aufl., Stuttgart 1998, S. 325 ff.

Wörndl, Christof / Kornberger, Matthias: Seminar F: Österreich als Holdingstandort, IStR 2004, S. 577 ff.

Zöchling, Hans / Fraberger, Friedrich: Steuerumlagen aus gesellschafts-, bilanz- und steuerrechtlicher Sicht, SWK 2004, S. S 507 ff.

Zöchling, Hans: Gruppenbesteuerung und Auslandsverluste: Achtung Steuerfalle, SWK 2004, S. S 952 ff.

Zoll, Stephan: Grenzüberschreitende Verlustberücksichtigung bei gewerblichen Betriebsstätten und Tochterkapitalgesellschaften, Köln 2001

Zorn, Nikolaus: Verwertung von Auslandsverlusten bei DBA mit Befreiungsmethode, SWI 2001, S. 456 ff.

Peter Lang · Internationaler Verlag der Wissenschaften

Philipp Braband

Verlustverrechnung bei ertragsteuerlicher Konzernbesteuerung

Deutschland, Österreich und die USA im Vergleich

Frankfurt am Main, Berlin, Bern, Bruxelles, New York, Oxford, Wien, 2007.
346 S., zahlr. Tab.
Europäische Hochschulschriften: Reihe 5, Volks- und Betriebswirtschaft.
Bd. 3273
ISBN 978-3-631-56516-2 · br. € 56.50*

Bei Kapitalgesellschaftskonzernen zählt die gesellschaftsübergreifende Verrechnung von Gewinnen und Verlusten zu den zentralen steuerlichen Problemen, da weltweit die Ertragsbesteuerung von Kapitalgesellschaften an deren rechtliche Selbständigkeit anknüpft. Eine hierdurch verursachte unzureichende Verlustverrechnung bedeutet für die betroffene Unternehmung Zins- und Liquiditätsnachteile. Aus diesem Grund haben zahlreiche Länder spezielle Konzernbesteuerungssysteme geschaffen, die eine gesellschaftsübergreifende Verlustverrechnung zulassen, jedoch im Detail und in der Wirkung unterschiedlich sind. Vor diesem Hintergrund untersucht der Autor die Verlustverrechnungsregelungen bei der Konzernbesteuerung von Kapitalgesellschaftskonzernen im deutschen, österreichischen und US-amerikanischen Steuerrecht im Hinblick auf ihre jeweiligen Stärken und Schwächen.

Aus dem Inhalt: Verlustverrechnung bei der Konzernbesteuerung von Kapitalgesellschaftskonzernen im deutschen, österreichischen und US-amerikanischen Steuerrecht · Darstellung und Stärken-Schwächen-Bewertung der einzel- und konzernsteuerlichen Verlustverrechnungsregelungen · Verlustausgleich und -abzug bei nationalen und „grenzüberschreitenden" Konzernbesteuerungen · Einkunftsquellenbezogene, interpersonelle, interperiodische und grenzüberschreitende Verlustverrechnung

Frankfurt am Main · Berlin · Bern · Bruxelles · New York · Oxford · Wien
Auslieferung: Verlag Peter Lang AG
Moosstr. 1, CH-2542 Pieterlen
Telefax 0041 (0) 32/376 17 27

*inklusive der in Deutschland gültigen Mehrwertsteuer
Preisänderungen vorbehalten

Homepage http://www.peterlang.de

Kolibri 360 GmbH
Ferdinand-Jühlke-Straße 7
99095 Erfurt, Deutschland
produktsicherheit@kolibri360.de

Druck:
CPI Druckdienstleistungen GmbH
im Auftrag der
Kolibri 360 GmbH
Ferdinand-Jühlke-Str. 7
99095 Erfurt